Deutsch von
Karl A. Klewer

Howard Fast

Die Nachkommen

Roman

Rowohlt

Die amerikanische Originalausgabe
erschien 1978 unter dem Titel «Second Generation»
im Verlag Houghton Mifflin Company, Boston
Schutzumschlag- und Einbandentwurf von Werner Rebhuhn
(Foto: Schapowalow/Messerschmidt)

1. Auflage August 1980

Gesamtherstellung Clausen & Bosse, Leck
Printed in Germany
ISBN 3 498 02037 4

Für Jerry und Dotty

Inhalt

I
Heimkehr

Der Logger, mit dem Pete Lomas zum Makrelenfang hinausfuhr, war ein umgebautes ehemaliges Minensuchboot von hundertzwanzig Tonnen, das er 1919 als ausgemustertes Kriegsgut erworben hatte, und zwar so billig, daß Pete die viel zu große, mit Kohle zu heizende Dampfmaschine als Schrott verkaufen und statt dessen einen neuen Antrieb mit Ölbrenner einsetzen lassen konnte. Er nannte das Boot *Golden Gate*. Da seine Frau an Asthma litt, weil nach Meinung des Arztes das Klima in der Gegend von San Francisco zu feucht für sie war, belud er es eines Tages mit seiner gesamten Habe und seiner Familie und lief aus der Bucht von San Francisco aus nach San Pedro, das im Bezirk von Los Angeles liegt. Dort mietete er einen Liegeplatz, erwarb in Downey ein Haus und stieg in die Makrelenfischerei ein, legte fortan, unterstützt von einer dreiköpfigen Besatzung, seine Treibnetze aus.

Es ging ihm gut, bis in den dreißiger Jahren der Wirtschaftsniedergang einsetzte. Auch noch nach 1929 konnte er mit seinem Boot ein ordentliches Einkommen erzielen und seinen Männern Löhne zahlen, von denen sie leben konnten. Jahre zuvor war er Kapitän von Dan Lavettes Krabbenflotte gewesen, deren Boote von Fisherman's Wharf in San Francisco aus operierten. Als ihm 1931 im Hafen von San Pedro dieser Lavette abgerissen und hungrig über den Weg lief, gab er ihm Arbeit. Inzwischen, wir schreiben das Jahr 1934, arbeitete Dan bereits seit drei Jahren für Lomas.

Dan Lavette ging um zehn Uhr vormittags von Bord des Makrelenboots und stieg in seinen Ford, Baujahr 1930, um nach Hause zu fahren. Es war der 1. Juni 1934. Er wohnte mit seiner zweiten Frau, einer in Amerika geborenen Chinesin namens May Ling, mit ihrer beider Sohn Joseph und May Lings Eltern in Westwood. Ihr kleines Haus war nur wenige Straßen vom Gelände der University of California in Los Angeles entfernt, an der May Ling als Bibliothekarin arbeitete.

Dan war einsachtundachtzig groß, breitschultrig, athletisch gebaut, aber nicht dick. Sonne und Seewasser hatten seine Haut gegerbt. Er hatte einen markanten Kopf mit lockigem, inzwischen fast völlig grauem Haar, dunkle Augen unter den geraden Brauen, hohe Backenknochen und einen kräftigen Mund mit vollen Lippen.

Für die beiden anderen Männer, die neben Dan und Pete Lomas zur Besatzung des Makrelenfängers gehörten, war Lavette ein einfacher, stiller und zurückhaltender Mann, der sein Handwerk beherrschte. Er verlor nie die Geduld, und er klagte nie, ganz gleich, wie widrig oder schwierig die Umstände auch sein mochten. Und das war bei einem Fischer recht ungewöhnlich. Die beiden wußten lediglich von ihm, daß er vor Jahren gemeinsam mit Pete Lomas in der Bucht von San Francisco gefischt hatte. Einer von ihnen war ein eingewanderter Mexikaner, der andere ein Italiener, der nur wenig Englisch sprach. Besonders neugierig waren sie beide nicht. Und Lomas, der mehr über Dan Lavette wußte, behielt sein Wissen für sich.

Juan Gonzales, der Mexikaner, erst zweiundzwanzig Jahre alt, war jedoch aufgeweckt genug, um zu merken, daß Dan Lavette nicht so war wie die anderen Fischer am Kai. Eines Tages fragte er ihn: «Danny, wie kann ein Mann wie du zufrieden damit sein, zu fischen?»

Dan zuckte die Schultern. «Ich bin Fischer. Bin es immer gewesen.»

«Du wirst aber bald ein alter Mann sein. Der Henker soll mich holen, wenn ich mein ganzes Leben auf einem Fischerboot verbringe, mit zwanzig, dreißig Dollar die Woche, und als armer Saufbruder am Hafen ende.»

«Den Saufbruder habe ich schon hinter mir», erwiderte Dan. «Ich fische lieber.»

Während der Heimfahrt dachte er darüber nach. Tat er seine Arbeit wirklich gern, gefiel sie ihm? Es war eine schlimme Nacht gewesen, kalt und naß, und er hatte sich einen Muskel in der Schulter gezerrt, und sein ganzer Körper tat ihm weh. Er dachte sehnsuchtsvoll an das heiße Bad, das ihn zu Hause erwartete. Er fand, er sei so glücklich, wie ein Mann es sein konnte. Er hatte seinen Frieden gefunden. Und doch – er war nichts weiter als ein Fischer, der zwanzig, dreißig Dollar in der Woche nach Hause brachte, und dabei war er schon fünfundvierzig Jahre alt.

Als er in Westwood ankam, waren der Morgendunst und die trübe Stimmung wie weggeblasen. Sein Schwiegervater, Feng Wo, der sich im Garten mit der Pflege seiner geliebten Rosenstöcke beschäftigte, begrüßte Dan, wie immer, voller Förmlichkeit.

«Geht es Ihnen gut, Mr. Lavette?» Er hatte nie mit seiner alten Gewohnheit gebrochen, Dan mit ‹Mr. Lavette› anzureden.

«Müde.»

«Es ist ein Brief gekommen. Von Ihrer Tochter Barbara.»

Dan nickte. «Zuerst will ich baden.»

Während er in der Wanne lag, kehrten Kraft und Behagen in seinen Körper zurück. In wenigen Stunden würde May Ling nach Hause kommen, und er würde bequem im Sessel sitzend ihrem Bericht über die Ereignisse des Tages in der Universität zuhören. Sie führte die allgemeine Ansicht ad absurdum, in einer Bibliothek werde nur geflüstert: Alles, was May Ling ansah, alles, was ihr begegnete, nahm eine irgendwie wunderbare und mitreißende Gestalt an. Ihr ganzes Leben war ein Abenteuer, jeder einzelne Tag war voll von neuem Erleben. Bei ihm war das anders. In der vorigen Nacht zum Beispiel war draußen auf See eines der Treibnetze gerissen – Dan mochte die Treibnetze nicht, in denen sich die Makrelen mit den Kiemen verfingen –, und er hatte, bis zur Brust im Wasser, eine ganze Stunde damit zugebracht, die Stelle zu flicken, während rings um ihn verendende Fische schlugen und zuckten. Aber er konnte nicht in Worte fassen, was er empfand – May Ling hingegen konnte noch den banalsten Vorfall mit Anschaulichkeit und Leben erfüllen.

Er stieg aus der Wanne, trocknete sich ab, dehnte sich und genoß seine Müdigkeit. Die *Golden Gate* würde erst morgen früh wieder auslaufen, denn so lange würde es dauern, die Netze in Ordnung zu bringen. Also lagen viele Stunden bei Tageslicht vor ihm, und eine Nacht, die er schlafend in einem sauberen Bett verbringen konnte, statt sich ein oder zwei Stunden in die klamme Koje auf dem Boot zu drücken. Er würde mit seinem Sohn eine Partie Dame spielen, May Ling würde ein Buch lesen, ab und zu aufblicken, seinen Blick auffangen und ihm zulächeln. Mein Gott, dachte er, mehr konnte doch wirklich niemand vom Leben verlangen.

Er zog frische Kleidung an und ging in die Küche hinunter, wo seine Schwiegermutter So-toy Tee und Kuchen für ihn bereithielt. Barbaras Brief lag auf dem Tisch neben seinem Teller. «Ich bitte um Entschuldigung», sagte er zu So-toy.

Obwohl sie schon so lange in Amerika lebte, sprach sie sehr wenig Englisch. Sie lächelte nur zustimmend, als er den Brief öffnete, und setzte sich, während er las, ihm gegenüber an den Küchentisch. Zuerst war es ihm unangenehm gewesen, mit zwei Menschen zusammenzuleben, die ihn so unkritisch verehrten wie Feng Wo und So-toy. Inzwischen hatte er sich beinahe daran gewöhnt.

«Vati», begann der Brief – sie schrieb immer nur dieses eine Wort als Anrede, als hätte es eine Bedeutung, die auszudrücken kein Adjektiv fähig war. Ausgesprochen hatte sie es jedoch nur bei ihrem ersten Besuch bei ihm vor einem Jahr – dann: «Die Schule ist zu Ende, aber ich mußte Dir schreiben, bevor ich New York verlasse und nach San

Francisco zurückkehre. Du wirst Dich erinnern, daß alle Briefe, die ich in den letzten acht Monaten an Dich schrieb, von hier kamen, und dieser hier soll unsere Korrespondenz für dieses Semester beenden. Du hast mir immer gesagt, daß Du kein großer Briefschreiber bist, und es stimmt, Deine Briefe sind kurz, aber ich hüte sie wie einen Schatz. Und wann immer mich jemand nach meinem Vater fragt, und das tun sie, mußt Du wissen, dann kann ich sagen, daß so vieles, was ich über ihn weiß, in seinen Briefen steht. Ich finde das seltsam, Du nicht auch?

Nun ist also die Schule vorbei. Es war ein schönes Jahr, und mir gefällt es sehr in Sarah Lawrence. Aber ich weiß nicht, ob ich wieder hergehen soll. Ist das nicht komisch? Ich habe die ganze vergangene Woche darüber nachgegrübelt, was ich eigentlich will, und habe versucht, zu einer Entscheidung zu kommen. Ist es Dir auch schon mal so ergangen, daß Du sehr glücklich warst, daß aber trotzdem irgendwie ein kleiner Wurm des Mißbehagens an Dir genagt hat? Das sollte ich Dich gar nicht fragen, denn ich habe Dich und May Ling zusammen gesehen und weiß, wie glücklich Ihr seid, und weiß auch, daß Dich keinerlei Mißbehagen quält. Das schlimme ist, daß ich überhaupt nicht weiß, warum? Kann man denn wirklich zugleich glücklich und schrecklich unzufrieden sein?

Doch wenn ich noch einmal lese, was ich geschrieben habe, scheint mir ‹glücklich› nicht das richtige Wort zu sein. Jenny Brown, eins der Mädchen, die mit mir im Zimmer wohnen, ist immer sehr melancholisch, und sie kann überhaupt nicht verstehen, warum ich stets fröhlich bin. Ich glaube, das meine ich überhaupt: fröhlich ist ein besseres Wort dafür, wie ich mich meist fühle. Auch wenn ich finde, daß irgend etwas mit mir ganz und gar nicht stimmt, bin ich nicht niedergeschlagen. Aber ich habe mir vorgenommen, zwei entscheidende Schritte zu tun, sobald ich nach Hause komme. Ich werde Mutter sagen, daß ich ausziehen möchte, und ich werde mir eine Stelle suchen. Wahrscheinlich muß ich den zweiten Schritt vor dem ersten tun, denn es hängt von Mutter ab, ob sie mir weiterhin meinen Wechsel gibt. Ich schäme mich ein bißchen, Dir das zu schreiben, denn ich bekomme mehr, als jemandem zusteht, der nicht dafür arbeitet. Mit all dem will ich Dir lediglich sagen, worauf Du Dich einstellen mußt, wenn ich Dich besuchen komme. Immerhin liegt mein erster Besuch in Los Angeles schon lange zurück, und jedesmal, wenn ich daran denke, werde ich richtig sentimental und muß fast heulen. Ich verspreche Dir, daß ich sehr bald nach meiner Rückkehr zu Euch nach Westwood komme.

Ich kann Dir gar nicht sagen, wie gern ich Joe wiedersehen möchte. Es ist so eigentümlich, einen Bruder zu haben, den man in seinem ganzen Leben erst einmal gesehen hat. Ich hatte ihn gleich sehr gern, wirklich. Wie kann man nur zwei Brüder haben, die so verschieden sind wie Tom und Joe? Aber die Antwort weiß ich wohl selbst. Ich mag Tom, aber er ist so eine taube Nuß. Du weißt ja, daß er demnächst in Princeton sein Examen macht. Er ist wütend auf mich, weil ich nicht bei Mutters Familie in Boston bis zur Abschlußfeier herumsitzen wollte. Ich wollte es nicht, weil es mir nicht das geringste bedeutet, bei der Abschlußfeier dabei zu sein, und ich denke nicht daran, zweimal in einem Monat die lange Bahnreise zu machen.

Jedenfalls war es mir zuviel, noch zwei Wochen zu bleiben. Ich brenne so darauf, nach Hause zu kommen, San Francisco zu sehen und Euch zu besuchen. May Ling ist der liebste Mensch auf der Welt, und ihre Eltern sind einfach süß, sie sind eigentlich wie Menschen, die man aus Büchern kennt, die man aber im wirklichen Leben nie trifft.»

Sie unterschrieb den Brief mit «Barbara», als könne kein Ausdruck der Zuneigung dem etwas hinzufügen, was sie gesagt hatte. Dan verstand das sehr gut.

«Wie geht es Ihrer Tochter Barbara?» fragte So-toy.

«Gut. Ja, es geht ihr prächtig.»

Barbara kam sich vor, als sei sie zwischen die Seiten von *Alice im Wunderland* geraten. Dabei kannte sie das Herrenhaus in San Francisco, sie hatte ja dort gelebt, und so schrecklich lang war ein dreiviertel Jahr der Abwesenheit doch auch nicht. Sie war es, die in eine Rolle geschlüpft war, nicht die anderen. Barbara, ihre Mutter und John Whittier, ihr Stiefvater, aßen gemeinsam in dem prunkvollen Eßzimmer zu Abend. Der Raum war wohl etwas größer und eleganter als das Eßzimmer in dem Haus auf Russian Hill, in dem sie aufgewachsen war, als ihre Mutter noch Dan Lavettes Frau war, aber sonst gab es keinen großen Unterschied. Der Eßzimmertisch aus Mahagoni war, zum Beispiel, nicht länger als der auf Russian Hill. Allerdings hatten sie dort keinen Butler gehabt. Es war wirklich nicht ihr erstes Abendessen im Hause Whittier, und ihr Platz zwischen ihrer Mutter an dem einen Ende der langen Tafel und John Whittier am anderen war ihr keineswegs neu. Warum also fühlte sie sich so fremd in dieser Welt, so als Eindringling und Störenfried? Tatsache war, daß sie seit dem Tage ihrer Geburt Tochter sehr reicher Eltern war, durfte sie sich also zum Richter aufspielen? Tue ich ja gar nicht, beruhigte sie sich, ich fühle mich nur einfach nicht wohl, ich habe ein schlechtes Gewissen und weiß nicht warum.

Jean war eine keineswegs unsensible Person, und Barbara bemerkte, daß sie ein einfaches, aber köstliches Abendessen zubereitet hatte, das sich deutlich von dem im College unterschied: eine klare Brühe, ein auf dem Holzbrett garniertes Steak mit gratinierten Kartoffeln und Spargel, und zum Nachtisch Eis, denn Jean kannte Barbaras Vorliebe für Eis. Knox, der Butler, brachte es gerade herein, einen großen fünfzehn Zentimeter hohen Würfel, der in einer herrlichen, zart elfenbeinfarbenen Fayence-Schüssel stand. Nachdem Knox allen eine Portion serviert hatte, stellte er die Terrine vor Jean hin und verließ den Raum.

John Whittier ließ sich über den Streik aus, den die Hafenarbeiter von San Francisco zwei Wochen vor Barbaras Rückkehr ausgerufen hatten. Whittier war kein guter Gesprächspartner. Er war nahezu unfähig, einem anderen zuzuhören, er sprach lieber selbst. Und wenn er redete, vor allem, wenn er wütend war, ließ er sich leicht von seinem Zorn mitreißen und verlor den Faden des Gesprächs. Dadurch wirkte er oft verletzend.

«Sag bloß nicht, du kannst verstehen, warum sie streiken», sagte er zu Barbara.

«Doch, ich verstehe es.»

«Weil du nicht den blassesten Dunst hast», sagte er. «Das ist der Ärger mit solchen Schulen wie Sarah Lawrence. Ich habe das deiner Mutter ja immer gesagt. Sie bieten nicht nur ein klägliches Surrogat von Bildung, sondern obendrein auch noch eine kommunistisch angehauchte. Das ist die reine Anarchie. Und das sage ich nicht wegen des vielen Geldes, das es deine Mutter und mich gekostet hat.»

«Bitte, laß mich aus dem Spiel», sagte Jean leise. «Ich habe heute morgen den Vorsitz der Bank niedergelegt und mit Geschäften nichts mehr zu tun.» Sie lächelte.

«Das ist nicht so einfach, meine Liebe», sagte Whittier. «Wir sind, ob es dir gefällt oder nicht, die größte Reederei an der Westküste und haben seit zwei Wochen keine Handvoll Fracht aus dem Hafen rausbekommen. Weißt du, was uns das gekostet hat?»

Die Frage galt Barbara. Sie schüttelte den Kopf. Ihre Augen waren unverwandt auf das Speiseeis in der Fayence-Schüssel geheftet. Es schmolz dahin. Niemand bemerkte es, niemanden kümmerte es.

«Würde eine Million Dollar dich aufhorchen lassen? Oder bedeutet eine Million Dollar gar nichts für dich? Was bringen sie euch an dieser Schule eigentlich bei? Daß Karl Marx ein Heiliger war? Oder daß wir in Franklin Delano Roosevelt unseren eigenen, noch lebenden Heiligen haben? Weißt du, was Schauerleute sind? Hast du schon mal einen Schauermann getroffen? Oder einen gerochen?»

«John», sagte Jean.

«Die Hefe der Stadt. All die Jahre haben sie bei uns in Lohn und Brot gestanden, und zum Dank richten sie uns zugrunde. Und da kommst du an und erzählst mir, du kannst verstehen, warum sie streiken –»

Während Barbara dieser Suada zuhörte, beobachtete sie, wie das Eis schmolz. In ihrer Erinnerung tauchte etwas auf, was Professor Franklin im Soziologieseminar gesagt hatte: Die Reichen seien unfähig, die Armen zu verstehen. Damals war ihr diese Aussage sinnlos erschienen, jetzt auf einmal ergab sie einen Sinn. Vier Liter geschmolzenes Speiseeis konnten nur noch weggegossen werden.

«Mutter», sagte sie, «das Eis schmilzt.»

Jeans Lächeln blieb unverändert. Sie sah ihren Mann an, und Barbara merkte, daß ihre Mutter nichts hörte, nicht, was Whittier, und nicht, was sie sagte. Das Eis schmolz weiter.

«Dieser Harry Bridges zum Beispiel», sagte Whittier gerade, «wäre garantiert hinter Gittern, wenn in dieser Stadt Recht und Ordnung herrschten. Jawohl. Hinter Gittern.»

Barbara lag im Bett und las Gertrude Steins *Autobiographie von Alice B. Toklas*. Sie war beunruhigt und gefesselt von dieser so fernen und ganz anderen Welt. Da öffnete sich die Tür, und Jean kam herein. Sie trug einen Morgenrock aus blaßrosa Samt und war jetzt ohne Make-up. Barbara fand ihr Gesicht so noch schöner. Wäre sie selbst so schön wie ihre Mutter, würde sie kein Make-up anrühren. Barbara legte das Buch weg, und Jean trat ans Bett, setzte sich, nahm das Buch auf und las den Titel.

«Gefällt es dir?»

«Mir gefällt die Vorstellung, ich wäre in Paris.»

«Ich meine, mein Schatz, ob du gern wieder in San Francisco bist?»

«Ich glaube schon. Doch, ja.»

«Nimm nicht so schwer, was John sagt. Er ist furchtbar wütend. Menschen in seiner Stellung entwickeln einen unglaublichen Machtinstinkt. Ich kenne das. Jetzt, da der ganze Hafen geschlossen ist, ist John völlig durcheinander. Und da zeigt er sich nicht von seiner besten Seite.»

«Mutter –»

«Früher hast du ‹Mama› gesagt.»

«Ich weiß. Inzwischen bin ich zwanzig.»

Jean lächelte.

«Und lach mich, bitte, nicht aus.»

«Es würde mir nicht im Traum einfallen, dich auszulachen. Aber du bist so schrecklich ernsthaft.»

«Ja», stimmte Barbara zu. «Wahrscheinlich zwinge ich mich dazu, weil ich meinen ganzen Mut zusammennehmen muß, um über diese Sache zu reden.»

«Kindchen, wir können über alles reden. Das weißt du doch.»

«Das können wir nicht», widersprach Barbara wehmütig. «Du bist meine Mutter. Es stimmt einfach nicht, daß wir über alles reden können.»

Jean lächelte nicht mehr. «Versuch es doch mal.»

«Gut. Ich möchte eine eigene Bleibe haben.»

«Was meinst du damit?»

«Eine eigene Wohnung. Hier kann ich nicht leben.»

Jean seufzte. «Du lebst doch eigentlich gar nicht hier, mein Schatz. Überleg doch mal: du bist meist weg, in der Schule, und bist nur in den paar Sommermonaten hier. Dein Pferd steht draußen in Menlo Park, du kannst im Club bleiben, wann immer du möchtest. Und wie ich dich kenne, wirst du mehr oder minder dort wohnen. Du hast ein Auto, bist also frei beweglich. Ich verstehe wirklich nicht, was du willst.»

«Du willst mich nicht verstehen.»

«Nein, das darfst du nicht sagen. Versetz dich in meine Lage, Barbara. Du sagst, du möchtest eine eigene Wohnung haben – warum? Es geht dir gut hier. Du hast alles, was du dir nur wünschen kannst. Du kommst und gehst, wie es dir gefällt, und was du auch John gegenüber empfinden magst, *er* schränkt deine Bewegungsfreiheit gewiß nicht ein und pocht auch nicht auf Disziplin.»

«Darum geht es nicht.»

«Dann sag mir, worum es geht.»

«Das hier ist nicht mein Zuhause, war es nie.»

«Warum denn? Weil du John nicht magst?»

«Bitte, Mutter, bitte, du mußt nicht böse auf mich sein», bat Barbara. «Du hast gesagt, wir könnten miteinander reden. Es ist für mich nicht einfach, zu erklären, was ich empfinde. Einer unserer Lehrer, Professor Carl Franklin, sagte in einem Soziologieseminar, der Embarcadero sei eine Art Sklavenmarkt, anders zwar, aber weder besser noch schlechter als die alten Sklavenmärkte im Osten unseres Landes, auf denen Negersklaven verkauft wurden. Ich war so empört, daß ich fast aus dem Raum gelaufen wäre. Die glauben dort tatsächlich, wir seien hier noch nicht zivilisiert.»

«Ich verstehe nicht, was das damit zu tun haben soll», sagte Jean. «Der Embarcadero ist kein Sklavenmarkt. Die Hafenarbeiter werden gut bezahlt, und ihre Forderungen sind maßlos überzogen. Was um Himmels willen hat das mit deinem Wunsch nach einer eigenen Wohnung zu tun?»

«Wie das Eis beim Abendessen», sagte Barbara verzweifelt.

«Was soll denn das nun wieder! Das Eis beim Abendessen?»

«Verstehst du nicht? Da stand dieser riesige Klotz Eis auf dem Tisch, und wir saßen da und ließen ihn schmelzen, während John mir einen Vortrag über den Streik hielt. Mit geschmolzenem Eis kann man nichts mehr anfangen. Man schüttet es einfach weg, und das macht keinem von uns etwas aus. So ist das eben. Aber so dürfen wir nicht denken. Ich meine, in einem Land, in dem Tausende verhungern, kennen wir nicht einmal die Bedeutung von Nahrungsmitteln.»

«Aber du kennst sie», sagte Jean.

«Jetzt bist du böse auf mich.»

«Barbara», sagte Jean ruhig, «ich bin nicht böse, nein. Du hast sehr romantische Vorstellungen. So warst du schon als Kind. Ich bin mir der Ungerechtigkeiten in der Gesellschaft durchaus bewußt, aber wir haben sie nicht geschaffen.»

«Ich bin kein Kind mehr, Mutter.»

«Ich finde schon, jedenfalls in mancherlei Hinsicht. Du magst John nicht. Du vergleichst ihn mit deinem Vater, und ich habe nicht den Eindruck, daß dein Zusammentreffen mit ihm da irgend etwas geändert hätte. Du machst dir ein romantisches Bild von ihm, das sich nur wenig mit der Wirklichkeit deckt.»

«Schön, ich mag John Whittier nicht», sagte Barbara unumwunden. «Ich kann mir keinen Zwang darüber auferlegen, wen ich mag und wen nicht. Glaubst du, es ist für mich angenehm, unter seinem Dach zu wohnen?»

«Es ist auch meins. Ich bin nun einmal seine Frau, und du gehörst, ob dir das recht ist oder nicht, einer sehr wohlhabenden Familie an. Ich beabsichtige nicht, Krokodilstränen darüber zu vergießen oder Schuldgefühle zu entwickeln, weil mein Vater und mein Großvater mit ihrer Hände Arbeit und ihrem Verstand etwas erreicht haben. Was die Wohnung angeht – nun, wir können ein anderes Mal darüber sprechen.»

Es war kein besonders guter Tag für Jean Whittier gewesen. Und jetzt, als sie ihre Tochter ansah, die ihr so ähnlich war, das kräftige, hübsche Gesicht, die hellen grauen Augen, das honigfarbene Haar, und daran dachte, daß Barbara wohl der einzige Mensch auf der ganzen Welt war, den sie wirklich liebte, sah es so aus, als werde der Tag noch elender enden, als er begonnen hatte.

Es war Jeans letzter Tag als Aufsichtsratsvorsitzende der Seldon Bank gewesen. Die Seldon Bank war ein großes, stabiles Finanzinstitut, das ihr Großvater vor zweiundachtzig Jahren in einem Planwagen in einer Goldwäscher-Siedlung gegründet und das ihr Vater weitergeführt und hochgebracht hatte. Bei seinem Tod vor sechs Jahren war Jean – damals noch Dan Lavettes Frau – als Treuhänderin für die dreihundertzweiundachtzigtausend Aktien an der Seldon Bank eingesetzt worden, die zwölf Jahre darauf zu gleichen Teilen zwischen ihren beiden Kindern, Thomas und Barbara, aufgeteilt werden sollten. Mit über siebzig Prozent der Aktien an der Seldon Bank, die sie treuhänderisch verwaltete, und mit ihrem Stimmrecht über dieses Kapital, hatte Jean den Vorsitz übernommen und war damit die erste Frau Kaliforniens, wenn nicht der Vereinigten Staaten, die einer größeren Bank vorstand.

Und nun gab sie auf. Sie sah es allerdings nicht so, für sie war es eher ein Abdanken. Trat sie gern ab, oder ungern? Sie war sich nicht sicher. Bis heute war sie überzeugt gewesen, daß sie den Schritt aus freien Stücken getan und so gehandelt hatte, wie es für sie und die Bank am besten war. Als sie am Vormittag die große, mit Marmor ausgekleidete Vorhalle von der Montgomery Street aus betreten hatte, war sie von einem plötzlichen, verzweifelten Gefühl des Verlustes erfaßt worden. Sie sagte sich jedoch sofort, das sei eine verständliche emotionale Reaktion. Im Grunde änderte sich ja nichts. Sie würde –

als Treuhänderin ihrer Kinder – das Mehrheitsstimmrecht des Aktienkapitals behalten und nach wie vor im Aufsichtsrat sitzen. Aber sie würde sich auch endlich wieder ihrem Hauptinteresse zuwenden können, ihrer Sammlung von Gemälden und Plastiken, die sie so lange vernachlässigt hatte. Die Leute würden sagen, ihr Mann, John Whittier, habe sie zu diesem Schritt überredet, möglicherweise sagten sie es bereits. Sie mußte sich eingestehen, daß es zum Teil stimmte – aber eben nur zum Teil. Die Entscheidung hatte sie selbst getroffen.

Alvin Sommers, der stellvertretende Vorsitzende der Seldon Bank, hatte an diesem Morgen auf sie gewartet. Er eilte ihr entgegen, kaum daß er sie erblickt hatte. Er bemerkte, daß sie ‹Zivil› trug, wie er es nannte: ein helles geblümtes Seidenkleid mit rosa Samtbesatz, heiter und jugendlich, wie er fand. Noch mit vierundvierzig Jahren war Jean Lavette – so nannte er sie insgeheim nach wie vor –, wie auch die Zeitungen immer wieder hervorhoben, die am besten angezogene und attraktivste Frau in der San Franciscoer Gesellschaft. Er selbst, ein verhutzelter Mittsechziger, hatte eine pummelige kleine Frau, und seine Phantasie hatte sich lange Zeit intensiv mit Jean Whittier beschäftigt. Aber es hatte sich dabei um eine gänzlich unerwiderte, gänzlich im Verborgenen blühende Begierde und Haßliebe gehandelt, die einerseits durch ihre kühle, ferne Schönheit geschürt wurde und andererseits durch seinen Ärger über die Art, wie sie nach dem Tode ihres Vaters den Vorsitz an sich gebracht hatte. Daß ihre Bank in den ersten fünf schlimmen Jahren der Depression, in denen so viele Banken in die Krise gerieten oder sogar ihre Pforten schlossen, aufgeblüht war, vergrößerte seinen Ärger nur noch. Jetzt war diese Zeit vorbei, aber er war immer noch nicht sicher, ob der von ihm vorläufig ausgeübte Vorsitz zu einer Dauereinrichtung werden sollte. Deshalb war er liebenswürdiger denn je und begrüßte Jean überschwenglicher als sonst.

«Meine liebe Jean», sagte er. «Ich habe Sie noch nie so strahlend gesehen! Was sollen wir bloß tun? Hier wird jetzt alles trübe und farblos werden.»

«Sie werden schon ohne mich auskommen, Alvin, wahrscheinlich sogar sehr gut. Übrigens habe ich Martin mitgeteilt –» Martin Clancy war der zweite Stellvertreter – «daß ich mein Büro ausräumen lassen werde. Dort wollen Sie ja vermutlich einziehen, und ich glaube kaum, daß Sie sich, umgeben von einem blaßblauen Aubusson-Teppich, von Picassos und den *Seerosen* von Monet, die Sie und Martin ja immer als

Schandfleck des gesamten Bankwesens betrachtet haben, wohlfühlen würden.»

«Aber nein, Sie haben ein wunderschönes Büro.»

Er mußte seinen Schritt beschleunigen, um neben ihr zu bleiben, während sie durch die Haupthalle des Seldon-Gebäudes ging.

«Alvin, wie alt sind Sie?»

«Fünfundsechzig», antwortete er. Zugleich dachte er: Was für eine empörende Frage! Und wie sie das fragte – als rede sie vom Wetter. Aber es folgte kein Kommentar, und seinen inneren Widerstreit, ob er ihr wie ein gehorsames Hündchen in den Fahrstuhl folgen sollte, der nur in die drei oberen Stockwerke fuhr, in denen sich die Verwaltung der Bank befand, entschied Jean durch eine auffordernde Handbewegung. Sie waren allein mit dem Fahrstuhlführer.

«Die Aufsichtsratssitzung ist auf drei Uhr angesetzt», sagte er. «Aber das ist nur ein Vorschlag. Haben Sie dann Zeit?»

«Nein. Ich hole meine Tochter vom Bahnhof ab. Ich glaube, der Zug kommt um halb drei. Aber sie kommen sicher gut ohne mich zurecht, Alvin. Ich habe die Tagesordnung aufgestellt. Martin wird Sie als meinen Nachfolger vorschlagen, und der Aufsichtsrat wird dementsprechend abstimmen. Das wissen Sie doch, nicht wahr?»

«Ich hatte es gehofft. Danke, Jean.»

Da sie ihn nicht zum Aussteigen aufforderte, blieb er im Aufzug. Jean gestand sich ein, daß sie ihn nicht ausstehen konnte. Das war einer der Vorteile ihrer Entscheidung: Sie würde nun nicht jedesmal, wenn sie in die Bank kam, Alvin Sommers sehen müssen. Ach, es gab überhaupt eine ganze Reihe von Vorteilen. Sechs Jahre waren genug. Ursprünglich hatte sie die Aufgabe nur übernommen, weil sie sie als Herausforderung empfand. Oder gab sie auf, weil ihr Leben in die Brüche ging? Oder weil alles sie anödete, was mit der Bank zusammenhing und mit den Menschen, die mit ihr zu tun hatten? Das war ein seltsamer Gedanke, und ein neuer obendrein. Möglich war es durchaus.

Miss Pritchard, ihre Sekretärin, sah sie trübsinnig an. «Ich war nicht sicher, wann Sie heute kommen würden – alles ist so durcheinander. Wollen Sie jemanden sprechen?»

«Ich glaube nicht. Ich habe eine Verabredung zum Mittagessen, und es ist bereits zehn. Heute nachmittag komme ich überhaupt nicht.»

«Und morgen?»

«Es gibt kein Morgen, Lorna. Das wissen Sie doch. Finis.» Sie tätschelte Miss Pritchards magere Schulter. «Es ist schon in Ordnung so. Sie brauchen sich um Ihre Stelle keine Sorgen zu machen. Nehmen Sie Ihre zwei Wochen Urlaub und machen sich ein schönes Leben», sagte sie und fragte sich zugleich, wie die klapprige alte Jungfer von etwa vierzig sich ein schönes Leben machen sollte. «Hatte ich noch Termine? Ich glaube nicht.»

«Nein. Aber Mr. Liu hat sich wieder gemeldet. Der Mann von der ‹Gesellschaft für bessere Lebensbedingungen der Asiaten›. Er sagte, er werde noch einmal anrufen.»

«Dann reden Sie mit ihm. Was will er eigentlich, eine Spende?»

«Ich glaube nicht. Ich glaube, sie kämpfen dafür, Chinesen und Japanern Arbeitsplätze in Banken zu verschaffen.»

«Sie wissen, daß wir niemanden einstellen», sagte Jean gereizt. «Wenn er mit jemandem sprechen will, kann er sich für die kommende Woche einen Termin bei Mr. Sommers geben lassen.»

Verärgert – und unzufrieden, daß man es ihr anmerken konnte – ging Jean in ihr Büro. Sie schloß die Tür, blieb stehen und blickte sich um. Es war ein großer Raum von etwa sechs mal neun Metern. Die früher mit Walnußpaneelen getäfelten Wände waren jetzt in hellen Elfenbeintönen gestrichen. Der pastellblaue Aubusson war siebeneinhalb mal fünfeinhalb Meter groß, und Jean dachte wehmütig daran, wie wunderbar er sich auf dem Fußboden ihres Schlafzimmers in dem Haus auf Russian Hill ausgenommen hätte, als sie noch Jean Lavette war. Im Hause Whittier war ein pastellblauer Teppich, jedenfalls bis jetzt noch, undenkbar. Alles zu seiner Zeit. Sie hatte dem Haus ihres Mannes – das einst seinem Vater gehörte – bereits durch siebenunddreißig Bilder, die allerdings nur einen Teil ihrer Sammlung ausmachten, ihren Stempel aufgedrückt. Jetzt mußte sie irgendwie Platz finden für die Picassos und den riesigen Monet. Es würde einen Kampf geben, aber sie war fest entschlossen, den Monet an eine der Wände im Hause Whittier zu hängen. Nur wenige Entscheidungen Jeans wurden nicht in die Tat umgesetzt.

Von ihrem Schreibtisch aus, einem anmutigen französischen Möbel aus dem 18. Jahrhundert, das sie in Paris aufgestöbert hatte, blickte sie über den Raum hin. Es gab hier nichts mehr für sie zu tun; sie überließ sich einfach ihren Empfindungen. Sie konnte sich voll Stolz sagen, daß sie nie eine bloße Repräsentationsrolle gespielt hatte. Sie hatte die Bank geleitet, und nicht nur die Bank. Da war auch noch der riesige Landbesitz gewesen, den ihr früherer Mann erworben hatte, und das größte Kaufhaus in San Francisco und ein paar andere Bestandteile eines ehemals kleinen Reiches, aus dem seit ihrer Eheschließung mit John Whittier ein sehr großes Reich geworden war. Und sie hatte alles zum Florieren gebracht. Sie war früher schon wohlhabend gewesen, aber jetzt, in diesem elenden Jahr 1934, war sie es noch ein ganzes Stück mehr.

«Und auch ziemlich elend», murmelte sie vor sich hin.

Das Telefon läutete. Es war John, ihr Mann. Er erklärte ihr, daß ihm etwas dazwischengekommen sei und er nicht mit ihr essen gehen könne. «Kannst du allein zum Bahnhof fahren?» fragte er. «Es klappt einfach nicht bei mir heute nachmittag.»

«Ich glaube, ich schaffe es bis zum Bahnhof. Ja.»

«Du klingst unglücklich.»

«Tatsächlich? Ich bin vergnügt wie ein Stint.»

«Schön. Du wirst froh sein, Barbara wiederzusehen.»

«Ja, natürlich.» Es entstand ein längeres Schweigen, dann sagte Jean: «Übrigens habe ich mich entschlossen, das Haus auf Russian Hill nicht zu verkaufen. Ich werde es behalten und eine Galerie daraus machen.»

«So? Und wann hast du dich dazu entschlossen?»

«Jetzt, in diesem Augenblick.»

Als sie den Hörer auflegte, ging es ihr besser. John haßte das Haus auf Russian Hill – wie alles, was mit Daniel Lavette, dem ersten Mann seiner Frau, zu tun hatte.

Tatsache war, daß er den Haß auf das Haus mit Dan Lavette teilte. Es ging weniger um das Haus als um den Hügel, die Gegend, die Atmosphäre, um die Maler und Schriftsteller dort, die Russian Hill einen Ruf verschafft hatten, der damals, in den dreißiger Jahren, fast so weit verbreitet war wie der von Greenwich Village in New York. Alle, die John Whittier kannten, sagten, daß es nur eins in der Welt gebe, das er liebte, genieße oder achte, und das sei Geld. Das war aber nicht ganz fair, denn er achtete auch Jean, seine zweite Frau, und bestimmt auch den ungeheuren Reichtum, den sie repräsentierte. Ob er sie liebte oder nicht, oder ob er sie jemals geliebt hatte – um diese Frage zu beantworten, hätte er sich einer Selbstprüfung unterziehen müssen, wozu er überhaupt nicht fähig war. Seiner Vorstellung nach war Jean eine lohnende Ehefrau. Sie war groß, schön, kleidete sich elegant und mit erlesenem Geschmack, wirkte mit ihren vierundvierzig Jahren noch jugendlich und war als Thomas und Mary Seldons einzige Tochter der Mittelpunkt der feinen Gesellschaft von San Francisco. Und Mary Seldons Mutter war eine Asquith gewesen und kam aus jener Bostoner Familie, die nach wie vor auf Beacon Hill residierte. Besser konnte es nicht sein. Es paßte alles makellos zusammen. Auch noch einige andere Eigenschaften seiner Frau betrachtete John Whittier als Aktiva, allerdings gehörte ihr Umgang mit den Malern und Schriftstellern auf Russian Hill nicht dazu.

Er selbst war ein großer, etwas zu dicker Mann von sechsundvierzig, mit schütterem blondem Haar und blaßblauen Augen. Er sah recht gut aus. Sein inzwischen verstorbener Vater Grant Whittier war der größte Reeder an der Westküste gewesen, und durch das Zusammenlegen der Interessen von Whittier und Lavette war die größte Anhäufung von Reichtum in privater Hand entstanden, die es in Kalifornien gab. Dennoch ärgerte es ihn, daß er weiterhin Steuern für eine unbewohnte Villa zahlen sollte, die sicher zu den wertvollsten Immobilien auf Russian Hill zählte. Vor vielen Jahren war Robert Louis Stevenson auf einem der Schiffe Whittiers von San Francisco aus in See gestochen und hatte später einen bissigen kleinen Essay darüber geschrieben, wie das Schiff geführt worden war. Stevenson selbst hatte zwar nie auf Russian Hill gelebt, wohl aber seine Frau. Und Mrs. Stevensons Gegenwart trug dazu bei, den Whittiers diesen Ort gründlich zu verleiden. Selbst solche Kleinigkeiten wie ein Artikel im *Chronicle*, aus dem hervorging, wieviel die *Saturday Evening Post* einem anderen Bewohner von Russian Hill, Peter B. Kyne, für seine Geschichten zahlte, riefen bei John Whittier einen Wutausbruch hervor wegen der ungeheuren Summen, die man Schreibern in diesen schlechten Zeiten in den Rachen warf.

Sein eigenes Haus, eine Kalksteinvilla mit zweiundzwanzig Räumen, stand auf Pacific Heights. Sein Vater hatte sie bauen lassen, und als John Whittier und Jean Lavette heirateten, kamen sie überein, ihren gemeinsamen Wohnsitz dort zu nehmen und das Haus auf Russian Hill abzustoßen, sobald sich eine günstige Gelegenheit dazu bot. Und jetzt sollte es eine Galerie werden – was immer das bedeutete.

Seine Sekretärin riß ihn aus seinen Gedanken. Sie sagte, Thomas Lavette verlange ihn per R-Gespräch aus Lambertville, New Jersey.

«Von wo?»

«Lambertville. Nehmen Sie es an, Mr. Whittier?»

«Selbstverständlich.» Er nahm den Hörer seines Apparats ab. Die helle Stimme am Ende der Leitung klang unsicher.

«John?»

«Tommy? Wo zum Henker steckst du?»

«Ich sitze ziemlich in der Patsche, John. Sei, bitte, nicht wütend. Ich hatte nicht den Mut, Mutter anzurufen. Ich möchte nicht, daß sie erfährt –»

«Was erfährt? Bitte, sag mir sofort, was vorgefallen ist.»

«Ich sitze hier im Gefängnis.»

«Wo sitzt du?»

«Bitte», bat Tom, «schnauz mich jetzt nicht an. Es geht mir dreckig genug. Ich war betrunken und hab das Auto zu Schrott gefahren.»

«Hast du was abgekriegt?»

«Mir geht es gut, aber es war ein Mädchen mit im Wagen, und sie mußte ins Krankenhaus. Ich glaube nicht, daß sie schwer verletzt ist. Aber sie halten mich hier fest wegen Fahrens unter Alkoholeinfluß, und ich brauche fünfhundert Dollar Kaution, um hier rauszukommen ...»

Whittier sah den Hörer an und antwortete nicht. Er hatte keine eigenen Kinder, auch nicht aus seiner ersten Ehe – er hatte sehr spät geheiratet –, die nur drei Jahre gedauert hatte. Und er konnte mit Kindern überhaupt nichts anfangen. Sie waren nicht Teil seiner Welt. Es machte ihn wütend, wenn er Jean von ihren *Kindern* sprechen hörte. Für ihn waren es erwachsene Menschen, eine Frau von zwanzig und ein Mann von zweiundzwanzig Jahren. Zwischen ihm und Barbara lag ein Stacheldrahtzaun. Ihre Küsse waren flüchtige, kühle Berührungen seiner Wange, und er konnte sich mit ihr praktisch über nichts unterhalten. Seine Haltung Tom gegenüber war etwas neutraler, aber auch ohne Zuneigung, und die Toleranz war nicht besonders tragfähig.

«John, bist du noch da?» fragte die Stimme.

«Wie bist du bloß in diesen Schlamassel gekommen?»

«Ach, ich weiß nicht. Ich weiß es wirklich nicht. Ich wollte, es wäre nicht passiert, aber es ist nun mal passiert. Ich bitte dich nicht gern, aber ich brauche die Kaution, sonst halten sie mich fest. Ich zahle es dir zurück.»

«In Ordnung. Ich lasse das Geld telegrafisch anweisen. Wie heißt das Nest da noch? Lambertville, New Jersey?» Er notierte sich den

Namen auf einem Block. «Einen Anwalt wirst du auch brauchen. Ich spreche mit meinen Leuten in New York, daß sie jemanden in Princeton für dich ausfindig machen sollen. Ich nehme doch an, daß du in Princeton bist und dort bleibst?» bemerkte er verstimmt.

«Ja, bestimmt. Ich weiß nicht, wie ich dir danken soll, John. Das ist sehr anständig von dir.»

«Rotzlöffel», sagte er, als er den Hörer auflegte. Dann rief er seine Sekretärin herein und wies sie an, die Kaution zu überweisen und seine Anwälte in New York anzurufen, damit sie einen Verteidiger in Princeton ausfindig machten, der sich mit Thomas Lavette im College in Verbindung setzen sollte. «Für die Kosten kommen wir auf», fügte er hinzu.

Das alles hatte er Jean verärgert erzählt, ehe sie sich mit Barbara zu Tisch setzten. Es war ganz offensichtlich kein besonders guter Tag für Jean gewesen.

Barbara fuhr mit der Straßenbahn die Market Street hinunter zum Embarcadero. Sie trug einen Wollrock, einen alten Pullover und die ausgetretenen flachen Schuhe, die sie immer zur Schule angezogen hatte. Zu Fuß ging sie langsam vom Fähranleger aus nach Süden und betrachtete voller Neugier und Interesse die streikenden Schauerleute. Eigentlich hatte ihre Mutter mit der romantischen Veranlagung ihrer Tochter ganz recht, denn in Barbaras Vorstellung wurde alles, was sie erlebte, zum Drama. Ihr wurde jetzt klar, daß sie die Gesichter von Männern wie diesen Streikenden nie wirklich gesehen hatte: diese verkniffenen, von Falten durchzogenen, verbrauchten Gesichter ohne Alter. ‹Schauermann› verband sich in ihrer Vorstellung mit Größe, Breitschultrigkeit, roher Kraft. Die meisten dieser Männer aber waren nicht größer als sie, viele von ihnen sogar kleiner. Zahlreiche Mexikaner und Asiaten waren darunter. Sie standen da, vornübergebeugt, die Jacken im kalten Wind bis oben zugeknöpft, und hielten ohne Feindseligkeit ihre Streiktransparente hoch, Plakate, auf denen ein Stundenlohn von einem Dollar gefordert wurde und ein Warteraum für die Schauerleute, die bei jedem Wetter im Hafen auf Abruf bereitstehen müssen. Barbara hatte nur eine verschwommene Vorstellung davon, wie dieser Abruf aussah, sie dachte an eine Art Auktion, weil Dr. Franklin so ähnlich davon gesprochen hatte, als er den Embarcadero als Sklavenmarkt bezeichnete. Barbara ging näher an eine Gruppe heran, um ein mit ungelenken Buchstaben beschriebenes

Schild lesen zu können. Der Mann, der es trug, trat aus der Reihe der anderen hervor, hielt es ihr entgegen und grinste sie mit zahnlosem Mund gutmütig an.

«Lies nur, Schwester», sagte er. «Ich habe es nicht eilig, ich habe so viel Zeit, wie ich will.»

Auf dem Schild stand: «Ich möchte einen Dollar pro Stunde verdienen. Ich muß Frau und drei Kinder ernähren und habe durchschnittlich 15 Stunden Arbeit die Woche. Könnten Sie davon leben? Vor dem Streik bekam ich 75 Cent die Stunde – wenn ich Arbeit hatte.»

Er grinste wieder, trat zurück in die Reihe der Streikposten und ging mit ihnen davon. Barbara sah ihm nach. Sie hatte fünfunddreißig Dollar bei sich, und ihr erster Impuls war, dem zahnlosen Schauermann nachzulaufen und ihm ihr Geld in die Hand zu drücken. Nein, beschloß sie, das wäre schrecklich, absolut schrecklich. Sie ging den Embarcadero entlang und trug das ganze Gewicht der Armut und des Leidens mit sich herum. Für Barbara war es gleich, daß *alle* Häfen an der Westküste geschlossen waren, von Seattle bis nach San Diego, denn in ihren Augen lag die Schuld dafür bei John Whittier und ihrer Mutter, da sie die größte Reederei an der Küste besaßen, und damit auch bei ihr, Barbara.

Sie kam an eine Stelle, wo ein Lastwagen abgestellt war. Die hintere Bordwand war heruntergeklappt, und auf der Ladefläche hatte man eine Art Suppenküche eingerichtet. Zwei Männer und eine untersetzte Frau verteilten Kaffee und Krapfen an die Streikenden. Auf der Seitenwand des Fahrzeugs stand SCHOFIELD'S BAKERY, und darunter war auf ein Stück Karton geschrieben BÄCKEREIARBEITER, KANTINE 12. Barbara sah ein paar Minuten zu. Dann ging sie zu der Frau hin und fragte verlegen flüsternd: «Nehmen Sie auch Spenden an?»

«Natürlich.»

Barbara öffnete ihr Portemonnaie, nahm bis auf das Fahrgeld für die Straßenbahn alles Geld heraus und gab es der Frau.

«Gott segne dich, mein Kind», sagte die Frau.

Barbara biß die Zähne zusammen und schloß die Augen, um ihre Tränen zurückzuhalten.

«Stimmt was nicht?»

Barbara schüttelte den Kopf und ging schnell weg.

Sam Goldberg war mit seinen sechsundsechzig Jahren dicker denn je in seinem Leben. Vor einem halben jahr hatte sich die Waage in der

Praxis seines Arztes bei gut 100 kg eingependelt, und da er nur 1,73 m groß war, sagte sein Arzt ihm geradeheraus: «Nur weiter so, Sam, dann steuern Sie geradewegs auf eine Herzgeschichte zu.» Sam saß in seinem Büro, kaute gedankenverloren Fruchtgummi und dachte darüber nach, daß diese Möglichkeit immer noch bestand, ihn aber nicht sonderlich beunruhigte. Seine Frau, die immer streng auf sein Gewicht geachtet hatte, war vor zwei Jahren gestorben. Sein Sozius, Adam Benchly – die Kanzlei firmierte immer noch unter Goldberg und Benchly –, war ein spindeldürrer Yankee gewesen, der vor neun Monaten mit siebzig Jahren das Zeitliche gesegnet hatte. Seither war Sam allein, zum erstenmal in seinem Leben, und fühlte sich niedergeschlagen. Die beiden jungen Anwälte, die er zu seiner Entlastung eingestellt hatte, achteten ihn und waren stets einer Meinung mit ihm. Das machte ihn noch niedergeschlagener. Benchly war nie seiner Meinung gewesen. Sie hatten sich vierzig Jahre lang gestritten und einander angefaucht; ohne ihn war das Leben langweilig und ohne Spannung. Also sah Sam Goldberg keinerlei Grund, auf die Fruchtgummis oder die schweren, kräftigen Mahlzeiten zu verzichten, die er täglich in Ginos Restaurant in der Jones Street zu sich nahm.

Es war ohnehin eine neue, andere, entmutigende Welt. Sie war gänzlich aus den Fugen geraten. Er und Benchly stammten von Einwanderern ab, von einer ganz speziellen Sorte. Goldbergs Vater war 1852 als Goldsucher nach Kalifornien gekommen und brachte es schließlich zu einem Obststand in Sacramento. Benchlys Vater war 1850 in San Francisco von seinem Schiff weggelaufen. Benchly und er hatten gemeinsam eine Zeit durchlebt, in der alles möglich war und in der das Mögliche auch in die Tat umgesetzt wurde. Jetzt war das Mögliche wieder auf seine natürliche Größe geschrumpft.

Während er über dies und allerlei sonst nachdachte, unterbrach ihn plötzlich die Stimme seiner Sekretärin aus der Gegensprechanlage, die ihm mitteilte, eine Miss Barbara Lavette wünsche ihn zu sprechen.

Er mußte erst wieder in die Gegenwart zurückfinden, die Dinge zurechtrücken, und nach einem längeren Schweigen sagte er: «Ja, in Ordnung. Schicken Sie sie rein.»

Er stand auf und wartete. Die Zeit spielt uns Streiche, und sein erster Gedanke beim Eintreten der hochgewachsenen hübschen jungen Frau war, seine Sekretärin habe den Namen falsch verstanden und

Jean komme herein. Die Ähnlichkeit war verblüffend. Aber natürlich war es ihre Tochter. Er hatte Jean viele Jahre nicht gesehen, sie mußte bestimmt schon ein Stück über vierzig sein.

Er ging um den Schreibtisch herum auf sie zu und ergriff die ihm entgegengestreckte Hand. Ihr Auftreten war eine seltsame Mischung aus Schüchternheit und Selbstvertrauen, und das schwache, unsichere Lächeln um ihre Lippen war sehr einnehmend.

«Sie sind Dannys Tochter», sagte Goldberg.

Sie nickte. «Ich hätte anrufen und Sie um einen Termin bitten sollen, Mr. Goldberg. Aber ich komme nicht in einer Rechtsangelegenheit. Ich möchte, daß Sie das wissen. Ich wollte nur mit Ihnen reden und Sie einiges fragen, und ich weiß, wie beschäftigt Anwälte sind.»

«Beschäftigt sind meine Angestellten», sagte er. «Ich sitze hier und kaue Fruchtgummi und grüble über die Vergangenheit nach. Ich freue mich sehr – Barbara. Ich darf Sie doch Barbara nennen? Wir sollten nicht so förmlich sein. Ich war zwanzig Jahre lang der Anwalt Ihres Vaters, und nicht nur das, glauben Sie mir. Und Sie sind also Barbara. Sie sind eine schöne Frau geworden, meine Liebe. Als ich Sie zum letzten Mal sah, waren Sie sechs oder sieben Jahre alt. Und jetzt ...»

«Bin ich zwanzig.»

«Ein wunderbares Alter. Und was ist mit Danny? Ich weiß, daß Sie ihn im vorigen Jahr besucht haben.»

«Ich war noch nicht wieder in Los Angeles. Ich will bald hinfahren. Störe ich?»

«Stören? Mein liebes Kind, das ist ein großes, unerwartetes Vergnügen für mich! Es ist fast Mittag. Haben Sie schon gegessen? Oder sind Sie schon zum Essen verabredet?»

«Nein.»

«Gut. Dann gehen wir zu Gino und essen und reden miteinander.»

«Gern.»

Goldberg setzte sich im Restaurant an dem kleinen Tisch mit dem karierten Tischtuch ihr gegenüber und bestellte Spaghetti, ein Kalbskotelett und Kaffee. «Wir werden etwas Leichtes essen, das ist jetzt Mode», sagte er. Er stellte sie Gino vor, der viel Aufhebens von ihr machte und darauf bestand, daß sie eine Flasche Wein auf Rechnung des Hauses tranken.

«Dannys Tochter», sagte Goldberg.

«Ich kenne das hier», sagte Barbara, als Gino gegangen war. «Er ist immer mit May Ling hierher gekommen.»

«Macht Ihnen das etwas aus?»

«Nein, eigentlich nicht. Es ist nur ein Teil des Ganzen, das ich zu verstehen suche. Als ich ihn im vorigen Jahr besucht habe – Sie wissen ja, ich war in Los Angeles –»

«Ja.»

«Ich war so glücklich, ihn zu sehen, und ich kannte ihn doch gar nicht richtig. Ich kenne ihn immer noch nicht, und mich selbst wohl auch nicht. Es ist alles so verworren.»

«Das kann ich verstehen.» Er deutete auf die Speisen. «Sie essen ja gar nicht.»

«Ich habe keinen Appetit, entschuldigen Sie, bitte.»

«Nichts zu entschuldigen. Ich bin dick, Barbara. Dicke Menschen essen gern. Also werde ich essen, und Sie können reden.»

«Ich habe ein paar Fragen. Stört es Sie, wenn man Ihnen Fragen stellt?»

«Das gehört bei einem Anwalt zum Handwerk – vorausgesetzt, er kann sie beantworten.» Er kaute bedächtig, während Barbara schwieg und wartete. «Fragen Sie nur.»

«Warum arbeitet er dort in San Pedro als Fischer? Er war doch ein reicher Mann.»

Goldberg aß weiter seine Spaghetti und sah sie liebevoll an. Als er fertig war, sagte er: «Die Arbeit gefällt ihm, er ist gern Fischer.»

Barbara schüttelte den Kopf.

«Er legt keinen Wert darauf, reich zu sein», sagte Goldberg.

«Auch das ist keine Antwort», sagte Barbara bittend. «Sie machen sich über mich lustig, Mr. Goldberg.»

«Nein, das tue ich nicht. Sie haben mich gefragt, warum Danny Lavette so gehandelt hat. Ich kann Ihnen nur sagen, was er getan hat, aber nicht warum. Ich bin sicher, daß Sie es wissen.»

«Nein, ich weiß es nicht.»

«Hat Ihre Mutter es Ihnen nicht gesagt?»

«Meine Mutter spricht über solche Dinge nicht mit mir.»

«Sie wissen doch von der Chinesin, May Ling?»

«Ja – ich weiß, daß sie viele Jahre seine Geliebte war.»

«Nein, das ist nicht das richtige Wort. Ihr Vater wollte sich scheiden lassen, aber Ihre Mutter verweigerte die Zustimmung. Ihr Vater hatte sich in den zwanzig Jahren ein kleines Reich aufgebaut – Schiffe, Grundbesitz, das Kaufhaus L & L, ein Hotel auf Hawaii und die erste Zivilfluglinie hier in Kalifornien. Als Ihr Großvater 1928 starb, hinterließ er Ihnen und Ihrem Bruder die Aktienmehrheit der Seldon-Bank. Das Erbe soll von Ihrer Mutter zwölf Jahre lang treuhänderisch verwaltet werden. 1940, wenn die zwölf Jahre abgelaufen sind, wird das Aktienvermögen Ihnen zufallen. Sie werden dann sehr reich sein. Aber ich nehme an, daß Ihnen das bekannt ist.»

«Ja, ich weiß Bescheid.»

«Im Testament wurde die Treuhänderschaft Ihrer Mutter mit der Vollmacht verknüpft, ihr Stimmrecht so auszuüben, wie sie es für richtig hielt. Damals entschloß sie sich, den Vorsitz über die Bank zu übernehmen, was noch keine Frau in diesem Lande getan hatte, schon gar nicht bei einem Unternehmen von der Größe der Seldon Bank. Ihre Mutter hatte zwar keinen blassen Schimmer vom Bankwesen, aber sie hat es gelernt. Sie war nie eine bloße Galionsfigur, sie mischte überall mit, und, glauben Sie mir, sie machte ihre Sache nicht schlecht. Innerhalb von fünf Jahren wurde die Bank zum Mittelpunkt ihres Lebens. Aber ich nehme an, auch das wissen Sie.»

«Ja», flüsterte Barbara, «das weiß ich. Und was ist mit meinem Vater?»

«Er hatte einen Geschäftspartner, Mark Levy. Die Levys hatten unten am alten Kai ein Schiffsausrüstungsgeschäft. Dannys Vater kam bei dem großen Erdbeben um, und Danny besaß nichts außer Joe Lavettes Fischerboot. Er war damals noch ein Kind, aber ein sehr aufgewecktes Kind. Bald hatte er drei Fischerboote, die bis zur Topprahe mit Hypotheken belastet waren. Er steckte immer bis zur Halskrause in Krediten. Dann lernte er Ihre Mutter kennen, verliebte sich in sie und ließ sich durch nichts davon abbringen, sie und Nob Hill zu erobern. Er und Mark Levy wurden Geschäftspartner – Danny war immer noch ein halbes Kind –, und Levy nahm Hypotheken auf sein Geschäft auf, damit sie ihr erstes Schiff kaufen konnten, einen halb verrosteten alten Holzfrachter, die *Oregon Queen.* In meinem Büro hängt noch ein Bild von ihr. Wenn Sie mitkommen, zeige ich es Ihnen.»

«Wissen Sie», sagte Barbara langsam, «daß ich Mark Levy nie kennengelernt habe? In all den Jahren nicht.»

«Ihre Mutter mochte ihn nicht. Er war ein netter Kerl, aber Ihre Mutter wurde nicht warm mit ihm. Inzwischen ist er tot, er ist 1930 gestorben. Sein Sohn betreibt ein Weingut im Napatal. Danny und Mark haben auf Biegen und Brechen zusammengehalten; sie waren wie Brüder. Sie haben schon 1910 einen Chinesen als Buchhalter eingestellt, Feng Wo, zu einer Zeit, als man Chinesen höchstens als Hausdiener beschäftigte. Aber er war ein ganz besonders heller Kopf. Sie hätten ohne ihn unmöglich erreichen können, was sie erreicht haben. May Ling war seine Tochter.» Er atmete tief ein und machte sich über sein Kalbskotelett her. «Eine Schande, es kalt werden zu lassen», entschuldigte er sich. Und dann: «Im übrigen – verstehen Sie mich, bitte, nicht falsch. Ich schätze Ihre Mutter sehr.»

«Ich auch», sagte Barbara. «Aber was geschah dann?»

«Ich könnte es Ihnen jetzt detailliert berichten und den Rest des Nachmittags damit zubringen, aber ich will es kurz machen. Als 1929 der Börsenkrach kam und die Banken zusammenbrachen, waren Danny und Mark völlig illiquide. Ihr Reich begann zu zerbröckeln. Allein bei der Seldon Bank standen sie mit etwa sechzehn Millionen in der Kreide, und als sie die Zinsen dafür nicht mehr aufbringen konnten, hat Ihre Mutter das Darlehen gekündigt. Damit waren sie am Ende.»

«Was? So etwas hat meine Mutter getan?»

Goldberg legte die Gabel hin. «Nun mal langsam. So einfach ist das nun auch wieder nicht. Ihre Mutter hatte keine andere Wahl. In gewisser Hinsicht kann man sagen, Ihr Vater hat für die Scheidung bezahlt, indem er alles aufgab. Er hätte natürlich auch in dem Unternehmen bleiben und mit dem Anteil arbeiten können, den die Bank und die Whittiers übernahmen. Dann hätte aber Mark mit leeren Händen dagestanden. Das wollte Dan nicht. In Wahrheit wollte er wohl gar nichts. Irgend etwas war in ihm vorgegangen. In diesem Staat herrscht das Prinzip der Zugewinngemeinschaft, und für Dan hätte eine halbe Million an persönlichen Vermögenswerten, Grundbesitz und dergleichen herauskommen können. Da er das aber nicht wollte, unterschrieb er eine Verzichtserklärung, in der er alles Ihrer Mutter überließ. Niemand hat ihn dazu gedrängt. Es gibt in diesem Stück keinen Schurken, weder Ihre Mutter noch Whittier.»

«Aber Sie haben doch gerade gesagt, daß meine Mutter meinen Vater zerstört hat.»

«Niemand hat Ihren Vater zerstört», sagte Goldberg mit einer Spur von Verärgerung. «Ich dachte, Sie hätten das alles gewußt. Sie haben Ihren Vater doch im vorigen Jahr getroffen. Sah er da zerstört aus?»

«Nein.»

«Na also. Danny hat das alles ganz von allein getan. Weder Whittier noch Ihre Mutter hatten etwas damit zu tun.»

«Er war aber reich», beharrte Barbara. «Ein bißchen weiß ich auch Bescheid über Zugewinngemeinschaft. Ganz gleich, wie es seinem Unternehmen ging, er hätte reich bleiben können. Warum hat er meiner Mutter alles überlassen?»

«Ich weiß es nicht», seufzte Goldberg und schüttelte den Kopf. «Wollen Sie Nachtisch? Sie haben überhaupt nichts gegessen. Nehmen Sie doch ein Stück Käsekuchen.» Er winkte dem Kellner.

«Einverstanden», sagte Barbara.

«Sehen Sie mal, Kind», sagte er, nachdem er den Käsekuchen probiert hatte, «Sie sind Dannys Tochter. Er war wie ein Sohn für mich. Aber ich weiß nicht, welche Gründe er für seine Handlungsweise hatte, und Sie sollen jetzt nicht nach Hause gehen und Ihrer Mutter das alles an den Kopf werfen.»

«Das wäre ohnehin nicht möglich, sie ist nicht da.»

«So? Tun Sie mir einen Gefallen und essen Sie den Kuchen.» Sie nahm einen Bissen. «Er ist doch gut?»

«Doch, ja.»

«Wo ist Ihre Mutter?»

«Sie und John – ihr Mann, Whittier –»

«Ich weiß.»

«Sie sind nach Osten gefahren, zur Abschlußfeier meines Bruders. John kommt nächsten Monat zurück, Tommy und meine Mutter wollen ein bißchen in Boston bleiben.»

«Soll das heißen, Sie wohnen allein in dieser Riesenscheune?»

Barbara lächelte zum erstenmal, seit sie das Restaurant betreten hatten. «O nein, Mr. Goldberg. Dort kann niemand allein sein.»

«Kindchen, warum nennen Sie mich nicht Sam. Ich bin zwar etwas älter als Sie, aber wir sind doch sozusagen eine *Mischpoche*. Das ist Jiddisch und heißt Verwandtschaft. Ich kann nur zehn Wörter, und das ist eins meiner liebsten. Warum kann man da nicht allein sein?»

«Weil John sechs Diener dort herumlaufen läßt, die alle nichts zu tun haben. Und als wir das Haus auf Russian Hill aufgegeben haben, hat Mutter auch noch Wendy Jones mitgenommen. Früher war sie unser Kindermädchen, jetzt ist sie alt, fies und neugierig. Ich bin aber fast nie dort.»

«Neugierig bin ich auch. Warum sind Sie fast nie da? Treiben Sie sich herum, trinken zuviel?»

«Sie machen mir Vorwürfe», sagte sie verblüfft.

«Ja.» Er grinste sie an. «Ich weiß. Na los, essen Sie Ihren Kuchen auf.»

«Ich arbeite in einer Suppenküche», sagte Barbara. «Heute habe ich mir freigenommen. An den meisten Tagen bin ich zu müde, um noch viel herumzulaufen. Ich mache es schon seit zwei Wochen, seit meine Mutter verreist ist.»

«Wo arbeiten Sie?»

«In der MWIU-Suppenküche in der Bryant Street.»

«MWIU?»

«Die Marine Workers Industrial Union, ja», sagte Barbara gelassen.

«Herr im Himmel! Für die Hafenarbeitergewerkschaft? Die Burschen von Harry Bridges?»

«Ja.»

«Weiß Ihre Mutter das?»

Barbara schüttelte lächelnd den Kopf.

«Früher oder später wird sie es erfahren, und früher oder später wird ein Klugscheißer von Reporter auf Sie stoßen und die Sache groß auf der ersten Seite des *Examiner* herausstellen. Das wäre ein gefundenes Fressen! Mein Gott, Mädchen, was ist in Sie gefahren? Das ist kein Sandkastenspiel. Da unten im Hafen wird ein hartes, schmutziges Spiel gespielt.»

«Ich arbeite nur in der Suppenküche. Ich bin keine Kommunistin. Und meinen Namen weiß auch niemand. Ich nenne mich Bobby Winter. Schien mir einfacher, meinen Vornamen zu behalten. In der Schule haben sie mich immer Bobby Winter gerufen, weil mir die kalten Winter drüben im Osten so gefielen. Es wird schon niemand merken, wer ich bin.»

«Vielleicht nicht in den nächsten zehn Minuten», sagte Goldberg. «Aber warum tun Sie das? Weil Sie meinen, John Whittier hätte Ihrem Vater übel mitgespielt? Das ist nicht der Fall; das habe ich Ihnen doch eben gesagt.»

«Nein. Damit hat es ganz und gar nichts zu tun.»

«Was zahlt man Ihnen da?»

«Nichts.»

«Und was haben Sie da zu machen?»

«Mr. Goldberg, Sie brüllen mich an und machen mir Vorwürfe, als wäre ich ein dummes kleines Schulmädchen. Sie haben kein Recht dazu. Ich bin hergekommen, um mit Ihnen über meinen Vater zu reden, und nicht, um mich von Ihnen herunterputzen zu lassen.»

«Sie haben völlig recht. Es tut mir leid.»

«Jetzt habe ich Sie verletzt», sagte sie.

«Völlig in Ordnung. Ich habe Sie verletzt, und Sie haben mich verletzt. Und jetzt hören Sie einmal gut zu, mein Kind. Sie sind die Tochter eines Mannes, der wie ein Sohn für mich ist. Das gibt mir gewisse Vorrechte. Ich spreche so zu Ihnen, weil es sonst bestimmt niemand täte. Es ist nun einmal Tatsache, daß John Whittier, der größte Reeder an dieser Küste, mit Ihrer Mutter verheiratet ist. Sie stehen eher auf der Seite der Schauerleute – ich übrigens auch. Ich habe Sie vorhin gefragt, was Sie dort tun.»

«Ich habe es doch gesagt. Ich arbeite in der Küche. Ich helfe bei der Zubereitung der Mahlzeiten und teile sie aus. Ich bekomme pro Woche vierzig Dollar von zu Hause, Mr. Goldberg –»

«Sie sollen mich doch Sam nennen», unterbrach er sie. «Wenn ich Sie schon anbrülle, können Sie mir wenigstens den Gefallen tun.»

«Gut, also Sam. Ist Ihnen klar, daß ich von zu Hause jede Woche mehr als doppelt so viel Geld bekomme, wie die meisten Schauerleute verdienen?»

«Und fünfmal soviel wie der Durchschnitts-Wochenlohn in Indien, vielleicht sogar zehnmal soviel. Was beweist das?»

«Ich will nichts damit beweisen. Aber ich brauche das Geld nicht. Deshalb kaufe ich Lebensmittel für die Küche davon.»

«Kennen die Leute da unten diesen Hintergrund?»

«Ich bin doch nicht verrückt. Ich sage immer, es seien Spenden. Ich helfe bei der Zubereitung, schäle Kartoffeln, putze Gemüse. Ich teile das Essen mit aus, und manchmal wasche ich ab.»

«Und das gefällt Ihnen? Tun Sie das gern?»

«Ja, sehr sogar!»

«Nun, wer brüllt jetzt?»

«Na ja, Sie gehen mit mir ins Gericht, als täte ich etwas Unrechtes. Ich tue nichts Unrechtes. Es ist das erste Mal in meinem Leben, daß ich etwas Vernünftiges tue. Es ist das erste Mal, daß ich überhaupt arbeite. Wenn Sie die Gesichter der Männer sehen könnten und wüßten, wie hungrig und elend sie sind, würden Sie mich verstehen.»

Der Kellner kam, Goldberg nahm seine Brieftasche heraus und bezahlte. Er behielt sie in der Hand, sah Barbara an und fragte: «Haben Sie einen Freund, Kindchen?»

«Nein, keinen richtigen. Da war ein netter Junge in der Schule, der an den Wochenenden von Yale herüberkam. Er hieß Burt Kingman. Aber er lebt in Philadelphia. Das scheint mir jetzt hundert Jahre zurückzuliegen. Ich kenne auch hier einige Jungen, aber ich habe sie seit meiner Rückkehr noch nicht wiedergesehen. Warum fragen Sie?»

Goldberg lächelte. «Warum? Immerhin sind Sie ein nettes Mädchen, Barbara. Passen Sie auf sich auf. Unten am Kai können Sie doch nichts ändern. Vergessen Sie das nicht.»

«Nicht einmal mich selbst?»

«Das ist am schwersten von allem.» Er nahm drei Zwanzig-Dollar-Noten aus der Brieftasche und schob sie ihr hin.

«Wofür?»

«Kaufen Sie Lebensmittel. Und denken Sie daran, daß Sie möglicherweise bald einen Anwalt brauchen, wenn Sie so weitermachen. Ich bin kein schlechter Anwalt.»

Nachdem Dan Lavettes Geschäftspartner Mark Levy 1930 an einem Herzanfall gestorben war, wohnte seine Witwe Sarah allein in dem großen, im spanischen Kolonialstil erbauten Haus in Sausalito. Sam Goldberg und seine Frau besuchten sie oft, und nach dem Tode seiner Frau machte Sam es sich zur Gewohnheit, Sarah Levy an den Wochenenden zu besuchen. Diese Besuche waren für ihn eines der wenigen Mittel gegen seine unerträgliche Einsamkeit. Die Wochentage waren nicht so schlimm. Er arbeitete bis sieben oder halb acht in seinem Büro und konnte dann mit dem Abendessen bei Gino oder in einer anderen Gaststätte den größten Teil des Abends totschlagen. Aber die Wochenenden zogen sich hin, sie hörten überhaupt nicht auf, und er hatte nichts, womit er sie füllen konnte. Deshalb lud er sich nach dem Tode seiner Frau an Samstagen oder Sonntagen immer häufiger bei den Levys ein. Er war seit einem halben Jahrhundert mit der Familie befreundet, im San Francisco des Jahres 1934 ein Zeitraum, der fast bis zu den Anfängen der Stadt zurückreichte. Als Sam Goldberg mit siebzehn Jahren von Sacramento nach San Francisco gekommen war, um sich im Büro von Colby & Jessup mit den Grundlagen der Juristerei vertraut zu machen – die damals übliche Art des Studiums –, hatte er in einem Holzhaus auf dem Embarcadero gegenüber dem Schiffsausrüstungsladen von Levy zur Miete gewohnt. Als einzige Juden in einer überwiegend italienischen Nachbarschaft hatten sie sich bald angefreundet, und Marks Vater hatte ihm zu seinem ersten Fall verholfen, einem Streit um Bergelohn, bei dem es um unbezahlte Rechnungen des Ausrüsters ging. Er erinnerte sich noch, als wäre es gestern gewesen, an den Tag des Jahres 1897, als Sarah aus New York angekommen war, eine hübsche, schlanke junge Frau mit flachsblondem Haar. Elterliche Briefe hatten sie einem Mann versprochen, den sie nie gesehen hatte, und sie war mit einem Schild um den Hals auf die Reise geschickt worden, wie ein Stück Frachtgut.

Nun war Mark tot, schon seit vier Jahren. Es war ein plötzlicher Tod gewesen, nach einem schlimmen Herzanfall, und man mußte weniger ihn bedauern als seine Witwe, deren Tochter sich gerade zwei Jahre zuvor das Leben genommen hatte. Ihr einziges überlebendes Kind, Jake, war mit Clair Harvey verheiratet, der Tochter von Jack Harvey, dem ersten Kapitän in der Flotte von Lavettes und Levys Seeschiffen. In den frühen zwanziger Jahren, als das im Volstead-Gesetz verkündete Alkoholverbot die amerikanische Weinindustrie zugrunde richtete, hatten Jake und Clair ein altes Weingut im Napatal gekauft, und es war ihnen gelungen, die Zeit der Prohibition zu überstehen, indem sie Wein für den rituellen Gebrauch herstellten, zuerst nur für eine kleine Zahl orthodoxer Synagogen in San Francisco, dann für fast alle Synagogen in Kalifornien. Später lieferten sie auch Meßwein für viele katholische Gemeinden. Das hatte ihnen zu bescheidenem Wohlstand verholfen, auch wenn nach der Abschaffung der Prohibition die Nachfrage nach Wein nicht allzu sehr stieg. Der Umsatz an harten Getränken war zwar im ganzen Lande gestiegen, aber der Genuß von Wein war zu einer bloßen Erinnerung verblaßt – und wer sich überhaupt noch erinnern konnte, kaufte lieber Importweine.

Das Weingut hieß Higate und lag einige Kilometer nördlich von Oakville im Napatal. Es hatte neunhundert Morgen Anbaufläche am Osthang der Hügelkette. Während Sam Goldberg zum Haus der Levys in Sausalito fuhr, fragte er sich, wie schon oft, warum Sarah Jakes Einladung, zu ihnen zu ziehen, nicht annahm. Dort waren drei Kinder, genug Arbeitskräfte, Leben und Abwechslung, während sie in dem riesigen Haus völlig allein war. Sie hatte es jedesmal mit der Begründung abgelehnt, sie wolle ihren Kindern nicht zur Last fallen. Aber wozu hat man denn Kinder, fragte Goldberg sich. Seine Ehe war kinderlos geblieben, aber wenn er Kinder hätte, würde er eine solche Einladung mit Freuden annehmen!

Er beschloß, diesen Punkt heute anzusprechen und darauf hinzuweisen, daß es selbstzerstörerisch sei für eine tatkräftige Frau von vierundfünfzig Jahren, sich zu vergraben – von der nicht genutzten Arbeitskraft einmal ganz abgesehen. Diesmal aber brachte Sarah selbst Higate zur Sprache. Clair hatte am Vormittag angerufen und ihre Schwiegermutter eingeladen, ob sie nicht – falls Goldberg einverstanden war – den Nachmittag bei ihnen verbringen und zum Abendessen bleiben wollten.

«Heute jedenfalls», sagte Sarah, nachdem sie ihn mit einem Begrüßungskuß empfangen hatte, «habe ich ein Rendezvous mit dir, Sam.»

«Quatsch. Du bist viel zu jung für cin Rendezvous mit einem Mann von sechsundsechzig. Besuche, ja. Rendezvous, nein. Hol's der Henker, Sarah, du bist gesund und schön – viel zu schön, um hier untätig zu versauern.»

Sie lächelte und nahm seinen Arm. Wenn sie lächelte, lag auf ihrem faltigen Gesicht ein Abglanz der Frau, die er vor zwanzig Jahren kennengelernt hatte. Ihr flachsblondes Haar war weiß geworden, das Blau ihrer Augen aber leuchtete noch so wie früher, und ihre Figur war unverändert. «Ich habe Martha stets geraten», sagte sie, «nie einem Mann zu widersprechen, der sagte, sie sei schön. Aber sie war ja auch schön, nicht wahr, Sam?»

«Ja, das war sie.»

«Übrigens stimmt es nicht, daß ich nichts tue. Ich lese, stricke und kümmere mich um meine Rosen. Manchmal koche ich auch.»

«Und du weinst um Martha.»

«Ja.»

«Da siehst du, was dabei herauskommt, wenn du allein hier herumsitzt. Was war, ist vorbei. Du mußt –»

«Sam.» Sie unterbrach ihn. «Laß uns nicht darüber sprechen, wo ich lebe und warum. Wollen wir nach Higate fahren?»

«Selbstverständlich.»

Als sie im Wagen saßen, sagte Goldberg: «Rate mal, wer vorgestern in meinem Büro war!»

«Nein, ich rate nicht gern. Aber wissen möchte ich es schon.»

«Barbara.»

«Barbara? Was für eine Barbara?»

«Barbara Lavette, Dannys Tochter.»

«Nicht möglich.»

«Doch, Sarah.»

«Einfach so? Unangemeldet?»

«Ja.»

«Warum? Oder möchtest du mir das nicht sagen?»

«Ich weiß nicht, ob ich den wahren Grund kenne. Sie wollte wissen, was sich damals abgespielt hat, als Jean das Geschäft übernahm. Ich bin aber nicht sicher, ob das wirklich der Grund war. Ich glaube, sie wollte sich ein bißchen umhören.»

«Wie ist sie?» fragte Sarah voll Neugier. «Es ist doch seltsam, daß ich Dans Tochter nur einmal als kleines Mädchen gesehen habe. Dabei waren Danny und Mark wie Brüder.»

«Sie sieht blendend aus, groß, wie Jean, und auch sonst ein bißchen wie ihre Mutter, nur nicht ganz so schön. Aber wer ist das schon?»

«Ja, da hast du recht. Sie ist zwanzig, nicht wahr?»

«Ja, und hat gerade ihr zweites Jahr am Sarah Lawrence College im Osten beendet. Sie arbeitet jetzt.»

«Wo?»

«Ohne Gehalt. Sie hilft freiwillig in der Suppenküche der Dockarbeiter in der Bryant Street.»

«Ausgerechnet Barbara Lavette!»

«Ich dachte mir, daß dich das überraschen würde», sagte Goldberg lächelnd. «Die Welt ist rund, was, Sarah?»

«Das kann man wohl sagen.»

Das Napatal war ein langes, schmales Tal, das sich sanft zwischen niedrige grüne Hügel schmiegte, von denen nur wenige die Höhe von Bergen erreichten – sogar in Kalifornien eine Seltenheit, obgleich es Hunderte und Tausende von Tälern und Schluchten gibt. Von all den Gegenden Amerikas, in denen Reben wachsen, ist lediglich der Name Napa völlig deckungsgleich mit dem Wort ‹Wein›. Alt ist es nur nach kalifornischen Begriffen, denn dort ist nichts wirklich alt, wenn man es mit Europa vergleicht. Die ersten Reben dort pflanzte ein gewisser George Yount. Die meisten alten Wirtschafts- und Wohngebäude waren nach europäischer Tradition, die die deutschen und italienischen Einwanderer mitbrachten, aus Stein gebaut und nicht aus Holz, und von großblättrigem Efeu überwachsen. Das ließ sie, auch wenn sie gar nicht wirklich alt waren, doch so aussehen. Einige solcher Steingebäude hatten die jungen Levys nach Jakes Rückkehr aus dem Ersten Weltkrieg gekauft. Zu jener Zeit war der Besitz kaum mehr als eine alte, nutzlose Ruine gewesen.

Jetzt, vierzehn Jahre später, sah alles völlig anders aus. Die alten

Gebäude waren instandgesetzt und renoviert worden. An den Hängen, die in den ersten Jahren der Prohibition brachgelegen hatten, liefen jetzt wellige Reihen von Reben entlang. Hecken und kleine Beete rahmten die nüchternen Steinhäuser farbenfroh ein, und ein halber Morgen Gartenland war mit Gemüse für den Eigenbedarf bepflanzt.

Goldberg bog von der Fernstraße 29 in einen unbefestigten Weg ein, der über die Hügel bis zu den steinernen Torpfeilern des Besitzes der Levys führte. Als er ausgestiegen war und Sarah aus dem Auto half, kamen Jake und Clair mit ihren drei Kindern und zwei Hunden aus dem Haus, um sie zu begrüßen. Jake war ein hochgewachsener, breitschultriger Mann von fünfunddreißig Jahren. Seine ein Jahr jüngere langgliedrige Frau mit dem flammendroten Haarschopf, den Sommersprossen und dem sonnenverbrannten Gesicht, gab offenbar nichts auf ihr Aussehen. Die beiden Jungen, der zwölfjährige Adam und der zehnjährige Joshua, fröhliche kleine Abbilder ihrer Mutter, waren ebenfalls rothaarig und sommersprossig, während die achtjährige Sally die blauen Augen und das flachsblonde Haar ihrer Großmutter hatte.

Mit leiser Trauer und nicht ohne Neid sah Goldberg, mit welcher Freude und Wärme Sarah begrüßt wurde. Er stand ein wenig abseits, während die Levys sich inmitten der plappernden Kinder und der bellenden Hunde umarmten und miteinander plauderten. Es war selbstsüchtig und sentimental von ihm, diese Szene in Beziehung zu sich selbst zu sehen, aber er neigte nun einmal zur Sentimentalität. Dann bemerkte Clair, wie einsam und verlassen er sich vorkam. Sie ging zu ihm, nahm seinen Arm und sagte, sie alle freuten sich sehr, ihn zu sehen.

«Es sind Jahre her», sagte sie. «Sie und Mutter sind alles, was uns aus der alten Zeit geblieben ist.»

«Ich hätte den Ort nicht wiedererkannt. Es riecht ja förmlich nach Wohlstand.»

«Das täuscht», sagte Jake. «Ist einer von euch müde?»

«Ganz und gar nicht», erwiderte Sarah.

«Wieso täuscht es?» fragte Goldberg.

«Weil die Amerikaner vergessen haben, daß man auch Wein trinken kann. Wenn wir Whiskey machten, würden wir im Geld schwimmen. Alle die guten Weine, die zur Zeit der Prohibition getrunken wurden, hat man aus Frankreich hereingeschmuggelt, und das konnten sich nur die ganz Reichen leisten. Jetzt wollen sie unseren amerikanischen Wein nicht mehr.»

«Dabei ist er genauso gut wie der aus Europa, wenn nicht sogar besser», fügte Clair hinzu.

«Na ja, manchmal. Wissen Sie was, Sam – ich werde Ihnen den ganzen Besitz zeigen. Sie sind mein Versuchskaninchen. Clair meint nämlich, wir sollten das Weingut am Wochenende für Besucher öffnen und einen Probeausschank einrichten, um auf diese Weise eine Nachfrage zu schaffen. Wenn wir die großen Weinbauern dazu bringen könnten, mitzumachen, wäre das sicher ganz gut. Aber wir allein sind zu klein, um etwas zu erreichen. In der nächsten Woche treffen sich alle Weinbauern des Tals, dann wollen wir es vorschlagen. Aber wer weiß, was dabei herauskommt? Auf jeden Fall würde ich gern an Ihnen und Mutter ein bißchen üben.»

«Ich habe schon alles gesehen», sagte Sarah. «Nimm Sam mit. Ich helfe Clair im Haus.»

Jake führte Goldberg zu den Steingebäuden, und die Kinder folgten neugierig. Er wies auf die sanft ansteigenden Hänge. «Das sind unsere neuesten Anpflanzungen, Pinot Noir. Natürlich kann man auch beim Zinfandel bleiben, er ist in diesem Tal heimisch, und wir sind berühmt für ihn. Aber ich habe in Frankreich Pinot Noir probiert, und er schmeckte wie Nektar und Ambrosia. Deshalb haben Clair und ich beschlossen, auch einen so guten oder noch besseren Wein zu machen. Ich glaube, wir haben es auch geschafft. Sie können ihn nachher probieren. Angefangen haben wir mit fünfhundert Rebstöcken, und jetzt haben wir den besten Bestand an Pinot Noir im ganzen Tal. Kommen Sie Ende des Sommers zur Weinlese, Sam, und Sie werden Ihre helle Freude erleben. Übrigens wässern wir nicht. Einige der Weinbauern tun das, aber die Trauben werden besser, wenn die Reben sich ihre Feuchtigkeit selbst holen. Wer wässert, hat zwar volle Weinstöcke, bezahlt aber die größere Menge mit schlechterer Qualität.» Jake hielt inne, weil Goldberg ihn verblüfft ansah. «Was ist los, Sam?» fragte Jake.

«Deine Begeisterung, mein Junge. Ich bin einfach platt.»

«Wieso? Für Wein muß man sich begeistern. Herr im Himmel, Sam, denken Sie doch daran, wie wir uns abgemüht und uns alles vom Munde abgespart haben, um uns das hier leisten zu können! Mein ganzes Leben steckt da drin. Es ist, als kennte ich jeden Rebstock auf diesem Hügel mit Namen, Nummer und Wesensart.»

Der kleine Adam neben ihnen versuchte, mit ihnen Schritt zu halten. «Er kennt sie tatsächlich, Mr. Goldberg», sagte er.

«Du hast ihn angesteckt», bemerkte Goldberg trocken.

«Nein, das war Higate. Ich versuche manchmal, mir vorzustellen, was es bedeutet, an einem Ort wie diesem hier aufzuwachsen, mit einer Mutter wie Clair.»

«Du hast auch eine prächtige Mutter.»

«Ich sage ja nichts gegen sie, Sam. Ich will nur etwas ganz Bestimmtes ausdrücken. Kommen Sie, es ist zu heiß, um auf den Hügel zu steigen und die Rebstöcke anzusehen. Gehen wir hier herein», sagte er und wies auf den Eingang des größten Gebäudes.

Als er aus der heißen Sonne ins Dunkle trat, konnte Goldberg zuerst nichts erkennen. Er wartete, bis seine Augen sich ans Dunkle gewöhnt hatten und atmete dabei tief die kalte, säuerliche Luft ein.

«Ein feiner Geruch», sagte Jake. «Zuerst wirkt er eigentümlich, aber mit der Zeit wird er zu einer Art Parfum. Was trinken Sie, Sam?»

«Schottischen Whisky.»

«Das habe ich mir gedacht. Wann haben Sie zuletzt einen wirklich guten Wein getrunken?»

«Ich glaube, das war bei meiner letzten Reise nach Frankreich, mit Jill, 1912. Ich bin kein Weintrinker, Jake.»

«Das wird sich ändern. Vorsicht.» Gefolgt von seinen drei Kindern, die offenbar vom Anblick des wohlbeleibten bebrillten Mannes gefesselt waren, der da hinter ihrem Vater herstapfte, ging Jake ein paar Steinstufen hinab in einen höhlenartigen Keller mit Regalen voller Flaschen, kleinen und großen Fässern, alles voller Wein. Die Luft war kühl, feucht und ein bißchen berauschend vom Duft des Weines.

«Der Lagerraum. Das dahinten –» er wies auf die großen Fässer – «ist der Wein für den rituellen Gebrauch und der Meßwein. Sozusagen unser tägliches Brot, Sam. Damit haben wir angefangen und damit haben wir auch die Prohibition überstanden. Zuerst haben wir die Synagogen des alten Rabbi Blum beliefert, und dann die Kirchen. Jetzt keltern wir davon etwa fünfundsiebzigtausend Liter pro Jahr. Port und Malaga, wie wir ihn nennen, und keine schlechte Imitation der Originalweine, sondern gut und trinkbar, wenn man süßen Wein mag. Ich mag ihn nicht. Wir bauen die Trauben dafür nicht selbst an, sondern kaufen sie in Fresno. Man sollte glauben, daß man mit einem gesicherten Absatz in dieser Größenordnung genug Geld verdient.»

«Und tut ihr das nicht?»

«Keinen roten Heller. Natürlich haben wir 1928 und 1929 Geld damit verdient, aber die Depression hat den Markt kaputt gemacht. Heute holen wir gerade unsere Kosten herein. Wenn Sie Ende des Sommers wieder kommen, können Sie hier und in den Weinbergen zwanzig Männer arbeiten sehen. Ihre Löhne können wir gerade herauswirtschaften – das genügt uns.»

Er wies auf die mit Flaschen gefüllten Regale. «Hier, der Pinot Noir, der Traum meines Lebens. *Das* ist ein Wein!» sagte er bedächtig. Klingt beinahe ehrfürchtig, dachte Goldberg. «Davon machen wir knapp viertausend Liter pro Jahr. Wir lassen ihn im Faß reifen, dann noch einmal sechs bis zwölf Monate auf der Flasche, mit dem Korken nach unten. Auf diese Weise bleibt er feucht, und der Wein atmet und lebt.»

«Großer Gott, du machst ja geradezu eine Religion daraus.»

«Beides hängt miteinander zusammen. Religion und Wein haben nie weit auseinander gelegen. Immerhin bezahlen wir mit Meßwein und dergleichen unsere Rechnungen. Kommen Sie, ich zeige Ihnen noch anderes – das hier ist nur das Fertigprodukt.»

Jake führte Goldberg von Raum zu Raum, an den Keltern, Gärfässern und Lagertanks vorbei in die Abfüllerei.

«Und all das, um ein Glas Wein herzustellen», sagte Goldberg träge.

«Das und noch viel mehr. Gespür und Glück. Ohne das ist man verloren. Vielleicht haben wir das Gespür noch nicht, aber wir hatten viel Glück. Hier entlang, Sam.»

Er ging voran zum anderen Ende der Abfüllerei, wo ein halbes Dutzend entkorkter etikettierter Flaschen stand. «Unsere Probierstube», erklärte er. «Wir haben noch keine richtige, aber eines Tages wird auch das soweit sein. Das hier ist alles Pinot Noir. Wir probieren ihn während des ganzen Reifeprozesses. Wir öffnen eine Flasche und lassen den Wein ein paar Stunden lang atmen.» Er goß zwei Gläser mit dem roten dunklen Wein voll. «Probieren Sie ruhig mal.»

Goldberg trank den Wein in kleinen Schlucken. Zuletzt hatte er Wein getrunken, als Gino seinen Gästen eine Flasche auf Rechnung des Hauses kredenzt hatte. Er erinnerte sich noch an den unverfeinerten, flachen Geschmack. Dieser Wein hier war wie flüssiger Samt, trocken, mit leichtem Nußgeschmack und weichem, lange nachwirkendem Aroma.

«Ich verstehe nicht viel von Wein», sagte Goldberg.

«Mögen Sie ihn?»

«Mit meinem Laiengeschmack würde ich sagen, daß er verdammt gut ist.»

«Darauf können Sie Ihren letzten Heller verwetten, Sam. Dieser Wein wird eines Tages die Welt erobern.»

Willis Mackenzie, Haupt-Reitlehrer des Menlo Circle Club im Menlo Park draußen auf der Halbinsel, war gewissermaßen Fachmann für die Sitten und Gebräuche der Reichen und ihrer Kinder – vor allem, soweit es um Pferde ging. In Mackenzies Vorstellung gehörten Pferde für die Reichen von San Francisco und der Halbinsel in dieselbe Kategorie wie Alkohol, Glücksspiel und flüchtige geschlechtliche Freuden. Pferde waren für sie, was das Automobil für die obere Mittelschicht war: Mehr eine Sucht als eine Leidenschaft, mehr ein anspruchsvolles Statussymbol als ein wirkliches Interesse, besonders seit Beginn der Depression.

Es gab allerdings auch einige wenige Ausnahmen, Menschen, die Pferde leidenschaftlich liebten. Mackenzie, ein hochgewachsener Mann von fünfundvierzig Jahren mit scharfen Gesichtszügen, schied solche Menschen mit einem zögernden Lächeln von den anderen. Er war verbittert und haßte die Leute, denen er diente, er fand die Reichen widerwärtig, und er begehrte und verabscheute ihre gepflegten, nie alternden Frauen. Seiner Ansicht nach gehörte Barbara Lavette zu der besonderen Gruppe derer, die Pferde liebten und verstanden. Daher sah er sie an dem Tage, als sie ihm mitteilte, sie wolle Sandy, ihre siebenjährige dunkle Fuchsstute, verkaufen, nachdenklich an und fragte mißtrauisch nach dem Grund.

«Ich habe meine Gründe, Mac.»

«Na ja, sie ist ein gutes Pferd. Guter Stall. Bei beiden Eltern. Haben Sie die Papiere?» fragte er und überlegte im stillen, wieviel er an dem Geschäft wohl verdienen könnte. Es würde schwierig sein, das Pferd am Ort zu verkaufen. Wenn er es auswärts losschlug, könnte er ein paar hundert Dollar daran verdienen.

«Hier», sagte Barbara und nahm die Papiere aus ihrer Tasche.

«So meinte ich es nicht. Nicht jetzt sofort. Sie wissen doch, im August ist eine Versteigerung.»

«So lange will ich nicht warten, ich möchte sie jetzt verkaufen.»

«Na gut», sagte er langsam. «Ich kenne eine Dame in Flintridge in Pasadena, die eine gute und sanfte Stute sucht.»

«Das würde eine Weile dauern, oder?»

«Etwa eine Woche. Sie würde das Pferd vorher sehen wollen.»

«Nein. Ich möchte es heute verkaufen.»

«Aber, aber, so geht das nicht, Miss Lavette. Man kann ein Pferd doch nicht verkaufen wie eine Hose. Erst muß man einen Käufer finden und ihn zum Kauf bewegen, muß ihn auf dem Pferd reiten lassen. Keiner kauft die Katze im Sack.»

«Sandy ist keine Katze im Sack. Ich weiß, daß Sie manchmal selbst Pferde kaufen, Mac. Was würden Sie mir für Sandy geben?»

«*Mir* wollen Sie sie verkaufen?»

«Ich will sie heute verkaufen.»

Mackenzie sah sie lange nachdenklich an. Sie standen neben Barbaras Wagen auf dem Weg, der zu den Stallungen führte. Mackenzie sah das Auto an, es war ein Ford-Kombi, Baujahr 1933, und ließ eine Hand über den Kotflügel gleiten. «Was ist denn mit Ihrem Buick?» fragte er.

Das geht ihn nun wirklich nichts an, dachte Barbara. Er rückte ihr auf die Pelle. Die sorgfältig errichtete Trennmauer war zusammengebrochen. Er hatte gefolgert, daß sie in Schwierigkeiten steckte, und das nutzte er aus.

«Wollen Sie Sandy nun kaufen?» fragte sie. Sie hatte nicht die Absicht, über das Auto zu reden. Es würde genug Ärger deswegen geben, wenn ihre Mutter zurückkam. Das Buick-Kabriolett war ein Geschenk ihrer Mutter zu ihrem achtzehnten Geburtstag gewesen, aber damit konnte sie nun wirklich nicht zur Suppenküche in der Bryant Street fahren. Ein solches Auto konnte man nicht hinwegerklären, außerdem war der Kofferraum für ihre Zwecke zu klein. Also hatte sie es verkauft und statt seiner den Ford-Kombi erworben.

«Wir wollen zum Stall gehen und sie uns ansehen.»

«Nein, ich möchte Sandy nicht mehr sehen. Kaufen Sie sie?»

«Ich bin hier nur Reitlehrer, Miss Lavette. So viel Geld wie die Leute im Club habe ich nicht. Aber ich glaube, ich könnte sie kaufen.» Er rieb sich das Kinn und dachte nach. «Ich gebe Ihnen vierhundert.»

«Das kann nicht Ihr Ernst sein. Der Sattel allein hat hundertfünfzig gekostet.»

«Und den Sattel umsonst dazu?»

«Sandy ist tausend wert. Das wissen Sie auch.»

Er schüttelte den Kopf. «Zu viel für meinesgleichen. Geben Sie den Sattel dazu, und ich zahle Ihnen fünfhundert.»

«Warum machen Sie das, Mac? Sie wissen, was Sandy wert ist.»

«Ich habe Ihnen doch gesagt, ich bin nur Reitlehrer. Warten Sie eine Woche oder zwei, dann gibt die Dame aus Flintridge Ihnen vielleicht siebenhundert. Und wenn Sie bis zur Versteigerung warten, bekommen Sie vielleicht sogar noch mehr.»

«Zahlen Sie bar? Heute?»

«Ich zahle bar», sagte er.

Als Barbara mit fünfhundert Dollar in der Tasche von Menlo Park aus nach Norden fuhr, liefen ihr Tränen über das Gesicht. «Ich will nicht weinen, ich will nicht.» Oder weinte sie über sich selbst? Hatte sie Angst? Immerhin war sie neun Monate lang ohne Sandy ausgekommen und hatte in Wahrheit kaum an sie gedacht. Aber der Verkauf ging ihr nahe – auch, daß sie Sandy an diesen elenden Mackenzie verkauft hatte. Der Verkauf von Sandy ging ihr näher als der Verkauf des Wagens, der Smaragdnadel und des goldenen Armreifs. Irgendwann würden sie alle zurückkommen, ihre Mutter, John Whittier und ihr Bruder Tom. Ihre Mutter merkte alles. Sie würde sofort fragen: «Barbara, warum hast du den hübschen Buick verkauft und fährst jetzt so einen klapprigen Ford?» Der Wagen war ein ganz besonderes und wunderbares Geburtstagsgeschenk gewesen, und das machte den heimlichen Verkauf noch schimpflicher. «Und wo ist dein Armreif? Hast du etwa noch mehr verkauft? Bist du in Schwierigkeiten? Welcher Art?» Barbara war eine sehr schlechte Lügnerin. Sie würde einfach die Wahrheit sagen, und dann sollte das Donnerwetter eben über sie hereinbrechen.

Sie hatte nichts Unrechtes getan, sie handelte nur aus Menschenfreundlichkeit und Mitgefühl. Oder etwa nicht? Hatte sie es vielleicht nur getan, weil sie ihren eigenen Lebensstil und alles um sie herum verachtete? Wenn das der Fall sein sollte, wäre diese Verachtung sehr plötzlich gekommen. Denn noch vor wenigen Monaten war sie eine recht zufriedene College-Studentin gewesen. Dann war sie in ein Haus zurückgekehrt, das nicht ihr Zuhause war. Aber sie fragte sich, ob denn das Haus auf Russian Hill jemals wirklich zu ihr gehört hatte. Kann überhaupt das Heim der Eltern auch das ihres Kindes sein? Jetzt tat sie sich leid, und das verabscheute sie zutiefst. Sie dachte an Gespräche, in denen die Bekannten ihrer Mutter sich bemitleideten, und an ihren Ärger über diese Millionärsfrauen, die sich in einem Land wie Amerika in den dreißiger Jahren selbst bemitleideten.

Sie war nicht zufällig in die Bryant Street gekommen. Es gefiel ihr am Hafen, mit dem Embarcadero, den Kaianlagen, den Fischerbooten, den großen Dampfern, den Frachtern und den Luxus-Passagierschiffen. All das gehörte zu der Legende ihrer seltsamen Kindheit, zu ihrem Vater, den sie nie wirklich gekannt hatte. Hier hatte er gelebt, als Gehilfe auf dem Fischerboot seines Vaters, und hier hatte er später sein eigenes Reich errichtet. Dann hatte er alles aufgegeben, alle Brücken hinter sich verbrannt. Da sie das nicht verstand, stilisierte sie es zu einer verschrobenen edlen Handlung hoch. Etwas haben und darauf verzichten, etwas Wirkliches finden, ein sinnvolles Opfer bringen – all das wirbelte ihr in einer Mischung aus romantischen Träumen und den Romanen, die sie gelesen hatte, aus Gesprächen mit ihren College-Freundinnen durch den Kopf, und verband sich zu einer kindlichen Verwirrung und Verzweiflung, die mit ihrer im Grunde fröhlichen Natur im Widerstreit lag.

Und dann fand sie sich eines Tages vor der Suppenküche in der Bryant Street wieder. Sie stand einfach da und sah zu, wie die streikenden Hafenarbeiter Schlange standen, um etwas zu essen zu bekommen. Sie hatte eine lebhafte Phantasie, und ihre romantischen Vorstellungen von der werktätigen Bevölkerung entstammten hauptsächlich den Büchern von Jack London und Upton Sinclair. So lernte sie Dominick Salone kennen.

Er war neben ihr stehengeblieben und hatte sie gefragt: «Ist etwas nicht in Ordnung, mein Fräulein?»

Er war so groß wie sie, aber mager. Die dunkle Haut seines Gesichts war straff über die Backenknochen gespannt, seine dunklen durchdringenden Augen lagen tief in den Höhlen. Er hatte eine kleine Nase, schwarzes, widerspenstiges Haar und, was bei einem so jungen Menschen seltsam wirkte, zu beiden Seiten seines breiten Mundes ungeheuer viele Fältchen. Er konnte höchstens dreiundzwanzig oder vierundzwanzig Jahre alt sein. Er trug Bluejeans und eine fleckige grüne Strickjacke über einem T-Shirt.

Sie sah ihn nur an.

«Weil Sie weinen, mein Fräulein.»

«Ich weine nicht.»

«Natürlich weinen Sie. Wir haben mitfühlende Freunde, aber die weinen nicht.»

«Es stimmt nicht, ich weine nicht.»

«Na schön, ist schon gut.» Er zuckte die Schultern und wandte sich ab.

Barbara faßte nach ihren Wangen. Sie waren naß. Da rief sie hinter ihm her: «Hallo!»

Als er sich zu ihr umwandte, wischte sie sich das Gesicht mit einem Taschentuch ab. Er blieb einfach stehen und sah sie an. Sie ging zu ihm hinüber.

«Darf ich Sie etwas fragen, mein Herr?» sagte sie unsicher.

«Ich heiße Nick. Nick Salone, nicht ‹mein Herr›.»

Diese Antwort brachte sie ganz aus dem Konzept. Sie stand einen Augenblick stumm da, bis er sagte: «Na?»

«Ich heiße Bobby.»

«In Ordnung, Bobby, fragen Sie.»

«Was?»

«Sie wollten mich doch etwas fragen.»

Sie machte eine Kopfbewegung zur Küche hin. «Wie halten Sie sie in Gang? Ich meine, woher kommen die Lebensmittel?»

«Was soll das, Schwester? Arbeiten Sie für eine Zeitung oder so?»

«Sie mißtrauen mir.»

«Aber ja. Ich mißtraue jedem, der so aussieht wie Sie.»

«Was soll das heißen? Wie sehe ich aus?»

«O Gott», sagte er. «Lassen Sie es gut sein. Sie wollen also wissen, woher die Lebensmittel kommen? Zuerst hat die Gewerkschaftskasse hergehalten, aber die ist jetzt leer. Alles Geld ausgegeben. Jetzt kommen sie von da und dort – überall, wo wir sie schnorren, klauen oder sonstwie kriegen können.»

«Oh», sagte sie. Und dann etwas geziert und sehr förmlich: «Würde es etwas ausmachen, wenn ich etwas brächte – als Spende? Oder würde das jemanden verletzen?»

«Uns verletzen?»

«Ich weiß es doch nicht», sagte sie kläglich.

«Wir sind nicht so zimperlich.»

«Wohin könnte ich die Sachen bringen?»

Er zeigte auf eine Gasse, die von der Ladenfront abging. «Dorthin. Einfach ab in die Küche damit.»

So hatte es angefangen. Während sie durch die Nebenstraßen zu einem Lebensmittelgeschäft ging, dachte Barbara daran, daß sie schon fast einundzwanzig Jahre alt war, aber noch nie in einem Lebensmittelladen etwas anderes als vielleicht eine Tüte Brezeln, Süßigkeiten oder ein paar Würstchen für eines der abendlichen Feste im Schlafsaal der Schule gekauft hatte. Lebensmittel als Nahrungsmittel, als etwas, was hungrige Menschen satt machen sollte, hatte sie noch nie gekauft. Sie hatte etwa zwölf Dollar in ihrer Handtasche und nicht die geringste Vorstellung davon, was man dafür bekommen würde.

Der Mann, der in dem Kramladen hinter der Theke stand, hatte einen Walroßschnurrbart und wäßrige blaue Augen. Es war halb eins, sie war der einzige Kunde. Der Inhaber beobachtete sie mit skeptischen Blicken. Als sie schon eine ganze Weile stumm dastand, erklärte er: «Wir führen keine Zigaretten, meine Dame.»

«Ich will auch keine Zigaretten.» Irgendwo hatte sie gelesen, daß Bohnen nahrhafte Stoffe in sehr ausgewogenem Verhältnis enthielten. Und außerdem gab es in ihrer Vorstellung eine Verbindung zwischen Bohnen und der arbeitenden Bevölkerung. «Was kosten Bohnen?» fragte sie.

«Bohnen?»

«Ja, Bohnen.»

«Was für Bohnen? Ich habe Limabohnen, Saubohnen, Feuerbohnen, Wachtelbohnen, weiße Bohnen – was für welche also?»

«Ich weiß es nicht», sagte sie kläglich.

«Haben Sie schon mal welche gekocht?»

«Nein.»

Er betrachtete sie lange, prüfend und voller Mißtrauen. Alle mißtrauten ihr. Sie benahm sich falsch, sie sah falsch aus, sie war falsch angezogen – das kam ihr jetzt schmerzhaft zu Bewußtsein. Trotzdem blieb sie standhaft.

«Was würden Sie denn für welche nehmen, wenn Sie Bohnen kochten?»

«Ich gebe keinen Kochunterricht.»

«Was sind Wachtelbohnen?» fragte sie in ihrer Verzweiflung.

Er griff nach unten und hielt eine Handvoll hoch. «Diese hier.»

«In Ordnung. Geben Sie mir für zwölf Dollar.»

Er sah sie wortlos an.

«Ist etwas nicht in Ordnung?» fragte sie.

«Mein Fräulein, für zwölf Dollar bekommen Sie einen Sack von fünfundvierzig Kilo.»

«Tatsächlich?»

«Ja.»

«Dann geben Sie mir fünf Kilo.» Sie sah etwas, was sie kannte.

«Wieviel kostet die Salami?» fragte sie und deutete auf eine Reihe von Würsten, die hinter der Theke hing.

«Zwanzig Cent das Pfund. Sie wiegen fünf Pfund pro Stück.»

Beladen mit all den Lebensmitteln, die sie hatte kaufen können, kehrte sie zurück zu der Suppenküche in der Bryant Street. Sie ging in die Gasse hinein, durch die offene Küchentür, stellte die Lebensmittel hin und rannte davon. Erst zwei Tage später brachte sie den Mut auf, erneut hinzugehen. Inzwischen erkundigte sie sich in der Küche des Hauses auf Pacific Heights bei Mrs. Britsky, der polnischen Köchin, die dort herrschte. Es ging ihr darum, zu erfahren, welche Nahrungsmittel den größten Teil der verwendeten Lebensmittel ausmachten. Sie erklärte ihr plötzliches Interesse mit einem Referat für das neue Schuljahr.

«Fleisch, Fleisch», antwortete Mrs. Britsky mit Betonung. «Wir haben zwar eine Depression, aber billig ist es deshalb noch lange nicht. Und Ihre Mutter möchte es immer auf französische Art zubereitet haben: Entrecôte fünfzig Cent das Pfund, Lammrücken fünfunddreißig, Lammkeule neunundvierzig! Bei solchen Preisen kann man verhungern.»

«Gibt es denn kein billigeres Fleisch?»

«Billigeres Fleisch für die Whittiers, was für eine Frage!»

«Nein, das meine ich nicht. Ich möchte nur wissen, was zum Beispiel eine arme Familie ißt? Was würden die kaufen?»

«Man kann Rinderherz für zehn Cent pro Pfund kaufen, gutes Fleisch, wenn man es richtig zubereitet. Die schlechteren Stücke vom Rind kosten fünfundzwanzig Cent, Schweinefleisch dreißig, Hammelhals zwölf.»

«Und wo kauft man das?»

«Schätzchen, im Metzgerladen natürlich, wo sonst?»

Später fragte Barbara sich, ob die Dinge sich auch so entwickelt hätten, wenn sie nicht allein in dem großen Haus und ihre Mutter nicht mit John Whittier und Tom im Osten des Landes gewesen wäre. Irgendwie war es ein Spiel, das von ihr Besitz ergriffen hatte und das sie viel aufregender fand als die Gesellschaften, zu denen man sie einlud, und die Verabredungen mit langweiligen jungen Hohlköpfen. Dann hatte es auch etwas mit einem privaten Rachefeldzug gegen John Whittier zu tun, dem die Hälfte der Frachtschiffe im Hafen von San Francisco gehörte, und schließlich spielte ihr schnell aufflammendes romantisches Mitleid und ihr Verständnis für andere mit.

Bevor sie mit zwanzig Pfund Suppenfleisch erneut zur Suppenküche ging, kaufte sie sich eine billige Handtasche aus Lederimitat und zog einen alten Pullover, einen Faltenrock und flache braune Schuhe an. Sie wußte, daß sie ein Spiel spielte, das Spiel eines kleinen Mädchens, das sich hinter einer Art Fastnachtsmaske verbarg, aber das Spiel verlor dadurch nicht an Reiz. Dominick Salone war auch in der Küche. Er saß kartoffelschälend auf einer Obstkiste und grinste sie nach der ersten Überraschung an. Die Küche war provisorisch hinten im Laden untergebracht, gekocht wurde auf einem alten Kohleherd. Auch eine Frau war dort, eine stämmige Mexikanerin namens Irma sowie vier weitere Männer, alles Hafenarbeiter. Sie machten großes Aufhebens von dem Fleisch, und Salone stellte Barbara den anderen vor. Bei dieser Gelegenheit hatte sie gesagt, sie heiße Bobby Winter. Sie hatte auch eine Geschichte dazu erfunden und gesagt, sie sei Buchhalterin im Warenhaus von L & L und arbeite in der Spätschicht von vier bis Mitternacht, die die Tageskasse abschloß. Das L & L-Kaufhaus in der Market Street hatte ihr Vater Dan Lavette mit seinem Partner Marcus Levy gegründet, so hatte sie zumindest eine verschwommene Vorstellung von dem, was dort vorging. Die Tätigkeit, die sie sich ausgedacht hatte, erklärte, warum sie tagsüber frei war. Das Geld zum Kauf der Lebensmittel behauptete sie von Angestellten im Kaufhaus gesammelt zu haben.

Sie bot sich an jenem Tage gleich an, Dominick beim Kartoffelschälen zu helfen. Und anschließend aßen sie gemeinsam von dem Rindfleischeintopf, der an die streikenden Schauerleute ausgegeben werden sollte. Das war der Anfang.

Dieser Anfang war von Illusionen begleitet. Eine davon betraf den Edelmut der Hafenarbeiter. Sie dichtete ihnen Eigenschaften an, die sie bei ihrem Vater erkannt zu haben meinte: Aufrichtigkeit, stummes Leiden, moralische Unantastbarkeit. Dominick Salone war Gegenstand einer weiteren Illusion, wiederum als Variante ihres Vaters, der als Fischer begonnen und eine Seldon-Tochter auf Nob Hill geheiratet hatte. Eine andere Illusion betraf die Tarnkappe, die sie zu tragen glaubte. So erschien ihr das Spiel noch spannender, weil sie meinte, ein anderer Mensch mit einem anderen Leben und von anderer Herkunft zu sein. Die Beziehung zu Salone beschränkte sich auf ihre Unterhaltungen in der Küche. Eines Tages ging er mit ihr zu den Docks am Ende der Townsend Street und zeigte ihr Harry Bridges, den Streikführer. Er war Salones Held, kein ‹falscher Fuffziger›, kein ‹hinterhältiger Klugscheißer›, der sich aus der Arbeiterbewegung seine private Karriere zimmerte, sondern ein einfacher Hafenarbeiter wie er selbst. «Der beste Mann, den ich in meinem Leben kennengelernt habe», sagte Salone. «So einen gibt's nicht noch mal.»

Barbara sah Bridges an und sah, wie sehr er Dominick Salone ähnelte: er war hager, hatte die gleiche Größe, ein schmales, scharfes Gesicht, eine große spitze Nase, dunkles Haar, das straff nach hinten gekämmt und mit Pomade geglättet war. Sie verglich die beiden mit den Jungen ihrer Kreise, die man in der Stadt immer noch ‹die von Nob Hill› nannte, die hochgewachsenen, wohlgenährten athletischen jungen Männer, die in Menlo Park ihre Pferde stehen hatten und in der Bucht von San Francisco mit ihren eigenen Booten segelten.

«Sie halten viel von Bridges, nicht wahr?»

«Ich habe es doch gesagt – er ist der beste Mann, den ich kenne.»

Sie gingen durch eine Welt, die nur wenige Meilen von ihrem Haus entfernt lag und dennoch völlig anders war. Sie betrachteten an den Kais die vertäuten Schiffe, die ihrem Stiefvater und ihrer Mutter gehörten und die jetzt von einer Kette von Streikposten bewacht wurden, deren mürrische Gesichter Barbara auffielen. Salone sprach langsam und wenig, er sah sie bisweilen an, machte sich jedoch nicht an sie heran. Er unternahm keinerlei Annäherungsversuch, er nahm nicht einmal ihre Hand.

Barbara wußte nicht, was sie für ihn empfand. Vielleicht interessierte sie nur das seltsam Fremde, das Anderssein. Und jetzt, Wochen später, als sie von Menlo Park nach Norden fuhr, nachdem sie ihre Stute verkauft und um sie und sich selbst geweint hatte, wußte sie immer noch nicht mehr von der Wirklichkeit, auf die sie sich da eingelassen hatte. Sie dachte an Oscar Wildes Geschichte ‹Der Glückliche Prinz›: Das mit Gold und Juwelen bedeckte Standbild eines Prinzen ragt hoch über eine europäische Stadt auf, und ein Sperling berichtet ihm von der Armut und dem Leid der Einwohner. Jedesmal gibt der Prinz ein wenig Gold oder einen Edelstein her, damit es verkauft und das Elend der Armen gelindert werden kann – bis schließlich nur der Bleikern des Standbildes übrigbleibt. Sie verglich sich mit ihm, war aber klug und vernünftig genug, über ihre Gefühlsduselei zu lachen.

«Was bin ich für eine dumme Gans!» sagte sie laut. «Ich kann verstehen, wenn Mutter die Geduld mit mir verliert.»

Sie war sich selbst gegenüber ehrlich genug, sich einzugestehen, daß der Verkauf all der Wertgegenstände, die sie besaß – des

Schmucks, des Autos und jetzt des Pferdes – ihr mehr Befriedigung und erregende Spannung verschafft hatte, als sie in ihrem Leben gekannt hatte. Es war tatsächlich nur ein simples Spiel. Sie wußte nicht, was Hunger war, sie war nicht auf Geld angewiesen, um weiterleben zu können, und sie kehrte allabendlich heim in das riesige Haus auf Pacific Heights.

Joseph Lavette war mit siebzehn Jahren einsfünfundachtzig groß und wog zweiundachtzig Kilo. Der Trainer der Football-Mannschaft von University High in Westwood in Los Angeles wurde auf ihn aufmerksam und versuchte ihn für seine Mannschaft zu gewinnen. Joseph lehnte ab. Er war still, von sanfter Wesensart, in sich gekehrt und fand trotz seines kräftigen und muskulösen Körpers keinen besonderen Gefallen am Sport. Der Trainer, der ungern aufgab, wenn er ein solches Musterexemplar sah, hielt ihm einen Vortrag über die natürliche Eignung der amerikanischen Indianer für den Football. Der Irrtum war verständlich. Mit den schwarzen, leicht schräggestellten Augen, dem glatten schwarzen Haar und der dunklen Haut konnte man Joe durchaus für einen Indianer halten, und Lavette, ein französisch-italienischer Name, konnte ohne weiteres aus dem Nordwesten stammen.

«Ich bin kein Indianer», sagte er. «Ich bin Chinese. Und bei uns ist es anders. Wir sind entsetzlich schlechte Football-Spieler. Ich habe auch gar keine freie Zeit.»

«Weshalb heißen Sie dann Lavette?» sagte der Trainer ärgerlich.

«Mein Vater ist Italiener, meine Mutter Chinesin.»

Die Zeit, mit der er so geizte, verbrachte er über Büchern und mit seinem Großvater, Feng Wo. Er verschlang Bücher geradezu und las nahezu wahllos, was ihm in die Hände fiel. Zwei Jahre zuvor hatte Feng Wo beschlossen, daß er sein Leben zwar in diesem Lande der Barbaren beenden würde, was aber keinesfalls zu bedeuten habe, daß sein Enkel als Barbar aufwachsen müsse. Dann hatte er das Thema formell und sehr höflich beim gemeinsamen Abendessen zur Sprache gebracht und erklärt, er würde seinem Enkel Joseph gern die älteste und wichtigste aller Sprachen, also Mandarin, in Wort und Schrift beibringen, vorausgesetzt, Mr. Lavette wäre einverstanden. Getreu der chinesischen Tradition fragte er nicht nach der Meinung May Lings oder Josephs, er bat nicht einmal um ihre Zustimmung.

«Chinesisch! Soll das ein Witz sein?» fragte Dan. «In den fünfundzwanzig Jahren, die Sie bei mir gearbeitet haben, habe ich kaum zehn Worte gelernt, und dabei bin ich mit May Ling verheiratet. Chinesisch kann doch keiner lernen.»

«Außer fünf- oder sechshundert Millionen Chinesen», sagte May Ling freundlich. «Und ich. Vater hat auch mich Mandarin gelehrt, und ich kann so viel Kanton-Dialekt und Shanghai-Dialekt sprechen, daß ich mich in beiden verständigen kann. Also *sa qua trei bun.*»

«Was in aller Welt heißt das?»

«Das behalten wir besser für uns», sagte Feng Wo. «Meine Tochter hat viele schlechte Angewohnheiten.»

«Warum fragen wir nicht Joe, was er davon hält?» sagte Dan.

«Ich möchte gern», sagte Joe.

«Oh, nicht so rasch», wehrte May Ling ab. «Du weißt nicht, worauf du dich einläßt, Joe. Wenn Vater dir Lesen und Schreiben beibringen will, bedeutet das, daß du etwa fünftausend Ideogramme lernen mußt – Bilder, Zeichen. Es ist eine Bilderschrift, mußt du wissen. Ganz und gar nicht wie unser Alphabet.»

«Damit ist alles klar», sagte Dan. Er hatte nicht einmal die Mittelschule zu Ende besucht. Den größten Teil seiner Bildung verdankte er May Ling und den Büchern, zu deren Lektüre sie ihn ermuntert hatte. Er hatte den stetig fließenden Strom ihres Wissens beinahe ohne es zu merken aufgenommen. Trotzdem war er Feuer und Flamme, wenn es darum ging, daß sein Sohn eine gute Ausbildung bekam. Die Vorstellung, seine Arbeit besser zu tun als jeder andere, war durchaus noch in ihm lebendig. «Und was ist mit seinen Aufgaben für die Schule? Mit allem andern? Und mit wem soll er chinesisch reden?»

«Mit mir», sagte May Ling leise. «Mit meinen Eltern – und wer weiß, mit wem noch? Warum lassen wir ihn nicht entscheiden?»

«Ich könnte es versuchen», murmelte Joe unsicher.

Ein Jahr später schrieb er bereits an Barbara in Sarah Lawrence einen Brief von zwei Seiten, den sie stolz ihren Freundinnen vorwies und den ihr nicht etwa ein Angehöriger des Lehrkörpers übersetzte, sondern ein chinesischer Wäscher in Yonkers.

Jetzt, Anfang Juni 1934, kam Joseph Lavette eines Tages heim und teilte seinen Eltern mit, man habe ihn dazu ausersehen, an dem Tag, an dem die Abschlußurkunden seiner High School verliehen wurden, als bester Absolvent eines Jahrgangs die Abschiedsansprache zu halten. Dan, der erst vor wenigen Minuten May Ling von der Bibliothek abgeholt und sich noch nicht einmal umgezogen hatte, hörte seinem

Sohn schweigend zu, nickte und ging dann nach oben in sein Zimmer. Joseph sah seine Mutter an.

«Ist er böse auf mich? Gefällt es ihm nicht?»

«Selbstverständlich gefällt es ihm.» Sie schlang die Arme um Joseph und küßte ihn. «Er ist genauso stolz und glücklich wie ich. Es ist wunderbar.»

«Aber warum –?»

«Laß ihm etwas Zeit, Joe. Er ist ein seltsamer Mann. Ich glaube, es ist das Wunderbarste, was er je erlebt hat, aber er kann damit nicht fertig werden.»

«Warum? Ich habe mich doch nicht danach gedrängt! Aber ich wollte ihm eine Freude machen. Ich dachte, es würde ihm gefallen –»

«Sag nichts mehr, nicht jetzt. Eines Tages werden wir über deinen Vater sprechen. Er war zu lange von dir getrennt. Es gibt eine alte chinesische Weisheit, die besagt, daß ein Mann sich früher oder später die Frage nach dem Sinn seines Lebens vorlegen muß. Tut er das nicht, ist er verloren. Und die Antwort muß er selbst finden. Dein Vater versucht das verzweifelt. Er ist anders als alle Männer, die mir in meinem Leben begegnet sind. Verstehst du mich?»

«Ich glaube nicht.»

May Ling ging nach oben ins Schlafzimmer. Dan stand am Fenster und sah hinaus.

«Nun, Danny?»

Er wandte sich zu ihr um. «Ich habe ihm wehgetan, nicht wahr?»

«Er wird es verstehen.»

«Verstehst du es denn?»

«Vielleicht.»

«Ich wußte nicht, was ich sagen sollte. Ich konnte es nicht in Worte fassen.»

«So erstaunlich ist es doch gar nicht, Danny. Unser Sohn ist klug, er hat hart gearbeitet, und er ist beliebt. Aber was er auch tut, immer hat er den Eindruck, du erwartest mehr von ihm.»

«Mein Gott, ist das tatsächlich so?»

«Ich glaube schon.»

«Er bedeutet mir alles», sagte Dan.

«Das ist nicht gut», sagte May Ling mit einem bitteren Klang in der Stimme. «Du bist erst fünfundvierzig Jahre alt. Wie kann er dir alles sein? Er muß sein eigenes Leben leben, und du deins. Hat er dir je gesagt, was er nach der Schule tun will? Hast du je mit ihm darüber gesprochen? Hast du dich schon einmal wirklich hingesetzt und mit ihm gesprochen?»

«Was will er werden?»

«Arzt. Aber er glaubt, wir können es uns nicht leisten.»

«Was soll das, natürlich können wir!»

«Warum machst du dann nicht den Anfang und sagst ihm das?»

Leona Asquith, Jeans Tante, war zweiundsiebzig Jahre alt. Sie war eine mäßig wohlhabende Witwe – das heißt, wenn man ihr Haus auf Beacon Hill nicht berücksichtigte, das mit echten Möbeln und Gemälden aus dem 18. und 19. Jahrhundert angefüllt war, die unbezahlbar waren. In ihrem Wohnzimmer hing ein unvollendeter Washington der Athenaeumschule. Einige Fachleute hielten ihn für älter als den von Stuart im Bostoner Museum. In der Bibliothek hatte Leona Asquith zwei van Dycks mit Expertise. Jean, die bereits im ganzen Land einen Ruf als Gönnerin und Förderin der realistischen Schule der amerikanischen Malerei genoß und die eine der ersten und eifrigsten Käuferinnen von John Sloan, Kuniyoshi, Reginald Marsh, George Biddle und vielen anderen gewesen war, war nicht am Erwerb früher amerikanischer Gemälde interessiert, aber sie träumte von der Möglichkeit, die Asquith-Sammlung einer Galerie in San Francisco einzuverleiben. Das war einer der Gründe, warum sie sich in Boston dazu herabließ, ihre Zeit mit einer Frau zu verbringen, in deren Augen Kalifornien nur geringfügig weniger barbarisch war als die unter dem Namen Texas bekannte Wildnis im Süden.

Ihr Gatte hingegen, John Whittier, liebte Boston, zumindest den Kreis, in dem sie sich bewegten und dem er sich durch seine Starrheit und seine festen Gewohnheiten zugehörig fühlte, was ihm ein Gefühl der Behaglichkeit gab. Am Tag vor seiner Abreise nach San Francisco sprach er diese Gedanken während des Abendessens im Hause Asquith aus und versicherte Mrs. Asquith, daß ihn nur die besonderen Umstände des Hafenarbeiterstreiks dazu zwängen, seinen Besuch abzukürzen. Jean würde mit Tom noch eine Woche bleiben, was ihm ganz und gar nicht gefiel.

«Nein», war Toms erste Reaktion gewesen, als Jean ihm sagte, sie erwarte, daß er als ihr männlicher Begleiter in Boston bleibe und sehr liebenswürdig zu Tante Leona sei. «Es langweilt mich. Es steht mir bis hier, Mutter. Ich war vier Jahre in Princeton und habe meine

Pflicht getan. Das hier ist der langweiligste und schrecklichste Ort auf Gottes Erde.»

Jean sah ihn nachdenklich an. Er war groß und schlank, hatte blaue Augen, gerade Brauen, einen Schopf glatten braunen Haars, den er scheitelte, einen breiten Mund und eine lange schmale Nase – er sah gut aus, auf eine lässige, beinahe gelangweilte Weise. Ganz offensichtlich hatte er nichts von Dan Lavette mitbekommen, nichts von den vielen Generationen italienischer Fischer. Jean konnte sich nicht darüber klarwerden, ob ihr das gefiel oder nicht.

«Unsere Vorfahren kommen aus Boston», sagte sie. «Ich dachte, das bedeutet dir etwas. Mir hat Boston immer gefallen.»

«Ich kann es nicht ausstehen.»

«Übrigens hast du deine Pflicht noch nicht erfüllt – noch nicht ganz jedenfalls.»

«So?»

«Die Geschichte hat uns fast dreitausend Dollar gekostet – Krankenhausrechnungen, fünfhundert Dollar Schweigegeld für das Mädchen, außerdem Schmiergeld für den Staatsanwalt. Eine ziemlich schmutzige Sache. Aber es mußte sein, sonst hättest du deinen akademischen Abschluß wohl nicht bekommen.»

«Mein Gott, hat John dir das erzählt?»

«Natürlich. Ich sehe keinen Grund, warum er dafür aufkommen sollte.»

«Schön, aber außer dieser blöden Sache ist nichts gewesen. Ich gebe zu, daß ich zuviel getrunken hatte, und da ist es eben passiert. Mehr war nicht. Eines Tages zahle ich alles zurück.»

«Davon gehe ich aus», sagte Jean sanft. «Ich finde, einige Wochen Boston sind keine zu harte Strafe. Bis du in die Bank eintrittst, bleibt dir immer noch der größte Teil des Sommers.»

«Es ist also beschlossene Sache, daß ich in der Bank arbeiten soll? Mein Gott, habe ich denn dabei überhaupt kein Wort mitzureden?»

«Doch, natürlich. Was würdest du denn gern mit deinem Leben anfangen?»

«Muß ich denn unbedingt sofort etwas tun? Könnt ihr mich nicht ein paar Monate in Ruhe lassen, damit ich darüber nachdenke? Du und John, ihr meint vielleicht, ich hätte meine Jahre in Princeton verbummelt. Ich kenne die Witzchen über das feine Leben, das man angeblich dort führt. Aber du brauchst dir nur meine

Noten anzusehen, dann merkst du, daß ich nicht auf der faulen Haut gelegen habe. Ich habe mich nicht vier Jahre lang dem Suff hingegeben.»

«Das weiß ich, und deine Zeugnisse habe ich mir auch angesehen. Sehr oft sogar.»

«Ich kann mir nicht vorstellen, acht Stunden am Tag in einer Bank zu sitzen.»

«Tommy», sagte Jean, «eines Tages in nicht allzu ferner Zukunft werdet ihr beide, du und deine Schwester Barbara, sehr reich sein. Das Aktienkapital, das mein Vater mir treuhänderisch für euch hinterlassen hat, beläuft sich auf viele Millionen. Euch beiden wird die Seldon Bank gehören, eines der größten Bankinstitute Amerikas. Du weißt das. Es geht nicht nur um Geld. Es geht auch um Macht, und dazu gehört eine gewisse Achtung vor der Macht und das Wissen, wie man sie gebraucht. Das ist alles, was ich dir dazu sagen will. Denk den Rest des Sommers darüber nach. Ich dränge dich nicht. Aber einstweilen kannst du mir hier zur Hand gehen.»

«In Ordnung, ich werde durchhalten. Was soll ich tun?»

«Du wirst mich begleiten und einige Abendgesellschaften und Besuche im Museum der Schönen Künste über dich ergehen lassen. Außerdem sähe ich es gern, wenn du zu deiner Tante Leona sehr zuvorkommend und freundlich wärst. Wir sind ihre nächsten Verwandten, und mir liegt sehr an ihrer Gemäldesammlung. Ich möchte aus dem Haus auf Russian Hill eine Galerie machen. Ich weiß zwar noch nicht, ob ich ihre Gemälde dort ausstellen will, denn mein Geschmack geht in eine andere Richtung, aber sie sind von unschätzbarem Wert, und wenn ich sie besäße, hätte ich einen bedeutenden Einfluß.»

Tom schüttelte den Kopf. «Das verstehe ich nicht. Wenn sie dir nicht gefallen –»

«Sie gefallen mir, sie sind sogar großartig. Aber ich möchte ein Museum der modernen Malerei einrichten. Ich könnte die Bilder einem Museum geben und etwas dagegen eintauschen. Man könnte eine ‹Sammlung Seldon› aus ihnen machen – das wäre eine Möglichkeit. Ich kann den Namen Crocker nicht mehr hören, der der Seldons ist genauso bedeutend.»

«Wir heißen Lavette, Mutter – außer dir, du heißt Whittier.»

«Aber wir sind nach wie vor Seldons. Ich verlange nichts Außergewöhnliches von dir. Geh mit Tante Leona zum Lunch ins Copley Plaza, sei freundlich zu ihr, mehr erwarte ich nicht.»

«Ich denke, das bringe ich fertig.»

«Das meine ich auch.»

Tante Leona Asquith war von der Einladung ihres Großneffen entzückt. Er erwartete sie unten an der Treppe, als sie in einem Kleid aus beigefarbenem Crêpe de Chine mit weißen Atlaspaspeln herabkam, einen kurzen Umhang aus Sommerhermelin gegen die mögliche Abendkühle über dem Arm. Auf ihrem Kopf saß ein breitrandiger cremefarbener Panamahut. Tom nahm, wie die meisten Männer seines Alters, die Existenz älterer Frauen einfach hin, ohne sie wirklich zu sehen. Aber plötzlich merkte er, daß seine Tante Leona für ihre zweiundsiebzig Jahre eine gute Figur hatte. Sie mußte früher einmal eine außergewöhnlich anziehende Frau gewesen sein.

«Mein lieber Junge», sagte sie, als sie hinten in ihrem Packard Platz genommen hatten, den ihr Chauffeur steuerte, «das ist wirklich sehr aufmerksam von dir. Ich weiß, daß deine Mutter dich erpreßt hat, mit mir auszufahren. Trotzdem bist du die ansehnlichste Begleitung, die ich seit vielen Jahren gehabt habe. Wie viele andere moderne Frauen auch, hat deine Mutter einen Ersatz für das Geschlechtsleben gefunden. Hast du übrigens Havelock Ellis gelesen?»

Überrascht schüttelte Tom den Kopf. «Nein, leider nicht.»

«Schade, das mußt du nachholen. Was sagte ich gleich? Ja, einen Sex-Ersatz. Was hältst du von John Whittier?»

«Mutter scheint ihn zu mögen, immerhin hat sie ihn geheiratet.»

«Er ist eine Parodie dessen, wofür er allem Anschein nach die Gesellschaft von Boston hält. Natürlich hat er nicht die blasseste Ahnung davon, worum es hier geht. Dein Ur-Ur-Großvater, also mein Großvater, trieb Rumhandel mit Jamaika. Das war besser als Sklavenhandel, und es gestattete seinem Bruder, zugleich reich und für die Abschaffung der Sklaverei zu sein. Großvater war eine Säule der Independenten, unserer Kirche. Dennoch hatte er eine schwarze Geliebte auf Jamaika und zeugte, der Familienlegende zufolge, fünf schwarze Kinder mit ihr – neben seinen eigentlichen Nachkommen hier in Boston. Siehst du übrigens deinen Vater manchmal?»

Verwirrt und etwas unangenehm berührt erwiderte Tom, daß er Dan Lavette seit der Scheidung nicht mehr gesehen habe.

«Warum nicht?» fragte seine Tante spitz.

«Ich weiß nicht», sagte Tom unsicher. «Er stand mir nie sehr nahe.»

«Magst du ihn nicht?»

«Ich weiß nicht. Barbara hat ihn im vorigen Jahr besucht. Er wohnt in Los Angeles –»

«Ja, bei seiner chinesischen Geliebten, die er geheiratet hat. Gott im Himmel, du redest, als wärest du John Whittiers Sohn. Ich weiß, wer Dan Lavette ist, ich habe ihn einmal getroffen. Du brauchst nicht drumherum zu reden.»

Im Speisesaal des Copley Plaza begrüßte der Oberkellner Leona Asquith mit Namen und küßte ihr die Hand. Bei Tisch sagte sie zu Tom: «Bestell du bitte, Tom. Am besten nehmen wir wohl beide gegrillten Hummer. Welche Rudimente an Zivilisation auch den Weg an eure Westküste gefunden haben mögen, Hummer gehört sicher nicht dazu. Wir wollen einen Chardonnay dazu trinken.» Sie war etwas schwerhörig, und wie bei so vielen Schwerhörigen, klang ihre ohnehin schon laute Stimme etwas schrill. Tom war es peinlich, daß man ihrer Unterhaltung an den umliegenden Tischen folgen konnte.

«Ein Ersatz für das Geschlechtsleben habe ich gesagt? Ja. Und zwar in den albernen Bildern, die sie sammelt, und im Vorsitz einer Bank. Gott sei Dank ist das vorbei. Jetzt will sie also meine Sammlung haben, und du sollst ganz reizend zu mir sein.»

«Aber nein, bestimmt nicht – das darfst du nicht denken», wehrte Tom ab und senkte die Stimme, als wolle er sie auf diese Weise dazu bringen, ebenfalls leiser zu sprechen.

«Rede nicht drumherum, Thomas. Es liegt klar auf der Hand. Wir sind alle sehr leicht zu durchschauen, auch wenn wir uns einbilden, besonders raffiniert zu sein. Jetzt bist du also hier gefangen und langweilst dich zu Tode.»

«Nein, ich langweile mich nicht, Tante Leona.» Und das stimmte sogar. Im Augenblick war er nervös und verblüfft, aber nicht gelangweilt.

«Du brauchst ein Mädchen», sagte sie geradeheraus.

Er sah sie an.

«Nun, du magst doch Frauen, oder nicht?»

«Ja, selbstverständlich.»

«Wie lange bleibst du noch hier?»

«Noch etwa eine Woche, glaube ich.»

«Das reicht nicht, für nichts. Möchtest du etwas trinken?»

«Ach ja, gern.»

«Warum bist du nur so mundfaul? Bestell für dich und mich einen Martini! Eine Woche, sagtest du. Nun, ich kenne eine sehr ehrbare

Dame, die ein Freudenhaus leitet. Ich glaube, da schicke ich dich hin.»

«Nein», dachte er. «Das höre ich nicht in Wirklichkeit, das kann doch nicht sein.»

«Ja», sagte sie. «Das ist beschlossen. Das ist es, was dir fehlt. Dann siehst du auch nicht mehr so elend und verbittert aus. Jetzt erzähle mir, bitte, von diesem John Whittier, den deine Mutter geheiratet hat. Aber alles, hörst du!»

Vorsichtig fuhr Barbara ihren Ford Kombi rückwärts in die Gasse, die von der Bryant Street abging. Sie hielt vor der Küche, ging hinein und bat um Hilfe beim Ausladen. Es war elf Uhr morgens, der 3. Juli 1934. Um den Herd herum herrschte rege Geschäftigkeit. Man war dabei, Eintopf zu kochen, so viel, daß es für ein paar hundert hungrige Männer reichte.

Die Küche war schmutzig und voller Dunst und die Mülltonnen liefen über, so daß die Abfälle um sie herum auf dem Boden lagen. Zwei Hafenarbeiter wuschen Blechtassen und Näpfe aus und stritten über einen dritten, der ihren Äußerungen nach entweder ein Schlappschwanz oder ein Polizeispitzel war. Dominick und ein anderer Hafenarbeiter, Franco Guzie, schnitten drei Tage altes Brot. Freiwillige von der Gewerkschaft der Bäckereiarbeiter kauften mit Gewerkschaftsgeldern alles Brot, das in den Läden übrigblieb, und lieferten es zweimal wöchentlich an die verschiedenen Suppenküchen, die die streikenden Hafenarbeiter eingerichtet hatten. Manchmal waren es mehrere hundert Brote, manchmal nur ein paar Dutzend.

Salone blickte auf, als Barbara in die Küche kam, und Guzie brüllte um Ruhe. «Was hast du mitgebracht, Bobby?» fragte Dominick sie.

Sie sah auf den Abfall. «Wird hier eigentlich nie saubergemacht?»

«Doch, manchmal schon», sagte er. «Bist du hergekommen, um uns zu sagen, daß es hier stinkt?»

«Nein, ich habe eine Ladung draußen.»

«Los, Franco», sagte Dominick.

Sie ging mit den beiden zum Kombi. «Gott im Himmel», flüsterte Guzie. «Was hast du da bloß alles mitgebracht?»

«Ich war auf der Halbinsel, und dann habe ich einiges an den Straßenständen gekauft», sagte Barbara stolz. «Es ist dort wesentlich billiger als hier. Zweihundert Pfund Kartoffeln, zweihundert Pfund Zwiebeln, eine Menge Weißkohl, zwei Kisten Möhren, hundert Pfund kleine Kürbisse und fünf Schinken. Die Schinken habe ich in der Tulip Farm in Belmont gekauft. Sie wollten fünfundzwanzig Cent pro Pfund haben, aber ich habe sie auf zwanzig runtergehandelt. Was haltet ihr davon?» Sie war stolz auf sich und erwartete ein Lob, wie sie es auch als Kind getan hatte, wenn ihr etwas Bemerkenswertes gelungen war.

«Was sollen wir mit geräuchertem Schinken?» sagte Dominick mürrisch. «In Eintopf kann man den nicht reinschneiden.»

«Wer sagt denn das?» fragte Guzie. «Das gibt dem Eintopf überhaupt erst Geschmack. Zum Teufel, Bobby, das ist ja wie in einer Schatzhöhle. Du bist wirklich ein feines Mädchen. Ich wollte, wir hätten zehn von deiner Sorte, das wäre schön. Und hör bloß nicht auf den Arsch da.»

Nachdem sie alles hineingetragen hatten, stellte Barbara ihren Wagen auf der Straße ab, ging in die Küche zurück, band eine Schürze um und begann sauberzumachen. Sie verabscheute diese Arbeit, aber sie fand ein perverses Vergnügen daran, sich dazu zu zwingen. Als Dominick mit Brotschneiden fertig war, sah er ihr zu, wie sie den Abfall zusammenkehrte und in die Tonnen steckte. Ihr wurde fast übel von dem Gestank.

«Trag die Tonnen hier raus», sagte sie. «Die können hier nicht stehen, wenn gekocht wird. Das ist doch klar.»

«Du scheinst ja den Laden hier zu schmeißen.»

«Wieso? Ach, sei nicht albern, Nick.»

«‹Sei nicht albern›. So reden die feinen Leute. Es tut mir leid, Herzogin, ich ersuche Euch um Vergebung.»

«Laß den Quatsch», sagte Guzie, nahm die Tonne und trug sie nach draußen.

Die dicke Irma Montessa, die anerkannte Herrscherin der Küche, rief Barbara zu: «Bobby, laß den Dreck ruhig liegen, bei den Schweinen hier bleibt es doch nicht sauber. Die Leute sind da, wir müssen jetzt austeilen. Hilfst du mir dabei?»

Sie gingen nach vorn in den Laden, wo Irma den Eintopf in Blechnäpfe schöpfte. Barbara reichte sie, zusammen mit Brot und – wer wollte – Chili-Pfeffer an die Schlange der Streikenden weiter. «Was ist nur mit Dominick?» fragte sie Irma.

«Ach, mein Kind, Männer sind manchmal Stinktiere. Heute so – morgen so. Sie sind nun mal so. Der Streik dauert schon zu lange.»

«Es paßt aber gar nicht zu ihm.»

«Doch, doch. Was erwartest du denn von einem Schauermann auf Abruf?»

Barbara teilte weiter Näpfe aus. Sie war an diesem Morgen schon um sechs Uhr aufgestanden, um die Lebensmittel in Belmont einzukaufen. Ihr wurde ein bißchen übel von dem säuerlichen Geruch des Eintopfs. Sie ging nach draußen auf die Gasse, um etwas frische Luft zu schnappen. Dominick war dort und sog heftig an einer Zigarette.

«Du hast ja heute eine liebliche Laune», sagte sie zu ihm.

«Ja.»

«Ich wollte nicht ‹albern› sagen. Ich habe die Beherrschung verloren.»

«Wer zum Teufel bist du?» fragte er wütend.

«Wer bist du?»

«Ich bin Schauermann auf Abruf und heiße Dominick Salone und bin kein feiner Pinkel.»

«Was ist das – ein ‹Pinkel›?»

«Herr im Himmel! Du weißt nicht, was ein ‹Pinkel› ist! Du kennst nicht die dreckigen Spitzel, die sich als Arbeiter aufspielen und uns an die Bosse verkaufen, und du kennst keine bezahlten Schläger. Und du willst mir hier erzählen, daß du bei L & L arbeitest und da Geld sammelst. Dabei fährst du einen Schlitten, den sich niemand leisten kann, der achtzehn Dollar die Woche verdient. Außerdem redest du wie eine höhere Tochter. Du klebst überhaupt mächtig an der Decke. Du hängst den ganzen Tag hier rum und willst mir weismachen, daß du dann noch eine Acht-Stunden-Schicht im Kaufhaus runterreißt. Das ist doch alles kalter Kaffee, und das weißt du selbst.»

«Und wenn es so wäre?» sagte Barbara müde.

«Ich laß mich nicht gern verscheißern.»

«Wofür hältst du mich eigentlich? Für eine Art Spitzel?»

Er warf die Zigarette weg und grinste. «Dann hätten sie wirklich das letzte Aufgebot rangeholt.»

«Herzlichen Dank.»

«Ich habe es nicht so gemeint.»

«Ich weiß. Sieh mal, Nick, keiner von den anderen macht sich Gedanken darüber, wer ich bin. Niemand regt sich darüber auf, daß ich Lebensmittel kaufe, und niemand fragt, woher das Geld kommt. Es stört sie nicht mal, wie ich spreche.»

«Stimmt.»

«Und?»

«Also bin ich verrückt. Seit ich dich das erste Mal gesehen habe, kann ich an nichts anderes mehr denken. Scheiße!»

«Das ist sehr deutlich.»

«Tut mir leid. Aber, Teufel noch mal, du bist anders als alle Frauen, die mir über den Weg gelaufen sind. Ich habe nichts vermißt bisher. Aber du kommst hierher mit deinem blutenden Herzen, spielst die gute Fee und verschwindest dann wieder dahin, wo du herkommst –»

«Nun hör mal, Nick.»

«Mach dir bloß nichts ins Hemd!» Er wandte sich brüsk um und ging zurück in die Küche.

Sie wollte ihm folgen, zögerte dann aber, schüttelte den Kopf und starrte auf den geborstenen Asphalt der Gasse. Er spielte ihr kein Theater vor. Hier spielte niemand Theater. «Ich auch nicht», sagte sie sich. Aber dann dachte sie: Ging es sie tatsächlich nichts an, daß er in sie verliebt war? Ein schmächtiger, unterernährter, ungehobelter italienisch-stämmiger Hafenarbeiter hatte sich in sie verliebt. Einen Augenblick wurde sie romantisch und dachte daran, wie ihr Vater ihre Mutter erobert hatte, der Fischer vom Kai, der seinen Weg bis Nob Hill machte. Aber sie schüttelte den Gedanken ab und drängte das Bild von sich. Die Vorstellung, hier in diesem Jammertal sitzen zu bleiben, gefangen inmitten der Hoffnungslosigkeit, die den Arbeitern Heimat war, war ihr nicht angenehm. Sie empfand für Dominick Salone nicht mehr als für Franco Guzie oder einen der anderen Hafenarbeiter. Er interessierte und beunruhigte sie, und sie hatte geradeheraus und offen mit ihm gesprochen. Zuerst hatte sie Angst gehabt vor den Schauerleuten. Sie waren so anders als sie, sprachen eine andere Sprache, trugen alte Kleider und rochen oft fürchterlich nach Schweiß. Aber als sie ein paar Tage in der Küche gearbeitet hatte, stellte sie fest, daß sie sich alle ihr gegenüber erstaunlich korrekt verhielten. Sie entschuldigten sich, wenn sie in ihrer Gegenwart Kraftausdrücke benutzt hatten, verkniffen sich alle sexuellen Anspielungen, die für sie untereinander an der Tagesordnung waren, und behandelten sie mit großer Zuvorkommenheit. Es war ihr gar nicht in den Sinn gekommen, daß Dominick oder einer der anderen etwas Besonderes für sie empfinden könnte.

Sie stand noch ein paar Minuten in der Gasse und versuchte, sich darüber klarzuwerden, ob sie in die Küche zurückgehen und noch einmal mit Dominick reden sollte. Dann beschloß sie, es zu lassen, ging zu ihrem Wagen, stieg ein und fuhr zurück zum Haus der Whittiers auf Pacific Heights. Sie war ziemlich müde, sie wollte den Nachmittag damit verbringen, in einem Sessel zu sitzen und ein Buch zu lesen.

Knox, der Butler, öffnete ihr die Tür und sagte: «Mr. Whittier würde gern mit Ihnen sprechen, Miss Lavette.»

«Ach? Wann ist er denn zurückgekommen?»

«Vor einer Stunde.»

Barbara ging ins Frühstückszimmer. John Whittier saß am Tisch, aß Speck und Eier und las eine Zeitung. Als sie hereinkam, stand er auf und küßte sie flüchtig auf die Wange.

«Setz dich, Barbara. Möchtest du etwas?»

«Nur eine Tasse Kaffee», sagte sie.

«Bedien dich. Die Kanne steht auf dem Servierwagen. Ich finde, wir sollten mal miteinander reden, unter vier Augen. Ich habe nie an das Märchen geglaubt, daß die Dienerschaft keine Ohren hat. Sie hat welche – und große Mäuler obendrein.»

«Hattest du eine angenehme Reise?» fragte Barbara, als sie ihre Tasse auf den Tisch stellte.

«Es ging so. Der Zug braucht ewig!»

«Und wie geht es Tom und Mutter?»

«Gut, als ich abfuhr. Deine Mutter ist entschlossen, deiner Tante Leona die abscheulichen Bilder aus der Nase zu ziehen, die sie in ihrem Haus hängen hat. Wußtest du von ihrem Plan, aus dem Haus auf Russian Hill ein Museum zu machen?»

«Sie hat so etwas in einem Brief angedeutet.»

Ihre Unterhaltung verlief lustlos. Whittier sah sie nachdenklich an. «Geht es dir gut, Barbara?»

«Glänzend. Ich bin nur ein bißchen müde. Ich wollte den Nachmittag mit einem Buch verbringen.»

«Nun, das ist sicher eine Abwechslung.»

Sie sah ihn an und fragte sich, was jetzt wohl kommen werde.

«Offensichtlich ist es der erste Nachmittag, den du hier zuzubringen gedenkst.»

«Was willst du damit sagen?»

«Soweit ich von Knox gehört habe, bist du seit unserer Abreise jeden Morgen weggegangen und erst abends wiedergekommen.»

«Tatsächlich? Gehört es zu den Aufgaben von Knox, mir nachzuspionieren?»

«Er ist der Butler. Es ist seine Aufgabe, zu wissen, was in diesem Hause vor sich geht.»

«Dann hast du einen treuen Diener. Das müßte dir gefallen, John.»

«Ich glaube nicht, daß das der richtige Ton ist, Barbara.»

«Und ich glaube nicht, daß ich über meine Zeit Rechenschaft ablegen muß», sagte sie kühl. «Danke für den Kaffee.» Sie erhob sich und wollte gehen.

«Einen Augenblick, Barbara.» Sie wandte sich ihm zu, versuchte sich zu beherrschen, den Widerwillen zu unterdrücken, den sie ihm gegenüber empfand. «Was ist mit deinem Auto?» fragte er.

«Warum fragst du nicht Knox?»

«Das habe ich bereits getan. Er sagte, daß dein Buick auf einmal weg war und daß du jetzt einen alten Ford Kombi fährst.»

«Dann hast du ja die Antwort. Ich fahre jetzt einen alten Ford Kombi.»

Damit griff sie nach ihrer Handtasche und ging schnell aus dem Zimmer, aus dem Haus. Ihr Wagen stand noch dort, wo sie ausgestiegen war, auf der Auffahrt. Sie stieg ein und brach plötzlich in Tränen aus. Sie weinte eine ganze Weile. Dann fühlte sie sich besser, die Tränen hatten hinweggeschwemmt, was sich in ihr aufgestaut hatte. Sie trocknete sich die Augen, drehte den Zündschlüssel und ließ den Motor an. Als sie aus der Auffahrt fuhr, sah sie im Rückspiegel Knox, der ihr von der Tür aus nachsah.

Sie wußte nicht, wohin sie fahren sollte. Sie hatte nur den dringenden Wunsch, nie wieder den Fuß in John Whittiers Haus zu setzen. Sie fuhr durch den Park und fand sich auf der 19. Avenue wieder, Richtung Süden.

Joe lag auf seinem Bett und las, als Dan ins Zimmer kam und sich am Fußende niederließ. Er hatte mehrere Male geprobt, was er sagen wollte, und kam jetzt stracks zur Sache. «An dem Tag», begann er, «als du nach Hause gekommen bist und uns gesagt hast, du solltest die Abschiedsansprache für deinen Jahrgang halten – an diesem Tag ist in mir etwas geschehen. Ich kann es nicht erklären, und ich kann dir auch nicht sagen, warum ich nicht darüber sprechen konnte. Ich kann nur sagen, ich war so unbändig stolz auf dich, daß es mich in Stücke gerissen hätte, wenn ich im Zimmer geblieben wäre oder versucht hätte, darüber zu reden. Ich wollte nicht, daß ihr beide es merkt, du und deine Mutter. Ich hätte es dir nicht erklären können, und deiner Mutter auch nicht. Joe, ich habe ein seltsames Leben geführt. Du hast davon gehört. Hast du dich schon einmal gefragt, warum ich auf einem Fischerboot arbeite?»

Joe sah ihn unsicher an. «Ja», sagte er schließlich.

«Warum hast du mich nie selbst gefragt?»

«Das könnte ich nicht.»

«Weißt du», sagte Dan kleinlaut, «ich muß auch meinen ganzen Mut zusammennehmen, wenn ich mit dir reden will. Nicht, wenn es um Alltagsdinge geht, aber so, wie wir jetzt reden.»

«Warum nur? Warum denn, Papa?»

«Ich weiß es nicht. Herrgott im Himmel –» Er sah die Bettdecke an, blickte dann hoch und sah seinem Sohn in die Augen. «Ich habe dich so gern. Wie oft wollte ich das sagen und konnte es nicht. Ich habe vierzehn Jahre deines Lebens auf dem Gewissen. Nie war ich da, wenn du mich brauchtest. Und jetzt fühle ich mich so leer, so hoffnungslos.»

Joe streckte die Hand aus und legte sie auf die seines Vaters. «Papa», sagte er leise, «was ich über das College und das Medizinstudium gesagt habe, ist nicht so wichtig.»

«Doch, es ist wichtig.»

«Nein, wirklich nicht. Ich sehe, wie du nach achtzehn Stunden auf dem Boot nach Hause kommst, so müde, daß du kaum stehen kannst – es bricht mir das Herz.»

«O nein, nein. Sieh mal, mein Junge, ich bin noch kein alter Mann. Du brauchst kein Mitleid mit mir zu haben. Zum Teufel, nein, das kommt überhaupt nicht in Frage! Weißt du, wann mein Leben einen Sinn bekommen hat? Nicht viel, aber immerhin etwas Sinn?»

Joe schüttelte den Kopf.

«Als ich endlich den Mut aufbrachte, zu tun, was ich tun wollte und mußte. Als ich es endlich über mich brachte, das Haus auf Russian Hill in San Francisco aufzugeben und zu verlassen. Die Arbeit auf dem Fischerboot tut mir gut. Ich brauchte frische Luft zum Atmen. Ich hätte auch Gräben ausheben oder Toiletten reinigen können. Auch da hätte ich Luft zum Atmen gehabt. Wenn du also aufs College gehen und Medizin studieren willst, dann tu das. Wenn du Gräben ausheben willst, hebe Gräben aus. Solange du nur weißt, was für dich richtig ist. Bei mir hat es viel zu lange gedauert, bis ich es wußte.»

Nach dem Abendessen, als Joe schon in seinem Zimmer war, saßen Dan und May Ling allein im Wohnzimmer. May Ling fragte Dan: «Was hast du zu Joe gesagt?»

«Wir haben miteinander geredet.»

«Ich bin so froh. Es hat euch beide verändert. Ich meine die Art, wie ihr miteinander umgeht.»

«Das hast du gemerkt?»

May Ling lächelte.

«Du bist ein sehr kluges chinesisches Frauenzimmer.»

«Ich danke dir, Danny. Nicht, weil du findest, daß ich klug bin, sondern weil du mit ihm gesprochen hast. Fährst du heute abend nach San Pedro? Es ist so kalt und naß. Ich finde den Gedanken schrecklich, dich jetzt auf dem Boot zu wissen.»

«Ich gehe nicht.»

«So?»

«Ich habe mir von Pete Lomas eine Woche unbezahlten Urlaub geben lassen.» Als sie nichts dazu sagte, erklärte Dan: «Wir können es uns leisten.»

«Natürlich können wir das.» Dann fügte sie hinzu: «Wir sind nicht arm. Es wird Zeit, daß du mal ausspannst.»

«Ich spanne nicht aus.»

«Was ist los, Danny?» fragte sie beunruhigt. «Geht es wieder los?»

«Was soll wieder losgehen?»

«Die Macht und die Herrlichkeit.»

«Nein. Ich möchte nur genug Geld haben, um den Jungen Medizin studieren zu lassen. Pete wollte mir den halben Anteil am Boot verkaufen. Aber das will ich nicht. Er wird zu alt zum Fischen, genau wie ich.»

«Wir haben genug Geld. Mein Vater –»

«Ich möchte nicht auf das Geld deines Vaters zurückgreifen. Es sieht zwar möglicherweise nicht danach aus, aber Joe ist mein Sohn.»

May Ling erhob sich, ging zu ihm und gab ihm einen Kuß. «Lieber Danny», sagte sie, «ich habe dich sehr gern. Tu, was du tun mußt.»

«Genau das habe ich dem Jungen auch gesagt.»

«Ich glaube, mehr kann man einem Menschen auch nicht sagen. Komm jetzt ins Bett.»

Sie waren schon auf halber Höhe der Treppe, als sie hörten, wie ein Auto vor dem Hause hielt. Sie blieben stehen. Gleich darauf ging die Türklingel.

«Es ist elf», sagte May Ling. Sie wartete auf der Treppe, während Dan ins Wohnzimmer ging, Licht machte und die Tür öffnete. Barbara stand vor ihm und lächelte verlegen. Dan blickte sie eine Weile an und versuchte, Ort und Zeit in Beziehung zu setzen. Aber da lag sie schon in seinen Armen. Schweigend umarmte er sie. May Ling kam die Treppe herab und schloß die Tür hinter ihr.

Als Dan sie losließ, wandte sie sich May Ling zu und nahm ihre Hand mit beiden Händen. «Ihr beiden Lieben», sagte sie. «Ich kann gar nicht glauben, daß ich hier bin. Ich bin die ganze Strecke von San Francisco nach hier durchgefahren, ich habe nur angehalten, um zu tanken. Dabei hatte ich immer die Vorstellung, ihr wäret gar nicht hier, das ganze Haus wäre weg! Weil nie etwas so bleibt, wie es ist. Und jetzt hätte ich gern etwas zu essen. Ich habe einen fürchterlichen Hunger – ich habe den ganzen Tag nichts gegessen.»

Es war nach Mitternacht. Sie saßen in der Küche, Barbara, Dan und May Ling. Barbara hatte eine Stunde lang gegessen und berichtet, was sich in den sechs Wochen ereignet hatte, seit sie das Sarah Lawrence College verlassen hatte. «Und jetzt bin ich endlich hier», sagte sie. «Jeden Tag seit meiner Rückkehr nach Kalifornien hatte ich mir vorgenommen, euch zu besuchen – jetzt habe ich es getan. Ich habe dort in meinem Auto gesessen, vor dem gräßlichen Haus, und dann bin ich losgefahren und einfach immer weiter. Ich hätte schon früher kommen sollen, aber ich habe jeden Tag in der Suppenküche gearbeitet. Sie wurde immer mehr zum Mittelpunkt meines Daseins. Ich kehre nicht ins Haus John Whittiers zurück. Niemals. Das ist vorbei.»

«Hast du Geld?» fragte Dan.

«Darauf kommt es nicht an», sagte May Ling rasch. «Sie braucht kein Geld, wenn sie bei uns bleiben will.»

«Ich habe etwa hundert Dollar bei mir. Das ist der Rest von dem, was ich für Sandy bekommen habe. Ich hoffe, du verzeihst mir das», sagte sie zu Dan. «Es ist gemein, ein Geschenk zu verkaufen, und sie war ein so schönes Tier. Aber ich mußte es einfach tun. Auf jeden Fall bekomme ich vierzig Dollar pro Woche, darum kümmert sich die Bank. Entweder schicken sie es mir oder ich kann es mir hier abholen.»

«Du bist noch minderjährig», sagte Dan. «Jean könnte das Geld sperren lassen.»

«Das würde sie nicht tun. Mutter ist nicht rachsüchtig.»

«Warum sollte sie das tun?» fragte May Ling. «Barbara ist alt genug, um allein zu leben.»

«So einfach ist das nicht. Jean ist Whittiers Frau, und früher oder später wird jemand feststellen, daß Barbara in der Suppenküche gearbeitet hat. Das gibt eine fette Schlagzeile. Sicher gehen sie beide in die Luft. Willst du dort weiterarbeiten?» fragte Dan seine Tochter.

«Ich muß», sagte Barbara. «Ich kann die Leute jetzt nicht im Stich lassen. So verrückt es klingt, sie sind auf meine vierzig Dollar in der Woche, und was ich so noch drauflege, angewiesen. Natürlich bekommen sie auch von anderer Seite Lebensmittel, aber nicht genug. Du kannst dir nicht vorstellen, wie arm diese Männer sind, und wie hungrig. Ich weiß, daß die Gewerkschaft noch mehr Küchen unterhält, aber für diese fühle ich mich eben verantwortlich.»

«Warum?»

«Ich weiß es nicht. Ich frage mich das auch immer wieder. Ich habe ein schlechtes Gewissen. Aber warum hat Tom es dann nicht auch? Nein, es ist nicht nur das schlechte Gewissen. Es liegt auch daran, daß das alles so wirklich ist. Ich romantisiere es, aber glaub mir, Papa, ich weiß, wo ich stehe und was ich tue. Ich sehe es nicht durch eine rosarote Brille. Diese Hafenarbeiter sind ungehobelte und unwissende Burschen, und sehr oft nicht sehr freundlich. Ich bin nicht einmal sicher, ob ich sie mag und ob ich gern in ihrer Nähe bin. Aber ich weiß, daß sie im Recht sind. Sie kämpfen um ihr Leben, denn der Hafen ist ein übler Sklavenmarkt. Und das sage ich nicht, weil ich es so gehört hätte, sondern weil ich jetzt fast sechs Wochen lang dort war und ihnen zugesehen und zugehört habe. Kennst du das Abrufsystem?»

Dan nickte.

«Natürlich kennst du es. Na gut, es sind keine edlen Wilden. Viele von ihnen sind Herumtreiber und Trunkenbolde, aber es sind Menschen. Sie arbeiten im Hafen, weil sie keine andere Arbeit bekommen. Sie sind bei Morgengrauen an den Docks, noch vor sechs Uhr, sie stehen dort in der Kälte und frieren, bis jemand kommt und sie in seine Kolonne übernimmt. Und er nimmt nur die, bei denen für ihn noch etwas abfällt – von den lächerlichen paar Dollar, die sie bekommen. Manchmal werden sie nicht einmal mit Geld bezahlt, sondern mit Messingmarken, die sie dann in irgendeiner schmuddeligen Spelunke einlösen müssen. Und jeder Barkellner ist ein Fünfprozenter –»

«Was heißt das?» fragte May Ling.

«Das bedeutet, daß er von jedem Dollar, den er einlöst, fünf Cent behält. Außerdem nimmt er die Marken nur an, wenn der Mann, der sie einlösen will, vorher ein alkoholisches Getränk bestellt, also zu trinken anfängt. Zum Schluß bleibt den Männern nichts mehr, und ihre Frauen und Kinder können verhungern. Jeden Tag ist es dasselbe, auf Abruf bereitstehen und zu Gott beten, daß man Glück hat und einen Tag Arbeit bekommt, und sei es nur für eine Messingmarke. Mit mir reden sie. Ich habe von Männern gehört, die vor Erschöpfung tot umgefallen sind. Das Arbeitstempo bestimmt der Ladekran. Solange der Kran arbeitet, müssen auch sie arbeiten, und sie können nicht einmal austreten gehen. Jetzt während des Streiks bringen die Leute von der Bäckereigewerkschaft uns ihr altbackenes Brot. Ich habe gesehen, wie Schauerleute den Eintopf, den wir für sie kochen, aus den Blechnäpfen in Henkelmänner umfüllen, die sie mitgebracht haben. Sie selber essen nur die beiden Scheiben Brot, die jeder bekommt, den Eintopf nehmen sie für ihre Kinder mit nach Hause. Da kann man doch nicht von Romantisieren reden, oder? Wenn ich an den Embarcadero denke, tue ich es jetzt genauso wie sie: mit ohnmächtigem Abscheu vor der dort praktizierten Menschenverachtung. Und die Schiffe, die dort liegen, gehören John Whittier und meiner Mutter!»

«Nun stell dir einmal vor, es wären meine», sagte Dan. «Einige davon waren es ja mal. Was würdest du dann wohl empfinden?»

Barbara dachte eine Weile darüber nach. «Sie haben dir einmal gehört?»

«Einige, ja. Ich habe allerdings nicht mit Leuten auf Abruf gearbeitet, sondern mit festangestellten Kolonnen. Sie arbeiten besser.»

«Wenn es deine Schiffe wären ...» sagte Barbara, «ich glaube, dann würde ich dasselbe empfinden.»

«Das Problem liegt darin, daß du Jeans Tochter bist, und sie ist Whittiers Frau. Das ist der springende Punkt – es muß deshalb zum Knall kommen. Willst du das?»

«Es macht mir nichts aus.»

«Was ist mit dem College?»

«Ich weiß noch nicht, ob ich dorthin zurückgehen möchte. Ich weiß es wirklich nicht.»

«Es wäre mir lieb, du würdest wieder hingehen», sagte Dan.

«Papa, hör mir zu. Ich habe mich verändert, und ich glaube nicht, daß ich jemals wieder so sein werde, wie ich war. Ich weiß ganz und gar nicht, wer ich bin oder was ich möchte, aber ich kann mir nicht vorstellen, wieder nach Sarah Lawrence zurückzukehren.»

«Ich glaube», sagte May Ling, «wir sind alle viel zu müde, um uns irgend etwas wirklich vorstellen zu können. Danny, du solltest vielleicht Whittier anrufen und ihm sagen, daß Barbara hier ist, und dann sollten wir zu Bett gehen. Wir machen dir im Wohnzimmer eine Schlafstelle zurecht, Barbara, geht das?»

«Ich bin so müde, daß ich auf dem Fußboden schlafen könnte.»

«Hast du gewußt», fragte Joe Barbara, «daß man mindestens fünftausend Ideogramme kennen muß, um Mandarin richtig lesen und schreiben zu können?»

«Nun, der Brief, den du mir ins College geschickt hast –»

«Wimmelte von Fehlern.»

«Ja, das hat Mr. Ming auch gesagt.»

«Wer ist Mr. Ming?»

«Ein Wäschereiarbeiter in Yonkers.»

«Ach, du liebe Güte.»

«Aber er war der einzige, der ihn mir übersetzen konnte, Joe.» Sie fing an zu lachen, als er sie traurig ansah. «Es tut mir leid, Joe.» Sie legte den Arm um ihn und hielt ihn fest, als er sich von ihr zurückziehen wollte. «Nein, ich lasse erst los, wenn du sagst, daß du mir nicht böse bist.»

«In Ordnung. Aber lach nicht mehr.»

«Worüber? Weil du dir so viel Mühe gibst, mir Eindruck zu machen? Ich bin tatsächlich beeindruckt: du bist Jahrgangsbester, Chinese, lernst Mandarin, studierst Medizin. Du bist ein Ausbund an Klugheit, und einer von den ganz wenigen Jungen, die ich kenne, die fast einen Kopf größer sind als ich.»

«Du machst dich schon wieder über mich lustig.»

«Keineswegs.»

Sie waren in Feng Wos Rosengärtchen, einem Stück Land, das kaum doppelt so groß war wie sein Wohnzimmer. Er hatte darauf mehr als dreißig verschiedene Rosensorten gepflanzt. Dort wuchsen Teehybriden, Chinesische Goldrosen, Polyantharosen, beschnittene Hecken aus Rugosa, und hinter ihnen Bögen von leuchtend roten Kletterrosen. Jetzt, am frühen Morgen, stieg von den taubenetzten Blüten ein betäubender Duft auf, so daß es Barbara vorkam, als sei sie tatsächlich in einer Traumwelt erwacht.

«Weißt du», sagte Joe, «ich habe dich einmal gesehen – vor langer Zeit. Ich glaube, ich war erst zehn Jahre alt, und du mußt dreizehn gewesen sein, als wir noch in San Francisco wohnten. Eines Tages bin ich zu euerm Haus auf Russian Hill gelaufen und habe es mir von der anderen Straßenseite aus angesehen.»

«Du wußtest also, wo wir wohnten?»

«Ein Kind weiß viel. Das verstehen Erwachsene nicht. Ich habe bestimmt eine Stunde dort gestanden, und dann bist du herausgekommen und in ein großes Auto gestiegen, in einen Rolls Royce, in dem ein Chauffeur saß in einer grauen Uniform. Du hattest einen weißen Pelzmantel an und hattest langes Haar. Du warst für mich damals das Hübscheste, was ich in meinem ganzen Leben gesehen hatte. Ich glaube, da habe ich mich in dich verliebt, und die Vorstellung, mich in meine eigene Schwester verliebt zu haben, hat mich später sehr bestürzt.»

«So etwas Nettes hat mir noch niemand gesagt.»

«Es ist alles so verrückt, Barbara, und so ungewohnt. Ich sehe dich heute zum drittenmal in meinem Leben – und es ergibt alles keinen Sinn. Was wirst du jetzt tun, wenn du nicht zu Whittier zurückkehrst?»

«Woher weißt du, daß ich nicht zurück will?»

«Ich habe gestern nacht auf der Treppe gesessen und alles mitangehört.»

«Warum bist du nicht heruntergekommen?»

«Keine Ahnung. Ich war im Schlafanzug. Ich weiß nicht. Ich nehme an, daß es mich nichts angeht, aber ich habe alles gehört. Ich finde dich toll. Am liebsten wäre es mir, wenn du hierbleiben würdest – wenigstens eine Zeitlang, bis wir uns etwas besser kennengelernt haben.»

«Ich komme wieder, das verspreche ich dir.»

«Paß auf dich auf, bitte. Sieh zu, daß dir nichts passiert.»

Sie gab ihm impulsiv einen Kuß. «Du bist ein richtiger Schatz, und ich bin froh, daß du so bist, wie du bist. Mir wird schon nichts passieren, Joe – ich werde vielleicht nur etwas erwachsener werden.»

Einige Minuten darauf rief May Ling sie zum Frühstück ins Haus. Sie saßen alle am Küchentisch, mit Ausnahme von So-toy, die sehr altmodisch war und sich immer erst setzte, wenn die Männer gegessen hatten. Feng Wo gab seine asiatische Undurchdringlichkeit auf und zeigte unverhohlenes Entzücken über diese große, hübsche, rosenwangige Frau, die die Tochter seines verehrten Dan Lavette war. Dan selber saß da und freute sich, daß seine beiden Kinder am selben

Tisch saßen und fröhlich miteinander plauderten. In May Lings etwas boshafter Beschreibung war Jean stets nur ‹die Eisprinzessin› gewesen. May Ling war eine kluge, mitfühlende Frau, und sie mußte jetzt gegen den Impuls ankämpfen, in Barbara mehr als eine nur körperliche Ähnlichkeit mit ihrer Mutter festzustellen. Es war nicht leicht. Sie zwang sich, besonders liebenswürdig zu ihr zu sein, und sie bat Barbara, auf jeden Fall einige Tage bei ihnen zu bleiben.

«Ich habe ein kleines Arbeitszimmer», sagte Feng Wo, «das ich wirklich nicht benötige, obwohl meine Tochter mich als Gelehrten betrachtet, weil ich einige Übersetzungen aus dem Chinesischen veröffentlicht habe. Wir können es als Schlafzimmer herrichten. Sie werden es dort sehr gemütlich haben.»

«Das ist wirklich sehr freundlich von Ihnen, vielen Dank», sagte Barbara. «Aber ich muß zurück. Ich habe eine Arbeit übernommen, die euch allen vielleicht nicht sinnvoll erscheint, aber ich muß sie zu Ende bringen.»

«Mir erscheint sie sehr sinnvoll», sagte Joe. «Trotzdem hätte ich gern, daß du bliebest. Bitte, Barbara.»

Am Nationalfeiertag, am Mittwoch, dem 4. Juli, um zehn Uhr vormittags fuhr sie ab. Dan begleitete sie zum Auto. «Ich bin hier», sagte er, «wenn du mich brauchen solltest. Ich kann so etwas nicht besonders gut sagen, aber ich habe dich sehr gern. *Vaya con Dios*. Und komm wieder – bald.»

Barbara fuhr ohne Eile nach Norden. Sie fühlte sich behaglich und wie in einem Traum, noch eingehüllt in die Wärme der Familie, die sie gerade zurückgelassen hatte. In ihrem eigenen Zuhause hatte sie dieses Zusammengehörigkeitsgefühl, diese Art der Unterstützung, der offenen unkritischen Billigung und Bewunderung nie erlebt. Und es freute sie, daß sie jetzt einen Bruder gefunden hatte, der ihr zwar noch fremd, aber blutsverwandt mit ihr war. Sie versuchte, ihn nicht mit Tom zu vergleichen, weil sie sich sagte, das sei nicht recht. Aber trotzdem drängte sich ihren Gedanken dieser Vergleich immer wieder auf.

Sie tankte an einer Tankstelle neben der Straße, die nur aus einer Zapfsäule bestand, aß etwas zu Mittag und fuhr weiter. Am späten Nachmittag erreichte sie die Halbinsel und begann, die Preise an den Gemüseständen entlang der Straße zu vergleichen. Sie kaufte mehrere Säcke Kartoffeln, Zwiebeln und Möhren, sowie vier Kisten Apfelsinen. Die Leute, die in der Küche arbeiteten, waren wütend geworden, als sie zum erstenmal Apfelsinen mitbrachte. «Was sollen die im Eintopf?» Aber sie bestand darauf, daß die Hafenarbeiter sie für ihre Kinder mit nach Hause nahmen, und wies sie unermüdlich auf den Nutzen von Vitamin C hin.

Es war fast sieben Uhr, als sie in die Gasse einbog, die von der Bryant Street abging. Die Suppenküche war schon geschlossen. Sie parkte ihr Auto in der Nähe des St. Francis Hotels und schloß die Türen ab, damit niemand etwas stehlen konnte. Dann nahm sie im Hotel ein Zimmer und bezahlte es im voraus, weil sie ohne Gepäck war.

Vom Hotel aus rief sie im Hause Whittier an. Knox war am Apparat, und als sie sagte, sie wolle mit Mr. Whittier sprechen, erfuhr sie, daß er ausgegangen war. Knox fügte hinzu, ihre Abwesenheit habe Mr. Whittier trotz Mr. Lavettes Anruf in der vorigen Nacht ziemlich beunruhigt.

«Bitte, versichern Sie ihm, daß es mir gut geht. Ich habe die letzte Nacht im Hause meines Vaters in Los Angeles verbracht, und wenn meine Mutter anruft, sagen Sie ihr bitte ebenfalls, sie solle sich keine Sorgen machen. Ich komme morgen irgendwann im Laufe des Tages vorbei.»

Dann ging sie nach unten und bestellte sich zum Abendessen zwei Schinkenbrote, ein Glas Milch und ein Stück Pastete. Sie nahm eine Zeitung mit in ihr Zimmer, in der Hoffnung, darin etwas über den Fortgang des Streiks zu erfahren. Aber kaum lag sie im Bett, verschwammen ihr die Zeilen vor den Augen. Um halb zehn schlief sie tief und fest.

Gegen fünf Uhr morgens erwachte sie mit dem ersten Licht des Tages. Sie fühlte sich ausgeruht und erfrischt, aber sie blieb träge noch ein bißchen im Bett und genoß es, fern von zu Hause in diesem Hotelzimmer nackt zwischen den Laken zu liegen, genoß die Vorstellung, daß sie, zumindest im Augenblick, tun konnte, was und wann es ihr gefiel. Aber dann fiel ihr das Auto voller Lebensmittel auf der Straße ein. Sie sprang aus dem Bett, überlegte, ob sie duschen sollte, verwarf den Gedanken, stellte sich dann doch unter die Dusche, trocknete ihren Körper und ihr Haar, so gut sie konnte, spülte sich den Mund statt mit Zahnpasta mit Seifenwasser aus und zog sich an. Als ihr einfiel, daß sie seit drei Tagen ihre Wäsche nicht mehr gewechselt hatte, zuckte sie nur mit den Schultern. Sie hätte ihre Strümpfe und ihre Unterwäsche am Abend zuvor auswaschen können, hatte es aber vergessen. Nun war es zu spät dazu. Die dunkle Bluse, die Strickjacke und der

Faltenrock waren nicht so empfindlich und ziemlich sauber. Auf die mit Weiß abgesetzten Schuhe kam es nicht an. Sie griff nach ihrer Handtasche und eilte aus dem Zimmer.

Die Hotelhalle war leer, bis auf einen hinter der Rezeption vor sich hindämmernden Angestellten. Restaurants waren noch nicht offen, aber das war unerheblich, sie hatte ohnehin keinen Hunger, und zum Essen war noch Zeit genug, wenn sie den Wagen an der Küche ausgeladen hatte. Normalerweise öffnete sie erst um sieben, aber Barbara beschloß, das Auto in die Gasse zu fahren, dort sitzenzubleiben und ihre Schätze zu bewachen, bis jemand kam und die Küche aufschloß. Sie ging durch Stockton zum Markt hinunter, und als sie die Straße überquerte, sah sie ein Dutzend berittener Polizisten. Die Hufschläge der Pferde hallten in der leeren Straße laut wider. Die Polizisten sahen sie befremdet an. Eine Straßenecke weiter standen zwei Männer, sonst war niemand zu sehen.

Ihr Auto stand an der 4. Straße, und sie atmete erleichtert auf, als sie sah, daß man es nicht angerührt hatte. Es war Viertel nach sechs. Sie stieg ein, fuhr zur Bryant Street und bog in die Gasse ein. Zu ihrer Überraschung war die Küchentür bereits offen und der Klang von Männerstimmen drang heraus. Als sie den Motor abstellte, kamen Guzie und Salone aus der Küche, und Salone rief ihr zu: «Zum Teufel, Bobby, wo hast du gesteckt?» Aber seine Stimme klang nicht zornig. Offensichtlich trug er ihr den Streit nicht mehr nach, den sie vor ein paar Tagen gehabt hatten.

«Ich habe meinen Vater in Los Angeles besucht.»

«Dafür hast du dir genau den richtigen Tag ausgesucht.»

«Jeder nimmt mal einen Tag frei», sagte sie gereizt, «sogar Schauerleute.»

«Sicher, sicher. Vielleicht war es auch gut, daß du nicht hier warst. Am Dienstag war hier der Teufel los.»

Barbara stieg aus und machte die Heckklappe auf. Salone half ihr. Guzie begann mit dem Ausladen der Säcke.

«Was war denn los?» fragte Barbara.

«Dieser Hundesohn Joe Ryan hat uns verschaukelt. Der verdammte Sack nennt sich Arbeiterführer und kommt von New York hierher und verkauft uns.»

«Das war doch schon vor zwei Wochen», sagte Barbara.

«Moment! Sie haben nur abgewartet, bis Whittier zurückkam, wo immer er auch gesteckt haben mag. Am Dienstag wollten sie den Widerstand am Pier in der Townsend Street brechen. Siebenhundert Polizisten und bezahlte Schläger mit kurzläufigen Schrotflinten und Tränengas – das ganze Arsenal. Es waren sechshundert, vielleicht auch siebenhundert Leute dort, und die sind mit einer Lastwagenkolonne durchgefahren – wie mit Panzern.»

«Haben sie es geschafft?»

«Den Teufel haben sie!» sagte Guzie. «Die Lastwagen sind zwar bis zum Pier 38 durchgekommen, aber wir haben die verdammten Schläger vier Stunden lang festgehalten, bis sie keine Lust mehr hatten und abgezogen sind. Schön, den einen Pier haben sie freibekommen, und jetzt überschlagen sich die Zeitungen und behaupten, der Streik sei gebrochen. Das stimmt aber nicht – da fehlt noch eine ganze Menge.»

«Bobby, heute geht es rund», sagte Dominick. «Am 4. Juli haben sie uns verschont. Sie sind so patriotisch, daß sie am Nationalfeiertag niemandem den Schädel einschlagen wollen. Aber es kursieren Gerüchte, daß sie heute den ganzen Hafen räumen wollen. Heute müssen alle organisierten Hafenarbeiter ran, und die Seeleute natürlich auch. Den Plan hatte Harry Bridges schon, als Ryan versucht hat, uns reinzulegen – entweder Seeleute und Hafenarbeiter gemeinsam, oder gar nichts. Wir haben heute tausend Seeleute und tausend Hafenarbeiter an den Docks. Da können die Hunde ja mal ihr Glück versuchen. Wir würden uns allerdings gern deinen Wagen leihen, Bobby. Wir brauchen Autos. Hier ist garantiert in Null Komma nichts die Hölle los, und wir brauchen die Wagen als Einsatzzentrale, zur Ersten Hilfe, vielleicht auch als Krankenwagen, und als Verpflegungsposten. Das wird ein Dauer-Einsatz werden: Keiner geht nach Hause, keiner wird abgelöst. Deshalb wollen wir belegte Brote und Kaffee mitnehmen, und außerdem ein paar Binden und etwas Jod. Wir haben den Raum vorn freigemacht, zwei Ärzte wollen uns helfen, freiwillig. Sie sollen hier arbeiten. Wenn es losgeht, kannst du bei ihnen bleiben und ihnen helfen. Du kannst uns dein Auto ruhig anvertrauen.»

«Das klingt ja, als ob es Krieg gäbe.»

«So ist es auch, vielleicht. Was ist mit dem Auto?»

«Ihr könnt es haben», sagte Barbara, «aber ich gehöre dazu. Ich will es selber fahren.»

«Mädchen, das ist Wahnsinn. Du ahnst nicht, was da unten passieren kann.»

«Ihr könnt das Auto für alles haben, wofür ihr es braucht», sagte Barbara fest. «Aber ich fahre. Ich kenne die Kiste. Die Kupplungsscheibe ist nur noch hauchdünn. Stell dir vor, es sitzt einer drin und würgt den Motor ab, wenn's drauf ankommt.»

«Ich kann alles fahren, was Räder hat», sagte Guzie. «Absolut alles.»

«Schon möglich. Aber wenn ihr den Wagen wollt – dann fahre ich ihn.»

Dominick nickte. «Schon gut. Wir haben keine Zeit zum Streiten. Wir wollen aufladen, und dann geht's los.»

Sie beluden den Kombi mit einer Milchkanne voll heißem Kaffee, einem großen Korb voller Blechtassen, einem Korb voller Pakete mit belegten Broten, einer Kiste mit Mullbinden und Heftpflaster, zwei Flaschen Peroxid, einem Liter Jod. Inzwischen strömten Dutzende von Hafenarbeitern und Seeleuten in die Gasse. Barbara ging in die Küche, trank rasch einen Tasse heißen Kaffee und kaute ein Stück altbackenes Brot. Die Hafenarbeiter drängten herein, sie goß Kaffee ein und schnitt Scheiben von einer Salami ab. Brot war nicht mehr da, es war alles für die belegten Brote draufgegangen. Verblüfft sah Barbara zu, wie die schlaftrunkenen Männer Kaffee und Salami frühstückten. Sie dachten gar nicht darüber nach, sie hatten einfach Hunger.

Irma Montessa suchte jemanden, der einen Korb mit Apfelsinen in den Kombi laden konnte, und sagte zu Barbara: «Blöde Hammel, sie haben nichts im Kopf außer Fleisch und Kartoffeln.»

Von draußen brüllte Dominick: «Bobby, Bobby! Wir müssen los!»

Sie trat auf die Gasse, wo sich vierzig, fünfzig Streikende um den Kombi drängten. Einige von ihnen trugen Streikplakate. Sie rieben die Hände aneinander, hüpften auf und ab, um sich warmzuhalten, und lächelten ihr zu, als sie herauskam. Viele kannten sie und riefen: «He, Bobby! Bist ein feines Mädchen!» und «Zeig es ihnen, Bobby!» Sie ließen sie zu ihrem Auto durch.

Sie hörte, wie einer der Männer zu Dominick sagte: «Die Schläger werden in der 4. Straße zusammengezogen. Ich habe gehört, daß sie alles vom Depot bis zur Market Street abriegeln wollen.»

«Hört zu, Jungs!» rief Dominick. «Wir fahren jetzt langsam die Bryant Street lang. Bleibt dicht am Wagen. Wenn die Bullen uns an der 4. stoppen wollen, brechen wir durch. Wir bringen das Auto durch die Absperrung und so nahe wie möglich an die Docks.»

Dominick setzte sich neben Barbara. Sie ließ den Motor an, legte den Gang ein und fuhr, inmitten der Gruppe von Hafenarbeitern, aus der Gasse heraus. Es war acht Uhr, und es schien, als hätte sich die ganze Stadt am Hafen versammelt. In der Bryant Street sah man keine Autos, sie war schwarz von Menschen, dicht zusammengedrängten Menschen – Streikenden, Sympathisanten, Kindern, Neugierigen. Auf der anderen Straßenseite bewegte sich ein geschlossener Trupp von etwa einem Dutzend Männern in Richtung Hafen.

«Schläger», sagte Dominick.

Sie näherten sich im Schrittempo der 4. Straße. Barbara sah den Polizeikordon, der die Straße abriegelte. Die Beamten standen nahezu Schulter an Schulter. Die Menschenmenge fing an, sich in der Straße zu stauen, und die Polizisten hielten Kinder und Gaffer fern. Barbara sah ihre Lage durchaus realistisch: Jean Whittiers Tochter fuhr einen Wagen voller Verpflegung und Erste-Hilfe-Material in eine Polizeisperre. Sie war zugleich ängstlich und erregt.

«Wie fühlst du dich, Mädchen?» fragte Dominick.

«Prima», sagte sie. «Hervorragend.» Dabei zitterte ihre Stimme nur ganz leicht.

«Bleib nur stehen, wenn ich es dir sage. Fahr einfach in demselben Tempo weiter.»

Es waren jetzt noch etwa fünfzehn Meter bis zur Polizeisperre, und die Zahl der Streikenden um den Kombi herum war auf mehrere Hundert angewachsen. Die dichtgeschlossene Gruppe von Männern, die Dominick ‹Schläger› genannt hatte, kam jetzt schräg auf die Streikenden zu über die Straße. Ein Polizeioffizier ging ihnen entgegen. Ein weiterer Polizeioffizier begann, sich seinen Weg durch die Menge der Streikenden zum Wagen zu bahnen. Ein junger Mann mit Presseausweis unter dem Hutband drängte sich zwischen den Streikenden hindurch und rief Barbara zu: «He, Fräulein, wie heißen Sie?»

«Dreh das Fenster runter», sagte Dominick. «Laß es unten.»

«Nicht oben?»

«Nein, unten. Laß es unten.»

Die Streikenden waren jetzt am Polizeikordon angekommen. «Platz machen, Platz machen!» rief Dominick.

«Den Wagen nicht durchlassen!» kam die Stimme eines höheren Polizeibeamten.

Barbara fuhr ruhig weiter und der Polizeikordon wich zur Seite. Einige Polizisten griffen nach ihren Waffen, dann gab ein höherer Polizeibeamter, der das Kommando zu haben schien, ein Zeichen mit den Armen, und auf einmal war der Weg für die Streikenden und den Wagen frei.

Barbaras Herzschlag schien auszusetzen. «Gott sei Dank», flüsterte sie. Dominick lächelte ihr zu. Der Mann mit dem Presseausweis am Hut sprang auf das Trittbrett.

«Fräulein, Sie haben Mumm. Wie heißen Sie?»

«Verpiß dich!» brüllte Dominick ihn an. Die Streikenden zogen ihn fort. Dann sagte Dominick zu Barbara: «Jetzt einfach weiter, so nahe an den Embarcadero heran, wie es geht.» Sie kamen an der 3. Straße vorbei. Im Rückspiegel konnte Barbara sehen, wie die Polizisten den Sperrgürtel wieder schlossen und die wachsende Masse der Zuschauer zurückhielten. «Wir sind drin», sagte sie zu sich, «aber wie kommen wir wieder heraus?»

«Hier nach links», sagte Dominick, «fahr dicht an den Bordstein.»

Hafenarbeiter und Seeleute füllten die Straße. Barbara fuhr vorsichtig durch sie hindurch an den Bürgersteig heran. Sie ließ die Hände auf dem Lenkrad liegen, weil sie fürchtete, daß sie sonst zittern würden. Dominick griff zum Zündschlüssel und stellte den Motor ab. «Tolles Mädchen», sagte er. «Du bist in Ordnung.»

Jetzt sah sie, wie die Menge beiseite wich, um Harry Bridges durchzulassen. Sein Blick wanderte aufmerksam von einem Gesicht zum anderen. Zwei breitschultrige Männer gingen links und rechts hinter ihm. Er kam zum Auto und sagte: «Grüß dich, Nick: Was hast du uns denn Schönes mitgebracht?»

«Kaffee, belegte Brote und Erste-Hilfe-Material.»

«Gut. Wer ist die Kleine?» fragte er und nickte zu Barbara hin.

«Ihr gehört der Wagen. Sie ist in Ordnung.»

«Gut.» Er sah Barbara einen Augenblick lang nachdenklich an und fragte dann nach ihrem Namen.

«Ich heiße Bobby Winter.»

Er rief nach hinten: «He, Fargo!»

Ein kräftiger, beleibter, etwa vierzigjähriger Mann mit hängenden Schultern schob sich durch die Menge. «Er war im Krieg Sani. Fargo, das ist Bobby. Bobby, zeig ihm, wo das Zeug ist. Vielleicht kannst du ihm helfen, das heißt, wenn du willst.»

Plötzlich waren laute Rufe und Flüche zu hören. Solche zornigen und lästerlichen Reden hatte Barbara noch nie gehört. Eine wie es schien endlose Reihe roter Lastwagen kam die Harrison Street entlang. Als die Männer auf sie zuliefen, versuchte eine Gruppe berittener Polizisten, etwa ein Dutzend, gefolgt von einer ungefähr hundertköpfigen Polizeitruppe zu Fuß, ihnen den Weg zu versperren. Barbara blickte zu dem kleinen fuchsgesichtigen Mann hin. Er stand da, ohne sich zu rühren. Hafenarbeiter erstürmten die Lastwagen und kletterten auf die Motorhauben und versuchten, in die Fahrerhäuser einzudringen. Die Polizisten stemmten sich den Streikenden entgegen und droschen wild und erbarmungslos mit ihren langen Knüppeln auf sie ein. Die berittenen Polizisten trieben ihre Pferde in die Reihen der Streikenden hinein und teilten links und rechts Knüppelhiebe aus. Und es kamen noch mehr Polizisten, zur Verstärkung, quer über die Harrison Street gerannt. Sie verteilten sich zwischen den langsam fahrenden Lastwagen. Immer mehr Seeleute und Hafenarbeiter strömten in die 2. Straße und liefen auf die Lastwagen zu. Aber jetzt war es der Polizei gelungen, die Straße durch einen dicken Polizeikordon abzuriegeln, und einige von ihnen konnten die Streikenden von den Lastwagen herunterziehen. Sie droschen auf die Männer ein, die zwischen der Absperrung und den Lastwagen gefangen waren.

«Diese Scheißkerle!» sagte der Mann mit dem Fuchsgesicht und ging auf die Streikenden zu, die von der Polizei zurückgedrängt wurden. Die Polizisten fingen jetzt an, über die Köpfe der Menge hinweg zu schießen und Tränengasgranaten zu werfen. Zum erstenmal roch Barbara das beißende Tränengas. Dominick sprang aus dem Wagen und folgte Bridges. Er ließ Barbara einfach hinter dem Lenkrad sitzen. Sie war so gelähmt vor Furcht und Entsetzen, daß sie nicht einmal den Versuch unternahm, zu tun, was ihr gesunder Menschenverstand ihr riet: den Motor anzulassen und das Weite zu suchen, solange noch Zeit dazu war. Statt dessen blieb sie hinter dem Lenkrad sitzen und starrte auf die Schlacht, die kaum dreißig Meter von ihr entfernt tobte: die wogende Menge der Hafenarbeiter und Seeleute, die Polizeikette, das Gewehrfeuer und die Tränengaswolken, die der Wind vor sich her trieb.

Dann war der Spuk vorbei. Der letzte Lastwagen der Kolonne fuhr die Harrison Street hinunter, der Polizeikordon zog sich mit ihr in die Harrison Street zurück und ließ eine neutrale Zone zwischen sich und den Streikenden. Jetzt konnte Barbara Schüsse und Schreie aus der Richtung des Embarcadero hören. Es war alles wie ein Traum, ein irrer, unmöglicher Traum.

«Mädchen, um Himmels willen, wo ist das Verbandszeug?» Fargo zog sie am Arm, holte sie durch Schütteln in die Wirklichkeit zurück, und sie sah, daß die blutbeschmierten Verwundeten, die man zum Wagen schleppte, nicht zu einem Traum gehörten.

Sie zwang sich dazu, etwas zu tun. Sie ballte ihre zitternden Hände, stieg aus und machte sich an der Heckklappe zu schaffen. «Laß mich das machen», sagte Fargo. Dann kroch sie auf die Ladefläche und zog den Gemüsekarton mit dem Verbandmaterial, dem Peroxid und dem Jod nach vorn. Ihre Hände waren jetzt ruhiger. Sie blickte auf. Ein Mann stand vor ihr, das Gesicht voller Blut. «Wo sind Mulltupfer?» rief Fargo ihr zu.

«Wir haben keine», sagte sie und kämpfte gegen ihre Tränen an und gegen den Drang, sich zu übergeben.

«Mist! Habt ihr denn keinen Grips im Kopf? Also gut, dann zerschneide die breiten Binden und mach mir welche. Wo ist Wasser?»

Sie beschäftigte sich jetzt mit den Binden und ihr fiel ein, daß niemand an eine Schere gedacht hatte. «Wasser?»

«Ja, Wasser! Wie soll ich Wunden ohne Wasser auswaschen?»

«Wir haben kein Wasser. Bloß Peroxid und Jod.»

«O du Allmächtiger!»

Barbara versuchte, das feste Baumwollgewebe mit ihren zitternden Händen und den Zähnen zu zerreißen.

«Hier, nimm das», sagte Fargo, zog ein Messer aus der Tasche, klappte die Klinge heraus und gab es ihr. «Hast du wenigstens Heftpflaster?»

Sie nickte.

«Gut. Mach die Tupfer fertig und halt Heftpflasterstreifen bereit, damit man den Verband festkleben kann.» Er wandte sich an zwei Hafenarbeiter. «Ihr beide da – nehmt die Kanne –» er deutete auf die Milchkanne voll Kaffee und fragte Barbara: «Was ist da drin?»

«Kaffee.»

«Schüttet ihn weg und füllt sie mit heißem Wasser.»

«Wo?»

«Herrgott noch mal! Stellt jetzt keine Fragen. Holt lieber das Scheiß-Wasser!»

Als Barbara einen Moment von ihrer Arbeit hochsah, erfaßte sie die ganze Hölle, in der sie sich befand: Sie selbst in ihrem Kombi kniend, vor sich einen Haufen blutender, zusammengeschlagener Männer, die sich an der Heckklappe drängten, mit klaffenden Wunden, die Gesichter blutüberströmt, die Augen angeschwollen oder ganz geschlossen, einen Mann, der einen Schuß in die Hand bekommen hatte, vor Schmerz stöhnend, ein anderer hielt seinen offensichtlich gebrochenen Arm zusammen.

«Alle der Reihe nach, schön anstellen, Leute», sagte Fargo mit plötzlich freundlicher Stimme. «Zuerst die schwerer Verletzten. Zeig mir mal die Hand. Peroxid, Bobby.»

Sie gab es ihm. Langsam hatte sie den Bogen raus, wie man den Verbandsstoff zerriß und die Mullpäckchen ordentlich in der Kiste aufstapelte. «Zittert bloß nicht so», flüsterte sie ihren Händen zu. Sie machte sich daran, das Heftpflaster in Stücke von unterschiedlicher Länge zu reißen und klebte jedes Stück mit einem Ende an eine der Dachstreben im Wagen. «Gut so, Mädchen», sagte Fargo. «Das machst du großartig.»

«In der Suppenküche in der Bryant Street sollen zwei Ärzte sein», sagte Barbara.

«Das ist ja großartig. Genau dort brauchen wir sie auch! Gib mir einen Tupfer. Jetzt Pflaster.»

«Der Mann mit der Schußwunde würde besser zu ihnen gehen.»

Die Hand war verbunden, und Fargo beschäftigte sich bereits mit einer Kopfverletzung. «Du bist verarztet, Kumpel. Bringt ihn rüber zur Bryant Street, und wenn die verdammten Ärzte nicht selber kommen wollen, bringt wenigstens noch Binden und Pflaster mit, auch Tupfer. Und Peroxid. Seht aber zu, daß die Medizinmänner mitkommen.»

Auf der Straße war jetzt fast niemand mehr außer den Verletzten, und es kamen immer mehr. Die Schlacht hatte sich zum Embarcadero hin verlagert. Barbara konnte das Rufen und Schreien und die Schüsse in der Ferne hören.

«Wir machen jetzt den Ring dicht», sagte Fargo.

«Die Bahnlinie?»

«Genau. Da haben sie ihre Streikbrecher und verladen Güter. Entweder legen wir das Gleis tot, oder es ist alles aus.»

Die beiden Männer kamen mit der Milchkanne zurück. Einer von ihnen hatte einen Schnitt über dem Auge. Fargo war beschäftigt. «Ich helfe Ihnen», sagte Barbara.

Ohne aufzublicken, sagte Fargo: «Mach die Kanne auf. Wasch die Wunde mit Wasser aus, dann Jod drauf, aber vorsichtig. Mit dem Peroxid müssen wir sparsam umgehen, die Hälfte ist schon alle.»

Sie dachte nicht mehr über das nach, was sie tat, sie tat es ganz mechanisch. Sie wusch die Wunde aus, säuberte sie mit Jod, legte einen Mulltupfer auf, wie sie es bei Fargo gesehen hatte, und klebte ihn mit Pflasterstreifen fest. Ein anderer Mann trat an die Stelle des Versorgten. Kopfwunde, freiliegendes Jochbein, der Mund eingeschlagen, die Hälfte der Zähne fehlte. Sie schrak davor zurück und mußte wieder gegen Tränen ankämpfen. «Fargo, bitte, ich weiß nicht, was ich hier machen soll.» Ebenso bei einem gebrochenen Arm. «Binde ihn so», sagte Fargo, zerlegte den Holzrahmen eines Streikplakats und machte Schienen daraus. Dann: «Mehr Tupfer, Bobby. Wir haben bald keine mehr.»

Als sie neue Mulltupfer machte, merkte sie, daß jetzt nicht mehr nur die Männer am Wagen standen, die sich in der Harrison Street mit der Polizei geschlagen hatten, als die Lastwagen durchbrachen. Es waren auch Verwundete von dem anderen Kampfplatz, unten am Embarcadero, da. «Schrotwunden», sagte Fargo. «Wo zum Teufel bleiben die verdammten Ärzte?»

Ein Hafenarbeiter kam mit einem Karton voll Mulltupfer und Binden. «Das kommt aus der Bryant Street.»

«Und wo, zum Teufel, bleiben die Ärzte?»

«Sie haben alle Hände voll zu tun, Fargo. Die ganze Steuart Street ist ein Hexenkessel, ein einziges Schlachtfeld, bis zum Fähranleger. Fünfzig Männer, vielleicht sogar hundert, liegen mit eingeschlagenem Schädel auf der Straße. Die halbe Stadt ist da, alles, was sie an Bullen auftreiben konnten, und anscheinend wollen sie auch noch die Nationalgarde holen. Sie setzen ihre verfluchten Gasgewehre da ein, aber wir gehen nicht zurück. Gott im Himmel, so etwas habe ich noch nicht gesehen.»

Barbaras Augen brannten, dabei hatte sie kaum etwas von dem Tränengas abbekommen. Die Männer, die jetzt zum Wagen kamen, taumelten und fielen hin. Sie waren halb blind und preßten die Hände vors Gesicht.

«Fargo, was können wir tun?» fragte sie verzweifelt.

«Nasse Mulltupfer auf die Augen. Mehr können wir nicht tun, Mädchen. Tauch sie in Wasser und drück sie nicht aus. Leg sie ihnen naß auf die Augen, und laß die Leute sich auf den Boden setzen und die Tupfer festhalten, bis der Schmerz nachläßt.»

Mulltupfer für die Augen, Kopfwunden reinigen, Tupfer, Binden. Ein Polizeiflugzeug kreiste über ihnen. Die Sonne schien, die Kühle des Morgens war geschwunden. Der Tag war so mild, so warm und schön, wie es nur ein Tag in San Francisco sein kann. Ein endloser Strom von Neugierigen zog durch die Harrison Street, viele von ihnen kamen in die 2. Straße, blieben stehen und gafften. Und immer noch hörte man in der Ferne Hunderte von Männern wütend schreien und das Knattern der Gewehre. Die Zeit stand still. Einmal meinte Barbara, eine auf sie und ihre Gruppe gerichtete Kamera zu sehen, doch als sie noch einmal hinsah, war sie nicht mehr da.

«Fargo», sagte sie, «die Binden und Tupfer sind alle.» Sie war sehr müde, aber die Übelkeit und die Furcht waren verschwunden. Sie sah auf ihre Hände, als hätte sie sie noch nie gesehen. Sie waren mit getrocknetem Blut bedeckt, Blut auch an ihren Armen bis hinauf zu den Ellbogen, Blut an ihrer Bluse. Das Schießen – und das Gebrüll – hatte aufgehört.

«Wir schicken den Rest in die Bryant Street. Ernste Fälle sind sowieso nicht mehr dabei.» Er breitete die Arme aus. «Tut mir leid, Leute. Geht zur Bryant Street. Dort sind Ärzte. Wir haben hier nichts mehr.»

Barbara sah den Rest Wasser in der Milchkanne an. Er war rosa vom Blut. Auch das hatte sie bisher nicht bemerkt. Fargo setzte sich auf die Heckklappe und verschränkte die Hände vor seinem riesigen Bauch. «Gott, bin ich müde», sagte er. «Wie spät, Bobby?»

Sie sah auf ihre Uhr. «Vier.» Sie schüttelte ungläubig den Kopf. Wo war der Tag geblieben? «Vier Uhr. Es ist plötzlich so still. Ich nehme an, es ist vorbei.» Sie nahm ein Taschentuch aus der Handtasche, tauchte es in die Milchkanne und machte sich daran, das Blut von ihren Händen und Armen abzuwaschen. Fargo sah ihr dabei zu.

«Du bist ein komisches Mädchen, Bobby», sagte er schließlich. «Aber in Ordnung bist du, das muß ich sagen.»

In der Dunkelkammer des *Examiner* angelte ein Mann namens Blakely eine tropfnasse Vergrößerung aus dem Entwicklerbad und heftete sie an die Wand. Nachdem er sie eine Weile angesehen hatte, bat er zwei Kollegen, einen Blick darauf zu werfen.

«Es ist gut, aber nichts Besonderes.»

«Wer ist der Fettwanst?»

«Der ist unwichtig. Aber seht euch mal das Mädchen an. Ich könnte schwören, daß ich die schon mal irgendwo gesehen habe.»

Er brachte die Aufnahme dem Bildredakteur. Der sah sie sich an und legte sie beiseite. «Wir haben schon zu viele.»

«Sieh dir mal das Mädchen an. Eine Schönheit.»

«Und wenn schon – wer ist sie?»

«Weiß nicht, aber ich hab sie schon mal irgendwo gesehen.»

Er sah das Bild gedankenverloren an. Die Ziffern auf dem Nummernschild des Autos waren kaum zu erkennen. Er notierte sie, ging zu seinem Schreibtisch und nahm den Hörer vom Telefon.

Ein paar Minuten später warf er dem Lokalredakteur das Foto auf den Tisch. «Wir haben einen Knüller. Siehst du das Mädchen?»

«Ja, was ist mit ihr?»

«Wenn das ihr Auto ist, heißt sie Barbara Lavette.»

«Hör zu, heute ist Donnerstag! Der ‹Blutige Donnerstag› – dieser Name wird an ihm kleben bleiben. Wir hatten die schlimmsten Unruhen in der Geschichte dieser Stadt, mit zwei Toten und weiß der Himmel wie vielen Verwundeten.»

«Barbara Lavette. Ihre Mutter ist Jean Lavette. Vor etwa fünf Jahren hat sie sich von Dan Lavette scheiden lassen und John Whittier geheiratet. Das Bild hier wurde heute etwa gegen eins in der 2. Straße aufgenommen.»

Der Lokalredakteur nahm das Foto noch einmal zur Hand und sah es sich genau an.

Barbara fuhr allein zurück zur Bryant Street. Fargo war nach Hause gegangen. Sie wollte eigentlich gar nicht mehr in die Suppenküche, sie hatte nur den einen Wunsch, all das hier hinter sich zu lassen, allein zu sein, für eine Weile Ruhe zu haben. Aber sie hatte noch die ungegessenen Brote im Wagen, die Blechtassen und die Milchkanne. Als Fargo sie ausgegossen hatte, war ein roter Schwall von Blut und Wasser auf die Straße geflossen.

Die Straße vor der Suppenküche und die kleine Gasse waren voller Männer – Hafenarbeiter, Seeleute, Reporter. Zwei Krankenwagen standen in der Straße, mit der Rückfront zum Laden. Als Barbara die Menge sah, wollte sie zuerst einfach weiterfahren, aber sie überwand sich und bog vorsichtig in die Gasse ein. Die Männer machten ihr Platz. Als sie den Motor abstellte, sah sie Franco Guzie aus der Küche kommen. Er schob sich durch die Menge, blieb neben der Tür des Wagens stehen und sah Barbara an.

«Ich bringe das Zeug zurück», sagte Barbara. «Ich bin sehr müde. Könntest du jemanden ausladen lassen?»

«Sicher, Mädchen.» Er rührte sich nicht.

«Stimmt was nicht, Franco?»

«Hast du was mit Dominick gehabt?» fragte er unglücklich. «Ich weiß nicht, was zwischen dir und Dominick war.»

«Wozu willst du das wissen?» Sie war müde und ärgerlich, und jeder Nerv in ihr war bis zum Zerreißen gespannt.

«Dominick ist tot.»

«Nein», flüsterte sie. «Nein, nein.» Ihre aufgestauten Empfindungen lösten sich, sie legte den Kopf aufs Lenkrad und weinte. Ein Reporter kämpfte sich bis zum Wagen vor und wollte wissen, was mit der jungen Frau sei.

«Hau ab!» knurrte Guzie ihn an. Dann öffnete er die Wagentür und half Barbara heraus. Die Hafenarbeiter in der Gasse drängten den Reporter weg und stellten sich mit grimmigen Gesichtern vor ihn. «Komm rein», sagte Guzie leise. «Setz dich und trink eine Tasse Kaffee. Ruh dich ein bißchen aus.»

Irma war in der Küche. Mit nassen Augen drückte sie Barbara an ihren üppigen Busen. «Arme Kleine, arme Kleine.»

Man holte einen Stuhl für sie. «Sie braucht was zu trinken», sagte Irma. «Los, holt was her.» – «Und woher?» – «Trottel», sagte Irma giftig, nahm eine kleine Ginflasche hinter dem Ofen hervor und goß einen kräftigen Schluck in eine Blechtasse. «Trink, Kindchen.»

Als Barbara den Gin trank, mußte sie husten. Guzie stand vor ihr und sah sie besorgt an.

«Es ist schon gut», brachte sie heraus. «Ich habe kein Taschentuch.»

Guzie zog einen schmutzigen, blutverschmierten Lappen aus der Tasche. Sie wischte sich das Gesicht damit ab und gab ihn ihm zurück. «Es geht mir schon wieder besser, Franco. Wie ist das passiert?»

«Er hat eine Kugel in den Kopf gekriegt. Zwei Tote, und einer davon muß Nicki sein.»

«Hat er Verwandte? Wissen sie es schon?»

«Nicht hier. Seine Mutter lebt in Seattle.»

«Was geschieht mit ihm? Wer kümmert sich um ihn?»

«Das macht die Gewerkschaft.»

«Wo ist er?» Sie mußte es fragen. Sie war dem Tod noch nie begegnet. Sie wußte nichts vom Tod.

«Im Krankenhaus. Hör zu, Mädchen, wir sagen dir Bescheid, wenn es soweit ist. Hier solltest du nicht bleiben. Hier gibt es nur Kummer. Weißt du, wohin du gehen kannst?»

Sie nickte.

«Bist du sicher, daß du fahren kannst? Sonst laß es lieber.»

«Es geht bestimmt.»

«Na schön. Ruh dich noch ein bißchen aus. Ich sorge dann dafür, daß du rückwärts rausfahren kannst. Du brauchst mit keinem von diesen Zeitungsfritzen zu reden. Um die kümmern wir uns.»

Sie blieb noch etwa zehn Minuten oder eine Viertelstunde sitzen. Die Hafenarbeiter, die hereinkamen und wieder hinausgingen, sahen neugierig zu ihr hin, aber keiner richtete das Wort an sie. Alle waren noch voll von den Schrecken des Tages, und Barbara hörte von weither, als wäre sie in einer anderen Welt, wie sie von den Kämpfen auf dem Embarcadero gegen die von den Firmen bezahlten Schlägertrupps und von dem Handgemenge mit der Polizei redeten, und von den Ereignissen auf Pier 20, Pier 22 und Pier 38, und wer eine Gasvergiftung und wer eins über den Schädel gekriegt hatte. Irma stand am Herd und kochte. Die meisten hatten den ganzen Tag nichts gegessen, und in Barbara stieg der Gedanke auf, daß sie eigentlich bleiben und helfen müßte. Aber sie konnte es nicht, sie mußte weg von hier. Schließlich stand sie auf und ging zur Tür. Guzie half ihr aus der Gasse heraus, in der sich immer noch die Menschen drängten, und dann fuhr sie los, einfach drauflos, ohne Ziel.

Es war noch früh am Abend, ein wunderschöner, goldener kalifornischer Abend. Die Sonne stand tief und hing wie ein leuchtendes Juwel über der Bucht. Sie beschien den mennigroten Kabelturm der noch nicht fertiggestellten Oakland Bay-Brücke. Schönheit und Elend sind nicht voneinander zu trennen, dachte Barbara. All das war Teil der chaotischen Sinnlosigkeit, die die wohlgeordnete Klarheit ihres Lebens verdrängt hatte.

Sie fuhr gerade durch die Franklin Street, als ihr zu Bewußtsein kam, daß sie nicht wußte, wo sie hinsollte. Sie fuhr den Wagen an den Bürgersteig, blieb hinter dem Lenkrad sitzen und sah blicklos auf das schimmernde Wasser der Bucht. Noch eine Nacht allein im St. Francis Hotel würde sie in ihrer jetzigen Verfassung nicht ertragen können – und in Whittiers Haus wollte sie jetzt auf keinen Fall zurückkehren. Die Vorstellung, noch einmal nach Los Angeles zu fahren, erschien ihr in ihrer Müdigkeit wie ein Alptraum. Ein paar Minuten saß sie so da, dann fiel ihr Blick auf einen Drugstore weiter unten in der Straße. Sie zog den Zündschlüssel ab und stieg aus.

Sie suchte Sam Goldbergs Nummer aus dem Telefonbuch, aber im Büro nahm niemand ab. Sie hätte es sich denken können – es war immerhin schon nach sechs. Es standen drei verschiedene Samuel Goldbergs im Telefonbuch. Der Mann an der Theke wechselte ihr einen

Dollar, und sie sandte ein stilles Stoßgebet zum Himmel. Der Gedanke, sich an ihre oder ihrer Mutter Freunde zu wenden, kam ihr gar nicht. Sie könnte jetzt keinem von ihnen gegenübertreten und erklären, was passiert war. Unter der ersten Nummer meldete sich niemand. Bei der zweiten Nummer antwortete eine vertraute Stimme.

«Ist dort Sam Goldberg, der Anwalt?» fragte sie.

«Ja?»

«Hier spricht Barbara Lavette. Erinnern Sie sich an mich?»

«Natürlich. Haben Sie Schwierigkeiten, Barbara?»

«Ja – nein. Ach, ich weiß nicht. Darf ich zu Ihnen kommen, jetzt gleich?»

«Sicher. Wo sind Sie?»

«In der Franklin Street, nahe der Clay Street. Ich bin mit dem Wagen hier.»

«Das ist nicht weit von mir, Barbara. Ich wohne in der Green Street, an der Ecke Polk Street. Ein weißes Haus mit gelben Stuckverzierungen. Sie können vor dem Haus parken.»

Eine Schwarze in mittleren Jahren öffnete ihr die Tür. «Miss Lavette? Mr. Goldberg erwartet Sie – kommen Sie herein.»

Es war ein Haus im viktorianischen Stil, außen mit Gesimsen und Bändern im Zahnschnitt, innen voller behaglicher Polstermöbel mit olivfarbenem Samtvelours. Barbara trat in eine Bibliothek ein: drei Wände voller Bücher, an der vierten ein Ölgemälde, das eine hübsche Frau mit aparten Gesichtszügen darstellte. Goldberg erhob sich aus einem Ledersessel und begrüßte sie herzlich.

«Was für eine schöne Überraschung, Barbara –» er unterbrach sich, als er sie ansah. «Ist das auf Ihrer Bluse Blut? Am Hals auch. Sind Sie verletzt?»

«Nein, ich bin nicht verletzt. Mit mir ist nichts. Ich bin nur so schrecklich müde, und ich wußte nicht, wo ich sonst hingehen sollte. Und bitte, verzeihen Sie mir, Mr. Goldberg, aber ich habe großen Hunger. Ich habe den ganzen Tag nichts gegessen. Könnte ich etwas haben, irgend etwas, ein Sandwich vielleicht?»

Sam Goldberg saß mit ihr am Eßzimmertisch und beobachtete voller Bewunderung, wie sie das Brathuhn und das Kartoffelpüree und die grünen Bohnen vertilgte. «Ich esse Ihnen alles weg», sagte sie plötzlich.

«Es reicht für uns beide, Kind. Und daß ich beim Abendessen Gesellschaft habe, ist etwas ganz Besonderes für mich.» Seine Bewunderung wich Unglauben, als er zuhörte, wie sie berichtete, was sich am Tage ereignet hatte. Sie schluchzte, als sie ihm von Dominick Salones Tod erzählte.

«Hören Sie mal zu, Barbara. Da ist ein Mann gestorben, das ist tragisch und war unnötig. Und für Sie ist es die erste Begegnung mit dem Tod. Aber Sie leben weiter und müssen das hinnehmen. Der Tod ist Teil des Lebens. Früher oder später sieht man das ein.»

«Aber er war so jung, so voller Leben, so übermütig. Jemanden wie ihn habe ich noch nie kennengelernt. Er hatte eigentlich nichts Rechtes gelernt und wußte doch so viel.»

«Haben Sie ihn geliebt?»

«Nein. Aber das macht es nur noch schlimmer. Er war in mich verliebt, und ich habe mir überhaupt nichts aus ihm gemacht, jedenfalls nicht in dieser Hinsicht. Und finden Sie nicht, daß das meine Schuld ist?»

«Nein, überhaupt nicht. Wie könnte es Ihre Schuld sein? Sie haben getan, was Sie konnten. Weiß Gott, Sie haben sogar mehr getan als irgendein Mensch, den ich kenne.»

«Ich sitze hier und mäste mich, Nick liegt irgendwo tot in einem Krankenhaus, und Jean, meine Mutter, muß ausgerechnet mit John Whittier verheiratet sein.»

«Und John Whittier ist ein Ungeheuer?»

«Ja!» sagte sie bitter.

«Nehmen wir doch einmal an, Whittier wäre ein Reeder, den Sie lieben und nicht einer, den Sie verabscheuen. Wie ich Ihnen ja schon sagte, war auch Ihr Vater früher Reeder.»

«Papa hätte das nie getan!»

«Na, das weiß ich nicht!» Goldberg seufzte. «Wissen Sie, Barbara, ich habe auch etwas von der Sache mitbekommen. Ich war um elf Uhr auf dem Rincon Hill und habe gesehen, wie in der Harrison Street gekämpft wurde – und nicht nur ich allein, es waren tausend andere da. Wir haben nur dagestanden und zugesehen, so, wie man in früheren Zeiten den Gladiatoren zugesehen hat. Überall in der Stadt gibt es Leute, Tausende von Leuten, die gesehen haben, wie man Männer zusammengeschlagen hat und auf sie schoß – genau wie ich –, und keiner von uns hat eine Hand gehoben. Sie haben etwas getan. Sie haben sich um Menschen gekümmert, die verletzt waren und bluteten. Und jetzt muß ich ein bißchen hochtrabend und schulmeisterlich werden, bitte, verzeihen Sie es mir, aber ich muß Ihnen etwas über den Begriff der Schuld sagen. Schuld ist etwas Gemeinsames, weil wir alle zum Menschengeschlecht gehören. Es ist bequem, Leute wie John Whittier zum Sündenbock zu stempeln, das spricht uns andere frei. Es gibt aber keinen Freispruch für das, was geschieht, und solange wir das nicht begreifen, tappen wir im dunkeln. Jetzt aber genug davon. Sie haben heute schon genug hinter sich. Die Frage ist jetzt, wo wollen Sie von hier aus hingehen?»

«Ich weiß es nicht.»

«Es hat dort von Zeitungsleuten nur so gewimmelt. Weiß einer von denen Ihren Namen, hat man Sie fotografiert?»

«Den Namen nicht. Vielleicht hat man mich fotografiert. Ich weiß es nicht.»

«Werden Sie nach Hause gehen?»

«In Whittiers Haus?»

«Es ist auch Ihres.»

«Nein», sagte Barbara ruhig. «Ich werde nicht dorthin zurückkehren. Ich werde den Fuß nie wieder in dieses Haus setzen.»

«Nun, mit dem Wort ‹nie› sollte man vorsichtig umgehen. Waren Sie schon bei Dan?»

«Ich war gestern in Los Angeles. Ich könnte wieder zu ihm fahren, aber ich möchte es nicht. Nicht jetzt.»

«Mit diesem ‹nie› bringen Sie Ihre Mutter in eine sehr schwierige Lage, Barbara. Möchten Sie eine Weile hier bei mir bleiben? Ich habe ein bequemes Gastzimmer, und Sie würden mir eine Freude machen, wenn Sie blieben.»

«Ein paar Tage? Ginge das?»

«Ja. Selbstverständlich. Werden Sie wieder in die Suppenküche gehen?»

«Ich weiß es noch nicht. Ich habe das Gefühl, daß ich es tun sollte, aber ich weiß nicht, ob ich es kann. Es ist, als hätte ich etwas getan, was jetzt beendet ist.»

«Der Streik ist noch nicht zu Ende. Er fängt jetzt erst richtig an.»

«Ich weiß. Aber ich glaube nicht, daß ich dorthin zurückgehen kann. Nicht, weil ich Angst hätte – die hatte ich zuerst, aber das habe ich überwunden. Und auch nicht, weil ich mich ihnen nicht verbunden fühlte. Mir ist, als wäre etwas in mir zerbrochen, und als müßte ich es wieder zusammensetzen. Ich weiß, das ist unverständlich ...»

«Vielleicht doch nicht so ganz. Darf ich jetzt bei Whittier anrufen? Ist Ihre Mutter schon zurück?»

«Nein, sie ist noch in Boston – glaube ich jedenfalls. Bitte, rufen Sie John nicht an.»

«Barbara, es muß jemand wissen, wo Sie sind. Sie können nicht einfach verschwinden. Vielleicht hat man schon Vermißtenanzeige erstattet –»

«Nein. Ich habe mit dem Butler gesprochen. Ich habe ihm gesagt, Mutter soll sich keine Sorgen machen.»

«Sie wird es trotzdem tun. Außerdem brauchen Sie etwas anzuziehen. Ich muß ihn anrufen. Ich kann morgen eine Sekretärin hinschikken, damit sie Ihnen einiges an Kleidung holt. Sie müssen mir gestatten, daß ich anrufe.»

«Sie würden es ja sowieso tun, nicht wahr?»

«Leider muß ich das, Barbara. Ich bin der Freund Ihres Vaters, und ich bin Anwalt.»

Am folgenden Tag rief John Whittier Jean in Boston an. Die Unterhaltung war für beide Seiten wenig erfreulich. Da die Zeitungen in Boston, wie alle Zeitungen im Land, über die Vorfälle in San Francisco berichtet hatten – man sprach überall nur vom ‹Blutigen Donnerstag› –, war Jean in großen Zügen über alles im Bilde. Sie äußerte sich nicht dazu, daß auf der zweiten Seite des *Examiner* ein Bild zu finden war, das ihre Tochter inmitten einer Gruppe verwundeter Streikender zu sehen zeigte, wie sie einem von ihnen Erste Hilfe leistete. Als ihr Mann den Punkt verärgert noch einmal zur Sprache brachte, sagte sie: «Was sie getan hat, John, ist möglicherweise töricht und romantisch, aber kaum welterschütternd. Ich werde mit ihr reden, wenn ich zurück bin.»

«Wenn du zurück bist? Ich erwarte, daß du gleich zurückkehrst, heute.»

«Das ist völlig ausgeschlossen. Ich kann Boston nicht heute verlassen. Wir haben hier noch einiges vor ...»

«Jean, hörst du eigentlich nicht, was ich sage? Hier herrscht Bürgerkrieg. Man rechnet mit einem Generalstreik, und dieser Schurke Bridges will mit seinen kommunistischen Kumpanen die Macht an sich reißen. Und ich sitze mitten drin. Ich komme schon zu spät zu einer Besprechung mit Bürgermeister Rossi und Gouverneur Marriam. Begreifst du nicht, was hier los ist? Auf dem Embarcadero stehen Truppen, und Gott allein weiß, wann Bridges beschließt, gegen die Schiffe vorzugehen. Ich habe keine Zeit, deine Tochter aufzuspüren und sie ins Gebet zu nehmen.»

«Was soll das heißen, ‹aufzuspüren›? Ist sie denn nicht zu Hause?»

«Nein, eben nicht. Offensichtlich hat sie sich bei einem jüdischen Anwalt namens Goldberg einquartiert. Ich habe heute morgen mit ihm gesprochen, und er hat seine Sekretärin hergeschickt, die ein paar Kleider für Barbara geholt hat.»

«Meinst du Sam Goldberg?»

«Ich glaube, so heißt er.»

«Dann ist es in Ordnung. Ich schlage vor, du denkst einstweilen nicht mehr an Barbara. Du hast genug eigenen Ärger. Tom und ich werden in einer Woche wieder in San Francisco sein.»

«Und ich schlage vor, daß du sofort losfährst. Mit dem Streik kann ich möglicherweise fertig werden, aber deine Kinder gehen über meine Kräfte.»

«Herzlichen Dank.»

«Was soll das heißen?»

«John, bei dieser Art der Unterhaltung kommt nichts heraus. Wir sind in einer Woche zurück. Versuche, dich bis dahin zu beruhigen und die Dinge im richtigen Maßstab zu sehen. Ich glaube nicht, daß in San Francisco Bürgerkrieg herrscht. Auch das wird sich zu gegebener Zeit einrenken.»

Zwei Tage darauf, am Sonntag, nahm Dan Lavette den Bus von Los Angeles nach San Mateo. Vor langer Zeit, vor sechsunddreißig Jahren wohl, einer Zeitspanne, die in Kalifornien nahezu als Ewigkeit gilt, weil Land und Leuten immer noch der Ruch des Neuen und Unvollständigen anhaftet, hatte ein Mann namens Anthony Cassala Dans Vater Joseph Lavette Geld für den Erwerb eines Fischerbootes vorgeschossen. Anthony Cassala war damals Arbeiter und lieh von seinem ersparten Geld an italienische Arbeitskollegen kleine Beträge aus. Nach dem Erdbeben, in den paar Tagen, als die Banken der Stadt ihre Geschäfte völlig eingestellt hatten, gewann Cassalas winziges Kapital einen ungeheuren Wert, und einige Jahre darauf erhielt er die Genehmigung zur Gründung der Bank of Sonoma. Er brachte sie, gemeinsam mit seinem Sohn Stephan, zu großem Ansehen und verlegte sie in die Montgomery Street. Möglicherweise wäre sie eine Einrichtung geworden, die sich eines Tages mit der Bank of Italy, später

Bank of America, hätte vergleichen können, aber die Umstände wollten es anders. Nach dem Börsenkrach von 1929 begann ein Ansturm auf die Einlagen, der das Unternehmen Cassalas lahmlegte und schließlich in den Bankrott führte. Im Jahr darauf starb Anthony Cassala, und Stephan trat eine Stelle bei Wells Fargo an.

Als es ihnen gutging, hatten die Cassalas in San Mateo, auf der Halbinsel südlich von San Francisco, ein großes prunkvolles Haus erbaut. Dort lebte heute noch Cassalas Witwe Maria und sein Sohn mit seiner Frau Joanna und ihr einziges Kind, der siebenjährige Ralph. Nachdem Dan Lavettes Eltern bei dem großen Erdbeben von 1906 umgekommen waren, wurden die Cassalas eine Art Ersatzfamilie für ihn. Anthony Cassala finanzierte die ersten Schritte Dans im Reedereigeschäft, und als der Ansturm auf Cassalas Bank einsetzte, gaben Dan und sein Geschäftspartner Mark Levy jeden Dollar Bargeld her, den sie in die Finger bekamen, um dem Ansturm Einhalt zu gebieten. Dan hatte Stephan Cassala zum letztenmal vor vier Jahren gesehen, aber er glaubte nicht, daß die Zeit irgend etwas an ihrer Beziehung geändert hatte. Zu viele Bindungen, zu viele Fäden verknüpften das Leben des einen mit dem des anderen.

«Trotzdem», hatte May Ling gesagt, «du mußt achtgeben und darfst nicht zuviel verlangen. Es ist eine Belastung für sie.»

«Ich glaube nicht, daß ich überhaupt etwas von ihm verlangen werde. Ich will nur Steve wiedersehen und mit ihm reden.»

Dann hatte er Stephan Cassala angerufen und gefragt, ob er auf dem Weg nach San Francisco für ein paar Stunden bei ihnen vorbeikommen könnte. Stephan hatte ihn überredet, am Sonntag zu kommen und die Nacht bei ihnen zu verbringen. In der Sonntagsausgabe der *Times* von Los Angeles war ein ausführlicher Bericht über den ‹Blutigen Donnerstag›, und auf Seite vier brachte sie Barbaras Bild. Während Dan im Bus nach Norden fuhr, las er den Text dazu:

Ein seltsames Ereignis am Rande der Ereignisse des ‹Blutigen Donnerstag› hat bisher keine Aufklärung gefunden. Das Auto im Bild oben ist auf den Namen Barbara Lavette zugelassen. Die Halterin wohnt in San Francisco in einem Haus auf Pacific Heights, das auch John Whittier bewohnt, ein prominenter Angehöriger der Gesellschaft von San Francisco und Präsident der California Shipping, der größten Reederei an der Westküste. Nach Aussagen von Freunden der Familie ist die junge Frau auf dem Bild Miss Lavette.

Barbara Lavette ist einundzwanzig Jahre alt. Ihre Eltern sind Daniel Lavette, einst Teilhaber der Firma Levy and Lavette, und Jean Seldon Lavette, Tochter von Thomas Seldon, die nach dem Tode ihres Vaters einige Jahre lang Vorstandsvorsitzende der Seldon Bank war. Die Ehe wurde 1931 geschieden. Später heiratete Jean Lavette John Whittier. Das im Bild erkennbare Auto war in der 2. Straße in San Francisco geparkt und diente dem Vernehmen nach als mobiler ‹Verbandsplatz› und Nachschublager für die Streikenden. Eine Äußerung von Miss Lavette war nicht zu erhalten.

Stephan holte Dan an der Bushaltestelle in San Mateo ab und umarmte ihn. Die vier Jahre hatten bei Cassala keine erkennbaren Spuren hinterlassen. Er war jetzt neununddreißig Jahre alt, groß und schlank, und er hatte dunkle, glänzende Augen. Seine Haut war immer noch gelblich-bleich – eine Folge der Schrapnellverletzung seines Magens aus dem Ersten Weltkrieg. Dan schlug die gleiche überwältigende und fast unerträgliche Wärme und Freude wie früher entgegen, als sie im Haus der Cassalas ankamen. Maria, Anthonys Witwe, füllig, fast unförmig, ständig in schwarze Trauergewänder gehüllt, weinte bei Dans Anblick und sprach fortwährend Italienisch. Joanna blickte ihn an und lächelte, und Maria trug bei Tisch eine nicht endende Folge von Speisen auf und drängte und nötigte ihn zu essen und immer noch mehr zu essen.

Es war fast elf, als Stephan und Dan sich endlich in Anthonys früheres Arbeitszimmer zurückziehen konnten, um über die Gründe von Dans Besuch zu sprechen. Stephan goß Brandy ein. Ein Holzfeuer brannte im Kamin.

«Wie früher», sagte Stephan. «Wirklich, es ist schön, dich wiederzusehen, Danny. Ich weiß, daß du viel mitgemacht hast, aber ich schwöre, du siehst zehn Jahre jünger aus als beim letztenmal. Auch straffer – kein Bauch mehr.»

«Ich lebe vernünftig und habe eine gute Frau. Wie geht es bei dir?»

«Ich lebe so von Tag zu Tag. Ich leite eine der Zweigstellen von Crocker. Du weißt ja, was Banken zahlen. Aber es geht. Papa war versichert, daher können wir uns das aufwendige Haus hier leisten. Wenn ich eine Gelegenheit habe, dir zurückzuzahlen, was du damals eingeschossen hast ... ich weiß bloß nicht ...»

«Sprich nicht mehr davon.»

«Ich denke ständig daran, Danny. Ich weiß nur nicht, wie. Ich habe nicht mehr den Mut zu dem Spielchen. Man muß das wollen.»

«Ich weiß.» Dan nahm einen Schluck Brandy. «Schmeckt gut.»

«Noch immer derselbe, noch aus der Zeit der Prohibition. Montavitti hat ihn gemacht, draußen in San Martin. Vater hat damals fünfundsiebzig Liter gekauft.»

«Wie geht's mit Joanna?»

«Was soll ich sagen, Danny? Ich muß mit meinem schlechten Gewissen leben, ich bin nämlich kein guter Ehemann. Weißt du, was ich immer denke? Wenn ich nur eine Möglichkeit finden könnte, wie ich die Rechnungen bezahlen kann, würde ich Priester werden.»

«Zum Teufel, nein. Was soll das, Steve! Wir leben doch, du und ich.»

«In einer Welt, von der ich überhaupt nichts verstehe. Du weißt, was in San Francisco los war. Warum? Werden wir alle verrückt? In Italien dieser Arsch Mussolini, in Deutschland Hitler, in Rußland Stalin. Was ist mit der Welt los?»

«Dasselbe wie immer. Rühr kräftig um, und der Abschaum steigt nach oben.»

«Und was ist mit Barbara? Du hast es in der Zeitung gelesen, nehme ich an.»

Dan lächelte. «Ich weiß auch nur, was ich gelesen habe. Ein Prachtmädel, Steve. In vielen Dingen Jean sehr ähnlich, aber vielleicht auch ein bißchen wie ich. Ich werde morgen nach San Francisco fahren. Du fährst doch sowieso hin, oder?»

«Um sieben. Natürlich, komm mit. Aber was ist mit dir los, Dan? Warum bist du hergekommen?»

«Ich brauche Geld.»

«Ich wollte, ich könnte dir was geben. Ich habe nur ein paar Tausender, wenn dir das genügt ...»

«Nein. Ich will kein Geld von dir, Steve. Du sollst mir nur ein paar Ratschläge geben. Du weißt ja, ich habe wieder als Fischer gearbeitet – auf dem Makrelenboot von Pete Lomas draußen vor San Pedro. Du erinnerst dich sicher an Pete. Er war mein Schiffsführer, bevor ich mich mit Mark zusammengetan habe. Nun, in einer guten Woche bringe ich vierzig Dollar nach Hause, aber meistens weniger. May Ling arbeitet in der Bibliothek – dreißig Dollar. Wir kommen hin, aber das ist auch ungefähr alles. Aber jetzt möchte Joe aufs College, er will Arzt werden. Er ist ein guter Junge, und sehr begabt. May Lings

Eltern leben bei uns, also ist es ein bißchen knapp. Ich habe mich mal umgesehen. Ich kann schließlich nicht ewig fischen. Es gibt da ein paar Sachen, von denen ich etwas verstehe, und dazu gehören Schiffe. Solange die elende Depression dauerte, wurde bei uns unten kein einziges Schiff gebaut. Aber sie werden welche brauchen, weil der Markt für Fische immer größer wird. Na ja, da habe ich mir gedacht, ich mache einen kleinen Werftbetrieb auf. Müßte eigentlich klappen.»

«Holzboote?»

«Für den Anfang ja. Viele Schiffsbauer suchen Arbeit, und Holz gibt es billig. Ein Grundstück zu mieten, kostet nicht viel. Und eine Branche gibt es, die unter der Depression nicht gelitten hat: die Filmindustrie. Die Filmfritzen haben Geld, und sie kaufen Boote. Ich hab's mal durchkalkuliert, Steve: wenn ich eine hübsche kleine Yawl für fünfhundert Dollar baue, bin ich damit billiger als andere, die auch nichts Besseres bieten.»

«Wieviel brauchst du?»

«Für den Anfang ungefähr zehntausend. Mit weniger müßte ich an allen Ecken und Enden knapsen, dann hätte es keinen Sinn. Meinst du, Crocker würde mir so viel geben?»

«Was für Sicherheiten hast du, Dan?»

«Unser Haus – sonst nichts.»

Stephan schüttelte den Kopf. «Nein, das wäre mir nicht recht. Es muß eine andere Möglichkeit geben. Geh doch morgen einmal zu Sam Goldberg. Sein Einfluß in der Stadt ist immer noch beträchtlich. Und Geld hat er auch.»

«Ich will keinen Vorteil aus Sams Freundschaft ziehen.»

«Sprich mit ihm. Bitte. Mir zuliebe. Zu Banken können wir immer noch gehen.»

Barbara wachte früh auf. Sie zog einen einfachen marineblauen Rock an, eine weiße Bluse und eine schwarze Strickjacke. Goldbergs Sekretärin hatte einen Koffer mit Pullovern, Röcken und Wäsche aus dem Haus auf Pacific Heights geholt. Barbara ging aus dem Hause, ohne Goldberg zu wecken. Sie ließ ihr Auto stehen, wo es stand, und machte sich zu Fuß auf den Weg zum Hauptquartier der Internationalen Hafenarbeitergewerkschaft in der Steuart Street. Sie wollte nicht durch ihr Nummernschild weitere Zeitungsberichte herausfordern. Außerdem war es ein klarer, kühler, kurz, ein wunderbarer Morgen. Die Nebeldecke über der Bucht lichtete sich, und während

Barbara die California Street zum Embarcadero hinunterging, fühlte sie sich so lebendig, daß sie nur mit Mühe an den traurigen Anlaß denken konnte, der sie so früh auf die Straße führte. Irgend etwas konnte nicht stimmen mit ihr. Hätte ich nur einen Funken menschlichen Empfindens, dachte sie, wäre ich jetzt schon niedergeschlagen. Statt dessen benehme ich mich wie ein richtiges Schwein und fühle mich, als ginge ich zu einem Fest. Dieser Gedanke beunruhigte sie. Sie suchte in sich nach dem Grund für diese Haltung, die sie sich nur als einen Mangel an Menschlichkeit erklären konnte. Schließlich kam sie zu dem Ergebnis, es müsse wohl daran liegen, daß sie in der Nacht gut geschlafen hatte und daß es so ein herrlicher Tag war.

Inzwischen füllten sich die Straßen mit Männern und Frauen, die zur Arbeit gingen. Die rumpelnden Cable Cars waren überfüllt mit Menschen, die Bürgersteige voller eiliger, korrekt gekleideter Männer mit Aktentaschen, was in diesem Stadtbezirk ein ebensolches Kennzeichen war wie der Regenschirm in der Londoner City. Der Strom von Pendlern, der ununterbrochen von den Landungsbrücken ausgespien wurde, war nicht anders als an jedem Tag. All das verblüffte und entsetzte Barbara, und sie begann zu begreifen, wie nahe Leben und Tod beieinanderliegen.

In der Steuart Street dann war alles ganz anders, hier versammelte sich der Trauerzug. Am Samstag war eine Abordnung von Schauerleuten bei Polizeichef Quinn gewesen und hatte keinen Zweifel daran gelassen, daß der Trauerzug für die beiden am ‹Blutigen Donnerstag› getöteten Männer durch die Market Street ziehen würde und nicht durch stille Nebenstraßen – ob er nun die Genehmigung dazu erteilen würde oder nicht. Er erteilte sie. Als Barbara in die Steuart Street einbog, geriet sie in ein gänzlich anderes San Francisco. Hier drängten sich Männer, Frauen und Kinder, nicht werktäglich gekleidet heute, sondern in ihrem Sonntagsstaat, die Männer in alten schlechtsitzenden Anzügen mit schwarzen Krawatten, schwarzen Armbinden und schwarzen Hüten, die Frauen ebenfalls in Schwarz, auf den Gesichtern lag ein verbitterter, müder Ausdruck, auch bei den Kindern. Zu Tausenden kamen die Menschen jetzt aus der Steuart Street, sie zogen in einer langsamen Prozession zum Versammlungssaal der Gewerkschaft. Barbaras Stimmung schlug um, als sie sich ihnen anschloß, ihr war, als ob der Zorn, der Kummer und die Hoffnungslosigkeit dieser Menschen etwas Greifbares sei, das bis zum Kern ihres Wesens vordrang.

Der Zug geriet ins Stocken, kam ganz zum Stehen. Die Menge stand dichtgedrängt und still. Im Schrittempo schoben sich vier Tieflader in die Straße, bis zur Gewerkschaftshalle, wo sie in einer Reihe abgestellt wurden. Hinter ihnen nahm eine Kapelle Aufstellung, in der sowohl Violinen als auch zwei Hörner und zwei Kesselpauken vertreten waren. Jetzt kamen Leute mit Kränzen, Körben voller Blumen und Hunderten von Sträußen, die sie auf die Fahrzeuge legten, aus dem Gewerkschaftslokal. Viele der Frauen und Kinder hatten Blumen mitgebracht, Rosen, Zinnien und Ringelblumen, meist aus dem eigenen Gärtchen – auch sie legten ihre letzten Grüße auf die Wagen. Mit einem plötzlichen Stich fragte Barbara sich, warum sie nicht daran gedacht hatte, Blumen mitzubringen. Aber sie hatte sich den Trauerzug nicht im entferntesten so vorgestellt. Immer mehr Menschen kamen über den Embarcadero, durch die Mission Street, die Harrison Street und die Bryant Street. Sie warteten darauf, daß sich das Gedränge in der Steuart Street auflöste, damit auch sie sich dem Totengeleit anschließen konnten.

Dann schritten die Träger aus dem Gebäude, die beiden Särge auf den Schultern, einige, wie auch viele Männer in der Menge, hatten Verbände um den Kopf. Ein paar erkannte Barbara wieder: Guzie war da, Fargo und ein paar andere, die sie aus der Suppenküche kannte, und auch Bridges. Als sie auf die Straße heraustraten, spielte die Kapelle den Trauermarsch aus Beethovens Eroica. Die Träger schoben die beiden Särge auf einen der Tieflader. Die Menge machte ihnen Platz, damit sie vor den Fahrzeugen dem Trauerzug vorangehen konnten. Langsam, fast unmerklich, setzte er sich in Bewegung. Niemand gab Anweisungen, keine laute Stimme war zu hören. Aus einer Gruppe von Hafenarbeitern war nur die geflüsterte Aufforderung zu hören, der Zug solle sich in Zehnerreihen formieren. Der traurige Strom schweigender Menschen schob sich in die Market Street und begann seinen Zug durch die Stadt nach Südwesten. Dieselbe Gruppe von Streikenden, die die Anordnung gegeben hatte, schwärmte jetzt aus und leitete den Verkehr, der aus der Market Street kam, in Nebenstraßen um.

Barbara ging in einer der Reihen langsam mit den anderen in die Market Street. Sie wandte sich um und betrachtete den schier endlosen Strom von Menschen, der aus der Steuart Street drang, und ihr wurde klar, daß der Trauerzug nicht nur aus Hafenarbeitern und Seeleuten bestehen konnte, selbst dann nicht, wenn sie alle mit ihren Angehörigen gekommen waren. Tausende von anderen Menschen hatten sich ihnen angeschlossen, weitere Tausende standen zu beiden Seiten der Market Street und sahen dem vorbeiziehenden Trauergeleit schweigend zu. Das Schweigen war unwirklich und unfaßlich. Die Kapelle hatte aufgehört zu spielen. In der Market Street ruhte der Verkehr, nirgends war ein Polizist zu sehen. Man hörte nur das Geräusch, das Tausende Schritt für Schritt vorangesetzte Füße verursachten.

Dan Lavette stand an der Ecke der California und Market Street mitten in der Menge und sah, wie der Zug aus der Steuart Street einbog. Er vermutete, daß Barbara irgendwo in diesem langen Zug war, konnte sie aber nicht entdecken, obwohl er nach ihr Ausschau hielt. Er versuchte, ihre Beweggründe zu verstehen, versuchte zu ermessen, was dieses Erlebnis für sie bedeuten könnte. Doch obwohl sie einander sehr nahe gekommen waren, war seine Tochter ihm immer noch sehr fremd. Er selbst hatte sich nie besonders um Politik gekümmert. Den größten Teil seines Erwachsenenlebens hatte er damit zugebracht, Nob Hill zu erklimmen, dem Erfolg, dem Reichtum und der Macht nachzujagen. Sogar jetzt noch, als einfacher Fischer auf dem Boot, betrachtete Dan sich nicht als Arbeiter. Ein Arbeiter war in seinen Augen ein armes Schwein, und dafür hatte er sich nie gehalten. Er hatte sich immer als Macher gefühlt, als jemand, der Regie führte und sein Leben selbst in die Hand nahm. Er hatte nur ein einziges Mal politisch gedacht und gehandelt: als er Al Smith bei seiner Präsidentschaftskandidatur unterstützte. Wäre Smith gewählt worden, hätte Dan Lavettes Leben vielleicht eine ganz andere Wendung genommen – aber Smith war nicht gewählt worden.

Während Dan jetzt die Menge langsam an sich vorüberziehen sah, ging ihm durch den Sinn, daß dieser Streik und der ‹Blutige Donnerstag› etwas sehr Törichtes waren, töricht von beiden Seiten, aber hauptsächlich von Männern wie John Whittier. Nicht, daß er John Whittier gehaßt hätte, er verachtete ihn nur, genauso wie er seinen Vater Grant Whittier verachtet hatte. Etwa eine halbe Stunde lang stand er da und betrachtete den vorbeiziehenden Menschenstrom, dann wandte er sich ab und ging in die Montgomery Street zu Sam Goldbergs Kanzlei.

Goldberg empfing ihn voller Herzlichkeit und beruhigte ihn sogleich hinsichtlich seiner Tochter. «Sie wohnt bei mir», sagte er, «und das hoffe ich auch von dir, Danny. In diesem alten Haus gibt es viel Platz.»

«Hast du mit Whittier gesprochen?»

«Ja. Ersprießlich war es nicht. Er betrachtet sie offensichtlich als eine Art verrückte Göre, die ihn ruinieren will. Ich teile Barbaras Ansicht, daß sie nicht dorthin zurück kann.»

«Hat sie etwas über ihre Pläne gesagt?»

«Nur so viel, daß sie nicht wieder ins College will. Sie sagte etwas von ein paar Jahren Ausland, aber wer weiß? Sie hat starke seelische Erschütterungen hinter sich, und sie wird Zeit brauchen, bis das alles wieder ins Lot kommt. Übrigens hat Jean mich aus Boston angerufen. Das erstemal seit Jahren, daß ich mit ihr gesprochen habe. Mittwoch will sie wieder in San Francisco sein. Ich finde, du solltest hierbleiben und mit ihr reden.»

«Wieso?»

«Weil eure Tochter Teil von euch beiden ist. Und was ist mit Tom? Er kommt mit ihr zurück. Willst du ihn nicht auch sehen?»

«Ich bin mir nicht sicher.»

Goldberg schüttelte den Kopf. «Schon gut. Wir wollen nicht darüber reden. Laß uns von euch sprechen, von dir, May Ling und Joe.»

Sie sprachen fast eine Stunde lang miteinander. Für Dan war das, als durchlebe er noch einmal eine Zeit, die er buchstäblich aus seinem Leben gestrichen hatte. Sam Goldberg war es gewesen, der die Papiere aufgesetzt hatte, als er sein erstes Schiff, die *Oregon Queen*, erwarb, und Goldberg war es auch, der dann jeden Schritt des Weges mit ihm gegangen war, zwanzig unglaubliche Jahre lang: beim Aufstieg und beim Zusammenbruch seines Reiches, bis hin zum Scheidungsverfahren, das diesen Teil von Dans Leben abschloß. Sie hatten einander lange nicht gesehen, und vieles mußte Stück für Stück neu zusammengesetzt werden. Als Dan schließlich von seinem Plan sprach, in San Pedro oder Wilmington eine kleine Werft einzurichten, breitete Sam nur die Hände aus und sagte: «Da gibt es keine Schwierigkeiten, Dan. Das Geld bekommst du von mir.»

Dan schüttelte den Kopf. «Das geht nicht. In deiner Lage mußt du das natürlich sagen. Aber ich will dein Geld nicht.»

«Wessen Geld denn? Ich bin sechsundsechzig Jahre alt, zu dick, meine Pumpe macht's nur noch so eben – jedenfalls versäumt mein Arzt keine Gelegenheit, mir das mitzuteilen –, ich habe weder Frau noch Kind, aber Geld. Und das in erster Linie, weil ihr zwanzig Jahre lang meine Mandanten wart, du und Mark. Weißt du eigentlich, was ihr mir in der Zeit gezahlt habt?»

«Ich habe nie darüber nachgedacht», sagte Dan.

«Und hast du je einen Cent von dem Geld zurückgefordert, das du als persönliches Darlehen gegeben hast?»

«Ich kann mich nicht erinnern. Spielt das eine Rolle?»

«Danny, sieh mal, entweder gehst du zu einer Bank und beleihst deine Seele oder, schlimmer, May Lings Haus, oder du findest Geldgeber. Schön, ich bin einer. Ich investiere zwanzigtausend und bin dein Teilhaber.»

«Du bist verrückt.»

«Das meinst du, Danny. Ein Geschäftsmann bist du nie gewesen, sondern etwas ganz anderes, etwas, für das es kein Wort gibt, und die Zeit für solche Leute ist eigentlich längst vorbei – außer vielleicht für ein paar Kerle wie dich. Mein Gott, du hast Hawaii erschlossen und die Inseln zu einer Konkurrenz für Florida gemacht. Du und Mark, ihr habt das erste große Kaufhaus an dieser Küste gebaut. Du hast die erste zivile Fluggesellschaft in Kalifornien eingerichtet und mit nichts als deinen bloßen Händen eines der größten Schiffahrtsunternehmen in diesem Lande gegründet. Und jetzt verbringst du deine Tage damit, Makrelen zu fischen! Ich weiß nicht warum. Wovor hast du eigentlich Angst?»

«Vor mir selbst.»

«Das ist köstlich. Das ist wirklich großartig. Du redest wie einer von diesen Psychoanalytikern, die uns alle hier verrückt machen wollen.»

«Es stimmt aber.»

«Ob's stimmt oder nicht, ich glaub's nicht. Nun hör mal zu, ich hab einen noch viel größeren Dickkopf als du. Ich biete dir eine Teilhaberschaft an. Du machst die Arbeit, und wir teilen den Gewinn. Unter einer Bedingung.»

«Ich höre.»

«Du läßt die Finger von den Büchern. Du baust das Geschäft auf und leitest es. Bau deine Boote, Schiffe – was immer du bauen willst. Aber die finanzielle Seite überlaß Feng Wo.»

«Meinem Schwiegervater? Du bist nicht ganz richtig im Kopf.»

«Was hast du gegen ihn? Er war doch jahrelang euer Finanzgenie, der beste Mann, den ihr hattet.»

«Nein, nein, Sam, das geht nicht. Er ist alt. Er macht Übersetzungen aus dem Chinesischen und züchtet Rosen. Ich kann ihn da nicht hineinziehen.»

«Wie alt ist er?»

«Fast sechzig.»

«Dann solltest du ihn auf jeden Fall mal fragen. Ich schwöre dir, ich verstehe dich nicht, nicht die Spur.»

Dan seufzte. «Gut, Sam, gut. Wenn ich mich eines Tages selbst verstehe, lege ich es dir haarklein auseinander.»

«Na, machen wir die Sache?»

«Ich will darüber nachdenken.»

Beim Abendessen in Sam Goldbergs Haus in der Green Street fragte Barbara ihren Vater bedrückt: «Wofür hältst du mich, Papa? Bin ich eine Betrügerin?»

Goldberg sah die beiden aufmerksam an, den herkulischen Mann mit den dunklen Augen und die schlanke helläugige junge Frau mit der blassen Haut und dem honigfarbenen Haar, die durch die Wunder der Genetik seine Tochter war. Ihn faszinierte die Mischung aus Ähnlichkeit und Unähnlichkeit zwischen ihnen. Beide waren unheilbar romantisch, sie lebten ihr Leben mit Energie und unendlicher Neugier, und zugleich waren beide voller Zweifel, Schuldgefühle und weltfremder Leidenschaften. Dan war, wie Goldberg, in Kalifornien geboren, beide liebten dieses Land glühend, von dem Sam oft den Eindruck hatte, es sei das einzige auf der Erde, wo ein Jude kein Jude, sondern einfach einer von vielen Einwanderern war. Dan Lavette und seine Tochter trugen unverkennbar den Stempel dieses Kalifornien.

Sie saßen zu dritt an einem runden viktorianischen Tisch mit geschwungenen Füßen in dem peinlich sauberen kleinen viktorianischen Eßzimmer, das seit dem Tode von Sams Frau unverändert geblieben und nie benutzt worden war. Dan hatte Sams Einladung angenommen, über Nacht zu bleiben, und am Spätnachmittag war Barbara vom Begräbnis zurückgekehrt, noch unter dem Eindruck dessen, was sie erlebt hatte.

Dan antwortete nicht gleich. «Nun», sagte er schließlich, «Betrüger sind wir irgendwie alle, auch wenn wir es nicht sein wollen. Aber wer sind wir wirklich? Wer keine Möglichkeit hat, das festzustellen, erfindet sich seine Antwort.» Er sah zu Goldberg hinüber, der die Schultern zuckte.

«Ich bin nur ein ziemlich alter und viel zu dicker Anwalt, Danny.»

«Ich bin sehr reich», sagte Barbara plötzlich. «Ich meine, ich werde es eines Tages sein.»

«Nehme ich auch an», stimmte ihr Vater zu.

«Wie reich?»

«Weißt du das nicht?»

«Nicht genau. Ich habe mir bisher nicht viele Gedanken darüber gemacht.»

«Das hängt von vielen Dingen ab. Dein Großvater hat in seinem Testament dir und Tom dreihundertzweiundachtzigtausend Aktien der Seldon Bank hinterlassen, die 1940 zu gleichen Teilen zwischen euch aufgeteilt werden sollen. Da sich dieser Aktienbesitz in Privathand befindet, gibt es keine Börsennotierung dafür. Wie hoch würdest du ihn taxieren, Sam?»

«Schwer zu sagen. Pro Aktie fünfundzwanzig, dreißig Dollar. Wirklich nicht einfach zu schätzen.»

«Etwa fünf Millionen. Wie der Wert in sechs Jahren aussehen wird, kann natürlich niemand sagen.»

«Auf jeden Fall höher.»

«Dann bin ich also sehr reich», sagte Barbara.

«Nun, es langt», stimmte Goldberg zu.

«Muß ich es annehmen?»

«Was?»

«Das Geld, Papa.»

Dan lachte. «Der Henker soll mich holen!» Er wandte sich an Goldberg. «Das ist dein Gebiet, Sam.»

«Gegenwärtig, Barbara», sagte Sam Goldberg, «haben Sie keinerlei Rechte, denn Sie sind noch minderjährig. Das Vermögen wird von Ihrer Mutter treuhänderisch für Sie verwaltet. Sie darf nach Gutdünken über das Einkommen verfügen. 1940 treten Sie entsprechend den Bestimmungen des Testaments, wie ich sie verstehe, das Erbe an. Was Sie danach mit dem Aktienbesitz tun, ist ausschließlich Ihre Angelegenheit.»

«Ob es mir also recht ist oder nicht, ich bin und bleibe sehr reich.»

«Ist dir das unangenehm?» fragte Dan.

«Ja.»

«Armut kann unangenehmer sein», versicherte Goldberg.

«Ich glaube, das weiß ich. Aber ich kann mir meinen Lebensunterhalt selbst verdienen. Papa hat auch von niemandem etwas bekommen.»

«Das hat damit eigentlich nichts zu tun», sagte Dan. «Du hast sechs Jahre Zeit, darüber nachzudenken. Inzwischen solltest du vielleicht weiterstudieren.»

Darüber brauchte Barbara nicht mehr nachzudenken. «Nein, das tue ich nicht. Das ist vorbei.»

«Schlagen Sie nicht alle Türen hinter sich zu», sagte Goldberg.

«Ich versuche, mir einige zu öffnen.»

«Was willst du tun?» fragte Dan.

«Ich weiß es noch nicht. Es hängt auch davon ab, was Mutter dazu meint. Ich kann nicht ständig hier bei Mr. Goldberg bleiben. Ich muß über die ganze Sache erst nachdenken.»

«Komm mit mir nach Los Angeles», sagte Dan bedächtig. «Wir wollen uns beide morgen oder übermorgen mit Jean zusammensetzen. Ich rede mit ihr. Dann komm mit mir – wenn du möchtest.»

«Ich glaube, das würde mir gefallen», sagte Barbara.

Jean kehrte allerdings erst drei Tage später nach San Francisco zurück, so daß Dan noch drei Tage warten mußte, bis er mit ihr sprechen konnte – zum erstenmal in nahezu fünf Jahren. Als er ihre Stimme hörte, verlor die Zeit, die vergangen war, alle Bedeutung. Er ertappte sich dabei, wie er dachte: es war erst gestern. So ist es mit allem.

«Ich bin's, Dan», sagte er, fast im Plauderton. «Ich bin in San Francisco, und Barbara ist bei mir.»

«Ja, Dan. Ich hatte damit gerechnet, daß du anrufst.»

«Könnten wir uns irgendwo zusammensetzen, du, ich, Barbara und Tom, und über einiges reden?»

«Ich würde gern unter vier Augen mit dir sprechen», entgegnete sie.

«Nein, das fände ich nicht gut.»

«Warum nicht?»

«Ich möchte über Barbara mit dir reden, und sie soll dabei sein.»

«Bitte, entschuldige, aber das halte ich nicht für einen besonders guten Gedanken. Wir wollen nicht wieder da anfangen, wo wir aufgehört haben, Dan. Ich glaube, wir sind beide älter und klüger geworden.»

«Nun gut. Wo soll ich dich treffen?»

«Morgen? Zum Mittagessen im Fairmont?»

«Um halb eins», sagte Dan.

Er saß bereits am Tisch, als Jean in den Speisesaal kam. Er stand auf und sah ihr mit unverhohlener Bewunderung entgegen. Sie trug ein Chanelkostüm aus blaßrosa Wolle, eine rosenfarbene Seidenbluse und einen rosa Glockenhut. Um ihren Hals lag eine doppelreihige Perlenkette. Nicht nur er wandte ihr den Blick zu. Er erinnerte sich nur zu gut, daß die Aufmerksamkeit, die sie erregte, sie immer zum Mittelpunkt machte, wenn sie einen Raum betrat. Das lag nicht nur daran, daß sie eine schöne Frau war, denn Jean trug ihre Schönheit wie selbstverständlich und mit sicherer Gelassenheit. Wie auch früher konnte Dan sie nicht ohne Verlangen anblicken, nicht ohne die vertraute Sehnsucht nach etwas, was einst ihm gehörte, aber trotzdem nie sein war.

Sie sah ihn, trat an seinen Tisch und gab ihm die Hand. Dabei musterte sie ihn mit leichtem Lächeln und einem kaum wahrnehmbaren Blinzeln in den schönen blauen Augen von Kopf bis Fuß. «Danny», sagte sie, «du siehst blendend aus, zehn Jahre jünger, fünfundzwanzig Pfund leichter, gesund, zufrieden – ich beneide dich.» Stets bestimmte sie die Regeln, steckte sie das Gebiet für eine Unterhaltung ab.

«Soll ich das Kompliment zurückgeben?» fragte er und schob ihr einen Stuhl hin.

«Bitte.»

«Ich habe dich nie schöner gesehen.»

«Danke.» Ihre Augen ruhten nur ganz beiläufig auf seinem braunen Tweedanzug, dem weißen Hemd und dem billigen Schlips, aber er spürte es und sagte betont: «Der Anzug kostet achtzehn Dollar, Jean. Ich finde nicht leicht etwas Passendes. Aber ich konnte ja auch nicht wissen, daß wir im Fairmont essen würden.»

«Gegen den Anzug ist nichts einzuwenden», sagte sie ein bißchen ärgerlich. «Außerdem weiß ich, daß du dir nicht das geringste daraus machst, was er gekostet hat. Das war nie deine Art. Wie hast du das bloß angestellt, Danny? Du siehst aus, als hättest du eine Wunderkur in einem europäischen Badeort hinter dir. Das ist aber wenig wahrscheinlich.» Sie zog ihre weißen Glacéhandschuhe aus, griff über den Tisch und nahm seine Rechte in beide Hände und lächelte, als sie mit ihren Fingern über die Schwielen strich. «Nein, ein Badeort in Europa war es offenbar nicht. Ich liebe deine Hände, habe sie immer geliebt. Ich mag keine weichen Hände bei einem Mann.»

«Ich bin Fischer, Jean. Ich arbeite für Pete Lomas in San Pedro. Du erinnerst dich sicher noch an Pete Lomas. Er war Flottenkapitän auf meinen Krabbenbooten. Ich glaube, du bist ihm am ersten Tag am Kai begegnet – damals, 1910. Ich verdiene durchschnittlich dreißig Dollar die Woche.»

«Hör auf, Danny», sagte sie lachend. «Es zeugt von schlechtem Geschmack, wenn man seine Armut so offen zur Schau stellt.»

«Dann liege ich ja genau richtig.»

«Nein, das tust du nicht. Es ist viel zu spät, den harten Jungen aus dem Tenderloin zu spielen. Auf jeden Fall siehst du glänzend aus, sehr gesund, sehr zufrieden mit dir selbst, und ich habe nicht die Absicht, dich zu bemitleiden.»

«Gut. Damit ziehen wir gleich. Auch ich habe nicht die Absicht, dich zu bemitleiden.»

«Ich bin nicht sicher, daß mir das gefällt», sagte sie zögernd.

Er hatte es nicht ansprechen wollen, hatte stillschweigend darüber hinweggehen wollen, aber nun kam es doch: «Gott im Himmel, Jean, warum hast du ihn bloß geheiratet?»

Ihr Gesicht spannte sich. «Soll ich dich fragen, warum du deine chinesische Geliebte geheiratet hast?»

«Das war kein guter Anfang», sagte er unglücklich. «Es ist immer dasselbe, Jean. Warum ist das eigentlich jedesmal so, kaum daß wir den Mund aufmachen? Warum geht immer alles zu Bruch? Als ich dich da eben reinkommen sah, habe ich dich angesehen und mir gesagt, Danny, bei den meisten Dingen liegst du falsch, aber bei Frauen nicht. Das da ist eine hinreißende Frau. Weißt du, warum ich May Ling geheiratet habe, warum ich sie liebe? Weil ich bei ihr vom ersten Augenblick an das Gefühl hatte, ein Mann zu sein, ein Mensch, etwas Wertvolles und kein Dreck vom Embarcadero.»

Jean sah ihn lange an, dann schüttelte sie den Kopf. «Es tut mir leid, Danny, wirklich. Es ist tatsächlich immer zu spät. Ich möchte etwas trinken. Bestellst du mir, bitte, einen Martini? Und dann wollen wir über Barbara und Tom sprechen.»

Er bestellte die Getränke. Sie schwiegen eine Weile, und Jean sah ihn gedankenvoll an.

«Du hast dich verändert.»

«Wir haben uns beide verändert», sagte er.

Die Getränke kamen. «Auf die Kinder?» fragte sie.

«Ja.»

«Sag mir, Danny, was hältst du von deiner Tochter?»

«Sie gefällt mir. Sie vereinigt in sich das Beste von uns beiden.»

«Dann bin ich also nicht die schlechteste Mutter von der Welt?»

«Unsinn. Nein. Ich bin ein scheußlicher Vater, aber du hast etwas geleistet. War John sehr sauer über die Zeitungsgeschichte?»

«Er war außer sich vor Wut, ja. Er nimmt es als persönliche Kränkung. Er glaubt, sie hat es aus Haß gegen ihn getan. Und natürlich ist es für seine Stellung nicht gerade günstig.»

«Für ihre auch nicht. Sie kann nicht zurück zu diesen Menschen, denn in ihren Augen ist sie jetzt vor allem John Whittiers Tochter.»

«Warum sollte sie denn zurück wollen?»

«Aus demselben Grund, aus dem sie beim erstenmal hingegangen ist.»

«Und der war?»

«Schuldgefühle, Mitgefühl. Ein verzweifeltes Bedürfnis, etwas über sich selbst und die Welt zu erfahren, in der sie lebt.»

«Nicht wegen John?»

«Ich glaube, John Whittier ist ihr völlig egal. Sie mag ihn nur nicht. Kommt Tom gut mit ihm aus?»

«Ich glaube schon. Noch wichtiger ist aber, was Tom für dich empfindet.»

«Er kann mich nicht ausstehen.»

«Nein, Danny, nein. Er kennt dich bloß nicht.»

«Ich habe ihn irgendwo unterwegs verloren. Wie du schon gesagt hast, Jean, es ist immer zu spät.»

«Du könntest es versuchen.»

«Könnte ich ihm erklären, warum ich für dreißig Dollar die Woche auf einem Fischerboot arbeite?»

«Ich glaube, mir könntest du das auch nicht erklären, Danny. Wie hast du es Barbara erklärt?»

«Ich brauchte es ihr nicht zu erklären.»

«Weißt du, Dan, sie bewundert dich. Sie hört auf dich. Auf mich nicht. Sie will nicht ins College zurück. Ich habe heute morgen mit ihr gesprochen.»

«Ich weiß.»

«Ich finde, sie sollte gehen. Und sie sollte die Sache mit John wieder in Ordnung bringen. Für ihn ist es jetzt eine schreckliche Zeit – ob man ihn nun mag oder nicht. Er sieht sich jetzt seiner Sekunde der Wahrheit gegenüber. Alle sagen, daß morgen der Generalstreik ausgerufen wird.»

«Es sieht ganz danach aus.»

«Ich kann es mir nicht vorstellen. Alles soll aufhören – die ganze Welt stehenbleiben! John hat drei Nächte nicht geschlafen. Er führt endlose Besprechungen mit dem Bürgermeister, dem Gouverneur und wem noch alles. Wenn man Barbara klarmachen könnte ...»

«Ich glaube, sie versteht es schon, von ihrem Standpunkt aus.»

«Dan, sie ist doch nicht etwa Kommunistin?»

«Nein.» Er lachte. «Glaube ich jedenfalls nicht.»

«Was will sie denn überhaupt?»

«Ich glaube, sie möchte für eine Weile von uns allen weg. Sie will nach Europa, nach Paris. Sie will dort studieren und arbeiten.»

«Und du befürwortest das?»

«Jean», sagte er freundlich. «Ich befürworte es gar nicht. Ich hätte sie ebensogern hier wie du. Aber ich will sie zu nichts drängen. Ich will nicht einmal versuchen, sie zu überreden. Wir beide, meine Liebe, haben eine großartige Tochter. Sie hat es überlebt, daß man sie in eine goldene Wiege gelegt hat. Wer das schafft, der übersteht alles. Andererseits bist du die Treuhänderin ihres Vermögens. Wenn du ihr den Geldhahn zudrehst, geht sie harten Zeiten entgegen.»

«John erwartet das von mir.»

«Wirst du es tun?»

«Wie kannst du so etwas sagen, Dan? Ich liebe sie ebensosehr wie du. Außerdem ist es ihr Geld.»

Dan sah sie an und nickte. Sie bestellten das Essen, rührten es aber kaum an. Sie redeten unbeholfen um die Dinge herum – daß Barbara ihr Auto verkauft hatte und ihr Pferd –, aber Barbaras nächste Zukunft war bereits entschieden. Als Dan sagte, sie werde bis zu ihrer Abreise nach Europa zu ihm nach Los Angeles kommen, sagte Jean niedergeschlagen: «Wahrscheinlich ist es am besten so, da sie nicht in Johns Haus zurückkehren will. Ich werde die nächsten Tage mit ihr zusammensein. Um das Geld mach dir keine Sorgen.» Dann sprach sie über Tom, und ihre Stimme wurde fast wehmütig. «Ich habe ihn nie gegen dich aufgebracht, Danny.»

«Ich weiß.»

«Es ist seltsam, Danny, daß wir beide hier sitzen. Empfindest du das auch so?»

«Ja, geht mir genauso.»

«Wenn ich jetzt zu dir sagte: Danny, nimm dir ein Zimmer, geh nach oben und warte auf mich ...?»

«Sagst du es denn?»

«Danny, ich könnte alles ertragen, nur nicht, daß du mich noch einmal zurückweist. Deshalb sage ich es nicht.»

Er griff nach ihrer Hand. «Jeany.» So hatte er sie seit vielen Jahren nicht genannt. «Jeany, ich habe zweiundzwanzig Dollar in der Tasche und eine Rückfahrkarte für den Bus. Dafür bekommen wir wohl kaum ein Bett im Fairmont. Aber ich danke dir. Ich werde es nicht vergessen.»

«John ist sicher, daß du mich haßt. Er wollte nicht, daß ich mich mit dir treffe. Er hatte sogar Angst, du könntest mir etwas antun.»

«John weiß anscheinend genausowenig von Männern wie von Frauen.»

Sie machte keinen Versuch, die Rechnung zu bezahlen, und insgeheim war er ihr dafür dankbar.

Ein paar Tage später, als Dan San Francisco verließ, um nach Los Angeles zurückzukehren, traten die Vertreter von hundertzehn Einzelgewerkschaften zusammen, um über einen Generalstreik abzustimmen. Und am folgenden Tag wurde diese gefürchtetste, nahezu mythische Waffe der Arbeiterschaft eingesetzt: Alle Gewerkschaftsmitglieder in San Francisco legten die Arbeit nieder und lähmten damit die gesamte Stadt. Zu den verschiedenen Gegenmaßnahmen, die die Arbeitgeber und die Reichen ergriffen, gehörte auch die Wiedererwekkung der Freiwilligen Volksjustiz, die in der Geschichte der Stadt eine so unrühmliche Rolle gespielt hatte. Es wurden Gerüchte in Umlauf gebracht, daß eine kommunistische Armee bereits im Anmarsch auf San Francisco sei. Woher sie kommen sollte, wurde nie gesagt. Andere gezielt in Umlauf gesetzte Gerüchte sprachen von Bombenanschlägen und Angriffsplänen gegen das Polizei-Hauptquartier und die Hauptpost. Sie alle entbehrten jeglicher Grundlage. Trotzdem machten sich die Truppen der Volksjustiz ans Werk. Sie überfiel das Hauptquartier der Internationalen Hafenarbeiter-Gewerkschaft, die Hauptquartiere der Kommunisten und von Upton Sinclairs Bewegung zum Kampf gegen die Armut in Kalifornien, EPIC, und viele andere Stellen, zu denen auch die Suppenküche in der Bryant Street gehörte.

Barbara ging an dem Tag, nachdem sie im *Chronicle* den Bericht von den Überfällen gelesen hatte, dorthin. Sie ging durch die Stadt, die vor Polizisten, Nationalgardisten und den nicht offiziell abgestellten Angehörigen der American Legion nur so wimmelte. In der Bryant Street sah sie sich den Trümmerhaufen an, der noch vor wenigen Tagen ein als Suppenküche eingerichteter Laden gewesen war. Die Scheiben waren eingeschlagen, Tische und Stühle zu Kleinholz gemacht, Geschirr zerschlagen und überallhin verstreut. Die Zerstörung war irrwitzig, kindisch und gründlich.

Am folgenden Tag fuhr sie nach Los Angeles.

Dan wurde sich erst über Sam Goldbergs Angebot klar, nachdem er die Sache mit May Ling besprochen hatte. Ihr gesunder Verstand und ihr klares Urteil nötigten ihm eine geradezu mystische Achtung ab. Er berichtete ihr, was im Büro Goldbergs besprochen worden war, und ließ die Frage dann offen.

«Was willst du wirklich, Danny?» fragte sie.

«Das Geld verdienen, mit dem ich Joes Medizinstudium bezahlen kann.»

«Das können wir auch so. Bis dahin sind es noch vier Jahre. Er kann zur Staatsuniversität gehen, die kostet nichts. Ich habe ein paar Ersparnisse, und Vater auch.»

«Das würde ich nie anrühren.»

«Joe will in diesem Sommer arbeiten und das Geld zurücklegen.»

«Wohin geht er?»

«Als du weg warst, habe ich Jake Levy in Higate angerufen. Er hat Joe Arbeit auf dem Weingut angeboten. Er möchte gern dorthin. Also wäre das Geld kein Problem.»

«Na schön. Mit dem Fischen ist es für mich vorbei. Ich bin nicht mehr der Jüngste.» Er saß ihr im Wohnzimmer ihres kleinen Hauses in Westwood gegenüber. Es ging auf elf, die Stunde, die stets ihnen allein gehörte. Sie saß vor ihm, die Hände im Schoß, eine zarte, schmale Frau mit elfenbeinfarbener Haut, deren Haar ergraute, und er dachte bei sich, sie ist mein ein und alles. Er hatte noch nie die richtigen Worte finden können, wenn es um Liebe ging.

«Du magst es nicht, arm zu sein, Danny, sei ehrlich.»

«Das bedeutet mir nichts. Nur, wenn ich an die guten Jahre denke ... Mein Gott, wir könnten noch nicht mal zusammen in ein ordentliches Restaurant essen gehen.»

«So gut waren die Jahre gar nicht, Danny. Das hier sind unsere guten Jahre.»

«Ich kann auf diesem verdammten Makrelenfänger nicht weitermachen.»

«Warum sagst du Sam dann nicht, daß du annimmst?»

«Und du? Würde es dir nichts ausmachen?»

«Komm zu Bett, Danny. Ruf Sam morgen an.»

Als er und May Ling in glücklicher Erschöpfung beieinander ruhten, ihr Kopf auf seinem Arm und ihr nackter Körper dicht an ihn gedrängt, sagte er: «Ich muß dir noch etwas von meiner Reise berichten.»

«Und was wäre das?»

«Ich habe mit Jean im Fairmont gegessen.»

«Mit der Eisprinzessin.»

«Es hat elf Dollar gekostet, mit Trinkgeld. Ein halber Wochenlohn, wenn uns keine Fische ins Netz gehen.»

«Sie hat nicht angeboten, die Rechnung zu bezahlen?»

«Ich bitte dich, Kind. Wir haben über Barbara gesprochen, sonst nichts.»

«Und sie hat nicht gesagt, du sollst mit ihr ins Bett gehen?»

«Weißt du, May Ling, mein Schatz – unter dieser glatten asiatischen Samthaut gibt es Spuren eines Miststücks.»

«Du hast mich durchschaut. Was hast du ihr gesagt?»

«Was soll ich ihr gesagt haben?»

«Als sie dich aufgefordert hat, mit ihr ins Bett zu gehen.»

«Daß man sich mit zweiundzwanzig Dollar in der Tasche kein Zimmer im Fairmont leisten kann.»

«Das hast du gesagt?»

«Ja.»

«Ich verabscheue dich.»

«So etwas habe ich mir immer schon gedacht.»

Sie drängte sich näher an ihn und streichelte seine behaarte Brust. «Ich habe es gern, wenn zwei Körper eins werden. So müßte es immer sein. Nur seid ihr westlichen Männer so haarig, wie die Affen.»

«Woher willst du das wissen? Du bist doch noch mit keinem anderen im Bett gewesen – jedenfalls erzählst du mir das.»

«Das erzähle ich dir. Hättest du es sonst getan?»

«Hätte ich sonst *was* getan?»

«Wärest du mit der Eisprinzessin ins Bett gegangen, wenn du das Geld für ein Zimmer im Fairmont gehabt hättest?»

«Ich weiß nicht –»

«Du bist nicht sehr nett zu mir, Danny. Aber ich liebe dich.»

II
Abschied

Barbara lernte Marcel Duboise auf den Champs-Élysées kennen, an einem Aprilnachmittag des Jahres 1937. Der Tag war kühl, freundlich und sonnig, ein Tag, wie es, wenn man Paris-Liebhabern Glauben schenken will, nur in Paris und nur im April gibt. Allerdings erinnerte Barbara sich an viele ähnliche Tage in San Francisco, Tage, an denen der Wind sanft vom Pazifik blies und das Sonnenlicht auf den Wassern der Bucht tanzte.

An solchen Tagen empfand sie schmerzliche Sehnsucht und dachte darüber nach, daß sie eigentlich lange genug in der Ferne gelebt habe und daß es an der Zeit sei, heimzukehren.

Sie hatte im Garten der Tuilerien etwas gegessen, und dabei hatte Marcel sie beobachtet. Sie merkte es erst, als er ihr um die ganze Place de la Concorde herum und die Champs-Élysées hinauf folgte. Er beschleunigte den Schritt, bis er an ihrer Seite war, und sagte dann, fast ohne Atem zu holen: «Ich heiße Marcel Duboise. Ich bin ehrlich, nicht dumm, neige weder zu Verbrechen noch zu Lastern und habe einen guten Charakter. Normalerweise spreche ich keine fremden Frauen auf der Straße an. Aber was sollte ich tun? Wenn ich nicht mit Ihnen spreche, gehen Sie davon und ich sehe Sie nie wieder. Da ich Sie bisher nicht gesehen habe, ist es ganz logisch, daß ich Sie auch später nicht wieder sehen werde, und dann wird mein Leben trübe und sinnlos sein bis ans Ende meiner Tage.»

Die Worte strömten mit einer solchen Geschwindigkeit aus seinem Mund, daß Barbara nur einen flüchtigen Eindruck von dem behielt, was er gesagt hatte. Zwar war ihr Französisch inzwischen ganz leidlich, aber sie hatte immer noch Schwierigkeiten, zu folgen, wenn jemand sehr schnell sprach. Ihre erste Reaktion war, den Mann zu ignorieren und schneller zu gehen. Sie warf ihm aus den Augenwinkeln einen flüchtigen Blick zu. Er war groß und schlank, trug eine braune Tweedjacke und eine graue Flanellhose, dazu ein weißes Hemd mit gestreifter Krawatte. Sein breiter Mund lächelte bittend, er hatte lustige braune Augen, eine große, schmale Nase und einen kräftigen Unterkiefer und einen Schopf widerspenstigen dunklen Haars.

«Lassen Sie mich, bitte, nicht abblitzen.»

«Was wollen Sie von mir?» fragte sie und rutschte vor Schreck ins Englische, ohne es zu bemerken. «Was wünschen Sie?» wiederholte sie auf französisch.

«Ach, Sie sind Engländerin.»

«Amerikanerin, falls Sie das etwas angeht.»

«Wie schön. Darf ich, bitte, mit Ihnen sprechen?»

Sie blieb stehen, wandte sich ihm zu und sah ihn an: «Monsieur, Sie *sprechen* bereits mit mir. Ich weiß nicht warum, aber Sie tun es. Und noch dazu mit irrer Geschwindigkeit», fügte sie auf englisch hinzu.

«Natürlich. Ich heiße Marcel Duboise. Was war das mit der Geschwindigkeit?»

«Zu schnell. Mein Französisch ist nicht so gut.»

«Ja, natürlich. Entschuldigung.» Etwas langsamer fragte er: «Ist es besser so?»

«Viel besser. Ich bin sicher, Sie haben mich mit jemandem verwechselt.»

«O nein. Nein. Unmöglich, das stimmt nicht.»

Sie seufzte und wandte sich zum Gehen.

«Bitte, einen Augenblick. Ich kann Sie gar nicht mit jemandem verwechselt haben, denn ich habe Sie noch nie gesehen.»

«Was, zum Teufel, also –»

«Ich versuche, Ihre Bekanntschaft zu machen», unterbrach er sie verzweifelt. «Glauben Sie mir, das tue ich sonst nicht. Ich habe es noch nie getan. Zehn Minuten lang habe ich Ihnen beim Essen zugesehen. Dann habe ich es gewagt.»

«Ich weiß immer noch nicht, wovon Sie reden», sagte Barbara.

«Wenn ich es zu erklären versuche, klingt es nur noch verrückter. Ich bin aber nicht verrückt, jedenfalls nicht verrückter als andere auch. Man träumt jahrelang von einer Frau, und dann sieht man sie! Und was soll man dann tun?»

Wider Willen mußte Barbara lachen. Er erschien ihr so naiv und geradeheraus, daß sie es nicht fertiggebracht hätte, ihm die kalte Schulter zu zeigen.

«Nur eines wäre schrecklich», fügte er hinzu.

«Was denn?»

«Wenn Sie glücklich verheiratet wären.»

Sie zögerte und antwortete dann: «Weder glücklich noch unglücklich, sondern gar nicht.»

«Dem Himmel sei Dank. Ich habe mich zwar schon vorgestellt, tue es aber noch einmal ganz förmlich: Ich heiße Marcel Duboise, bin neunundzwanzig Jahre alt und ledig. Ich stamme aus Toulouse, daher spreche ich anders als die Leute hier in Paris. Ich arbeite für die Zeitung *Le Monde*, auf höchst schmachvolle Art – Sie sehen, ich verberge nichts –, ich schreibe nämlich jeden Tag eine Spalte über Speisen und Restaurants, und die einzige Erfüllung in meiner Arbeit ist, daß ich gelegentlich als Theaterkritiker einspringen darf. Einmal die Woche, wenn ich Glück habe, auch zweimal, darf ich ein Stück besprechen. Manchmal Filme, aber auch das nur als Ersatzmann. Einmal war der Filmkritiker einen Monat lang krank – das war großartig.»

«Wie interessant», sagte Barbara, der nichts anderes einfiel, was sie hätte sagen können.

«Sie finden mich also interessant. Das ist schön. Bitte, sagen Sie mir Ihren Namen.»

Sie überlegte eine Weile. Er stand da voller Hoffnung, ernsthaft, ein nicht besonders gut aussehender, aber unleugbar charmanter junger Mann, knabenhaft offen und verletzlich, und sie konnte sich einfach nicht vorstellen, daß diese Haltung nur vorgetäuscht war.

«Ich heiße Barbara Lavette», sagte sie schließlich.

«Das ist ja ein französischer Name. Sie sind aber doch nicht Französin.»

«Mein Großvater kam aus Marseille. Er war halb Franzose, halb Italiener.»

«Ach so. Das Wunderbare an Amerikanern ist, daß sie immer von ganz woanders herkommen.»

Wieder lachte sie. Ihr gesunder Menschenverstand sagte ihr: Laß dich doch nicht in Paris auf der Straße von einem wildfremden Mann abschleppen. Andererseits machen sich wildfremde Männer nichts aus Frauen ohne Make-up, die in einem braunen Wollkostüm und beigefarbenen Kaschmirpullover und dazu noch in abgelaufenen Tretern mit flachen Absätzen rumlaufen. Hinzu kam, daß sie sich einsam fühlte und Heimweh hatte und daß der Duft, der in der Aprilluft lag, sie an die salzige Luft des Meeres an einem windigen Tag auf Russian Hill erinnerte.

Marcel Duboise spürte ihre Stimmung, spürte ihr Zögern und sagte: «Mademoiselle, was schadet es, wenn ich Sie begleite und wir uns unterhalten? Sobald Sie meiner überdrüssig sind, werde ich gehen. Was kann auf den Champs-Elysées an einem Aprilnachmittag Unerfreuliches geschehen?»

«Aber Sie wissen doch gar nicht, wohin ich gehen will.»

«Ich gehe hin, wo Sie hingehen. Nichts auf der Welt ist mir wichtiger.» Eine halbe Stunde später erzählte er ihr die Geschichte seiner

Großmutter, die mit zweiundsiebzig ihren ersten Roman geschrieben – und einen Verleger dafür gefunden hatte. «Sehr gewagt, oh la la.»

Barbara merkte, wie wenig sie in den vergangenen drei Jahren gelacht hatte.

«Sie sind natürlich ein ernsthafter Mensch», sagte er. «Das macht Ihren Reiz aus. Ich hingegen bin ein Kindskopf. Jedenfalls hält meine Familie mich dafür. Alle anderen übrigens auch.»

«Sie sind sicher kein Kindskopf, und was mich betrifft – von mir wissen Sie gar nichts. Ach, ich wollte, mein Französisch wäre nicht so schlecht.»

«Ihr Französisch ist durchaus richtig, und Ihr Akzent ist einfach wunderbar.»

«Vielen Dank. Aber jetzt muß ich wirklich gehen.»

«Wohin? Ich sehe schon, Sie wollen weg, weil man uns nicht förmlich miteinander bekanntgemacht hat. Hätte eine Ihrer Tanten gesagt: ‹Das ist Marcel Duboise, ein wirklicher Herr›, dann wäre alles ganz einfach.»

«Aber meine Tante lebt dreitausend Meilen von hier, mithin ist das unmöglich.»

«Ach, Sie rechnen in Meilen. Wieviel Kilometer sind das?»

Sie waren inzwischen an der Ecke zur Avenue Victor-Hugo angekommen, und Marcel deutete auf ein Café: «Wollen wir uns nicht einen Augenblick setzen? Ich bestelle Ihnen etwas zu trinken. Mineralwasser, Tee … Ich weiß, daß ich mich neutral und harmlos verhalten muß.»

Der Besitzer begrüßte ihn mit Namen. «Sie sehen», sagte er, «ich bin kein namenloser Schurke.»

«Also gut.» Sie ließ sich auf einem Stuhl nieder. «Sie sind Marcel Duboise. Ich bin Barbara Lavette. Nun kennen wir einander und alles hat seine gute Ordnung. Seit einer halben Stunde stellen Sie sich mir vor.»

«Und Sie haben mich nicht weggeschickt.»

«Stimmt. Könnte ich wohl ein Bier haben?»

Er bestellte zwei Bier und wandte den entzückten Blick nicht von ihr.

«Monsieur, Sie dürfen mich nicht so anstarren.»

«Richtig. Entschuldigung. Ich habe Ihnen gesagt, wer ich bin, was ich tue, was mein Vater und mein Großvater getan haben. Und Sie haben mir gar nichts erzählt.»

«Wie hätte ich das tun sollen? Reden Sie immer wie ein Wasserfall?»

«O nein. Natürlich nicht. Ich mußte gegen die Zeit und die Tradition ankämpfen. Ich habe um mein Leben geredet – wirklich, es ist mir ernst. Jetzt erzählen Sie, bitte, etwas von sich, Mademoiselle Lavette.»

«Sie sind ganz nett –»

«Vielen Dank, das ist sehr freundlich von Ihnen.»

«Und ich bin durchaus in der Lage, auf mich selbst aufzupassen. Aber wenn ein Fremder versucht, einen in Paris aufzulesen –»

«Nicht auflesen. Er wollte nur verhindern, daß Sie wieder aus seinem Leben hinausgehen.»

«Genau das meine ich. Würde ich etwa einen Mann auf der Straße ansprechen, weil mir sein Gesicht gefällt? Da ist doch etwas faul, finden Sie nicht? Ich kann es auf französisch nicht so gut ausdrücken.»

«Ich verstehe schon. Mein Gesicht? Niemals. Aber es war ja nicht nur Ihr Gesicht, sondern Sie, alles.»

«Aber Sie wissen doch gar nichts von mir.»

«Nicht viel. Das stimmt. Sie haben mir nichts von sich erzählt. Aber warten Sie. Das Kostüm ist von Molyneux. Stimmt's?»

«Großer Gott, nein. Ich habe es in San Francisco gekauft.»

«Schön, damit wäre der Punkt Kleidung abgehakt. So viel weiß ich aber: Sie sind freundlich, sanft, selbstbewußt, klug und – also, jetzt sage ich es –, ich finde, Sie sind eine der anziehendsten Frauen, die ich je gesehen habe. Darum habe ich gesündigt. Und Ihr Französisch ist ausgezeichnet, also müssen Sie schon eine Weile hier sein.»

«Ich wollte, es stimmte», seufzte Barbara. «Ich habe sechs Jahre in der Schule Französisch gehabt – sechs Jahre. Ich müßte also schon ein Trottel sein, wenn ich mich nicht wenigstens ein bißchen verständigen könnte. Und hier bin ich schon fast drei Jahre.»

«Mit Ihren Angehörigen?»

«Nein, allein. Ursprünglich wollte ich an der Sorbonne studieren, deshalb kommen die meisten Amerikaner hierher. Aber ich bin nicht zum Studieren geschaffen. Eineinhalb Jahre habe ich es ausgehalten, und ich wollte schon aufgeben und nach Hause fahren, als eine glückliche Fügung mir Frank Bradley über den Weg führte, den Herausgeber des *Manhattan Magazine*. Kennen Sie es?»

«Selbstverständlich. Zwar ist mein Englisch nicht so gut, daß ich es mit Vergnügen lesen könnte, aber die Karikaturen gefallen mir.»

«Mir auch. Na ja, Sie wissen, es ist eine Wochenzeitschrift, und jede zweite Woche bringen sie einen ‹Brief aus Paris›, ein journalistischer bunter Teller – etwas Politik, Mode, Künste, Literatur und die Art von Klatsch, die drüben in den Staaten ankommt. Bradley und ich sind damals ins Gespräch gekommen, und ich habe ihm ein paar von den Sachen gezeigt, die ich so für mich geschrieben habe. Er mochte sie und ließ mich probehalber so einen Brief aus Paris schreiben. Meine Art zu schreiben kam bei den Lesern an, und ich bekam die Stelle – vermutlich weil gerade kein anderer da war. Seitdem mache ich das.»

«Wir schreiben also beide. Sehen Sie nun, was für einen guten Riecher ich habe?»

Sie nickte und lächelte, und er bestellte noch zwei Glas Bier.

Zehn Jahre nach der Jahrhundertwende erkannten die Männer, die die Geschicke von Los Angeles lenkten, das bereits gegenüber dem wie ein Phoenix aus der Asche neu erstehenden San Francisco ein Minderwertigkeitsgefühl empfand, daß sie einen Hafen brauchten. Das Schicksal hatte ihnen eine Stadt beschert, die dreißig Kilometer vom Meer entfernt war, und sie fanden, daß die Zukunft einer Stadt, die im Binnenland lag, fast in einer Wüste, nicht besonders rosig sei. Vor langer Zeit hatten die Athener in der Antike vor demselben Problem gestanden, tatkräftige, kluge Leute hatten es dadurch gelöst, daß sie ihre Stadt durch zwei parallel verlaufende Mauern von jeweils sechseinhalb Kilometern Länge mit dem Hafen Piräus verbanden. An der pazifischen Küste, in unmittelbarer Nachbarschaft von Los Angeles, gab es leider keinen Hafen, aber es gab das Meer. Deshalb verleibte sich die Stadt unerschrocken einen knapp zwei Kilometer breiten und sechsundzwanzig Kilometer langen Landstreifen ein, der von ihrem westlichen Rand bis zur Küste reichte. In diesem Gebiet lagen zwei verschlafene Fischerdörfer, San Pedro und Wilmington, die an ein großes schlammiges Gebiet namens Terminal Island grenzten. Da die Gefühle ihrer Bewohner angesichts der plötzlichen Eingemeindung durchaus gemischt waren, startete die Stadt Los Angeles einen Werbefeldzug, der die Dorfbewohner davon überzeugen sollte, daß ihr Schicksal und ihre Zukunft als Teil von Los Angeles weit günstiger aussehen würde, als das sonst der Fall wäre. Im August des Jahres 1909 wurde in San Pedro und Wilmington gewählt, und als man die Stimmen ausgezählt hatte, war Los Angeles eine Hafenstadt. Da ein viele Kilometer langer steinerner Wellenbrecher im großen Bogen vor

San Pedro, Wilmington und dem Nachbarhafen Long Beach gebaut worden war und die Bucht abschloß, hatte Los Angeles nicht nur einen Hafen, sondern vor allem einen großen und geschützten Hafen.

Dieser riesige Wellenbrecher schloß auch die Schlammbänke vor Terminal Island mit ein, das im Ersten Weltkrieg und in den frühen zwanziger Jahren zu einem geschäftigen Werftgelände geworden war, wo buchstäblich Tausende von Männern Lohn und Brot fanden. Mit Beginn der Depression allerdings schlossen die Werften auf Terminal Island, eine nach der anderen, so wie sie dem schleichenden Leiden der amerikanischen Wirtschaft erlagen, bis schließlich nur noch eine Handvoll übrig war, die den Kampf ums Überleben wagten und von besseren Zeiten träumten.

Eine der Firmen, die es nicht geschafft hatten und an die Banken am Ort gefallen waren, war Occidental Marine – eine mittelgroße Werft, die sich während des Krieges auf den Bau hölzerner Minensuchboote spezialisiert hatte. Zu ihr gehörten zwanzig Morgen Land, Werkstätten, Schlippwagen und Ablaufbahnen und sogar ein kleines Trockendock, das allerdings lange nicht benutzt und daher reparaturbedürftig war. Diesen ganzen Komplex bekam Dan Lavette für hunderttausend Dollar angeboten. Aber er wucherte mit seinen wenigen Pfunden und ließ die Zeit für sich arbeiten. Er feilschte und übernahm das Ganze schließlich zu einem Gesamtpreis von fünfundsechzigtausend Dollar. Die Bank gab ihm eine Hypothek über sechzigtausend Dollar zu vier Prozent und war noch glücklich über den guten Handel. Weniger Glück hatte Dan mit seinem Plan, so viel Geld zu verdienen, daß er Joe Medizin studieren lassen konnte. In den folgenden drei Jahren baute er sieben Boote. Damit konnte er gerade den Kopf über Wasser halten sowie die Rechnungen und die Löhne für die fünf Männer bezahlen, die er beschäftigte. Dann mußte er sie doch entlassen. Das erste Boot bestellte Pete Lomas, dessen zum Makrelenlogger umgebautes ehemaliges Minensuchboot allmählich aus den Fugen ging. Dann baute er Boote für zwei Fischer, von denen einer den Fischfang aufgeben mußte. Die anderen vier Boote waren kleine Freizeit-Segelboote. Die Bank, die mit Schrecken einen weiteren Bankrott auf sich zukommen sah und kein wertloses Eigentum besitzen wollte, stundete Dan für ein Jahr die Zahlung der Zinsen, und irgendwie brachte er sein Unternehmen über die Runden.

Eines Tages, zu Beginn des Frühjahrs 1937, kam Pete Lomas in Dans Büro auf Terminal Island und bot ihm eine echte Havanna an.

Das Büro war nur für Dan Arbeitsplatz, denn die Buchführung erledigte Feng Wo zu Hause. Es bestand aus sechs Räumen im Hauptgebäude, die bis auf einen alle leerstanden. In Dans Arbeitsraum stand ein Schreibtisch, ein Drehstuhl, einige leere Aktenschränke und ein wunderbarer Schrank aus Walnußholz, in dessen vielen tiefen Schüben alte Konstruktionszeichnungen schlummerten, von Booten aus der Zeit der Occidental, die Dan nie bauen würde. Außerdem stand noch ein Tisch in dem Raum und um ihn herum fünf Stühle mit Armlehnen – offensichtlich als Platz, die Pläne zu besprechen.

Pete Lomas ließ sich auf einen der Stühle fallen, während Dan die Zigarre beschnupperte und seiner Bewunderung Ausdruck verlieh.

«Kommt von Alex Hargasey.»

«Ich danke ihm. Und wer ist das?»

«Ach, niemand. Nur der wichtigste Filmregisseur in Hollywood.»

«So, so. Und deshalb hockst du also hier in einer weißen Segeltuchhose, im weißen Hemd und mit dieser albernen Kapitänsmütze, statt zu fischen.»

«Du hast es erfaßt.»

Dan biß das Ende der Zigarre ab, und Lomas beugte sich vor, um ihm Feuer zu geben.

«Weiter», sagte Dan.

«Sei schön brav, Danny», sagte Lomas. «Benimm dich. Du wirst schon sehen, was ich dir zu sagen habe. Das reißt dich vom Sessel. Du willst also wissen, warum ich nicht fische? Weil die Firma Paramount – hast du gehört, Paramount – mir fünfzig Dollar am Tag zahlt, sieben Tage die Woche, zuzüglich aller Auslagen und der Heuer für meine Besatzung. Die Miete für mein Boot läuft extra, mit dem machen sie nämlich einen Film über einen Fischer. Nur drehen sie heute nicht vor Ort – das heißt: auf meinem Boot –, und deshalb lasse ich heute den lieben Gott einen guten Mann sein und mache mir einen schönen Tag. Was sagst du dazu?»

«Einen Besseren hätte es nicht treffen können. Aber es reißt mich nicht vom Sessel.»

«Sachte.» Er griff in die Tasche, zog seine Brieftasche heraus und entnahm ihr einen zusammengefalteten Scheck. «Fünfhundert.» Er gab ihn Dan. «Die letzte Rate für mein Boot. Hat zwei Jahre gedauert, endlich ist es erledigt.»

«Das hilft, glaub mir, das hilft.»

«Jetzt hör mir zu. Dieser Hargasey ist Ungar, temperamentvoll, geht die Wände hoch, brüllt, tobt, ist aber sonst ganz nett. Seit sie an diesem Film arbeiten, ist er ganz verrückt nach dem Meer, er sagt, weil es in seiner Heimat so etwas nicht gibt. Eine eigene Yacht muß her, und seine Freundin, Lorna Bell – sagt dir der Name etwas?»

«Ich habe ihn schon mal gehört.»

«Die Hauptdarstellerin in seinem Film. Ich glaube, die gehören zusammen, nicht verheiratet oder so, aber das spielt bei solchen Leuten anscheinend keine Rolle. Jedenfalls ist sie genauso verrückt nach der Yacht wie er. Hargasey ist in mein Boot verschossen. Als ich ihm sagte, daß du es gebaut hast, wollte er gleich, daß du ihm eine Yacht baust.»

«Was?»

«Warte, Danny. Nicht nur eine Yacht. Er möchte ein dreißig Meter langes Boot mit Dieselmotor und acht Wohn- und Schlafräumen.»

«Der spinnt wohl.»

«Na, hab ich dich vom Sessel gerissen?»

«Pete», sagte Dan, «man kann hier doch Yachten an jeder Ecke kaufen – und sehr viel billiger, als wenn man eine bauen läßt. Das weißt du. Er muß es auch wissen. Und wer hat schon genug Geld für ein Dreißig-Meter-Boot mit Dieselmotor? Das könnte auf zweihundertfünfzigtausend kommen – ach was, noch mehr.»

«Danny, die schwimmen im Geld. Im Filmgeschäft gibt's keine Wirtschaftskrise. Auf jeden Fall will er mit dir sprechen, und ich habe gesagt, daß ich das arrangiere. Mit einem solchen Auftrag könntest du aus deinem Klotz am Bein ein einträgliches Geschäft machen. Ruf ihn einfach bei Paramount an und mach einen Termin mit ihm aus. Nimm auch was mit – Fotos, Zeichnungen, Aufrisse.»

«Das könnte ich tun», erklärte Dan. «Ich habe einen wunderbaren Satz Bauzeichnungen von Sparkman & Stephens, die ich mit der Anlage hier geerbt habe. Aber zum Teufel, was verdient denn so ein Filmfritze?»

«Mach dir darüber keine Sorgen! Geh hin und verkauf ihm das Ding. Laß ihn sich doch den Kopf darüber zerbrechen, womit er es bezahlen will.»

Drei Tage darauf fuhr Dan in seinem Ford Baujahr 1930 von Westwood nach Hollywood, bog von der Melrose Avenue in die Marathon Street ein und fand sich den riesigen Toren des Paramountgeländes gegenüber. Der Posten am Tor beäugte den Wagen voller Mißtrauen, ließ sich Dans Namen sagen, winkte ihn dann durch und zeigte ihm, wo er parken und wie er Alex Hargasey finden konnte. Es war Dans erster Besuch in einem Filmstudio. Nachdem er seinen Wagen abgestellt hatte, ging er mit der staunenden Neugierde eines Touristen an den riesigen Tonfilmstudios, den bungalowähnlichen Bürogebäuden und den Garderoben vorbei. Das also, dachte er bei sich, war die verzauberte Kinderwelt, die große Traumfabrik, die jetzt im Schein der Morgensonne lag und vor deren Kulisse Männer und Frauen in den bunten Kostümen von Cowboys, Indianern, Rittern und edlen Maiden des Mittelalters vorüberhuschten. Das Büro Hargaseys war in einem Fachwerkhaus, pseudo-englischer Stil, das zwischen pseudo-modernen und pseudo-spanischen Häusern lag. Man führte ihn nach oben und bat ihn zu warten. Eine Viertelstunde lang saß er dort und blätterte im *Hollywood Reporter*, während ihn die wasserstoffsuperoxydblonde Empfangsdame hinter ihrem Schreibtisch mit unverhüllter Neugier musterte.

Schließlich kam Hargasey, ein fetter, riesiger Mann mit kahlem Kopf, in Reithosen aus Cord, den Bauch fest von einem breiten Ledergürtel eingeschnürt. «Ah, der Bootsbauer!» dröhnte er. «Sie sind also dieser Lavette. Hargasey. Kommen Sie herein.» Er musterte Dan, während sie in sein Büro gingen: weißer Teppich, der Dan in sich hineinzusaugen schien wie Treibsand, weiße Sessel mit schwellenden Polstern, ein großer schwarzer Schreibtisch.

«Sie Hundesohn!» brüllte Hargasey. «Sie sind ein ganzes Stück fotogener als mein dämlicher Hauptdarsteller. Vielleicht lasse ich das Boot sausen und nehme Sie als Hauptdarsteller. Was meinen Sie dazu, Lavette? Ach, was. Nur ein dummer Witz. Vergessen Sie es. Ich mache immer so blöde Witze. Setzen Sie sich. Ich habe eine halbe Stunde, um Ihnen klarzumachen, was ich möchte. Und Sie werden es dann machen.»

Als sie alle an dem Abend in dem kleinen Haus in Westwood um den Abendbrottisch saßen, May Ling, ihr Sohn und ihre Eltern, lauschten sie gespannt, als Dan von seinen Erlebnissen im Studio berichtete. «Das verstehe, wer will», sagte er. «Das Land geht vor die Hunde, blutet aus, liegt in den letzten Zuckungen, und dieser Mensch sagt, ich soll an nichts sparen. Mahagoni, versilberte Beschläge, Decksplanken aus Teakholz. Ich habe ihm gesagt, daß das dreihunderttausend kosten kann. Er hat nur gegrinst und gesagt: ‹Geht in Ordnung›.»

«Dann baust du es also», sagte May Ling gelassen, «wenn du kannst.»

«Ich kann. Ich kann ihm bauen, was er will.»

Joe sah seinen Vater nachdenklich an und sagte schließlich: «Aber gern tust du es nicht, Vater?»

«Ich glaube, nein.»

«Ich weiß», sagte May Ling. «Aber wo liegt der Unterschied, Danny? Es bedeutet Arbeit für eine ganze Anzahl Männer. Wenn du es nicht baust, baut es ein anderer.»

«Wenn ich es nicht baue», sagte Dan, «kann ich den Laden dichtmachen. Wir sind am Ende. Also muß ich wohl.»

Als Marcel Duboise Barbara zum erstenmal in ihrer Wohnung besuchte, sah er verwundert um sich, schüttelte den Kopf und seufzte enttäuscht: «Du hast mich belogen. Du hast gesagt, du bist Journalistin. Aber von dem Geld könnte man sich keine Wohnung hier am Quay de Passy leisten, nie und nimmer.»

«Wovon redest du, um Himmels willen?»

Er nahm die Wohnung näher in Augenschein. «Schlafzimmer, Wohnzimmer, Küche, Bad mit Dusche, Wanne und Bidet – du bist eine reiche Erbin.»

«Na schön, jetzt weißt du es. Es stimmt. Du hast wahrscheinlich gedacht, ich sei eine Asphaltblume, weil ich mich von dir habe ansprechen lassen. Dabei bin ich eine reiche Erbin.»

«Sei nicht albern.» Aber immer noch ließ er den Blick umherschweifen. «So was kostet mindestens tausend Francs im Monat.»

«Achthundert.» Sie lächelte ihn an. «Gefällt es dir? Ich finde es sehr hübsch. Es ist meine erste richtige eigene Wohnung, kannst du dir das vorstellen? Und den Mann, der die Miete zahlt, brauchst du nie zu sehen. Er kommt nur einmal in der Woche ...»

«Sprich nicht so!» sagte er gereizt. «In den zwei Wochen, die ich dich jetzt kenne, hast du noch nie so gesprochen. Ich mag das nicht.»

«Da hast du's, mein lieber Marcel. Ihr Franzosen seid alle Moralisten. Ihr tut nur so, als wärt ihr keine. Komm doch von deinem hohen Roß herunter und setz dich hin.» Er ließ sich in den Sessel sinken und betastete die Polsterung. Barbara konnte sich richtig vorstellen, wie er den Preis taxierte. Das ärgerte sie. Vieles in Frankreich irritierte, anderes bezauberte sie. «Ich bin eine reiche Erbin», sagte sie mit Nachdruck. «Ich hätte es dir gleich sagen sollen, aber damals war ich sicher, daß ich dich nie wiedersehen würde. Außerdem ist es ein Klischee, daß alle jungen Amerikanerinnen in Paris reiche Erbinnen sind. Ich bin sehr reich – nein, jetzt noch nicht. An das Geld komme ich erst in drei Jahren ran. Du brauchst dich also nicht aufzuregen. Außerdem, was glaubst du wohl, wie ich mich dabei fühle, jetzt, wo mein Land mitten in der Wirtschaftskrise steckt?»

Er saß nur da und sah sie an. Schließlich fragte er: «Warum habe ich dich vorher nie nach Hause bringen dürfen?»

«Ach, du Esel!» rief sie. «Du denkst, ich bin eine *putain.* Stimmt's? Eine Edelnutte. Du glaubst mir kein Wort.»

«Soll ich das? Nach all den Lügen?»

«Was für Lügen? Ich habe gesagt, daß ich Korrespondentin bin, und das bin ich!» Sie ging zu einem Stapel Zeitschriften, nahm ein paar und warf sie ihm zu. «Lies das, wenn du Englisch lesen kannst. Das ist meine Arbeit, und ich bin ziemlich stolz darauf.» Sie sah ihn unverwandt an und schüttelte dann den Kopf. «Ach, was soll's! Geh besser.»

«Nein!»

«Dann bleib und laß deine Gedanken in deinem miesen Kleinbürgerhirn verfaulen.»

«Du hältst mich für bürgerlich? Mich?» rief er entrüstet.

«Jawohl. Und jetzt entschuldige mich, bitte.» Sie ging ins Badezimmer, wusch ihr Gesicht mit kaltem Wasser, sah sich im Spiegel an und mußte über ihr wütendes Gesicht lachen. Als sie ins Wohnzimmer zurückkehrte, zuckte auf ihren Lippen noch die Spur eines Lächelns. Marcel stand vor ihr.

«Ich liebe dich», sagte er verzweifelt.

Sie brach in Gelächter aus.

«Und du lachst mich aus, herzloses Weibsstück!»

«Wen liebst du denn nun, Marcel, die *putain* oder die reiche Erbin?»

«Schluß jetzt!» Er griff nach ihr, begann sie zu schütteln und umarmte sie dann. Sie lachte nicht mehr. Ihrer beider Lippen begegneten sich, Barbara schloß die Augen und spürte, wie sie anfing zu weinen. Dann wich sie zurück und sah ihm in die dunklen Augen.

«Warum weinst du?» flüsterte er. «Habe ich dir weh getan?»

«Du bist ein komischer Franzose. Wir haben uns jetzt achtmal getroffen, und du hast nicht den kleinsten Annäherungsversuch gemacht. Als wäre ich deine Schwester. Ich weiß, du hast dich zusammengenommen. Und jetzt, wo du denkst, ich sei ein ausgehaltenes Frauenzimmer –»

«Nein!»

«Deswegen weine ich auch nicht. Versteh doch, ich liebe dich so sehr.»

Eigentlich hatte ihr noch nie jemand den Hof gemacht – sie mußte an die Verabredungen im College denken, an das plumpe Betatschtwerden, an die Argumente und das wortreiche Flehen der Verehrer. Ihr fiel auch das Football-Wochenende in Princeton ein, wo es beinahe zugegangen wäre wie bei einem Ringkampf. Und dann dachte sie an gar nichts mehr, sie lag nackt und lebendig bei einem Mann, dessen Hände und Lippen ihren Körper liebkosten und der ihr in einer Sprache, die sich so sehr dazu eignete, immer wieder sagte, wie schön sie sei.

«Marcel», sagte sie.

«Ja, mein Schatz?»

«Erschrick nicht, wenn es geschieht.»

«Erschrecken? Warum sollte ich erschrecken?»

«Ach, ich sag es dir nicht gern, aber ich bin noch Jungfrau.»

Er erhob sich aus seiner liegenden Stellung, sah sie an, streckte die Hand aus und berührte ihre Wange. «Das ist doch nicht möglich.»

«Ehrenwort», sagte sie auf englisch.

«Du bist dreiundzwanzig und warst fast drei Jahre in Paris.»

«Ich weiß. Aber was soll ich sonst sagen? Ich schäme mich ja so.» Sie kicherte dabei.

«Liebling, liebe Barbara», bat er. «Lach nicht. Man kann nicht gleichzeitig lieben und lachen.»

Als sie Stunden später nebeneinander lagen und dem Rauch ihrer Zigaretten nachblickten, wie er dahintrieb und Muster bildete, sagte Marcel: «Daß du so viel Geld hast, macht es schwerer. Anders wäre es einfacher gewesen.»

«Wie, anders?»

«Als ausgehaltene Frau. Dafür hätten wir eine Lösung finden können. Aber du als reiche Erbin – und ich, der ich keinen roten Heller habe und von der Hand in den Mund lebe ...»

«Dann wollen wir beide arm sein.»

«Und was ist mit dem Vermögen?»

«Ich kann's ja verschenken», sagte Barbara gleichgültig.

Am 27. Mai 1937 klopfte Thomas Lavette noch sehr spät an die Tür zum Zimmer seiner Mutter. Als keine Antwort kam, öffnete er sie vorsichtig. Jean saß vor ihrer Frisiertoilette und wandte sich zu ihm um.

«Ich bin's, Mutter, kann ich reinkommen?»

Sie nahm ein Taschentuch und wischte sich die Augen.

«Hast du geweint?» Er hatte seine Mutter noch nie weinen sehen.

«Nicht richtig. Nur ein paar Tränen. Es war einfach ein langer Tag und zuviel Aufregung.»

«Darf ich hereinkommen?»

«Bitte.»

«Es ist schon nach Mitternacht.»

«Komm ruhig rein.»

«Schläft John?»

Jean nickte. Sie deutete auf einen Sessel und ließ sich auf einer Chaiselongue nieder. «Setz dich, Tommy. Laß dich ansehen. Ich habe dich tagelang nicht gesehen.»

«Es lag nicht an mir, Mutter. Du warst so mit der Brücke beschäftigt. Wie ist es heute gegangen?»

«Warum ich weine, willst du gar nicht wissen?»

Es war ihm peinlich. «Ich möchte nicht neugierig sein.»

«Ich wollte, du wärest es. Ich wollte, wir wären beide neugierig aufeinander, so daß wir uns nahe sein könnten. Also gut, ich habe geweint. Heute, kurz vor Beginn der Einweihungsfeierlichkeit, kam Mr. Strauss ...»

«Mr. Strauss?»

«Du kennst ihn nicht, Tom. Der Name sagt dir nichts.»

«Das ist nicht nett von dir, Mutter. Er hatte etwas mit der Brücke zu tun.»

«Ein bißchen. Er und Clifford Paine habe die Brücke gebaut, die Golden-Gate-Brücke, die wir heute eröffnet haben. Ich bin ihm zum erstenmal vor sechs Jahren begegnet ...»

Tom machte Anstalten, sich zu erheben. «Mutter», sagte er, «es ist sehr spät.»

«Nein. Ich bin in einer sehr eigentümlichen Stimmung, Thomas. Warum bleibst du nicht einfach sitzen und hörst mir zu? Ich möchte mit meinem Sohn sprechen, vielleicht, weil ich sonst niemanden habe. Wenn du also möchtest – bitte.»

«Wenn du es wünschst.»

«Ja. Es ist sehr spät, aber ich bin überhaupt nicht müde. Ich möchte über Joe Strauss sprechen, einen kleinen, nicht besonders eindrucksvollen Juden. Zumindest glaube ich, daß er Jude ist. Vielleicht ist er auch keiner. Als ich so alt war wie du, teilte ich alle gängigen

Vorurteile gegen Juden, und nicht nur die. Der Geschäftspartner deines Vaters, Mark Levy, war Jude, und ich konnte ihn nicht ausstehen. Du siehst, ich habe eine sehr klare Vorstellung davon, was es für einen bedeutet, reich auf Nob Hill aufzuwachsen. Es geht rasch. Mein Großvater war noch Goldwäscher. Mein Vater, Thomas Seldon ...»

«Du hältst mir schon wieder einen Vortrag», sagte Tom.

«Schon wieder? Nein, ich glaube, es ist das erste Mal.»

«Wie du meinst.»

«Dieses eine Mal möchte ich es. Weißt du, ohne Joe Strauss wäre die Brücke nie gebaut worden. Es war wie ein Zwang für ihn. Alle sagten, es sei unmöglich – allen voran die Geologen. Sie wußten, daß es unmöglich war. Aber Joe beschloß, entweder die Brücke zu bauen oder zugrunde zu gehen. Ich glaube, er hat beides getan.»

«Ist er denn tot?»

«Nein, mein Junge. Bitte, verlange nicht, daß ich es dir erkläre. Als er sich durch all das hindurchgekämpft hatte – die Verwaltungsangelegenheiten, die politischen Beschlüsse, die Pläne, und was sonst noch damit zusammenhängt –, als er all das erledigt hatte, brauchte er Geld, und alle klugen, praktischen Leute beschlossen, ihn an diesem Punkt auflaufen zu lassen. Er brauchte siebenundzwanzig Millionen Dollar. Vor sechs Jahren kam er in die Bank, in mein Büro, und stellte sich vor. Natürlich wußte ich, wer er war, aber wir hatten einander nie gesehen. Er sagte mir, daß er Pfandbriefe ausgeben wollte. Die anderen Banken hatten ihn förmlich aus ihren Büros hinausgelacht. Bis er zu Giannini ging. Giannini lachte nicht. Er sagte zu Joe, seine Bank, die Bank of America, werde die Pfandbriefe übernehmen. Aber es blieb ein ungedeckter Rest, etwa sechs Millionen. Also kam Joe Strauss zu mir. Als ich ihn fragte, warum er zu mir komme, sagte er: ‹Sie sind eine Frau, Mrs. Lavette. Sie verstehen was von Männern, von der Art von Männern, die Kinder bleiben und Kinderträume träumen.› Oder etwas in dem Sinne, ich kann mich nicht genau erinnern.»

«Das war aber eine sehr merkwürdige Äußerung.»

«Eigentlich nicht. Er kannte die Geschichte mit deinem Vater, dem ich einmal etwas angetan habe, wofür er mich hätte verabscheuen können, aber er tat es nicht. Wahrscheinlich weiß ich also weniger von Männern, als Mr. Strauss damals dachte. Jedenfalls habe ich die Pfandbriefe übernommen und mich gegenüber meinem Vorstand durchgesetzt. So habe ich Joe Strauss kennengelernt. Und heute war die Brücke fertig, man hat sie eröffnet und eingeweiht, die ganzen dreitausend Meter und alle siebenundzwanzigtausend Seillitzen – deshalb habe ich geweint. Und jetzt geh, bitte.»

Tom wollte ihr noch sagen, daß er gekommen war, um mit ihr über seine Arbeit und über Geld zu reden. Aber er schüttelte den Kopf und seufzte. «In Ordnung. Gute Nacht, Mutter.» Er ging zu ihr, gab ihr pflichtschuldig einen Kuß und verließ das Zimmer. Jean saß da, sah die Tür an und ärgerte sich über sich selbst, weil sie uninteressiert und gefühllos ihm gegenüber gewesen war.

In letzter Zeit war es ihr geradezu zur Gewohnheit geworden, unzufrieden mit sich zu sein. Tom war nicht schlimmer als die meisten jungen Männer aus seinen Kreisen, eher ein bißchen besser. In der Bank hatte er das Amt eines Zweiten Stellvertretenden Vorstandsvorsitzenden inne und kümmerte sich um Darlehen. An der Art, wie er sich seiner Aufgabe entledigte, gab es nichts auszusetzen. Angesichts ihrer Brückenbesessenheit war es nur natürlich, daß er den Namen Strauss nicht hören wollte, wenn auch vielleicht nur, um sie zu ärgern. Denn *sie* war ihm oft ein Ärgernis, und sicher auch ihrem Mann, John Whittier. Sie wußte selbst nicht, warum sie Tom, ausgerechnet Tom, eben mitgeteilt hatte, was Joe Strauss ihr vor der Feier gesagt hatte. Natürlich war Strauss in einem Ausnahmezustand gewesen, euphorisch angesichts des Wunders, das sie hier in San Francisco vollbracht hatten, und zugleich niedergeschlagen. Er hatte ihre Hand in beide Hände genommen und gesagt: «Meine liebe Jean, ich will Ihnen sagen, wie mir heute zumute ist: so, wie ein Mann sich fühlen muß, der Sie kennt und liebt – wenn seine Liebe erwidert wird. Jetzt ist die Brücke also gebaut und fertig. Anders kann ich es nicht sagen.»

Whittier hörte das zufällig und sagte später zu ihr: «Was, zum Henker, wollte er damit sagen? Ist der alberne Kerl in dich verknallt? Oder hast du ...»

Er brach ab, als er sah, wie sie die Brücke anstarrte, das große, unglaubliche, orangerote Ungeheuer aus Stahl und Drahtseilen, kunstvoll wie ein in der Sonne leuchtendes Spinnennetz, das so passende und augenfällige Kennzeichen für dieses seltsame Volk, das die Küste des Pazifik besiedelt und trotz Wüste und Erdbeben hier eine amerikanische Stadt errichtet hatte, die wie ein Traum war. Jean blickte sie an, war Teil von ihr, und erst, als Whittier mit ihr sprach, wandte sie sich um und sah ihn an, als hätte sie ihn noch nie zuvor gesehen.

Und jetzt hatte sie geweint. Ihre Tränen gehörten ihr allein. Sie hatte sie nie mit jemandem geteilt, und es ärgerte sie, daß sie sie jetzt mit ihrem Sohn teilen mußte. Sie empfand in diesem Augenblick sehr deutlich, daß jemandem, der in der Welt allein steht, mutterseelenallein, die Einsamkeit Zuversicht und Stärke bedeutet.

Barbara gab eine Gesellschaft für Marcels Freunde. Da sie beide ihre Angehörigen nicht in der Nähe hatten, waren die Freunde ihnen die nächsten, um, wenn auch ohne offizielle Bekanntgabe, zu feiern, daß sie eines Tages, in ferner oder nicht so ferner Zukunft heiraten würden. Zu den Gästen gehörten auch zwei von Barbaras Freundinnen, die einzigen, denen sie sich in Paris angeschlossen hatte: Susan Clark aus Philadelphia, die an der Sorbonne studierte, und Betty Greenberg, die gelegentlich Berichte für die *New York Times* lieferte. Marcel lud seine drei besten Freunde ein, Jean Brissard und Maurice Jouvelle, beide als Journalisten bei *Le Monde* fest angestellt, sowie Claude Limoget und dessen Frau Camille. Marcel erklärte, daß Limoget Berichterstatter für die *Humanité* sei, die Tageszeitung der KPF, daher werde in der Gesellschaft früher oder später bestimmt ein wilder Meinungsstreit ausbrechen. «Aber das», sagte er, «gehört zu einem gelungenen Abend.»

«Und gutes Essen! Und ich bin eine schlechte Köchin. Ist dieser Claude Limoget tatsächlich ein richtiger Kommunist, den man anfassen kann?»

«Wieso?»

«Ich habe noch nie einen getroffen.»

«Nach allem, was du mir über den Streik in San Francisco erzählt hast? Was war mit dem Mann, der dabei ums Leben gekommen ist, Dominick Salone?»

«Ich habe ihn nie gefragt. Bei uns fragt man die Leute nicht.»

«Warum denn nicht? Ihr lebt doch nicht in Deutschland.»

«Darüber reden wir ein anderes Mal. Jetzt frage ich dich: was soll ich kochen? Ich kann nicht für Franzosen kochen, es wäre grotesk.»

«Dann tun wir es gemeinsam.»

«Marcel», rief sie entzückt, «kannst du etwa kochen?»

«So ein bißchen, nicht richtig. Aber immerhin weiß ich, wie man ein *cassoulet* macht. Dazu brauchen wir nur einen großen Topf voller Bohnen, Wurst und Schweinefleisch. Und dazu gutes Brot und guten Wein.»

Das *cassoulet* erwies sich als köstlich. Die krossen goldgelben Brotstangen waren wie kein anderes Brot auf der Welt, und der billige Tischwein war so gut wie irgendeiner, den Barbara je getrunken hatte. Marcels Freunde waren reizend. Sie lobten alles und jedes – die Wohnung, das Essen und die drei ‹faszinierenden› Amerikanerinnen. Sie waren alle Ende zwanzig: Brissard, untersetzt, kräftig, so, wie Barbara sich eine Breughel-Figur vorstellte. Allerdings hatte Marcel ihn als Balzac-Figur beschrieben. Jouvelle und Limoget waren klein und schlank, dabei voller Energie, und Camille Limoget war so zierlich und hübsch, daß Barbara sich wie ein Riesenweib gegen sie vorkam. Zum Glück war Marcel größer als sie. Auch die beiden anderen Amerikanerinnen waren kleiner als Barbara, reizende Geschöpfe, die sich aus ihrem katastrophalen Französisch nichts machten. Barbara dachte selten über ihre Größe nach – sie war in einer Stadt aufgewachsen, in der es viele große Frauen gab –, aber jetzt flüsterte sie Marcel doch zu, sie komme sich vor wie ein Monstrum. Er versicherte ihr daraufhin, sie sei das begehrenswerteste und reizendste Monstrum in ganz Paris.

Sie aßen und tranken und sprachen über Amerika, San Francisco, Roosevelt, den New Deal, den Sitzstreik in Flint, Michigan, über das Gewerkschaftssystem und die Umtriebe von Father Coughlin und seinen Leuten. Barbara antwortete, wenn man sie fragte, hörte aber im übrigen schweigend zu. Es verblüffte sie, wieviel die anderen über die Ereignisse in ihrer Heimat wußten. Zwar waren sie alle Zeitungsleute, aber sie waren weit besser informiert als Barbara selbst. Außerdem nahm sie zum erstenmal in ihrem Leben an einem Abendessen teil, bei dem das Gespräch sich ausschließlich um Politik drehte. So etwas hatte es nicht einmal im College gegeben, und sie merkte, daß sie gespannt zuhörte, um dem schnellen Französisch folgen zu können.

Dann wandte sich die Unterhaltung dem spanischen Bürgerkrieg zu, der schon fast ein Jahr dauerte. Camille Limoget hatte einen Bruder im französischen Bataillon der internationalen Brigaden, die auf der Seite der Republikaner gegen Franco kämpften, und sie äußerte sich verbittert über das Munitionsembargo.

«Ich stelle Roosevelt auf eine Stufe mit Hitler», sagte sie. «Der eine ist ebenso schlimm wie der andere.»

«Und warum nicht Hitler mit Stalin?» sagte Brissard leichthin.

«Natürlich, warum nicht», sagte Claude Limoget sarkastisch. «Was ist da für ein Unterschied? Doch nur der, daß Hitler auf Francos Seite kämpft und Stalin auf seiten der Republik. Ist das überhaupt ein Unterschied?»

«Es ist für beide eine Probe. Sie probieren ihre Waffen und ihre Flugzeuge aus. Du willst mir doch nicht erzählen, daß Stalin einen Pfifferling für die Republik gibt? Jeder hat seine Theorie. Und die probieren sie an Spanien aus.»

Bis dahin hatte Barbara schweigend zugehört. Sie wollte etwas sagen, doch Limoget fuhr dazwischen: «Das ist köstlich! Es geht doch nichts über einen Zyniker, der braucht sich für nichts verantwortlich zu fühlen. Die Pest auf euer beider Häuser. Hat Roosevelt es nicht so ausgedrückt?»

«Wenn Sie damit sagen wollen –» begann Barbara.

«Was mir so gefällt, ist», sagte Jouvelle, «wie ihr es fertigbringt, nie Unrecht zu haben. Ihr seid keinen Argumenten offen. Diskutiert wird nicht. Als man Sinowjew und Kamenew durch Prügel und Folter unterwarf und zum Schuldbekenntnis zwang und dann wie tolle Hunde exekutierte, wußtet ihr, o ja, ihr wußtet, daß sie schuldig waren. Schuldig – wessen? Aber ihr wußtet, sie waren schuldig – noch ehe sie selbst es wußten.»

«Wer waren die beiden?» fragte Barbara flüsternd Marcel.

«Zwei loyale alte Bolschewiken. Stalin hat sie des Hochverrats bezichtigt und hinrichten lassen.»

«Erzähl wenigstens die ganze Geschichte», fuhr Camille ihn an.

«Das würde den ganzen Abend dauern. Wie viele waren es – sechzehn im ersten Verfahren, siebzehn jetzt im Januar, Marschall Tuchatschewski und der ganze Generalstab – es ist einfach trostlos.»

«So ist es», stimmte Limoget zu. «Trostlos. Sie sehen», sagte er zu Barbara, «darüber rege ich mich nicht mehr auf. Ich höre nicht Marcel, ich höre *Le Monde*. Wer spricht? Die Hure oder der Zuhälter? Der Kutscher oder das Pferd?»

Barbara erwartete einen Wutausbruch Marcels und seiner beiden Freunde, doch statt dessen lachten sie schallend. Offensichtlich kannten sie das alles schon.

«Du wolltest vorhin etwas sagen», sagte Marcel zu ihr. «Sprich schnell, sonst kommst du hier nicht zu Wort.»

«Auf französisch schaffe ich es offen gestanden nicht», sagte sie. «Es ist nur – sie geben Roosevelt die Schuld am Embargo. In Wirklichkeit steht der Kongreß dahinter.»

Zu ihrer Verblüffung fielen alle vier jetzt über sie her. Nur Marcel hielt sich zurück.

«Ihr Kongreß!»

«Lakaien der Bourgeoisie!»

«Lakaien Roosevelts!»

«Und der ist der Oberlakai der Bourgeoisie!»

«Wieso macht ihr dem Mädchen Vorwürfe? Sie kann doch nichts dafür!»

Die ganze Zeit über hatten Betty Greenberg und Susan Clark ebenso schweigsam dagesessen wie Barbara. Jetzt kam Betty ihr zu Hilfe und sagte: «Sie wissen wirklich nicht sehr viel über die Vereinigten Staaten. Es war eine gemeinsame Entschließung des Kongresses am 6. Januar. Ich bin sicher, wenn die Entscheidung von Roosevelt käme ...»

«Sie kommt von ihm!» fuhr Limoget sie an. «Ihr Amerikaner seid Kinder, wenn es um Politik geht. Er führt den Kongreß an der Nase herum.»

«Es schmerzt mich, Claude zuzustimmen», sagte Jouvelle beschwichtigend. «Aber er hat recht, Mademoiselle. Roosevelt hätte die Entschließung verhindern können. Er hat es nicht getan. Damit hat er praktisch das Todesurteil der spanischen Republik unterschrieben. Wo sollen sie jetzt Waffen herbekommen? Franco bekommt alles, was er braucht, von Hitler und Mussolini.»

«Warum schickt Rußland nichts?» wollte Susan Clark wissen.

«Weil Stalin es vermeidet, Hitler ins Gehege zu kommen», sagte Marcel.

«Unsinn! Alles, was die Republik hat, kommt aus Rußland.»

«Aber Ihr eigener Léon Blum ist doch Sozialist», protestierte Barbara. «Es ist leicht, Roosevelt, der fünftausend Kilometer von hier entfernt sitzt, Vorwürfe zu machen. Warum tut denn Blum nichts?»

«Ja, warum tut er nichts?»

«Weil ein französischer Sozialist ein französisches Schwein ist», sagte Camille Limoget giftig. «Kein Unterschied. Hochstapler, Betrüger, Lügner ...»

«Ach, hör doch auf», sagte Jouvelle.

So ging es weiter, bis Mitternacht. Sie tranken den Wein bis zum letzten Tropfen aus und redeten, brüllten, gestikulierten und beleidigten einander ohne Unterlaß. Nach dem ersten dieser Ausbrüche zogen sich Barbara und die beiden anderen Amerikanerinnen ins

Schweigen zurück. Als alle gegangen waren, seufzte Barbara erleichtert und sagte: «Gott sei Dank, es ist ohne Blutvergießen abgegangen.»

«Aber es sind lauter liebe Freunde», protestierte Marcel.

«Und das machen sie immer so?»

«Na ja, wenn man Kommunisten hat und eine sozialistische Regierung und Krieg in Spanien und Hitler und Mussolini, dann streitet man eben. Ich würde sagen, das ist eine Art geistiger Übung.»

«So etwas habe ich noch nie erlebt.»

«Dann, liebste Barbara, hast du dein Leben bisher in Gesellschaft von stumpfsinnigen Leuten verbracht.»

«Schon möglich. Aber was ihr euch so an den Kopf werft –»

«Besser, man sagt es, als daß man es herunterschluckt. Weißt du, ihr Yankees tut immer so, als wärt ihr ganz anders als die Briten, aber ihr habt dieselbe Angst vor der Leidenschaft. Hast du je daran gedacht, Barbara, daß das Ende unserer Welt gekommen sein könnte?»

«Du bist jetzt sehr ernst, und ich muß darüber nachdenken. Sonst bist du nur ernst, wenn du mit mir im Bett liegst.»

«Und du willst nicht ernst sein.»

«Es ist schon so spät. Weißt du, Marcel, trotz all des Gebrülls und der Wut deiner Freunde hatte ich einen wunderschönen Abend, und, da Jouvelle und Brissard die beiden Mädchen nach Hause bringen, habe ich womöglich auch für heute meine gute Tat getan. Außerdem will ich jetzt nicht daran denken, daß das Ende der Welt bevorstehen könnte. Dazu geht es mir viel zu gut mit dir.»

«Nicht die Welt, die geht weiter. *Unsere* Welt. Ich kann die Kommunisten nicht verstehen, ich teile ihre Meinung nicht, aber sie sehen verdammt gut, was in Spanien los ist, und wenn die Lichter dort auch noch ausgehen, wie schon in Deutschland und in Italien ...»

«Aber nicht heute. Heute nacht gehen nur die Lichter in dieser Wohnung aus. Und dann ...»

«Für eine unschuldige amerikanische Erbin hast du eine ziemlich einseitig entwickelte Phantasie.»

«Diese Frage», beschloß Barbara, «werden wir eines Tages gründlich untersuchen. Möglicherweise kommen wir dann zu dem Ergebnis, daß weiße protestantische amerikanische Studentinnen den am heftigsten unterdrückten Geschlechtstrieb auf der ganzen Erde haben. Es wird mir nicht leichtfallen, all das auf französisch zu sagen. Aber nicht heute.

Heute wollen wir uns einfach im Bett zusammenrollen und die Welt sich selbst überlassen.»

Alex Hargasey war von Dan Lavette und der Yacht, die dieser für ihn baute, fasziniert. Dan war noch nie mit dieser eigentümlichen Mischung aus Mann, Kind, Narr und Künstler in Berührung gekommen. Alle diese Bezeichnungen trafen auf Hargasey zu. Er schien etwas vom Filmemachen zu verstehen, sein Gefühlsleben aber war das eines Kindes. Mit fünfzig Jahren war er abwechselnd wütend, freundlich, wild oder dämonisch. Er kassierte exorbitante Honorare, man ertrug ihn und kroch vor ihm – er wiederum erniedrigte sich vor den Stars seiner Filme. Widerspruch duldete er nicht. Wenn er Dan sehen wollte, hatte Dan die Wahl: Entweder zähneknirschend hinzugehen oder sich Hargaseys Drohungen anzuhören, daß er ihm den Bauauftrag entziehen werde. Hargasey seinerseits verbrachte Stunden auf der Werft. Er beobachtete den Fortgang der Arbeiten und stellte endlose Fragen.

Zuerst war Dan aufgebracht gewesen und wollte ihm sagen, er solle sich zum Teufel scheren und seinen verdammten Vertrag mitnehmen. Doch dann merkte er, daß Hargasey und die Menschen um ihn in einer Welt lebten, die mit der Wirklichkeit nichts zu tun hatte. Ihre Arbeit war das Zeug zu Träumen. Sie kannten keine andere Verantwortung als gegenüber dem Film, den sie gerade machten. Und wie sehr verwöhnte Kinder sehr verwöhnter Eltern nahmen sie einfach an, daß Regeln, die für andere geschaffen waren, für sie nicht galten.

Als Hargasey Dan wissen ließ, er werde in seinem Hause eine Gesellschaft geben, um das Abdrehen des Seefilms zu feiern – er sprach von einem ‹Stolaabend› –, kam das dem Befehl eines Königs gleich. Also hatte Dan zu erscheinen, mit Frau, falls er eine hatte und sie mitzubringen beabsichtigte, allein, wenn ihm der Sinn danach stand – für Mädchen war reichlich gesorgt –, oder in einer Begleitung nach seinem Geschmack. Als May Ling das hörte, war ihre erste Reaktion: «Danny, da kann ich nicht hingehen. Geh du allein.»

«Warum kannst du nicht? Ich dachte, Schätzchen, du würdest schon aus bloßer Neugierde hingehen wollen. Er hat gesagt, die Garbo kommt, und Joan Crawford, und Spencer Tracy, und Marlene Dietrich und eine ganze Reihe, von denen ich die Namen nicht mehr weiß. So etwas würden wir nie zu sehen bekommen, wenn ich ihm nicht diese verrückte Yacht bauen müßte. Komm doch mit.»

«Danny, Liebling, wie könnte ich? Ich bin eine nicht mehr ganz junge Bibliothekarin, eine ganz einfache Chinesin.»

«Red doch nicht solchen Unsinn.»

«Ich habe nichts anzuziehen. Danny, wir waren seit Jahren nicht mehr auf einer Gesellschaft.»

«Dann wird es höchste Zeit, oder? Du kannst über Hargasey sagen, was du willst, immerhin verdanken wir es ihm, daß wir nicht mehr pleite sind. Er wirft mit Geld für die Yacht um sich, als wäre es morgen nichts mehr wert. Also geh und kauf dir ein Kleid, das dir gefällt.»

«Und du?» fragte sie zaghaft.

«Ich leih mir einen Smoking. Anders kann ich mich da gar nicht zeigen. Der Mann ist verrückt. Wenn ich nicht hingehe, kriegt er einen Tobsuchtsanfall.»

Viele Jahre zuvor, als Dan Lavette noch Jeans Ehemann war, hatte er May Ling nach Hawaii mitgenommen, wo er über den Bau eines Hotels am Strand von Waikiki verhandeln wollte. Zu einer Abendgesellschaft seiner Geschäftspartner und Gastgeber war May Ling in einem mit goldenen Drachen bestickten Kleid aus schwarzem Seidensatin erschienen, einem Geschenk ihres Vaters. Sie hatte es nur jenes eine Mal getragen. Jetzt holte sie es aus der Truhe, in der es, sorgfältig in Seidenpapier verpackt, all die Jahre gelegen hatte, und probierte es an. Es war einfach geschnitten, knöchellang und an den Seiten bis über die Knie geschlitzt. Offensichtlich hatte ihre Figur sich nicht verändert, denn es saß einwandfrei.

Am Abend der Gesellschaft bei Hargasey beschäftigte sie sich im Badezimmer noch mit ihrem Make-up, als Dan bereits fertig angezogen nach unten gegangen war. Sie fühlte sich wie ein albernes junges Mädchen und kicherte ihr Spiegelbild an – sie hatte schon lange kein Make-up mehr benutzt. Ihre Haut war immer noch weich und makellos. Sie seufzte, weil der Puder die winzigen Fältchen um ihre Augen nicht zudeckte. Wie schrecklich, daß der völlig natürliche Vorgang des Alterns unser Feind ist! Sie hatte nie ihr Haar abgeschnitten, aber das würde man ihr als Chinesin nachsehen. Auch ihre ungewöhnliche, exotische Kleidung. Aber wenn Dan nun enttäuscht war? Immerhin hatte er sie gedrängt, sich ein neues Kleid zu kaufen. Aber ein neues Kleid zu einem einzigen Anlaß wäre unvernünftig gewesen, und außerdem war es jetzt ohnehin zu spät. Sie faßte ihr Haar im Nacken zu einem schweren Knoten zusammen und steckte ihn mit zwei goldenen Kämmen fest. Dan hatte sie ihr geschenkt. Wann war das? Sie versuchte sich zu erinnern. Richtig, am ersten Jahrestag ihres ersten Zusammenseins. Die Abendschuhe hatte sie mit dem Kleid bekommen. Sie waren ebenfalls aus schwarzer Seide, mit Goldfäden durchzogen. Als sie angezogen und frisiert war, betrachtete sie sich gedankenverloren im Spiegel und dachte daran, wie ihr Vater, nachdem er fünf Jahre lang für Lavette gearbeitet hatte, eines Tages allen Mut zusammengenommen und Dan mit dessen Frau zu einem chinesischen Essen in sein Haus eingeladen hatte. Jean hatte, wie Dan ihr später berichtete, entsetzt reagiert. Also kam Dan allein, und so hatte es angefangen, an jenem Abend, als sie ihn zum erstenmal sah. Aber geliebt hatte sie ihn schon, bevor er einen Fuß ins Haus ihres Vaters gesetzt hatte. Eigentlich hatte sie das Bild geliebt, das sie sich von diesem seltsamen widerborstigen Hünen gemacht hatte, der allen in San Francisco üblichen Vorurteilen zum Trotz einen Chinesen mit der Verwaltung seiner Geschäftsfinanzen beauftragt hatte. Zum zweitenmal hatte sie ihn in der Bibliothek gesehen, in der sie arbeitete. Das war noch in dem Behelfsgebäude, das nach dem Erdbeben errichtet worden war. Er hatte sie unbeholfen und verlegen wie ein kleiner Junge, der weiß, daß er etwas Verbotenes tut, gefragt, ob er, ein verheirateter Mann, sie zum Abendessen einladen dürfe.

Seine dröhnende Stimme unterbrach ihre Träumerei. «May Ling, wir sind bestimmt die letzten!»

Sie ging langsam und zögernd die Treppe hinab. Alle warteten unten, um sie zu begutachten – Dan in seinem geliehenen Smoking, Joe, Feng Wo und So-toy. Niemand sagte etwas, als sie erschien. Sie blickten sie nur sprachlos an, und Dans Gedanken kehrten wie die ihren zu jenem Abend auf Hawaii zurück, als sie Arm in Arm im Schein der Lampions auf den Rasen hinausgetreten waren und sich alle Gesichter ihr zugewandt hatten. Ihm schien, es habe sich seitdem nichts verändert, und er sagte fast ehrerbietig: «Den Teufel auch, du bist eine wunderbare Frau!»

Marcels Englisch war lückenhafter als Barbaras Französisch; aber sie war ja auch schon fast drei Jahre in Frankreich, und er hatte sein Englisch ausschließlich in der Schule und bei einem zweiwöchigen Aufenthalt in London gelernt. Sie las ihm daher einen Brief vor, um ihm Gelegenheit zum Üben zu geben.

«Ich brauche nicht zu üben», sagte er. «Ich lebe in Frankreich.»

«Jetzt, ja. Aber möglicherweise willst du eines Tages woanders leben.»

«Wozu? Weißt du, was ein Franzose sagte, als man ihn fragte, warum sein Volk nicht reist?»

«Nein, was denn?»

«Er sagte: ‹Monsieur, wozu sollte ich reisen? Ich bin doch schon in Paris!› Gut, was?»

«Das ist kein bißchen überheblich. Solch schlichte Bescheidenheit beruhigt mich. Der Brief ist von Dans Frau, May Ling. Sie ist Chinesin.»

«Ist er chinesisch geschrieben?»

«Du weißt genau, daß er das nicht ist. Sie ist eine wunderbare, kultivierte Frau. Übrigens ist sie Bibliothekarin. Es ist alles sehr romantisch, auch wenn ich es als Kind schrecklich fand. Er hat sie ein paar Jahre nach der Heirat mit meiner Mutter kennengelernt. Sie war viele Jahre seine Geliebte und wohnte in einem Häuschen an der Willow Street in San Francisco, das er ihr gekauft hatte ...»

«Das klingt sehr französisch.»

«Kommt mir auch so vor. Sie bekam ein Kind, meinen Halbbruder Joe. Aber das war noch, bevor sie heirateten, und wohl weniger romantisch als ziemlich scheußlich. Sie hielt es nicht länger aus und zog mit Joe und ihren Eltern aus San Francisco weg, nach Los Angeles. Schließlich hat mein Vater sich dann von meiner Mutter scheiden lassen und ist ihr dorthin gefolgt.»

«Wenn du mir das nicht alles schon vorher erzählt hättest, würde ich keinen Ton verstehen. Mußt du mir den Brief auf englisch vorlesen?»

«Ja. Du wirst sie eines Tages kennenlernen. Sie ist lieb und freundlich und sehr klug und sieht aus wie eine dieser Porzellanfigurinen auf alten chinesischen Drucken.»

«Prozellanfigurinen auf Drucken?» fragte Marcel zweifelnd.

«Du weißt schon, was ich meine.»

«Na schön, lies vor, aber bitte langsam.» Er schleuderte seine Schuhe von sich, setzte sich mit untergeschlagenen Beinen auf ihr Sofa, steckte sich eine Zigarette an und wartete. Barbara sah ihn gedankenverloren an, bis er schließlich sagte: «Nun fang schon an.»

«Ich dachte nur gerade – ich habe dich sehr gern. Du bist sehr lieb, sehr freundlich und sehr geduldig, ganz anders, als ich mir einen

Franzosen immer vorgestellt habe. Na ja, das ist nicht ganz das, was ich meine.»

«Ist schon in Ordnung. Laß gut sein. Lies einfach ganz langsam deinen chinesischen Brief.»

«Liebe Barbara», las sie, «es hat sich sehr vieles angesammelt, so daß dieser Brief jetzt endlos lang wird. Das ist die Strafe für eine faule Briefschreiberin. Ich habe den ganzen Abend vor mir, weil Dan gestern zu viel getrunken hat, und da er nicht viel verträgt, ist er schon um neun Uhr zu Bett gegangen und schläft tief und fest. Und der Grund, weshalb er so viel getrunken hat, ist, daß wir bei einer dieser großartigen Hollywood-Gesellschaften waren, von denen man in den Zeitungen liest. Nur war es in Beverly Hills und nicht in Hollywood –»

«Das verstehe ich nicht», unterbrach Marcel.

«Sie wohnen in Los Angeles. Es ist ein bißchen verwirrend: Die Filmleute sprechen von Hollywood, aber es gibt in Los Angeles viele kleine Städte, und Beverly Hills gehört zu Los Angeles. Es ist eine Stadt in der Stadt und sehr vornehm –»

«Das genügt», sagte Marcel. «Lies einfach den Brief weiter, aber langsam.»

«– nicht in Hollywood», las sie, «in einem von den großartigen Palästen, in denen diese Menschen wohnen, mit rosa Stuck und so. Dan baut nämlich einem ungarischen Filmregisseur namens Alex Hargasey eine Yacht. Du weißt doch, daß Dan und Sam Goldberg auf Terminal Island die alte Werft übernommen haben, sie lief nicht gut, bis Hargasey das Makrelenboot von Pete Lomas für einen Film mietete und Pete Hargasey mit Dan zusammenbrachte. Jetzt baut Dan ihm eine riesige Yacht, die so viel Geld einbringt, daß die Werft ein ganzes Jahr lang weiterexistieren kann.

Hargasey ist ganz vernarrt in Deinen Vater. Er bestand darauf, daß wir zu seiner Gesellschaft anläßlich der Fertigstellung des Films *Das böse Meer* kommen. Kannst Du Dir eine Chinesin im reiferen Alter unter all diesen Filmstars und den Prominenten vorstellen? Zuerst habe ich mich einfach geweigert hinzugehen, aber Dan und Joe bestanden darauf. Ich habe mir dann so eine Art chinesisches Kostüm angezogen, und Dan hat sich einen Smoking geliehen. Barbara, Dein Vater war großartig. Nicht nur war er der eindruckvollste und stattlichste Mann dort, sondern all diese Zelluloidschönheiten klammerten sich förmlich an ihn. Hargasey ist etwa fünfzig, hat einen Bauch und spricht ein unglaubliches Amerikanisch. Er hängte sich an mich und ließ mich sogleich wissen, er empfinde eine tiefe Leidenschaft für mich und wir müßten unbedingt eine ‹Liaison› haben. Ist das nicht ein herrliches Wort? Ich habe noch nie so seltsame Menschen getroffen. Als ich Dan davon erzählte, dachte ich, er würde wütend, und wollte ihn schon beruhigen, aber er hat sich halb totgelacht. Ich glaube, er wird ein bißchen zu selbstsicher. Wir wurden Greta Garbo, Bette Davis und Spencer Tracy vorgestellt. Ich glaube aber, daß es gar nicht Spencer Tracy war, sondern sein Zwillingsbruder, der für ihn zu solchen Veranstaltungen geht. Es war alles ganz und gar unglaublich. Das seltsamste ist: mein Vater, ein ehrwürdiger Chinese, der doch ein so ernsthafter Mensch ist, wollte unbedingt, daß ich ihm haarklein berichtete, wen ich gesehen und getroffen habe – da sieht man die Macht der Filmindustrie.»

«Dein Großvater ist Chinese?» fragte Marcel ehrfürchtig.

«Nein, und dreimal nein. Wie oft muß ich es dir noch erklären? Feng Wo ist Joes Großvater! Er ist ein sehr gelehrter und würdiger Herr, der chinesische Philosophie übersetzt und von dem ein Buch im Verlag der University of California erschienen ist. Außerdem hatte er jahrelang die Unternehmensfinanzen meines Vaters in Händen.»

«Nein, bitte, erkläre nichts mehr. Ist der Brief zu Ende?»

«Noch nicht ganz. Ich werde langsam lesen. Joe – jetzt lese ich –»

«Ich verstehe. Dein Bruder Joe.»

«Joe fängt jetzt sein zweites Studienjahr an. Er hat den Sommer im Napatal verbracht und in Higate für Jake und Clair Levy gearbeitet. Du hast die Levys nie kennengelernt, aber das wird sich bald ändern. Sie fahren nach Europa und werden auch nach Paris kommen. Ich habe mir erlaubt, ihnen Deine Adresse und Telefonnummer zu geben. Sie werden wohl so etwa drei Wochen nach diesem Brief bei Dir eintreffen. Ich weiß, daß ich mir da etwas herausgenommen habe, aber es sind wirklich liebe, freundliche Menschen. Jakes Vater Mark war zwanzig Jahre lang, von 1910 bis 1930, Dans Geschäftspartner, und Clairs Vater war Kapitän auf Dans erstem Schiff, der *Oregon Queen*. Er kam ums Leben, als 1917 ein Torpedo die *Oceanic* versenkte, deren Kapitän er war. Danach wohnte Clair bei den Levys, bis sie Jake heiratete. Jake hat im Krieg in Europa einiges mitgemacht. Das Geld seines Vaters wollte er nicht anrühren. Er war der Ansicht, es sei Blutgeld, weil Dan und Mark an Kriegstransporten reich geworden waren. Eine sehr idealistische Einstellung. Also kratzten er und Clair ihre Ersparnisse zusammen und kauften während der Prohibition spottbillig ein altes Weingut. Es sieht jetzt ziemlich gut aus. Einer der Gründe für ihre Europareise ist Jakes Plan, ihren Wein in Frankreich auf den Markt zu bringen. Kannst Du Dir vorstellen, daß Franzosen kalifornischen Wein kaufen?

Und als wäre es noch nicht kompliziert genug mit Joe, der halb Chinese, zu einem Viertel Franzose und zu einem Viertel Italiener ist, hat sich Sally, Jake Levys Jüngste, fürchterlich in ihn verknallt. Allerdings ist sie noch nicht dreizehn, so daß niemand die Sache sehr ernst nimmt. Aber die Mischung, falls doch etwas daraus würde, wäre äußerst apart, denn Jake ist jüdischer, Clair eine Mischung aus irischer, englischer und deutscher Abstammung. Sally ist ein seltsames, liebes Kind, ein wahrer Wildfang und ein aufgewecktes Mädchen, äußerlich Joe so unähnlich, wie das überhaupt nur möglich ist, dürr und langbeinig. Sie hat ebensolche blaßblauen Augen und strohfarbenes Haar wie ihre Großmutter Sarah als junges Mädchen. Sie ist überzeugt, daß sie häßlich und nicht begehrenswert ist, und hat mir bedrückt anvertraut, ihre Brüste seien zu klein, ihre Beine zu lang und zu dünn, ihre Haut sei voller Sommersprossen und ihr Haar im Grunde nichts als Stroh. Kannst Du Dir das vorstellen? Das Ganze ist dreizehn Jahre alt! Sie ist viel zu frühreif. Zu Joe hat sie gesagt, sie werde ihn umbringen, wenn er je ein anderes Mädchen ansähe. Ich glaube, es schmeichelt ihm.

Jetzt weißt Du ein bißchen, wie es hier so aussieht. Sei, bitte, lieb zu den Levys. Aber das wärest Du auch sowieso. Ich kann mir nicht vorstellen, daß Du zu irgend jemandem unfreundlich bist. Dan läßt ganz lieb grüßen. Ich dränge ihn immer wieder, daß er Dir schreiben soll. Aber er tut sich so schwer mit Briefeschreiben. Joe vermißt Dich sehr, wie wir alle. Wann kommst Du zurück?»

«That, my honey, is the question», kommentierte Marcel das Ende von May Lings Brief.

«Sehr gut.»

«Meine Frage oder mein Englisch?»

«Dein Englisch.»

«Danke. Aber wenn wir verheiratet wären, würde es Probleme geben.»

«Ist das ein Antrag? Er klingt recht eigentümlich.»

«Ich trau mich nicht.»

Barbara sah ihn gedankenvoll an und schwieg.

Joe Lavette mußte immer wieder an Sally denken. Dabei gab es so viele schöne Mädchen auf dem Gelände der kalifornischen Staatsuniversität, diese typisch kalifornischen langgliedrigen, dunkelhäutigen, kräftigen, gutaussehenden Frauen, deren Blicke dem jungen Studenten bewundernd folgten. Mit gutem Grund. Joe Lavette war einundzwanzig Jahre alt und mit einem Meter achtundachtzig sogar größer als sein Vater. Er hatte Dans breite Schultern, aber nicht dessen enorme Muskeln. Er hatte feinere Züge als Dan, eine kleine Nase, leicht geschlitzte dunkle Augen und kurzgeschnittenes, glattes schwarzes Haar. Er sah nicht nur gut aus, sondern anders, ungewöhnlich, er erregte die Neugier aller, die ihn sahen. Er war gefühlvoll, vielleicht sogar ein bißchen zu sehr, und verliebte sich leicht, aber ebenso leicht schwanden die Gefühle auch wieder. Er sah seine Schwierigkeit durchaus – er mußte bis zum Abschluß seines Medizinstudiums und der darauffolgenden Assistentenzeit ungebunden bleiben. Es war ihm wie ein Wunder erschienen, daß man ihn überhaupt angenommen hatte, und es erforderte seine ganze Willenskraft, um der Versuchung einer dauernden Verbindung mit einer der zahlreichen blonden und blauäugigen Schönheiten zu widerstehen, unter denen er hätte wählen können.

Dabei half ihm Sally Levy zumindest insoweit, als er nach dem Sommer in Higate unausgesetzt an sie denken mußte. «Ich liebe sie nicht», beruhigte er sich. «Ich bin weder dumm noch romantisch genug, um eine irrwitzige Dreizehnjährige zu lieben.» Er hatte vier Affären gehabt und war in allen vier Fällen davon überzeugt gewesen, daß er die Mädchen ernsthaft liebte. Aber sobald er sich vorstellte, mit einer von ihnen verheiratet zu sein, tauchte stets das Bild Sally Levys vor ihm auf, ihre zu großen, von den Reben bei der Weinlese zerkratzten Hände, ihre traubensaftbeschmierten Finger, ihr sommersprossiges Gesicht, das ungewaschene, verfilzte Gewirr ihres strohfarbenen Haars und ihre Augen voll unkritischer Verehrung. Sie war ihm überallhin gefolgt, hatte sich ausgesprochen lästig gemacht und schließlich eines Abends verkündet: «Eigentlich kannst du es ruhig wissen: Ich liebe dich.»

«Du hast ja einen Knall», sagte er.

«Wirklich nett, daß du das sagst.»

«Du bist dreizehn!»

«Das ist nicht meine Schuld. Deswegen könntest du trotzdem nett zu mir sein.»

«Ich bin doch nett zu dir.»

«Da lachen ja die Hühner. Du merkst nicht einmal, daß es mich gibt. Um unsere Köter kümmerst du dich mehr.»

«Warum hörst du nicht auf, so zu reden?» fragte er sanft.

«Vielleicht kann ich nicht anders, ich bin nun mal so.»

«Ja, vielleicht.»

«Was empfindest du für mich?» bohrte sie.

«Was meinst du damit? Ich kann dich ganz gut leiden. Immerhin sind wir ja sozusagen verwandt, oder?»

«Sind wir nicht. Wie könnten wir verwandt sein? Du bist doch Chinese. Aber das macht mir nichts aus.»

«Danke.»

«Ich liebe dich nämlich.»

«Das hast du vorhin schon einmal gesagt.»

«In ein paar Wochen gehst du wieder nach Los Angeles und wirst mich vergessen.»

«Das ist kaum wahrscheinlich.»

«Nicht mal das kannst du freundlich sagen. Du hältst mich einfach für eine übergeschnappte Göre, gib es ruhig zu.»

Joe schüttelte hilflos den Kopf.

«Das bin ich nämlich nicht. Ich habe schon meine Periode.»

Er sah sie nur an, ihm fiel kein passender Kommentar ein.

«Wenn du Arzt werden willst, braucht dich das doch nicht zu schockieren.»

«Tut es auch nicht. Es ist nur komisch, wenn ein Kind so etwas sagt.»

«Warum sagst du immer Kind zu mir? Warum kannst du mich nicht ernst nehmen? Wenn du das tätest, würdest du wenigstens ab und zu herkommen und mich besuchen. Ich kann nicht nach Los Angeles fahren. Was meinst du, was meine Mutter sagen würde, wenn ich ihr sagte, daß ich dich liebe und irre Träume habe, in denen du mit mir schläfst?»

«Ich kann mir vorstellen, was sie sagen würde.»

«Also kommst du mich nicht besuchen, nicht ein einziges Mal?»

«Wie könnte ich, Sally? Ich studiere Medizin. Weißt du, was das heißt? Ich muß vierundzwanzig Stunden am Tag schuften.

«Und zwischendurch schlaft ihr mit den Schwestern.»

«Gott im Himmel, wie kommst du auf so etwas?»

«Ich lese viel.»

«Den Eindruck habe ich.»

«Aber über eins sei dir klar: Wenn du eine andere heiratest, bring ich dich um.»

«Einfach so?»

«Darauf kannst du Gift nehmen.»

«Nur gut», sagte er, «daß ich nicht die Absicht habe, zu heiraten, da brauchst du mich auch nicht umzubringen.»

Während er sich nun, Monate später, daran erinnerte, stand ihr Bild ihm lebendig und deutlich vor Augen. Ganz gleich, mit wem er es zu tun hatte, vor dieser Erinnerung verblaßte alles.

Barbara kannte Marcel jetzt seit einem Jahr. Um das zu feiern, bereitete sie ein Abendessen für sie beide in ihrer Wohnung am Quai de Passy vor. Sie hatte französische Kochbücher gelesen und eifrig geübt und beschloß, für diese festliche Gelegenheit ein *boeuf en croûte* zu machen. Erst mußte sie ihren Artikel für die Zeitschrift zu Ende schreiben, damit ging der Morgen hin. Zum Mittagessen begnügte sie sich mit einer Tasse Kaffee und einer Zigarette und machte sich dann sogleich an die Zubereitung des Fleisches. Dabei fragte sie sich, wie schon oft, wie ein Volk so großartiger Köche Wohnungen mit so miserablen Küchen bauen konnte. Ihre war nichts anderes als ein großer Wandschrank. Das Gericht war eine Herausforderung für sie. Die *haute cuisine* war in ihren Augen eine reine Zeitverschwendung und außerdem ziemlich albern. Da sie aber nun einmal einen Franzosen liebte, war sie entschlossen, diese Kunst zu meistern. Sie hatte früh am Morgen eingekauft, wie es sich gehört, und zwar Rinderfilet. Sie schnitt es nun sorgfältig zurecht, band es zusammen und mußte dabei über ihre Sorgfalt kichern. Dann rieb sie es mit Pfeffer ein und briet es in frischer ungesalzener Butter an. Während des ganzen Vorgangs hatte sie eher den Eindruck, an einem Puzzle zu basteln, als eine Mahlzeit zuzubereiten. Zehn Minuten im heißen Backofen. Während es abkühlte, las sie ihren Artikel noch einmal: die neue Frühjahrsmode, eine Prise Politik, die sie aus *Le Monde* übernommen hatte – auf diesem Gebiet fühlte sie sich nach wie vor unsicher –, die drei neuen Bestseller, vor allem das letzte Buch von Louis Aragon, und die Eröffnung einer neuen Impressionistenausstellung aus Leihgaben. Hier befand sie sich auf sicherem Boden, das immerhin hatte sie von ihrer Mutter mitbekommen, und nach dem Durchlesen glaubte sie, daß es Jean wohl gefallen werde. Denn Jean las alle Artikel ihrer Tochter und äußerte sich dazu in Briefen, die sie ihr regelmäßig schickte. Erst in ihrem letzten Brief hatte sie bemerkt, daß Barbara inzwischen «eine packende und professionelle Schreibe» entwickelt habe. Barbara wußte, daß das als großes Lob aufzufassen war.

Das Fleisch war jetzt abgekühlt. Champignons in Scheiben schneiden, in Butter schmoren, die gemischten Kräuter und die Petersilie feinwiegen, hinzugeben, wieder abkühlen lassen. Jetzt mußte der Blätterteig gemacht werden, etwas so Albernes und zugleich so ungeheuer Kompliziertes. Sie hatte das Rezept vor sich an die Wand geheftet. Den Teig ausrollen und zweiteilen. Das Gemisch aus Champignonstückchen und Gewürzen auf das größere Stück, das Rindfleisch darüber, den Teig an allen Seiten umklappen, das zweite Stück Teig obenauf legen. Mit dem zerquirlten Eigelb bestreichen – das hätte sie beinahe vergessen. Dann vierzig Minuten in den heißen Backofen. Sie hatte gerade noch Zeit zu duschen und sich umzuziehen. Als sie das Gericht aus dem Backofen nahm, wohlriechend und mit brauner Kruste, stand Marcel schon in der Tür.

Er brachte eine Flasche Champagner und eine Flasche Rotwein mit und hatte eine frische *baguette* unter dem Arm. «Wir feiern doppelt», verkündete er, nachdem Barbara ihm einen Kuß gegeben und die Päckchen an sich genommen hatte.

«Wieso doppelt?»

«Unseren Jahrestag und meine Beförderung – ich bin kein verachtenswerter Kritiker mehr.»

«Ach, wie schön! Das bist du aber nie gewesen, du bist überhaupt nicht verachtenswert gewesen.»

«Alle Kritiker sind verachtenswert. Wer hat das gesagt? Shaw, glaube ich, oder ein anderer sehr kluger Mensch: Der Kritiker ist wie der Eunuch im Harem. Er sieht allnächtlich zu, im Bewußtsein, daß er selbst dazu nie imstande wäre.»

«Sehr witzig. Jetzt erzähl mir aber, was passiert ist», bat Barbara.

«Ach, das möchtest du wissen?»

«Ja, das möchte ich wissen.»

«Nun denn. Ich hörte, daß mein würdiger Chefredakteur einen Sonderkorrespondenten für Spanien sucht. Wir haben zwar schon drei Leute dort, aber das hier ist ein Sonderauftrag. Also gehe ich zu ihm, bitte, drohe, flehe, wachse über mich hinaus, werde ein wahrer Cyrano an Überredungskunst – und schließlich schmilzt sein Widerstand, und er gibt nach. Also, ich gehe nach Spanien.»

«Was ist das für ein besonderer Auftrag?» fragte Barbara langsam und ruhig.

«Nun, nun.» Er wollte sie wieder küssen, aber sie schob ihn beiseite.

«Was für ein besonderer Auftrag?»

«Was ist das für ein wunderbarer, bezaubernder Duft, der durch das Haus zieht?»

«Hör auf! Rasple jetzt kein Süßholz! Ich will wissen, was du in Spanien tun sollst.»

«Dann hör zu. Du hast von der Fünfzehnten Brigade gehört, der Internationalen Brigade. Zu ihr gehört auch eine amerikanische Einheit, Freiwillige, die Abraham-Lincoln-Brigade. Mein Chef will ein paar Artikel über sie haben. Es sind sehr tapfere, ritterliche Jungs, und wir haben bisher sehr wenig über sie gebracht. Da ich dank dir Englisch spreche –»

«Hast du etwa behauptet, Englisch zu sprechen?» fragte sie kalt.

«Aber das stimmt doch, Barbara.»

«Nun, es hat eine gewisse Ähnlichkeit mit dem Englischen. Ich finde, an der Sache ist etwas faul.»

«Wie kannst du das sagen?»

«Was soll ich denn sonst sagen? Soll ich vielleicht ein rosa Schleifchen drumwickeln? Du weißt genau, was ich vom Krieg halte, von diesem Irrsinn, bei dem Männer einander für ihre jeweilige schmutzige Sache oder ihre edlen Ziele umbringen.»

«Wir haben nie darüber gesprochen.»

«Du hast fast ein Jahr mit mir zusammengelebt und mit mir geschlafen. Und du kennst mich nicht? Muß ich alles laut und deutlich aussprechen? Ungefähr so: Das denkt Barbara hierüber, und das darüber?»

«Du hast recht. Es gibt viel, was ich nicht von dir weiß. Ich habe dich, zum Beispiel, noch nie so wütend gesehen.»

«Dann wird es Zeit.»

«Kind, Kind», sagte er. «Wir dürfen uns nicht streiten. Wir haben uns noch nie gestritten. Bitte, versuch doch zu verstehen, was das für mich bedeutet. Eine Entsendung ins Ausland als Sonderkorrespondent. Wir brauchen doch über die Sache der Spanischen Republik nicht zu streiten, du kennst sie so gut wie ich und weißt, was der Schlächter Franco getan hat. Ich melde mich ja nicht zur Truppe, ich gehe nicht als Freiwilliger, sondern nur als Berichterstatter, der aufschreibt, was er sieht und hört.»

«Dann kannst du ja sagen: Ich danke Gott für den Krieg.»

«Du bist ungerecht.»

«Was heißt hier schon gerecht? Ist es gerecht, sich in einen Mann zu verlieben, der loszieht, um sich bei diesem dämlichen Spiel abknallen zu lassen? Ich habe dir von dem Jungen aus San Francisco erzählt, von seinem armen, verschleuderten Leben. Er liebte mich. Ich in meiner Selbstsucht wurde verschont, weil es keine Möglichkeit für mich gab, ihn zu lieben. Aber dich liebe ich, und ich will nicht, daß das noch einmal geschieht. Ich will nicht. Ich weiß, daß ich in einer Welt voller Wahnsinniger lebe, aber ich dachte, daß du und ich ...»

«Verschont würden?» fragte er sanft. «Keiner wird verschont, Barbara, meine Geliebte, keiner. Und das hier muß ich tun, glaube mir. Es dauert nicht ewig. Sechs Wochen, dann bin ich wieder da, heil und gesund. Ich verspreche es dir.»

Sie ließ sich in einen Sessel fallen und begann zu weinen.

«Nein, bitte, keine Tränen.» Er kniete sich neben sie, küßte ihre Hand, zuerst den Handrücken, dann die Handfläche, eine so französische, so unerwartete Geste, daß sie unter ihren Tränen kichern mußte.

«Darf ich die Champagnerflasche öffnen?» fragte er.

«Bitte.»

«Und sagst du mir jetzt, was da so wunderbar riecht?»

«Bœuf en croûte.»

«Bin ich nicht der glücklichste aller Männer? Sag selber!»

Später an diesem Abend, als Barbara ihre Gefühle wieder unter Kontrolle hatte, versuchte sie, praktisch zu sein. «Denk dran», sagte sie zu Marcel, «du bist Beobachter. Niemand kann verlangen, daß du dich in Gefahr begibst. Das wäre ein törichtes und überflüssiges Opfer. Du hast lediglich die Dinge zu beobachten und darüber zu schreiben.»

«Ja, Liebling», sagte er.

«Du hörst mir ja gar nicht zu.»

«Doch, tu ich. Ich höre jedes Wort.»

«Übrigens, ich kenne jemanden in der Einheit. Na ja, eigentlich nicht ich, sondern die Levys kennen ihn. Erinnerst du dich? Ich habe dir von ihnen erzählt.»

«Ja, natürlich.»

«Ich glaube, der junge Mann hat auf dem Weingut für sie gearbeitet. Er heißt Bernie Cohen. Kannst du dir den Namen merken?»

«Ich will's versuchen. Was tut er in Spanien?»

«Ach, er ist Jude und Zionist oder so etwas, und er möchte nach Palästina gehen. Wie Joe mir schrieb, hat er sich zur Lincoln-Brigade gemeldet, um Kampferfahrungen zu sammeln. Vollkommen irrsinnig – aber was an der ganzen Sache ist nicht irrsinnig? Joe hat ihn in Higate kennengelernt und sagt, daß er etwas kann und zuverlässig ist. Dann hättest du doch wenigstens einen, den du kennst.»

«Barbara, ich brauche wirklich niemanden. Ich bin mit den Presseleuten zusammen. Du darfst dir einfach um mich keine Sorgen machen. Es ist schon alles in Ordnung.»

«Warum bleibst du nicht einfach hier? Du kannst ihnen doch immer noch sagen, daß du diesen verrückten Auftrag nicht annimmst.»

«Das geht nicht, und das weißt du.»

«Gut, gut, ich sage nichts mehr. Du kennst meine Meinung. Denk noch einmal darüber nach.»

«Nicht nur das, ich werde sogar abwaschen.»

«Der Teufel soll den Abwasch holen. Komm mit mir ins Bett. Wir tun jetzt so, als gäbe es nur uns beide in einer sehr schönen, unkomplizierten Welt.»

Einen Tag bevor die Levys ankamen, fuhr Marcel nach Spanien. Am Abend ihrer Ankunft riefen sie Barbara an und luden sie für den folgenden Tag ein, mit ihnen zu essen. Sie waren zwar nicht blutsverwandt, aber Daniel Lavette, selbst Einwanderersohn, hatte seit seinem siebzehnten Lebensjahr, nach dem Tode seiner Eltern, eine enge Beziehung zu den Cassalas und den Levys gehabt. Barbara wußte das seit ihren Kindertagen, und sie kannte auch die Abneigung ihrer Mutter gegen die beiden Familien – sie gehörten zum Leben ihres Vaters, hatten mit Jean nichts zu tun. Zwar kannte Barbara keinen von ihnen, hatte aber im Laufe der Jahre viel über sie gehört.

Für die meisten Kalifornier hat der Weinbau etwas Romantisches an sich. Auch Barbara gefiel die Vorstellung, daß zwei junge Leute während der Prohibition ein aufgegebenes Weingut gekauft und es zu neuer Blüte gebracht hatten, und die Absicht, kalifornischen Wein in Frankreich zu verkaufen, entzückte sie geradezu. Auf jeden Fall würden die Levys einige der einsamen Stunden füllen, die ihr während Marcels Abwesenheit bevorstanden. Erst nach seiner Abreise war ihr klargeworden, wie sehr sie sich schon auf ihn eingestellt hatte. Im Rückblick erschienen ihr jetzt die Pariser Jahre vor der Bekanntschaft mit ihm unglaublich einsam und leer.

Nach dem ersten Ausbruch hatte es keine Tränen mehr gegeben. Barbara hatte Marcel zur Bahn gebracht, und während sie an der Gare de Lyon auf seinen Zug warteten, hatten sie an einem Erfrischungsstand einen kleinen Imbiß genommen und beide festgestellt, daß ihnen noch nie etwas so köstlich geschmeckt habe wie die Schinken-Sandwiches und das kalte Bier. Sie hatten viel gelacht, und Barbara hatte versucht, die Erinnerung an die Szene in ihrer Wohnung auszulöschen, indem sie ihm versicherte, sie werde hemmungslos Einzelheiten aus seinen Artikeln in *Le Monde* stehlen und sie in ihren ‹Brief aus Paris› einarbeiten. Die beiden jungen Leute waren unbefangen und heiter und auf sich selbst bezogen, bis Marcel einsteigen mußte. Da schlang sie ihm die Arme um den Hals und flüsterte: «Du Mistkerl, ich verzeihe dir nie, daß du weggehst.» Als sich der Zug aber dann in Bewegung setzte und Marcel den Kopf aus dem Abteilfenster streckte, lief sie neben dem Waggon her und rief: «Ich verzeihe dir, aber nur für sechs Wochen. Wenn du einen Tag länger bleibst, schneide ich dir das Herz aus der Brust.»

Zwei Tage darauf, als sie vor dem Hôtel de la Trémoille, in dem die Levys wohnten, aus dem Taxi stieg, hatte sie schon das Gefühl, daß sie mit ihrer Einsamkeit ganz gut zurechtkam und daß sechs Wochen nicht die Ewigkeit waren, wie sie geglaubt hatte. Jake und Clair Levy warteten im Foyer auf sie. Barbara erkannte sie sofort. Sie wußte zwar, daß Clair Levy rothaarig war, aber sie war nicht auf ihr ungewöhnliches Aussehen gefaßt. Auch Clair war groß, wie ihr Mann, der gut und gern einsfünfundachtzig maß. Sie war wohlproportioniert, hatte einen kräftig entwickelten Busen und war von etwas knochigem Körperbau. Über ihrem sommersprossigen Gesicht mit den ausgeprägten Zügen leuchtete ein brandroter Schopf. Gewiß, Clair war eine schöne Frau, aber mit dieser Einstufung allein, fand Barbara, wurde man ihr nicht gerecht. Jake Levy war ein vierschrötiger Mann mit langer Nase und bläßlich blauen Augen, dessen dunkles Haar schon ins Graue spielte. Seine breiten Schultern schienen die Jacke fast zu sprengen, wie bei einem Bauern, der sich stadtfein gemacht hat.

Barbara ging auf die beiden zu und sagte: «Ich habe euch erkannt, weil Papa mir so viel von euch erzählt hat. Ich bin Barbara Lavette.»

Ein kurzes Erstaunen und Freude, dann schloß Clair Barbara in die Arme. Sie küßte sie und hielt sie dann auf Armeslänge von sich, um sie anzusehen. «Großartig! Du siehst so aus, wie es sein sollte!»

Barbara gab Jake einen Kuß. Er stand da und grinste sie an. «Wir sind doch alte Bekannte», sagte Barbara. «Wir dürfen nicht so tun, als hätten wir uns gerade erst kennengelernt. Ich habe euch gleich erkannt, als ich hereinkam. Papa hat immer von deinen grünen Augen und dem roten Haar geschwärmt.»

«Siehst du», sagte Clair zu ihrem Mann, «ein verrücktes Aussehen hat auch seine Vorteile.»

«O nein!» rief Barbara aus. «Du bist die eindrucksvollste Frau, die ich je gesehen habe.»

«Ganz meine Meinung», sagte Jake zufrieden. «Wir freuen uns, dich endlich kennenzulernen, Barbara. Ich habe dich einmal gesehen, als du zwei oder drei Jahre alt warst. Danny hat dich damals nach Sausalito entführt. Erinnerst du dich, Clair?»

«Aber ja. Du hast dich verändert, Mädchen.»

«Natürlich habe ich das.»

«Wir haben uns noch nichts Bestimmtes für den Abend vorgenommen», erklärte Jake. «Ich bin zum erstenmal seit dem Krieg wieder hier, und Clair war noch nie in Europa. Das bißchen Französisch, das ich mal konnte, habe ich vergessen. Ich dachte, du wüßtest schon, wo man hier gut essen kann, du bist ja sozusagen eine Einheimische.»

«Das schöne an Paris ist, daß man praktisch überall gut essen kann. Da gibt es zum Beispiel Lapérouse, ein kleines Restaurant am linken Seineufer. Ich kenne den Inhaber. Da bekommen wir sicher einen Tisch, und man ißt dort wirklich gut. Wir können ein Taxi nehmen.»

Mit der Ehrfurcht, die Amerikaner allen entgegenbringen, die eine Fremdsprache fließend sprechen, hörten die Levys zu, wie Barbara mit dem Taxifahrer sprach, und dann mit dem Inhaber des Restaurants, dem sie sie als Familienangehörige vorstellte.

«Dein Französisch ist umwerfend», sagte Jake, nachdem sie Platz genommen hatten.

«Das sollte es wohl auch sein. Immerhin habe ich es vier Jahre in der Schule und zwei Jahre im College gelernt und bin schon seit fast vier Jahren hier. Inzwischen denke ich sogar auf französisch. Und stellt euch vor – ich träume sogar in der Sprache.»

«Hör bloß auf», seufzte Clair. «Ich kann keine zwei Wörter.»

«Dafür spricht sie Spanisch wie ihre Muttersprache», sagte Jake.

«Ach, laß doch, Jake. Du brauchst mich nicht in Schutz zu nehmen. Bei uns auf dem Weingut arbeiten ein paar Mexikaner, Chicanos, und denen kann ich sagen, was sie tun müssen. Dazu reicht es gerade.»

Auf Jakes Drängen gab Barbara die Bestellung auf, während er sich die Weinkarte vornahm. Er wählte drei Burgunder-Originalabfüllungen, jeweils von einem anderen Weingut und von einem anderen Jahrgang.

«Ist das dein Ernst?» fragte Barbara. «Drei Flaschen schaffen wir nie.»

«Das müssen wir auch nicht. Wir haben schon auf dem Schiff zu jeder Mahlzeit einen Burgunder probiert.»

«Es grenzt bei Jake an Besessenheit», erläuterte Clair. «Man nennt das wohl Eulen nach Athen tragen. Wir bringen Wein nach Frankreich. Jeder Weinbauer, den wir kennen, sagt, wir hätten den Verstand verloren – allein die Vorstellung, daß Amerika Wein nach Frankreich verkaufen könnte. Aber ich glaube, Jake und ich hatten den Verstand schon verloren, als wir mit Wein anfingen. Weißt du, Barbara, ich fürchte, alle Weinbauern sind ein bißchen verrückt. Das kommt schon davon, daß man Tag und Nacht die Weindüfte einatmet.»

«Ist doch Unsinn», sagte Jake. «Wir sind nur listig wie die Füchse. Ich bin nun einmal einer von den Hurra-Amerikanern, die meinen, daß sie alles besser können als andere, einschließlich des Weinanbaus. Langweilen wir dich eigentlich nicht, wenn wir so viel vom Wein reden?»

«Nein, nein, bitte, macht weiter. Ich finde es spannend», versicherte ihm Barbara.

«Also gut, ich versuche es zu erklären. Im Napatal und im Sonomatal, wo der Weinbau geradezu eine Religion ist, sind die Weinbauern mit wenigen Ausnahmen der Ansicht, unser Cabernet Sauvignon sei der große Rotwein Kaliforniens und damit Amerikas. Nun, er ist tatsächlich recht gut, und wenn er ordentlich gemacht wird, kann man ihn durchaus mit einigen der französischen Médoc-Weine vergleichen. Im wesentlichen ist er wie ein Bordeaux. Man kann ihn lange lagern, und wer es sich leisten kann und ihn zehn Jahre liegen läßt, hat einen Wein, der den Vergleich mit anderen Weinen in der Welt nicht zu scheuen braucht. Aber wir können unseren Wein nicht zehn Jahre liegen lassen, dazu haben wir weder das Kapital noch die Lagermöglichkeiten. Und ein junger Cabernet hat für meinen Geschmack etwas zu wenig Tannin.»

«Das ist Gerbsäure, das Zeug im Wein, das einem den Mund zusammenzieht», fügte Clair hinzu. «Ist ziemlich scharf.»

«Also haben wir die Massenproduktion aufgegeben», sagte Jake, «und uns zur Qualität entschlossen. Dazu haben wir mit Blauburgunder experimentiert. Unsere ersten Reben kamen aus Frankreich. Aber der kalifornische Boden und die Sonne Kaliforniens verändern sie – meiner Meinung nach zum Besseren. Blauburgunder, man nennt ihn auch Spätburgunder, ist ein wunderbarer Wein. Wenn er gut ausgereift ist, wird er samtweich und angenehm und schmeckt viel weniger nach Gerbsäure. Er muß zwar auch lagern, hat aber den Vorzug, daß er bereits nach zwei Jahren so weit ist wie ein Bordeaux nach acht oder zehn. Wir machen ihn aus einer einzigen Traubensorte, während die Franzosen ihre Burgundersorten normalerweise mischen. Clair und ich haben bisher mindestens vierzig davon probiert, und wir meinen immer noch, daß unserer sich mit ihnen allen messen kann.»

«Jedenfalls nach *unserem* Geschmack», sagte Clair. «Wir sind keineswegs Weinprüfer. Wir wissen nicht annähernd so viel, wie Jake glaubt, aber doch ein bißchen. Der Wein ist sozusagen ebenso Anlaß für diese Reise wie das Geschäft. Wir haben zehn Kisten nach Europa geschickt, nicht in erster Linie für Frankreich, sondern hauptsächlich für Holland und Dänemark, weil wir meinen, daß sich dort ein Markt finden ließe. Es sind nur Proben, sie sollen nicht verkauft werden. Ideal wäre Deutschland, aber in dieses scheußliche Land setzen wir keinen Fuß. Auf jeden Fall wäre amerikanischer Wein etwas Neues. Was meinst du?»

«Ich finde es großartig», sagte Barbara, «einfach großartig. Vielleicht kann ich euch sogar helfen. Ich kenne ein paar Leute bei *Le Monde*, einer der wichtigsten Pariser Zeitungen. Ich könnte vielleicht ein Interview arrangieren. Es sind Marcels Freunde, und ich meine, euer Plan ist eine Zeitungsmeldung wert. Ich werde auch selbst über euren Besuch schreiben, aber ich fürchte, daß meine Werbung euch in New York nicht viel nützt.»

«Marcel?» fragte Clair.

Barbara lächelte. «Jetzt ist die Katze aus dem Sack. Ihr erfahrt es als erste. Mutter und Vater wissen noch nichts, aber irgend jemandem muß ich es einfach sagen. Marcel Duboise und ich werden wohl eines Tages heiraten. Er ist Franzose, Journalist, und ich liebe ihn sehr. Er ist dreißig, dunkel, dürr, sieht ein bißchen komisch aus und ist äußerst liebenswert und klug.»

«Ich freue mich für dich. Es klingt wunderbar», sagte Clair. «Werden wir ihn kennenlernen?»

«Nur, wenn ihr sechs Wochen bleiben könnt. Vor zwei Tagen ist er nach Spanien abgereist.» Dann erzählte sie weiter von Marcel. Sie ließ keine Einzelheit aus, erzählte auch, wie sie einander kennengelernt hatten. Sie sprach mit Jake und Clair, als hätte sie sie ihr Leben lang gekannt. Das lag daran, daß sie sich so sehr nach einem Stückchen Heimat, nach Kalifornien, sehnte, aber auch an dem freundlichen, offenen Wesen der beiden. Es waren Menschen, mit denen man gut reden konnte.

Das Essen kam und dann der Wein. Sie kosteten, urteilten und sprachen über ihn. Barbara verstand sehr wenig von Wein – sie und Marcel begnügten sich leichten Herzens mit *vin ordinaire*, den man für einen Franc pro Liter kaufen konnte. Daher war sie sehr beeindruckt von der Art, wie Clair und Jake die Eigenschaften der drei Burgunder erörterten. Dann erzählten sie ihr die Geschichte, wie sie ins Weingeschäft gekommen waren – wie der alte Rabbi Blum ihnen das Angebot gemacht hatte, für die orthodoxen Synagogen in San Francisco Wein für rituelle Zwecke herzustellen. «Er ist jetzt seit fünf Jahren tot, der Herr hab ihn selig», sagte Clair. «Man sollte es nicht für möglich halten, wir haben Higate buchstäblich mit dem Verkauf dieses Weins aufgebaut, zuerst an die Juden, dann an die Katholiken und die Episkopal-Kirche. Ein süßes, schreckliches Zeug! Wir machen immer noch eine Menge davon.»

An diesem Abend wurde für Barbara die Vergangenheit wieder lebendig. Clair erzählte ihr, wie Dan Lavette und Mark Levy von einem alten Schweden namens Swenson ihr erstes eisernes Schiff kauften, die *Oregon Queen*, auf der ihr Vater, Jack Harvey, Kapitän war. Und Clair, damals zehn Jahre alt, hatte sich zum erstenmal fürchterlich verliebt – in Dan. «Er war immer mein Held», sagte sie. «Daran hat sich nichts geändert. Martha – Jakes Schwester, sie ist schon tot, das arme Kind – Martha und ich haben den Boden angebetet, auf dem Dan wandelte.»

Jake war das Thema unangenehm, und er gab dem Gespräch eine andere Wendung. Sie wollten zehn Tage in Paris bleiben und dann nach Amsterdam weiterfahren. Ob Barbara wohl etwas Zeit für sie erübrigen und ihnen vielleicht Paris ein wenig zeigen könnte? Sie sagte, ja, das täte sie gern. Da Marcel weg war, hätte ihr nichts Besseres geschehen können. Sie plauderten, bis sie plötzlich feststellten, daß es Mitternacht war. Sie waren die letzten Gäste im Restaurant.

Bevor sie sich verabschiedeten, sagte Barbara den Levys noch, daß Joe ihr geschrieben habe, ein gewisser Cohen, der bei ihnen in Higate gearbeitet hatte, kämpfe jetzt in der Abraham-Lincoln-Brigade.

«Bernie. Das sieht ihm ähnlich», sagte Clair.

«Ein verrückter Kerl», fügte Jake hinzu. «Aber wer ist das nicht?»

«Wieso verrückt?»

«Er ist von der Vorstellung besessen, daß die Juden in Palästina eine Heimat finden müßten. Erst hat er Ackerbau gelernt, und jetzt lernt er Krieg führen. Ein seltsamer Grund, sich zum Kampf zu melden, aber in Gottes Garten ist für alle Platz.»

Barbara wartete – auf eine kleine Meldung in *Le Monde*, auf einen Brief. Den Levys gegenüber gab sie sich fröhlich und unbeschwert. Ihre Sorgen gingen sie nichts an, und außerdem hatten sie diese Reise jahrelang geplant, sich viele Jahre darauf gefreut. Sie fühlte sich verantwortlich für ihren Aufenthalt in der Stadt, die sie so gut kannte und so sehr liebte. Jake und Clair waren fast kindlich entzückt über alles, was sie sahen. Sie vertrauten sich Barbara völlig an, und als sie ihnen sagte, daß sie sich für die Île de la Cité einen ganzen Tag nehmen müßten, fügten sie sich dem willig. Die erste Stunde, die Barbara in der Kathedrale von Westminster in London verbracht hatte, hatte sie zu Tränen erschüttert, ihre erste Begegnung mit Notre-Dame hatte sie in einen Zustand des Frohlockens versetzt. Als sie die Kirche jetzt mit Jake und Clair betrat, versuchte sie, dieses Gefühl wieder in sich lebendig werden zu lassen, das Gefühl, daß Gott in dem Europa des Jahres 1938 in seinem Himmel und daß in der Welt alles in Ordnung war. Aber es wollte sich nicht einstellen, und sie ging ein Stück beiseite, um allein zu sein und ihren Tränen freien Lauf zu lassen. Als sie wieder zu ihnen stieß, sagte Clair: «Du hast geweint, warum? Ist etwas nicht in Ordnung?» Aber Barbara versicherte ihr, daß sie nur sehr sentimental sei. «Ich heule bei der kleinsten Kleinigkeit. Hier spukt es nämlich, müßt ihr wissen. Wir wollen auf den Blumenmarkt gehen. Auf dieser kleinen Insel gibt es den schönsten Blumenmarkt der

Welt.» Dann überlegte sie es sich anders und bestand darauf, daß sie oben auf den Turm stiegen und die atemberaubende Aussicht genossen. Dort standen sie und sahen auf das schöne Paris zu ihren Füßen, über dem ein feiner Dunstschleier lag.

Es war nahezu Mitternacht, als sie Barbara vor ihrer Wohnung absetzten. Trotz ihres Versprechens, vernünftig und ruhig zu sein, rief sie bei Marcels Freund Jean Brissard an. Er schlief schon, und sie hatte ihn geweckt und bat um Verzeihung. «Ich habe keine Nachricht», sagte sie, «keine Post, und in der Zeitung steht auch nichts.»

«Barbara, er ist erst seit fünf Tagen fort.»

«Aber die Zeitung müßte doch mit ihm in Verbindung stehen.»

«Verstehst du nicht, Barbara, was in Spanien los ist? Er mußte über die Pyrenäen. Und die Frontlinien sind fließend. Vielleicht hat er sich tagelang verstecken müssen. Außerdem ist er nicht als regulärer Korrespondent dort. Er muß nicht jeden Tag einen Bericht liefern. Er liefert einen Hintergrundbericht über die Amerikaner. Es kann sein, daß der erst in zwei Wochen kommt. Und die Post geht auf dem Seeweg, da kann es leicht eine Woche dauern, bis ein Brief in Paris ist. Also hab, bitte, Geduld und mach dir keine Sorgen.»

Das beruhigte sie, und sie schlief nach dem langen, anstrengenden Tag als Fremdenführerin tief und lange. Für den folgenden Nachmittag hatten die Levys eine Weinprobe im Büro von Lebouche & Dume, einem der größten Weingroßhändler in Paris, vereinbart, und Barbara hatte sich bereiterklärt, als Dolmetscherin mitzugehen. Man hatte ihnen zwar versichert, die Herren sprächen Englisch, doch Barbara hatte ihnen gesagt, eine solche Versicherung bedeute in Frankreich sehr wenig. Am Vormittag bot sie ihnen das typische Touristenprogramm für Amerikaner: Mit der Zahnradbahn auf den Montmartre, oder die ‹Butte›, wie der Berg in Paris heißt. Dabei entschuldigte sie sich für die billigen Touristenspäße, die dort getrieben wurden, und erzählte ihnen von Marcels Bericht über die blutige Schlacht, die während der Tage der Kommune in diesen Gäßchen getobt hatte. Sie aßen in einem kleinen Restaurant im Schatten der Sacré-Cœur, wo sie von Verkäufern sogenannter Pariser Postkarten belästigt wurden.

«Das gehört dazu», erklärte Barbara. «Ihr könnt doch nicht nach Hause kommen und den Leuten sagen, daß ihr nicht auf dem Montmartre wart.»

«Mir gefällt es», sagte Jake. «Du brauchst dich nicht zu entschuldigen.»

«Morgen fangen wir am Medici-Brunnen im Jardin du Luxembourg an, dann könnt ihr das hier vergessen.»

Dann machten sie sich auf den Weg zur Firma Lebouche & Dume im Faubourg St. Honoré. Clair trug vorsichtig zwei Flaschen von ihrem Wein in der Segeltuchtasche. Die Firma befand sich in einem alten Stadtpalais, in dessen Erdgeschoß ein Antiquitätenhändler war. Sie gingen durch einen Torbogen, fuhren mit dem Aufzug nach oben und kamen in eine Etage mit wunderschön möblierten Räumen. Eine alte vergoldete Kelter war der einzige Hinweis auf die Art des Geschäfts. Im Warteraum standen ein paar herrliche Stücke aus der Zeit von Louis XIV. und Louis XV., deren Anblick Barbara in Entzücken versetzte. Eine der Türen wurde einen Augenblick lang geöffnet und gab den Blick auf einen Raum frei, in dem ein halbes Dutzend Angestellte an Schreibtischen arbeiteten. Weder im Warteraum noch im Büro von Monsieur Lebouche, in das ein untersetzter Herr in mittleren Jahren sie führte, gab es irgendwelche Hinweise auf die Firma. Monsieur Lebouche begrüßte sie selbst, ein weißhaariger Herr von über siebzig, mit Kinnbart und rosa Wangen, in einem Cut. Er begrüßte sie freundlich und war offensichtlich erheitert von der Vorstellung, daß amerikanischer Wein in Frankreich verkauft werden sollte.

«Monsieur Dume ist leider indisponiert», erklärte er. «Sonst wären wir beide hier. Er ist erst zweiundsechzig, ein junger Mensch also, aber er schont sich zu wenig. Sie sind also Mr. und Mrs. Levy aus Kalifornien. Aber wer ist diese bezaubernde junge Dame?»

Barbara erklärte, wer sie war, und entschuldigte die geringe Vertrautheit der Levys mit der französischen Sprache.

«Sie sprechen nicht Französisch?» fragte Monsieur Lebouche verblüfft. «Sie machen Wein und sprechen nicht Französisch?»

Barbara bat nochmals um Entschuldigung. Kalifornien war sehr weit weg. Dann kam sie auf den Gedanken, zu sagen, daß beide Spanisch sprächen.

«Ausgezeichnet, dann können wir uns ja auf spanisch unterhalten.»

Jake schickte sich seufzend darein, daß er offensichtlich zum Stillschweigen verurteilt war. Clair, die M. Lebouche um mindestens zehn Zentimeter überragte, holte die beiden Flaschen aus der Tasche und erklärte, es handele sich um eine aus Burgunderreben gezüchtete Sorte. Lebouche konnte seine Augen nicht von ihr wenden. Offenbar faszinierte ihn die Verbindung von grünen Augen und rotem Haar. «Was für eine wunderbare Frau!» sagte er auf französisch zu Barbara. «Wäre Monsieur Dume hier, er wäre ganz aus dem Häuschen. Eine außergewöhnliche Frau.»

Clair berichtete auf spanisch über den Boden und die Sonne Kaliforniens, und Barbara flüsterte Jake auf englisch zu, daß Monsieur Lebouche Clair für eine außergewöhnliche Frau hielt.

«Ich auch», sagte Jake. «Ich muß sagen, die haben hier eine äußerst seltsame Art, Geschäfte zu machen.»

Lebouche nahm einen Korkenzieher und öffnete die Flaschen. Dann holte er zwei wunderschöne Kristallkaraffen aus einem Schrank. «Wir wollen ihn jetzt dekantieren», sagte er zu Clair. Die anderen existierten gar nicht mehr. «Wir lassen ihn etwas atmen. Dann probieren wir ihn.» Er wählte zwei Weinkelche aus. Offensichtlich behielt er das Probieren sich und Clair vor. «Madame», sagte er zu ihr, «Sie veredeln die Kunst der Weinherstellung.»

«Sie haben ihn noch gar nicht probiert», erwiderte Clair lächelnd.

«Ich beziehe mich auf Sie, nicht auf den Wein. Jetzt wollen wir ihn kosten.»

Er goß zwei Gläser halb voll. «Sie müssen mit mir trinken», sagte er zu Clair. Die anderen sahen zu und warteten. Barbara war ganz fasziniert von dem alten Herrn, von seiner Art und seinem Ritual. Jake versuchte ein unbeteiligtes Gesicht zu machen und unterdrückte den Drang, laut zu lachen. Clair akzeptierte das Zeremoniell würdevoll und gelassen. Kein Trinkspruch. Sie folgte der Bewegung des alten Herrn, als sie das Glas an die Lippen hob und den Wein kostete. Er ließ den Kopf kreisen, biß den Wein, das heißt, er rollte ihn im Mund hin und her, und sie tat es ihm nach. Dann schluckte er ihn hinunter. Zum Schluß hielt er das Glas an die Nase und prüfte das Aroma.

«Blauburgunder?»

Clair nickte.

«Wie lange gereift?»

«Zwei Jahre.»

«Was für Holz?»

«Unsere Fässer sind aus deutscher Eiche.»

«Wie lange auf der Flasche?»

«Vier Monate.»

«Wir probieren ihn noch einmal.» Er hob das Glas an die Lippen. Wieder das Ritual. «Haben Sie unsere Burgunder versucht?»

«Ziemlich viele», antwortete Clair.

«Der hier ist ganz anders. Ist es warm bei Ihnen im Napatal?»

«Die Sommer sind heiß, ja.»

«Eigentümlich. Normalerweise schadet große Hitze dem Spätburgunder, aber der hier – wirklich ausgezeichnet. Und ganz anders. Ein höchst ungewöhnlicher Wein. Er paßt zu einer ungewöhnlichen Frau. Wenn ich zehn Jahre jünger wäre, würde ich Ihren Klotz von Ehemann herausfordern – wegen seiner Frau und wegen seines Weins. Er versteht doch nicht, was ich sage, oder?»

«Ich fürchte, sein Spanisch reicht nicht ganz», sagte Clair mit süßer Stimme. «Ich bin sicher, wenn Sie zehn Jahre jünger wären, Monsieur Lebouche, wäre uns die Herausforderung willkommen. Werden Sie den Wein nehmen?»

«Wie könnte ich Ihnen eine solche Kleinigkeit abschlagen! Aber nur als Neuheit. Frankreich bleibt Frankreich. Was würden Sie für zweihundert Kisten berechnen?»

«Was zum Teufel ist hier los?» wollte Jake wissen.

«Aber du verstehst doch Spanisch, Liebling.»

«Normales Spanisch ja, aber nicht das Kauderwelsch hier.»

«Er sagt, daß er für den Anfang zweihundert Kisten haben will. Er meint, es sei nur der Reiz des Neuen, aber er ist interessiert. Er möchte wissen, was er kostet. Ach ja, er findet den Wein gut.»

Als sie wieder draußen waren, fragte Clair Barbara, ob sie der Unterhaltung habe folgen können.

«Nein, ich verstehe kein Spanisch. Aber du warst ganz großartig, das konnte man sehen.»

«Klär mich auf», sagte Jake.

«Der Wein hat ihm gefallen. Er hat gesagt, wenn er zehn Jahre jünger wäre, hätte er dafür gesorgt, daß er beides bekäme, mich und den Wein. Ist das nicht großartig, Jake? Ich bin fast vierzig. Frankreich ist ein wunderbares Land, findest du nicht auch?»

«Der alte Bock, der Teufel hole ihn.»

Sechs Tage darauf reisten die Levys nach Holland ab, und am selben Tag bekam Barbara einen Brief von Marcel, den ersten. Er schrieb, wie sehr er sie liebe, versicherte ihr, daß alles gutgehe, erklärte, er werde keine Einzelheiten berichten, weil der Brief sonst zensiert würde, und versprach, sehr bald wieder zu schreiben. Es war kein sehr befriedigender Brief für Barbara, aber immerhin beschwichtigte er ihre Angst.

Marcel erwähnte auch, daß er ihren kalifornischen Landsmann Bernie Cohen getroffen habe und daß dieser ihm sehr gefalle.

Dr. Kaplan hatte noch nie einen Chinesen in Behandlung gehabt – in Westwood gab es nur wenige chinesische Familien –, und er wirkte jetzt besorgt und unsicher, als der zerbrechliche alte Herr sich ankleidete. Feng Wo spürte das und sprach sehr kühl und sachlich. «Es ist Krebs, nicht wahr?»

Kaplan war noch jung, Anfang dreißig. Er war erst vor kurzem aus New York nach Los Angeles gekommen und hatte sich hier seine Praxis eingerichtet. Feng Wo war ganz zufällig auf ihn gestoßen, als er nach einem Arzt suchte, der keinerlei Verbindungen zu seiner Familie hatte. Er vermutete, daß er Dr. Kaplans erster unheilbarer Fall war.

«Er ist nicht operierbar, nicht wahr?»

«Beide Lungenflügel», sagte Dr. Kaplan gequält.

«Sind Sie ganz sicher?»

Es war seltsam, daß dieser zierliche Asiate, der perfekt Englisch sprach, von seinem Todesurteil so unberührt zu sein schien. Dr. Kaplan nickte. «Ich meine, es gibt keinen Grund, nicht noch einen anderen Kollegen zu befragen, aber bei dergleichen irrt man sich nicht leicht. Soll ich Ihnen einen Internisten empfehlen?»

«Nein, das ist nicht nötig. Wieviel Zeit bleibt mir noch?»

«Einige Monate, vielleicht ein bißchen mehr.»

«Ich verstehe.»

«Ich möchte Sie bitten, mich noch einmal aufzusuchen, vielleicht in ein, zwei Wochen, wenn es Ihnen recht ist.»

«Ja, das ist wohl das beste.»

Es war fast Mittag, als Feng Wo auf der Werft in San Pedro eintraf. Während der Fahrt dorthin ließ er sein Leben an sich vorüberziehen, dachte über sich und seinen bevorstehenden Tod nach. Er war erst dreiundsechzig Jahre alt und hatte noch nicht einmal angefangen, sich als alten Mann zu betrachten. Und wieder einmal lenkte er die finanziellen Angelegenheiten Dan Lavettes. Von dem Augenblick an, als sein Schwiegersohn ihn gebeten hatte, sich um die Bücher und Finanzen des neuen Unternehmens zu kümmern, hatte er sich jung gefühlt und von neuem Tatendrang erfüllt. Vor einigen Jahren, als Dan Lavettes Imperium im Strudel der Wirtschaftskrise untergegangen war, hatte seine Tochter May Ling dafür gesorgt, daß er die Schriften des chinesischen Philosophen Laotse übersetzen konnte. Damals hatte er das Geschick bewundert, mit dem sie ihm den Auftrag verschaffte, diese Arbeit für den Verlag der University of California zu übernehmen. Seine Gelehrsamkeit ließ zwar zu wünschen übrig, aber irgendwie war ihm die Übersetzung gelungen, auch wenn er die Arbeit hauptsächlich deshalb auf sich genommen hatte, um seiner Tochter eine Freude zu machen. Es war nur ein vorübergehendes Innehalten auf dem Weg zum Tode gewesen, den er ging, weil er nicht mehr gebraucht wurde und ihn ein Gefühl völliger Nutzlosigkeit überkommen hatte. Jetzt würde er also sterben, an einer bösartigen Krankheit, für die es keine Heilung gab.

Er ging in das Büro, das er jetzt in der Werft innehatte, setzte sich an seinen Schreibtisch, saß einfach da und starrte durch das Fenster auf die Schlammflächen und das stille Wasser in der Bucht. Da öffnete sich die Tür, und Dan Lavette kam herein. Seine Stimme dröhnte vor Tatkraft und Erregung.

«Feng Wo, wo zum Teufel haben Sie gesteckt? Es geht wieder los, und ich weiß nicht, ob ich noch einmal auf den wackligen Scheißhaufen des Erfolgs klettern oder das Ganze in den Schlamm treten soll.»

Feng Wo wandte sich ihm zu, das faltige Gesicht so unbewegt wie stets. «Was gibt es, Mr. Lavette?» fragte er gelassen.

«Sie werden es nicht glauben. Hargasey ist heute morgen gekommen, um seine Yacht zu besichtigen. Er ist wie ein Kind. Er muß sie sich immer wieder ansehen, und diesmal hat er Samuel Carlwin mitgebracht. Carlwin gehört das Studio, in dem Hargasey seinen nächsten Film drehen wird, und ich glaube, er hat mehr Geld als der liebe Gott. Ich habe sie also auf dem Boot herumgeführt und alles erklärt, und Carlwin hat sich alles schweigend angehört. Als wir dann vom Gerüst heruntergeklettert sind, hat er mich beiseite genommen und gesagt: ‹Lavette, ich möchte, daß Sie mir eine Yacht bauen!› Einfach so. Klar, habe ich gesagt, mit dem größten Vergnügen. Dann hat er gesagt, aber doppelt so groß wie die, die Sie für diesen lärmenden ungarischen Zigeunerbaron gebaut haben.›

Können Sie sich das vorstellen? Ich habe versucht, vernünftig mit ihm zu reden, ihm zu erklären, daß ein so großer Pott schon fast ein Ozeanriese wäre und über eine Million Dollar kosten würde. Aber davon wollte er nichts hören. Er wollte nur wissen, was ich brauche, um anzufangen. Ich habe ihm gesagt, fünfzigtausend Dollar für die Pläne und für das erste Material. Und so wahr ich hier stehe, holt er doch sein Scheckbuch raus und schreibt auf der Stelle einen Scheck aus.

Hier ist er.» Er nahm den Scheck aus der Tasche und reichte ihn Feng Wo, der ihn still lächelnd ansah.

«Nun, was ist, alter Herr? Was sollen wir tun?»

«Wir bauen das Schiff», sagte Feng Wo gelassen. «In dieser seltsamen, unvernünftigen Welt sollte nichts Sie überraschen, Mr. Lavette.»

«Dann werde ich ihm eine schriftliche Zusage geben und Sam Goldberg anrufen, damit er einen ordnungsgemäßen Vertrag aufsetzt. Geben Sie inzwischen den Scheck zur Bank, bevor er sich's anders überlegt. Und dann wollen wir die genauen Kosten kalkulieren. Ich weiß zwar ebensowenig wie er, was er haben will, aber es wird uns schon etwas einfallen. Doppelt so groß wie das Ding da draußen! Können Sie sich das vorstellen?»

Eine Woche später, als Dan von San Pedro nach Hause fuhr, hielt er an der Bibliothek, um May Ling abzuholen. Sie wartete bereits am Eingang auf ihn. Sie nahm seinen Arm und sagte: «Laß den Wagen eine Weile hier stehen, Danny. Wir wollen ein bißchen laufen. Ich möchte mir dir sprechen – aber hier, nicht zu Hause.»

«Das klingt ja todernst.»

«Das ist es auch, Danny. Todernst.»

Sie gingen über den Campus. Er drängte sie nicht. May Ling würde sagen, was sie zu sagen hatte, sobald ihr der Zeitpunkt gekommen schien. Es war jedenfalls ein schöner Abend für einen Spaziergang. Die Sonne ging in einem Spitzenvorhang aus Wolken unter, die Luft war frisch und kühl.

«Es geht um meinen Vater, Danny», sagte sie schließlich.

«Er fühlt sich nicht besonders, nicht wahr?»

«Du hast es also gemerkt.»

«Weißt du, was ihm fehlt?»

«Er stirbt, Danny.»

«Nein! Großer Gott, was sagst du da?»

Sie nickte traurig.

«Woher weißt du das? Das ist doch nicht möglich. Er war doch heute noch auf der Werft. Schön, er ist müde. Aber er braucht ja nicht so hart zu arbeiten. Ich dränge ihn doch nicht.»

«Danny, Danny, hör mir zu. Joe hat gemerkt, daß etwas nicht in Ordnung ist, und mich gebeten, ob ich Papa nicht dazu bringen könnte, mit ihm zur Universitätsklinik zu gehen, damit sie ihn dort untersuchen könnten. Papa war sehr ärgerlich auf mich. Aber Joe wollte unbedingt, daß ich versuchte, etwas herauszubekommen. Also habe ich verschiedene Ärzte angerufen, hier am Ort. Der fünfte war ein Dr. Kaplan. Als ich ihm sagte, wer ich bin, gab er zu, daß Papa zweimal bei ihm war. Ich bin dann zu Dr. Kaplan gegangen. Vater hat Lungenkrebs. Man kann nicht mehr operieren. Er hat nicht mehr lange zu leben.»

«O Gott», flüsterte Dan. «Ist das sicher? Wer ist denn dieser Kaplan? Das braucht doch noch nicht das letzte Wort zu sein. Wir werden die besten Ärzte in Kalifornien hinzuziehen. Es muß doch etwas geben, was wir tun können.»

«Danny, Liebling, wir können nichts tun. Joe hat mit Dr. Kaplan gesprochen. Er hat die Röntgenbilder mit zur Universitätsklinik genommen. Es ist zu spät. Man kann nichts tun.»

«O Gott, wie entsetzlich.» Sie gingen weiter. Nach einigen Minuten des Schweigens fragte er: «Weiß deine Mutter es schon?»

«Bestimmt nicht. Und ich kann es ihr nicht sagen, Vater muß es selbst tun. Danny, tu mir die Liebe und behandele ihn wie sonst auch, laß ihn weiterarbeiten wie bisher. Dr. Kaplan hat gesagt, in ein paar Wochen werde er nicht mehr arbeiten können. Aber bis dahin soll er entscheiden, ja? Und laß dir auf keinen Fall etwas anmerken.»

Es war ein leerer Abend. Barbara hatte den ganzen Tag versucht, ihren ‹Brief aus Paris› zu schreiben, aber sie fand nicht die richtigen Worte. Ihre Beiträge im *Manhattan Magazine* waren inzwischen bekannt für ihren fröhlichen Ton, für ihre Leichtigkeit und den angenehmen Plauderstil. Doch den ganzen Tag lang war ihr Herz schwer wie Blei gewesen. Außer dem einen Brief hatte sie kein Lebenszeichen von Marcel. Sie wartete Tag für Tag, aber es kam nichts, weder ein Wort in *Le Monde*, noch etwas mit der Post. Sie war zur Zeitung gegangen, und dort hatte man ihr versichert, man wisse ebensowenig wie sie. Sie wartete weiter, während alle Freude aus ihrem Leben dahinschwand und die wundervolle Stadt Paris trübe, einsam und fremd wurde. Sie hatte dergleichen noch nie zuvor erlebt – vollkommen leere Tage, Zeit, die zäh verrann.

Der April ging, es wurde Mai. Susan Clark kehrte nach Amerika zurück. Betty Greenberg ging nach London, um über eine Wirtschaftskonferenz zu berichten. Barbara fühlte sich verlassen und ausgestoßen.

Da klingelte es eines Tages kurz nach sechs an ihrer Tür. Es war

Jean Brissard. Bevor sie fragen konnte, was er wollte, sagte er: «Er lebt. Es geht ihm gut. Ich habe einen dicken Brief für dich in der Tasche. Darf ich hereinkommen?»

Sie schlang die Arme um ihn und brach in Tränen aus. «Du Lieber, Guter!»

«Eigentlich hatte ich gehofft, daß er nie wieder von sich hören läßt. Dann könnte ich dich für mich behalten.»

«Das glaube ich dir nicht. Komm rein, komm doch rein.» Sie lief ins Badezimmer, ließ kaltes Wasser über ihr Gesicht laufen und wischte sich die Tränen ab. Einen Augenblick später sagte sie: «Ich muß mir abgewöhnen, über alles zu heulen. Wenn ich allein bin, tu ich das nie.»

«Wir haben uns Sorgen gemacht», gab Brissard zu.

«Wo ist er? Wann kommt er zurück?»

«Immer der Reihe nach. Er liegt in Toulouse im Krankenhaus.»

«Nein!»

«Es ist nicht schlimm, ich habe es dir doch gesagt. Er hat zwei Verwundungen, einen Geschoßsplitter im rechten Arm und eine Kugel im Bein. Aber es geht ihm gut.»

«Stimmt das auch?»

«Sieh selbst. Hier ist ein Brief für dich.» Er gab ihr einen dicken Umschlag. «Er hat ihn jemandem diktiert, und die zweihundertachtzig Franc Schreiblohn hat er der Zeitung in Rechnung gestellt. Er hat uns auch einen erstklassigen Bericht geschickt – wir bringen ihn morgen auf der ersten Seite.»

«Wo liegt er?»

«In Sacré-Cœur.»

«Ob ich heute abend noch einen Zug nach Toulouse bekommen kann?»

«Das bezweifle ich. Barbara, hör doch, es geht ihm gut. Du kannst im Krankenhaus anrufen, wenn du möchtest. Mit ihm selbst kannst du nicht sprechen, weil er kein Telefon im Zimmer hat. Fahr hin, wenn du unbedingt möchtest. Aber warte bis morgen ...»

Sie riß den Brief auf, ihre Hände zitterten.

«Ich muß jetzt gehen», sagte Brissard. «Wenn du mit mir sprechen möchtest, ich bin in der Redaktion.» Sie merkte kaum, daß er gegangen war. Sie begann zu lesen: «Barbara, mein Liebling, ich diktiere diesen Brief, weil ich meinen rechten Arm unglücklicherweise nicht bewegen kann. Madame Clouet, die Dame, die das Diktat aufnimmt, ist, glaube ich, eine entfernte Verwandte. Sie hat fünf Kinder und kann ausgezeichnet Kurzschrift und Maschine. Du weißt, daß meine Eltern in Toulouse wohnen, so bin ich in gewisser Weise endlich zu ihnen heimgekehrt, zwar etwas angeschlagen, aber insgesamt in gutem Zustand. Mein Bericht ist wohl ganz ordentlich geworden. Über mein Englisch verbitte ich mir künftig alle Anspielungen oder negativen Äußerungen. Ich habe mich sehr gut auf englisch – oder amerikanisch, wenn Du willst – verständigen können! Gott im Himmel, wie liebe ich Dich! Wie bewundere ich Dich! Jetzt sieht Madama Clouet mich sehr seltsam an. Sie achtet sehr auf Anstand. Sie sagt, für jemanden, der schreibt, sei mein Stil zu verschwommen. Sie liest nämlich Balzac. Ich habe ihr daraufhin empfohlen, sie solle Proust lesen. Sie behauptet, für Proust habe sie keine Zeit, außerdem langweile er sie.»

Barbara lachte und weinte zugleich. Sie hielt inne, um sich die Augen mit dem Handtuch zu trocknen, das sie aus dem Badezimmer mitgebracht hatte. «Stimmt überhaupt nicht, daß ich nicht weine, wenn ich allein bin», flüsterte sie. «Ist überhaupt nicht wahr.» Sie las weiter.

«Wo war ich noch? Du wirst meinen Bericht in der Zeitung lesen, aber das ist ein Zeitungsartikel. Dir muß ich es anders erzählen. Man hat mich einen Teil des Weges hierher auf einer Tragbahre über die Pässe getragen, und in meinen lichteren Augenblicken habe ich mit mir darüber verhandelt, ob ich Dir erzählen soll, was vorgefallen ist. Dann habe ich mich dazu entschlossen, es zu tun, weil wir einander nie etwas vorenthalten haben. Ich fange also mit der Gruppe an, der ich mich angeschlossen hatte, dem 58. Lincoln-Bataillon. Du weißt, daß diese amerikanische Einheit Teil der 15. Internationalen Brigade ist, oder besser gesagt, war. Als ich dazu stieß, bestand sie aus rund dreihundert Mann, alle sehr jung, die meisten jünger als wir beide. Ich trug meine alte Dienstuniform mit einem Korrespondentenabzeichen und einer aufgenähten Trikolore. Nichts Besonderes. Aber du hättest die Jungs sehen müssen: Die meisten hatten nur abgewetzte Hosen und Trainingsjacken an. Es waren Freiwillige aus allen Teilen der Vereinigten Staaten, viele aus New York City, und auch einige aus Deiner Heimat Kalifornien. Ich fand sie wohl vor allem deshalb so toll, weil sie aus demselben Land kommen wie der Mensch, den ich so sehr liebe. Hast Du mich für Amerika vorgeprägt? Ich glaube, ich habe mich in diese Jungs verliebt. Sie sahen gar nicht wie Soldaten aus. Die meisten von ihnen hatten als Waffen nur Einzelhinterlader und nicht einmal Patronengürtel. Sie steckten sich die Patronen und Handgranaten einfach in die Taschen. Aber ich muß schon sagen, es sind ganze Kerle.

Als ich mich ihnen anschloß, hatte ich Gerüchte gehört, denen zufolge die republikanische Front im Begriff war, nachzugeben, und möglicherweise bald ein allgemeiner Rückzug über den Ebro angetreten würde. Sie wußten aber nichts davon. Nachdem ich zwei Tage lang mit ihnen zusammen war, in denen ich hauptsächlich mein Englisch erprobte, um ein paar Hintergrundgeschichten zu bekommen, bekam das 58. Bataillon den Befehl, vorzugehen, und zwar so lange, bis Gegenorder käme. Es waren noch sechs andere Korrespondenten im Feldlager, drei von ihnen Amerikaner. Wir setzten uns zusammen, und die anderen Korrespondenten beschlossen angesichts der Gerüchte, die wir alle gehört hatten, vorläufig nach Barcelona zurückzugehen. Aber ich war doch gerade erst angekommen! Liebling, ich bin nicht tapfer, und ich weiß auch, was Du von ‹Helden› hältst, daher setze ich das Wort in Anführungszeichen. Aber versteh mich, ich war ja noch gar nicht richtig da – was für einen Bericht hätte ich schreiben können? Ich sah mich schon vor meinem geistigen Auge mein Leben lang über mittelmäßige Restaurants und zweitklassige Stücke berichten! Das war mehr, als ich ertragen konnte. Also beschloß ich, mit den 58ern vorzugehen und zu sehen, was geschehen würde. Ich hatte mich mit den beiden kommandierenden Offizieren bekannt gemacht, Dave Doran und Bob Merryman. Merryman kam aus Kalifornien. Arme Kerle, sind beide gefallen. Ich habe auch Deinen Bernie Cohen getroffen, von ihm später mehr.

Zuerst schlugen die Offiziere meine Bitte rundweg ab. Als ich aber erklärte, daß ich Sonderkorrespondent für *Le Monde* sei und in der französischen Armee gedient hatte, mich also, wenn es hart auf hart ging, um mich selbst kümmern könnte, gaben sie nach und ließen mich mitmarschieren.

Wir gingen vor, ohne auf Widerstand zu treffen. Es war heiß, trokken, die Stimmung war mies. Unser Wasser ging zur Neige, und wir hatten keine Verbindung. Wir wußten es damals nicht, aber die republikanische Armee war bereits zusammengebrochen, und die ganze Front war auf dem Rückzug. Wir waren also abgeschnitten und rückten mit dreihundert Mann allein gegen die ganze faschistische Armee vor. Gegen Mittag sahen wir einen Wasserwagen der Faschisten. Die Männer, die ihn bewachten, ergaben sich ohne Widerstand. Das hob unsere Laune schlagartig. Jetzt hatten wir reichlich Wasser, und der kleine Sieg über den Lastwagen gab uns Selbstvertrauen. Wir fesselten die drei Soldaten der Aufständischen, ließen sie liegen und gingen weiter vor. Da Merryman die Stille ums uns herum nicht gefiel, versuchte er einen Ausbruch über die Flanke, um wieder eine Verbindung herzustellen.

Es war sehr heiß und etwa drei Uhr nachmittags. Wir machten Rast im Schatten eines Olivenhains und warteten dort auf Merrymans Rückkehr. Es war sehr seltsam, nur das amerikanische Bataillon, sonst weit und breit nichts, außer in der Ferne ein paar grasende Ziegen, und die stechende, langsam über den Himmel Spaniens nach Westen wandernde Sonne, und Stille. Wo waren die Armeen? Wo war der Krieg? Dann kehrte Merryman zurück und berichtete, daß wir weit in faschistisches Gebiet vorgestoßen wären, während die gesamte republikanische Armee sich zurückgezogen habe. Er hatte einen versprengten republikanischen Soldaten getroffen, der ihm sagte, daß uns der Rückweg abgeschnitten sei.

Doran gab den Marschbefehl zum Rückzug, nicht auf dem Weg, den wir gekommen waren, sondern durch felsiges Gelände. Der Rückmarsch war sehr schnell und ziemlich erschöpfend. Irgendwann kamen wir an eine Erhebung, von der aus wir auf eine kleine spanische Stadt hinabsehen konnten – ich glaube, sie hieß Gondese oder so ähnlich. Dort verlief jetzt die Kampflinie. Wir waren im Rücken der Faschisten und konnten sehen, wie sie ihren Angriff in den Straßen der Stadt vorantrugen. Die republikanischen Soldaten versuchten, die kleinen Lehmhäuser zu halten. Merryman und Doran kamen zu dem Ergebnis, daß wir keine andere Wahl hatten als zu ihnen durchzubrechen. Es ging jetzt auf die Dämmerung zu. Wir schickten eine Patrouille von fünfundzwanzig Mann vor. Sie sollten sich durch die faschistischen Linien durchkämpfen und mit den Spaniern Verbindung aufnehmen. Wir würden dann angreifen und die Faschisten aus der Stadt werfen. Meiner Ansicht nach war es taktisch sehr unklug, fünfundzwanzig Mann ohne Unterstützung loszuschicken, aber ein Kommentar von mir war in der Situation nicht angebracht. Wir mußten zusehen, wie die ganze Patrouille aufgerieben wurde. Mein Gott, die Jungen waren so tapfer und zugleich so töricht! Sie gerieten ins Kreuzfeuer und rannten mit ihren alten Springfield-Gewehren gegen MG-Nester an, und wir mußten dem tatenlos zusehen. Wir konnten nichts tun.

Dann gaben die Spanier die Stadt auf und zogen sich auf einen Hügel zurück. Jetzt saßen wir da, wir auf unserem Hügel, die Republikaner auf dem anderen, und dazwischen saßen die Faschisten. Wir versuchten uns einzugraben, aber wir hatten nicht genug Schanzzeug. Dann schickten die Faschisten im letzten Schein des Tages ein Kavallerieregiment den Berg herauf und ließen eine Attacke gegen uns reiten. Du hältst es nicht für möglich: Reiter im leuchtenden Küraß, den blanken Säbel in der Faust schwingend! Ich vermute, daß die Faschisten meinten, eine Machtdemonstration genüge, da die republikanische Armee sich überall zurückzog. Die 58er brachten den Angriff zum Stehen und dezimierten die Kavallerieeinheit erheblich. Nach Einbruch der Dunkelheit stießen einige hundert spanische Soldaten zu uns, die von ihren Einheiten abgeschnitten waren. Inzwischen hatten die Faschisten ihre Artillerie in Stellung gebracht, die uns zwei Stunden lang eindeckte – es war nicht sehr erhebend. Weitere acht Amerikaner verloren dort ihr Leben, und ich bekam den Granatsplitter in den Arm. Zuerst war es nicht sehr schlimm. Wir wußten aber, wenn wir dort blieben, würde es das Ende bedeuten.

In der Dunkelheit brachen wir auf und marschierten die ganze Nacht hindurch. Wie durch ein Wunder wurden wir von den Faschisten, die uns beschossen hatten, nicht abgefangen. Als der Morgen dämmerte, liefen wir einer Gruppe – möglicherweise Nazi-Soldaten – genau ins Maschinengewehrfeuer. Statt kehrtzumachen und da rauszukommen, griffen die Amerikaner an und wurden dabei buchstäblich in der Luft zerfetzt. Jetzt war die Hölle los – dieses Bild ist hier am Platze. Später hörte ich, daß sowohl Merryman als auch Doran gefallen sind. Ich glaube, keine hundert Amerikaner haben das Gemetzel überlebt, und auf jeden Fall war damit das Schicksal des 58. Bataillons besiegelt. Ich bekam einen Schuß ins Bein, und besagter Bernie Cohen, von dem ich vorhin sprach, holte mich irgendwie aus dem Dreck. Dann war alles vorüber. Man hörte nur noch das Brüllen und Stöhnen der Verwundeten. Ich klammerte mich an Cohen und kam irgendwie raus. Später fanden wir einen kleinen Schuppen und krochen hinein. Wir konnten von dort aus nicht sehen, was los war, aber um uns herum hörten wir die Stimmen von Deutschen und waren sicher, daß sie uns früher oder später finden würden. Cohen sagte, dann würde man uns an Ort und Stelle erschießen, da die Deutschen keine Gefangenen machten. Ob das stimmt oder nicht, weiß ich nicht, aber von anderen habe ich das auch gehört. Cohen war völlig gelassen und wußte genau, was er tat. Mit ein paar Holzstücken, die er in dem Schuppen fand, schiente er mein Bein. Ich hatte starke Schmerzen, und an die Zeit danach erinnere ich mich nur sehr unklar.

Wir blieben den ganzen Tag in dem Schuppen und verließen ihn erst bei Einbruch der Nacht. Cohen trug mich auf seinem Rücken. Wir waren in der Nähe des Ebro. Er fragte mich, ob ich schwimmen könnte, und ich sagte, irgendwie werde es wohl gehen. Wir sind auch tatsächlich über den Fluß gekommen, aber frag mich nicht wie. Das Ganze hatte fatale Ähnlichkeit mit einem Alptraum. Um das Maß voll zu machen, biwakierten auf dem gegenüberliegenden Flußufer italienische Schwarzhemden. Cohen schleifte mich hinter sich her, und wir robbten, ob Du es glaubst oder nicht, mit angehaltenem Atem durch eine ganze Division schlafender italienischer Soldaten. Sie hatten nicht eine einzige Wache aufgestellt. Dann trug Cohen mich wieder auf dem Rücken, und gegen Morgen wurden wir von einer englischen Ambulanz aufgesammelt, die in der Zone zwischen den Fronten nach Verwundeten suchte.

Da hast Du die ganze Geschichte, meine Geliebte, ein verworrenes und tragisches Bißchen aus einem obszönen, herzzerreißenden Krieg. Ich warte jetzt und zähle die Stunden, bis wir uns wiedersehen.»

Die Einsamkeit gehört untrennbar zum Schicksal des Einwanderers. Selbst wer Frau und Kinder mitnimmt, läßt das in Jahrhunderten gewachsene Geflecht der weiteren Familie zurück, in deren Schoß man sich in Not und Gefahr bergen kann. Als man Feng Wo auf dem trostlosen kommunalen Friedhof von Los Angeles zu Grabe trug, nahezu zehntausend Kilometer vom Land seiner Ahnen entfernt, in einem Lande, das ihn als Außenseiter abstempelte, ein Gelber, ein Chinese, sahen nur sechs Menschen zu, wie die Erde auf seinen Sarg fiel: Dan, May Ling, Joseph, So-toy, die hinfällig wirkte und keine Tränen mehr hatte, sowie Sam Goldberg und Sarah Levy, die beide zur Beerdigung von San Francisco herübergekommen waren.

Sie alle kehrten nach dem Begräbnis zu dem Häuschen in Westwood zurück. Zum erstenmal seit ihrer Eheschließung im Jahre 1895 hatte So-toy das Abendessen nicht selbst zubereitet – wenn man von den Tagen absieht, an denen nichts zu essen im Hause gewesen war. Sie saß in einer Ecke der Küche, eine winzige, in sich zusammengesunkene Frau, als sei der Tod, der ihren Mann mitgenommen hatte, irrtümlich an ihr vorübergegangen, und als warte sie darauf, daß er sie nachhole.

Sarah und May Ling kochten. May Ling sagte: «Wissen Sie, sie hat nie Englisch gelernt. Sie spricht nur Chinesisch, und zwar Schanghai-Dialekt. Wer wird jetzt mit ihr sprechen? Das ist eigentlich das Schlimmste.»

Joe war in seine Schule zurückgekehrt. Im Wohnzimmer saß Dan mit Sam Goldberg, der den Tag heraufbeschwor, an dem sie die *Oregon Queen* gekauft hatten, dieses erste, nahezu mythische eiserne Schiff, auf dem Levy und Lavette ihr Imperium aufgebaut hatten. Feng Wo hatte damals sein Rechenbrett mitgebracht, seinen Abakus, und als Swenson, der Eigner der *Oregon Queen*, vorschlug, sie sollten zusammen mit dem eisernen Holzfrachter auch seine beiden Müllschuten erwerben, war der Abakus so flink gewesen wie ein moderner Computer. Goldberg erinnerte sich, wie die Kinder staunend um sie herum gestanden hatten, während Feng Wo auf seiner ‹Chinaharfe›, wie Dan sie nannte, addierte, subtrahierte und multiplizierte.

«Sie waren alle dabei, weißt du noch?» sagte Goldberg. «Steve Cassala und seine kleine Schwester – wie hieß sie noch gleich?»

«Rosa.»

«Ja, richtig, und Clair Harvey, Jake und Martha Levy, alle Kinder.»

«Ich erinnere mich», sagte Dan.

«Nun, es ist vorüber. Die Welt ändert sich, weiß Gott. Zweiunddreißig Jahre erst ist es her seit dem großen Erdbeben, und man erkennt die Welt nicht wieder. Was meinst du, Danny – wird es Krieg geben?»

«Ich habe darüber nachgedacht. Weißt du, der letzte Krieg hat uns zu Millionären gemacht. Wenn ich daran denke, wird mir jetzt noch übel. Dieser Nazi-Kerl wird sich wohl kaum mit dem begnügen, was man ihm freiwillig überläßt. Früher oder später wird er alles haben wollen.»

«Du willst aber nichts damit zu tun haben?»

«Nein, nichts.»

«Und wenn wir uns nicht raushalten können, woher sollen dann die Schiffe kommen?»

«Das ist nicht meine Sorge.»

«Was für Nachrichten hast du von Barbara?»

«Sie hat einen langen Brief geschrieben. Jake und Clair waren in Paris, und dabei ist die große Neuigkeit ans Licht gekommen.» Er lächelte bekümmert. «Sie hat sich, schreibt sie, in einen französischen Journalisten verliebt und will ihn heiraten.»

«Und in Frankreich bleiben?»

«Weiß der Geier. Ich hoffe nicht. Sie fehlt mir. An einem Tag wie heute bricht es mir fast das Herz, so sehr fehlt sie mir.»

May Ling kam herein, beugte sich zu Dan und küßte ihn zärtlich. «Ich wollte es eigentlich gleich nach Vaters Tod sagen: Ich schulde dir sehr viel, mein Gemahl.»

«Für was, May Ling? Für all die Jahre des Kummers?»

«Für all die Jahre der Liebe, und für etwas, was du Vater gegeben hast. Du hast ihm seine Manneswürde erhalten. Ohne die ist das Leben vergeudet. Tausende von Chinesen müssen hier ihr Leben auf diese Weise vergeuden. Sein Leben war erfüllt, und dafür danke ich dir.»

Sie kehrte in die Küche zurück. Dan sagte langsam: «Weißt du, Sam, sie ist Chinesin. Sie ist die zweite Generation in diesem Lande, aber immer noch Chinesin.»

«Außerdem ist sie eine sehr bemerkenswerte Frau.»

«Das ist sie. Das ist sie bestimmt.»

Der nächste Zug nach Toulouse, den Barbara erreichen konnte, war ein Nachtzug, der am frühen Morgen dort sein würde. Sie war froh, daß sie das Schlafwagenabteil für sich allein hatte. So konnte niemand sie in ihren Gedanken stören, mit Ausnahme eines eifrig um sie bemühten Schlafwagenschaffners aus London, eines echten Cockney, der zu glauben schien, daß eine junge Amerikanerin oder Britin, die allein auf dem Kontinent reiste, in beständiger und tödlicher Gefahr schwebe. Sie las Marcels Brief immer wieder. Der Schluß beunruhigte sie. Eine Ambulanz hatte ihn aufgefunden, und die nächste Station war ein Krankenhaus in Toulouse. Selbst mit einer Kugel im Bein hätte er humpeln können – falls der Knochen nicht getroffen war. Sie erinnerte sich, irgendwo gelesen zu haben, daß eine Kugel, wenn sie einen Knochen trifft, üble Verletzungen hervorruft. Was war am Ende des Briefes geschehen? War er nur müde gewesen? Oder wollte er das alles nur nicht noch einmal aufleben lassen?

Sie verglich den Brief mit seinem Bericht in *Le Monde*. Die Überschrift hieß: AUGENZEUGENBERICHT VOM SPANISCHEN KRIEGSSCHAU-

PLATZ. Der Artikel war länger als der Brief, er brachte auch mehr Einzelheiten. Außerdem lieferte *Le Monde* mehr Informationen über Doran und Merryman. Die Einzelheiten des Gefechts mit der deutschen Abteilung waren genauer beschrieben, und auch die Geschichte ihres Rückzugs durch die italienische Division. Dort endete der Artikel. Sie las ihn immer wieder, und auch Marcels Brief, bis sie beide fast auswendig kannte. Noch am Abend hatte sie im Krankenhaus angerufen. Sie hatte aber nur eine Nachtschwester erreicht, die keine ausführliche Auskunft erteilen konnte. Jetzt tat es ihr leid, daß sie nicht noch einmal angerufen hatte, bevor sie zum Bahnhof ging. Die Fahrt war quälend langsam, der Zug hielt immer wieder. Wieviel Zeit ihres Lebens hatte sie schon in Zügen verbracht! In Zügen war man einsam, sie hielten einen fest wie in einer Falle, zwangen einen, sich bis in den innersten Winkel zu prüfen. Und sie hatte sich nichts zu lesen mitgenommen, nur den Brief und das Exemplar von *Le Monde*. Allerdings wollte sie auch nicht lesen oder sich auf andere Weise ablenken. Sie wollte in Gedanken bei dem Mann sein, den sie liebte, wollte ihn sich liebend vorstellen, jeden seiner Züge – wie er dachte, lächelte, sie berührte, die schmalen Falen zu beiden Seiten seines Mundes, die Art, wie er Englisch sprach, Worte und Sätze verschluckte, oder wie er sich einen Strohhut kaufte, um Maurice Chevalier zu imitieren, ihre endlosen Spaziergänge durch die Straßen von Paris. Einmal hatten sie den Schiffer eines Schleppkahns auf dem Kanal St.-Martin beschwatzt und waren einen ganzen Nachmittag lang über die unglaublich schönen, traumhaften Wasserstraßen im Herzen von Paris gefahren. Sie dachte an all die Tage und Wochen, die sie miteinander verbracht, die sie einander erforscht, in denen sie zueinander gefunden hatten. Sie waren beide so weit weg von zu Hause gewesen, so frei, so ungehindert in ihrem Geben.

Sie schlief ein. Der Schlafwagenschaffner weckte sie, um ihr Bett für die Nacht herzurichten. Ob sie kein Abendessen wolle? Der Gedanke daran war ihr unerträglich. «Ich bin bestimmt die sentimentalste, neurotischste Frau der Welt», sagte sie zu sich und zwang sich, in den Speisewagen zu gehen und sich etwas zu essen zu bestellen. Ihr gegenüber saß ein Vertreter für Windeln, ein rundlicher, fröhlicher Mann, glatt und rosa wie ein Säugling. Was für eine eigentümliche Art, sein Geld zu verdienen, dachte sie, als sie seinen Erzählungen mit halbem Ohr zuhörte. Er redete während der ganzen Mahlzeit, und sie war erleichtert, daß sie dadurch von ihren trüben Gedanken abgelenkt wurde.

In der Nacht schlief sie schlecht. Sie fuhr jedesmal hoch, wenn der Zug hielt, lag dann wach und lauschte dem Rollen der Räder. Beim ersten Morgenlicht war sie auf und angekleidet und wartete bereits ungeduldig mit ihrem Köfferchen in der Hand, als der Zug in Toulouse einfuhr. Ein Taxi brachte sie zum Sacré-Cœur-Krankenhaus, einem cremefarbig verputzten Gebäude am Rande der Stadt. Noch immer den Koffer in der Hand, sagte sie der Schwester an der Pforte, sie wolle Marcel Duboise besuchen. Die Frau blickte unschlüssig zuerst auf Barbara, dann auf ihren Koffer.

«Ich bin soeben mit dem Nachtzug von Paris gekommen. Ich wollte nicht erst in ein Hotel gehen. Kann ich den Koffer irgendwo abstellen?»

«Lassen Sie ihn hier. Hier kommt er nicht weg. Sind Sie die Frau von Monsieur Duboise?»

«Demnächst – sobald wir heiraten.»

Wieder sah die Frau sie aufmerksam an. War es Mitgefühl oder Ärger? «Wie heißen Sie?» fragte sie.

«Barbara Lavette.»

«Mademoiselle Lavette, Besuche sind auf Familienangehörige beschränkt. Monsieur Duboise ist sehr krank. Das ist eine Anordnung des Arztes.»

«Ich stehe ihm genauso nahe wie irgendeiner seiner Angehörigen», sagte Barbara, wobei ihre Stimme einen harten Klang annahm. «Ich möchte jetzt zu ihm.»

Die Frau sah sie nachdenklich an, nickte dann. «In Ordnung. Versuchen Sie, ihn nicht zu sehr zu ermüden. Die Schwester bringt Sie zu ihm.» Sie wandte sich an eine andere Schwester, die in der Nähe stand. «Führen Sie die Dame zu Monsieur Duboise.»

Barbara folgte der Schwester über einen langen Gang, eine Treppe hinauf und durch einen weiteren Gang. Sie war noch nie in einem französischen Krankenhaus gewesen. Durch die grell-weiße Strenge wirkte es geradezu klösterlich auf sie.

«Seine Eltern sind ebenfalls hier», teilte die Schwester Barbara mit.

«Ach? Bei ihm?»

«Am Ende des Ganges ist ein Aufenthaltsraum. Dort habe ich sie vorhin gesehen. Soll ich ihnen sagen, daß Sie hier sind?»

«Ich denke, ja.»

«Wie heißen Sie, Mademoiselle?»

«Barbara Lavette.»

«Hier.» Sie öffnete ihr die Tür.

Barbara betrat den Raum. Alles darin war weiß: die Laken auf dem Bett, der Rahmen des Bogenfensters mit den geschlossenen Läden, durch deren Schlitze Sonnenlicht fiel und ein Muster auf das Bett malte. Dort lag Marcel, sehr still, die Augen geschlossen, das Gesicht eingefallen, die Haut bleich.

Sie trat leise ans Bett. Wie war in wenigen Wochen eine solche Veränderung möglich? Seine Hände lagen auf dem Laken, dünn und ohne Fleisch.

Da öffnete er die Augen und sah sie. Dann machte er die Augen wieder zu, öffnete sie erneut und flüsterte: «Ich hatte Fieber. Ist das ein Trugbild?»

«Nein, mein Liebling.» Sie beugte sich über ihn und küßte ihn auf den Mund.

«Barbara?»

«Ja, Barbara.»

Er berührte ihr Gesicht mit der Hand. «Du bist wirklich. Ich phantasiere nicht.»

«Ganz und gar wirklich, Lieber.»

«Das warst du vorher nie.»

«Doch. Ich war immer wirklich.»

«Gott sei Dank. Jetzt ist alles in Ordnung.»

«Alles.»

«Du gehst nicht wieder weg?»

«Weg von dir? Nie.» Sie legte die Hand auf seine Wange, sie fühlte sich heiß an.

«Wann bist du angekommen?»

«Vorhin, mit dem Zug aus Paris.»

«Wir gehen zu Hermès, da suche ich eine Handtasche für dich aus. Ich habe dir nie etwas kaufen dürfen.»

«Ja.»

«Nach dem Essen. Zuerst essen wir zu Mittag. Dann nehmen wir uns den Nachmittag frei und bemogeln die Ungeheuer von *Le Monde*. Das ist doch gut, nicht? Die Ungeheuer dieser Welt.»

«Marcel», flüsterte sie. «Marcel.»

«Wir suchen uns ein neues Restaurant und essen auf Kosten der Zeitung. Ich schreibe dann darüber. Das Soufflé dort ist deliziös, aber der Verkehr, der Verkehr –» Er schloß die Augen, und seine Stimme versank in einem unverständlichen Murmeln. Die Tür öffnete sich. Ein kleiner kahlköpfiger Herr mit einem Zwicker auf der Nase betrat den Raum, legte Barbara leicht die Hand auf die Schulter und machte eine Kopfbewegung zur Tür hin. Sie folgte ihm beklommenen Herzens auf den Gang.

«Ich bin Dr. Lazaire», sagte er. «Und Sie sind sicher Barbara Lavette?»

«Ja.»

«Ich hoffe, Sie sind nicht hysterisch.»

«Nicht, wenn es darauf ankommt.»

«Hier kommt es darauf an. Ich kenne Ihrer beider Geschichte. Er hat sie mir erzählt, und seine Eltern haben sie mir auch berichtet. Hören Sie jetzt, bitte, gut zu. Die Kugel hat einen Knochen im Bein, den Oberschenkelknochen, getroffen. Eine schlimme Wunde, die vor seiner Ankunft hier nicht richtig behandelt worden ist. Er leidet an Gasbrand. Schon unter günstigsten Umständen ist eine solche Wunde sehr ernsthaft, aber die ärztliche Betreuung in Spanien, in dieser schrecklichen Situation dort, war denkbar primitiv. Verstehen Sie mich, bitte, richtig: Das Bein muß abgenommen werden. Das hätte schon vor fünf Tagen geschehen müssen, gleich, als er herkam. Aber der Patient hat seine Zustimmung verweigert. Ich möchte es noch einmal deutlich sagen: Es handelt sich nicht um eine Amputation unterhalb des Knies, sondern am Oberschenkel. Vielleicht ist es sogar schon zu spät. Ich bin nicht der Chirurg, sondern der Hausarzt der Familie Duboise. Ich habe den jungen Mann auf die Welt geholt, das Ganze bedeutet mir also etwas. Wenn man noch eine Nacht mit der Operation wartet, wird er nahezu mit Gewißheit sterben. Selbst wenn jetzt sofort operiert wird, kann ich für nichts garantieren. Es kann sein, daß er schon zu schwach ist und die Operation nicht überlebt. Er sagt, er wolle so nicht leben, und ohne seine Zustimmung können wir nicht amputieren. Seine Eltern haben ihn beschworen, aber es hat nichts gefruchtet. Da Sie seine Verlobte sind, muß ich Sie fragen, ob Sie ihn auch heiraten würden, wenn er sich amputieren läßt.»

Eine Zeitlang konnte Barbara nicht sprechen. Sie empfand eine Leere, eine Hoffnungslosigkeit wie nie zuvor in ihrem Leben. Seltsamerweise weinte sie nicht. Sie versuchte sich Marcel mit nur einem Bein vorzustellen.

«Darum geht es doch gar nicht», sagte sie schließlich. «Die Operation muß stattfinden. Man darf ihn nicht sterben lassen.»

«Doch, genau darum geht es. Sie müssen die Frage beantworten, und er muß Ihre Antwort kennen.»

«Ich liebe ihn. Meine Antwort ist: ja.»

«Gut. Gehen Sie jetzt wieder in sein Zimmer. Fassen Sie ihn ruhig hart an. Sein Delirium ist zum Teil Absicht. Er kann sich auf diese Weise aus der Wirklichkeit zurückziehen. Versetzen Sie ihm ruhig einen Schock. Scheuen Sie nicht davor zurück, ihn anzubrüllen, wütend zu werden, ihn wütend zu machen. Sie kämpfen um sein Leben. Können Sie das?»

«Ja.»

«Dann los. Seine Eltern möchten Sie gern kennenlernen, aber sie müssen warten. Das hier ist wichtiger.»

Barbara ging ins Zimmer zurück. Marcel lag mit geschlossenen Augen da. «Marcel», sagte sie. Er öffnete die Augen und sah sie an. «Marcel, wir müssen miteinander sprechen.»

Er schüttelte den Kopf und schloß die Augen.

«Marcel!» Sie saß auf der Bettkante und legte ihm eine Hand auf die fiebrige Wange. «Marcel, hör mir zu! Wenn ich dir sage, daß ich dich liebe, dann denkst du vielleicht, daß das nur eine Floskel ist. Aber andere Worte habe ich nicht. Du bist mein Fleisch und Blut. Du bist der erste Mann, den ich je geliebt habe, der einzige. Wir kennen einander. Du hast mich schon gekannt, ehe du überhaupt mit mir gesprochen hattest. Wenn du jetzt stürbest, würde ein Teil von mir sterben. Dein Bein kümmert mich keinen Deut. Ich liebe nicht dein Bein, sondern dich.»

«Wer hat es dir gesagt?»

«Na, was glaubst du wohl? Natürlich Dr. Lazaire. Und ich möchte, daß du es machen läßt, und zwar gleich.»

«Nein.»

«Sag nicht nein zu mir. Was gibt dir das Recht, nein zu sagen?»

Er schloß die Augen und schüttelte müde den Kopf.

«Weich mir nicht aus! Wir *müssen* darüber sprechen. Du hast genug Zeit mit Träumen vergeudet.»

«Gut. Also reden wir. Du weißt, was sie vorhaben? Sie wollen mein Bein am Oberschenkel abnehmen. Möchtest du das – ein Ungeheuer mit einem halben Leib?»

«Ja, das möchte ich.»

Er war jetzt ganz wach, war sich ihrer Gegenwart bewußt. «Denk mal darüber nach! Stell dir vor, du willst mein Glied streicheln, und was findest du? Stell dir vor, wie der Stumpf aussehen wird. Jeden Tag deines Lebens mußt du ihn sehen. Du wirst mich herumkriechen sehen wie einen elenden Käfer.»

«Ist das alles?» fuhr sie ihn an. «Mehr hast du nicht zu bieten?»

«Verstehst du nicht, daß ich dich liebe?»

«Nein. Eine solche Liebe ist nichts wert! Denn du versetzt dich an meine Stelle und kannst die Vorstellung nicht ertragen, daß *ich* nur ein Bein hätte.»

«Nein, nein», jammerte er. «Nein.»

«Doch. Streite es nicht ab. Es ist nicht meine Liebe, die dir Angst macht, sondern deine eigene. Und weil sie dieser Prüfung nicht standhält, möchtest du lieber sterben. Was für eine erbärmliche Haltung!»

«Nein, Gott im Himmel. Du verstehst nicht.»

«Ich verstehe nur zu gut.»

«Glaube mir, Barbara, es ist, weil ich dich liebe. Wie kann ich zu dir kommen, wenn ich nur noch zur Hälfte da bin? Wie kann ich dich bitten, dein Leben einem wertlosen, hilflosen Krüppel zu opfern?»

«Du brauchst mich nicht zu bitten. Nichts, was du tun kannst, könnte mich davon abhalten. Ich will dich heiraten, und ich will einen lebendigen Mann heiraten, keine Leiche.»

«Nein.»

«Hör auf, wie eine kaputte Schallplatte nein zu sagen. Was soll ich denn deiner Ansicht nach tun? Dir beipflichten, neben dir niederknien, gemeinsam mit dir jammern und sagen, daß du besser tot wärest? Unser Leben ist keine dumme romantische Geschichte. Wir sind zwei Menschen aus Fleisch und Blut, die einander lieben und durch diese Liebe einander verbunden sind. Was habe ich je von dir verlangt? Jetzt bitte ich dich um dein Leben. Wie kannst du mir das verweigern?»

«Weil ich dich liebe», sagte er kläglich.

«Das kann ich nicht hinnehmen. Hier geht es nicht um Worte. Worte sind für Menschen da, die nichts zu geben und nichts zu verlieren haben. Du hast mir ein Leben zu geben, und ich habe ein Leben zu verlieren – da ist ein Nein keine Antwort!»

Ein Lächeln trat in sein Gesicht. Er erhob sich auf einen Ellbogen, sah sie lange an und sagte: «Du bist großartig, Mädchen. Ich bin richtig stolz auf dich.»

«Du gibst also deine Einwilligung?»

«Nein.»

Sie verlor die Beherrschung. Sie stand auf, ging vom Bett weg und setzte sich auf einen Stuhl und begann zu weinen.

«Barbara.»

«Laß mich zufrieden, du Mistkerl!» Plötzlich sprang sie auf und schrie ihn an: «Du tötest das Einzige, was ich liebe, du elender Kerl!»

«Barbara, bitte, bitte –»

«Nein!» schrie sie. «Nein! Wenn du noch einmal sagst, daß du mich liebst –»

Er begann zu lachen. Es schüttelte ihn vor Lachen, und der Schmerz ließ ihn zusammenzucken.

«Worüber lachst du?»

«Über dich. Gott, ich bewundere dich. Du bist ein erstaunlicher Mensch. Ich liebe dich so sehr, daß ich vor nichts Angst habe, nicht einmal vor dem Tode.»

«Quatsch!» fauchte sie ihn auf englisch an. «Du hast keine Angst vor dem Tod, aber vor dem Leben.»

Er hörte auf zu lachen und sah sie an. Dann seufzte er, schloß die Augen und ließ sich auf sein Kissen zurückfallen. Erschöpft saß Barbara da und wartete. Zwei, drei Minuten vergingen. Dann sagte Marcel leise: «Drüben auf der Kommode liegt das Formular, das ich unterschreiben soll, Liebling. Ein Stift liegt auch da. Gib es mir her und hilf mir hoch, dann unterschreibe ich. Dann kannst du es Dr. Lazaire geben – er wartet ja sicher draußen vor der Tür. Du hast gewonnen. Gott helfe uns.»

Die Operation dauerte bereits eineinhalb Stunden. Barbara saß mit Marcels Eltern in dem kleinen Warteraum. Wie so viele französische Ehepaare jener Generation hatten sie ihr einziges Kind bekommen, als sie schon etwas älter waren. Duboise war bereits über sechzig, seine Frau Mitte der fünfzig. Marcel sah seinem Vater, dem Apotheker, sehr ähnlich. Auch der Vater war schlank und groß, ging aber schon etwas gebeugt und war fast kahlköpfig – nur ein schmaler Kranz grauen Haares umgab seinen Schädel. Seine Frau war zierlich und hübsch, nur ihr Haar war vor der Zeit weiß geworden. Sie kleidete sich sehr sorgfältig und gepflegt, auch noch in ihrem Kummer, wie eine lebenslange Gewohnheit es sie gelehrt hatte. Offensichtlich hatte Marcel ihnen die Ereignisse des vergangenen Jahres in allen Einzelheiten berichtet, denn sie wußten viel über Barbara. Unter anderen Umständen wären sie möglicherweise distanziert und wenig umgänglich gewesen, hätten sie mit dem ganz besonderen Mißtrauen betrachtet, das Franzosen allen Ausländern entgegenbringen, vor allem Amerikanern. In diesem Fall aber war Barbara eine Art Retterin. Wenn Marcel Aussichten hatte zu überleben, dann nur dank Barbaras Eingreifen. Sie umarmten sie und schütteten ihr Herz aus. Daß ihr Sohn nach langer Zeit so zu ihnen zurückgekehrt war – das war kaum zu ertragen. Aber jetzt würden sie ihn für eine Weile für sich haben, und mit ihm diese reizende junge Amerikanerin.

So saßen sie eineinhalb Stunden da, während draußen der Tag sich neigte und die Dunkelheit herabsank. Es regnete. Meist schwiegen sie, manchmal richtete sich ihre Aufmerksamkeit und Fürsorge auf Barbara, dann wieder erinnerte Madame Duboise sich eines Vorfalls aus Marcels Kindertagen. Sie klammerte sich an seine Kindheit. Oder Monsieur Duboise fragte Barbara nach ihrem Leben, nach ihren Angehörigen an dem für ihn nahezu legendären Ort San Francisco. Es stellte sich heraus, daß Marcel ihnen in seinen Briefen angedeutet hatte, er und Barbara würden möglicherweise in den Vereinigten Staaten leben, eine Bewährung für ihn selbst wie auch für seine Eltern. Sie fragten Barbara nach Amerika aus. Gab es denn in der Welt ein Land, das so schön, so voller Kultur war wie Frankreich? Selbstverständlich konnten sie nicht erwarten, daß Marcel in Toulouse blieb, das wäre viel zu provinziell für ihn. Aber gab es etwas, was man nicht in Paris finden konnte?

Es war alles ein Traum, alles – alle Befürchtungen, alle Hoffnungen: Barbara wußte es in dem Augenblick, in dem Dr. Lazaire das Wartezimmer betrat. Es stand in seinem Gesicht geschrieben.

«Es tut mir leid», sagte er. «Aber es war zu spät. Die Infektion hatte schon auf den Körper übergegriffen. Gasbrand ist etwas Entsetzliches. Schon gestern wäre es zu spät gewesen.»

«Was sagt er?» flüsterte Madame Duboise.

Ihr Mann legte den Arm um sie. «Er sagt, daß Marcel tot ist.»

«Sagt er das tatsächlich? Das kann nicht sein.»

Barbara stand auf und ging hinaus, vorbei an dem Arzt, über den langen weißen Gang, die Treppen hinunter, hinaus in den Regen.

III
Verfinsterung

Im April des Jahres 1939 klingelte es eines späten Nachmittags an der Tür zu Barbaras Wohnung in Paris. Sie erwartete niemanden, und als sie öffnete, stand ein Mann von etwa einem Meter neunzig vor ihr, breitschultrig, mit vollem Haar, Vollmondgesicht, großer Nase und blaßblauen Augen. Er trug eine Lederjacke zu Rollkragenpullover und einer unförmigen Kordsamthose. Er lächelte sie verlegen an und fragte, ob sie Miss Barbara Lavette sei.

«Ja.»

«Gut. Ich freue mich, Sie endlich kennenzulernen, Miss. Ich heiße Bernie Cohen.»

«Sie?» Sie war erstaunt und sprachlos und ein bißchen verwirrt. Das Jahr, das so hoffnungslos begonnen hatte, hatte seine Wirkung hinterlassen. Dann aber ergriff sie eine seiner riesigen Hände und zog ihn in die Wohnung. «Bitte, verzeihen Sie, aber ich kann noch nicht wieder richtig denken. Es ist, als ob es gestern geschehen sei, und dann auch wieder wie vor einer Ewigkeit. Aber Sie haben in meinem Herzen einen Ehrenplatz, glauben Sie mir. Kommen Sie, bitte, herein.»

«Ja, Miss Lavette, ich kann verstehen, was Sie empfinden. Es war ein schlimmes Jahr, nicht wahr? In Spanien ist jetzt alles vorbei, nichts mehr zu machen. Ich bin auf der Durchreise, und da dachte ich, daß ich es Marcel schuldig wäre, vorbeizuschauen und Ihnen wenigstens einmal guten Tag zu sagen.»

«Ich hoffe, daß Sie ein bißchen mehr sagen werden als das. Ich freue mich so sehr, Sie kennenzulernen. Bitte, nehmen Sie doch Platz, ich hole uns ein Glas Wein.»

Er zwängte sich in einen Sessel, während Barbara Wein und Gläser holte.

«Sie wissen Bescheid über Marcel?» fragte sie ihn.

«Ich war in der Redaktion. Dort habe ich es erfahren und auch Ihre Adresse bekommen. Es tut mir leid, wirklich. Ich mochte ihn sehr.»

«Sie haben ihm das Leben gerettet.»

«Ich wollte, das hätte ich gekonnt. Es war ein wahres Blutbad, ein Schlachten – keine Schlacht. So viele gute Jungen haben da ihr Leben gelassen, und wozu? Damit die Dreckskerle in England und hier sie verraten und verkaufen konnten.»

«Trotzdem haben Sie sein Leben gerettet. Sie haben ihn mir zurückgebracht – zumindest für eine kurze Zeit, die ich bei ihm sein konnte. Ich bin Ihnen so dankbar. Wie viele Male habe ich mir gesagt, ich werde Sie eines Tages treffen und Ihnen sagen, wie dankbar ich bin.»

Es war ihm offenbar peinlich, und er erhob sein Glas. «Worauf wollen wir trinken, Miss Lavette?»

«Wir trinken auf den Frieden und ein bißchen Menschlichkeit. Und nennen Sie mich Barbara. Wir sind Freunde.»

«In Ordnung, Barbara. Auf die Menschlichkeit! Ich glaube allerdings nicht, daß ich das noch erleben werde.»

«Wann haben Sie Spanien verlassen?»

«Vor zwei Wochen. Als die Faschisten Madrid genommen hatten und alles vorbei war, bin ich zu Fuß über die Pyrenäen gegangen, auf demselben Weg, den ich gekommen war. Die meisten der Internationalen hatten sich ja schon aus dem Staub gemacht. Es ist seltsam – obwohl ich ziemlich groß bin, habe ich nie etwas abbekommen, nicht den kleinsten Kratzer. Es war ein Alptraum, vom Anfang bis zum Ende. Aber warum erzähle ich Ihnen das eigentlich –»

«Doch, bitte, sprechen Sie weiter.»

«Ach, was gibt es da zu sagen? Jetzt haben die Nazis ihren Willen. Als nächstes wird Frankreich an der Reihe sein. Ich hoffe nur, daß Sie dann nicht mehr hier sind.»

«Die Zeitschrift möchte, daß ich bleibe. Aber ich glaube, ich kann es nicht. Ich fühle mich einsam und habe Heimweh. Ohne Marcel ist Paris für mich leer. Ich sehe es an, und plötzlich ist es eine Stadt ohne Seele. Meine Eltern lassen mir auch keine Ruhe, weil sie sehr beunruhigt sind über das, was in Europa geschieht.»

«Dazu haben sie auch allen Grund.»

«Sie glauben also, daß es Krieg gibt?»

«Ich zweifle nicht daran. Erst Spanien, die Tschechoslowakei, dann Polen – anschließend England und Frankreich, vielleicht Amerika.»

«Ich hoffe nicht. Hoffentlich haben Sie unrecht», sagte Barbara ernst. «Es ist so verrückt und sinnlos. Eine ganze Welt spielt verrückt und denkt nur noch ans Töten.»

«Sonst wird man selbst getötet.»

«Die Ausrede ist so alt, nicht wahr? Gott sei Dank bin ich eine Frau.»

«Dazu sage ich Amen.»

Sie saßen und tranken und sprachen und leerten die ganze Flasche. Barbara fiel es leicht, mit Cohen zu sprechen. Er kam aus San Francisco, sie hatten etwas gemeinsam. Heimweh überwältigte sie. Wie gut war es, in der Muttersprache zu reden! Cohen berichtete von seiner Arbeit in Higate, als die Levys den ersten Auftrag bekamen, Wein für kultische Zwecke herzustellen. Damals hatten Männer von der Zollverwaltung eine Razzia vorgenommen, und er, Cohen, hatte sich ihnen mit einer alten, halb verrosteten Schrotflinte entgegengestellt.

«Blöde von mir», sagte er. «Sie hätten mich abknallen können. Damals war das Leben noch so furchtbar einfach. Kein Hitler, keine Nazis, kein Krieg, nur diese Zollfritzen, die man beschimpfen und hassen konnte. Ich war noch ein richtiger Junge. Es war das erste Mal, daß ich ein Gewehr in der Hand hatte. Und jetzt ...»

«Was ist jetzt, Bernie?» Barbara hatte einen kleinen Schwips, sie fühlte sich wohl, ihre Augen waren feucht von der Erinnerung an eine verlorene Liebe. Sie weinte nicht, es war nur die Erinnerung.

«Marcel sagte, Sie seien schön – aber ich muß sagen, Sie sind die schönste Frau, die ich je gesehen habe.»

«Sie haben einen Kleinen sitzen, Bernie. Ich auch. Wir wollen etwas essen gehen.»

«Ich weiß nicht.»

«Wenn Sie schon eine Verabredung zum Essen haben?»

«Verabredung?» Er fing an zu lachen. «Sehen Sie mich doch an. Ich habe zwei Wochen lang nicht gebadet. Ich möchte nicht wissen, wie ich stinke. Ich komme aus Spanien, ohne einen Pfennig. Als ich nach Céret kam, hier in Frankreich, habe ich einem Rumänen, der ein kleines Abkommen mit den Grenzwachen hat und sich etwas mit Waffenhandel hinzuverdient, mein Gewehr und eine Luger verkauft, für zweihundert Franc. Davon habe ich noch vier. Das reicht nicht für ein Abendessen.»

«Dann lade ich Sie ein.»

«Das könnte ich unmöglich annehmen.»

«O großartig! Ich liebe stolze Männer! Die Welt ist dabei zu verbluten und am Stolz und an der Dummheit der Menschen zu sterben. Und Sie sind zu stolz, sich von mir zum Essen einladen zu lassen!»

«Werden Sie nicht böse!»

«Warum nicht?» fragte Barbara. «Sie nehmen keine Belohnung an! Das läßt Ihr Stolz nicht zu! Sie haben einem Mann das Leben gerettet, den ich mehr geliebt habe als irgend etwas auf der Welt, aber zum Essen darf ich Sie nicht einladen.»

«Also gut. Ich habe schrecklichen Hunger, und wenn Sie sich nicht schämen, mit mir gesehen zu werden, laden Sie mich ein. Aber ich warne Sie – ich esse eine Menge.»

«Ich schäme mich nicht», sagte sie.

Sie gingen zu Allard. Zum erstenmal seit Marcels Tod ging sie wieder dorthin, und zum erstenmal ging sie wieder mit einem Mann aus. Es schien ihr unvorstellbar, daß sie so lange hatte allein sein können. Ihre Trauer war wie ein eigener Tod gewesen. Alle Amerikaner, die sie kannte, hatten Paris verlassen. Tage und Wochen hatte sie nur in ihrer Wohnung gesessen, nichts getan, war nicht unter Menschen gegangen. Dann hatte sie eines Tages das Haus verlassen und war mehrere Stunden im Regen spazierengegangen. «Als hätte es seit dem Tag in Toulouse immerfort geregnet», wie sie zu Bernie Cohen sagte. «Dann hörte der Regen auf, und die Sonne brach durch. Plötzlich war es nicht mehr schlimm, daß ich lebte. Als hätte ich eine Schuld bezahlt. Können Sie das verstehen?»

«Ich kenne das Gefühl, wenn alle sterben», sagte er. «Mir ist es auch so gegangen. Als wäre der Mörder ich, und nicht die Faschisten.»

«Jetzt ist es in Ordnung. Ich werde Marcel nie vergessen, aber es geht mir jetzt besser.»

«Ich verstehe Sie.»

«Gut. Etwas zum Nachtisch?»

«Klar, warum nicht. Ich habe gefressen wie ein Ochse, da kann ich auch noch mehr essen!»

«Sie sind groß, Sie müssen ordentlich essen. Sie erinnern mich an meinen Vater.»

«Ich möchte Sie nicht an Ihren Vater erinnern.»

«Gut, dann an Jake Levy. Wie gefällt Ihnen das?»

«Schon besser. Ich mag ihn. Die Welt ist eigentlich verdammt klein, was? Jetzt sitzen wir beide hier, und zwischen uns gibt es eine Verbindung, die wer weiß wie weit zurückreicht. Ich habe viel von Ihrem Vater gehört. Jeder in San Francisco kannte ihn. In unserer Einheit war ein Junge aus Palo Alto. Sein Vater war im Ersten Weltkrieg auf einem der Schiffe von Dan Lavette, als Maat oder sowas. Wer weiß, vielleicht gibt es in der Welt nur hundert Menschen, und zwischen allen besteht irgendwie ein Zusammenhang.»

«Und Sie selbst?» fragte Barbara. «Womit hängen Sie zusammen? Wo sind Ihre Eltern und Geschwister?»

«Ich habe eine Niete gezogen. Ich bin im jüdischen Waisenhaus aufgewachsen – kein Vater, keine Mutter, niemand. Der alte Rabbi Blum hat mich sozusagen adoptiert, und ich habe alle möglichen Arbeiten für ihn erledigt. Als die Schulzeit um war, habe ich zwei Jahre lang bei den Levys gearbeitet, und dann in Berkeley Landwirtschaft studiert. Da habe ich auch mein Examen gemacht. Ich habe überall gearbeitet – in Sonoma, Napa, Fresno. Das geht prima, ich habe ein breites Kreuz und nicht viel im Kopf, was mich ablenken könnte. Ich bin ein verrückter Jude, denn schon seit frühester Kindheit hatte ich nur ein Ziel: später einmal in Palästina zu siedeln. Dazu muß man zweierlei können: Ackerbau und Umgang mit Waffen. Das erste habe ich in Kalifornien gelernt, und um das zweite zu lernen, bin ich zur Lincoln-Brigade gegangen. Zuerst wollten sie mich nicht nehmen. Sie sagten, ich hätte keine ideologische Bindung. Das stimmte, ich fühle mich nicht zum Kommunismus hingezogen, aber ich hasse die Nazis wie nur einer von ihnen. Ich habe als Hilfsmatrose angeheuert und bin so nach Frankreich gekommen und dann nach Spanien gegangen. Dort habe ich mich dem 58. angeschlossen. Da sie hohe Verluste hatten, war ihnen die ideologische Bindung nicht mehr so wichtig. Nun, ich habe es überlebt und gelernt, was ich lernen mußte.»

Barbara schüttelte den Kopf. «Ich verstehe es nicht. Sie sind freundlich und gütig und sanft – und schließen sich einer Armee an, um zu lernen, wie man tötet. Wenn Sie glühend an die spanische Sache geglaubt hätten und überzeugt gewesen wären, daß die Republik überleben müßte, könnte ich es noch verstehen. Aber nur, um zu lernen, wie man tötet –»

«Es waren Faschisten und Nazis. Sie wissen, was in Deutschland los ist.»

«Ja. Trotzdem verstehe ich es nicht. Eine Kugel löst keine Probleme. Marcel ist gestorben, weil Männer ein wahnsinniges Spiel spielen, aber sein Tod hatte keinen Sinn und keine Bedeutung.»

«Sie hassen wohl niemanden?»

«Nein, es fällt mir zu schwer», sagte Barbara.

«Sie sind eine eigentümliche, reizende Frau. Darf ich fragen, wie alt Sie sind?»

«Fünfundzwanzig.»

«Ich glaube, Marcel war der glücklichste Mann auf Erden.»

«Weil er auf diese Weise gestorben ist?»

«Nein, ich meine, weil er Ihre Liebe hatte, von Ihnen geliebt wurde.»

Sie schüttelte den Kopf. Tränen stiegen ihr in die Augen. «Marcel war nicht glücklich.»

«Es tut mir leid, daß ich das gesagt habe.»

«Schon gut. Es erinnert mich nur an meine Situation. Sie haben immerhin ein Ziel vor Augen und einen Antrieb, ich nicht. Ich werde nach Hause fahren, aber nicht, weil das besonders sinnvoll wäre. Und was werden Sie machen, Bernie?»

«Ich wollte morgen in Richtung Süden ziehen. Per Anhalter nach Marseille. Dann auf irgendeinem Kahn nach Osten, als Decksmann oder so was. Ich habe gehört, so etwas soll man ziemlich einfach bekommen. In Suez oder Beirut werde ich dann von Bord gehen und mich nach Palästina durchschlagen. Alles andere wird sich finden.»

«Macht Ihnen das nichts aus – so ohne Geld? Nicht zu wissen, was Sie essen, wo Sie schlafen werden?»

«Ich habe nie Geld gehabt. Es ist für mich also nichts Neues.»

«Wo werden Sie heute nacht bleiben?»

Er zuckte die Schultern. «Ich finde schon was, Mädchen. Glauben Sie mir.»

«Kommen Sie mit zu mir. Sie können auf dem Sofa schlafen, das heißt, das ist wohl zu klein. Wir legen ein paar Kissen auf den Fußboden.»

«Soll ich wirklich?»

«Sie sollen.»

«Ich stinke wie ein Waldesel. Ihre Wohnung wird stinken wie eine Mannschaftsstube.»

«Ich habe eine Dusche, eine richtige Dusche, genau wie in Amerika. Kommen Sie mit und zieren Sie sich nicht.»

Sie wollte nicht, daß er davonging und in der Nacht verschwand. Ihre Lippen schmeckten die Heimat, den salzigen Nebel in der Bucht, die Erinnerung an die baumlosen sanften Hügel und an das Summen der Cable Cars. Plötzlich fühlte sie sich allein und schrecklich verlassen. Ihre Trauer war jungfräulich und steril gewesen, sie hatte an einem toten Ort den Tod umarmt. Jetzt hatte sie genug von seinem Geschmack. Seit Marcels Tod hatten Männer in ihrem Leben keine Rolle gespielt. Und jetzt saß sie hier, sanft gestimmt vom Wein und guten Essen und von der offenen Freimütigkeit des Mannes ihr gegenüber, dieses riesigen Mannes mit dem runden Gesicht und dem knabenhaften, freundlichen Lächeln und den blaßblauen Kinderaugen, die sie so offen ansahen. Sie konnte sich jetzt vorstellen, wie er Marcel auf den Rücken genommen und kilometerweit getragen hatte. Mit dem Geruch, das stimmte. Er strömte einen starken, männlichen Körpergeruch aus, der Barbara aber gar nicht einmal sehr unangenehm war. Wo soll man auch baden, wenn man kein Geld hat? Er behandelte sie mit Achtung, bewunderte sie voller Scheu. Nicht ein einziges Mal hatte er versucht, auch nur ihre Hand zu berühren. Er hatte den Ebro überquert und auf seinem Rücken den zerschmetterten Körper des Mannes getragen, den sie liebte. Wieder füllten ihre Augen sich mit Tränen, sie mußte an ein Bild aus ihrer Kinderzeit denken, auf dem der Heilige Christophorus das Jesuskind durch einen reißenden Fluß trägt.

«Weinen Sie doch nicht», sagte er.

Sie gingen zu ihrer Wohnung zurück. Der Abend war ruhig und schön. Es war gerade zwei Jahre her, daß Marcel sie auf den Champs-Elysées angesprochen und gebeten hatte, sie möge nicht aus seinem Leben verschwinden. Sollte das ihr Schicksal sein: in anderer Menschen Leben einzutreten und wieder daraus zu verschwinden?

In der Wohnung gab sie Bernie Cohen einen Bademantel von Marcel. Während er duschte, wusch sie sein Hemd und seine Unterwäsche, wrang alles aus und hängte es zum Trocknen auf. Er kam grinsend aus dem Badezimmer und zog den Bademantel, der an ihm aussah, als sei er eingelaufen, fest um sich. Er sah auf das Sofa und schüttelte den Kopf. «Auf dem Fußboden ist es besser. Ich schlafe überall.»

«Komm zu mir ins Bett», sagte Barbara. Ihr ganzer Körper schmerzte vor Begehren. Sie konnte den Gedanken an Verführen oder Verführtwerden nicht ertragen.

Sein Lächeln schwand, und er sah sie ernst an. «Sind Sie sicher?»

«Ja, ich bin sicher.»

«Sie lieben mich aber nicht?»

«Nein.»

«Ich glaube, ich liebe Sie. Nicht, daß Ihnen das etwas bedeuten müßte. Ich weiß, wer ich bin, und ich weiß, wer Sie sind. Vielleicht wäre es also besser, wenn –»

«Ich habe dich gebeten, zu mir ins Bett zu kommen. Möchtest du das nicht?»

«Großer Gott, Barbara, was glaubst du denn?»

«Dann komm und laß uns nicht mehr darüber reden.»

Nachdem sie einander geliebt hatten, schlief sie leicht und unbeschwert in seinen Armen ein. Er lag stundenlang wach, wagte nicht sich zu rühren, aus Furcht, ihren Schlaf zu stören. Dann schlief auch er ein. Als er die Augen öffnete, brach der Morgen gerade an. Sie schlief an seiner Seite, und eine Zeitlang lag er still da und fragte sich, ob er sie wecken sollte. Er mußte weg, und er wußte, daß sie ihn nicht würde gehen lassen, ohne ihm Geld aufzudrängen. Deshalb stand er leise auf. Er bewegte sich mit einer Leichtigkeit und Anmut, die an einem so großen Mann erstaunte. Er fand seine Kleider in der Küche. Sie waren noch nicht ganz trocken, aber sauber. Er zog sich an, sah auf Barbaras Schreibtisch Papier und Stift liegen, schrieb ein paar Zeilen, und ging. Er zog die Tür leise hinter sich ins Schloß.

Eine Stunde später sah Barbara die Mitteilung und las: «Du liebe, wunderbare Frau: Ich verlasse Dich wie der Dieb in der Nacht, weil ich nicht weiß, wie ich Dir ‹auf Wiedersehen› sagen soll. Wenn die Dinge anders lägen und ich Dir etwas zu bieten hätte, könnte ich bleiben und es durchstehen. Ich glaube nicht, daß ich mich erst gestern in Dich verliebt habe. Ich glaube, ich habe mich in Dich verliebt, als Marcel mir von Dir erzählte. Ja, so ist es. Ich weiß nicht, was ich sonst noch sagen soll. Einen guten Gast erkennt man daran, daß er weiß, wann er zu gehen hat. Jetzt ist der richtige Zeitpunkt.»

Jean rief Dan in seinem Haus in Los Angeles an. May Ling ging ans Telefon, wandte sich zu ihrem Mann und sagte unsicher: «Für dich. Jean will mit dir sprechen.» Sie gab ihm den Hörer mit spitzen Fingern, als wäre er ein ekelerregender Gegenstand, und verließ den Raum.

«Dan», sagte Jean, «ich möchte mit dir über Barbara reden.»

«Ja. Fang an.»

«Nicht am Telefon. Wir sollten uns irgendwo treffen. Könntest du hierher kommen?»

«Ausgeschlossen. In den nächsten zehn Tagen ist es unmöglich. Warum nicht jetzt?»

«Ich möchte es nicht am Telefon besprechen. Wenn du nicht nach San Francisco kommen kannst, fliege ich nach Los Angeles.»

«Wie du willst.»

«Kannst du morgen mit mir im Biltmore zu Mittag essen?»

«In Ordnung. Ich bin um halb eins da.»

Er ging in die Küche, wo May Ling bei ihrer Mutter saß, die immer noch still und zurückgezogen ihren Kummer lebte. «Ich benehme mich so schlecht», sagte May Ling. «So war ich nie. Ich werde alt und häßlich.»

«Ich finde, du bist jung und nach wie vor sehr schön. Und was soll's überhaupt! Habe ich aufgehört, dich zu lieben, weil wir über die vierzig hinaus sind?»

«Ich bin dreiundvierzig, Danny.»

«Sie möchte mit mir über Barbara reden.»

«Ich hoffe, es ist nichts passiert?»

«Nein, sie will das Kind wieder hier haben. Ich übrigens auch.»

«Fährst du nach San Francisco?»

«Nein, sie kommt her. Ich esse morgen mit ihr im Biltmore.»

«Warum im Biltmore?» fragte May Ling. «Warum kommt sie nicht hierher?»

«Möchtest du wirklich, daß sie herkommt?»

«Nein! Aber sie ist so verdammt schön ...»

«Du fluchst doch sonst nicht.»

«‹Verdammt› sagen ist nicht geflucht. Fluchen ist das, was du tust.»

«Woher willst du wissen, daß sie noch schön ist?»

«Du hast es mir erzählt.»

So-toy sagte etwas auf chinesisch zu May Ling.

«Was sagt sie?» fragte Dan.

«Sie hat gesagt, daß ich die Meinung eines so guten und weisen Mannes, wie mein Gatte es ist, nicht anzweifeln darf.»

«Sie hat recht.»

«Danny?»

«Ja?»

Sie stand auf, nahm ihn am Arm und führte ihn ins Wohnzimmer. «Meine Mutter versteht mehr, als sie merken läßt. Ich möchte sehr ernsthaft mit dir reden.»

Er zog sie auf das Sofa neben sich, legte einen Arm um sie und zog sie an sich. «Ja, bitte, rede ernsthaft.»

«Ich war einmal sehr stark, Danny. Nein, ich kann nicht reden, wenn du mich so hältst.» Sie rückte ein Stück von ihm weg und sah ihn an. «Es gab eine Zeit, da konnte ich allein fertig werden. Jetzt, nach acht Jahren mit dir wäre mir das Alleinsein unerträglich. Was geschieht, wenn du dich wieder in sie verliebst?»

«Was wäre dann?»

«Das würde ich nicht aushalten, Danny.»

«Ja, dann müßte ich aber zuerst aufhören, dich zu lieben, oder?»
«Das ist leeres Gerede, Danny. Du hast Jean nie ganz vergessen.»
«Jean habe ich nie geliebt, nicht so wie dich. Das weißt du.»
«Du wolltest sie haben und hast sie nie wirklich bekommen. Das ist noch viel schlimmer.»
«Chinesische Denkweise.»
«Was?»
«So denken Chinesen. Jean ist verheiratet.»
«Ach, manchmal, Danny – was heißt chinesische Denkweise! Wie kannst du so etwas sagen? Du hast mir gesagt, wen Jean geheiratet hat. Du verachtest ihn.»
«Sie aber nicht.»
«Woher willst du das wissen?»
Er wußte es nicht, und er wollte auch nicht darüber reden. Sie gingen zu Bett, und May Ling bat ihn sanft: «Liebe mich, Danny, liebe mich, laß mich spüren, daß ich noch nicht dahinwelke. Mach mich lebendig.» Aber er war schon eingeschlafen, und sie lag mit offenen Augen da, sah in die Dunkelheit und dachte an das einzige Mal, als sie Jean Lavette gesehen hatte. Seltsam, sie kannte Dan Lavette wenigstens dem Namen nach seit ihrem vierzehnten Lebensjahr, sie hatte sich mit achtzehn in ihn verliebt, war, zumindest in ihrem Herzen, in all den fünfundzwanzig Jahren seither nie wirklich von ihm getrennt gewesen, und dennoch hatte sie seine erste Frau nur einmal gesehen. Das war vor ihrer ersten richtigen Begegnung mit Dan. Damals war sie siebzehn und bewarb sich um eine Stelle in der Asiatischen Abteilung der Öffentlichen Bibliothek von San Francisco. Dafür mußte ihr Vater einige Papiere unterschreiben. Sie wartete auf dem Embarcadero auf ihn, vor dem Lagerhaus von Levy und Lavette, und während sie dort stand, rauschte die ‹Eisprinzessin› mit ihren blauen Augen, die für May Ling so sehr das Kennzeichen der Weißen waren, an ihr vorbei. Sie trug ein weißes Seidenkleid und einen weißen Wollmantel und hatte ihr honigfarbenes Haar hoch aufgetürmt. May Ling hatte sie nur ganz kurz gesehen, aber das Bild hatte sich ihr unverrückbar ins Gedächtnis gegraben: klar, schön, unberührt von der Zeit, das Bild eines leuchtenden, beneidenswerten Geschöpfes, das sie all die Jahre hindurch verfolgt hatte. Sie selbst, May Ling, war mit den Jahren gealtert und hatte sich verändert, aber sie stellte sich vor, daß die Zeit Jean nichts hatte anhaben können.
Am folgenden Tage im Speisesaal des Biltmore in Los Angeles

dachte Dan dasselbe. Es war fünf Jahre her, seit er Jean in San Francisco getroffen hatte. Die Zeit meinte es gut mit ihr. Etwas mehr Make-up, etwas mehr Pflege, vielleicht ein paar winzige Fältchen um die Augen, aber insgesamt war ihre Schönheit unangetastet geblieben. Vielleicht färbte sie ihr Haar. Er selbst war jetzt fast vollständig ergraut, aber auf Jeans Haupt war nicht ein einziges graues Haar zu sehen. Er überlegte, wie alt sie sein mochte. Er war gerade fünfzig geworden; sie mußte also neunundvierzig sein. Noch mehr als vor fünf Jahren war sie jetzt eine Fremde für ihn, eine Frau, die er einmal gekannt hatte, aber nur einen Teil von ihr – oder hatte er sie überhaupt gekannt?

Dennoch war da ein Unterschied, und er bemerkte ihn fast sofort. Es fehlte die Sicherheit, die beinah unbewußte Arroganz, das natürliche und unerschütterliche Selbstvertrauen der sehr Reichen und sehr Schönen, das sie schon als Geschenk in die Wiege gelegt bekommen. Er spürte Furcht und Unsicherheit – in der Art ihrer Begrüßung, in ihrer Kritik an der Stadt und an dem unglaublichen Prunk des Biltmore.

«Es ist lächerlich in dieser elenden Stadt. Wie kannst du hier nur leben, Dan?»

«Man gewöhnt sich daran. Los Angeles hat auch seine Vorteile.»

«Davon bemerke ich nichts. Ich habe gehört, es geht dir sehr gut.»

«Nun ja, recht gut. Ich baue Yachten für millionenschwere Filmzaren.»

«Und was ist mit all deinen Armutsgelübden?»

Er sah sie eine Weile an. «Das klingt aus deinem Mund sehr seltsam. Woher hast du es überhaupt erfahren?»

«Ich habe mit Sam Goldberg zu Mittag gegessen. Du weißt doch, daß er Barbaras Anwalt ist, also reden wir von Zeit zu Zeit miteinander.»

«Du billigst Barbaras Wahl nicht.»

«Er ist alt, Dan. Über siebzig.»

«Und obendrein Jude.»

«Das ist nicht nett von dir. Du kannst wohl nie vergessen. Und auch nicht vergeben.»

«Ich habe dir schon einmal gesagt, daß nichts zu vergeben ist.» Er lächelte ihr zu. «Wir wollen uns nicht streiten, Jean. Ich freue mich, dich zu sehen. Bestimmt.»

«Wenn du so lächelst, ist es wie vor langer, langer Zeit. Also gut,

Danny. Ich mache mir Sorgen um Barbara. Ich möchte, daß sie heimkommt. In Europa gärt es, und es wird bald eine Entladung geben.»

«Hast du sie gebeten, zurückzukommen?»

«Ich habe sie in meinen Briefen angefleht.»

«Nun, sie kommt. Gestern haben wir einen Brief von ihr bekommen.»

«Wann?»

«Bald. Sie schreibt, sie hat noch eine Sache zu erledigen, und dann kommt sie her.»

«Was für eine Sache?»

«Das hat sie nicht geschrieben. Du weißt, daß sie eine schreckliche Zeit hinter sich hat. Sie war in einen jungen Franzosen verliebt. Sie wollten heiraten. Er wurde im spanischen Bürgerkrieg verwundet und starb. Das war vor etwa einem Jahr.»

«Nein, ich habe nie etwas davon erfahren. Warum hat sie es mir nicht geschrieben?»

«Vielleicht wollte sie dich nicht beunruhigen. Barbara gehört nicht zu den Menschen, die ihren Kummer mit anderen teilen müssen. Sie sperrt ihn in sich ein.»

«Danny, ich habe sie verloren», sagte Jean mit angstvoller Stimme. «Ich liebe sie so sehr, und ich habe sie verloren.»

«Keiner von uns beiden hat sie verloren, Jean. Laß ihr Zeit. Sie kommt wieder.»

«Ich habe keine Zeit mehr, Danny. Wieviel Zeit bleibt denn dem Menschen? Ich habe dich verloren – und jetzt meine Tochter.»

«Nein, mich hast du nie gewollt. Mach dir doch nichts vor, es führt zu nichts.»

«Du bist ein ziemlicher Trottel, Danny.»

«Herzlichen Dank.»

«Hast du dir jemals überlegt, warum ich in all den Jahren meine Zustimmung zu einer Scheidung verweigert habe?»

«Ich habe es mir überlegt. Du hast einmal gesagt, daß eine Seldon sich nicht scheiden läßt.»

«Was soll das alles?» seufzte Jean. «Ich mache mich nur lächerlich, und das gefällt mir nicht. Ich bin hergekommen, um mit dir über Barbara zu reden. Was sollen wir tun?»

«Sie ist eine erwachsene Frau.»

«Ich hatte gedacht, ich könnte hinfahren und mit ihr reden.»

«Das würde ich nicht tun. Sie muß ihre eigenen Entscheidungen treffen. Und nach Europa sollte man jetzt nicht fahren. Jean», sagte er freundlich, «ich glaube, sie wird bald zurückkommen. Sie mußte über das hinwegkommen, was ihr widerfahren ist, und sie hatte sich entschlossen, so lange dort zu bleiben. Ich glaube, jetzt ist es soweit, und ich nehme an, daß sie zurückkommt.»

«Wer war der Junge? Dir hat sie es erzählt, mir nicht. Weißt du, wie weh das tut?»

«Er war Journalist, bei *Le Monde*.»

«Wie hat er ausgesehen?»

«Sie hat uns ein Bild geschickt. Ich dachte, du würdest es gern sehen.» Er nahm das Bild aus der Tasche, gab es ihr und beobachtete sie, während sie das lächelnde Gesicht auf der Fotografie ansah.

«Es ist ein angenehmes Gesicht», sagte sie matt. «Arme Barbara, wie sie wohl gelitten hat.»

Dan griff über den Tisch und nahm ihre Hand. Es war für ihn eine neue Empfindung – noch nie hatte Jean ihm leid getan.

In der nächsten Ausgabe des *Examiner* fand sich unter ‹Vermischtes› die pikante Mitteilung, Jean Whittier sei «nach Los Angeles geflogen, um dort ihren früheren Mann, Daniel Lavette zu treffen. Sie wurden im Hotel Biltmore gesehen, wo sie gemeinsam aßen.» Mehr wurde nicht gesagt, aber es ließ allerlei Deutungen zu und war John Whittier so peinlich, daß er es zur Sprache brachte, sobald er Jean sah. Das war beim Abendessen. Tom saß mit ihnen am Tisch.

«Ich meine, wir sollten ein anderes Mal darüber reden», sagte Jean kühl.

«Jetzt ist ein sehr geeigneter Zeitpunkt. Du bist wenigstens mal da. In letzter Zeit sehe ich dich nicht besonders häufig.»

«Wir sollten uns streiten, wenn wir allein sind.»

«Wenn Tom gehen möchte, kann er das tun.»

«Ich esse», sagte Tom. «Aber wenn ihr wollt, kann ich mir etwas woandershin mitnehmen.»

«Du darfst gern bleiben», sagte Jean. Dann sagte sie zu Whittier: «Falls du wissen möchtest, wie es in die Zeitungen gekommen ist – das kann ich dir nicht sagen. Jemand muß uns im Biltmore erkannt haben. Ich habe nichts damit zu tun.»

«Das ist schon das zweite Mal, daß du dich mit ihm getroffen hast – soweit ich weiß.»

«In fünf Jahren! Du bist nervtötend.» Jean seufzte. «Mir gefällt diese Unterhaltung nicht. Ich treffe, wen ich möchte und wann ich es möchte.»

«Tu, was du nicht lassen kannst. Aber sieh, bitte, zu, daß ich nicht in einen Skandal verwickelt werde.»

«Hast du dich schon einmal reden hören?» fragte Jean freundlich. Und als Whittier sie verständnislos ansah, fügte sie hinzu: «Du bist so hochtrabend, und auch ziemlich langweilig. Ich habe Dan getroffen, um mit ihm über meine Tochter Barbara zu reden. Das war alles. Wir wollen nicht mehr davon sprechen.»

Erregt und mit rotem Gesicht stand Whittier auf. Er schluckte, beherrschte sich und sagte dann schroff: «Ich esse woanders.» Er wandte sich um und ging hinaus.

Jean und Tom aßen schweigend weiter. Der Butler brachte den Braten und sah auf Whittiers Platz. «Mr. Whittier ißt nicht mit uns», sagte Jean. «Er ist abgerufen worden.» Tom schwieg weiter. Der Butler servierte und ging.

Tom aß ein paar Happen, biß sich dann auf die Unterlippe und schüttelte den Kopf: «Es wird schlimmer.»

«Ja, mein Sohn», sagte Jean. «Aber es ist meine Angelegenheit, nicht deine.»

«Wenn du es so empfindest – warum, zum Teufel, hast du ihn bloß geheiratet?»

«Weil ich damals anders empfand, Thomas.»

Thomas Lavette war sechsundzwanzig Jahre alt, groß und schlank. Er war noch Junggeselle. Er hatte gelernt, sein hübsches Gesicht zu beherrschen. Er sah aus wie ein Filmschauspieler oder ein Dressman mit seinem wohlgeformten Gesicht, den blauen Augen und dem breiten, etwas verdrießlich wirkenden Mund. Sein an der Seite gescheiteltes hellbraunes Haar fiel ihm leicht in die Stirn. Im Lauf der Jahre hatte er sich hinter seinem Gesicht und seinem Körper gleichsam verschanzt und gestattete es sich nur selten, Wohlgefallen oder Enttäuschung offen zu zeigen. Frauen fanden ihn anziehend, mit Maßen klug und bestimmten Absichten gegenüber gänzlich verschlossen. Er war im Haus Whittiers geblieben und verspürte nicht den Wunsch, auszuziehen oder sich eine eigene Wohnung einzurichten. Durch Fürsprache Whittiers war er in dessen Club aufgenommen worden, und er war auch Mitglied im San Francisco Golf Club. Am Kai hatte er ein kleines Boot liegen, mit dem er aber nur selten segelte. Seinen Alkoholkonsum hatte er eingeschränkt, gelegentlich rauchte er eine Zigarette. Gerade jetzt steckte er sich eine an und fragte seine Mutter, was sie zu tun gedenke.

«Nichts. Außerdem wüßte ich nicht, was dich das angeht, Tom.»

«Doch, das tut es.»

«Darf ich fragen, inwiefern?»

«Ich mag John.»

«Das ist sehr lieb von dir.»

«Willst du dich von ihm scheiden lassen?»

«Woher kommt dein plötzliches Interesse an meinen Absichten?»

«Ich finde nur, daß noch eine Scheidung nicht gut für dich wäre. Ich glaube, es wäre ein Fehler.»

Jean lächelte kühl. «Du erteilst mir jetzt also Verhaltensmaßregeln.»

«Jemand muß das tun.»

«Du bist anmaßend und ziemlich unangenehm. Ich möchte das nicht mit dir besprechen.»

«Es tut mir leid. Anmaßend wollte ich nicht sein. Ich möchte nur nicht, daß du John verläßt.»

«Warum?»

«Kann ich mit dir reden, Mutter?»

«Das tust du doch fortwährend, und zwar in ziemlich unverschämter Weise, wie ich finde.»

«Dafür habe ich mich entschuldigt. Kann ich mit dir sprechen, ganz offen?»

«Bitte.»

«Gut. In einigen Monaten erlischt deine Treuhandschaft. Dann bekommen Barbara und ich nicht nur das Eigentum an unserem Anteil an der Seldon Bank, sondern auch das Stimmrecht dafür. Auf jeden von uns beiden entfallen rund zwanzig Millionen Dollar. John und ich haben ziemlich ausführlich darüber gesprochen. Den bestimmenden Einfluß auf die Bank werde dann wohl ich ausüben. Eine Verbindung der Interessen Whittiers mit der Bank würde die größte und mächtigste Kapitalansammlung an der Westküste ergeben. John war in Washington und weiß aus sicherer Quelle, daß noch vor Ende dieses Jahres das Waffenembargo aufgehoben wird. Du kannst dir sicher denken, was das für seine Schiffahrtsinteressen bedeutet. Ich gestehe, daß der Gedanke an einen solchen Interessenzusammenschluß von John stammt, und ich finde seinen Vorschlag äußerst anständig. Er braucht uns nicht so dringend wie wir ihn.»

Eine Weile sah Jean ihren Sohn nur an. «Du erstaunst mich», sagte sie schließlich.

«Wieso?»

«Lassen wir das erst mal. Ich würde nur gern wissen, warum du meinst, daß wir John Whittier brauchen?»

«Weil wir ohne ihn nichts als eine Bank sind, eine bedeutende zwar, aber doch nur eine Bank. Mit ihm aber – nun, Mutter, du mußt doch sehen, wieviel Macht in einer solchen gemeinsamen Unternehmung steckt.»

«Und das wünschst du dir? Macht?»

«Offen gestanden, ja.»

«Du befremdest mich, Tom», sagte sie und dachte dabei, daß ‹Fremdling› das richtige Wort wäre. Ihr Sohn Tom war ihr ein Fremder, den sie fast nicht kannte.

«Was sollte ich denn sonst wollen?» fragte er. «Etwa Geld? Ich habe immer genug Geld gehabt. Meine Arbeit in der Bank? Das ist doch Kinderkram. Ich habe meine eigenen Träume, Mutter. Ist das so befremdend?»

«Und durch eine Scheidung würde ich diese Pläne gefährden, meinst du das?»

«Sie würde manches sehr erschweren.»

«Und was ist mit Barbara? Sie hast du bei deinen Plänen nicht berücksichtigt. Ihr gehört aber die andere Hälfte.»

«Ich glaube, mit Barbara werde ich fertig.»

«Glaubst du? Das ist interessant.»

«Ich meine, warum sollte sie nicht tun, was für die Familie am besten ist?»

«Bist du sicher, daß du weißt, was für die Familie am besten ist? Barbara hat möglicherweise andere Vorstellungen – oder vielleicht entscheidet sie sich, zu tun, was für *sie* am besten ist.»

«Ich glaube, daß ich sie überzeugen kann. Die Hauptschwierigkeit ist, sie aus den Klauen dieses jüdischen Anwalts zu befreien.»

«Gott im Himmel steh uns bei», flüsterte Jean.

«Was willst du damit sagen?»

Jean antwortete nicht, sie sah ihren Sohn nur an und hatte das Gefühl, daß sie gleich schreien, einen Wutausbruch bekommen würde. Aber ihr war klar, daß sie kein Recht dazu hatte.

«Sag mir nicht, daß du schockiert bist, und wirf mir, bitte, keine antijüdische Haltung vor», sagte Tom. «Ich habe gestern im Club mit

Arthur Schwartz gegessen, und der ist ein Erzjude. Es ist nur, weil Sam Goldberg Dans Teilhaber ist. Das weißt du ja.»

«Einige deiner besten Freunde sind Juden, nehme ich an», sagte Jean.

«Das stimmt.»

«Und Dan ist nun einmal dein Vater.»

«Reiner Zufall.»

Jean seufzte müde.

«Es tut mir leid, Mutter», sagte Tom. «Es tut mir leid, wenn ich dich beleidigt haben sollte.»

«Ich verdiene kein Mitgefühl, mein Junge. Ich habe einen Sohn, der ungeheuer reich ist und der keinen Sinn für Humor hat, und beides verdiene ich. Es hat ein halbes Jahrhundert gedauert, bis ich erwachsen wurde. Jetzt ist es zu spät, darüber zu weinen.»

«Ich glaube, daß ich ebensoviel Sinn für Humor habe wie andere auch. Und ich kann nicht sehen, was daran so lustig sein soll.»

«Das dachte ich mir», sagte Jean.

Mitte Mai 1939, zwei Wochen bevor Barbara von Paris nach Cherbourg fahren und sich für die Rückreise nach Amerika auf der *Queen Mary* einschiffen wollte, rief Marcels alter Freund Claude Limoget bei ihr an und fragte, ob er und seine Frau einmal vorbeischauen dürften. Barbara arbeitete an ihrem letzten ‹Brief aus Paris› und hoffte, bis zum späten Nachmittag den größten Teil davon geschafft zu haben. Sie legte keinen besonderen Wert auf ein Wiedersehen mit Claude und Camille, aber einmal waren es Freunde von Marcel, und zum anderen war selbst eine schulmeisterliche Gesellschaft besser als gar keine. Und schulmeisterlich waren sie, aber sie meinten es gut. Sie hatten sie in dem Jahr seit Marcels Tod ein halbes dutzendmal besucht, und sie selbst war zweimal bei ihnen zum Abendessen gewesen, jedesmal um den Preis eines lehrhaften Vortrags. Sie hielten ihr Vorträge über Spanien, über den Faschismus, den Nationalsozialismus, die neue Welt, die in der Sowjetunion entstand, über die Schwäche Chamberlains und die Niedertracht Daladiers, darüber, daß die Tschechen kein Rückgrat hatten, Roosevelt die Spanische Republik und die Tschechoslowakei verraten hatte, und über andere ähnliche Themen.

Da Barbara keinen Streit mochte und überzeugt war, daß man mit Auseinandersetzungen wenig gewann und niemanden wirklich überzeugte, hörte sie lieber still zu und behielt ihre Meinung für sich. Auf ihre eigene Weise war sie über viele Jahre hin sehr langsam und durch Nachdenken zu einem eigenen Standpunkt gekommen. Sie hatte immer eine instinktive Abneigung dagegen gehabt, daß man anderen Leiden verursachte, Schmerz zufügte oder grausam zu ihnen war, und vor allem dagegen, daß Menschen andere Menschen töten. Es war fünf Jahre her, seit sie das Sarah Lawrence College verlassen hatte – naiv und voller Herzenseinfalt, was sie als sehr intellektuelle Studentin eines sehr intellektuellen Colleges selbstverständlich damals bestritten hätte. Seitdem hatte sie viel gelernt. Sie war damit fertig geworden, als junge Frau allein in einem fremden Land zu leben, hatte Arbeit als Korrespondentin gefunden und sich und anderen bewiesen, daß sie das in professioneller Weise tun konnte. In gewisser Hinsicht war sie durch Ideale und Glaubenssätze geformt worden, aber sie sah keinen Grund, diese anderen aufzuzwingen.

Sie hatte sich die Argumentationen und Überredungsversuche der Limogets ebenso angehört wie die anderer Menschen auch. Manchmal langweilte es sie – aber mit Langeweile konnte sie fertig werden, das hatte sie gelernt. Diesmal jedoch kam keine Langeweile auf.

Claude und Camille Limoget standen Punkt fünf vor ihrer Tür. Sie wußten inzwischen, daß das die Uhrzeit für einen amerikanischen Cocktail war. Sie brachten eine Flasche Wein mit, tranken jeder ein Glas, aßen Barbaras Kekse und Käse, stellten die richtigen Fragen nach ihrer Gesundheit und ihrem Wohlergehen und kamen dann ohne Umschweife zur Sache.

«Wir hören», sagte Claude, «daß du in zwei Wochen nach Amerika zurück willst.»

«Ja. Ich bin schon viel zu lange hiergeblieben.»

«Ja, sicher. Paris hat dir Glück und Unglück gebracht.»

«Das stimmt, Claude.»

«Barbara», sagte er sehr ernst, «wir sind gekommen, weil wir dich bitten wollen, deinen Plan zu ändern. Könntest du deine Abreise nicht noch etwas verschieben und statt dessen nach Berlin gehen?»

Sie lächelte. «Das ist nicht euer Ernst.»

«Doch, unser völliger Ernst. Laß mich dir die Gründe für unsere Bitte erklären.»

«Nein», sagte Barbara fest. «Woran auch immer ihr denkt, ich will nichts davon hören. Ich verabscheue, was in Deutschland, Berlin geschieht, ich finde es ekelhaft und schrecklich. Ihr könnt gen, was ihr wollt, mich bringt nichts dazu, weder jetzt noch später, dort hinzugehen.»

«Willst du uns nicht wenigstens anhören?»

«Nein. Ich fahre nach Hause. Ich war fast fünf Jahre lang von zu Hause weg. Ich bin krank vor Heimweh. Ihr als Franzosen müßtet das verstehen.»

«Das verstehen wir auch», sagte Camille. «Aber ich finde es nicht vernünftig, wenn du nicht einmal zuhören willst. Du bist kein schwacher Charakter. Wir haben zu viele Stunden mit dem Versuch zugebracht, dich von Dingen zu überzeugen, die du einfach nicht wahrhaben willst, und ich bin sicher, daß wir dich nicht überzeugt haben. Aber du hast wenigstens zugehört.»

Barbara seufzte. «Na schön, ich höre.»

«Mehr verlangen wir auch nicht», sagte Camille. «Darin bin ich mir mit Claude einig. Wir wollen dir nur die Tatsachen vortragen, und du entscheidest dann.»

«Du weißt, daß wir Kommunisten sind», sagte Claude. «Wir haben nie ein Hehl daraus gemacht.»

«Weiß Gott nicht.» Barbara mußte lächeln. Manchmal hatte sie die Limogets beinahe gern.

«Gut. In den letzten Jahren hat es in der Partei viele Diskussionen über Nazi-Deutschland gegeben. Am Anfang haben noch deutsche Genossen an diesen Diskussionen teilgenommen – Genossen, die aus Deutschland geflohen waren, und ein paar andere, die noch hin und her reisen durften. Sie kamen immer seltener, und schließlich waren alle unsere Kontakte mit Deutschland unterbrochen. Im Augenblick wissen wir nicht einmal, ob die Partei in Deutschland überhaupt noch existiert. Aber wie die Dinge sich jetzt entwickeln, ist es für uns von ungeheurer Wichtigkeit, das zu wissen. Nicht nur unseretwegen, sondern im Interesse der ganzen Welt –»

«Nein», unterbrach Barbara sie. «Ihr könnt aufhören. Ich bin keine Kommunistin und nicht einmal eine kommunistische Sympathisantin.»

«Du hast gesagt, du willst zuhören», erinnerte Camille sie.

«Gut, sprecht weiter.»

«Ich will gleich zu Anfang sagen, daß wir nicht die Absicht haben, dich in Gefahr zu bringen. Um den Kontakt in Deutschland wiederherzustellen, werden andere Maßnahmen ergriffen. Es handelt sich hier lediglich um einen Einzelfall, für den du ausgezeichnet geeignet bist. Nein, bitte, warte –» als Barbara ihm ins Wort fallen wollte – «bitte, hör mir zu. An der Friedrich-Wilhelms-Universität in Berlin lehrt ein Professor Wolfgang Schmidt Philosophie. Er gehört zu denen, die sich den nationalsozialistischen Theorien von der Herrenrasse verschrieben haben. Er hat zwei Bücher darüber veröffentlicht, und die Hitler-Leute haben seine Schriften mit Beifall aufgenommen. Wir haben trotzdem Grund zu der Annahme, daß dieser Mann, der einmal insgeheim der Partei angehörte, nach wie vor Kommunist ist und seine gegenwärtige Rolle als Tarnung benutzt. Wenn das so ist, hat er möglicherweise Kontakte, vielleicht gibt es sogar eine Art Organisation, mit der man in Verbindung treten und der man helfen kann.»

Barbara schüttelte fassungslos den Kopf. «Ihr seid total übergeschnappt.»

«Ich glaube nicht. Barbara, wir wollen nicht, daß du diese Verbindung herstellst. Dafür sorgen andere. Wir bitten dich nur, mit Professor Schmidt zu reden, als die, die du bist, nämlich als amerikanische Korrespondentin, und dem Mann ein wenig auf den Zahn zu fühlen und festzustellen, was er wirklich glaubt. Das kannst du ganz offen tun – und wenn du uns eine brauchbare Beurteilung lieferst, wird der nächste, den wir schicken, nicht in seinen Tod rennen. Und er wird nicht in eine Falle tappen.»

«Ich verstehe, diese Aufgabe habt ihr mir zugeteilt.»

In Camille Limogets rundes hübsches Gesicht trat ein Anflug von Schmerz, als hätte Barbaras Bemerkung ihr ins Herz geschnitten. Ihre großen blauen Augen wurden feucht, und Barbara ging der Gedanke durch den Kopf, daß sie wirklich eine sehr eigentümliche Kommunistin war.

«Wir haben Marcel geliebt», flüsterte sie. «Wir lieben dich. Wie kannst du so etwas sagen!»

«Es tut mir leid», entschuldigte sich Barbara. «Das hätte ich nicht sagen sollen. Aber nach Berlin fahre ich trotzdem nicht. Ihr wißt doch, du, Claude und eure Freunde – ihr habt es mir selbst ein dutzendmal erzählt, was ihr bei den gegenwärtigen Ereignissen empfindet. Aber mich habt ihr nie nach meinen Ansichten gefragt. Ich verstehe natürlich, daß man von Amerikanerinnen nicht viel Verstand erwartet –»

«Das ist nicht fair», protestierte Camille. «Wir haben dich nie am Sprechen gehindert. Du warst immer still und hast zugehört.»

«Stimmt», gab sie zu, ohne darauf zu kommen, daß dies die beste Gelegenheit gewesen wäre, Camille zu sagen, daß es praktisch unmöglich war, während einer ihrer Diskussionen zu Wort zu kommen. «Dann war es mein Fehler. Ich will euch mit wenigen Worten sagen, wie ich die Dinge sehe. Meiner Ansicht nach sind Menschen, die Kriege führen, nicht ganz normal, und Männer, die töten, aus welchem Grund und mit welcher Rechtfertigung auch immer, sind ebenfalls verrückt. Ich habe mir stundenlang Theorien, Begründungen und Anschuldigungen angehört, aber meine Ansichten haben sich dadurch nicht geändert. Ich habe einen Mann geliebt, der wie ein Teil meiner selbst war, und sein Tod war sinnlos.» Sie suchte nach weiteren Worten, merkte dann aber, daß das, was sie gesagt hatte, das Ganze zusammenfaßte. «So sehe ich es», sagte sie.

Camille biß sich auf die Unterlippe. Claude sah Barbara nachdenklich an, und eine Weile saßen alle drei schweigend da.

Schließlich sagte Claude: «Marcel war mein Freund. Ich möchte meine Empfindungen nicht zur Schau stellen, aber als ich hörte, daß er tot war, habe ich mich hingesetzt und geweint.»

Barbara nickte.

«Sein Tod war kein Zufall. Die Nazis haben ihn umgebracht. Sie haben Tausende umgebracht, und sie werden weitere Tausende umbringen.»

«Und Stalin?» fragte Barbara müde. «Bringt der niemanden um?»

«Das ändert nichts an dem, was in Spanien vorgefallen ist, und an dem, was gegenwärtig in Deutschland geschieht.»

«Und werde ich es ändern, wenn ich nach Deutschland fahre? Kann das überhaupt jemand ändern?»

«Ich weiß es nicht», sagte Claude leise. «Wir versuchen es. Wenn wir es nicht versuchen, ist nicht mehr viel da, wofür es sich zu leben lohnt, oder?»

Wieder saßen sie schweigend da, und schließlich sagte Claude: «Ich mache dir keinen Vorwurf, wenn du Angst hast. Ich hätte auch Angst.»

Barbara bestritt es nicht. Bei der Vorstellung, nach Deutschland zu gehen, kroch ihr Eiseskälte in den Magen. Ihre Kraft und ihre Unabhängigkeit stammten nicht aus einem Mangel an Einfühlungsvermögen. Sie hatte jahrelang Tag für Tag die Zeitungsberichte über das

Leben in Nazi-Deutschland gelesen, ganz zu schweigen von den Büchern zu diesem Thema, die in allen französischen Buchläden zu finden waren. In ihrer Vorstellung war Deutschland der Ort des äußersten Schreckens geworden, ein gigantischer, grotesker Alpdruck, der wie ein Giftpilz mitten in Europa entstanden war.

«Aber weißt du», fuhr Claude freundlich fort, «außer dir gibt es wirklich niemanden, an den wir uns wenden könnten. Du hast nichts mit Politik zu tun, hast nie etwas damit zu tun gehabt, hast keine Verbindung zu einer Organisation. Aber wir vertrauen dir. Als ich dir den Namen von Professor Schmidt nannte, habe ich sein Leben in deine Hände gelegt. Weil wir dich kennen.»

«Ihr kennt noch hundert andere», sagte Barbara unglücklich.

«Eigentlich nicht. Überleg mal. Du bist Amerikanerin. Die Nazis pflegen die Beziehung zu Amerika mit jedem billigen Propagandatrick, den sie sich ausdenken können. Du bist Korrespondentin, hast also einen vernünftigen Grund, dorthin zu gehen und mit Leuten zu sprechen. Über dich steht nichts in den Akten der Gestapo. Außerdem bist du die Tochter einer der bedeutenden reichen Familien Amerikas. Du kannst dir gar nicht vorstellen, was für einen Startvorteil du allein deshalb dort hast. Barbara, ich würde eher sterben, als dich bitten, an einem gefährlichen Spiel teilzunehmen. Das hier ist nicht gefährlich. Unangenehm, vielleicht. Jede Abortgrube ist unangenehm und stinkt zum Himmel. Andererseits bist du Journalistin, und es könnte für dich eine Erfahrung sein, die sich lohnt. Gewinn und Verlust halten sich die Waage. Außerdem rettest du vielleicht dadurch das Leben einer Menge anständiger Leute.»

«Ich glaube, ich brauche eine Tasse Kaffee», sagte Barbara. «Ihr auch?»

Sie schüttelten den Kopf und schwiegen, während sie den Kaffee aufgoß. Sie hatte aufgehört zu denken, aufgehört, innerlich Widerstand zu leisten. Sie spürte etwas Schweres, Totes in sich, eine Art Hoffnungslosigkeit. Sie war wie ein Boot ohne Steuer und ohne Anker. Alles was in ihrem Leben Bedeutung hatte, entfernte sich von ihr – ihr Vater, ihre Mutter, ihr Bruder, Dominick Salone, Marcel Duboise, Bernie Cohen. Plötzlich spürte sie eine heftige Sehnsucht nach diesem Bären von Mann, der sich so langsam bewegte und so langsam sprach. Sie hätte jetzt gern seinen Rat gehört.

Sie trank den Kaffee stark und schwarz. «Es ist amerikanischer

Kaffee», erklärte sie. «Ich bin süchtig. Das kommt vom Alleinleben. Entweder verfällt man dem Alkohol oder dem Kaffee.»

«Ich bin mit Muckefuck groß geworden», sagte Camille lächelnd. «Da verlernt man den Geschmack für richtigen Kaffee.» Sie war entspannt und freundlich. Der Streit war vorüber. Barbara hatte sie nie besonders gemocht, aber jetzt hatte sie sie gern.

«Falls ich gehen sollte», sagte Barbara, «aber ich verpflichte mich zu nichts – wenn ich vielleicht verrückt genug wäre, es zu tun, was, meint ihr, könnte ich über euren Professor Schmidt herausbekommen? Ich bin kein guter Menschenkenner. Und ich kann ihn ja nicht einfach fragen.»

Claude zuckte die Schultern. «Ich habe Vertrauen zu dir.»

«Das hätte ich auch gern.»

«Dürfen wir dich zum Abendessen einladen?» fragte Camille.

«Nein. Nein, ich möchte über die Sache nachdenken, und dazu bin ich lieber allein.»

Es gab keine Argumente und kein Zureden mehr, und nach einiger Zeit gingen Camille und Claude. Barbara räumte die Weingläser weg, brachte ihre Tasse und ihre Untertasse in die Küche, wusch ab und sah dann, daß der Küchenfußboden dringend gewischt werden mußte. Wieso war ihr das nicht schon früher aufgefallen? Sie nahm einen Eimer mit Seifenlauge und einen Schrubber und putzte die Küche. Die körperliche Betätigung tat ihr gut. Danach badete sie und blieb lange im heißen Wasser liegen. Es war neun, als sie sich abtrocknete, kämmte und einen Morgenrock anzog. Jetzt merkte sie, wie hungrig sie war. Sie hatte noch etwas Ziegenkäse und ein Stück Brot, das sie im Backofen aufwärmte. Dann setzte sie sich in die Küche, aß mit Heißhunger Käse und warmes Brot mit goldener Kruste und trank den restlichen Kaffee. Später einmal würde sie sich daran erinnern, daß sie dabei nicht mit sich zu Rate gegangen war, und nicht eins gegen das andere abgewogen hatte. Um halb zehn nahm sie, noch das letzte Stück Brot in der Hand, den Hörer auf und verlangte die Auslandsvermittlung. Sie meldete ein Gespräch mit Frank Bradley an, dem Herausgeber des *Manhattan Magazine*.

Es war weit nach zehn, als das Telefon klingelte und die Vermittlung ihr mitteilte, daß New York am Apparat sei. Die Verbindung war gut. Bradleys Stimme kam dröhnend aus der Muschel.

«Ich kann Sie gut hören, Frank. Sie brauchen nicht so zu brüllen.»

«Mädchen, Sie sind berühmt geworden, und jetzt lassen Sie uns im

Stich. Wann kommen Sie? Warum haben Sie mich nicht per R-Gespräch angerufen?»

«Weil ich reich bin, und weil ich nicht komme. Ich habe mich zum Ritt auf dem Tiger entschlossen. Frank, was würden Sie zu einigen ‹Briefen aus Berlin› sagen?»

«Sie sind ein Schatz.»

«Sie wissen, daß sie dort alles zensieren. Und politische Kommentare sind nicht gerade meine starke Seite.»

«Schreiben Sie über das Wetter, die Frauen, das Essen – worüber Sie wollen. Oder machen Sie sich Notizen und schreiben Sie die Artikel in Paris.»

«Wie viele Zeilen bekomme ich?»

«So viele Sie wollen. Sie sind ein Schatz.»

«Ich weiß, Sie haben es vorhin schon einmal gesagt.»

«Wie lange wollen Sie bleiben?»

«Weiß ich noch nicht, Frank.»

«Sehen Sie zu, daß Sie keine Schwierigkeiten bekommen. Übrigens löchern mich schon seit einer Weile drei Verleger, die Ihre Briefe in Buchform herausbringen wollen. Ich halte sie hin, bis Sie zurück sind. Also, geben Sie acht, daß Sie in keinen Schlamassel kommen und schreiben Sie mir etwas Unsterbliches.»

«Wer sind die Verleger?»

«Die können warten. Barbara, gehen Sie kein Risiko ein. Ich weiß ja, was Sie von diesem Geschmeiß halten. Aber wenn Sie ein Interview mit Hitler, Ribbentrop, Himmler oder einem anderen Oberbonzen bekommen könnten, wäre es nicht mit Gold aufzuwiegen!»

«Frank, Sie sind verrückt!»

«Wieso denn? Sie sind eine schöne Frau, und das zählt. Wenn sich also eine Gelegenheit ergibt, packen Sie sie gleich beim Schopf! Wenn nicht – ein Schatz bleiben Sie trotzdem.»

Dan sah seinen Sohn Joseph gelegentlich mit Respekt, oft sogar bewundernd an. Immer wieder war er darüber erstaunt, daß dieser hochgewachsene schlanke Junge mit der seltsamen Mischung aus Abendland und Morgenland in seinem ernsten stupsnasigen Gesicht seinen Lenden entstammen sollte. Vor einigen Monaten war auf der Werft ein Kettenzug gerissen, und eines der Kettenglieder hatte Dans Arm vom Ellbogen bis zur Schulter aufgerissen. Es war eine Fleischwunde, nicht tief, aber lang und schmerzhaft. Sie hatten den Arm an Ort und Stelle provisorisch aus dem Erste-Hilfe-Kasten versorgt, aber als Dan nach Hause kam, hatte Joe – er hatte einen freien Tag – den Verband mit Mißtrauen betrachtet, ihn abgenommen und die Wunde gewaschen, sie mit schmalen Pflasterstreifen zusammengehalten und erneut verbunden. Sechs Monate ärztlicher Ausbildung hatten zwar noch keinen Arzt aus ihm gemacht, aber in Dans Augen war er schon ein Quell medizinischen Wissens.

So-toys Augenlicht ließ nach, und Joe diagnostizierte mit Hilfe eines Augenspiegels einen Grauen Star, was der Augenarzt später bestätigte, zu dem May Ling ihre Mutter brachte. Als Joe seinen Eltern die erforderliche Operation in Einzelheiten erklärte, steigerte das sein Ansehen bei Dan noch mehr. Zu May Lings Verblüffung erklärte er seiner Großmutter einige der Punkte im Schanghai-Dialekt.

«Wo hast du das gelernt?» fragte ihn seine Mutter.

«Ich habe es bei Großmutter aufgeschnappt.»

«Aufgeschnappt? Ich war mein ganzes Leben lang mit ihr zusammen und kann nicht mehr als hundert Wörter.»

«So ist das nun mal, Mama. Außerdem kannst du mehr als hundert Wörter. Ich mag Großmutter. Und wenn man jemanden mag, will man auch mit ihm sprechen können. Weißt du», fügte er hinzu, «es ist komisch, aber ich habe auch schon ein paar Brocken Kanton-Dialekt gelernt. Immer wenn ein chinesischer Patient auf die Station kommt, der sich nicht verständlich machen kann, holen sie mich. Die meisten sprechen Kanton-Dialekt.»

Als May Ling Dan davon berichtete, sagte er: «Ich weiß nicht, was ich machen soll. In ein paar Wochen ist die Schule zu Ende, und er will in den Ferien Geld verdienen. Ich könnte ihn als Hilfsarbeiter einstellen und dafür sorgen, daß er fünfundzwanzig Dollar die Woche bekommt, aber das geht nicht.»

«Wieso geht das nicht?»

«Er ist Arzt. Wie kann ich ihm vorschlagen, als Hilfsarbeiter auf einer Werft zu arbeiten?»

«Frag ihn doch selbst. Das ist ganz einfach.»

«Nein, das kann ich nicht.»

«Es ist auch nicht mehr nötig. Er hat bereits an Jake Levy in Higate geschrieben, und Jake hat ihm für die Semesterferien eine Arbeit zugesagt.»

«Was? Was für eine Art von Arbeit?»

«Genau das, was du ihm nicht anzubieten wagst – Bewässerungsgräben ziehen, Reben zurückschneiden, Steine sammeln – was weiß ich. Was man eben so als Hilfsarbeiter auf einem Weingut tut.»

«Und was zahlt Jake ihm?»

«Hör zu», sagte May Ling sanft und legte lächelnd ihre Hand auf Dans, «dein Sohn ist kein Arzt. Er ist Medizinstudent. Wenn er dir sehr klug erscheint, ist das nur natürlich, denn er hat einen sehr gescheiten Vater.»

«Hör auf, ich bin ein Tölpel und ein grober Klotz. Mehr war ich nie.»

«Schon möglich, aber du bist ein ungewöhnlicher Tölpel und ein bemerkenswerter Klotz. Und darauf kommt es an.»

«Danke. Was zahlt Jake ihm?»

«Vierzig Dollar im Monat und freie Station. Das ist der übliche Lohn bei ihm, und Joe will nicht bevorzugt werden, nur weil er dein Sohn ist. Außerdem, sagt Joe, sind das bereits zehn Dollar mehr, als die meisten Weinbauern zahlen.»

«Er muß verrückt sein!» explodierte Dan. «Ich kann ihm doppelt so viel zahlen!»

«Beruhige dich, Danny. Er möchte aber nach Higate.»

«Warum?»

«Du merkst auch gar nichts. Sally Levy hat ihm den ganzen Winter hindurch jede Woche geschrieben. Ich glaube, er möchte in ihrer Nähe sein, weiter nichts.»

«Sally Levy? Die Kleine von Jake? Gott im Himmel, sie ist doch höchstens zehn Jahre alt!»

«Beruhige dich. Sie ist fast vierzehn.»

«Joe ist zweiundzwanzig. Was will er bloß mit einem vierzehnjährigen Kind?»

«Als du fünfundzwanzig warst, war ich erst achtzehn.»

«Das ist was anderes.»

«Wieso? Du bist sieben Jahre älter als ich. Joe ist acht Jahre älter als Sally.»

«Du warst achtzehn. Vierzehn Jahre! Gott der Allmächtige, da hat der Staatsanwalt die Hand noch drauf, und dann ausgerechnet Jakes Tochter.»

«Du bist ein Sittenstrolch», sagte sie mit traurigem Lächeln. «Der Versuch, dich zu zivilisieren, ist aussichtslos.»

«Das nennst du zivilisiert? Ein Kind von vierzehn Jahren?»

«Ich möchte nicht, daß du mit Joe darüber redest. Er weiß, was er tut. Laß ihn zufrieden. Erinnere dich, was du über Barbara gesagt hast: Man müßte sie allein lassen. Das gilt auch für Joe.»

«Schon gut, schon gut. Aber ich begreife es trotzdem nicht.»

Damit war er nicht der einzige. Auch seinem Sohn war nicht ganz klar, warum er nach Higate ging. Er liebte Sally Levy nicht, sie war ja noch nicht einmal vierzehn. Er war sicher, daß er alles über die Liebe wußte, denn er hatte im ersten Jahr seiner Medizinerausbildung leidenschaftlich zwei Mädchen geliebt, beide so blond und blauäugig, wie seine Flammen im College gewesen waren. Aber es waren nur kurzlebige Leidenschaften gewesen, die beide mit einer ungestümen Umarmung endeten. Bei der einen war es spät abends am Strand von Santa Monica und so kalt und naß, daß seine Allerliebste vom Anfang bis Ende zitterte und fror und ihn bat, rasch zu machen, damit sie sich anziehen könne, weil sie sich sonst den Tod holen würde. Bei der anderen kam es gar nicht so weit, weil ihre Eltern früh zurückkehrten und ihr in seiner Gegenwart mitteilten, daß sie die Polizei rufen würden, wenn sie diesen ‹Gelben› noch einmal in ihrem Hause sähen. Er nahm die Kränkung mit philosophischer Gelassenheit hin und kam zu dem Ergebnis, daß es nur eine Frage der Zeit sei. Romanzen brauchten Zeit. Am College hatte er so viel Zeit gehabt, wie er wollte, das war das Geheimnis seiner Erfolge gewesen. Als Medizinstudent hatte er, trotz echter Leidenschaft, einfach nicht genug Zeit für eine richtige Liebesbeziehung. Als College-Student hatte er es auch hingenommen, daß man ihn für einen Indianer hielt, obwohl es Indianern in Los Angeles nur wenig besser ging als Chinesen. Während seiner Medizinerausbildung beharrte er jedoch auf seinem Chinesentum. Aus irgendwelchen Gründen stumpfte der achtzehnstündige Arbeitstag während des Medizinstudiums seinen Geschlechtstrieb nicht etwa ab, sondern trieb ihn in fieberhafte Höhen. Zwar gab es im Lehrkrankenhaus drei nicht mehr ganz taufrische Schwestern, die bereit waren, auf diesem Gebiet Samariterdienste zu leisten, aber Joe war, wie viele Mediziner, einer gewissen ‹Erstsemester›-Hypochondrie zum Opfer gefallen. Jetzt, da er alle Symptome und Einzelheiten von Geschlechtskrankheiten kannte, mied er die HWG-Mädchen, wie sie sie nannten, Frauen mit häufig wechselndem Geschlechtsverkehr, wie die Pest.

All das ging ihm durch den Sinn, als er in dem alten Ford seines Vaters von Los Angeles aus zum Napatal fuhr. Dan hatte Joe den Wagen – das Modell A aus dem Baujahr 1930 – geschenkt und sich selbst einen gebrauchen 1935er Buick gekauft. Joe schätzte den kleinen Wagen und seine offensichtliche Langlebigkeit – der Kilometerzähler war bei 177000 km stehengeblieben. Er fuhr ohne Eile, und die lange Fahrt gab ihm Gelegenheit, darüber nachzudenken, warum er nach Higate fuhr und was ihm Sally eigentlich bedeutete. Diese Frage zu beantworten fiel ihm schwer, denn er wußte lediglich, daß er sie wiedersehen wollte, ein Eingeständnis, das er mit anderen Gründen wieder einschränkte, etwa, daß es ihm in Nordkalifornien so gut gefiel und er unbedingt für eine Weile von zu Hause fort sein wollte.

Sally hatte ihm jede Woche geschrieben und entschuldigte sich für ihr Gekritzel damit, daß sie als Linkshänderin auf die Welt gekommen und in der Schule gezwungen worden sei, die rechte Hand zu benutzen. Ihre Mutter hatte zwar kürzlich versucht, das rückgängig zu machen, aber offenbar zu spät, denn Sally schmierte mit links noch schlimmer als mit rechts.

Joe hatte die Sache mit einem seiner Professoren besprochen, der zugab, daß über das Problem von Linkshändern, die man zu Rechtshändern machte, so wenig bekannt sei, daß sich daraus keine festen Schlüsse ziehen ließen. Dann fragte er, ob das betreffende Kind seltsam sei.

«Das kann man wohl sagen», gestand Joe, und der Professor sagte: «Na, da haben Sie es.»

‹Seltsam› war eine ziemlich ungenaue Umschreibung. Einige von Sallys Briefen waren sehr vernünftig und oft auch sehr schön. Einmal hatte sie nur zwei Zeilen geschrieben: «Es ist alles aus, und ich verabscheue dich, weil du mir nicht schreibst.» Ein anderes Mal hatte sie ihm zwei wunderbare Sonette geschickt, von denen sie behauptete, sie hätte sie selbst verfaßt. Eines von ihnen begann so: «Ungleiche sind wir, hohes Herz. Man kann / Uns nicht zu Gleichem brauchen oder führen.» Joe war von der Sprache und dem hohen Flug der Vorstellungskraft so beeindruckt, daß er sie seiner Mutter zeigte. May Ling las sie, seufzte und sah ihren Sohn aufmerksam an.

«Sie sind doch großartig, nicht wahr?» fragte Joe sie.

«Das sind sie. Ich habe dich ja leider nie für Dichtung erwärmen können, sonst wüßtest du, daß Elizabeth Barrett Browning vor hundert Jahren diese beiden wundervollen Gedichte geschrieben hat. Sally hat sie wörtlich aus *Sonette aus dem Portugiesischen* abgeschrieben. Sie ist schon ein ungewöhnliches Mädchen, deine Sally.»

«Das kann doch nicht sein. Warum sollte sie lügen?»

«Um dich zu beeindrucken.»

«Dummes Kind!»

«Überhaupt nicht. Immerhin hat sie die Gedichte gelesen. Das ist mehr, als du von dir behaupten kannst.»

Er schrieb ihr erbittert und vorwurfsvoll, und sie antwortete: «Was soll's! Wenn ich so alt wäre wie die Barrett Browning, könnte ich ebensogute Gedichte schreiben.»

Es kam dahin, daß er auf ihre Briefe wartete und sie begierig las. Er seinerseits antwortete nur einmal im Monat, meist dann, wenn sie wütend wurde und drohte, nicht mehr zu schreiben.

Jetzt, auf dem Weg nach Norden, beschloß er, sie aus seinen Gedanken zu verbannen. Sie war ein interessantes Mädchen, wenn auch ein wenig überspannt. Er würde nicht zulassen, daß sie wieder ständig hinter ihm herzog, wie sie das im vorigen Sommer getan hatte. Aber als er schließlich am späten Abend, schon fast bei Sonnenuntergang, in Higate ankam, nachdem er vierzehn Stunden lang unterwegs gewesen war, stand sie schon da und wartete auf ihn, und in dem Moment, als er ausstieg, lief sie auf ihn zu, blieb kurz vor ihm stehen und sah ihn wortlos an.

Auch er sah sie an, und nicht nur, weil sie sich äußerlich sehr verändert hatte. Sie war immer noch sehr schlank, aber das früher so undurchdringliche Haar war jetzt ordentlich gekämmt und fiel ihr nur bis auf die Schultern. Quer über die Stirn trug sie einen Pony. Sie hatte jetzt auch einen Busen und trug statt der alten zerrissenen Jeans ein Baumwollkleid. Außerdem war sie mindestens fünf Zentimeter gewachsen. Aber mehr als all diese Veränderungen beeindruckte ihn der Ausdruck ihrer großen blauen Augen, sie waren voller Furcht, voller Hoffnung, voller Besorgnis.

«Hallo, Mäuschen», sagte Joe.

«Ich wollte, ich wäre diese bescheuerten Sommersprossen los, weil ich dann vielleicht ganz ordentlich aussähe, aber es klappt nicht. Wie findest du mich?»

«Siehst gut aus.»

«Du siehst aber nicht wie ein Doktor aus. Du siehst genauso aus wie im vorigen Jahr. Möchtest du mir einen Kuß geben?»

Joe ging zu ihr hin und hauchte einen Kuß auf ihre Wange.

«Komischer Kuß», sagte sie.

Er schüttelte verzweifelt den Kopf.

«Na, was denkst du? Du glaubst wohl, ich weiß nicht, warum du wiedergekommen bist? Du traust dich nur nicht an mich ran, weil du dich sonst strafbar machen würdest. Das stimmt doch. Ich weiß mehr, als du denkst.»

«Mein Gott, Sally!» sagte er entsetzt. «Was sagen deine Eltern dazu?»

«Sie glauben, ich bin verrückt, aber sie vertrauen dir. Sie wissen, wie blöd du bist.»

«Ja, blöd.»

«Sie haben gesagt, ich könnte dich rumführen und dir alles zeigen.»

«Aber ich muß erst rein», sagte Joe. «Ich muß doch deinen Eltern und Brüdern guten Tag sagen.»

«Das kann warten. Es ist nur noch zehn Minuten hell. Wir haben einen neuen Lastwagen, zwei neue Brunnen und einen großen neuen Lagertank aus Edelstahl. Willst du das nicht sehen?»

«Doch.» Joe stöhnte. «Ich bin seit sechs Uhr morgens unterwegs.»

«Du redest wie ein alter Mann.»

«Ich bin auch ein alter Mann.» Er gab jedoch nach, und sie gingen über den Feldweg den Hang hinauf. Die Sonne war inzwischen hinter den Bergen im Westen verschwunden, und über den tiefschwarzen Hügeln lag ein brennendroter Kranz, während die Berggipfel auf der anderen Seite des Napatals noch immer von der untergehenden Sonne beleuchtet und mit goldenem Glanz übergossen wurden. Sally blieb stehen, und beide vertieften sich in den Anblick. Sie standen eine Weile schweigend dort, dann sagte Sally: «Ich glaube, wir gehen besser zurück. Denn wenn ich noch lange mit dir hier oben bleibe, fange ich an zu heulen oder so was, und das könntest du auch in tausend Jahren nicht verstehen, selbst wenn du zehnmal älter bist als ich. Ich habe nämlich gerade *Schwester Carrie* von Theodore Dreiser zu Ende gelesen und weiß, was für krumme Hunde Männer sind. Es macht mir auch gar nichts aus, wenn du mich nicht mehr ansiehst, von mir aus den ganzen Sommer nicht. So viel kann ich dir aber sagen: Männer sind zu wirklicher Liebe gar nicht fähig, weil es ihnen nur um Fleischeslust geht. Also werde ich ab sofort möglichst viel essen, damit ich schön dick und verlockend werde, dann wirst du mich schon ansehen.»

«Der Teufel soll mich holen», sagte Joe.

«Ach, komm runter», sagte Sally lässig. «Ich helf dir dein Zeug ins Haus tragen, sonst hebst du dir noch nen Bruch. Es wird sowieso schon dunkel.»

«Du bist vielleicht eine Type», sagte Joe bedächtig, «wirklich eine komische Nudel.»

Barbara hatte sich ein Abteil im D-Zug Paris–Berlin reservieren lassen. Sie war entschlossen, die Stunden im Zuge zu nutzen. Sie hatte sich mit einem französisch-deutschen und einem englisch-deutschen Wörterbuch, einem Berlinführer und den französischen Ausgaben von Scherbers *Streifzüge durch Berlin* und *Mein Kampf* ausgestattet. Da sie ohne die geringsten Deutschkenntnisse losfuhr, hatte sie wenig Hoffnung, in dieser Sprache Fortschritte zu machen. Aber immerhin waren im Anhang des französisch-deutschen Wörterbuchs die lateinischen Entsprechungen der verwirrenden Frakturschrift aufgeführt. Mit ihrer Hilfe hoffte sie zumindest die Straßenschilder und die Namen von Geschäften entziffern zu können.

Während der ersten zwei Stunden ihrer Reise rührte sie die Bücher überhaupt nicht an. Jetzt, wo sie ihre ursprüngliche Abneigung gegen die Vorstellung überwunden hatte, nach Deutschland zu reisen, und ihre Bedenken der Überzeugung gewichen waren, daß ihr keine wirkliche Gefahr drohe, erregte und faszinierte sie ihre «Geheimmission in der Höhle des Löwen» – wie sie es bei sich nannte. Außerdem dachte und fühlte sie schon viel zu sehr als Journalistin – schließlich hatte sie sich in den letzten Jahren ihr Geld damit verdient, über Ereignisse zu schreiben. Und allem Anschein nach hatten sich bereits drei Verleger um die Rechte an ihren ‹Briefen aus Paris› beworben. Die Vorstellung, daß ihr Name auf einem Buchumschlag stehen würde, war aufregend! Warum hatte sie nicht energischer nach den Namen der Verleger gefragt? Warum fiel ihr das Richtige immer erst Stunden später ein? Das war ein Charakterfehler, den sie abstellen mußte. Auf jeden Fall erkannte sie jetzt, nachdem sie die Sache übernommen hatte und tatsächlich auf dem Weg nach Deutschland war, den Wert dieser Reise für sich als Journalistin. Andererseits hatte Hitler den Anschluß Österreichs bereits vollzogen und die Tschechoslowakei durch den infamen Verrat von München in die Hand bekommen. Bei ihrer Abfahrt aus Paris waren alle Zeitungen voll davon gewesen, daß er in Polen einfallen könnte, und es war darüber spekuliert worden, ob das einen neuen Krieg für Europa bedeuten würde. Barbara wurde klar, daß sie der Politik zum erstenmal in ihrem Leben ein gewisses Maß an Aufmerksamkeit würde zuwenden müssen, jedenfalls weit mehr als bisher. Bisher hatte sie alles immer nur oberflächlich zur Kenntnis genommen. Sie würde politisch denken müssen, wie ihre linken Freunde in Paris das nannten. Zwar hatte sie keine sehr klare Vorstellung davon, was das genau bedeutete, aber eins war sicher: Sie würde in Berlin alle französischen oder englischen Zeitungen, die sie dort bekommen konnte, sehr gründlich lesen müssen.

Sie war so in ihre Gedanken und Pläne vertieft, daß sie gar nicht bemerkte, wie vor der Gangtür ihres Abteils ein Mann stehenblieb, obwohl sie sein Spiegelbild im Abteilfenster sehen konnte. Als sie sich umwandte und ihn wahrnahm, wurde ihr klar, daß er schon mindestens eine oder zwei Minuten dort gestanden haben mußte. Er war groß, Mitte fünfzig und untadelig gekleidet. Er trug eine englische Tweedjacke, eine blaue Kammgarnweste mit Messingknöpfen, ein weißes Hemd und eine gestreifte Krawatte. Mehr konnte Barbara durch die obere Glashälfte der Tür nicht sehen. Er hatte ein langes, schmales Gesicht, graues Haar, eine schmale lange Nase und forschende dunkle Augen. Die Tür stand ein paar Zentimeter offen, und als er merkte, daß Barbara ihn ansah, sprach er sie auf deutsch an.

«Ich spreche leider nicht deutsch», antwortete Barbara auf französisch.

«Aha, Sie sind Französin», sagte er in fließendem Französisch mit ganz leichtem Akzent.

«Nein, Amerikanerin.»

«Ihr Französisch ist aber einwandfrei.»

«Ihrs auch», sagte Barbara lächelnd.

«Ach nein, ich habe einen schwerfälligen Akzent, den ich nicht loswerde. Störe ich Sie? Sprechen Sie grundsätzlich nicht mit Fremden im Zug?»

«Das kommt auf die Fremden an.»

«Ach so. Natürlich. Ja, Sie sind Amerikanerin. Man merkt es, wenn Sie lächeln. Man lächelt in Europa anders. Darf ich auf ein paar Minuten hereinkommen?»

Barbara sah ihn wortlos an.

«Ich bin ganz harmlos. Darf ich mich Ihnen vorstellen – Baron Franz von Harbin. Ich bin sozusagen heimatlos hier auf dem Gang. Dieser scheußliche Zug hat keinen Salonwagen, und mein Abteil ist unmöglich. Bis man zum Abendessen in den Speisewagen kann, bin ich auf den Gang verbannt, und das ist nicht nur unbequem, sondern auch langweilig.»

Warum eigentlich nicht? fragte Barbara sich. In einem Zug kann doch nichts geschehen. Er sieht zwar keineswegs harmlos aus, aber er ist elegant, und ein Deutscher, der Französisch spricht, ist nicht übel. Unerwünschter Annäherungsversuche würde sie sich zu erwehren wissen und daß er sich als Baron ausgab, machte ihr nichts aus. Vielleicht war er ja auch einer. Im Europa der dreißiger Jahre gab es viele Titel, und niemand nahm es besonders genau damit.

Er öffnete die Tür und holte, als hätte er ihre Gedanken gelesen, eine Karte aus der Tasche, die er ihr überreichte. Er wartete, bis sie sie gelesen hatte, bevor er ihr gegenüber Platz nahm.

Barbara sah auf die Karte und sagte: «Ihr Name kommt mir bekannt vor. Ich glaube, ich müßte ihn kennen, und ich komme mir irgendwie dumm vor, daß mir nichts dazu einfällt.»

«Warum sollten Sie ihn kennen? Ich bin nicht bedeutend. Ich habe meiner Regierung hier und da als Berater gedient, aber das war nie etwas Besonderes. Und Sie, Madame?»

«Mademoiselle. Ich heiße Barbara Lavette. Ich komme aus San Francisco.»

«Wie bezaubernd – eine wunderschöne Stadt! Aber Ihr französischer Akzent und Ihr französischer Name?»

«Haben nichts miteinander zu tun. Mein Großvater stammt aus Frankreich, und mein Französisch – nun, ich lebe jetzt seit fast fünf Jahren in Paris.» Sie hielt inne, fragte sich, wieviel sie noch sagen sollte, und kam zu dem Ergebnis, daß ihre beste Verteidigung von jetzt an sein würde, sich gar nicht zu verteidigen, sondern einfach sie selbst zu sein. Das war ihrer Ansicht nach auch die einzige Rolle, die sie beherrschte. «Waren Sie schon in San Francisco?» fragte sie.

«Aber ja. Ich war dort zwei Jahre lang Generalkonsul, 1927 und 1928. Natürlich, Lavette. Der Mann, der die schöne Jean Seldon geheiratet hat.» Er klatschte vor Entzücken in die Hände. «Wie klein und wunderbar die Welt doch ist! Ich hatte sie bei mir zum Essen. Ihre Eltern?»

Barbara nickte.

«Ja, Sie sehen tatsächlich Ihrer Mutter ähnlich. Ihre Eltern waren bei mir im Konsulat zu Gast, und einmal war ich auch bei ihnen eingeladen. Wo war es noch – Russian Hill?»

«Ja, auf Russian Hill.» Barbara war beruhigt und entspannte sich.

Er sprach jetzt Englisch. «Warum reden wir nicht in Ihrer Muttersprache? Mein Akzent ist nicht sehr gut, aber in der eigenen Sprache redet es sich am besten, nicht wahr? Wissen Sie, Ihr Vater plante damals für eines seiner Schiffe eine Linie New York – Bremerhaven. Es ist zwar nie etwas daraus geworden, aber wir haben ziemlich viel über Einzelheiten wie Anlegemöglichkeiten und dergleichen gesprochen.

Und jetzt sind Sie hier – was für eine hübsche Überraschung!» Er lächelte sie an. Dieses Lächeln verlieh seinem strengen, abweisend starren Gesicht fast einen warmen Ausdruck. «Finden Sie nicht auch?»

«Sicher», stimmte Barbara zu. «Aber sagen Sie mir doch, warum Ihr Abteil so unmöglich ist?»

«Durch eine plötzliche Änderung meiner Pläne konnte ich nicht mehr rechtzeitig buchen und bekam kein eigenes Abteil. So fand ich mich plötzlich mit zwei Bayernschweinen in einem Abteil wieder.»

«Bayernschweine? Ich verstehe nicht.»

«Ladenbesitzer. Münchner Kaufleute, eine abscheuliche und sehr gewöhnliche Spezies Mensch.»

«So? Aber», sagte Barbara vorsichtig, «das klingt überhaupt nicht wie eine Beschreibung der Herrenrasse.»

«Stimmt. Touché.» Es schien ihn überhaupt nicht zu stören. «Die von Ihnen angesprochene Herrenrasse ist in keiner Weise homogen. Ich verweigere dem Führer durchaus nicht die Gefolgschaft, wenn ich mir mein Urteilsvermögen erhalte und gewissen Dingen den Vorzug gebe.» Er deutete auf die neben ihr liegenden Bücher. «Ich sehe, Sie haben *Mein Kampf* gelesen.»

«Gekauft. Ich habe den ganzen Stapel hier gekauft, um ein bißchen über Deutschland zu erfahren. Aber gelesen habe ich noch nicht eines davon.»

«Darf ich fragen, ob Sie als Touristin kommen?»

«O nein», sagte Barbara offen. «Ich würde Deutschland kaum als Ferienland wählen. Ich schreibe jede Woche eine Spalte für eine New Yorker Zeitschrift. Mein Herausgeber meinte, ich sollte ein paar Artikel über Berlin bringen.»

«Darf man wissen, für welche Zeitschrift?»

«*Manhattan Magazine*.»

«Ah, eine sehr gute Zeitschrift, vielleicht die beste in den Staaten. Ach natürlich, B. L. steht für Barbara Lavette – Sie zeichnen Ihre Artikel nur mit den Anfangsbuchstaben.»

«Lesen Sie etwa das *Manhattan*?»

«Sicher, wenn ich Gelegenheit dazu habe. Es ist witzig, respektlos, und mir gefallen die Karikaturen.»

«Aufpassen», sagte Barbara zu sich, «aufpassen, Mädchen. Er weiß zu viel über zu viele Dinge.»

«Und es ist gegen die Nazis», sagte Barbara.

«Das stimmt. Ja. Daran kranken gegenwärtig die meisten amerikanischen Publikationen. Wenn ich mich aber recht erinnere, widmen Sie diesem Gegenstand in Ihren Artikeln nicht besonders viel Aufmerksamkeit.»

«Ich bin mehr für das frauliche Element zuständig. Ich wäre der schlechteste politische Kommentator der Welt, deshalb beschränke ich mich auf die zivilisierteren Dinge des Lebens.»

Er sah sie aufmerksam an, lächelte wieder, aber diesmal kaum merklich. «Miss Lavette, Sie sind eine interessante Frau. Auf den ersten Blick würde man Sie für eine sehr durchschnittliche, sehr hübsche amerikanische College-Studentin halten. Ich glaube, das wäre eine Fehleinschätzung.»

«Ja. Ich habe das College vor fünf Jahren verlassen.»

«Natürlich. Darf ich fragen, was Sie in Ihren ‹Briefen aus Berlin› schreiben werden?»

«Ich habe nicht den blassesten Schimmer.»

«Dann müssen Sie mir gestatten, daß ich Ihnen helfe. Ich bin zwar als Preuße voreingenommen, aber ich halte Berlin für eine der interessantesten Städte Europas, bestimmt für die modernste und am besten organisierte. Es hängt natürlich davon ab, wie man sie sieht. Man kann sie als die Stadt der großen Prachtstraßen, der Parks, Gärten, der schönen Kanäle, wunderbaren öffentlichen Bauten, Theater, Bibliotheken und Museen sehen, als die Stadt der Friedrich-Wilhelms-Universität mit ihrer langen Reihe großer akademischer Lehrer wie Hegel, Schelling, Ranke, Helmholtz, Lipsius, die Brüder Grimm – als die Stadt, in der Schinkel einige der edelsten Gebäude Europas schuf. Man kann sie aber auch mit verschlossenen Sinnen und voller Mißtrauen betrachten, mit Haß auf die Menschen, die altes Unrecht rückgängig machen wollen.»

«Baron Harbin», sagte Barbara, «ich werde die Stadt als in Europa reisende Amerikanerin betrachten. Wenn ich im voraus wüßte, was ich sehen werde, brauchte ich nicht hinzureisen, oder?»

«Glänzend. Und jetzt sagen Sie mir, bitte, noch, wo Sie absteigen werden?»

«Im Esplanade.»

Harbin zog die Brauen zusammen und schüttelte den Kopf.

«Man hat mir gesagt, es sei ein ausgezeichnetes Hotel.»

«Na ja, teils, teils. Sie sollten im Adlon wohnen, Unter den Linden. Alles andere ist undiskutabel, glauben Sie mir.»

«Aber ich habe kein Zimmer dort bestellt.»

«Das überlassen Sie nur mir.»

Eigentlich wollte Barbara ihm sagen, daß sie nicht die Absicht hatte, in ein anderes Hotel zu gehen. Sie liebte es nicht, sich von den Wünschen oder Anweisungen anderer Menschen beherrschen oder lenken zu lassen. Diesen Mann hier fand sie noch dazu abstoßend und in seltsamer Weise auch furchteinflößend. Nicht, daß sie Angst vor ihm gehabt hätte, und es war ihr auch nicht im geringsten unbehaglich, mit ihm allein im Abteil zu sitzen. Sein Benehmen war tadelsfrei und formvollendet, und seine Bewunderung für sie war nicht zu übersehen. Ein Amerikaner hätte versucht, alle Tricks auszuspielen. Aber Harbin vermittelte ihr das Gefühl, daß er ihre Gesellschaft schätzte, daß ihm aber jede Geste darüber hinaus widerwärtig sei. Zugleich hatte sie das Gefühl von etwas völlig Fremdem, von etwas, das ganz anders war als alles, was ihr je begegnet war. Ein Franzose hätte sich entzückt über ihr Aussehen geäußert, er hätte versucht zu raten, welches Parfum sie benutzte, hätte ihr ein Kompliment über ihre Kleidung gemacht, kurz, er hätte all seinen Charme spielen lassen. Harbin unternahm nicht den geringsten Versuch, sie zu bezaubern oder charmant zu sein – er war einfach so, wie er war. Und gerade dieses Selbst fand sie furchteinflößend, ohne daß sie den Ursprung ihres Erschrekkens hätte nennen oder beschreiben können. Sie glaubte jedoch, daß diese Begegnung von unschätzbarem Wert für sie sei, daß Harbin mehr zu bieten hatte, als er zeigte, und ihr so manche Tür würde öffnen können. Es wäre ein Coup, wenn sie in den inneren Kreis der Nazigrößen eindringen und ein Interview mit Hitler oder auch mit Göring oder Ribbentrop bekommen könnte! Sie sah schon Frank Bradley vor sich, wie er ihren Artikel las und vor Begeisterung durch die Zähne pfiff.

Statt Harbin also zu sagen, daß sie nicht beabsichtigte, in ein anderes Hotel zu gehen, nickte sie nur und fragte ihn, warum es unbedingt das Adlon sein müsse.

«Weil ich finde, daß Sie meine Stadt durch den besten Eingang betreten sollten. Sie waren noch nie in Berlin, aber Sie werden sehen, daß ich recht habe. Einverstanden? Und da Sie eine so bezaubernde Reisegefährtin sind, möchte ich Sie fragen, ob Sie mir das Vergnügen bereiten, mit mir zu speisen?»

Barbara sagte, ja, das wolle sie gern tun.

John Whittier verbrachte immer mehr Zeit mit Tom Lavette. Es gefiel ihm, daß aus dem ursprünglich ziemlich unaussprechbaren jungen

Mann ein ernsthafter und verläßlicher Bankmensch geworden war. Mindestens einmal in der Woche aßen sie gemeinsam zu Mittag, und eines Tages lud Whittier Tom ein, ihn auf einer Reise nach Washington zu begleiten.

«Falls du keine Angst vor dem Fliegen hast», sagte Whittier. «Ich habe nicht genug Zeit, mit der Bahn zu fahren.»

Tom hatte große Angst vor dem Fliegen. Andererseits war noch niemand von seinen Bekannten quer über die Vereinigten Staaten geflogen, und wenn er es tat, würde das sein Ansehen und auch sein Selbstwertgefühl ungeheuer steigern. Als die große, schwerfällige DC-3 in der Luft war, die Bucht von San Francisco umkreiste und dann anfing zu steigen, um das Küstengebirge zu überfliegen, legte sich Toms Nervosität. Er hatte das Gefühl, als sei das hier sein eigentliches Erbe. Er dachte nicht besonders oft an seinen Vater in jener Zeit, und er hatte ihn auch jahrelang nicht mehr gesehen, aber jetzt kam ihm in Erinnerung, daß Dan Lavette die erste Fluggastlinie in Kalifornien gegründet hatte und dem Land mit seinen dreimotorigen Ford-Maschinen den ersten Vorgeschmack aufs Fliegen gegeben hatte.

«Sieh dir das da unten mal an, Thomas», sagte John Whittier, der fast so etwas wie einen poetischen Phantasienflug entwickelte. «Sieh dir unser Kalifornien gut an.» Den Plural verwandte er im Hinblick auf Tom. Am liebsten hätte er ‹mein Kalifornien› gesagt, denn das war es, was er meist dachte. «So etwas gibt es auf der ganzen Welt nicht noch einmal. Eines Tages wird es der Mittelpunkt des ganzen Landes sein, zwar nicht geographisch, aber sonst. Hier liegt die wahre Macht – Nahrungsmittel, Öl, Bauholz und Land. Die Männer, die Kaliforniens Geschicke lenken, werden auch die der Vereinigten Staaten lenken. Darüber solltest du nachdenken, junger Freund. Ich habe morgen eine Besprechung mit Harry L. Hopkins, und zu ihr nehme ich dich mit. Mir ist der Boden verhaßt, über den Roosevelt geht, oder besser gesagt rollt. Dieser verkrüppelte Hundesohn. Du weißt ja, daß sie ihn festhalten müssen, wenn er eine Rede hält. Er kann nicht mal auf seinen eigenen Beinen stehen! Deshalb ist er auch so boshaft. Aber er ist der Präsident, und jetzt braucht er uns, deshalb hat Hopkins diese Besprechung vereinbart. Bei unserem Kampf gegen den roten Harry, Harry Bridges, vor fünf Jahren, hat Roosevelt keinen Finger krumm gemacht, um uns zu helfen. Aber jetzt braucht er mich. Er braucht Schiffe, weil es Krieg geben wird, und die Schiffe haben wir. Ich kann mich noch an den letzten Krieg erinnern, Thomas. Weißt du, was damals mit den Frachtraten passiert ist?»

«Ich nehme an, sie sind gestiegen.»

«Ja, sie haben sich verdoppelt, verdreifacht, vervierfacht – es nahm kein Ende. Genau so wird es wieder kommen. Roosevelt glaubt, er kann es diesmal steuern. Aber Macht ist unberechenbar. Es gibt keine Trennung von Geld und Macht. Dieser Hitler zum Beispiel – er hat auch sein Gutes, glaub mir das, mein Junge. Lindbergh hat Gutes an ihm und an Göring gefunden. Nur weiß dieser Mensch nicht, wann er aufhören muß. Und Roosevelt unternimmt nichts, um ihn zu besänftigen. Entscheidend ist, Thomas, daß wir unsere Pflicht tun, was auch geschieht: in der Familie und im Geschäft. Noch gelten wir bei den Rockefellers, Morgans, Lamonts, Vanderbilts und all den anderen hochnäsigen Yankees als neureiche Emporkömmlinge. Sie halten die Westküste nach wie vor für eine Art Kolonie. Aber ihre Zeit ist um. Wenn es zum Krieg kommt, werden wir an seinem Ende sehr viel besser dastehen als die Alteingesessenen von der Ostküste. Wann bekommst du eigentlich das Verfügungsrecht? Wann erlischt die Treuhandschaft deiner Mutter?»

«Im Januar 1940.»

«Noch ein halbes Jahr. Wir haben also Zeit zum Planen und zum Zusammenschluß. Was hältst du von Martin Clancy?»

Die Frage kam überraschend. Als Jean Lavette vor fünf Jahren den Vorsitz im Vorstand der Seldon Bank abgegeben hatte, war Alvin Sommers, der erste Stellvertreter, an ihre Stelle getreten, und Martin Clancy, der zweite Stellvertreter, war an Sommers Platz nachgerückt. Sommers war jetzt siebzig, Clancy sechs Jahre jünger. Er war ein verschlossener Mann mit kaltblickenden Augen, an dem Tom nie eine Spur von innerer Bewegung, Gefühl oder Bindung an etwas Lebendes bemerkt hatte. Sein Leben gehörte offensichtlich der Bank.

«Wie meinst du das?» fragte Tom zurück.

«Wie ich es gesagt habe. Was hältst du von ihm? Magst du ihn?»

«Niemand mag Clancy. Aber vom Bankgeschäft versteht er was.»

«Al Sommers tritt im September in den Ruhestand. Clancy möchte den Vorsitz übernehmen, davon hat er sein Leben lang geträumt.»

«Und was meinst du?» fragte Tom diplomatisch.

«Ich bin dagegen. Er gefällt mir nicht. Im Grunde ist er nach wie vor der kleine irische Krakeeler aus dem Tenderloin. Du hast die Aktienmehrheit, und ich bin der Ansicht, du solltest Flagge zeigen. Traust du dir das zu?»

«Ich glaube schon», erwiderte Tom geschmeichelt und zugleich verblüfft über seine Selbstsicherheit, zu der Whittier durch seine Offenheit beigetragen hatte. Whittier war noch nie so offen zu ihm gewesen, hatte ihn nie so rückhaltlos ins Vertrauen gezogen.

«Ich habe jahrelang über diesen Zusammenschluß nachgedacht», sagte Whittier. «Ich zweifle nicht daran, daß wir das Zünglein an der Waage sind hier an der Küste, wenn wir uns erst einmal zusammengetan haben. Dann bestimmen wir, was zu geschehen hat. Ich weiß noch nicht im einzelnen, wie das jeweils aussehen wird, das müssen wir uns noch einmal durch den Kopf gehen lassen. Aber ich will nicht, daß Clancy querschießt. Wenn er bleibt, gibt es mit Sicherheit Schwierigkeiten, also muß er weg. Leuchtet dir das ein?»

«Er ist seit vierzig Jahren in der Bank», sagte Tom langsam. «Er ist jetzt Mitte sechzig. Wir könnten die Regelung einführen, daß man mit fünfundsechzig in den Ruhestand treten muß, das sähe etwas weniger persönlich aus. Ich glaube, das könnte ich hinbekommen.»

«Aber nur als Vorstandsvorsitzender. Glaubst du, daß du das schaffst?»

«Wenn ich die Stimmrechte habe, ja.»

«Es geht also um Barbara. Gemeinsam habt ihr dreihundertzweiundachtzigtausend Aktien, siebzig Prozent des Kapitals. Was ist mit deiner Schwester?»

«Ich habe sie seit Jahren nicht gesehen.»

«Hörst du gelegentlich von ihr?»

«Ab und zu. Nächste Woche soll sie zurückkommen – jedenfalls hatte sie das vor, als ich das letzte Mal von ihr hörte.»

«Ich habe nie nach eurem Zerwürfnis gefragt, das weißt du, denn ich war immer der Ansicht, daß mich das nichts angeht. Allerdings bin ich über die Sache mit dem Streik immer noch nicht ganz weggekommen. Ging es dabei um euren Vater?»

«Auch. Aber wir sind nicht verfeindet. Ich kann mit Barbara reden und sehe keinen Grund, warum sie sich mir in den Weg stellen sollte.»

«Vielleicht wäre es gut, wenn du nach ihrer Rückkehr etwas Zeit für sie aufbrächtest, um ihr Vertrauen zu gewinnen. Das ist wichtig. Ich will dich nicht beunruhigen, Tom, aber Clancy und Sommers haben gemeinsam einen so großen Kapitalanteil, daß sie die Sache entscheidend beeinflussen könnten, falls deine Schwester sich gegen uns wenden sollte.»

«Das würde sie wohl nicht tun.»

«Auf der anderen Seite besitzt auch deine Mutter so viel Kapital, daß sie Barbara damit in Versuchung führen könnte. Das darf auf keinen Fall geschehen.»

«Das überlaß nur mir», sagte Tom.

«Ich verlasse mich auf deine Fähigkeiten», sagte Whittier.

Als sie am folgenden Tag vor dem Weißen Haus standen, faßte er seinen Glauben in die Worte: «Was ein Mann braucht, Thomas, der eines Tages hierher will, ist Vorausplanung. Nicht nur für einen Monat oder ein Jahr, sondern für ein ganzes Leben. Einiges von dem, was dazu nötig ist, hast du, aber es gehört noch viel mehr dazu. Man muß sich ein Image schaffen, jeden Zug berechnen, man darf sich nie, weder geschäftlich noch privat, irgendeine Gefühlsäußerung erlauben – unter keinen Umständen. Ob du aufs Klo gehst oder in den Puff oder zu einer Abendgesellschaft auf Nob Hill – immer mußt du daran denken, wie sich das später in deinem Lebenslauf machen wird. Der unwissende Krüppel da drin wird nicht ewig leben, und früher oder später ist unsere Partei wieder an der Reihe. Also sieh es dir gut an.»

«Du bist sehr freundlich zu mir, John. Aber du überschätzt mich.»

«Das stimmt, Thomas», gab Whittier zu. «Im Moment, glaube ich, hast du nicht mal die Voraussetzungen für das Parlament eines Bundesstaates, und das ist so ziemlich das Letzte. Du hast deine siebenundzwanzig Jahre damit verbracht, darauf zu warten, daß dir das Vermögen der Seldons in den Schoß fällt. Wenn du meinst, daß du mit den nächsten siebenundzwanzig etwas anderes anfangen kannst, stehe ich voll und ganz hinter dir.» Er machte eine Pause und sah Tom an. «Wenn wir jetzt dort hineingehen und uns mit Harry Hopkins zusammensetzen, könnte das den Grundstein zu einer geschichtsträchtigen Verbindung legen. Gefällt dir die Vorstellung?»

«Durchaus. Danke, John», sagte Tom, keineswegs demütig, sondern wie eine Bekräftigung zwischen Gleichen.

«Dann an die Arbeit.»

Die riesige, überladene Zwei-Zimmer-Suite im Hotel Adlon erschreckte Barbara. «Das will ich nicht», sagte sie dem Geschäftsführer geradeheraus mit einem Blick auf die barocke Einrichtung, den langflorigen Teppich in Blau und Gold, die Goldstoffe und die riesige Vase voller frischer Blumen. Am Bahnhof hatte ein schwarzer Mercedes mit Chauffeur auf Harbin gewartet und sie hierher gebracht. Hier im Hotel hatte Harbin – nach wie vor der korrekte, zurückhaltende, freundliche Helfer und Beschützer – dem Geschäftsführer einige Worte zugeflüstert. Barbara begann bereits zu bedauern, daß sie sich Harbins übergroßer Höflichkeit ausgeliefert hatte. Es war ihr zur zweiten Natur geworden, sich auf sich selbst zu verlassen, zu tun, was sie für richtig hielt und hinzugehen, wohin sie wollte. Sie glaubte, von allen Menschen auf der Welt am unfähigsten zu sein, sich zu verstellen. Das ganze Abenteuer kam ihr inzwischen romantisch und töricht vor.

«Das möchte ich nicht», sagte sie, «und außerdem kann ich es mir nicht leisten.»

Das Englisch des Geschäftsführers war nicht besonders gut. «Bitte, sprechen Sie langsamer. Ich verstehe sonst nicht alles.»

«Es ist zu teuer.»

«Zu teuer? Nein. Ich teile die Ansicht des Barons, der Preis ist derselbe wie im Esplanade. Bitte, Sie sind ein wichtiger Gast.»

Ihr Gepäck war schon oben, und sie war zu müde, um weiter darüber zu reden. Der Geschäftsführer verließ die Suite, Barbara schleuderte ihre Schuhe von sich und warf sich auf das riesige Bett. Was, um Himmels willen, tat sie hier in Hitler-Deutschland, in Berlin? «Wenn ich nur ein Fünkchen Verstand hätte», sagte sie sich, «nähme ich den nächsten Zug nach Paris, dann weiter nach Cherbourg und ab nach Hause.» Plötzlich fühlte sie sich so elend, ziellos und verlassen, daß sie zu weinen begann. Sie stand auf und ging zu dem riesigen Spiegel, der fast die ganze Schlafzimmerwand einnahm. Als sie ihr schmerzverzogenes, tränenüberströmtes Gesicht darin sah, mußte sie lachen. Sie lachte und weinte zugleich. «Ach, ich bin vielleicht eine!» sagte sie zu sich selbst. «Eine wirklich großartige Geheimagentin!»

Schluß damit, nahm sie sich vor. Jetzt erst einmal unter die Dusche. Es war noch früh, nicht einmal Mittag. Sie zog einen karierten Faltenrock, eine weiße Bluse und eine leichte Strickjacke an, dazu feste, bequeme Schuhe. Dann ging sie in ihrer Suite auf und ab, sah sie sich genauer an und setzte in Gedanken ihren ersten ‹Brief aus Berlin› auf: «Die deutsche Begabung für Geschmacklosigkeit ist auffällig. Das ist ein nicht zu unterschätzendes Talent! Um einen so ordinären und aufdringlichen Teppich wie den im Wohnraum meines Hotels zu finden, müßte man wochenlang die Geschäfte durchstreifen.»

Sie verwarf diesen Anfang, war wütend auf sich selbst. Sie hatte die Stadt kaum gesehen und hatte kein Recht zu urteilen. Auch machte sie sich klar, daß sie ihre Art zu schreiben würde ändern müssen. Anmerkungen zu Geschmack, Benehmen und Hoteleinrichtung im Berlin des Jahres 1939 hätten etwas fast Obszönes. «Keine Voreingenommenheit», sagte sie sich, «nicht einmal in dieser Kloake. Geh in die Stadt, sieh sie dir an, und urteile nur über Dinge, die du mit eigenen Augen gesehen hast.»

Es war ein freundlicher, sonniger Tag, als sie kurz nach Mittag auf die Straße trat. Eine kühle Brise wehte, und ihr bot sich der wunderbare Anblick der ‹Linden›. Obwohl sie aus ihrem Reiseführer wußte, daß an dieser Prachtstraße auch die Universität lag, hatte sie sorgfältig vermieden, nach ihr zu fragen oder sie auch nur zu erwähnen. Sie beschloß jetzt, sie in Augenschein zu nehmen und danach in ein Restaurant zu gehen und etwas zu essen. Sie bummelte gemächlich Unter den Linden entlang, sah in die Gesichter der Passanten. Sie mußte sich eingestehen, daß hier keine Anzeichen von dem zu finden waren, was sie über Deutschland gelesen und gehört hatte. Die Menschen, die sie sah, waren gut gekleidet und fröhlich und sahen aus wie andere Menschen auch. Sie spürte die Blicke von Männern, aber sie war sich ihres Aussehens bewußt – auch wenn sie sich nicht für eine Schönheit hielt – und nahm es als selbstverständlich hin. Es war alles so völlig normal, bot ein so gewöhnliches Bild des Lebens in einer geschäftigen, wohlhabenden Großstadt, daß sie sich immer wieder daran erinnern mußte, wo sie sich befand.

An der Universität, die neben der Neuen Wache und dem Zeughaus gegenüber der Staatsoper lag, hatte sie das unwirkliche Gefühl, als ruhten die unsichtbaren Augen der Gestapo auf ihr. Sie gab sich Mühe, ihren Schritt nicht zu verlangsamen, und warf nur einen flüchtigen Blick auf die Gebäudefront – mehr, fand sie, verdiente diese spröde Architektur ohnehin nicht. Sie fühlte sich ausgeliefert und allein. Vermutlich war diese Reaktion nur auf ihre erregte Phantasie zurückzuführen. Am ersten Tag in dieser Stadt würde sie sich nicht näher an die Universität heranwagen, am zweiten wohl auch nicht. Sie meinte, erst eine plausible Begründung dafür haben zu müssen, zum Beispiel einige Seiten eines Berichts über das akademische Bildungswesen in Deutschland ... Sie ging weiter und fand sich nach einiger Zeit in der Leipziger Straße wieder. Dort aß sie in einem kleinen Lokal ein Würstchen und trank ein Glas dunkles Bier dazu und ging dann zurück zum Adlon. Auf dem Weg dorthin stiegen Bruchstücke von Gelesenem in ihrer Erinnerung auf. Wer sich in Gefahr begibt, dachte sie, muß jeden seiner Schritte genau vorausplanen und gut überdenken. Im Hotel nahm sie ihr Exemplar von Hitlers *Kampf* zur Hand, betrachtete es angewidert und begann zu lesen. Sie blätterte darin und nahm hier und da etwas auf, wie zum Beispiel: «Was wir heute an menschlicher Kultur, an Ergebnissen von Kunst, Wissenschaft und Technik vor uns sehen, ist nahezu ausschließlich schöpferisches Produkt des Ariers. Gerade diese Tatsache aber läßt den nicht unbegründeten Rückschluß zu, daß er allein der Begründer höheren Menschentums überhaupt war, mithin den Urtyp dessen darstellt, was wir unter dem Worte ‹Mensch› verstehen.»

Ein Klopfen an der Tür lieferte ihr einen willkommenen Anlaß, das Buch angewidert wegzulegen. «Nein, nein», flüsterte sie. «Es gibt Menschen, die gern in Abwässern herumwandern. Ich nicht.» Sie ging zur Tür und öffnete sie.

Vor ihr stand eine schlanke, große, ganz hübsche schwarzhaarige Frau mit Bubikopf, hochgewölbter Nase und zynischen grauen Augen. Sie trug ein rotgeblümtes Seidenkleid und hatte eine Pelzstola über die Schulter geworfen. «Meine Liebe», sagte sie ohne Formalitäten, «Sie sind sicher die schöne, bezaubernde Barbara Lavette. Dutzi hat recht. Sie sind hinreißend, meine Liebe. Auf Ihre Art, versteht sich.» Die Sprechweise war britisch, die Stimme klang hoch, selbstsicher und eine Spur arrogant.

«Wer sind Sie, wenn ich fragen darf? Und wer ist dieser Dutzi?»

«Ach, das Schicksal der Berühmten – oder sollte ich sagen, der Berüchtigten? Ich bin die bekannte Pleasance Rittford. Schockiert Sie das, meine Liebe?»

«Müßte es das?» Barbara überlegte und versuchte verzweifelt, den Namen unterzubringen. Sicher, sie hatte ihn schon gehört – er hatte irgend etwas mit der britischen Oberschicht zu tun und mit einem Skandal.

«Mein liebes Kind, muß ich hier vor der Tür stehen bleiben? Auch wenn Sie mich abscheulich finden, könnten Sie mich hereinbitten.»

«Bitte, treten Sie näher», sagte Barbara rasch. «Wie kommen Sie darauf, daß ich Sie abscheulich finden könnte?»

«Faltenrock, festes Schuhwerk, Strickjacke – alles so wunderbar vernünftig. Wunderbar vernünftige Menschen mögen mich nicht. Wissen Sie, ich bin nicht gegen die Nazis. Ich bewundere sie ziemlich und mache kein Geheimnis daraus.»

Jetzt war ihr alles klar – Lady Pleasance Rittford, die Gemahlin von Lord Nigel Rittford, beide eifrige und erklärte Anhänger der neuen Ordnung Hitlers, die lautstark dagegen protestierten, daß England einmal gegen Deutschland zu den Waffen greifen könnte. Barbaras erste Reaktion war ein Schock, eine Art Ekel, und ein Impuls, ihrer Empörung lautstark Luft zu machen. Sie beherrschte sich, und es gelang ihr sogar, den Ausdruck naiven Erstaunens beizubehalten. Schließlich war sie keine Touristin, sondern Journalistin, die törichterweise eine Aufgabe übernommen hatte, die sie weder verstand noch billigte. Sie war aber auch eine Journalistin, deren Herausgeber bei der Lektüre der Geschichte, die sie über Lady Pleasance Rittford würde schreiben können, vor Freude Purzelbäume schlagen würde.

«Schockiere ich Sie?»

«Vielleicht ein bißchen», gestand Barbara und zwang sich zu einem Lächeln. Dabei sah sie Lady Pleasance aufmerksam an. «Mindestens vierzig», sagte Barbara zu sich, «neurotisch, unheimlich mager, wohl kaum ein Lustobjekt, und total besessen.» Dabei versuchte sie sich an das zu erinnern, was sie bei Freud über Besessenheit und Zwangshandlungen gelesen hatte. Wie hatte sie die beiden Jahre im College verschleudert! Andererseits – kann ein achtzehnjähriger Mensch wissen, welchen Bildungsanforderungen er sich zehn Jahre später gegenübersehen wird?

«Armes Kind, wie kann er nur so über Sie herfallen.» Sie wies auf den großen Busch gelber Rosen auf dem Teetisch. «Dutzis Handschrift. Sie haben ihm ganz schön den Kopf verdreht. Sie müssen ihm überschwenglich danken. Unter seinem preußischen Fischgesicht ist er sehr empfindsam und weich.»

«Wer ist Dutzi?»

«Der Baron – Harbin, Ihr Reisegefährte. Seine guten Freunde nennen ihn Dutzi.» Sie fuhr sich mit der Zunge über die Lippen, lehnte sich zurück und musterte Barbara. «Nein, Sie nicht. Bei Ihnen würde es nicht richtig klingen. Sein Herz schlägt rascher, weil Sie wie ein englisches Schulmädchen aussehen. Sorgen Sie dafür, daß es so bleibt. Es ist sein Gewicht in Gold wert – oder in gelben Rosen.»

«Was, um Himmels willen, soll das heißen? Ich kenne diesen Mann kaum.»

«Er ist nicht in Sie verliebt, mein Kind, wenn Sie das meinen. Männer wie Dutzi verlieben sich nicht. Aber Dutzi hat seine arischen Vorstellungen und Ideale. Er ist ziemlich versessen darauf, und Sie entsprechen diesem Bild.»

«Um des Himmels willen! Sagen Sie ihm bitte, daß ich ein Mischling bin.»

«Das spielt überhaupt keine Rolle. Wer Arier ist, bestimmen die Arier. Nur die wirklichen Scheusale schaffen sie sich vom Hals. Wollen wir nicht etwas trinken? Ich bin beinahe am Verdursten.»

«Ich hatte noch keine Zeit. Ich bin erst heute morgen angekommen, und dann bin ich etwas in der Stadt herumgebummelt. Ich werde etwas kommen lassen.»

«Das werde ich machen.» Sie seufzte. «Oder sprechen Sie gut Deutsch?»

«Überhaupt nicht.»

«Das dachte ich mir. Was nehmen Sie?»

«Vielleicht ein Glas Weißwein mit Schuß?»

Lady Pleasance verzog das Gesicht, ging zum Telefon und gab die Bestellung auf. Dann sah sie sich im Wohnraum um und schürzte mißbilligend die Lippen. «Wissen Sie, Kindchen, die Deutschen haben noch weniger Geschmack als die Briten. Dutzi sagt, Sie schreiben. Was schreiben Sie denn so?»

«Ich habe eine wöchentliche Spalte im *Manhattan Magazine*. Klatsch, Menschen, Mode. Bücher und Theater. Mein Herausgeber möchte ein paar Artikel aus Berlin. Jetzt bin ich hier und stehe vor der Sprachbarriere. Diese Schwierigkeit habe ich in Paris nicht.»

«Klatsch, Menschen und Mode», wiederholte Lady Pleasance, wobei sie vor Vergnügen in die Hände klatschte. «Mode können Sie vergessen, die gibt es hier nicht. Aber Klatsch – meine Liebe, wir müssen reden, reden, reden. Politik interessiert Sie nicht, oder? Ich meine, Sie werden sich nicht mit dieser lächerlichen Gruppe amerikanischer und britischer Korrespondenten zusammentun, die ihre Tugend dadurch beweisen, daß sie einfach dasitzen und die Nazis verabscheuen. Aber nein, natürlich nicht. Die schreiben nur langweiliges, trocknes Zeug. Was man auch von Dutzi halten mag, er hat eine Nase wie ein Bluthund. Sie haben großes Glück, daß er Sie mag. Das ist ein Sesam-öffne-dich.»

«Zu was?» fragte Barbara.

«Was Sie wollen, Liebste. Sie können damit sogar bis zum Führer vorgelassen werden, und so schlimm ist der gar nicht. Zwar kein Gentleman wie Dutzi, von Papen und einige andere, aber Macht ist berauschend, und man vergibt. Dabei fällt mir ein, wo bleiben die Getränke?»

Sie kamen im selben Augenblick. Lady Pleasance hatte zwei doppelte Whisky bestellt. Den ersten trank sie pur, als wäre es Wasser, in den zweiten goß sie etwas Soda, dann machte sie sich an eine langatmige Beschreibung des Führers und seines Wesens.

Barbara hatte bereits genug von Lady Pleasance. Und es schien ihr so, als habe sie auch schon genug von Berlin. Wie konnte sie sich nur mit solchen Leuten einlassen, warum machte sie mit der ganzen Sache nicht Schluß? Sie kannte die Antwort. Professor Schmidt und die Universität waren in ihrem Bewußtsein ganz in den Hintergrund getreten. Sie dachte nur noch daran, sich witzige zynische Artikel für *Manhattan* auszudenken, Nahaufnahmen von diesen ‹Kreaturen›, wie sie sie bei sich nannte, Knüller, an die sie unter anderen Umständen nie herangekommen wäre. Eine Tür hatte sich für sie geöffnet, und wenn sie eine unbedachte, wütende oder mißbilligende Äußerung tat, würde sie sich wieder schließen. Sie trank ihren Wein und zwang sich, Lady Pleasance, die den Wirkungen des Alkohols ziemlich schnell erlag, höflich zu antworten.

«Sie werden dem Führer gefallen», vertraute Lady Pleasance ihr an. «Ich würde mich bei dieser Mischlingsgeschichte nicht lange aufhalten. Geht es um einen französischen Vater? Dutzi sagt, daß Ihr Französisch einfach göttlich ist. Goebbels ist bezüglich der Franzosen noch unschlüssig; er weiß nicht, ob er sie als Arier einstufen soll oder nicht. Aber eine Frau mit Ihrem Aussehen braucht sich keine Sorgen zu machen. Sie haben nicht zufällig ein paar Tropfen jüdisches Blut? Nein, natürlich nicht. Sie haben übrigens gerade die richtige Größe für den Führer, wenn Sie auf hohe Absätze verzichten. Aber werden Sie nicht zu vertraulich. Ich glaube, Dutzi hat seine eigenen Pläne. Er war einmal verheiratet, aber seine Frau ist gestorben oder so etwas –»

«Oder so etwas?» fragte Barbara.

«Oder Schlaftabletten. Wer weiß das schon genau? Ich könnte sie gut verstehen. Dutzi ist zwar ganz in Ordnung – aber mit ihm verheiratet sein? Gott behüte. Für ein oder zwei Abende ist er sehr amüsant, ein bißchen überspannt vielleicht, aber lieb. Das sind sie alle, und wenn man es nicht zu ernst nimmt, ist es ganz nett. Sehen Sie mich bloß nicht so an. Ich gehöre nicht zu denen, die jeden Kuß herumerzählen, aber es gibt für mich eine Grenze. Das war auch bei Göring so. Er ist ein abscheuliches fettes Schwein, und das habe ich ihm auch ins Gesicht gesagt. Auf jeden Fall ist sein Ballermann – ist doch ein gutes Wort, nicht? – wie auch immer, so tief im Fett vergraben, daß er nicht viel damit anfangen kann. Habe ich jedenfalls gehört, und außerdem hat er's wohl mit Drogen. Mit von Papen ist es etwas anderes. Das ist ein Gentleman, nur ein bißchen blöd. Dutzi meint, daß er dem Führer wohl etwas auf die Nerven geht. Man sollte sich nie mit jemandem einlassen, der auf der Abschußliste steht. Das kann ziemlich unangenehm werden. Na ja, Pleasance wird Sie schon zwischen den Klippen hindurchbugsieren. Ich hoffe sehr, daß Sie recht lange bleiben. Lassen Sie sich bloß nicht von all dem Kriegsgerede kopfscheu machen. Es wird keinen Krieg geben. Churchill, Chamberlain und Eden – lauter winselnde Idioten, und Ihr Daladier ist der widerlichste Speichellekker von allen. Adolf bekommt, was er haben will, und das zu seinen Bedingungen – den ganzen verfluchten Kontinent –»

So ging es fort und fort. Pleasance bestellte noch einmal, und der Kellner kam mit zwei weiteren doppelten Whisky. Nach einer Weile erhob sie sich schließlich, stand auf unsicheren Beinen und sagte zu Barbara: «Ich muß mich aufmachen, Liebste. Wir werden uns sehr bald noch ganz reizend unterhalten», damit stakste sie zur Tür.

Als Barbara wieder allein war, schauderte es sie. Sie ging wie ein Automat ins Badezimmer und putzte sich die Zähne. Dann hielt sie inne und fragte sich, wozu putze ich mir hier bloß die Zähne? Barbara, du benimmst dich wie ein Kind.

Sie kehrte in den Wohnraum zurück, der jetzt im Dämmerlicht lag. Sie machte Licht, rief den Zimmerkellner an, und mit einer Mischung aus Englisch und Französisch gelang es ihr, etwas zum Abendessen zu bestellen. Sie nahm ihr Notizbuch, saß mindestens zehn Minuten mit dem Stift in der Hand da und blickte auf das leere Blatt. Dann seufzte sie und gestand sich ein, daß sie Angst hatte. Ihr wurde klar, daß sie keinen ‹Brief aus Berlin› schreiben konnte. Sie würde tun, was sie zu tun hatte, und dann abreisen. Plötzlich war es nicht mehr nur Berlin oder Deutschland: In ihrer Vorstellung schien ganz Europa vom Pesthauch dieses Alptraums bedeckt zu sein, und irgendwo in ihrem Inneren drängte eine Stimme auf Abreise.

In der Nacht lag sie lange wach. «Ich möchte nach Hause», sagte sie zu sich. «Ich habe Angst und fühle mich allein. Die Sache wächst mir über den Kopf. Ich möchte zu meinen Eltern, möchte in der Nähe einfacher, ganz normaler Menschen sein, die nicht krank und nicht verrückt sind.»

Sie machte Licht, nahm den Hörer und verlangte die Auslandsvermittlung. Es war ein Uhr, und es dauerte eine Stunde, bis sie mit Dan in seinem Büro auf Terminal Island verbunden war.

«Papa», sagte sie schließlich, «bist du es? Bist das tatsächlich du?»

«Barbara? Wo um Himmels willen steckst du? Wir haben versucht, mit dem Schiff Verbindung zu bekommen.»

«Ich bin nicht gefahren, Papa. Ich bin in Berlin.»

«In Berlin? Mach nicht solche Scherze.»

«Doch, es stimmt.»

«Gott im Himmel, was tust du ausgerechnet dort? Geht es dir gut?»

«Ja, Papa, nur ein bißchen Heimweh. Schimpf nicht mit mir. Ich bin einer Geschichte wegen hier. Mutter hab ich geschrieben. Ich weiß, ich hätte dir auch schreiben sollen, aber ich wußte, daß du dir Sorgen machen würdest.»

«Nun, Sorgen mache ich mir auch so. Ich kann dir gar nicht sagen, was für welche. Das ist keine Stadt für dich. Dort wird bald der Teufel los sein, Mädchen, sieh bitte zu, daß du da wegkommst.»

«Wie geht es Joe und May Ling?»

«Gut, gut. Joe ist in Higate. Wo wohnst du denn da überhaupt?»

«In einem sehr vornehmen Hotel, es heißt Adlon. Mir geht es gut. Ich komme bald nach Hause, das verspreche ich.»

«Es hat schon viel zu lange gedauert, Barbara.»

«Ich weiß, Papa.»

«Wann kommst du?»

«Bald, ganz bestimmt. Sehr bald. Papa, tust du mir einen Gefallen?»

«Jeden, mein Kind.»

«Ruf bitte Mutter an. Sag ihr, daß es mir gut geht.» Barbara machte eine Pause. «Sei lieb zu ihr, Papa. Sie ist so unglücklich.»

Danach fühlte Barbara sich wohler. Einige Minuten später schlief sie ein.

Am folgenden Morgen erwachte sie nur mühsam. Es war schon zehn Uhr, und sie blieb eine Weile in ihrem Prunkbett liegen, faul und zufrieden bei dem Gedanken, daß sie endlich eine Entscheidung getroffen und sich eingestanden hatte, daß das ganze Unternehmen ein Fehler gewesen war. Sie überlegte schon, was sie als nächstes tun mußte: Rückkehr nach Paris, Auflösen ihrer Wohnung, den Limogets einen Brief schreiben, darin ihre Feigheit eingestehen, ihre Angst und ihre völlige Unfähigkeit zur Geheimagentin, Anruf im Reisebüro, damit sie ihr eine Kabine auf einem beliebigen Schiff nach Amerika buchten, Zug nach Cherbourg, und dann fort auf Nimmerwiedersehen. Während sie noch so träumte, klingelte das Telefon.

Zuerst hörte sie nur viel Deutsch, ihren Namen, dann einige Worte auf englisch.

«Ja, Barbara Lavette am Apparat», sagte sie.

Dann kam die Stimme Frank Bradleys. «Barbara, sind Sie das tatsächlich? Können Sie mich hören?»

«Natürlich kann ich Sie hören, Frank.»

«Wissen Sie, daß wir jedes Hotel in Berlin angerufen haben? Schließlich habe ich Ihren Vater in Los Angeles erwischt. Wollen Sie mir, bitte, ab jetzt immer mitteilen, wo Sie sich aufhalten?»

«Frank, mir geht es blendend, kein Grund zur Aufregung. Ich möchte Ihnen jetzt sagen, wozu ich mich entschlossen habe –»

«Augenblick, hören Sie mir erst zu. Auf Seite vier der morgigen *New York Times* kommt Ihr Bild, ganz groß. Ich habe einen Bürstenabzug hier. Überschrift – Die Schöne und das Untier – *La Belle et la Bête*. Ich möchte, daß Sie sich Zugang zu einem von ihnen verschaffen – Hitler, Göring – und ihn interviewen. Ich weiß, das ist nicht leicht, aber ich habe Vertrauen zu Ihnen. Aber hören Sie, machen Sie sich nur Notizen! Schreiben Sie den Artikel erst in Paris! Dann können Sie loslegen. Wir bringen das ganz groß raus, also ranhalten, Kindchen.»

«Frank –»

«Wenn Sie etwas brauchen, Geld oder sonst was, rufen Sie einfach an. Und noch eins: In der amerikanischen Botschaft gibt es einen Mann namens Buck Crombie. Früherer Klassenkamerad von mir. Ich habe ihm telegrafiert. Wenn Sie also einen Freund in der Not brauchen, dort finden Sie ihn.»

«Frank, wieso glauben Sie, daß ich ein Interview mit einem von ihnen bekommen kann?»

«Ich habe es doch gesagt, Vertrauen. Und machen Sie sich Notizen. Sie können drei Artikel bringen. Und noch etwas, die Verleger können es kaum erwarten.»

«Frank», bat sie. «Ich weiß nicht. Es ist so seltsam hier. Ich glaube, ich hätte gar nicht herfahren sollen.»

«Schätzchen, werden Sie bloß nicht weinerlich. Jetzt sind Sie da.

Sie brauchen doch nicht Ihr Leben lang dazubleiben. Holen Sie sich nur, was Sie brauchen.»

Sie legte den Hörer auf und verachtete ihren Mangel an Festigkeit, ihre Schwäche und Unentschlossenheit. Sie kam zu dem Schluß, daß sie alles in allem ein Mensch ohne Rückgrat war. «Und ohne Entschlußkraft», sagte sie zu sich. «Jeder kann herkommen und das, was du so großartig als Entschluß bezeichnest, umstoßen.»

Während sie sich anzog, klopfte es: Zwei Dutzend frischer gelber Rosen, als Ersatz für die, die bereits im Wohnraum standen, wurden abgegeben, zusammen mit einer Karte: «Ich stecke bis zu den Haarwurzeln im langweiligen Geschäft der Politik. Verzeihen Sie, bitte, daß ich meine überaus reizende Reisegefährtin vernachlässigt habe. Wollen Sie mit mir zu Mittag essen? Ich werde um eins in der Halle sein. Wenn Sie nicht kommen, bin ich untröstlich.»

Unterzeichnet war sie mit «Baron Franz von Harbin».

Es war weder eine Adresse noch eine Telefonnummer angegeben. Sie konnte die Einladung nur ausschlagen, wenn sie einfach nicht hinging. Es war erst halb zwölf. Sie hatte noch genug Zeit, zu packen und ein Taxi zum Bahnhof zu nehmen. Sie war nicht gezwungen, die Forderung Frank Bradleys zu erfüllen, und nicht genötigt, weiterhin mit *Manhattan Magazine* zusammenzuarbeiten – diese beiden Argumente hielt sie sich immer wieder vor Augen, verwarf sie dann aber. Ihre Stimmung änderte sich allmählich, und sie sagte sich, es wäre töricht, die Situation, in die sie geraten war, nicht zu nutzen. Sie sagte sich auch, daß sie es mit sich selbst in Zukunft nicht leicht haben würde, wenn sie Professor Schmidt einfach vergaß und ihre Verpflichtung gegenüber den Limogets mit einem Brief von sich abwälzte, in dem sie ihre Unfähigkeit und Feigheit eingestand.

Sie nahm ihr Notizbuch heraus und schrieb ihre Unterhaltung mit Lady Pleasance nieder, soweit sie ihr im Gedächtnis geblieben war. Sie freute sich, daß es ihr gelang, Ton und Sprechweise der Engländerin zu treffen. Punkt ein Uhr ging sie in die Halle hinunter, trotzig in einem grauen Faltenrock, einer weißen Baumwollbluse und grauen Strickjacke. Dazu trug sie ihre englischen Wanderschuhe. Wenn Dutzi mit ihr zum Essen gehen wollte, würde er sie so mitnehmen müssen, wie sie war.

Er begrüßte sie sehr förmlich und reagierte auf ihren Aufzug nur mit einem leichten spöttischen Lächeln. «Wir wollen hier essen, ja? Die Küche ist französisch, aber sehr gut.» Der Oberkellner im Speisesaal zerfloß fast vor Unterwürfigkeit. Die Situation war für Barbara völlig neu. Die Kellner benahmen sich, als seien sie Leibeigene des Barons. Nur mit Mühe konnte sie ein Kichern unterdrücken.

Sie dankte ihm für die Blumen. «Aber es ist Verschwendung», sagte sie, «die von gestern wären noch tagelang schön gewesen.»

«Schon möglich. Aber ich wäre der Gelegenheit beraubt gewesen, einer schönen Amerikanerin meinen Tribut zu zollen, nicht wahr?»

«Ich glaube nicht, daß hier ein Tribut, wie Sie es nennen, gezollt werden muß. Sie waren überaus gütig zu mir.»

«Das Vergnügen und die Verpflichtung sind auf meiner Seite. Amerikaner scheinen einen – wie soll ich es nennen? – tiefen Abscheu gegen unser System zu haben. Vielleicht kann ich Ihnen die angenehmere Seite Berlins und Deutschlands zeigen. Daher habe ich Lady Pleasance gebeten, Ihnen Gesellschaft zu leisten. Ich nahm an, ein Kontakt in der Muttersprache am ersten Tag sei ein angenehmes Willkommen. Wie fanden Sie sie?»

«Ich habe sehr viel von ihr erfahren», gab Barbara ohne Begeisterung zur Antwort.

«Ja.» Er lächelte und zuckte die Schultern. «Sie war uns sehr nützlich. Ihr Mann ist ein guter Freund. Wir brauchen Freunde in England, aber auch in Amerika. Meine Liebe, es liegt mir fern, mich Ihnen aufzudrängen, aber Sie sind allein, und übermorgen soll ein großer Empfang in der Kroll-Oper stattfinden – mit Essen und Tanz. Der Führer wird dort sein, und auch andere Größen. Wenn ich Sie nicht dazu bringen kann, Sie mit meinen eigenen, sagen wir, Vorzügen, dorthin zu locken, vielleicht beißt die Journalistin an? Es wäre eine Gelegenheit, einige von den Leuten kennenzulernen, die Sie offensichtlich für Menschenfresser halten.»

Barbara dachte eine Weile darüber nach. Er wartete lächelnd. «Wie kommen Sie darauf, daß ich sie für Menschenfresser halte?» fragte sie.

«Nun, ich bin nicht völlig unempfänglich. Sie äußern nie eine Meinung, hören immer nur zu. Nicht einmal Lady Pleasance konnte eine Äußerung aus Ihnen herausbekommen.»

«Ich habe gar nicht gemerkt, daß sie das versucht hat.» Barbara lächelte. «Ja, ich würde gern hingehen. Ich bin sehr gespannt darauf, Ihre politischen Führer kennenzulernen. Wollen Sie für mich dolmetschen?»

«Mit dem größten Vergnügen.»

«Werde ich Fragen stellen können? Mehr als nur eine Unterhaltung von ein paar Minuten?»

«Es ist deutlich zu sehen, daß es nicht mein Charme ist, der Sie dorthin zieht.»

«Ich fürchte, nicht ausschließlich», sagte Barbara geradeheraus. «Wie Sie schon sagten, ich bin Journalistin.»

«Ich werde Ihnen die nötigen Gelegenheiten verschaffen.» Er sah sie nachdenklich an. «Darf ich Sie Barbara nennen?»

«Ja.»

«Nennen Sie mich aber, bitte, Franz, und nicht mit diesem albernen Namen, den Sie sicher von Lady Pleasance gehört haben. Barbara, ich werde Sie übermorgen um sieben Uhr abholen –» Er warf einen kurzen Blick auf ihre Bluse und ihren Pullover.

«Ich werde nicht mit Wanderschuhen kommen», sagte sie lächelnd.

Nach dem Essen verabschiedete er sich, weil er dringende Arbeiten zu erledigen hatte. Es war ein schöner Nachmittag. Ein kühles Lüftchen machte die Sommerhitze erträglich, und Barbara entschloß sich, die Stadt näher zu erkunden. Sie ließ sich einfach treiben, von den ‹Linden› zum Tiergarten, wo sie Kindern beim Spielen zusah und den Klängen eines Leierkastens lauschte und dabei für eine Weile vergaß, wo sie war und warum sie hier war. Ins Hotel zurückgekehrt, schrieb sie genau auf, was sie bis zu diesem Zeitpunkt erlebt hatte. Dann ließ sie sich ein belegtes Brot und Kaffee aufs Zimmer bringen und verbrachte den ganzen Abend damit, sich Fragen zu überlegen, die sie den politischen Größen des Dritten Reiches vorlegen wollte, mit denen Harbin sie zusammenbringen würde. Zugleich wandten sich ihre Gedanken dem ihrer Ansicht nach unvermeidlichen Augenblick zu, an dem Harbin mit ihr würde ins Bett gehen wollen. Sie war weder so naiv noch sich ihrer eigenen Erscheinung so wenig bewußt, daß sie an dieser Entwicklung zweifeln konnte. Der bloße Gedanke daran machte sie schaudern. Auch das konnte sie sich nur als Reaktion auf die Existenz dieses Nazi-Deutschlands erklären. Sie war jetzt zwei Tage in einer sauberen, gut funktionierenden und zum Teil sehr schönen Stadt. Niemand hatte sie unfreundlich behandelt, und Baron von Harbin war jederzeit der Mann von Welt, die Höflichkeit, Aufmerksamkeit und das untadelige Verhalten in Person gewesen. Barbara war eine sehr unabhängige und selbstsichere junge Frau, sie wußte und bejahte das. Sie wußte auch, daß zwischen ihr und der College-Studentin, die vor fünf Jahren mit großen Augen einen Zug der Twentieth Century Limited zurück nach Kalifornien bestiegen hatte, Welten lagen. Aber seit ihrer Ankunft in Berlin empfand sie eine unbestimmte Angst, die sie nicht abzuschütteln vermochte.

Als sie zu Bett ging, war ihr noch keine Lösung für das Problem von Harbin eingefallen. Sie beschloß, es zu lösen, wenn es auftrat. Am folgenden Morgen erwachte sie früh und war hungrig wie ein Löwe. Sie frühstückte ausgiebig im Speisesaal des Hotels: Wurst, Eier, Bratkartoffeln, Brötchen und Kaffee. Am Vortag hatte sie fast nichts gegessen, denn die Gegenwart des Barons hatte ihr den Appetit verschlagen, und später in ihrem Zimmer hatte sie nur noch ein belegtes Brot gegessen. Sie fühlte sich jetzt besser und sagte sich entschlossen: «Der Teufel hole die Konsequenzen. Ich habe A gesagt, jetzt muß ich auch B sagen.» Sie verließ das Hotel und ging die ‹Linden› hinunter zur Universität. An dem, was sie tat, war nichts Unrechtes, nichts Seltsames und nichts Verdächtiges. Professor Schmidt hatte zwei Bücher veröffentlicht: 1936 *Rasse und Religion* und 1937 *Arische Weltanschauung*. Keines von beiden war in Paris erhältlich. Barbara wußte aber, daß *Arische Weltanschauung* in einer Übersetzung in New York erschienen war. Sie hatte im Archiv der *Tribune* in Paris eine vernichtende Besprechung gelesen. Der Rezensent hatte Schmidts Versuch, eine Beziehung zwischen der Bhagavad-Gita und Hitlers Theorien von der Herrenrasse sowie Bormanns, Rosenbergs und Himmlers unausgegorener Theologie herzustellen, als kindisch und abgeschmackt bezeichnet. Ohne das Buch zu kennen, vermutete Barbara, daß hier ein Mann mit Hilfe einer Pflichtübung versuchte, seinen Kopf über Wasser zu halten. Immerhin war der Verfasser dadurch bekannt genug geworden, um ihren Wunsch nach einem Interview zu rechtfertigen.

In der Universitätsverwaltung fand sie in einem gotischen Verlies eine junge Frau, deren Französisch zum Glück gut genug war, um ihr klarzumachen, daß Professor Schmidt im Sommersemester nicht lese. Die junge Frau meinte, daß er möglicherweise in seiner Wohnung am Kurfürstendamm zu finden sei. Falls Barbara zu Fuß gehen wolle, es seien aber ein paar Kilometer, müsse sie erst die ‹Linden› runter, dann weiter bis zum Großen Stern oder auch bis zum ‹Knie›, und dann nach links. Es sei aber besser, ein Taxi zu nehmen.

Barbara beschloß, zu Fuß zu gehen. Es war die beste Art, eine Stadt wirklich kennenzulernen und ein Gespür für ihre Atmosphäre zu bekommen. Außerdem war es noch sehr früh am Tag. Sie ging die ‹Linden› hinunter, durch den Tiergarten, vorbei an Parks und imposanten

Gebäuden, und ihr war, als gehe sie durch einen Traum oder durch eine Horrorgeschichte. Dabei war alles ganz gewöhnlich. Dann kam sie durch eine Geschäftsstraße, in der das Schaufenster eines Ladens mit Brettern zugenagelt war. Auf der Scheibe konnte sie das Wort JUDE sehen. Das war das erste deutliche Anzeichen für das, was sie in ausländischen Zeitungen gelesen hatte! Sie dachte: Wie tüchtig und reinlich, sie achten darauf, daß man nichts sieht.

Beim Anblick der großen Häuser am Kurfürstendamm überkam sie ein seltsames Gefühl der Vertrautheit. Solche Straßenzüge gab es auch in Paris, genau solche Häuserfronten. Sie schaute nach den Hausnummern aus, auf der Suche nach dem Haus, in dem Professor Schmidt wohnte.

Dann sah sie eine kleine Menschenansammlung und auf der einen Fahrbahn eine Sperrung, die den Verkehr auf die andere Fahrspur lenkte. Zwei Männer in der Dienstkleidung der Stadtreinigung standen an der Absperrung. Vom Bürgersteig aus sah etwa ein Dutzend Zuschauer der Szene unbeteiligt zu. Eine Gruppe von Männern und Frauen kehrte auf der Straße etwas zusammen, was aus einer gebrochenen oder verstopften Abwasserleitung zu stammen schien. Als Barbara sich der Gruppe näherte, schlug ihr ein strenger Geruch entgegen, und sie sah auf der Straße feuchten Unrat – dunkle Klumpen und Reste nicht identifizierbaren Abfalls, vielleicht Kot, der offenbar aus dem Abwasserkanal hochgedrückt worden war. Etwa vierzehn, fünfzehn Männer und Frauen kehrten den Unrat zu Haufen zusammen. Sie waren nicht jung, die meisten schienen um die fünfzig oder sechzig zu sein, einige noch älter. Eine der Frauen war weißhaarig, sehr alt und offensichtlich sehr schwach. Alle waren ordentlich gekleidet, und einige der Männer trugen Brillen. Wäre Barbara diesen Menschen unter anderen Umständen begegnet, hätte sie sie für Ärzte, Rechtsanwälte, Geschäftsleute, Lehrer und deren Ehefrauen gehalten. Ihre Arbeit wurde von vier kräftigen Männern beaufsichtigt, die trotz des sommerlichen Wetters Trenchcoats und Hüte trugen. Diese vier Männer riefen ihnen Kommandos zu, stießen sie herum und brüllten sie an, wenn sie ihnen zu langsam arbeiteten. Die beiden städtischen Arbeiter standen stumm dabei, ebenso wie die Gaffer auf dem Bürgersteig. Hinter der Gruppe standen ein Lastwagen der Stadtreinigung und zwei schwarze Limousinen.

Barbara blieb stehen und sah zu. Sie kämpfte gegen den Drang an, den Blick abzuwenden und einfach weiterzugehen. Sie zitterte, ihr wurde übel, aber sie konnte sich nicht losreißen. Sie hatte in den Pariser Zeitungen zahlreiche Berichte darüber gelesen, daß man Juden aus ihren Häusern geholt und zur Straßenreinigung herangezogen hatte, aber die Wirklichkeit war weit schlimmer. Es war nicht die Art der Arbeit, die Barbara mit dumpfem Schrecken erfüllte, sondern das trostlose Schweigen der Passanten und der beiden städtischen Arbeiter. Und da sie nicht verstehen konnte, was die Männer in den Trenchcoats den Kehrenden zuriefen, hatte sie noch mehr den Eindruck, in einen Alptraum geraten zu sein.

Der größte Teil des Unrats war jetzt zu Haufen zusammengekehrt, und die Männer und Frauen hielten mit ihrer Arbeit inne. Einer der Männer im Trenchcoat sagte etwas zu den städtischen Arbeitern, diese gingen zum Lastwagen und kamen mit zwei leeren Metallbehältern wieder, die sie in der Nähe der Unrathaufen abstellten. Sie wollten zum Lastwagen zurückgehen, wurden aber durch einen Befehl eines der Männer zurückgehalten. Dann sprachen sie miteinander. Barbara schien es, als stritten sie mit dem Mann im Trenchcoat. Plötzlich erhob dieser seine Stimme und brüllte. Die beiden Arbeiter zuckten die Schultern und gingen beiseite.

Einige der Gaffer wandten sich zum Gehen. Andere Passanten gingen vorbei, ohne auch nur einen Blick auf die Vorgänge zu werfen. Ein Instinkt riet Barbara, sich ebenfalls davonzumachen, die Sache auf sich beruhen zu lassen, zu verschwinden, bevor etwas geschah, geschehen mußte – aber irgendeine Kraft hielt sie dort fest. In diesem Augenblick hatte sie vergessen, daß sie Professor Schmidt aufsuchen wollte, sie hatte alles vergessen angesichts des Dramas, das sich vor ihren Augen abspielte.

Der Aufseher, der mit den beiden städtischen Arbeitern gestritten hatte, wandte sich einem der Männer zu, die gekehrt hatten. Er schien fast siebzig zu sein. Er stand mit gebeugtem Rücken da, auf seinem fast kahlen Gelehrtenschädel lag ein weißer Haarkranz. Er war gut gekleidet, trug einen braunen Anzug, ein weißes Hemd und eine braune Krawatte.

Der Aufseher deutete auf einen der Abfallhaufen und gab einen Befehl. Der alte Herr sah den Aufseher an, ohne sich zu bewegen oder etwas zu sagen. Dieser wiederholte den Befehl mit größerer Lautstärke und deutete auf einen der Metallbehälter. Der Sinn der Aufforderung war klar: Der alte Mann sollte den Unrat mit bloßen Händen in den Behälter füllen. Jetzt verstand Barbara, daß die Arbeiter offensichtlich im Begriff gewesen waren, Schaufeln vom Lastwagen zu holen, was die Bewacher aber nicht zulassen wollten.

Jedes Geräusch, jede Bewegung auf der Straße erstarb. Gaffer, Arbeiter, die alten Leute – alle standen wie erstarrt und blickten auf den Mann im Trenchcoat und den alten Herrn. Langsam gingen die drei anderen Schergen auf den alten Mann zu.

Wieder kam der Befehl, diesmal ruhig und kalt. Der alte Mann schüttelte seufzend den Kopf. Der Mann im Trenchcoat trat einen Schritt vor und schlug ihn mit der flachen Hand ins Gesicht. Der alte Mann fiel in den Unrathaufen. Als er versuchte, aufzustehen, versetzte der Mann ihm einen Tritt, so daß er wieder in den Dreck fiel. Dann bückte der Scherge sich, packte den alten Herrn am Kragen, zerrte ihn hoch und holte erneut zum Schlag aus.

Barbara konnte nicht länger an sich halten. «Stop it!» rief sie. «Aufhören, Sie Tier!»

Den Arm zum Schlag erhoben, mit der anderen Hand immer noch den zitternden Greis am Kragen gepackt, sah er Barbara an – alle starrten sie an –, grinste, schnitt eine wütende Grimasse, schrie etwas auf deutsch, und schlug noch einmal zu.

An das, was dann geschah, konnte Barbara sich später nicht mehr deutlich erinnern. Sie hatte noch nie in ihrem Leben einen Akt der Gewalttätigkeit gesehen, hatte nie körperliche Auseinandersetzungen erlebt, nie jemanden geschlagen und war noch nie geschlagen worden. Was sie jetzt tat, war eine völlig spontane, unüberlegte Reaktion. Sie sprang auf den Mann im Trenchcoat zu und schleuderte ihre lederne Handtasche gegen seinen Kopf. Da zwischen ihm und Barbara der alte Mann stand, den er immer noch am Kragen gepackt hielt, konnte er den Schlag nicht abwehren. Er traf ihn an der Schläfe und machte ihn benommen. Die drei anderen Bewacher rannten auf Barbara zu und packten sie. Da verließ sie alle Vernunft, und sie kämpfte wie eine Wildkatze. Sie biß und kratzte und trat um sich. Der vierte Mann ließ den alten Herrn los, fluchte und drückte die Hand auf die Augen. Dann schloß er sich den drei anderen an und schlug Barbara quer übers Gesicht, mit einem scharfen, schmerzenden Schlag, den sie in diesem Augenblick kaum spürte.

Plötzlich wurde sie ruhiger, ihre Wut verflog. Sie hörte auf, um sich zu schlagen, und stand zitternd und schluchzend im harten Griff der drei Männer da. Noch in diesem Augenblick der Angst und der Entwürdigung fiel ihr auf, daß keiner der Umstehenden ihr zu Hilfe kam. Nur die Männer im Trenchcoat taten etwas oder sprachen, sonst niemand – weder die beiden Arbeiter noch die Zuschauer, noch die alten Leute mit ihren Besen. Sie sahen schweigend zu, wie der Mann, den sie mit ihrer Handtasche angegriffen hatte, erneut die Hand hob, um sie zu schlagen. Einer der Männer, der sie festhielt, sagte etwas zu ihm, ließ Barbara los und schob ihn ein Stück zurück. Dann wandte er sich zu Barbara und sprach schnell und zornig auf sie ein.

«I don't speak German», brachte sie heraus.

Der alte Herr lag auf dem Bürgersteig, Blut lief aus seiner Nase. Der Mann, der ihn geschlagen hatte, trat jetzt dicht an Barbara heran, so daß sein Gesicht nur wenige Zentimeter von ihrem entfernt war. Einer der Männer, der sie festhielt, sagte etwas zu ihm. Aber er schüttelte den Kopf und grinste. Dann spie er Barbara ins Gesicht.

Sie erstarrte. Sie hörte auf zu zittern und zu schluchzen. Sie spürte, daß sich etwas tief in ihrem Inneren in Eis verwandelte, und sie sagte langsam und deutlich: «You filthy Nazi pig.» Sie sagte ihm, daß sie keine Angst vor ihm hätte, überhaupt keine Angst! «Do you understand me?»

Einer seiner Begleiter schob ihn zurück und sprach mit den beiden anderen. Dann wandte er sich den alten Leuten zu und schnauzte sie an. Die beiden Männer, die Barbara festhielten, führten sie zu den schwarzen Limousinen. Zuerst sträubte sie sich, dann ging sie mit. Sie wollte nicht die Würdelosigkeit der Situation noch dadurch steigern, daß sie sich über die schmutzige Straße zerren ließ. Sie öffneten eine der hinteren Türen und forderten sie auf einzusteigen. Plötzlich fror sie, sie fühlte sich schwach, müde, verbraucht. Aber ihre Angst war verflogen. Einer der Männer stieg nach ihr ein und setzte sich neben sie. Der andere ging dorthin zurück, wo ihre Handtasche auf die Straße gefallen war, hob sie auf und brachte sie ihr. Dann stieg auch er ein, und sie fuhren davon.

Sie nahm ein Taschentuch aus ihrer Handtasche und wischte sich das Gesicht ab. Dann sah sie sich im Taschenspiegel an. Über ihre eine Wange lief dicht unter dem Auge ein roter Striemen, aber es blutete nicht und war auch nicht geschwollen. Der Mann neben ihr und der Fahrer sagten kein Wort. Es hatte keinen Sinn zu fragen, wohin man sie brachte. Entweder konnten sie nicht Englisch sprechen oder wollten nicht. Barbara lehnte sich zurück, völlig ohne Empfindungen. Sie konnte nur noch abwarten.

Nach einer Fahrt von wenigen Minuten, nach etwa einem Kilometer, wie sie meinte, ging es in eine Nebenstraße. Dort blieb der Wagen vor einem grauen Gebäude stehen, über dessen Tür POLIZEIWACHE stand. Barbara seufzte erleichtert. Zumindest brachte man sie zur Polizei und nicht in einen der schrecklichen Gestapo-Keller.

Der Mann neben ihr stieg aus und machte ihr ein Zeichen, ihm zu folgen. Dann wurde sie zwischen den zwei Trenchcoats in das Gebäude geführt. Sie war noch nie in ihrem Leben auf einer Polizeiwache gewesen, weder in Amerika noch anderswo, sie hatte also keine Vergleichsmöglichkeiten. Der breite Gang hatte einen Zementboden, die Wände, an denen Bänke standen, waren dunkelgrün gestrichen, eine Treppe führte nach oben. Sie traten in einen Raum, durch den in der Mitte ein hölzernes Geländer mit einer kleinen Tür lief. Dahinter saß ein Uniformierter an einem Schreibtisch. Sie gingen durch die Tür, dann stand sie vor dem Schreibtisch, links und rechts ihre Bewacher. Einer von ihnen sprach mit dem Mann am Schreibtisch. Barbara wurde nicht zum Sitzen aufgefordert. Der Mann am Schreibtisch machte sich auf einem vor ihm liegenden Block Notizen. Dann wandten sich die beiden Männer um und gingen. Barbara blieb allein dort stehen. Der Beamte hinter dem Tisch schrieb weiter an seinen Aufzeichnungen.

Als er fertig war, sah er sie nachdenklich an. Er war kräftig gebaut, hatte ein rundes Gesicht, winzige blaue Augen und einen sehr kleinen Mund, den er ständig zusammenkniff.

«English?» fragte er sie.

«I'm American.»

«Ah, Amerikanerin.» Offenbar war er mit seinem Englisch am Ende. Er deutete auf eine der Bänke. «Setzen Sie sich!» Barbara folgte der Aufforderung. Eine Wanduhr ihr gegenüber zeigte ein Uhr. Wo war der Vormittag geblieben? Ihr war, als klaffe in ihrem Dasein eine Lükke, als liege der Vorfall auf dem Kurfürstendamm eine Ewigkeit zurück. Der Mann am Schreibtisch nahm einen Telefonhörer ab und sprach mit jemandem. Dann war wieder Stille. Es schien ihr seltsam ruhig für eine Polizeiwache zu sein. Ein Mann in Zivil kam die Treppe herab. Barbara sah auf ein großes Führerbild, das an der Wand neben der Treppe hing. Und wieder dachte sie, wie lächerlich doch das Chaplin-Schnurrbärtchen wirkte. Dann sah sie den Mann auf der Treppe an: Er hatte zwar keinen Schnurrbart, aber sonst sah er fast genauso aus wie der Mann auf dem Bild. Ob er das wohl weiß, fragte sie sich. Ihr fiel auf, daß sie sich aus irgend einem Grund nicht richtig auf ihre

Situation konzentrieren konnte. Sie saß hier in einem fremden Land auf einer Polizeiwache, war offensichtlich festgenommen und sollte vernommen werden, ohne Kenntnis der Landessprache. Dann versank sie in eine Art Tagtraum. Das Ganze war wie ein Traum, abscheulich, dumm, unmöglich.

Der Mann, der wie Hitler ohne Schnurrbart aussah, ging auf den Schreibtisch zu und sprach mit dem dort sitzenden Beamten, der auf Barbara deutete. Dann kam er zu Barbara herüber und sagte: «My name is Schlemer, Inspektor Schlemer. What is your name, Fräulein?»

«Barbara Lavette.»

«Yes. Good. Come with me, please.» Er sprach mit einem unüberhörbaren Akzent, aber davon abgesehen war sein Englisch fließend und richtig. Er führte Barbara die Treppe hinauf und durch einen Gang. Dort öffnete er die Tür zu einem kleinen Raum, in dem ein Tisch, mehrere Holzstühle, ein Bücherregal und ein Aktenschrank standen. An der der Tür gegenüberliegenden Wand hing wieder ein Führerbild.

Er forderte Barbara mit einer Handbewegung auf, Platz zu nehmen. Das Zimmer hatte ein Fenster. Schlemer schaltete seine Schreibtischlampe ein, offensichtlich, um besser sehen zu können, und betrachtete Barbaras Gesicht. «Woher haben Sie diese Verletzung?»

«Einem Ihrer Männer scheint es zu gefallen, Frauen zu schlagen – und alte Männer.»

Schlemer ging um den Tisch, nahm dahinter Platz und sah Barbara an. «Es sind nicht meine Männer. Meine Männer schlagen keine Frauen und alten Männer – und schon gar nicht mit Vergnügen.»

«Sie haben mich festgenommen – jedenfalls nehme ich an, daß ich festgenommen bin. Sie haben mich an den Kleidern gezerrt und durch die Straße geschleppt», sagte Barbara kalt und wütend.

«Soll ein Arzt Sie untersuchen, mein Fräulein?»

«Nein, mir fehlt sonst nichts. Ich möchte nur wissen, warum man mich in ein Auto gesteckt und hierher gebracht hat.»

«Sie sind Amerikanerin?»

«Ja.»

«Was tun Sie in Deutschland?»

«Ich bin Journalistin. Ich bin hier im Auftrag meiner Zeitschrift. Sie haben übrigens meine Frage nicht beantwortet.»

«Alles zu seiner Zeit. Wo wohnen Sie, mein Fräulein?»

«Im Adlon.»

Der Ausdruck in seinem im übrigen teilnahmslosen Gesicht änderte sich kaum wahrnehmbar. Barbara sah es. «Bin ich festgenommen?» beharrte sie.

«Bitte, sagen Sie mir, was vorgefallen ist.»

«Ich ging die Straße entlang –»

«Am Kurfürstendamm? Haben Sie dort Bekannte?»

«Ich bin spazierengegangen.»

«Ach so.»

«Ja. Und da sah ich, wie alte Leute auf der Straße Unrat zusammenkehrten. Vier Männer in Trenchcoats beaufsichtigten sie. Dann bestand einer von ihnen darauf, daß einer der alten Männer den Unrat mit bloßen Händen in einen Metallbehälter füllte. Als der alte Mann sich weigerte, schlug dieser Unmensch ihn. Das konnte ich nicht mit ansehen und habe versucht, ihn daran zu hindern – daraufhin hat er auch mich geschlagen. Dann haben die drei anderen mich gepackt und in ein Auto gezerrt – und nun bin ich hier.»

«So ist das also. Sie hätten sich nicht einmischen sollen, mein Fräulein. Es handelt sich um Juden, die man zum allgemeinen Wohl nützlicher Arbeit zuführt. Sie sollten dankbar sein, daß man es ihnen gestattet, überhaupt zum Nutzen des Reiches tätig zu werden. Wenn sie halsstarrig und unverschämt werden, muß man sie zur Ordnung rufen.»

«Dadurch, daß man einen alten Mann schlägt und mit dem Gesicht in einen Dreckhaufen wirft?»

«Es gibt Dinge, mein Fräulein, die Sie nicht verstehen.»

«Gott sei Dank!»

«Ihre Lage ist unerfreulich. Ob Sie festgenommen sind?» Er zuckte die Schultern. «Mir bleibt keine andere Wahl. Sie haben Sicherheitsbeamte in der Ausführung ihrer Pflicht behindert und sie sogar tätlich angegriffen. Sie haben einen von ihnen geschlagen. Ja, Sie sind festgenommen.»

«Das kann ich nicht glauben!» rief Barbara.

«Sie sagen, Sie seien Journalistin. Es ist sehr ungewöhnlich, daß eine Journalistin im Adlon wohnt.»

«Ich kann Ihnen versichern, Inspektor, daß *ich* mir das Adlon nicht ausgesucht habe. Aber selbst wenn ich es getan hätte? Darf ich nicht wohnen, wo ich will?»

«Selbstverständlich, mein Fräulein. Aber wenn Sie sich nicht das Adlon ausgesucht haben, wer dann?»

«Baron von Harbin hat darauf bestanden, daß ich dort absteige.»

Der Inspektor sah sie eine Weile nachdenklich an. Nach einem längeren Stillschweigen fragte er: «Sind Sie mit dem Herrn Baron gut bekannt, ich meine, ist er ein Freund von Ihnen?»

«Ja.»

Wieder dauerte das Schweigen eine Weile. Dann stand Schlemer auf. «Bitte, entschuldigen Sie mich einen Augenblick, mein Fräulein.» Er ging hinaus und schloß die Tür hinter sich. Barbara saß da, unbehaglich, unzufrieden mit sich, wütend, weil sie Harbins Namen erwähnt hatte. Sie wollte lieber in einer Zelle verschimmeln, als ausgerechnet ihn zu Hilfe rufen. In diesem Augenblick war Harbin für sie ein Symbol all dessen, was ihr an diesem Tag widerfahren war. Ihr wurde klar, daß sie nicht den Mut gehabt hatte zu sagen: ‹Nein, er ist nicht mein Freund. Ich verachte ihn.›

So ist das, dachte sie, du bist nicht aus dem Holz, aus dem man Helden oder Heldinnen schnitzt, du hast Angst. Und dann flüsterte sie: «Ich habe wirklich Angst, und wie. Was wird, wenn sie mich in eines ihrer Gefängnisse stecken oder in ein KZ? Daran habe ich nie gedacht.»

Sie saß da und wartete darauf, daß Schlemer zurückkehrte und ihr sagte, was man mit ihr zu tun beabsichtigte. Ob man ihr gestattete, sich mit der amerikanischen Botschaft in Verbindung zu setzen? Oder ihre Eltern anzurufen, oder mit jemandem zu sprechen?

Und dann kam der Inspektor zurück. Sie stand auf und sah ihn an.

«Ich bedaure den Vorfall, mein Fräulein», sagte er. «Sie müssen verstehen, es waren nicht meine Männer, keine Berliner Polizeibeamten. Ich habe veranlaßt, daß ein Wagen Sie zu Ihrem Hotel zurückbringt. Ich hoffe, Sie wissen, daß so etwas in Berlin nicht an der Tagesordnung ist.»

«Heißt das, ich kann gehen?» fragte Barbara unsicher.

«Selbstverständlich. Ich werde Sie nach unten begleiten.»

Im Hotel ging Barbara in ihre Suite und ließ sich erschöpft auf einen Stuhl fallen. Was hatte sie nur angestellt! Was sollte jetzt geschehen? Brachte sie den Mut auf, noch einmal zum Kurfürstendamm zurückzugehen und nach Professor Schmidt zu suchen? Konnte sie überhaupt in Berlin bleiben, würde sie nachts schlafen können?

Sie blickte auf ihre Füße und sah, daß Strümpfe und Schuhe mit Dreck besudelt waren. Wieso hatte sie das nicht eher bemerkt? Angeekelt schleuderte sie die Schuhe von sich, zog die Strümpfe aus und warf beides in den Papierkorb. Dann setzte sie sich wieder hin, schloß die Augen und streckte die bloßen Füße von sich. Immerhin war sie nicht mehr auf der Polizeiwache, war in keinem Gestapo-Keller, war frei. Das war wenigstens etwas, nein, es war alles. Sie war immer frei gewesen, aber nie hatte sie geschmeckt, wie süß die Freiheit ist. Selbst hier in Berlin, selbst angesichts all ihrer Schwierigkeiten war der Geschmack der Freiheit süß wie Honig. Dann wurde das Gefühl der Erleichterung verdrängt durch das Bild des alten Juden, der mit blutendem Gesicht in dem Haufen Dreck lag. Plötzlich wurde ihr übel, sie lief ins Badezimmer und übergab sich. Sie beugte sich über die Toilettenschüssel, ihr Magen entleerte sich in würgenden Stößen. Das half. Zum erstenmal seit dem Vorfall fühlte sie sich rein und leer. Sie ging zum Waschbecken, wusch sich das Gesicht und putzte sich die Zähne. Als sie fertig war, klopfte es.

«Einen Augenblick, bitte!» rief sie. Sie spülte sich rasch den Mund aus, trocknete ihre Hände ab. Dann ging sie barfuß zur Tür und öffnete sie.

Harbin stand davor. «Darf ich hereinkommen?» fragte er.

Sie schloß die Tür hinter ihm. Er ging langsam durch den Raum, betrachtete aufmerksam den Papierkorb mit ihren Schuhen und Strümpfen, sah dann auf ihre bloßen Füße. Barbara schaute ihn an. Er kam zu ihr, berührte sanft ihre Wange.

«Tut es weh?»

Sie schüttelte den Kopf.

«Setzen Sie sich doch, Barbara.» Sie ließ sich auf einem Stuhl nieder. «Haben Sie etwas gegessen? Möchten Sie etwas?»

«Ich habe keinen Hunger, danke.»

Er legte seinen Hut auf den Tisch, auf dem die gelben Rosen standen, und nahm ihr gegenüber auf dem Sofa Platz.

«Man hat Sie angerufen, und Sie haben gesagt, man solle mich freilassen. War es so?» fragte Barbara ihn.

Er nickte.

«Vielen Dank. Ich hatte große Angst. Ich bin Ihnen sehr verbunden.»

«Ja.» Dann saß er stumm da, sah sie an.

«Was meine Füße betrifft», sagte sie nervös, «meine Schuhe und Strümpfe waren voll Dreck. Ich habe es nicht über mich gebracht, sie anzufassen. Ich habe sie weggeworfen.»

«Ich verstehe. Ihre Bluse ist zerrissen. Wollen Sie sich umziehen?»

Sie sah an sich herunter. Warum hatte sie den Riß in ihrer Bluse nicht vorher gesehen? Oder hatte sie ihn bemerkt?

«Ziehen Sie sich um», sagte er tonlos. «Ziehen Sie Schuhe und Strümpfe an.»

Sie hatte gerade die Bluse ausgezogen und stand nur im BH und Slip vor dem Spiegel, als Harbin ins Schlafzimmer kam. Er blieb an der Schwelle stehen. «Machen Sie ruhig weiter», sagte er. «Wir können uns auch unterhalten, während Sie sich anziehen und packen.»

Sie zog eine frische Bluse an. «Was meinen Sie mit Packen?»

«Sie verlassen Deutschland. Sie haben eine Platzkarte für den Zug um 4 Uhr 30 nach Paris. Uns bleibt nicht mehr viel Zeit.»

Seltsamerweise störte seine Anwesenheit im Schlafzimmer sie nicht. Er hatte eine Mauer zwischen ihnen errichtet. «Nein», sagte sie trotzig. «Warum sollte ich abreisen? Ich habe hier noch etwas zu erledigen.» Dann fügte sie hinzu: «Wegen des Vorgefallenen?»

«Auf dem Kurfürstendamm? Nein, das war kindisch und unbedacht. Die andere Sache war schlimmer.»

Sie war in ihren Rock gestiegen und zog den Reißverschluß hoch. «Was für eine andere Sache?»

«Ziehen Sie sich weiter an. Das mit der Universität.»

Sie war gerade dabei, ein Paar Strümpfe aus der Schublade zu nehmen, und hielt mitten in der Bewegung inne und sah ihn an.

«Sie spielen das Spiel wie eine Törin, wie ein Kind», sagte er hart. «Sind Sie Kommunistin?»

«Nein», flüsterte sie.

«Nein. Keine Kommunistin wäre so töricht vorgegangen. Was sind Sie dann: eine Sympathisantin?»

«Nein.»

«Na schön, ist jetzt auch unerheblich. Haben Sie wirklich gemeint, man kann einfach zur Universität gehen, sich nach Schmidt erkundigen, und kein Hahn kräht danach?»

«Ich wollte ihn interviewen», sagte sie ohne Hoffnung, daß er ihr glauben werde.

«Was für ein Unsinn! Hat Ihr Herausgeber Sie etwa nach Berlin geschickt, um einen Narren zu interviewen, der geglaubt hat, uns täuschen zu können, indem er schwachsinnige Bücher schreibt? Es gibt bei uns viele solche Bücher, aber sie stammen von Dummköpfen, nicht von lächerlichen Spintisierern. Woher kennen Sie Schmidt überhaupt? Seine Bücher sind in Frankreich nie erschienen, und deutsch lesen Sie nicht. Haben Sie das nicht bedacht?»

Sie überlegte einen Augenblick, ob sie behaupten sollte, *Arische Weltanschauung* auf englisch gelesen zu haben. Aber sie ließ es, biß sich auf die Lippen und zog ihre Strümpfe an.

«Und dann spazieren Sie seelenruhig zum Kurfürstendamm. Glücklicherweise hat man Sie festgenommen, bevor Sie die Wohnung von Schmidt erreichen konnten. Die Gestapo ist noch dabei, sie Stück für Stück zu durchsuchen. Es wäre sehr amüsant gewesen, wenn Sie dort hereingeplatzt wären und nach Professor Schmidt gefragt hätten! Er ist nämlich gestern gestorben, meine liebe Barbara, nachdem die Gestapo ihn drei Tage und drei Nächte lang verhört hat. Ich will noch offener und klarer reden: Man hat ihn zu Tode geprügelt. Und diese Gestapo, meine Liebe, hat nur darauf gewartet, daß jemand versucht, Kontakt mit ihm aufzunehmen. Ich will damit nicht sagen, daß man Sie zu Tode geprügelt hätte. Immerhin sind Sie Korrespondentin und amerikanische Staatsbürgerin und kommen aus einer sehr reichen Familie. Noch weiß niemand etwas von Ihren Verbindungen in Paris, aber man könnte dahinterkommen, glauben Sie mir. Und das wäre äußerst unangenehm für Sie.»

Er hielt inne. Barbara schwieg, sah ihn schweigend an. «Ziehen Sie sich Schuhe an und packen Sie», sagte er.

Sie zog ein Paar Schuhe an, öffnete einen Koffer und begann mechanisch, Kleidungsstücke hineinzulegen. Harbin sah ihr zu. Dann unterbrach sie ihr Tun und wandte sich zu ihm um.

«Warum tun Sie das? Warum sagen Sie mir das alles?»

«Weil man auf dieser Welt nur mit wachen Sinnen und offenen Augen überlebt. Sie passen nicht nach Europa. Gehen Sie nach Hause, sonst wird Ihre aberwitzige Unschuld Sie noch zugrunde richten. Haben Sie wirklich keine Vorstellung davon, was für ein Mensch ich bin, was hier los ist? Und was für ein verrücktes Spiel Sie spielen? Wissen Sie, warum man gerade auf Sie verfallen ist? Sie sind so naiv, daß man es Ihnen von weitem ansieht. Man hat Sie ausgewählt, weil sie von einem krankhaften Glauben an das Gute im Menschen besessen sind. Ja, das ist unter den gegenwärtigen Umständen keine Tugend, sondern eine Krankheit. Sie sprechen so leichthin davon, daß Sie Hitler oder Göring interviewen wollen. Wissen Sie überhaupt, was diese beiden, was wir alle hier sind? Wollen Sie wissen, wo ich gestern morgen war? Ich habe zugesehen, wie man Professor Schmidt den Rest gegeben hat. Das hat mich eine halbe Stunde lang amüsiert.»

Barbara packte fertig. Sie war unfähig zu sprechen. Harbin telefonierte nach einem Gepäckträger. Im Aufzug nach unten sagte sie: «Ich muß meine Rechnung noch bezahlen.»

«Das ist erledigt.»

«Nein», protestierte sie. «Ich kann nicht zulassen, daß Sie –»

«Es ist erledigt», sagte er mit ernster Stimme. «Wir haben nicht mehr viel Zeit.»

Der schwarze Mercedes, der sie vom Bahnhof zum Adlon gebracht hatte, wartete vor dem Hotel. Harbin hielt ihr den Schlag auf und stieg nach ihr ein. Er gab dem Fahrer keine Anweisungen. Offensichtlich war er darüber im Bilde, wohin er zu fahren hatte. Unterwegs nahm Harbin Barbaras Paß und eine Fahrkarte aus seiner Brusttasche und gab sie ihr. Während der ganzen Fahrt sagte er nichts. Erst als ihr Gepäck im Abteil untergebracht war und sie auf dem Bahnsteig standen, weil bis zur Abfahrt des Zuges noch eine Viertelstunde Zeit war, sah Harbin sie an und sagte: «Ich bin zu alt, um mich zu verlieben, Barbara, und zu zynisch, zu kalt. Ich versuche, mit der Illusion zu leben, daß ich ein preußischer Landedelmann bin, ein Junker, ein Mensch von Ehre und Charakter. Doch meine Ehre ist nur vorgespiegelt, und meine Hoffnungen sind Lügen. Ich diene einem Schwein in einem Schweinekoben. Damit will ich nicht sagen, daß ich besser bin als die anderen Schweine. Aber Sie sollen wissen, daß ich mich Ihnen gegenüber wie ein Edelmann verhalten hätte, wenn Sie hiergeblieben wären. Eine kleine Weile haben Sie mir geholfen, die Illusion zu nähren, daß ich immer noch etwas empfinden könnte, lieben könnte, daß ich etwas von dem retten könnte, was man Ehre nennt. Das war aber ebenso ein Traum wie alle meine anderen Vorstellungen.»

«Was wird jetzt mit Ihnen?» fragte sie wehmütig. «Wird man Sie für das hier bestrafen?»

Er zuckte die Schultern. «Ich glaube, daß ich noch nützlich bin. Ich bin zweiundfünfzig Jahre alt, Barbara. Ich finde das Leben nicht besonders anziehend. Es spielt also keine große Rolle für mich.»

«Für mich schon.»

«Ich danke Ihnen. Steigen Sie jetzt, bitte, ein.»

Er versuchte nicht, sie zu küssen, und sie brachte es nicht über sich, es von sich aus zu tun. Sie stieg ein und ging in ihr Abteil. Aus dem Fenster sah sie ihn nachdenklich auf dem Bahnsteig stehen und hinter dem Zug hersehen.

IV
Wiederfinden

Dan Lavette saß in seinem Büro auf Terminal Island und blickte aus dem Fenster auf den nahezu fertigen Rumpf einer Yacht. Es war die dritte für einen der Filmgiganten, die offenbar nach neuen Wegen suchten, ihr Geld auszugeben. Er dachte über die fünfzig Jahre seines bisherigen Lebens nach. Er war arm gewesen und reich, und ein- oder zweimal hatte er zu wissen geglaubt, wozu er lebte. Solche Augenblikke waren jedoch flüchtig gewesen, die Unzufriedenheit überwog und saß tiefer. Er war gesund und hatte nicht zugenommen, seit er die Makrelenfischerei aufgegeben hatte, um vom Schreibtisch aus ein Unternehmen zu leiten, das im günstigsten Fall einen bescheidenen Gewinn abwarf und im ungünstigsten Fall völlig sinnlos war. Seine Frau May Ling war der einzige Mensch, der je vermocht hatte, ihm ein Gefühl für seinen Wert oder seine Wichtigkeit zu vermitteln. Aber auch sie nahm er inzwischen als selbstverständlich hin. Er ertappte sich seit einiger Zeit immer häufiger dabei, daß er an Jean dachte, die sich zehn Jahre zuvor von ihm hatte scheiden lassen.

Er war Vater dreier Kinder. Sein Sohn Thomas war für ihn verloren, er hatte ihn seit zehn Jahren nicht mehr gesehen. Der Junge – nun, kein Junge mehr, inzwischen wohl ein Mann – war auch schon siebenundzwanzig, oder sogar achtundzwanzig? Selbst den Geburtstag hatte er vergessen. Wer war er, dieser Fremde, wie sah er aus, dieses erste Kind, das Jean ihm geboren hatte? Wie töricht und hoffnungslos war das alles. Sie hatten beide eine Mauer zwischen sich errichtet, die Jahr für Jahr dichter und undurchdringlicher wurde! May Ling hatte ihm einmal den Unterschied zwischen dem verletzten Stolz eines Mannes und dem eines Knaben erklärt. Aber er hatte nichts verstanden, weil er nicht einmal mit seinen eigenen Gefühlen zurechtkam, mit seinem Stolz, seiner Empfindlichkeit, seinen Ängsten.

Durch welches Wunder Barbara sich ihm zugewandt hatte, wußte er nicht. Aber sie liebte ihn und fühlte sich bei ihm und May Ling wohl. Seit ihrer Rückkehr aus Europa hatte sie den größten Teil ihrer Zeit in Los Angeles verbracht. Man hatte ihr ein Bett in Feng Wos früheres Arbeitszimmer gestellt, und dort hatte Barbara in den letzten drei Monaten gelebt und an ihrem Buch gearbeitet. Sie saß den größten Teil des Tages an der Schreibmaschine. Zweimal war sie in San Francisco gewesen, um ihre Mutter zu besuchen, und es schienen, nach dem, was Dan aus ihr herausbekommen hatte, angenehme Besuche gewesen zu sein. Auch Barbara war für Dan eine Art Fremdling, denn das Mädchen, das fünf Jahre zuvor nach Europa gegangen war, unterschied sich in vielem von der Frau, die zurückgekehrt war. Sie war immer noch offen, warmherzig und geradeheraus, und sie war sogar noch schöner als zu ihrer Studienzeit. Doch fühlte Dan, daß darunter etwas anderes lag, eine große Trauer, der Schatten einer Tragödie, an die man nicht rühren durfte, eine Mauer, die seine Tochter um sich herum errichtet hatte.

«Laß ihr Zeit», sagte May Ling. «Sie hat viel mitgemacht, und sie hat gelitten. Für die Kinder von Reichen ist die Begegnung mit dem Leid nicht einfach. Also dring nicht in sie. Es wird eine Zeit kommen, da wird sie über alles sprechen.»

Und die Zeit kam. Joe war der Anlaß dazu, als er einmal zum Wochenende nach Hause kam. Joe war das Geheimnis in Dans Leben, die Belohnung, das Rätsel. Dan stritt sich mit ihm, widersetzte sich ihm, achtete ihn. Einmal gab es einen schrecklichen Streit, weil Dan den Sommer, den Joe als Hilfsarbeiter im Higate verbracht hatte, für verschwendet hielt. Ein anderes Mal stritten sie sich wegen der Filmleute, die Joe verachtete, wie er sagte, und die Dan nur für ihre Zwekke bemühten, wenn sie ihn und seine chinesische Frau in ihren Häusern herumzeigten. Es gefiel Joe nicht, daß Dan die Werft gegründet hatte, um das Medizinstudium für ihn finanzieren zu können. Er war nie ganz mit Dans Vergangenheit als millionenschwerer Geschäftsmann fertig geworden, und auch nicht mit seinen Schuldgefühlen, weil sein Vater zwölf und vierzehn Stunden am Tag als Makrelenfischer hatte arbeiten müssen. Natürlich wollte Joe nicht, daß Dan wieder fischen ging, aber Dan spürte seinen Widerwillen dagegen, daß sein Vater eines Tages wieder ein mächtiger Mann sein könnte. Gegenüber May Ling entwickelte Joe einen Beschützerinstinkt. So ging es hin und her: sie stritten sich, Vater und Sohn, umarmten sich und stritten erneut. May Ling bat Dan immer wieder, er möge endlich einsehen, daß sein Sohn ein Mann sei, ein ebenso willensstarker Mann wie er selber, und daß er ihn wie einen Mann behandeln müsse.

«Was soll ich bloß machen?» fragte er sich jetzt. «Es sind lauter Fremde.» Nicht untereinander fremd – denn er, Dan, war es gewesen, der an jenem Abend stumm und wortlos dagesessen hatte, als Joe zu Hause berichtete, wie eine Mexikanerin im Krankenhaus gestorben war, umgeben von Studenten, denen man die Symptome der Krankheit erklärte. Während die Studenten zuhörten und lernten, sei ein Mensch gestorben, sagte Joe, und Dan hatte den Schmerz und die Hoffnungslosigkeit in seiner Stimme gehört. Warum hatte er sich darüber geärgert? Warum hatte etwas in ihm gesagt: «Herrgott nochmal, das ist schließlich sein Beruf, daß er weiß, warum und wie Menschen sterben! Warum jammert er?» Und dann hatte sich sein Ärger in stummes Begreifen verwandelt, als Barbara sich eröffnete und ihrem Herzen Luft machte. Sie hatte sich Joe verbunden gefühlt. Sie erzählte ihnen, was sich in Toulouse zugetragen hatte, als Marcel starb, und sagte ihnen, zum erstenmal, warum sie nach Deutschland gegangen war.

«Wißt ihr», sagte sie, «ich hatte von all diesen Greueltaten gehört – von den KZs, vom Zusammenschlagen, von Hinrichtungen –, aber nichts war so schrecklich wie der Anblick des alten Mannes, der mit blutigem Gesicht im Dreck lag, während diese Bestie fluchend auf ihm herumtrampelte.»

Dan erinnerte sich, wie er May Ling einen Blick zugeworfen hatte. Sie hatte ihren Gesichtsausdruck nicht verändert, aber Tränen liefen über ihre Wangen. Auch er hatte den übermächtigen Drang gespürt, Joe und Barbara in seine Arme zu schließen, sie beide zu halten und zu beschützen.

Als er jetzt in seinem Büro auf Terminal Island aus seinem Traum zurück in die Wirklichkeit kam, brummte er: «Zum Teufel damit. Die Kinder sind schon recht so. Ich habe getan, was ich konnte.» Dann brüllte er nach seiner Sekretärin. «Bertha!»

Bertha Mendoza kam angerannt wie der Blitz.

Sie war klein und gedrungen, eine Frau in mittleren Jahren, die vier Kinder zu versorgen hatte. Sie war aus Mexico eingewandert und hatte das aufbrausende Temperament eines Chicano. Dan hatte sie nach Feng Wos Tod als Buchhalterin und zugleich als seine Sekretärin eingestellt. Sie erledigte alle anfallenden Büroarbeiten, war eine ausgezeichnete Buchhalterin, schrieb recht ordentlich Maschine und behauptete, Kurzschrift zu beherrschen.

«Sie brüllen, als wäre ich in San Pedro!» rief sie.

«Wo zum Henker bleibt der Admiral? Sie hatten doch gesagt, er würde um zehn kommen.»

«Es ist ein Admiral, Mr. Lavette. Meinen Sie, Sie könnten einen solchen Mann so herumkommandieren wie mich? Oh nein, Sir, ganz bestimmt nicht.»

«Sind Sie sicher, daß dieser Admiral gesagt hat, er würde herkommen?»

«Glauben Sie, ich denke mir so etwas aus?»

«Schon gut, schon gut», sagte Dan. «Tut mir leid.»

«Immer brüllen Sie zuerst, und dann sagen Sie, es täte Ihnen leid.»

«Bitte, keine Predigt. Bringen Sie ihn einfach rein, wenn er kommt.»

Es machte ihn nervös, daß er untätig in seinem Büro saß. Früher hatten immer andere in den Büros gesessen und getan, was dort zu tun war. Er empfand ein nahezu unwiderstehliches Verlangen, draußen zu sein, wo die Schiffe gebaut wurden, jeden Arbeitsgang zu sehen und zu überwachen, zuzusehen, wie es gemacht würde, das Wunder zu sehen, wie aus nackten Spanten und rohen Planken ein Schiff entstand.

Und jetzt saß er hier und vergeudete den Vormittag, weil ein Anruf aus der Hauptstadt Washington ihm für heute um zehn Uhr einen gewissen Admiral Emory Scott angekündigt hatte. Es war bereits nach elf. Während er da saß und wartete und grübelte, wurde seine Laune immer schlechter.

Erst kurz nach halb zwölf kam der Admiral, ein großer, hagerer, weißhaariger Mann Anfang der sechzig. Mrs. Mendoza brachte ihn triumphierend ins Büro, als wolle sie sagen: «Hier, bitte, da habe ich ihn.» Er war in Zivil. Er zog sich einen Stuhl an Dans Schreibtisch, setzte sich, ohne sich zu entschuldigen, hin und betrachtete Dans mürrisches Gesicht mit leichtem Lächeln. «Mein Name ist Emory Land», sagte er. «Sie wissen, wer ich bin?»

Dan nickte.

«Was bauen Sie da draußen?» fragte er und deutete zum Fenster.

«Eine Yacht von dreiunddreißig Metern Länge für irgendeinen blöden Affen, der zuviel Geld hat.»

«Ganz schön groß für eine Yacht.»

«Solange sie bezahlen ... In Hollywood gibt's keine Wirtschaftskrise.»

«Sie bauen wohl nicht gern Yachten?»

«Es sind Spielzeuge. Ich baue nicht gern Millionärsspielzeuge, wenn gleichzeitig in San Pedro und Wilmington scharenweise Männer verhungern, weil sie keine Arbeit haben.»

«Dafür gibt es eine Lösung.»

«Nennen Sie sie», sagte Dan einfach.

«Sagen Sie den Leuten doch, sie sollten sich mit ihren Spielzeugen zur Hölle scheren.»

Dan grinste und schüttelte den Kopf. «Nur zu gern.» Er öffnete einen Zigarrenkasten, aber der Admiral schüttelte den Kopf. «Haben Sie etwas dagegen, wenn ich ...?»

«Tun Sie es, Lavette, Sie wissen doch, wer ich bin, nicht wahr?»

Dan biß das Ende seiner Zigarre ab und steckte sie an. «Ich täte es liebend gern, Herr Admiral, wirklich. Aber da draußen arbeiten elf Leute an dem Spielzeug. Sie leben davon, und mein Junge studiert Medizin.» Er machte eine Pause, blies den Rauch aus und besah seine Zigarre. «Ob ich weiß, wer Sie sind? Natürlich weiß ich das. Sie sind der Chef des Seefahrtsausschusses. Aber was Sie bei mir wollen, weiß ich nicht. Ich habe eine mickrige kleine Werft, die sich gerade so eben über die Runden schleppt. Was ich nicht für Material und Löhne ausgebe, geht für die Bankzinsen drauf. Ich baue Spielzeuge und rede mir ein, daß ich auf dieser Welt einen nützlichen Zweck erfülle.»

«Da hol mich doch der Henker», sagte der Admiral leise.

«Warum?»

«Weil ich nicht erwartet habe, daß ein Schiffbauer auf dieser Welt einen nützlichen Zweck erfüllen will. Geldverdienen und Schiffebauen haben doch damit nichts zu tun.»

«Ich bin kein Schiffbauer.»

«Wer ist das schon, Lavette?» frage er gequält. «Sie halten sich wohl für was Besonderes? Ich will Ihnen mal etwas sagen. In diesen verdammten achtundvierzig Staaten gibt es nicht nur mickrige kleine Werften, aber Sie sind allen weit voraus, weil Sie immerhin etwas bauen. Selbst, wenn es nur Spielzeuge sind. Die anderen bauen nichts – überhaupt nichts. Übrigens finde ich die Art, wie Sie sich selbst bemitleiden, zum Kotzen.»

«Ich tu mir nicht leid.»

«Aber sicher doch! Sie tun sich so leid, daß es zum Himmel stinkt, mehr noch als dieser Lungentorpedo, den Sie da qualmen.»

«Sind Sie hergekommen, um mir das zu erzählen?» fragte Dan wütend.

«Klar. Warum nicht? Und ich bleibe. Ich bin zwar mindestens zehn Jahre älter als Sie, aber ich glaube nicht, daß Sie mich rauswerfen können. Wollen Sie es versuchen?»

Dan lachte. «Nein, das will ich nicht. Was kann ich für Sie tun, Herr Admiral? Sie sind doch sicher nicht extra von Washington hierher gekommen, um mich nur zu besuchen.»

«Warum nicht. Klar, ich will mit allen hier reden – in San Pedro, Long Beach, Oakland, Sausalito, die ganze Küste rauf und runter.

Mit einigen habe ich schon gesprochen. Sie halten das hier für eine mickrige Werft», sagte er und deutete aus dem Fenster. «Das ist sie nicht. Es ist eine sehr schöne Werft, nur halb verrottet, wie alle anderen in Amerika auch. Wissen Sie, wie viele Schiffe wir in unserer Handelsmarine haben?»

«Ich kann mal schätzen. Vielleicht tausend.»

«So etwa. Zehneinhalb Millionen Tonnen Tragfähigkeit. Ein winziges Land wie Holland hat mehr Tonnage auf dem Wasser als wir. Und wie viele Handelsschiffe haben wir Ihrer Ansicht nach im vorigen Jahr gebaut?»

«Keine?»

«Gar nicht so schlecht geschätzt. Sagen Sie mal, Lavette, was denken Sie über den Krieg in Europa? Glauben Sie, daß er ein Kinderspiel ist? Die meisten behaupten das.»

«Ein Krieg ist nie ein Kinderspiel. Meine Tochter war vor fünf Monaten in Deutschland. Nicht lange, aber die paar Tage waren für sie wie ein Alptraum. Ich glaube, daß es sehr erst ist.»

«Und wir werden da hineingezogen werden.»

«Ich hoffe nicht.»

Der Admiral schüttelte den Kopf. «Niemand will es wahrhaben. Keiner möchte etwas damit zu tun haben. Damit muß ich mich herumschlagen. Wir haben tausendeinhundertfünfzig Handelsschiffe. Dabei ist der Schrott schon mitgezählt – verrostete Tramp-Dampfer, die alten Kähne, die im Hudson River an der Kette liegen –, alles, was noch schwimmt und was man in einer Statistik unterbringen kann. Ich mag mir gar nicht ausdenken, wie das Ergebnis aussähe, wenn wir den Zustand der Schiffe berücksichtigen. Was wird also geschehen, wenn wir ein Expeditionskorps nach Europa schicken? Ein Heer haben wir nicht, aber immerhin, Gott sein Dank, eine Art Marine. Nur eine Handelsmarine haben wir nicht. Sechs Monate U-Boot-Krieg könnten uns fertigmachen.»

«Das kann ich mir vorstellen», stimmte Dan zu.

«Und das läßt Sie kalt?»

«Ich mache mir keine Gedanken darüber. Im vorigen Krieg hat mich meine Flotte zum Millionär gemacht. Ich habe alles verloren – hinter dieser Art Geld weine ich nicht her.»

«Was zum Teufel sind Sie, Lavette, ein Pazifist?»

Dan zog an seiner Zigarre und dachte darüber nach. «Ich weiß nicht. Ich habe mir noch keine Gedanken darüber gemacht. Im vorigen Krieg habe ich die Frachtraten beobachtet: aus jedem Dollar wurden dreißig. Wir haben uns am Blut der Jungen gemästet, die gefallen sind. Wenn Sie einen Patrioten suchen, sind Sie bei mir an der falschen Adresse, Herr Admiral.»

«Ich suche einen Mann mit Mumm in den Knochen.»

«Das macht mir keinen Eindruck und schmeichelt mir auch nicht», sagte Dan.

«Wie kommt man bloß an Sie ran, Lavette? Man hat mir gesagt, Sie wären hier an der Küste so eine Art Legende. Eine verdammt komische Legende, wenn ich das mal sagen darf.»

«Wer hat Ihnen das erzählt?»

«Roosevelt.»

«Ich kenne ihn nicht.»

«Er hat es von Al Smith, und den kennen Sie doch wohl.»

«Ja. Also gut, Herr Admiral, Sie sind nicht von mir begeistert. Das stört mich nicht. Was wollen Sie?»

«Ich will, daß Sie Schiffe bauen, keine Spielzeuge. Handelsschiffe, stählerne Schiffe.»

«Und wie?»

«Auf dieser Werft hier können Sie sechs Schiffe gleichzeitig auf Kiel legen. Damit würden Sie etwas Wichtigeres bauen als Ihre poplige Yacht da.»

«Schon möglich. Ich weiß es nicht. Ich habe noch nie versucht, ein richtiges Schiff zu bauen. Alles, was ich je gebaut habe, war aus Holz. Nehmen wir an, ich täte es. Wer würde sie kaufen, wer würde mich finanzieren? Wer würde sie bereedern?»

«Wir garantieren den Preis, die Finanzierung und den Reeder.»

«Wir?»

«Mein Ausschuß, die Regierung. Wir besorgen Ihnen die Kredite, und wir garantieren Ihnen den Verkauf.»

«Sie machen Witze – mein Gott, das meinen Sie doch nicht ernst?»

«Warum probieren Sie es nicht, Lavette?»

«Wie viele Schiffe wollen Sie haben?»

«So viele, wie Sie bauen können. Lassen Sie in drei Schichten arbeiten. Nehmen Sie die ganze Werft in Betrieb. Bauen Sie an. Ich kenne Ihre Situation. Sie haben hier eine der besten Werften an der Küste gekauft, für einen Apfel und ein Ei, weil die Bank sie nicht einmal umsonst los wurde. Was Sie glauben und fühlen, kümmert mich einen feuchten Kehricht. Ich glaube, daß die ganze verrottete Welt in Flammen aufgehen wird, wenn wir keine Schiffe bauen. Ich weiß, was im letzten Krieg los war. Vergessen wir das. Es ist vorbei.»

«Ich habe Ihnen gesagt», sagte Dan nach längerem Schweigen und sah den Admiral fest an, «daß ich noch nie ein Stahlschiff gebaut habe.» Der Admiral erwiderte den Blick mit kalten blauen Augen. «Ich würde Schiffsbauingenieure brauchen, Techniker, Zeichner, Schweißer und genaue Baupläne.»

«Die Baupläne bekommen Sie von uns. Wir helfen Ihnen auch bei der Suche nach Schiffsbauingenieuren und Technikern. Eins gefällt mir an Ihnen, Lavette, Sie reden nicht lange um den heißen Brei herum. Also sagen Sie mir klar und deutlich: wenn wir Ihnen das alles zur Verfügung stellen, können Sie die Schiffe dann bauen?»

«Ich kann», sagte Dan. «Wann soll ich anfangen?»

«Sofort. Zeigen Sie mir Ihre Werft, und wir besprechen die Einzelheiten.»

Seit Barbara aus Europa zurückgekehrt war, war sie unruhig und wußte nicht recht, wohin sie gehörte. Ihr war, als hätte ihr Sein alle Substanz verloren. Sie träumte immer wieder, sie sei alt, ungeliebt, allein und kinderlos in einem fremden Land. Eines Nachts erwachte sie aus diesem Traum und bekam einen nahezu hysterischen Weinkrampf, der stundenlang anhielt. Als sie dann anfing, ihr Buch zu schreiben, hörten die Träume auf.

Auf der Rückfahrt von Europa hatte sie einige Tage in New York Station gemacht. Frank Bradley hatte eine Pressekonferenz angesetzt und beharrte trotz ihrer Proteste darauf, daß sie sie besuchte. Sie war eine Art Berühmtheit geworden – die amerikanische Millionenerbin, die von der Gestapo festgenommen und in unwürdiger Weise behandelt worden war. Sie sagte immer wieder, nicht die Gestapo, sondern die Berliner Polizei habe sie festgenommen und nur ein paar Stunden auf der Polizeiwache behalten, aber Bradley bat sie, die Geschichte so zu lassen, wie sie war. «Woher wollen Sie wissen», sagte er, «daß die Kerle, die Sie mitgenommen haben, nicht von der Gestapo waren? Die Verleger schlucken das doch nur zu gern. Ich werde Ihre zwanzig besten Geschichten zusammenstellen und einen Vorschuß von zehntausend Dollar auf das Buch herausholen. Wir brauchen nur noch den Schluß.»

«Nein», sagte Barbara. «Ich veröffentliche diese Artikel nicht, Frank.»

«Warum nicht?»

«Weil ich nichts mehr mit ihnen zu tun habe. Es ist albernes, sinnloses Gewäsch, und ich schäme mich, daß ich sie geschrieben habe.»

«Sie sind verrückt. Die Geschichten sind prima, und niemand braucht sich dafür zu schämen. Es wäre wichtig und gut für Ihre Karriere, wenn Sie jetzt ein Buch herausbrächten. Und auch gut für die Zeitschrift. Ich weiß, daß Sie das Geld nicht brauchen. Das ist der Fluch der Reichen. Aber Sie haben Dinge erlebt, an denen Sie andere teilhaben lassen sollten.»

«Genau darum geht es, Frank. Wenn ich schreibe, möchte ich schreiben, was ich empfunden und gesehen habe. In diesen Jungmädchengeschichten findet sich nichts davon.»

Der Streit ging weiter, aber Barbara blieb hart. Da die Pressekonferenz bereits angesetzt worden war, erklärte sie sich bereit, daran teilzunehmen. Sie fand im Hotel Algonquin statt, im Wohnraum einer Suite, die Bradley ihr zu Verfügung gestellt hatte. Die erste Frage, die ein Reporter der New Yorker *Daily News* ihr stellte, lautete: «Stimmt es, Miss Lavette, daß Ihr Geliebter in Spanien auf kommunistischer Seite gefallen ist?»

Barbara sah ihn sprachlos an, und Frank Bradley, der neben ihr stand, flüsterte ihr zu: «Nicht beantworten, Barbara.»

Sie hätte es auch gar nicht gekonnt. Ihr Kehle war wie zugeschnürt, ihr Herz und ihr Kopf waren schwer wie Stein.

«Was für Eindrücke hatten Sie von Deutschland?» – «Hat man Sie ausgewiesen, Miss Lavette?» – «Hat man Sie gefoltert?» – «Was können Sie uns über die Gestapo-Methoden sagen – aus persönlicher Erfahrung?»

Sie bahnte sich einen Weg durch die Reporter und verließ den Raum. Das geschah so unerwartet, daß niemand versuchte, sie zurückzuhalten. Als sie draußen im Gang war, kam Bradley hinter ihr hergerannt.

«Das geht doch nicht, Barbara! Um Himmels willen, Sie können doch nicht so einfach aus einer Pressekonferenz verschwinden!»

«Ich habe es getan.»

«Denken Sie doch auch ein bißchen an mich!»

Sie blieb unvermittelt stehen und wandte sich ihm zu. «Frank, ich kann nicht einmal die Fragen beantworten, die ich mir selber stelle, wieviel weniger dann die, die andere mir stellen? Wissen Sie, was Deutschland ist? Deutschland ist der Endzustand irrsinnigen Schrekkens, den Menschen geschaffen haben. Wissen Sie, was Tod ist, Frank? Wissen Sie, was Leiden ist? Sind Sie dem Tod jemals näher gewesen als in einer Friedhofskapelle?»

Die Reporter waren ebenfalls in den Gang geströmt und standen dicht um sie herum und sahen sie an. Da öffnete sich die Tür eines Aufzugs. Barbara machte förmlich einen Satz hinein, und die Tür schloß sich hinter ihr. Eine Woche darauf, als sie endlich wieder in Los Angeles war, schrieb Bradley ihr: «Das war ganz große Klasse! Hatten Sie das so geplant? Einen Tag nach der Konferenz haben Deutschland und die Sowjetunion ihren Nichtangriffspakt unterzeichnet. Ich habe die Ausschnitte beigelegt. Wie finden Sie das: ‹Der Endzustand irrsinnigen Schreckens, den Menschen geschaffen haben – Barbara Lavette›. Und dann gleich auf der ersten Seite der *New York Times*. Liebe Barbara, noch wenn Sie mit geschlossenen Augen von einer Klippe springen, landen Sie irgendwie mitten in einem Rosenbeet. Ich bitte zerknirscht um Entschuldigung für unangebrachten Zorn und biete Ihnen als Gegenleistung jeden Vertrag, den Sie wünschen. Robinson hat sein Vorschußangebot auf fünfzehntausend und eine Garantie über denselben Betrag für Werbung erhöht. Ich bitte Sie, lasssen Sie ihn das Buch machen.»

Barbara zerriß den Brief in kleine Schnipsel. Von da an verweigerte sie jeden Kontakt mit Frank Bradley und schickte seine Briefe ungeöffnet zurück.

Sie war zuerst nach San Francisco gefahren und hatte dort einen Tag bei ihrer Mutter verbracht. Tom und John waren in Washington. Dann war sie nach Los Angeles weitergefahren. In der zweiten Nacht in Dans Haus hatte sie diesen schrecklichen Traum gehabt und saß schluchzend im Bett, bis der Morgen dämmerte und die nächtlichen Schatten vertrieb.

May Ling kam in ihr Zimmer. «Barbara?»

«Mir fehlt nichts.»

May Ling ging zu ihr und schloß sie in die Arme. «Natürlich nicht, natürlich nicht.»

«Ich hatte nur einen fürchterlichen Traum und eine schlechte Nacht, weil ich nicht wieder einschlafen konnte.»

«Ich kenne solche Nächte», sagte May Ling leise. «Möchtest du darüber reden?»

«Ich kann nicht.»

«Ich verstehe, Barbara, Liebe. Ich habe dir nie Ratschläge gegeben und mich nie in deine Angelegenheiten eingemischt. Wenn ich es jetzt doch tue, wirst du dann darüber nachdenken?»

«Ja.»

«Sagst du es auch nicht nur, damit ich Ruhe gebe und du mich los bist? Versprich es mir.»

«Ja, ich verspreche es.»

«Gut», sagte May Ling fast förmlich. «Dann dusch jetzt kalt, hol deine Schreibmaschine heraus und schreib alles auf. So, wie du es erlebt hast.»

«Oh, May Ling», sagte Barbara klagend, «ich wüßte nicht einmal, womit ich anfangen sollte.»

«Das spielt keine Rolle. Fang erst einmal an, dann geht es von selbst.»

An jenem Vormittag nahm sie ihr Buch in Angriff. Das kleine Haus in Westwood war eine Insel des Friedens. Sie wurde umsorgt, verwöhnt und bewundert, wie noch nie zuvor in ihrem Leben. So-toy drückte ihre Zuneigung auf die einzige ihr mögliche Weise aus: mit einer nicht abreißenden Folge köstlicher chinesischer Gerichte. Tagsüber schrieb Barbara, redigierte, korrigierte, vernichtete vieles in hoffnungsloser Verzweiflung. Doch nach und nach gewannen die vergangenen fünf Jahre Kontur. Abends saß Barbara mit ihrem Vater, May Ling und So-toy im Wohnzimmer. Sie las meist oder hörte Radio oder Musik von Schallplatten. Sie ging nicht aus und hatte auch kein Verlangen nach Männerbekanntschaften. Sie war ausschließlich auf das Manuskript konzentriert, an dem sie arbeitete.

Am schönsten waren die Wochenenden, an denen Joe nach Hause kam. Die Halbgeschwister schlossen sich während dieser Zeit eng aneinander an. Joe war geduldig, freundlich und gütig. Nie versuchte er, etwas aus ihr herauszubekommen, nie drang er in sie, und vielleicht erzählte sie ihm deswegen mehr als sonst einem Menschen. Sie hatten bei Malibu ein Stück Strand gefunden, das ausschließlich ihnen zu gehören schien. Es lag zwischen zwei Felsen und war stets menschenleer. Der September ist in Südkalifornien der beste Bademonat, das Wasser ist dann warm, die Tage sind heiß und immer noch lang. Sie nahmen oft einen Picknickkorb mit, schwammen, aßen und lagen in der Sonne, meist schweigend, manchmal sprachen sie auch über etwas. Zum erstenmal konnte Barbara frei und offen über Marcel sprechen. Seltsamerweise stand ihr Joe, der zwar drei Jahre jünger war als sie, aber in mancher Hinsicht auch reifer, näher als jeder andere Mensch auf der Welt.

Eines Tages, als sie wieder am Strand waren, fragte Barbara ihn: «Warst du schon mal verliebt, Joe?»

Er nickte.

«Das ist etwas, was mir fehlt, und ich fühle mich dafür so schuldig.»

«Schuldig? Warum?»

«Weil ich mich mehr danach sehne zu lieben, als ich mich nach Marcel sehne.»

«Marcel ist tot, Bobby. Die Liebe kann wiederkommen.»

«Ich weiß nicht. Manchmal zweifle ich daran. Mit ihm zusammen war ich so voller Leben, über allem lag ein goldener Schein. Ich erinnere mich an die Sonnenuntergänge in Paris, sie sahen aus, als wäre die ganze Stadt mit Gold übergossen. Und als ich aus Deutschland nach Paris zurückkehrte, war die Stadt tot und grau. Eine kurze Zeit habe ich gelebt, und das war wunderbar.»

«Ich weiß.»

«Woher weißt du?» fragte sie, lächelte plötzlich und stupste ihn an. «Wer ist sie? Sag es mir, Joe.»

«Es ist dumm.»

«Verliebt zu sein?»

«In ein vierzehnjähriges Kind verliebt zu sein. So sehr, daß ich an nichts anderes mehr denken kann.»

«Ich kann es nicht glauben. Vierzehn Jahre? Wo hast du sie kennengelernt?»

«In Higate. Es ist Jake Levys Tochter, Sally. Was meinst du, warum ich wieder dorthin gehe?»

«Keine Ahnung. Es ist wirklich verrückt, Joe. Dieses Higate greift immer wieder in unser Leben ein. Du weißt, daß Bernie Cohen Marcel das Leben gerettet hat. Vor Jahren, als er noch ein Junge war, vermittelte ein Rabbiner aus San Francisco den Levys das Geschäft mit dem Wein für kultische Zwecke. Damals hat Bernie Cohen ihn nach Higate gefahren und später eine Weile bei den Levys gearbeitet. Und jetzt erzählst du mir, daß du in Jakes und Clairs Tochter verliebt bist.»

«Das ist doch ziemlich blöd, oder?»

«Nein, keineswegs. Ich finde es großartig. Ich habe dir ja erzählt, daß ich die Levys in Frankreich getroffen habe. Es sind wunderbare Menschen. Ich mag sie. Wie ist denn Sally?»

Er zuckte die Schultern. «Ich weiß nicht, wie ich sie beschreiben soll. Einerseits ist sie ungeheuer klug und wissend und auf Draht, und dann wieder ist sie wie ein verrücktes Kind. Sie ist groß, mager und hat Sommersprossen. Sie hält sich für häßlich, das ist sie aber nicht. Sie sieht ungefähr wie ihre Mutter aus, ist aber nicht rothaarig. Ihr Haar sieht eher aus wie schmutziges Stroh.»

Barbara brach in Gelächter aus. «Schmutziges Stroh! Joe, so habe ich noch nie jemanden vom Haar einer Frau sprechen hören.»

«Nun, sie ist ja auch noch keine Frau. Ich weiß nicht, was sie ist. Ich weiß nicht einmal, warum ich mich in sie verknallt habe, denn sie ist einfach verrückt. Sie will unbedingt mit mir ins Bett gehen. Gott sei Dank bin ich hier, und sie ist da oben in ihrem Napatal. Stell dir das doch mal vor: Ich gehe mit ihr ins Bett, und dann kriegt sie ein Kind und ist selbst gerade erst vierzehn geworden.»

«So etwas kommt vor.» Barbara konnte nicht aufhören zu lachen. Seit Jahren hatte sie nicht mehr so gelacht. «O Joey, mein Junge, ich lache dich nicht aus.»

«Bist du sicher?»

«Sieh mich nicht so an. Ich bin ganz sicher.»

«Du würdest es nicht so komisch finden, wenn du sie den ganzen Sommer auf dem Hals hättest.»

«Du hast doch gesagt, du bist in sie verliebt.»

«Ich weiß nicht. Ich weiß es wirklich nicht. Sie hat damit angefangen, vor einem Jahr, als ich zum erstenmal da oben war. Sie ist immer hinter mir hergelaufen, ich wurde sie nicht los. Es ist etwas an ihr.»

«Muß wohl sein.»

«Auf jeden Fall sagte sie, wenn ich eine andere heirate, würde sie mich und diese andere Frau umbringen. Wie würde dir so eine Drohung gefallen?»

«Wenn eure Liebe hält – glaubst du, daß sie es ernst meint? Das kann sie doch gar nicht.»

«Du kennst sie nicht.»

«Nein, das stimmt.» Barbara begann wieder zu lachen.

«Du nimmst es nicht besonders ernst.»

«Doch, ja. Aber es ist sehr lustig. Deswegen gehst du also wieder hin.»

Barbara hatte einer Möwe zugesehen, die am Rand des Wassers entlangspazierte. Jetzt wandte sie ihr Gesicht Joe zu, dessen dunkle Augen sich auf die Linien richteten, die er in den Sand malte.

«Erzähl mir von Higate.»

«Du warst noch nie da?»

«Ich bin manchmal in der Nähe von Sonoma geritten. Einmal war ich mit einem Jungen namens Clark Addison verabredet. Oh, Gott!» Wieder begann sie zu lachen. «Er war knapp einssechzig, reichte mir gerade bis zur Schulter. Er kam mit dem Cadillac seines Vaters, und wir fuhren ins Napatal hinauf. Er wollte es mit Gewalt versuchen, da habe ich ihn einfach an beiden Handgelenken festgehalten. Ob du es glaubst oder nicht, ich habe ihm eins gebrochen. Er hatte ganz zarte Knochen. Mein Gott, woran man sich so erinnert! Der arme Junge. Er mußte sein Handgelenk wochenlang in Gips tragen.»

«Wie alt warst du da?»

»Achtzehn, glaube ich. Aber ich war viel zu groß. Das bin ich immer noch. Nein, Higate habe ich nie gesehen. Wie sieht es aus?»

«Das Tal kennst du ja, sanft abfallende Hänge. Wenn man auf der Fernstraße 29 nach Norden fährt, liegt Higate links, in der Nähe von Spring Mountain. Manchmal denke ich, es ist der schönste Ort auf Erden.»

Für jemanden, der verliebt ist, ist jeder Ort der schönste auf Erden, dachte Barbara.

«Es stehen zwei große alte Häuser dort, aus dem Feldstein, der in der Gegend vorkommt. Sie haben hochgiebelige Dächer und sind mit Efeu überwachsen. Es sieht aus, als hätten sie schon immer dort gestanden. Das eine dient als Wohnhaus, und das andere war ursprünglich das Kellereigebäude. Ich glaube, beide sind etwa 1890 gebaut worden. Dann steht da noch ein steinernes Haus, weiter oben auf dem Berg, in den Hang hineingebaut. Außerdem hat Jake dort noch drei Gebäude aus Holz errichtet. Die Weinberge fangen direkt am Haus an. Man kann vom Wohnhaus aus über das ganze Tal sehen. Die Gegend hat etwas an sich, was ins Blut geht, wie ja überhaupt der Weinbau der Schlüssel zu einem großen Geheimnis des Lebens ist. Nicht wegen des Trinkens, sondern wegen der Herstellung. Clair sagt, alle Weinbauern seien ein bißchen verrückt. Aber ich glaube eher, das es einfach ihre Art ist, ich meine Clair, Jake und die Kinder, Sally und ihre Brüder. Josh ist fünfzehn und Adam siebzehn. Ich weiß nicht, aber ich fühle mich dort wohl, und wenn es nach mir ginge, würde ich lieber Weinbauer werden als sonst etwas.»

«Warum wirst du es nicht?» fragte Barbara.

«Hör auf. Es würde Vater das Herz brechen, wenn ich die Medizin aufgäbe.»

«So schnell brechen Herzen nicht.»

«Nein, es geht nicht.»

Als am 1. September 1939 der Morgen dämmerte, veränderten die Klänge, die Spanien schon einige Jahre zuvor gehört hatte, die Welt. Das Mahlen der Ketten von Adolf Hitlers Panzerdivisionen, die die polnische Grenze überquerten, das Dröhnen der Stukas, das Pfeifen der Granaten, das Geräusch, mit dem eine Kugel den Leib eines Menschen durchschlägt, das Krachen einstürzender Wände und Dächer, das Weinen von Kindern, das Jammern vor Furcht und Schmerz.

«Wer meine Friedensliebe und Geduld für Schwäche hält», verkündete Hitler der Welt, «schätzt mich falsch ein.»

Zwei Tage darauf befanden sich Großbritannien und Frankreich im Krieg mit Deutschland, und Franklin Delano Roosevelt, Präsident der Vereinigten Staaten, las einen Brief, den er von Albert Einstein erhalten hatte: «In den letzten vier Monaten ist es aufgrund der Arbeiten von Joliot in Frankreich und von Fermi und Szilard in Amerika wahrscheinlich geworden, eine atomare Kettenreaktion in großen Mengen Uran einzuleiten, durch die ungeheure Energien freigesetzt und große Mengen neuer radiumähnlicher Elemente entstehen würden. Es scheint jetzt fast sicher, daß diese Entwicklungen in unmittelbarer Zukunft abgeschlossen werden können. Dieses neue Phänomen wäre auch beim Bau von Bomben nutzbar zu machen, und es ist vorstellbar – wenn auch keineswegs sicher –, daß sich damit neuartige Bomben von einer bisher unbekannten Vernichtungskraft bauen ließen.»

Am 17. September marschierten sowjetische Einheiten in Polen ein. Am 28. September teilten Deutschland und Rußland das ehemals souveräne Polen zwischen sich auf, und am 5. Oktober 1939 hörte in Polen auch der letzte reguläre bewaffnete Widerstand auf.

Am 8. Oktober diktierte Admiral Land ein Memorandum über das Schiffbau-Potential an der Westküste. Darin äußerte er sich auch über die Lavette-Werft auf Terminal Island. «Es scheint», hieß es unter anderem, «daß wir es hier an der Westküste mit einer der größten und bedeutendsten Anlagen zu tun haben. Sie bedarf allerdings der Erweiterung und fachkundiger Unterstützung, und es wird viel von der Bereitschaft des Inhabers und Geschäftsführers, Daniel Lavette, abhängen, mit uns zusammenzuarbeiten. Bei richtiger Organisation und richtigem Management sowie sinnvoller Erweiterung könnte die Lavette-Werft zwischen zwanzig und dreißig Handelsschiffe pro Jahr bauen.»

Während des Essens im California Club in San Francisco Anfang November spürte Tom Lavette mehr denn je, wie stark die Bande waren, die ihn mit John Whittier verknüpften. Allerdings kam er langsam zu einer anderen Einschätzung des Mannes. Fast ohne es richtig bemerkt zu haben, sah Tom ihn inzwischen nicht mehr als jemanden, der ihn benutzte, sondern als einen Menschen, den er für seine eigenen Zwecke einspannen würde, wenn diese auch noch recht gestaltlos waren. Je mehr Zeit er mit Whittier verbrachte, desto klarer erkannte er seine Schwächen und auch seine Kleinlichkeit und seine Selbstzufriedenheit. Aus der bloßen Tatsache, daß er mit einundfünfzig Jahren einen so großen Teil seines Ehrgeizes auf Tom übertrug, ging hervor, daß er weitgehend resigniert hatte. Er war leicht zu durchschauen. Und da Whittier sich ziemlich plump anstellte, merkte Tom das sehr schnell. Dabei fühlte er sich Whittier zunehmend überlegen, aber es eilte ihm nicht, diese Überlegenheit zu beweisen.

An diesem Tag teilte Whittier Tom unverblümt, aber etwas verdrossen, mit, daß seine Mutter die Scheidung einreichen wollte. Tom äußerte sich nicht dazu. Er sah Whittier nachdenklich an und wartete.

«Seit fast sieben Jahren bin ich jetzt mit deiner Mutter verheiratet. Ich meine, ich bin so etwas wie ein Vater für dich, Thomas, und ich glaube, wir haben eine starke Beziehung zueinander.»

«Wie stehst du zu Mutters Scheidungsabsichten?» fragte Tom.

«Das dürfte unsere Beziehung nicht beeinflussen.»

«Du willst also nicht dagegen angehen?»

«Wozu? Deine Mutter ist ziemlich eigenwillig, das müßte dir doch bekannt sein.»

«Ich mag dich, John. Ich glaube, daß wir einander nützlich sind.» Diesen Ton hatte er Whittier gegenüber bisher nie angeschlagen. Der Ältere sah ihn aufmerksam an.

«Es gefällt mir natürlich nicht. Es ist ein Skandal, und Skandale sind mir zuwider.»

«Heute nicht mehr, glaube ich. Heute findet man das nicht mehr skandalös. Ich will nicht in dich dringen – aber hast du versucht, sie davon abzubringen, John?»

«Ich muß doch an dich denken, Thomas.»

«Das verstehe ich nicht.»

«Ist das nicht klar? Jean hat Einfluß auf Barbara. Und ohne Barbaras Aktienanteil fällt unser ganzer Plan ins Wasser. Hast du Barbara übrigens schon gesehen?»

«Nein.»

Whittier unternahm gar nicht erst den Versuch, seinen Ärger zu verbergen. «Fünf Jahre war deine Schwester fort, und du unternimmst nicht einmal den Versuch, dich mit ihr zu treffen.»

«Als sie zurückkam, waren wir in Washington.»

«Das ist drei Monate her.»

«Sie ist in Los Angeles bei meinem Vater», sagte Tom. «Soll ich sie etwa dort besuchen?»

«Warum nicht?»

«Ich habe meinen Vater zehn Jahre lang nicht gesehen. Ich dachte, du würdest das verstehen, John. Ich kann nicht einfach hinfahren, ich will es auch nicht.»

«Ich habe Dan Lavette nie besonders gemocht», sagte Whittier, «aber ich habe auch nie einen Grund gesehen, ihn zu hassen.»

«Du bist auch nicht sein Sohn.»

«Das stimmt. Auf jeden Fall habe ich mit Sam Goldberg gesprochen. Du weißt, er ist Barbaras Anwalt. Wir haben eine Zusammenkunft für Dezember verabredet, für die Übertragung des Aktienkapitals aus der Treuhänderschaft auf euch beide. Ich hoffe, du bist nicht der Ansicht, daß ich das nicht hätte tun sollen?»

«Nein, ganz und gar nicht.»

Sie aßen weiter. Tom fiel auf, daß Whittier nervös und unruhig war. Er stocherte nur in seinem Essen herum. Er hatte vor dem Essen einen Bourbon-Cocktail getrunken und bestellte sich jetzt noch einen. Tom hatte sich nie Gedanken darüber gemacht, ob Whittier etwas für Jean empfand. Ihm lag nur sein eigenes Wohl am Herzen. Aber jetzt fragte er sich doch, ob Whittier die Sache mit der Scheidung näher ging, als er sich eingestehen wollte. Immerhin war Jean es, die sich von ihm lossagte – so etwas war für keinen Mann leicht zu verwinden, erst recht nicht für jemanden wie Whittier.

«Tom», brach Whittier endlich das Schweigen, «du weißt, daß es für unser Land keine Möglichkeit gibt, sich aus diesem Krieg herauszuhalten.»

Tom fragte sich, wie er auf dieses Thema gekommen sein mochte. Seine Gedanken gingen ganz andere Wege.

«Nein, ich glaube auch.»

«Ich habe vor einigen Tagen mit Senator Lancor gesprochen. Er gehört dem Verteidigungsausschuß an und steht der Marine nahe. Wir könnten ein Offizierspatent für dich bekommen, nichts Großartiges, wahrscheinlich nur als kleiner Leutnant. Du könntest dann für meine Reederei uk gestellt werden. Sie werden sicher einen von ihren eigenen Leuten bei uns haben wollen, und es macht sich bestimmt gut für dich, wenn du so früh schon dabei warst.»

«Was ist mit der Ausbildung?» fragte Tom.

«Die Einzelheiten sind mir nicht bekannt. Ich denke aber, es würde so laufen, daß du Zivilist in Uniform wärest. Auf dem Papier ändert das deinen Status in keiner Weise. Aber du hättest damit eine sehr gute Ausgangsposition.»

«Ich werde es mir überlegen», sagte Tom. Ihm war bewußt, daß in ihrer Beziehung eine kaum merkliche Veränderung eingetreten war.

Clair Levy fand, daß das Leben es überaus gut mit ihr gemeint hatte. Ihr Mann, Jake, der solchen abstrakten Erwägungen weniger nachhing, kehrte ihre Schlußfolgerung um und wies darauf hin, daß sie es mit dem Leben gut meinte. Sie war ein Mensch, der Leben gab, nicht nahm. Ihren kräftigen, praktischen Händen voller Liebe entströmte Lebenskraft. Ob eine Rebe, ein Hund oder ein Kind krank war – sie konnte sie heilen. Sie hatte drei Kinder. Die beiden Söhne, der siebzehnjährige Adam und der fünfzehnjährige Joshua, waren Ebenbilder ihres Vaters. Nur ihr flammendes rotes Haar unterschied sie von ihm. Es waren kräftige Burschen, ruhig und ernsthaft. Adam studierte im ersten Jahr in Berkeley, Joshua war noch in der Schule. Sie waren im Napatal frei und ungebunden aufgewachsen, im Sommer barfuß herumgelaufen und hatten, als sie alt genug dazu waren, auf dem Weingut mitgearbeitet. In der Schule stammte mindestens die Hälfte ihrer Mitschüler ebenfalls aus Weinbaubetrieben. Das Tal war eine Welt für sich, eine Welt, die sie ohne Vorurteile und ohne jeden Zweifel bejahten.

Sally, die jüngste, war ganz anders. Clair verglich sie manchmal mit einem wilden Tier, halb Reh, halb Puma, im Körper eines frühreifen Mädchens. Sally machte nie ein Hehl aus dem, was sie dachte. Sie fand es verächtlich, Gefühle oder Wünsche zu verbergen. Sie war mit zwei älteren Brüdern aufgewachsen, mit denen sie immer noch in wildem Wettstreit lag. Dabei ging sie davon aus, daß sie alles ebenso gut konnte wie die Jungen, wenn nicht besser, gleichgültig, ob es dabei um Ballspiele, Laufen, Schwimmen oder Boxen ging. Sie bat nicht um Pardon und gab keinen. Sie war langgliedrig, grobknochig, hatte denselben Körperbau wie ihre Mutter und dieselbe sommersprossige Haut. Die ausgeprägte Knochenstruktur ihres Gesichts, das eines Tages das einer sehr schönen Frau sein würde, überzeugte sie von ihrer hoffnungslosen Häßlichkeit. Das wiederum verstärkte in ihr den Trotz gegen alle Regeln und Vorschriften, die das Leben von Mädchen bestimmen.

Sally war auch sehr intelligent, sicher das intelligenteste der drei Kinder. Sie las begierig alles, was sie bekommen konnte – Gedichte, Romane, technische Bücher, das Konversationslexikon, Comics, Zeitschriften, alles. Immer wieder mußte Clair um Mitternacht in ihr Zimmer gehen, das Licht ausschalten und ihr sagen, daß es üble Folgen hat, wenn man zu wenig schläft und seine Augen strapaziert. Aber offensichtlich war Sallys Vorrat an Nervenkraft unerschöpflich. Sie stand bei Morgengrauen auf, lief über die Felder, vergewisserte sich, daß sich über Nacht nichts geändert hatte, und fütterte ihre Tiere, den Waschbär im Käfig, das Täubchen, den Hund, den sie gefunden und adoptiert hatte, eine Promenadenmischung von gelblicher Farbe, sowie zwei Katzen. Schon vor dem Frühstück, zu dem sie mehr aß, als irgend jemand sonst in der Familie, durchlebte sie einen vollständigen Tag. Doch obwohl sie Unmengen vertilgte, setzte sie nicht an und konnte ihr Joe gegebenes Versprechen, ‹dick und verlockend› zu werden, nicht erfüllen.

Als sie Clair im Alter von zwölf Jahren zum erstenmal mitteilte, daß sie Joe Lavette liebe und beabsichtige, ihn zu heiraten, nahm Clair die Mitteilung ohne Besorgnis auf. Nichts von dem, was Sally tat oder sagte, geschah unerwartet. Doch als Clair in den folgenden zwei Jahren beobachtete, wie diese seltsame Liebesgeschichte weiterging, wurde sie doch unruhig. Ihre Versuche, die Sache mit Jake zu besprechen, verliefen wenig befriedigend. «Laß sie in Ruhe», sagte Jake. «Was auch immer du mit diesem verrückten Kind anstellst, macht die Sache nur schlimmer. Das wächst sich aus, und Joe ist ein ordentlicher Junge, der weiß, was er zu tun hat.»

Aber als Sally – nach Joes Abreise nach Los Angeles zum Studium – Clair fragte, was sie dazu meinte, wenn sie, Sally, eine Affäre mit Joe hätte, beschloß Clair, der Sache auf den Grund zu gehen.

«Was genau verstehst du unter ‹Affäre›?» fragte sie ihre Tochter.

«Ich meine, wenn wir miteinander ins Bett gingen. Weißt du, Mutti, wenn wir Geschlechtsverkehr hätten.»

Clair schluckte, holte tief Luft, zwang sich zur Ruhe und sagte: «Das ist kaum möglich, da Joe mehr als sechshundert Kilometer entfernt ist.»

«Ich könnte nach Los Angeles fahren, so am Wochenende.»

«Könntest du das? Und was meint Joe dazu?»

«Ich habe noch nicht mit ihm darüber gesprochen.»

«Dem Himmel sei Dank!» Clair zwang sich erneut zur Ruhe. Mindestens ein Dutzend Dinge gingen ihr durch den Kopf, aber sie wies Sally lediglich darauf hin, daß sie noch sehr jung sei.

«Eigentlich nicht.»

«Was heißt das, eigentlich nicht?»

«Ich bin eigentlich nicht sehr jung.»

«Sally, du bist dreizehn.»

«Nun, wie man's nimmt. Ich habe da ein Buch über Reinkarnation gelesen und bin zu dem Ergebnis gekommen, daß ich schon viele Leben gelebt habe. Zum Beispiel in Ägypten, in China und vielleicht auch in Norwegen, wegen meines Haars.»

«Deine Großmutter hatte genau solches Haar und war nie auch nur in der Nähe von Norwegen», rief Clair in äußerster Verzweiflung.

«Vielleicht auch auf Tahiti», fuhr Sally unbeirrt fort, «warum sollte ich sonst so für Joe empfinden. Erstens ist er Chinese und zweitens ein bißchen blöd –»

«Sally!»

«Ich habe es nicht so gemeint.»

«Es ist mir gleich, wie du es gemeint hast. Ich möchte nicht, daß du jemanden, den du gern hast, blöd nennst.»

«Ich habe es nicht so gemeint, Mutti, bitte.»

«Außerdem ist er nicht blöd. Er ist sehr klug. Er ist auch nur zur Hälfte Chinese und ein sehr netter junger Mann. Im übrigen», schloß sie etwas schwach, «im übrigen glaube ich, daß all das Zeit hat, bis du erwachsen bist.»

«Man kann doch nicht so mir nichts, dir nichts aufhören, jemanden zu lieben! Und was ich mit Joe meine, ist, daß wir in irgendeinem früheren Leben eine Liebesbeziehung gehabt haben müssen, vielleicht in China, und ich wollte ihn nicht insinuieren –»

«Du meinst insultieren.»

«Ich weiß, und wenn ich blöd sage, meine ich es nicht so, wie du meinst. Er ist blöd, wenn es um bestimmte Dinge geht. Das bedeutet nicht, daß er nicht klug ist. Es bedeutet einfach, daß er blöd ist. Kann ich für ein Wochenende nach Los Angeles fahren?»

«Nein», sagte Clair schlicht.

«Junge, das ist großartig. Das ist einfach fabelhaft. Das ist eine Art, mich zu behandeln, als wäre ich ein dämliches Kind.»

«Du bist kein dämliches Kind, sondern ein sehr intelligentes Kind. Ich hätte aber nichts dagegen, wenn du diese Intelligenz gelegentlich nutztest. Joe wird im nächsten Sommer hierher zurückkommen, falls er das wünscht. Wenn du ihn wirklich liebst, macht ein Jahr nicht sehr viel aus.»

«Und wenn er jetzt aufhört, mich zu lieben?»

Plötzlich war Clair ernsthaft besorgt und sagte: «Schön, er mag dich, aber wie kommst du darauf, daß er dich liebt?»

«Er hat es mir gesagt. Sieh mich nicht so an, Mutti, er hat mich nicht mal angefaßt. Du weißt, was ich meine. Er hat nie meine Brüste oder so was angefaßt. Er hat mir einen Kuß gegeben, mehr nicht. Was ist daran so schrecklich?»

Als sie Jake am Abend von der Unterhaltung mit Sally berichtete, prustete er los und schlug sich vor Vergnügen auf die Schenkel.

«Ich finde das nicht so lustig», sagte Clair.

«Was für Brüste denn bloß?»

«Du könntest dir deine Tochter ruhig einmal ansehen», sagte Clair. «Du könntest ruhig etwas Zeit für sie aufwenden. Sie ist ein außergewöhnliches Kind.»

«Ein wahres Wort. Weißt du, ich würde sie ruhig für ein Wochenende nach Los Angeles fahren lassen. Joe wird mit ihr fertig.»

Clair sah ihn an und schüttelte den Kopf. «Manchmal muß ich mich über dich wundern, Jake.»

Sam Goldberg rief Barbara in Los Angeles an, um sie über das geplante Treffen in seinem Büro anläßlich des Ablaufs der Treuhänderschaft zu informieren. Sie nahm die Nachricht mit Verblüffung und Bestürzung auf.

«Das hatte ich ganz vergessen», sagte sie.

«Aber Sie werden kommen?»

«Muß ich?»

«Ich halte es für das klügste, Barbara. Selbstverständlich könnten Sie mir eine Vollmacht geben, aber ich bin der Ansicht, wir sollten die Angelegenheit vorher besprechen. Die Zusammenkunft findet um drei Uhr statt. Wie wäre es, wenn Sie gegen zwölf in mein Büro kämen und ich mit Ihnen essen ginge? Dann hätten wir reichlich Zeit für eine vernünftige Unterhaltung.»

«Sam?»

«Ja, Barbara?»

«Sam», sagte sie unsicher. «Um wieviel Geld geht es eigentlich?»

«Wissen Sie das nicht?»

«Nein. Ich habe nicht die blasseste Vorstellung. Ich weiß, daß Sie schon mal mit mir darüber gesprochen haben, aber das ist Jahre her, und ich habe es vergessen.»

«In Ordnung», sagte Goldberg. «Hören Sie mir gut zu, Barbara. Ich möchte, daß Sie in den kommenden zwei Wochen über das nachdenken, was ich Ihnen jetzt sage. Es geht nicht darum, was Sie gern tun würden oder was Sie wollen, Barbara. Darüber können wir beim Essen reden. Hier geht es um Tatsachen, und ich möchte, daß Sie diese Tatsachen sehr gründlich überdenken.»

«Ich verstehe.»

«Gut. Die Seldon Bank hat gegenwärtig einen Buchwert von etwa vierzig Millionen Dollar. Das ist eine eher vorsichtige Schätzung, weil die Aktien nicht an der Börse notiert werden. Der Wert könnte ohne weiteres weit höher liegen, auf keinen Fall niedriger. Ihr Großvater hatte dreihundertzweiundachtzigtausend Aktien, das entspricht siebzig Prozent des Kapitals. Können Sie mir folgen?»

«Ich glaube schon», sagte Barbara.

«Er hat diese Aktienmehrheit Ihnen und Ihrem Bruder mit der Auflage hinterlassen, daß Ihre Mutter sie zwölf Jahre lang treuhänderisch verwaltet und dann an Sie und Tom übergibt. Das Einkommen aus dem Kapital durfte sie nach ihrem Gutdünken verwenden. Auch darüber müssen wir reden, wenn Sie hier sind. Was ich Ihnen jetzt klarmachen will, ist, daß Sie freie Verfügung über hunderteinundneunzigtausend Aktien der Seldon Bank mit einem Buchwert von rund vierzehn Millionen Dollar bekommen. Sollten Sie sich entschließen, die Anteile abzustoßen, wären sie wahrscheinlich weit mehr wert.»

Er wartete. «Barbara, hören Sie noch?»

«Ja. Es wächst mir über den Kopf, Sam.»

«Denken Sie darüber nach. Gewöhnen Sie sich an den Gedanken. Sie müssen damit fertigwerden, Barbara.»

«Ich will es versuchen, Sam.»

Sie legte auf und versuchte, einzuordnen, was sie gerade gehört hatte. Je mehr sie darüber nachdachte, desto mißmutiger und unentschlossener wurde sie. Als May Ling aus der Bibliothek heimkam und den Kopf in den kleinen Raum steckte, den Barbara bewohnte, sah sie eine junge Frau, die den Tränen nahe war.

«Barbara, was ist vorgefallen?»

«Nichts.»

«Du siehst sehr elend aus.»

«Mir ist auch elend.»

May Ling zog sich einen Stuhl heran. «Möchtest du darüber sprechen?»

Barbara wiederholte das Wesentliche aus der Unterhaltung mit Sam Goldberg.

«Vierzehn Millionen Dollar», sagte May Ling leise.

«Ja, vierzehn Millionen Dollar.»

«Viel Geld, aber dadurch ändert sich doch nichts, Bobby. Es hat dir immer schon gehört. Das hast du doch gewußt?»

«Ja und nein. Für mich war es immer das Geld meiner Mutter.»

«Deine Mutter ist ziemlich reich. Sie braucht es nicht.»

«Nein. Aber ich auch nicht. Ich möchte es nicht haben.»

«Aber meine Liebe, du hast es, es gehört dir.»

«Ich möchte nichts anderes sein, als ich bin. Kannst du das verstehen? Ich habe mein ganzes Leben lang versucht, dahinterzukommen, wer und was ich bin. Ich fange gerade an, es zu begreifen. Es war nicht leicht. In Paris habe ich auf eigenen Füßen gestanden und von dem gelebt, was ich mit meinen Artikeln verdient habe. Die Bank schickte mir zwar jede Woche hundert Dollar, aber davon habe ich kaum etwas gebraucht. Ich habe einfach alles auf das Konto eingezahlt, das ich dort hatte. Es sind immer noch sechstausend Dollar drauf. Mehr brauche ich nicht. Wenn ich mir nicht selbst beweise, daß ich schreiben kann, hat mein Leben keinen Sinn. Ich bin jetzt fünfundzwanzig, und das einzige, was mir im Leben Befriedigung verschafft hat, war die Erkenntnis, daß ich nicht unnütz bin. Und das habe ich mir dadurch bewiesen, daß ich mir selbst etwas beigebracht habe, wovon ich leben kann. Ich versuche jetzt, einen Roman zu schreiben, der etwas von dem wiedergibt, was ich erlebt und gesehen habe. Und das ist schwerer als alles, was ich bisher getan habe. Wenn ich es schaffe, und wenn Menschen Geld dafür ausgeben und ihn lesen, dann darf ich etwas von mir halten, dann habe ich eine Rechtfertigung für mein Dasein. Ich will das verdammte Geld nicht!» sagte sie heftig. «Ich brauche es nicht, und ich will es nicht! Wie könnte ich als Millionärin hier bei euch leben und zusehen, wie Vati sich auf der Werft abschuftet? Weißt du, was das schönste zwischen Marcel und mir war? Wir haben dieselbe Sprache gesprochen. Ich meine nicht Französisch oder Englisch. Ich meine, daß die Dinge für uns beide dieselbe Bedeutung hatten. Er verstand, daß ich von dem leben mußte, was mir meine Arbeit für die Zeitschrift einbrachte. Einmal beschlossen wir, im Maxim zu essen. Wir legten unser Geld zusammen und gelobten einander Armut für den Rest der Woche. Es war ein wunderbarer Abend. Das Essen war zwar nicht sehr eindrucksvoll, aber die Tatsache, daß wir alles, was wir hatten, für ein feines Essen ausgegeben hatten, war eindrucksvoll. Verstehst du, was ich meine, May Ling?»

«Ich verstehe genau, was du meinst. Du mußt aber auch verstehen, daß sich eigentlich nichts geändert hat. Liebe Bobby, ich möchte dich nicht verletzen, aber siehst du nicht, daß du den Kopf in den Sand gesteckt und so getan hast, als gäbe es das Geld nicht?»

«Aber es war doch auch nicht da. Jedenfalls nicht für mich.»

«Bobby, erinnere dich. Wie war das beim Streik auf dem Embarcadero? Ich meine den Unterschied zwischen dir und den anderen dort? Es gab einen! Es hatte nichts mit Liebe, Mitgefühl oder Kraft zu tun, sondern damit, daß du jederzeit davongehen konntest. Und sie nicht.»

Barbara sah sie an.

«Verstehst du, was ich sagen will? Ich möchte dir eine Geschichte erzählen, meine Liebe. Vor dreißig Jahren war ich dreizehn Jahre alt. Ich erinnere mich noch sehr gut daran. Wir waren arm. Das sage ich nicht, um es zu einer Tugend hochzustilisieren, es war einfach so. Wir waren am Ende, wirklich und wahrhaftig. Wir waren an einem Punkt, von dem es nur noch den Absturz ins Bodenlose gibt. Ohne Geld und ohne Hoffnung. Wir, das waren mein Vater, meine Mutter und ich.

Sie hatten drei, ich eineinhalb Tage nichts gegessen. ‹Nichts› heißt: überhaupt nichts, nicht einmal eine Brotrinde. Mein Vater wurde in diesem Land hier geboren. Er war gebildet, konnte gut mit Zahlen umgehen und hatte ein- oder zweimal als Buchhalter gearbeitet. Er hatte auch schon Abortgruben geleert, Toiletten gereinigt, in Gaststätten im Tenderloin Teller gewaschen – er hatte alles getan, was ein oder zwei Dollar einbrachte. Damals ging er zu Dan Lavette, der in einer Anzeige einen Buchhalter suchte. Niemand stellte damals einen Chinesen ein. Chinesen verhungerten in San Francisco buchstäblich, es gab weder Hilfe noch Hoffnung für sie. Aber Dan gab Papa die Stelle, und du weißt, wie es weitergegangen ist. Das ist aber nicht das Entscheidende an meiner Geschichte. Entscheidend ist, daß in dieser seltsamen, irrwitzigen Welt, in der wir leben, Armut ein Faktum ist. Man kann Armut ebensowenig vortäuschen, wie man den Tod vortäuschen kann. Man ist arm oder man ist es nicht. Eine der Tragödien der Reichen ist, daß die meisten nicht verstehen können, was Armut heißt. Du bist sehr gut dran, meine Liebe, weil du ein gewisses Verständnis dafür hast, was es bedeutet, arm zu sein, und ein Verständnis für den Preis, den das fordert. Außerdem bist du begabt, gesund und hübsch. Aber, bitte, bleib fair. Du bist talentiert genug, um dich aus eigener Kraft durchzusetzen, und du bist reif genug, dich mit dem Geld zu arrangieren. Ich kann dir nicht sagen, was du damit tun sollst. Das ist eine Entscheidung, die du selbst treffen mußt.»

Sie saßen eine Weile schweigend zusammen, dann nickte Barbara. «Ich will es versuchen.»

«Ich bin ganz sicher, daß es dir gelingen wird.»

«Kann ich dir und Papa etwas davon geben?»

«Ich fürchte nein», antwortete May Ling lachend. «Er hat mit dem Geld der Seldons nichts mehr im Sinn, das war einmal. Nein, sprich lieber nicht davon. Er hat jetzt den Marineausschuß hinter sich und braucht kein Geld. Nein, meine Liebe, damit mußt du selbst fertig werden.»

Auf dem Weg von Los Angeles nach San Francisco hatte Barbara Zeit, über ihre Entscheidung nachzudenken. Es war immer genug dagewesen, sie hatte nie um etwas zu bitten brauchen. Sie dachte über May Lings Worte nach und gestand sich ein, daß die Jahre in Paris finanziell gesehen tatsächlich eine Art Spiel gewesen waren. Wenn sie mit diesem Spiel aufhören wollte, mußte sie es ernsthaft tun. Sie hatte kein Vorurteil gegen Reiche und ließ sich nicht von vorgefaßten Meinungen oder Verallgemeinerungen leiten. Ihr Denken wurde bestimmt von ihrem Bedürfnis nach einem Halt, der ihr Dasein rechtfertigte oder der ihr einige Antworten auf die Frage gab, wer sie eigentlich war und was sie auf der Welt zu suchen hatte. In den Tagen zwischen ihrem Gespräch mit May Ling und ihrer Abreise nach San Francisco war sie immer mehr zu der Überzeugung gelangt, daß sie nicht als Millionärin, nicht als Besitzerin eines Vermögens von vierzehn Millionen Dollar würde leben können.

May Ling erwähnte das Thema nicht mehr, und da auch Dan nie davon sprach, vermutete Barbara, daß May Ling mit ihm darüber gesprochen hatte und daß sie beide beschlossen hatten, sich herauszuhalten. Der einzige Mensch, mit dem Barbara darüber sprach, war ihr Bruder Joe. Als sie ihm die Frage vorlegte, was er an ihrer Stelle tun würde, sagte er offen: «Ich habe es nicht, Bobby, also würde ich es wahrscheinlich haben wollen.»

«Möchtest du etwas davon abhaben?» fragte sie ebenso offen.

«Nein.»

«Das paßt aber nicht sehr gut zusammen, oder?»

«Ich nehme an, nein. Ich kann kein Geld von dir annehmen.»

«Von Papa nimmst du es.»

«Ich werde es ihm eines Tages zurückzahlen. Jedenfalls sehe ich es so, als Darlehen.»

«Du weißt nicht einmal genau, ob du wirklich Arzt werden willst, Joe. Du könntest ein Weingut kaufen, jedes Weingut, nach dem dir der Sinn steht.»

«Du machst Witze.»

«Wieso? Ich habe vierzehn Millionen Dollar. Ich kann kaufen, was ich will.»

Er schwieg.

«Oder etwa nicht?»

«Nein!» fuhr er sie an.

«Warum nicht?»

«Das weißt du sehr gut!»

«Ich weiß es nicht», sagte sie zögernd. «Ich bin dabei, es herauszufinden. Ich habe gerade ein Auto gekauft, einen Chevrolet. Ich habe mir eine Woche lang Autos angesehen, bevor ich mich zu diesem entschlossen habe, und dann habe ich ihn von dem Geld bezahlt, das ich gespart habe, als ich in Paris war. Ich ziehe dich nicht auf, Joe. Du bist mein Bruder. Ich muß nächste Woche nach San Francisco fahren und bekomme Aktien an der Seldon Bank im Wert von vierzehn Millionen Dollar überschrieben. Ich habe aufgehört zu schreiben. Ich habe das Buch beiseitegelegt. Ich bin so durcheinander, daß ich nicht mehr denken kann. Du weißt, daß ich in San Francisco mit Leuten aufgewachsen bin, die genau so waren wie ich, die nie etwas in Frage stellten, weder ihre Pferde noch die Boote und Autos, noch die Villen ihrer Familien auf Russian Hill und Pacific Heights. Hier in Los Angeles ist alles anders. Daher will ich nicht mehr dorthin zurück – so sehr ich die Stadt auch liebe. Manchmal muß ich weinen, wenn ich daran zurückdenke – aber ich kann nicht mehr so leben, wie sie es tun, ich kann es einfach nicht mehr.»

«Ich weiß», sagte Joe. «Ich bin dir nicht böse, Bobby. Ich bin nicht neidisch. Es ist bloß alles so verrückt.»

«Ja, das ist es.»

Als sie sich schließlich nach San Francisco auf den Weg machte, wußte Barbara, was sie wollte. Eine endgültige Entscheidung würde sie erst treffen, wenn sie mit Goldberg gesprochen hatte. Aber sie war sich nicht mehr im unklaren über die Art ihrer Entscheidung. Und das allein nahm ihr eine Last von der Seele. Sie fühlte sich beschwingt und lebendig und genoß die Fahrt nach Norden in ihre geliebte Stadt.

Es war Abend, als Barbara in San Francisco ankam und ein Zimmer im St. Francis Hotel nahm. Es schien ihr sonderbar, wieder dort zu sein, wo sie vor dem ‹Blutigen Donnerstag› gewohnt hatte. Sie wußte, daß ihre Mutter aus Whittiers Haus auf Pacific Heights ausgezogen war und wieder auf Russian Hill wohnte, sie hatte bereits von Los Angeles aus mit Jean telefoniert. Sie rief ihre Mutter an, um ihr mitzuteilen, daß sie heil in San Francisco angekommen sei und im St. Francis Hotel ein Zimmer genommen habe.

«Liebling, ausgerechnet im St. Francis! Komm doch zu mir. Es ist reichlich Platz. Wir wären ganz allein.»

«Morgen, Mutter. Ich verspreche es dir. Heute möchte ich gern allein sein. Ich muß mir über verschiedene Dinge Klarheit verschaffen.»

«Du nimmst alles viel zu schwer, Bobby. Also dann morgen zum Mittagessen.»

«Da bin ich bereits mit Sam Goldberg verabredet. Wie wäre es am Abend?»

«Selbstverständlich. Und bleibst du dann bei mir?»

«Ich ziehe morgen früh hier aus. Du kannst mich bei dir aufnehmen, solange ich in der Stadt bin», sagte sie. Als sie den Hörer auflegte, dachte sie: Arme Jean, sie tut mir leid.

Sam Goldberg hatte sich nicht sehr verändert, er hatte weder ab- noch zugenommen. Mit seinen einundsiebzig Jahren ging er zwar etwas langsamer und sein Kranz schütteren Haares war nun gänzlich weiß, aber seine blauen Augen waren wach und hell wie je. Er begrüßte Barbara mit jugendlichem Feuer. «Sie sind wirklich eine großartige Frau. Ich habe alles über Sie gelesen. Die erste Seite im *Chronicle:* Frau aus San Francisco von der Gestapo verhaftet. Das ist eine Ehre, meine Liebe. Jedenfalls in meinen Augen. Das heißt, wenn man sie überlebt; und ich muß sagen, Sie haben das Ganze allem Anschein nach sehr gut überstanden.»

«Es war alles maßlos übertrieben, Sam.»

«Nun, eines Tages müssen Sie mir das alles ganz genau erzählen. Mir vergeht nachts der Schlaf, wenn ich an die Schrecken dort denke. Es ist kein schönes Ende für einen alten Mann – die Vision einer verrückt gewordenen Menschheit vor Augen! Aber reden wir jetzt nicht davon. Es gibt wichtigere Dinge. Ich schlage vor, wir gehen zu Gino. Seine *Pasta* und sein *vitello tonnato* helfen mir beim Denken. Ich esse inzwischen, was mir schmeckt. Es wäre doch blöde, in meinem Alter noch auf die Linie zu achten.»

Als sie bei Tisch saßen, stellte Barbara jedoch fest, daß er das Essen kaum anrührte. Er wandte ihr größere Aufmerksamkeit zu als den Speisen. Er sah sie prüfend an und tastete sich schließlich mit der Frage vor: «Sie haben doch bestimmt eine Bombe im Gepäck, meine Liebe?»

«Woher wissen Sie das?» fragte Barbara lächelnd.

«Nun, sagen wir einmal, Liebe macht sehend – und nicht blind. Ich mag Sie sehr, meine Liebe. Nicht nur, weil Sie Dannys Tochter sind, sondern weil Sie so sind, wie Sie sind. Das findet man selten.»

«Sam, ich glaube, etwas Netteres hat mir noch niemand gesagt.»

«Das glaube ich zwar nicht, aber hören Sie bloß nicht auf zu essen, weil ich Ihnen ein bißchen geschmeichelt habe. Beachten Sie, bitte, daß ich nicht gesagt habe, Sie hätten einen besonders gesunden Menschenverstand.»

«Ich weiß. Sam, ich möchte die Aktien nicht und das Geld auch nicht. Ich will nicht, daß wir uns darüber streiten oder daß Sie mich überreden. Ich habe viele Tage darüber nachgedacht, um mir über alles klarzuwerden. Und das ist das Ergebnis.»

Goldberg sagte erst einmal nichts. Er lehnte sich zurück und sah sie prüfend an.

«Haben Sie es Dan gesagt?» fragte er dann.

«Nein. Er hat mich nicht gefragt, und ich habe ihm nichts gesagt. May Ling kennt meine Einstellung. Ich bin sicher, daß sie mit Dan darüber gesprochen hat.»

Goldberg atmete tief ein und schob seinen Teller von sich. «Ich kann nicht gleichzeitig essen und über diese Sache nachdenken. Ich handle gegen jeden Instinkt, den ich mir im Laufe eines halben Jahrhunderts als Anwalt zugelegt habe. Eigentlich müßte ich Himmel und Hölle in Bewegung setzen, um Sie von Ihrer Absicht abzubringen. Ich glaube, wenn mir jemand anders gegenübersäße, täte ich das auch. Aber bei Ihnen, nun, ich weiß nicht recht.» Er machte eine Pause und wartete. Barbara sagte nichts. «Wissen Sie», fuhr er fort, «wenn man Geld verschenkt, läßt sich das, wie bei einem Selbstmord, nicht rückgängig machen. Aber man kann beides vor sich herschieben.»

«Ich weiß», stimmte Barbara zu. «Das würde aber auch andere Dinge verzögern, die mir wichtiger sind. Ich schreibe ein Buch, Sam, und das bedeutet mir sehr viel. Ich muß wissen, wer ich bin. Das kann ich erst feststellen, wenn ich das elende Geld los bin.»

«Es fällt mir sehr schwer, das zu verstehen.»

«Dann müssen Sie mir einfach glauben.»

«Na schön. Ich will Ihnen sagen, daß das nicht ganz unerwartet für mich ist. Ich habe darüber nachgedacht. Sie kommen also her und wollen vierzehn Millionen Dollar verschenken, vielleicht ist es auch mehr. Aber das geht nicht so einfach, wie man einem Bettler eine Münze in den Hut wirft. Ich will die Schwierigkeiten der Reichen und die der Armen nicht auf eine Stufe stellen, aber Geld ist ein Problem – auch, wenn man es loswerden will. Man kann nicht jemanden auf der Straße anhalten und sagen: ‹Hier haben Sie eine Million›, das verstehen Sie doch?»

«Sam», sagte Barbara lachend, «so dumm bin ich nicht. Ich gebe zu, daß mein gesunder Menschenverstand nicht besonders gut entwickelt ist, aber ich weiß, daß uns etwas einfallen muß.»

«Das ist immerhin etwas, Gott sei Dank. Gehen wir einmal von der Annahme aus, Sie wollen das Geld weggeben. Dan würde es nicht haben wollen, das weiß ich. Joe?»

Sie schüttelte den Kopf. «Nein, er auch nicht.»

«Dann hat der Junge mehr Verstand, als er in seinem Alter haben dürfte. Ihre Mutter und Tom brauchen es nicht, außerdem nehme ich nicht an, daß das ihre Absicht ist. Sie sind für das Geld verantwortlich, Sie können damit Schlimmes anrichten und Gutes tun. Man kann aber nicht einfach mit dem Finger auf etwas zeigen, was man für eine würdige wohltätige Einrichtung hält und ihr vierzehn Millionen geben. Geld schenken ist eine Kunst. Das muß auch so sein, Barbara, denn bei wohltätigen Einrichtungen gibt es mehr kleine Verbrecher und Schwindler, als Sie sich träumen lassen. Sie wissen doch, was eine wohltätige Stiftung ist?»

Sie schüttelte den Kopf. «Ich habe eine verschwommene Vorstellung, mehr nicht.»

«Ich will es Ihnen kurz erklären. Eine Stiftung ist eine Körperschaft, bei der keine Gewinne erwirtschaftet werden dürfen. Sie hat ihre eigene Finanzgrundlage und dient dem allgemeinen Wohl, sei es auf dem Gebiet der Bildung und Erziehung, und zwar durch materielle Zuwendungen oder ganz allgemein durch soziale Aktivitäten. Diese Form hat sich in den letzten vierzig Jahren entwickelt. In einigen Fällen wurden solche Stiftungen eingerichtet, um keine Steuern zahlen zu müssen, in anderen, um das Gewissen der Reichen zu beschwichtigen, und manchmal auch, um ein besonderes Anliegen zu erfüllen. Ich habe mich ein bißchen damit beschäftigt. Die klassische juristische Definition hat Richter Horace Gray 1867 in Massachusetts formuliert. Ich zitiere ihn frei: Er sagt, daß diese Form des Geschenks dem öffentlichen Wohl dienen, mit den bestehenden Gesetzen übereinstimmen und einer unbeschränkten Anzahl von Personen zur Verfügung stehen muß, und zwar auf dem Gebiet des Bildungswesens, der Religion oder um Kranke von körperlichen Schmerzen zu befreien. Außerdem fügt er der Aufstellung noch die Verminderung von Lasten der Regierung an. Das war zu seiner Zeit, als die Regierung nichts dagegen unternahm, wenn Menschen litten, an Krankheiten starben und verhungerten, ein ziemlich neuer Gedanke. Seitdem wurden zahlreiche Stiftungen gegründet: von Firmen, Gemeinden und Familien. Es gibt vielerlei Stiftungen. Sie alle sind aber in drei genau umrissene Gruppen einzuteilen. Die erste beschränkt sich darauf, Zuwendungen zu machen und Geld für alle erdenklichen Zwecke zu geben. Das ist die flexibelste Kategorie, und ich an Ihrer Stelle würde sie in Erwägung ziehen. Es gibt auch Stiftungen, die ihre eigene Forschung und Arbeit organisieren. Ich kann mir aber nicht vorstellen, daß das etwas für Sie wäre. Sie würden ganz darin aufgehen müssen, und das wollen Sie offenbar nicht. Dann gibt es noch Stiftungen, die Dienstleistungen erbringen, mit eigenem Personal und so weiter. Auch das würde einen starken Einsatz Ihrer Person erfordern.

Denken wir also einmal über die erste Art nach, eine flexibel gehaltene Stiftung, die, um es allgemein zu sagen, Gelder zum Nutzen der Menschen verteilt. Es muß Ihnen klar sein, daß das Vermögen Ihnen nicht mehr gehört, wenn die Stiftung erst einmal ins Leben gerufen ist. Der Akt ist unwiderruflich. Vielleicht können wir aber ein Schlupfloch finden, das es Ihnen ermöglicht, ein brauchbares Einkommen aus der Stiftung zu beziehen.» Er sah sie an und wartete.

«Nein. Das möchte ich nicht.»

«Eines Tages wird Ihnen das möglicherweise leid tun, Barbara. Heiraten, Kinder, die Bedürfnisse, die damit zusammenhängen – das liegt alles noch vor Ihnen.»

«Sam», sagte Barbara sehr ernst, «dieses Geld kommt von meinem Großvater. Ich habe nichts getan, um es zu verdienen. Ich brauche es nicht und möchte es nicht. Wenn Sie glauben, daß eine solche Stiftung die beste Möglichkeit bietet, es unterzubringen, bin ich einverstanden. Aber wer leitet die Stiftung? Wer entscheidet über die Höhe der Zuwendungen und ihre Empfänger?»

«Das ist nicht einfach, Barbara. Ich fürchte, Sie werden dabei mitwirken müssen. Dieser Verantwortung werden Sie sich nicht entziehen können. Eine Organisation muß auf die Beine gestellt, Büroräume müssen gemietet und Kräfte eingestellt werden, die die Ziele der Stiftung bekanntmachen und die Zuwendungen vergeben, ferner eine Finanzverwaltung und ein Vorstand ernannt werden, der die endgültigen Entscheidungen trifft.» Er sah, daß Barbaras Gesicht immer länger wurde, und lächelte ihr ermutigend zu. «Darum brauchen nicht Sie sich zu kümmern. Das meiste kann mein Büro übernehmen, und ich kann auch etwas tun. Aber ich bin ein alter Mann, Barbara, ich kann morgen tot umfallen. Wir können alles Erforderliche veranlassen. Es hat ja keine Eile – wir können in der nächsten Woche anfangen oder im nächsten Jahr, was Ihnen am besten paßt.»

«Wie weit müßte ich mich damit befassen?»

«Sie müßten mindestens bei drei oder vier Zusammenkünften im Jahr dabeisein. Nach oben hin ist Ihrer Arbeitskraft keine Grenze gesetzt. Sie können selbst entscheiden, was Sie tun wollen, so, wie Sie es für richtig halten.»

Sie nickte. «Ihnen scheint das die beste Möglichkeit, Sam?»

«Es sei denn, Sie überlegen es sich noch einmal anders.»

«Nein. Dann wollen wir die Stiftung errichten.»

«In Ordnung. Damit ist der erste Punkt erledigt. Ich habe übrigens mit Ihrer Mutter darüber gesprochen. Verstehen Sie mich bitte richtig, Barbara. Danny ist wie ein Sohn für mich, aber was zwischen Mann und Frau geschieht, geht keinen Dritten etwas an. Ihre Mutter ist eine bemerkenswerte Frau, und ich glaube nicht, daß sie Ihnen Schwierigkeiten machen wird. Allerdings ist in den zwölf Jahren, in denen sie Ihre und Toms Anteile treuhänderisch verwaltet hat, ein ziemliches Vermögen aufgelaufen. Einiges davon haben Sie verbraucht, das meiste wurde nicht angerührt. Es gibt in der Seldon Bank ein Treuhandkonto auf Ihren Namen, mit einem Habensaldo von etwas mehr als einer Viertelmillion Dollar.»

Barbara begann zu lachen. Es war ein fast hysterisches Lachen, und sie konnte sich kaum wieder beruhigen.

«Ist etwas nicht in Ordnung?» fragte Goldberg besorgt.

«Nein, Sam, es ist schon gut.» Sie versuchte verzweifelt, ihr Lachen zu unterdrücken. «Es ist nur ein Witz. Es hört überhaupt nicht auf. Ich lebe in den Vereinigten Staaten, wo Millionen Menschen arbeitslos sind –» hier hörte sie auf zu lachen – «wo Leute in Notunterkünften hausen und Protestmärsche machen, wo überall Hunger herrscht und Elend, und ich werde immer reicher, ohne daß ich etwas dagegen unternehmen kann. Das ist doch verrückt! So etwas Verrücktes habe ich in meinem Leben noch nicht gehört. Ich habe mir achthundert Dollar gespart und mir einen Plan zurechtgelegt, wie ich damit auskomme, bis mein Buch fertig ist. Ich wohne mietfrei bei meinem Vater und esse umsonst an seinem und an May Lings Tisch. Ich wage nicht, mir ein neues Kleid zu kaufen, und nach all dem Gerede und den Entscheidungen kommen Sie und erzählen mir, daß ich immer noch eine Viertelmillion Dollar besitze, von der ich nichts geahnt habe. Da weiß ich wirklich nicht, ob ich lachen oder weinen soll.»

«Keins von beidem. Nehmen Sie es einfach zur Kenntnis, Barbara, und geben Sie das Geld, bitte, nicht weg. Das sagt Ihnen ein weiser alter Jude, der gesehen hat, was geschehen kann. Geben Sie es nicht weg. Wenn Sie wollen, lassen Sie es, wo es ist. Die Seldon Bank ist solide. Tun Sie einfach so, als wäre es nicht da. Sie haben gerade vierzehn Millionen Dollar verschenkt, das genügt!»

«Sam, Sie sind ja ganz aufgeregt», sagte sie verblüfft.

«Wundert Sie das? Wollen Sie das Geld also lassen, wo es ist?»

«Sie wären wohl außer sich, wenn ich es nicht täte.»

«Das ist sehr freundlich formuliert.»

«Gut. Jedenfalls fürs erste. Es ist schon nach zwei», sagte Barbara. «Ist noch etwas?»

«Noch eine Entscheidung, meine Liebe. Sie betrifft Ihren Bruder. Soweit ich weiß, haben Sie ihn seit Ihrer Rückkehr aus Europa nicht gesehen?»

«Nein, und ich finde es scheußlich von mir.»

«Mögen Sie ihn nicht?»

«Doch, doch. Nur, wir sind so unterschiedlich. Wir sind immer unsere eigenen Wege gegangen. Wir haben uns nie gestritten und waren nie miteinander verfeindet, außer, wie das bei Geschwistern so üblich ist. Jedenfalls nehme ich an, daß es allen so geht. Doch, ich mag Tom. Ich weiß nicht, ob ich ihn wirklich gern habe – es ist alles so lange her. Fünf Jahre sind eine lange Zeit.»

«Das wäre also erledigt. Ich hatte außerdem auch noch einige Besprechungen mit John Whittier, den Sie, wie ich glaube, nicht so besonders mögen.»

«Es spielt keine Rolle mehr, seit Mutter sich von ihm getrennt hat.»

«Nun, ich vermute – aber es ist wirklich nur eine Vermutung –, daß er und Tom eine Art von Verbindung eingehen wollen, die Seldon Bank und die California Shipping. Es ist zwar nach kalifornischem Gesetz nicht zulässig, daß eine Bank sich an einem solchen Unternehmen beteiligt, aber es gibt Möglichkeiten, das Gesetz zu umgehen. Ich glaube, ich darf sagen, daß eine solche Verbindung ein enormes finanzielles Potential sein und großes Gewicht haben würde. Um allerdings die Führung in der Bank übernehmen zu können, brauchte Tom das Stimmrecht über Ihre Anteile – respektive über die in die Stiftung eingebrachten Aktien. Sowohl Whittier als auch Tom haben mich in dieser Angelegenheit angesprochen.»

«Könnte Tom denn das Stimmrecht ausüben, wenn wir die Stiftung errichten?»

«Wenn wir das zum Bestandteil der Stiftungsurkunde machen, ja. Allerdings halte ich es für wahrscheinlicher, daß Whittier Ihnen anbieten wird, so viel von Ihrem Anteil zu erwerben, daß er und Tom gemeinsam einundfünfzig Prozent und damit die Stimmenmehrheit in der Bank haben. Was halten Sie davon?»

«Es ist mir gleich. Oder sollte es das nicht sein, Sam?»

«Das liegt ganz bei Ihnen.»

Barbara dachte eine Weile darüber nach und schüttelte dann den Kopf. Es war ihr wirklich gleichgültig. Die Last war von ihrer Seele genommen, und wie die Mehrheitsverhältnisse in der Seldon Bank oder in irgendeiner anderen Bank aussahen, interessierte sie nicht.

«Was geschieht, wenn wir ihnen die Anteile verkaufen?»

«Die Stiftung würde das Geld mündelsicher anlegen – in Aktien der American Telephone, Regierungs-Schuldverschreibungen und dergleichen. Vom Standpunkt der Stiftung her wäre es sogar günstiger, ein breitgefächertes Portefeuille zu haben, statt das Gesamtkapital in Aktien einer einzigen Bank zu binden. Wenn ich Ihnen da raten soll, würde ich vorschlagen, einen größeren Posten Seldon-Aktien zu verkaufen. Und da Whittier kaufen will, und da er sie so dringend haben möchte, müßten wir weit mehr als den Buchwert erzielen, vielleicht eine Million Dollar mehr.»

«Ist das anständig?» fragte Barbara.

«Durchaus. Wir wollen uns im Augenblick nicht mit Einzelheiten belasten. Die einzige Frage ist, ob Sie überhaupt an Whittier verkaufen wollen. Wenn das der Fall ist, werde ich es den beiden sagen und alles veranlassen. Es besteht kein Anlaß, bei dieser Besprechung auf die Stiftung zu sprechen zu kommen. Ich halte es für besser, wenn Sie Ihrer Mutter selbst sagen, was Sie zu tun gedenken.»

Barbara stimmte zu. Als sie das Restaurant verließen, sagte sie zu dem alten Mann: «Sam, ich bin Ihnen wirklich sehr dankbar. Sie waren freundlich und verständnisvoll. Sie sind ein lieber Mensch, ich mag Sie sehr gern.»

Am Tag zuvor war Jean bei Halleck in der Sansome Street gewesen, dem kleinen teuren Couturier, zu dessen Kundinnen sie seit neuestem zählte. Der Meister selbst teilte ihr mit, daß der Krieg in Europa keine Auswirkungen auf die Mode haben würde, da die großen Pariser Häuser, Worth, Molyneux und Paquin, bereits ihre Zelte in Paris abgebrochen hatten und nach London umgesiedelt waren. Digby Morton hatte seine Kollektion sogar kurzerhand in die Vereinigten Staaten gebracht. Es konnte ein paar Monate dauern, bis die Entwürfe von Paquin kamen, aber die Kleider von Morton wurden täglich erwartet. «Ah, meine liebe Mrs. Whittier», sagte Halleck – er war Wiener und kultivierte sorgfältig einen französischen Akzent – «wie schade, daß wir in dieser unserer großartigen Stadt, die geradezu die Königin der Städte der Welt ist, noch kein Haus der Haute Couture haben, das diesen Namen verdient. Aber das kommt auch noch. Übrigens habe ich erfahren», fügte er hinzu, als teile er ein Staatsgeheimnis mit, «daß die Röcke gerade sein werden und die Jacken hochgeschlossen. Ich habe einige Entwürfe hier, an denen wir bereits arbeiten. Das Straßenkostüm mit gebogtem Schoß auf einer Seite, revolutionär, sage ich Ihnen. Wollten Sie nicht Ihr Fräulein Tochter mitbringen? Vielleicht morgen?»

«Ich glaube nicht», sagte Jean langsam. Sie verließ den Laden, und es war ihr gleichgültig, ob sie Halleck gekränkt hatte oder nicht. Sie nahm ein Taxi zum Fairmont, ging in die Bar, bestellte sich einen schottischen Whisky mit Soda und saß am Tischchen, ohne das Getränk anzurühren. Warum hatte sie es bestellt? Sie verabscheute starke Getränke. Sie trank ja kaum Wein. Schon der Anblick regte sie auf. Viele Dinge regten sie jetzt auf. Auch ihre Unterhaltung mit Halleck – beziehungsweise Hallecks Unterhaltung mit ihr – hatte sie aufgeregt, ohne daß sie wußte, warum. Sie mochte Halleck nicht. Warum war sie dann überhaupt hingegangen? Sie kannte den Grund – sie wollte ihrer Tochter gefallen, sie wollte sich etwas Wunderbares für Barbara ausdenken. Warum saß sie aber hier, mit diesem Zeug vor sich auf dem Tisch? Sie nahm probehalber ein Schlückchen und schüttelte sich.

Dann hörte sie eine Stimme: «Hallo, Jean! Was für ein wundervolles Zusammentreffen! Wirklich wundervoll!» Sie sah auf, und vor ihr stand die Vergangenheit in Gestalt von Alan Brocker. Er war jetzt fünfundfünzig Jahre alt, hatte das seltsame Gesicht der sehr Reichen, zugleich Knabe und alter Mann, das Gesicht von Menschen, die nie gearbeitet haben, ein nichtssagendes Angelsachsengesicht. Am wenigsten von allen Menschen auf der Welt wollte sie in diesem Augenblick Brocker begegnen, dem Mann, den sie für ihre erste außereheliche Affäre ausersehen hatte – oder hatte er sie ausersehen? Den törichten Hohlkopf Alan Brocker, der Manya Vladavich, das Modell eines drittklassigen Malers, Calvin Braderman, geheiratet und – wie Dan es ausdrückte – sein Leben vergeudet hatte, ohne auch nur einen Tag ehrliche Arbeit zu leisten oder einmal etwas für andere zu tun. Er hatte damals auf Jeans Betreiben hin einen Privatdetektiv angeheuert, weil sie etwas über Dans Verbindung mit May Ling erfahren wollte. «Meine liebe Jean», sagte er. «Du trinkst allein. Soweit sollte keine Frau kommen, nicht einmal nach einer zweiten Scheidung, zumal das heutzutage ja nun wirklich nichts Besonderes mehr ist. Ich begrüße in dir eine Leidensgefährtin. Manya ist gerade in Reno und läßt sich scheiden. Wir können also unsere Sorgen oder Freuden gemeinsam ertränken. Möchtest du mir keinen Stuhl anbieten?»

«Mir bleibt wohl keine andere Wahl», sagte Jean. «Wo hast du die ganze Zeit gesteckt? Ich hatte jahrelang das Vergnügen, dich nicht zu sehen.»

«Ach, Jean, liebe Jean, wie witzig du geworden bist. Ich war in Frankreich, bis dieser elende Krieg ausbrach. Was trinkst du?»

«Danke, ich hab genug.»

Er winkte dem Kellner und gab seine Bestellung auf. «Und wohin hat dich das Leben getrieben, Jean?»

«Würdest du für mich mit bezahlen, Alan?» fragte Jean beiläufig.

«Selbstverständlich.»

«Ich danke dir. Das vereinfacht die Dinge. Ich habe mich schon den ganzen Nachmittag gelangweilt – ich glaube, ich habe genug davon.» Damit erhob sie sich und ging, ohne sich umzuwenden und ohne sich um Brockers Empfindungen oder Gedanken zu kümmern. Später sagte sie zu sich: «Offenbar machst du es dir zur Gewohnheit, Brücken hinter dir abzubrechen, meine liebe Jean. Sei vorsichtig. Du hast ein halbes Jahrhundert gelebt, und noch liegt eine lange, ermüdende Strecke vor dir.»

Am folgenden Tag war sie um halb drei in Sam Goldbergs Büro. Sie war sich darüber klar, daß sie eine halbe Stunde zu früh kam, hoffte aber, Barbara bereits dort vorzufinden. Sie hatte zehn Minuten gewartet, als Barbara und Goldberg von ihrem gemeinsamen Mittagessen zurückkamen. Bei jedem Treffen mit Barbara erwartete Jean eine Zurückweisung, die aber eigentlich nie kam, und auch jetzt, wo sie sich so sehr auf ihre Tochter gefreut hatte, wurde sie plötzlich steif und förmlich. Aber Barbara stürzte auf sie zu und schlang die Arme um sie, und Jean hielt sie in den Armen und dachte: Das ist alles, was mir geblieben ist. Alles andere ist fort, weggespült, zerstört.

«Tom wird jeden Augenblick hier sein», sagte Jean. «Hat Sam dir berichtet, was er will?»

Barbara nickte.

«Macht dir das etwas aus? Hinter ihm steht das Geld von John Whittier. Sie wollen gemeinsam die Stimmrechtsmehrheit an der Bank erwerben.»

«Sam und ich haben darüber gesprochen», sagte Barbara.

«So ist er nun einmal», sagte Jean. «Er hat einen unstillbaren Hunger nach Macht und Geld, so wie andere Menschen einen Hunger nach ... ich weiß nicht, vielleicht nach Liebe, haben. Mag sein, daß es sein Weg zu Liebe oder Hoffnung ist, oder einfach zum Leben. Bitte, verabscheue ihn nicht, Schatz.»

«Ihn verabscheuen? Warum?»

«Was weiß ich. Er ist so anders.»

«Mutter», sagte Barbara, «er kann haben, was er will. Es bedeutet mir nichts, glaub mir, bitte.»

Jean dachte, dir bedeutet es tatsächlich nichts, und das ist sehr schade.

Tom kam mit Clark Seever, von der Anwaltsfirma Seever, Lang and Murphy, die für John Whittier arbeitete. Seever war Mitte fünfzig, groß, gepflegt, sah gut aus und hatte eine angenehme Sprechweise. Er kannte Sam Goldberg, wie eigentlich jeder, der in San Francisco mit juristischen oder politischen Fragen zu tun hatte. Sie schüttelten einander die Hand, Tom und Barbara umarmten sich. Fünfeinhalb Jahre lang hatten sie sich nicht gesehen. Jean kam es seltsam, beinahe unwirklich vor, daß es zwischen den beiden Geschwistern so wenig Zusammenhalt gab, so daß sie offenbar leicht einen so großen Teil ihres Lebens entfernt voneinander verbringen konnten. Jean war allein aufgewachsen, und wie so viele Einzelkinder verklärte sie Geschwisterbeziehungen. Aber Tom war weder kalt noch reserviert. Der Einsatz, um den er spielte, war hoch, und er hatte offensichtlich die Wärme und das Entzücken, mit denen er seine Schwester begrüßte, wohl einstudiert.

Barbara ihrerseits hatte den zurückhaltenden jungen Mann erwartet, den sie zum letztenmal vor langer Zeit gesehen hatte. Der jetzige Tom Lavette war ganz anders – ein Fremder, mit dem sie nur schwer etwas anfangen konnte. Er wirkte für seine siebenundzwanzig Jahre ungeheuer beherrscht und sehr gepflegt. Das sandfarbene Haar trug er an der Seite gescheitelt und leicht in die Stirn gekämmt. Er war groß und breitschultrig, als sei die Größe seines Vaters auf den zierlicheren Körperbau der Seldons übertragen worden. Das Zeremoniell der Begrüßung und Vorstellung erledigte er peinlich genau und mit Anmut.

«Ich stelle Ihnen meine schöne Schwester Barbara vor», sagte er zu Seever, «die den größten Teil der Intelligenz und die gesamte Begabung der Familie geerbt hat.» Dann fügte er, zu ihr gewandt, hinzu: «Liebe Bobby, es ist so lange her. Viel zu lange. Aber das werden wir ändern.»

Die Zusammenkunft war freundschaftlich. Seever brachte, in fast gleichgültigem Ton, die Frage der Stimmrechtsmehrheit zur Sprache. Er wollte lediglich wissen, inwieweit Miss Lavette aktiv werden wolle, wobei er an die Rolle erinnerte, die ihre Mutter einst in den Angelegenheiten der Seldon Bank gespielt hatte.

«Ich habe nicht das geringste Interesse am Bankgeschäft», sagte Barbara.

«Dann werden Sie sich vermutlich nicht gegen eine Übertragung von Anteilen wehren, damit Thomas die Mehrheit bekommt, die die Familie unbedingt haben sollte. Bitte, denken Sie nicht, ich ginge davon aus, daß Sie sich dem Stimmrecht Ihres Bruders entgegenstellen könnten, aber soweit mir bekannt ist, haben Sie Ihren Wohnsitz gegenwärtig nicht in San Francisco. Natürlich ist der Verkauf von Anteilen nicht die einzige Möglichkeit, obwohl Ihr Bruder das Kapital dafür zur Verfügung hat. Wenn es Ihnen lieber wäre, könnte man einfach die Stimmrechte übertragen.»

«Miss Lavette erhebt keine Einwände», schaltete Goldberg sich ein. «Sie ist durchaus bereit, einen hinreichenden Anteil zu verkaufen, der Thomas die Mehrheit gibt, die er wünscht. Ich denke, das sind Einzelheiten, die Sie und ich bei anderer Gelegenheit besprechen können ...»

Barbara sah ihre Mutter an. Jean warf einen prüfenden Blick auf Tom, wandte sich dann um und blickte Barbara mit einem warmen Lächeln in die Augen. In ihrem Blick lag eine Rührung, die Barbara ins Herz schnitt. Sie hatte sich ihre Mutter nie als einen Menschen vorgestellt, der weinte und blutete und litt. Jean war noch jetzt, mit fünfzig Jahren, unglaublich schön. Solange Barbara zurückdenken konnte, war ihre Mutter die ungekrönte Königin der Gesellschaft von San Francisco gewesen, eine Art glänzendes Schmuckmedaillon, mit dem sich der kleine Kreis der Mächtigen und Reichen schmückte, die sich der guten Gesellschaft von Boston oder New York vollkommen ebenbürtig, wenn nicht überlegen fühlten. Sie erinnerte sich, daß sie in ihrer Kindheit nur einen Blick in die Gesellschaftsspalten des *Chronicle* oder des *Examiner* zu werfen brauchte, um zu sehen, daß diese oder jene Gesellschaft, dieser oder jener Ball, dieses oder jenes Ereignis «durch die Anwesenheit der schönen Jean Lavette geadelt wurde». Sie hatte nie gelernt, Mitleid mit ihr zu haben oder mit ihr zu fühlen.

Die Zusammenkunft verlief so glatt und so erfolgreich, daß Tom auf

Wolken der Zufriedenheit und der Selbstsicherheit schwebte. «Wir sollten das irgendwie feiern. Wollt ihr mit mir zu Abend essen?» fragte er Jean und Barbara. «Wir drei haben uns doch schon seit einer Ewigkeit nicht mehr gesehen.»

Babara blickte zu ihrer Mutter. Jean nickte.

«Dann hole ich euch um acht ab», sagte Tom. «Ich komme im Gesellschaftsanzug. Wir wollen ein richtiges Fest daraus machen.»

Er und Seever gingen. Und Barbara sagte zu ihrer Mutter, während der alte Mann sie beide von seinem Schreibtisch aus freundlich ansah: «Tom hat sich verändert. So habe ich ihn noch nie gesehen.»

«Ja. Du weißt doch, was du getan hast, meine Liebe?»

«Du meinst wegen der Aktien?»

«Du hast deinem Bruder soeben die Seldon Bank in den Schoß gelegt. Es ist ein sehr großzügiges Geschenk. Sein Entzücken ist verständlich.»

Barbara zuckte die Schultern. «Ihm scheint sehr viel daran zu liegen.»

«O ja, sehr viel.» Jean wandte sich an Goldberg. «Haben Sie das gewußt, Sam? Natürlich haben Sie das.»

Goldberg nickte.

«Und was halten Sie davon?»

«Ihre Tochter hat ihren eigenen Kopf, Jean. Außerdem hat sie keine Gründe, sich Toms Absichten in den Weg zu stellen.»

«Es ist Whittiers Geld.»

«Das vermute ich», stimmte Goldberg zu. «Auf jeden Fall bin ich froh, daß alles im besten Einvernehmen geregelt wurde. Ich mag es nicht, wenn Verwandte sich um Geld streiten. Die Bank bleibt in der Familie, und das wäre Ihrem Vater, Gott hab ihn selig, sicher recht. Er war für einen Bankier ziemlich anständig, noch vom alten Schrot und Korn. So etwas gibt es heute nicht mehr, Jean. Es ist ein ganz neues Spiel, und ich fürchte, die Regeln sind etwas rauh für mich. Immerhin war es nett, Sie alle drei zusammen zu sehen.»

«Du machst dir doch keine Sorgen, Mutter?» fragte Barbara.

«Eigentlich nicht. Tom ist sehr tüchtig.»

Es begann zu dämmern. Die Luft war rein und roch nach der See. Jean war mit einem Taxi gekommen, jetzt fuhr sie mit in Barbaras Wagen nach Russian Hill. Barbara beschlich ein seltsames Gefühl, als sie zu dem Haus zurückkehrte, das Dan seiner Frau gebaut hatte, zu dem Haus, in dem sie zur Welt gekommen war und ihre Kindheit verbracht hatte. In ihrer Vorstellung stand es schon seit einer Ewigkeit dort, denn die ersten Jahre des Lebens kommen einem immer wie eine Ewigkeit vor. Sie parkten, und Barbara nahm ihren Koffer aus dem Auto.

«Ich habe keine Dienstboten, Liebling», sagte Jean. «Dreimal die Woche kommt eine Putzfrau.»

«Mutter, seit ich von hier weggegangen bin, habe ich immer ohne Dienstboten gelebt.»

«Tom findet es skandalös.» Sie öffnete die Tür und ließ Barbara eintreten.

Barbaras erste Reaktion war Schreck und Verblüffung. Sie hatte sich vorgestellt, daß alles so war wie früher. Aber die Räume im Erdgeschoß waren leer, die Wände in grellem Weiß gestrichen, auf den polierten Holzböden lagen keine Teppiche oder Brücken. Sie stellte den Koffer ab und sah mit großen Augen um sich. Dann ging sie durch die Räume – alle weiß, alle leer. Kahle Wände, keine Möbel. Sie wandte sich bestürzt um und sah ihre Mutter an.

«Liebling, ich habe es dir noch nicht erzählt. Es ist ein alter Traum von mir – das erste wirkliche Museum für moderne Kunst in San Francisco. Das Gebäude habe ich schon – die Kunst kommt noch.»

«Aber wie lebst du hier?»

«Ich habe oben eine sehr hübsche Wohnung – Wohnzimmer, Küche, zwei Schlafzimmer, Arbeitszimmer. Die Räume hier unten nehmen die Galerie auf.»

«Und deine schönen Bilder?»

«Ach, ich habe oben noch ein paar. Einige habe ich dem Museum geschenkt, andere verkauft. Ich fange von vorn an. Kunst ist die einzige Leidenschaft, die mir geblieben ist, Bobby, und dafür danke ich Gott. Sonst wäre ich eine sehr unglückliche, sehr einsame alte Frau. Aber komm jetzt nach oben, wir ziehen uns um und trinken einen Schluck dabei und reden miteinander. Es gibt so viel zu sagen.»

«Mutter, Tom will sich heute abend fein anziehen, und ich habe nichts als Röcke, Pullover und Blusen im Koffer.»

«Ich habe genug. Wir haben immer noch etwa dieselbe Größe.»

Jean öffnete eine Flasche Champagner, und sie saßen im Wohnzimmer, das einst das Elternschlafzimmer gewesen war. Wenigstens hier fand Barbara noch ein paar vertraute Stücke wieder – Möbel, einen Akt von Renoir, einen Picasso und einen George Luks, alles alte Lieblingsbilder, von denen Jean sich nicht hatte trennen mögen. Barbara erzählte ihr von ihrem Zusammentreffen mit Picasso in Frankreich. Er hatte sie aufgesucht, nachdem er ihren Bericht über Marcels Tod gelesen hatte, und ihr einen Kuß gegeben. «Wie war er?» wollte Jean wissen.

«Was soll ich da sagen?» lachte Barbara. «Das einzige Wort dafür ist geil, Mutter. Ich habe in meinem Leben keinen Mann getroffen, der so geil war wie er. Nicht in dem, was er tat oder sagte – er wirkte einfach so, er strömt ein geradezu penetrantes Aroma von Männlichkeit aus. Ich fand ihn gut.»

«Gott im Himmel, was für eine Gelegenheit – ich meine, für Bilder, nicht für Sex. Leider machst du dir nichts aus Bildern.»

«Doch, aber nicht so wie du, Mutter. Mutter ...» Sie hatte es bisher für sich behalten. «Ich muß dir etwas sagen. Es wird Zeit, daß du es erfährst.»

«Du bist sehr ernst. Du willst doch nicht etwa nach Europa zurück? Doch nicht jetzt, um Himmels willen?»

«Nein, nichts in der Richtung. Es geht um mein Erbteil, um das Aktienkapital.»

«Ja?»

«Ich gebe es weg, alles. Ich habe Sam gesagt, er soll eine wohltätige Stiftung damit gründen.» Als es endlich heraus war, erwartete Barbara alle möglichen Reaktionen – Wut, Unglauben, Widerstand, sogar Hysterie. Aber Jean setzte sie in Erstaunen. Sie reagierte überhaupt nicht darauf, sondern sah ihr Sektglas an, nahm einen Schluck und sagte schließlich: «Wann hast du dich dazu entschlossen, Bobby?»

«Vor ein paar Wochen, als Sam mir mitteilte, daß eine Zusammenkunft stattfinden soll.»

«Dann hast du also Zeit gehabt, darüber nachzudenken?»

«Ja, das habe ich.»

«Hat Sam dir von deinem Konto bei der Bank berichtet?»

«Ja.»

«Gibst du das auch weg?»

«Nein, im Augenblick nicht.»

«Nun, das ist beruhigend. Es gibt Zeiten, in denen man Geld braucht. Vielleicht nicht gerade vierzehn Millionen, aber es ist immer gut, etwas auf der hohen Kante zu haben.»

«Du bist nicht wütend?» fragte Barbara.

«Hast du das erwartet?»

«Ich hatte angenommen, du würdest wütend sein.»

«Meine liebe, schöne Barbara.» Jean schüttelte den Kopf. «Meine Augen sind feucht, und wenn ich sie reibe, verschmiere ich meine Wimperntusche.» Sie füllte die Gläser erneut. «Ich kenne nur einen einzigen Menschen, der einer solchen Geste fähig war. Auf ihn wollen wir trinken. Er heißt Dan Lavette, und ich habe ihn sehr geliebt. Wie sehr, habe ich allerdings erst eine Weile nach seinem Weggang gemerkt. Der Teufel soll die verdammten Aktien holen! Weißt du, was dein Vater sagen würde? Daß seine Tochter ein Mords-Weibstück ist, oder etwas in der Richtung. Genug davon, reden wir von etwas anderem.»

Als Los Angeles noch aus einer Ansammlung von Dörfern bestand, die im milden Sonnenglanz Südkaliforniens träge vor sich hindösten und warteten, daß etwas geschah, Dörfer, zwischen denen Straßenbahnen verkehrten, war San Francisco bereits seit Jahrzehnten eine große Stadt. Wenige nur hatten noch eine verschwommene goldene Erinnerung an diese Vergangenheit, denn von denen, die sich hätten erinnern können, waren nicht mehr viele am Leben.

Dann war zweierlei geschehen, was die Geschichte Südkaliforniens veränderte und die goldenen Erinnerungen in die Vergangenheit verwies. Man erfand den Kinofilm, und man entdeckte Öl. Zum Filmen brauchte man damals möglichst viel Sonnenlicht, und da es in Südkalifornien mehr Sonnentage gab als anderswo in Amerika und dazu eine reiche Auswahl an natürlichen Kulissen, die nicht nur Wüste waren, zogen die Filmgesellschaften nach Los Angeles. Die Industrie war jung, die Firmen waren ziemlich klein, aber sie wuchsen und gediehen prächtig. Ein Teil des Landes um Los Angeles war halbe Wüste, aber der größere Teil war schön und fruchtbar: Bei Santa Monica gab es Marsch- und Sumpfland, fruchtbare Ackerflächen bei Wilshire, schneebedeckte Berge im Osten des Landes, grüne Hügel, die sich bis an die Küste erstreckten, und im San-Fernando-Tal einen wahren Garten Eden aus Hainen voller Orangen-, Pekannuß-, Mandel- und Zitronenbäumen, sowie ausgedehnte Gemüsegärten. Diese paradiesische Kulisse lag unter der brennenden Sonne und wartete darauf, von Menschenhand zerstört und betoniert und mit Häusern mit verputzten Fassaden zugebaut zu werden.

Das zweite Ereignis war das Öl. Mit dem zwanzigsten Jahrhundert kam das Auto, und mit ihm ein stets wachsender, unstillbarer Durst nach Öl. Unter Los Angeles lag eines der größten Erdölvorkommen Kaliforniens, vor allem in dem Bereich, der heute im Norden und Süden von der La Brea und Fairfax Avenue und im Osten und Westen vom Wilshire Boulevard und Beverly Boulevard eingegrenzt wird. Auf dieser Quadratmeile erhoben sich Hunderte von Bohrtürmen. Das aber war erst der Anfang, denn von diesem Zentrum aus wucherten die Bohrtürme über das ganze Land bis hin zur See, bis Signal Hill in Long Beach, bis nach Torrence, Baldwin Hills, Wilmington, Venice und El Segundo. Das Öl sprudelte, die Spekulanten überboten sich, Tausende von Investoren wurden reich und weitere Tausende wurden betrogen und verarmten. Nach einer Periode des Raubbaus hörte das Öl auf zu fließen, es hatte keinen Druck mehr und versickerte im Boden. Mit dem Jahr 1929 und der Wirtschaftskrise brach der große Ölboom vollständig in sich zusammen.

Im Jahre 1940 war Dan Lavette schon fast zehn Jahre in Los Angeles. Er hatte die letzten roten Straßenbahnen zwischen den einzelnen Teilen der Stadt hin- und herfahren sehen, hatte erlebt, wie das Spinnennetz der Autobahnen sich ausbreitete und wie die Dörfer zu einer riesigen Stadt zusammenwuchsen. Er hatte erlebt, wie der Zug der armen Bauern aus den Dürregebieten von Texas und Oklahoma kam, das Elend der Arbeitslosen am Kai von San Pedro am eigenen Leib erfahren, mittellos im Gefängnis gesessen und nach der Entlassung nicht gewußt, was er essen sollte. Er hatte als Makrelenfischer gearbeitet und betrieb jetzt unvernünftigerweise, wie es ihm schien, eine Werft, die dank der Darlehen vom Seefahrtausschuß bereits zwei Handelsschiffe auf Kiel gelegt hatte und in der Hellinge für weitere zwei Schiffe gebaut wurden. Auf dem Wasser vor Terminal Island dümpelte die letzte Yacht, die er abzuliefern hatte. Sie mußte nur noch fertig ausgerüstet werden.

An der ganzen Küste, in Long Beach, San Pedro und Wilmington, gehörte die Arbeitslosigkeit der Vergangenheit an. Dan hatte Pete Lomas, der allmählich auf die sechzig zuging, dazu gebracht, seine Makrelenlogger zu verkaufen und auf der Werft als Werksführer zu arbeiten. Sie durchstöberten gemeinsam den Hafen nach Schiffbauern, Schweißern, Kranführern und Elektrikern, suchten mittels Anschlägen und Zeitungsanzeigen Leute. Der Seefahrtausschuß schickte Dan ein halbes Dutzend junger Schiffsbauingenieure und einige Techniker – es gab keine Unterkünfte für sie auf Terminal Island. Pfähle mußten in die Schlammbänke getrieben werden, um Platz für weitere Hellinge zu schaffen, und es fehlte an Dampframmen. Dans Werft war nicht die einzige am Hafen von Los Angeles, die stillgelegen hatte. Noch fünf weitere hatte Admiral Land aus ihrem Dornröschenschlaf geweckt, und die Art, wie sie alle sich Arbeitskräfte beschafften, erinnerte an das Schanghaien von Seeleuten vor zweihundert Jahren in London. Doch es ging nicht nur um Arbeitskräfte, es fehlte auch an Material. Die Werften kämpften, baten, bettelten, stritten und bestachen und stohlen sich schließlich zusammen, was sie brauchten. Sie brauchten Bauholz für die Hellinge, für Ablaufgerüste, aber auch für die Unterkünfte. Dan ließ auf den Schlammbänken Plattformen errichten und auf ihnen Armeezelte aus dem Ersten Weltkrieg aufstellen, damit die Arbeiter wenigstens schlafen konnten ... Er schickte die jungen Schiffsbauingenieure los, um Matratzen und Wolldecken zu organisieren, und den Schnapsbrüdern unter seinen Hilfsarbeitern drohte er an, er werde ihnen eigenhändig den Hals umdrehen, falls sie ihren Rachenputzer mit auf die Insel bringen sollten. Es glich einem Wunder, daß bei dem Chaos mit den Schiffsbauern, die nicht bauen, den Schweißern, die nicht schweißen, den Schiffszimmerleuten, die keinen Nagel einschlagen konnten, den Elektrikern, die sich ihre Qualifikation zusammengelogen hatten, damit sie eingestellt wurden, mit den Dampfrohrmonteuren, die noch nie auf einem Schiff gearbeitet, und den Kraftfahrzeugmechanikern, die sich in Schiffsbaumonteure umbenannt hatten – daß bei diesem Tohuwabohu tatsächlich zwei Handelsschiffe fertig geworden waren und zwei weitere ihrer Fertigstellung entgegengingen.

Es gab Nächte, in denen Dan die Werft nicht verließ, auf einem Feldbett in seinem Büro schlief, von Kaffee und belegten Broten lebte, bis Mitternacht arbeitete und bei Morgengrauen wieder aufstand. Was er tat, erfüllte ihn weder mit Stolz noch mit Freude. Er verabscheute den Krieg, und ihn ekelte vor den ungeheuren Kriegsgewinnen. Er hatte das alles schon einmal mitgemacht, und er wollte es nicht nochmals erleben. Als er eines Abends nach Hause kam, voller Sehnsucht nach einem heißen Bad und nach einer Nacht in seinem eigenen Bett mit seiner Frau neben sich, schüttete er May Ling sein Herz aus und sprach von seinem Zorn und seiner Verwirrung.

«Und du tust es», sagte May Ling, «obwohl du nicht weißt, warum?»

«Das ist es gerade, nein. Gut, ich weiß, wie es ist, wenn man auf den Hund gekommen ist und eine Stelle braucht. Und es stimmt auch, daß ich viele Arbeitsplätze schaffe. Ich baue Schiffe, mit denen Lebensmittel und Munition nach England gebracht werden.»

«Und das bedeutet, daß Menschen weiterleben werden.»

«Es bedeutet auch, daß Menschen sterben werden und daß Schurken wie Whittier sich noch mehr mästen und noch mehr Geld scheffeln können, als sie schon haben.»

«Danny», sagte May Ling freundlich, «hast du dir schon einmal überlegt, was die Nazis sind, was sie wollen und was sie tun?»

«Ich habe darüber nachgedacht. Ich hasse diese schmutzigen Halunken.»

«Ohne die Schiffe geht England vor die Hunde, und Hitler bekommt seinen Willen – so einfach ist das.»

«Nein, das ist es nicht», beharrte er. «Wo fängt es an, und wo hört es auf? Im letzten Krieg hatten die Engländer einen General namens Haig. Dieser Schweinehund hat an einem einzigen Tag sechzigtausend seiner eigenen Männer in den Tod geschickt. Tot ist tot. Herrgott, er kämpfte nicht für sein eigenes Land – weiß überhaupt jemand, wofür er kämpft? Ich hasse die Nazi-Lumpen, aber sind unsere eigenen Lumpen besser? Vor fünf Jahren sind Männer draußen an den Docks in Wilmington und San Pedro verhungert. Sie hatten keine Arbeit, und sie hatten keine Hoffnung mehr. Niemand kümmerte sich um sie. Jetzt ist Geld da wie Dreck, und Pete und ich gehen und flehen die Männer kniefällig an; doch bitte bei uns zu arbeiten. Und warum geht es auf einmal? Weil es in diesem Sauladen Europa wieder mal einen Krieg gibt. Nur ein schmutziger Krieg bringt die Halunken in Washington dazu, sich etwas einfallen zu lassen.»

«Ach, wie hübsch du dich ausdrückst.» May Ling seufzte. «All die Jahre habe ich versucht, einen zivilisierten Menschen aus dir zu machen.»

«Komm einen Tag mit mir nach Terminal Island. Das genügt bestimmt, um auch dich zu entzivilisieren, ein einziger Tag.»

«Davon bin ich überzeugt. Danny, du bist eine wunderbare Mischung aus gerissenem Geschäftsmann, Anarchisten und Pazifisten. Und jetzt hör *mir* mal zu.»

«Das tu ich immer.»

«Dann tu es, bitte, noch einmal. Als ich zwölf war, und das ist noch nicht so furchtbar lange her, gab es in San Francisco ein Chinesenpogrom. Man nahm zwei Chinesen, Sol Lee und David Joe, übergoß sie mit Benzin und steckte sie an, verbrannte sie als lebende Fackeln.»

«Ich erinnere mich daran», sagte Dan. «Ich habe es gesehen.»

«Und dann hast du ganz San Francisco abgeschrieben. Das konnten keine Menschen sein, die so etwas fertigbrachten.»

«Besoffene Schweine aus dem Tenderloin.»

«Und was ist mit den nüchternen Schweinen, die zugesehen haben?»

«Mhm.»

«Nun wähle zwischen England und Deutschland», sagte May Ling freundlich. «Ich glaube auch gar nicht, daß dir das im Sinn herumgeht. Immerhin kenne ich dich schon lange – du kannst nicht mehr leben, wenn du in ihrem Spielchen nicht mitmischst.»

«Ich habe ihr Spiel aufgegeben.»

«Tatsächlich, Danny? Wir waren immer ehrlich zueinander. Du wolltest die Werft. Joe wäre auch so zu seinem Medizinstudium gekommen. Ich habe genug dafür gespart. Aber du konntest die Finger nicht davon lassen.»

«Was willst du mir damit sagen? Daß ich ein geldgieriger Hurensohn bin?» fragte er wütend.

«Danny, hat Geld dir jemals etwas bedeutet? Es geht dir nicht ums Geld, es geht dir um Nob Hill. Daran mißt man die Dinge hier, Danny. So ist das nun einmal.»

«Und du sagst mir, daß ich nicht anders bin als vor dreißig Jahren?»

«Selbstverständlich bist du anders. Du bist aber zugleich derselbe, und ich habe dich damals schon sehr geliebt. Heute liebe ich dich noch mehr, und jetzt bist du mit einer vertrockneten alten Chinesin verheiratet.»

«Daran ist kein wahres Wort!»

«Dann sind wir also nicht verheiratet, mir soll es recht sein. Nur, komm mit mir ins Bett. Es ist so lange her.»

Für Barbara war Los Angeles keine Großstadt, sondern ein Ort, an dem sie wohnte. Dort lebte ihr Vater, dort konnte auch sie leben, ruhig und behaglich. Und dort waren auch May Ling und May Lings Mutter, die ihr Sicherheit und Wärme gaben.

Das empfand sie nach ihrer Rückkehr aus San Francisco mehr denn je. Zuerst war ihr gewesen, als sei ihre Seele mit Marcel gestorben, als könne sie nie wieder tränenlos in ihrem leeren Bett aufwachen, nie wieder lachen, singen oder Freude empfinden. Nicht einmal der Abend mit

Bernie Cohen hatte die Erinnerung an Marcel in den Hintergrund zu drängen vermocht. Nach ihrer Rückkehr aus Deutschland war ihr Paris leer und öde erschienen, als eine Stadt, die sie nur zu gern verließ. Hier, in dem winzigen Arbeitszimmer des Hauses in Westwood konnte sie sich der Welt entziehen und sich auf den Seiten des Manuskripts ihre eigene Welt schaffen. Sie wußte, daß dies nur eine vorübergehende Situation war, daß das hier nicht ihr eigenes Heim war, daß sie nicht ständig so weiter leben durfte, so ohne Richtung. Sie war voll der Erinnerungen an Liebe, aber sie brachte es nicht über sich, einem Mann die Hand zu reichen, sich mit einem Mann zu verabreden, eine Beziehung zu einem Mann einzugehen. Zweimal brachte Dan einen der jungen Schiffsbauingenieure vom Seefahrtsausschuß mit nach Hause. Offensichtlich dachte er dabei an Barbara, aber sie reagierte gleichgültig, kühl und höflich.

Weihnachten 1939 kam und ging. Sie hatten einen Baum, den May Ling und Barbara schmückten, viele Geschenke, und Sally Levy aus dem Napatal war drei Tage zu Besuch. Barbara holte sie am Bahnhof der Union-Gesellschaft ab. Joe hatte sich bemüht, sie genau zu beschreiben, aber Barbara war nicht auf die hübsche, schlanke junge Dame gefaßt, die ihr blondes Haar schulterlang mit einem Pony trug und in ein vornehmes graues Wollkostüm gekleidet war.

Barbara, die das Mädchen verloren neben seinem Koffer stehen sah, ging vorsichtig auf sie zu und fragte, ob sie Sally Levy sei.

«Und du bist Barbara», sagte Sally und schlang die Arme um sie. «Ich freue mich so, dich zu sehen. Ich war sicher, daß man mich auf diesem riesigen Bahnhof vergessen hatte. Er ist sehr schön, spanischer Kolonialstil, aber riesig. Du mußt Barbara sein, denn du bist genau so schön und wunderbar, wie Joe gesagt hat, und ich finde dich phantastisch, weil du so fabelhafte Abenteuer erlebt hast. Weißt du, du bist mein Idol, und du darfst nicht über mich lachen. Joe lacht mich immer aus.»

Im Wagen zeigte sie sich an allem interessiert und für alles begeistert – Autobahnen, Palmen, Berge, Barbaras Wagen, den Baustil der Häuser –, so daß Barbara sich bereits erschöpft fühlte, bevor sie überhaupt in Westwood ankamen. Es sprudelte alles nur so aus ihr heraus. Sie sprang von Thema zu Thema. Erst feuerte sie eine Salve von Fragen über Hitler-Deutschland ab, dann sprach sie über Liebe und Romanzen, bevor Barbara überhaupt hatte antworten können. «Ich gebe dir meine Gedichte zu lesen», sagte sie zu Barbara. «Ich habe sie wirklich selber geschrieben. Früher habe ich immer andere abgeschrieben – Elizabeth Barrett Browning, Thomas Campion und Emily Dickinson – weil Joe das sowieso nie merkte, aber dann ist May Ling dahintergekommen, und außerdem bin ich jetzt zu erwachsen dafür, deshalb schreibe ich meine eigenen. Sie sind wirklich sehr gut. Findest du, daß ein Mann mit einer Frau ins Bett gehen sollte, bevor sie verheiratet sind?»

Barbara versuchte darauf zu antworten und zugleich den Verkehr im Auge zu behalten. «Nun, das kommt darauf an, Sally, was für eine Beziehung – ich meine, wie alt man ist.»

«Ich bin immer zu jung für alles. Mach dir das mal klar, Barbara, immer bin ich für alles zu jung. Ich wundere mich, daß du mich abholst und nicht May Ling. Sie haben fünfmal mit May Ling telefoniert, ehe sie mich hierher fahren ließen. Man könnte meinen, daß Joe eine Art Sittenstrolch ist. Hast du jemals Havelock Ellis gelesen?»

«Gott im Himmel! Du etwa?»

«Wort für Wort. Weißt du, ein paar Erfahrungen hatte ich schon gemacht, mit den Jungs aus der Schule, so mit Rumknutschen. Du hast sicher Verständnis dafür. Ich wollte einfach sehen, wie es ist. Sie sind blöd, und ich mag keine Pickel. Aber ich finde eine monogame Zweierbeziehung äußerst befriedigend. Du nicht auch? Ich meine, wenn man es sich genau überlegt?»

«Ja», sagte Barbara, «du hast völlig recht.»

Joe erwartete sie vor dem Haus. Sally war schon aus dem Wagen, bevor er richtig zum Stehen gekommen war. Sie rannte auf Joe zu und schlang ihre Arme um ihn. Und er stand da und hielt sie fest und sah Barbara mit komischer Verzweiflung an.

Weihnachten war vorbei, und das Jahr 1940 begann. Der Roman, an dem Barbara schrieb, machte langsam Fortschritte. Die Geschichte handelte von ihr selbst: Eine junge Amerikanerin verläßt das College und geht zum Studium nach Paris. Obwohl sie also einen Handlungsfaden hatte und eigene Erfahrungen beschrieb, dauerte es Monate, bis sie die etwa hundert Seiten, die sie so zögernd und oft unglücklich geschrieben hatte, noch einmal von vorn las. Dann sagte sie zu May Ling: «Ich habe über hundert Seiten fertig und möchte gern die Meinung eines anderen Menschen hören. Könntest du sie, bitte, lesen?»

May Ling las das Mauskript an einem einzigen Abend. Barbara hatte sich in ihr Zimmer zurückgezogen und wartete dort auf den Urteilsspruch. Schließlich öffnete sich die Tür, May Ling kam herein, legte das Manuskript auf den Tisch und setze sich.

«Du kannst es mir ruhig sagen», sagte Barbara.

«Das will ich auch.»

«Es ist scheußlich, stimmt's? Ich möchte die Wahrheit wissen, May Ling. Du sollst mir nichts vormachen. Bitte, sag mir die Wahrheit.»

«Ich habe nicht die Absicht, dir etwas vorzulügen, Bobby. Dafür habe ich zuviel Achtung vor dir. Weißt du, du schreibst sehr gut, sehr ordentlich und professionell. Ich glaube, du könntest die Geschichte so zu Ende schreiben, und man würde sie verlegen. Es ist schon viel veröffentlicht worden, was schlechter ist. Deine Beschreibungen von Paris in den Jahren vor dem Krieg sind hervorragend. Aber deine Hauptfigur ist aus Papier. Ich weiß, daß du das sein sollst. Du mußt es sein. Sie mag anders aussehen und aus anderen Verhältnissen kommen als du, aber du bist es. Aber der Leser erfährt gar nicht, wer sie ist oder wie sie ist. Warum hast du Angst, dich selbst anzusehen und dich zu erforschen?»

«Ich habe keine Angst!»

«Doch, du hast Angst. Du hast manches gesehen und du hast gelitten, du hast dein Herz einem Mann geschenkt und zusehen müssen, wie er starb. Ich weiß, wie warm und empfindsam du bist. Aber diese Figur hier ist kalt und künstlich. Warum schreibst du nicht einfach über dich selbst, über dein Leid? Das mußt du tun.»

«Ich weiß, was ich tue», fuhr Barbara auf. Sie war den Tränen nahe. «Das brauchst du mir nicht zu sagen. Ich weiß, was ich will.»

Als May Ling aus dem Zimmer kam, begegnete sie Dans forschendem Blick. «Was war?»

«Ich bin nicht sicher. Aber ich glaube, sie wird sich durchbeißen.»

«Du hast ihr gesagt, daß es nichts taugt.»

«Das mußte ich.»

«Mir wäre lieber, du hättest es ihr nicht gesagt. Bist du wirklich sicher?»

«Ich glaube, ja. Ich mußte ehrlich zu ihr sein.»

Nachdem May Ling gegangen war, saß Barbara über eine Stunde vor ihrem Manuskript. Sie dachte nach und fühlte sich verletzt und versuchte, ihre Wut auf May Ling zu zügeln. Zuerst machte sie ihr Vorwürfe – May Ling verabscheute sie bestimmt, hatte sie stets verabscheut, und das war jetzt ihr Augenblick der Rache. Es war leicht, das Ergebnis von Monaten schmerzlicher Arbeit zu lesen – und dann mit einigen klugen Worten zu zerfetzen! Es dauerte fast eine Stunde, bis sie an ihre eigene Reaktion auf das Geschriebene dachte, und sie fragte sich, warum May Ling hätte lügen sollen. Sie selbst war ja zu einem ähnlichen Urteil gekommen und hatte sich von May Ling erhofft, daß sie sie von der Unrichtigkeit ihrer eigenen Einschätzung überzeugen würde.

Langsam zerriß sie die Blätter, die sie geschrieben hatte, und warf die Fetzen in den Papierkorb. Dann sah sie auf die Uhr. Es war kurz nach elf Uhr abends. Sie fühlte sich seltsamerweise erleichtert, als sie ein neues Blatt einspannte und zu schreiben begann. Um zwei Uhr morgens hatte sie drei Seiten fertig, die sie mit wütender Befriedigung überlas.

Sie beschloß weiterzuarbeiten. Dazu brauchte sie Kaffee. Sie ging in die Küche. May Ling saß am Küchentisch, ein offenes Buch vor sich. Der Kaffee stand auf dem Feuer. Barbara setzte sich neben sie, und May Ling goß ihr eine Tasse ein.

«Tut mir leid», sagte Barbara. «Ich hab mich scheußlich aufgeführt.»

«Oder nur normal. Du hast ein Recht darauf, wütend zu sein und verletzt und gekränkt. Monatelang vergebliche Arbeit! Wie sonst hättest du dich fühlen sollen?»

«Nein – nein. May Ling. Du hattest recht.»

«Was für eine Rolle spielt das? Liebe Barbara, mußt du unbedingt eine Heilige sein? Heiligkeit täuscht. Die Menschen sind so, wie sie sind, so, wie das Leben sie macht. Du bist so voll von Schuldgefühlen, schlechtem Gewissen und Selbstverdammung, daß du dich noch selbst zerstörst, wenn du so weitermachst. Du hast keinen Grund zu sühnen. Du hast nichts Böses getan, als du das Geld geerbt hast.»

«Aber das war doch gar nicht der Grund, warum ich es nicht annehmen konnte», rief Barbara.

«Kennst du ihn denn? Liebe Barbara, ich mag keine Selbstverneinung. Du hast nichts getan, für das du nicht geradestehen kannst. Das ist kein Grund überheblich zu werden, aber du brauchst dich deshalb auch nicht zu schämen. Nimm dich doch einfach so, wie du bist. Wenn du das schaffst, wird das Buch gut, und dein Leben auch.» May Ling stand auf. «Und mit diesem Rat, den ich selbst auch nicht immer befolge, gehe ich zu Bett.»

«May Ling?»

Barbara umarmte sie, hielt die zierliche Chinesin in ihren Armen.

«O May Ling, ich hab dich ja so gern! Glaubst du, daß ich jemals erwachsen werde?»

«Das tue ich. O ja, das glaube ich.»

Die letzte Yacht, die auf Dans Werft vom Stapel lief, war die *Isadora*. Er hatte sie für den Filmstar Richard Dyler gebaut. Sie war Dans bestes Boot, dreißig Meter lang, fast sieben Meter breit, ein seetüchtiges Wunderwerk. Sie lag vor der Werft vor Anker und mußte nur noch betakelt werden. Wegen plötzlich auftretender Lieferschwierigkeiten und der neuen Prioritäten hatte sich die Fertigstellung um Monate verzögert. Aber jetzt war alles fertig, und die Yacht lag in Wilmington. Dyler wollte eine Einweihungsparty geben, zu der er auch Dan mit seiner Frau eingeladen hatte.

May Ling ließ sich entschuldigen. Ihre Mutter hatte eine Bronchitis und war bettlägerig, und May Ling wollte sie nicht allein lassen. Barbara bot an, bei der alten Dame zu bleiben, aber May Ling war es ganz recht, daß die Krankheit ihrer Mutter ihr einen Grund lieferte, die Gesellschaft nicht zu besuchen, weil sie sich bei solchen Gesellschaften stets als Außenseiterin und Kuriosität fühlte. Dan sagte, er müsse hingehen, denn Dyler schuldete ihm noch zweiundachtzigtausend Dollar, und er brauchte das Geld. Daraufhin schlug May Ling vor, er solle Barbara mitnehmen.

«Es würde ihr gut tun», sagte May Ling. «Sie arbeitet nur, geht nicht aus und lernt keine Menschen kennen. Sie hat sich völlig in ihren Roman eingesponnen. Ich glaube, eine Unterbrechung wäre das Beste, was man für sie tun könnte.»

«Das habe ich schon mal versucht», sagte Dan.

«Dann versuch es noch einmal.»

Diesmal widersetzte sich Barbara nicht. Im Gegenteil: sie freute sich. Sie war mit der Neufassung ihres Buches bis über die Hälfte gediehen, und sie war zufrieden mit dem, was sie geschrieben hatte. Sie hatte einen Punkt erreicht, an dem sie sich selbst auf die Nerven ging. Deshalb erschien ihr die Aussicht, in Begleitung ihres Vaters an einer mondänen Gesellschaft mit Filmstars teilzunehmen, sehr aufregend. Allerdings war sie auf Abendkleidung nicht vorbereitet. Sie brauchte ein Kleid, Schuhe und eine Stola.

Mit dem Vergnügen eines Kindes, das sein Sparschwein schlachtet, um sich eine neue Puppe zu kaufen, hob sie dreihundert Dollar von ihrem Konto ab und verbrachte den ganzen Tag mit Einkäufen. In

Beverly Hills kaufte sie für hundertachtzig Dollar ein marineblaues Chiffonkleid mit schwingendem Rock. Es war ärmellos und rückenfrei, und wurde an den Schultern von Agraffen gehalten, die mit Rheinkieseln besetzt waren. Eine gute halbe Stunde lang war sie unschlüssig und überlegte hin und her, ob sie es kaufen sollte, dann biß sie die Zähne zusammen und nahm es.

Die Verkäuferin sagte ihr: «Meine Liebe, wenn ich so schön und so jung wäre wie Sie und mir das Kleid so wunderbar stünde, würde ich einen Monat lang hungern, um es mir kaufen zu können.» Dann beschwatzte sie Barbara noch zum Kauf einer marineblauen Atlasstola für neunzig Dollar. Nachdem sie auch noch ein Paar dazu passende hochhackige Atlasschuhe gekauft hatte, kehrte sie mit leerer Börse, geröteten Wangen, triumphierend und zugleich mit einem Gefühl der Scham heim.

Doch als sie am Abend der Gesellschaft ausgehbereit aus ihrem Zimmer trat, um sich von ihrem Vater und May Ling begutachten zu lassen, sah Dan sie lange an und murmelte dann: «Kindchen, du bist eine Wucht.»

Ihr Haar hatte sie im Nacken zu einem Knoten zusammengefaßt und außer Lippenstift kein Make-up benutzt. «Halt mal still», sagte May Ling und preßte ein Papiertuch auf Barbaras Lippen, bis nur noch ein Schatten des Lippenstiftes blieb. «Du brauchst ihn nicht. Es sieht ohne besser aus.» May Ling sah sie beide an, den athletischen Dan, jetzt grauhaarig, aber immer noch schlank, dem der Smoking sehr gut stand, und Barbara, die wie eine Neuschöpfung Jeans aussah, die der Vergänglichkeit spottete.

Als sie aus dem Haus waren, ging May Ling langsam nach oben in ihr Schlafzimmer und sah in den Spiegel. Sie berührte nachdenklich die Falten, die sich um ihren Mund und ihre Augen gebildet hatten, und betrachtete das früher tiefschwarze, jetzt von grauen Strähnen durchzogene Haar. Während sie sich so ansah, stiegen ihr Tränen in die Augen. Aber dann schüttelte sie ärgerlich den Kopf, wischte sich die Tränen ab und ging zu ihrer Mutter hinauf. So-toy schlief schwer atmend. May Ling zog ihr die Decke zurecht, löschte das Licht und verließ den Raum.

Sie ging nach unten und versuchte zu lesen, aber immer wieder schweiften ihre Gedanken ab, und schließlich nickte sie ein. Sie erwachte vom Geräusch einer sich öffnenden Tür und sah Dan. Sie blickte auf ihre Armbanduhr. Es war halb zwölf.

«Was ist?» fragte sie ängstlich.

«Nichts. Solche Gesellschaften langweilen mich. Du aber nicht. Also bin ich nach Hause gekommen.»

«Wo ist Barbara?»

«Ich habe sie dort gelassen. Sie wird sich schon amüsieren. Jedenfalls hatte ich den Eindruck.»

May Ling stand auf, ging zu Dan hinüber und legte ihre Hände an seine Wangen. «O Danny, ich bin so froh, daß du hier bist.»

«Mach mir deinen phantastischen chinesischen Tee, und dann spiele ich um zehn Cent pro Punkt Jack-o'-diamonds mit dir.»

«Nein, Danny, ich möchte ins Bett gehen. Ich möchte, daß du mich in deinen Armen hältst.»

«Na schön, wenn du das möchtest. Ich kann immer noch nicht verstehen, warum ihr klapprigen chinesischen Weiber so unersättlich seid.»

«Wir sind eine alte Kultur, Danny. Wir wissen, was gut ist.»

Später, als sie in seinen Armen lag, sagte sie: «Danny, weißt du, was ich möchte?»

«Nun?»

«Ich fände es schön, mit dir zu verreisen, nur du und ich, wieder nach Hawaii, auf einem Frachter, wie damals, vor vielen Jahren. Dann könntest du ein kleines Boot mieten, wir würden von Insel zu Insel segeln, nackt an einsamen Stränden liegen und so tun, als wären wir jung.»

«Was heißt hier so tun! Wir sind jung.»

«Würdest du das machen, Danny, ja?»

«Klar.»

«Und du meinst es auch ernst, Danny? Wirklich?»

«Ich verspreche es dir. Ich habe dir gegenüber mein Wort noch nie gebrochen, oder?»

Barbara war entzückt. Monatelang hatte sie wie eine Sklavin gearbeitet und wie eine Nonne gelebt. Plötzlich war sie wie aus einem Schlaf erwacht. Als sie die von Musik und Stimmen widerhallende und vom Bug bis zum Heck hell erleuchtete Yacht liegen sah, auf der Lampions mit der Dünung schwankten, sagte sie: «Oh, Papa, was hast du Schönes gebaut!» In ihrer Stimme lag ein Klang, den Dan nie zuvor gehört hatte, und sie lächelte vor Freude, als er sie ansah. Als er sie in das riesige Cockpit führte, wandten alle Augen sich zu ihr, und Dan sagte sich, daß nicht einmal hier, wo Schönheit gängige Marktware war, jemand ihr das Wasser reichen konnte.

Dan hatte sie vor einer Stunde verlassen, beruhigt, daß mindestens ein halbes Dutzend junger Männer sich um das Privileg streiten würden, sie nach Hause bringen zu dürfen. Alex Hargasey, der Regisseur, der sie bewachte wie ein Hund seinen Knochen, hatte es übernommen, sie den Menschen vorzustellen, die er als ‹den exotischen Adel Hollywoods› bezeichnete. Die Namen kamen von seinen Lippen wie Titel: Bette Davis, Marlene Dietrich, Spencer Tracy, Gary Cooper, Lana Turner. Die Frauen nahmen keine Notiz von ihr. Sie war eine Schönheit, deren Name nichts sagte, die aber in störender Weise anziehend wirkte. Die Männer ließen sie nicht aus den Augen, suchten ihre Gesellschaft, begannen ziemlich törichte Unterhaltungen. «Mögen Sie Gesellschaften auf Yachten?» – «Sie sind sicher beim Theater, und nicht beim Film. Ich hätte Sie sonst schon einmal gesehen.» – «Hinten auf dem Oberdeck, und lassen Sie bloß Hargasey sausen. Er ist ein alter Lustmolch. In fünf Minuten.» – «Ich bin sicher, daß wir uns schon einmal begegnet sind. Es ist unmöglich, daß Sie hier an der Küste leben, ohne daß wir uns begegnet wären.»

«Ein Schauspieler», sagte Hargasey zu ihr, «ist etwas weniger als ein Mann. Eine Schauspielerin, meine Liebe, ist etwas mehr als eine Frau.»

«Das ist gut gesagt», gab Barbara zu und fragte sich, ob er wohl verraten würde, woher er die Weisheit hatte.

Er nickte nur und zuckte die Schultern. «Wissen Sie, ich habe Ihren Vater gebeten, Sie für Probeaufnahmen zu mir zu bringen.»

«Er hat es erwähnt. Ich bin aber keine Schauspielerin und könnte auch nie eine werden. Ich habe keinerlei Talent und auch keinen Ehrgeiz in der Richtung.»

Eine Stimme hinter ihr sagte: «Was das Talent angeht, nehme ich an, daß Sie sich herausreden wollen. Bezüglich des Ehrgeizes, warum eigentlich nicht, schönes Fräulein?»

Barbara wandte sich um und sah sich einem hochgewachsenen breitschultrigen Mann gegenüber, der bestürzend gut aussah. Sein Gesicht war gebräunt, seine kräftigen Züge gerade so kantig, daß sie nicht vollkommen wirkten, und seine Augen von geradezu unwirklicher Bläue. «Und wo haben Sie, meine Liebe, sich versteckt gehalten?» fragte er sie.

Sie war von dem halben Dutzend Gläsern Champagner, die sie getrunken hatte, beschwingt genug, um bei dieser Erscheinung aus ihren Jugendträumen fröhlich zu kichern und ihn selig anzulächeln.

«Unser Gastgeber», sagte Hargasey. «Barbara, meine Liebe, das ist Richard Dyler.»

«Was für eine Barbara?» wollte Dyler wissen.

«Die Tochter des Mannes, der Ihnen dieses Spielzeug gebaut hat – Barbara Lavette.»

«Zum Teufel, war Danny hier? Wo ist er jetzt?»

«Er ist schon gegangen. Wenn Sie rechtzeitig zu Ihrer eigenen Gesellschaft gekommen wären, hätten Sie ihn getroffen.»

«Schon gut», sagte Dyler. «Das Beste jedenfalls hat er hiergelassen. Mein liebes Fräulein», sagte er zu Barbara, «was starren Sie bloß so an?»

«Sie. Im Leben sind Sie noch viel schöner als auf der Leinwand.»

«Schön, Barbara, ist ein Begriff, den ich für Frauen vorbehalte. Sie, meine Liebe, sind schön.»

«Bin ich Ihre Liebe?» fragte Barbara.

«Die Möglichkeit besteht. Hargasey», sagte er zu dem Regisseur, «wollen Sie, bitte, verschwinden und uns allein lassen. Ich muß mit dieser jungen Dame einiges besprechen.» Er nahm einem Kellner, der gerade vorüberging, zwei Gläser Champagner vom Tablett, gab eins davon Barbara und sagte: «Auf das gegenseitige Kennenlernen!»

«Vorausgesetzt, es ist nicht im biblischen Sinne», stimmte Barbara zu und dachte bei sich: wie albern! Bin ich schon betrunken? Seit Marcels Tod war ich nie auch nur beschwipst, aber jetzt, glaube ich, bin ich ein bißchen betrunken, und ich möchte nicht an Marcel denken, nicht heute.

«Wir werden sehen.» Dyler nahm Barbaras Arm und sagte zu dem Regisseur: «Hargasey, würden Sie sich, bitte, verziehen?»

Hargasey seufzte, breitete die Arme aus und wandte sich zum Gehen. Dyler geleitete Barbara durch die Menge der Gäste.

«Wohin bringen Sie mich?»

«Ganz nach oben», sagte Dyler. «Auf die Brücke. Dort können wir diesen Abschaum von oben betrachten.»

«Ich kann nicht im Gehen trinken, und so etwas Scheußliches sagt man nicht.»

Er blieb stehen und stieß mit ihr an. «Trinken Sie aus.» Sie sah in die erstaunlichen blauen Augen und fing wieder an zu kichern. «Trinken Sie aus, Barbara, Tochter des Schiffbauers.»

Sie leerte ihr Glas. «So ist es gut. Das gefällt mir – Tochter des Schiffbauers.»

Sie gingen auf die Brücke. «Stechen wir in See», sagte Barbara. «Auf nach China!»

«Geht nicht. Wir haben festgemacht. Sind Sie betrunken, Tochter des Schiffbauers?»

«Ich glaube. Als Sie es zum erstenmal gesagt haben, war es gut.»

«Zum erstenmal habe ich es in *Die Rache des Wikingers* gesagt. Haben Sie mich gesehen? Ich war Rurik.»

«Haben Sie alle Ihre Texte im Kopf?» fragte Barbara verwundert.

«Nur die besten Sätze. Was tun Sie, wenn Sie nicht auf Gesellschaften gehen?»

«Ich gehe nicht auf viele Gesellschaften. Ich schreibe.»

«Was schreiben Sie?»

«Lesen Sie das *Manhattan Magazine?»*

«Nur die Karikaturen. Wir sind hier in Los Angeles, mein Fräulein.» Dann nahm er sie in die Arme und küßte sie.

Sie entzog sich ihm und sah ihn an. «Sie halten wohl nicht viel von langer Vorrede?»

«Nein.»

«Sie beschließen einfach, daß Sie mit jemandem ins Bett gehen wollen?»

«Nicht mit jeder, meine Kleine, nicht mit jeder.»

«Hat noch nie eine gesagt: ‹Augenblick mal, Schönes Wetter heute›?»

«Wer will denn über das Wetter reden?» fragte Dyler. «Ich habe Sie geküßt. Und das hat Ihnen doch gefallen, oder?»

«Ich glaube ja.» Barbara kicherte. «Ich habe noch nie jemanden geküßt, der so aussah wie Sie.»

«Was soll das heißen?»

«Sie sind so hübsch. Ich meine schön», fügte sie eilig hinzu.

«Ich habe Ihnen schon einmal gesagt, schön gilt nur für die Damen.» Er legte den Arm um sie, umschloß ihre Brust mit der Hand und küßte sie auf den Nacken. Sie begann unbeherrscht zu kichern. «Was läuft so alles bei Ihnen?» wollte er wissen.

«Vielleicht Champagner?»

«Sie wissen, daß Sie schön sind. Sie sind eine schöne Frau. Tun Sie etwas.»

«Was?»

«Was heißt was?»

«Ich meine, was soll ich tun?»

«Sie sind nicht wirklich. Sie sind ganz und gar nicht wirklich.»

Barbara beugte sich über die Reling und sah den Männern und Frauen zu, die unten tanzten. «Komm, Dyler, laß uns tanzen», sagte sie, «ich habe noch nie ein so romantisches Bild gesehen – all diese Filmstars, die da unten im Mondlicht tanzen.»

«Zum Teufel mit den Filmstars. Es gibt nur einen Star, und das bin ich. Außerdem will ich nicht tanzen, ich will mit dir ins Bett. Komm mit in meine Kabine.»

«Und da gehen wir dann ins Bett?»

«Das hängt von dir ab, Mäuschen.» Er zog sie an sich und küßte sie wieder.

«Sagt eigentlich nie eine nein?»

«Doch, vor zwei Jahren – ach, Blödsinn, Schätzchen, du sagst immer nur meinen Nachnamen. Ich heiße Richard.»

Barbara lachte laut heraus.

«Was zum Kuckuck hast du bloß?»

«Ich möchte tanzen. Ich möchte mit Richard Dyler tanzen. Also los.»

«Gut, einen Tanz.»

Sie konnten sich kaum in der Menge bewegen. Er flüsterte ihr ins Ohr: «Hast du *Die letzte Kugel* gesehen? Das war der erste Film, den ich für die Metro gemacht habe. Erinnerst du dich, wie ich darin starb?» Eine Blondine, deren Gesicht Barbara irgendwie bekannt vorkam, schob sich zwischen sie, legte die Arme um Dyler. «Dicky», sagte sie, «wo warst du bloß?» Barbara entschwand und ließ Dyler in den Fängen der Blondine zurück. Hargasey fand sie.

«Dyler ist ein Tier», sagte er und holte sie aus der Menge heraus.

«O nein, er ist großartig. Er ist sehr dumm, aber großartig. Und er ist so schön.»

«Schön bestimmt nicht. Jetzt hören Sie mir mal zu. Sie sind ein unschuldiges Mädchen.»

«Er wollte doch nur mit mir ins Bett gehen. Er ist sehr direkt und ehrlich. Das ist doch schmeichelhaft, wenn man bedenkt, daß all diese schönen Frauen hier sind.»

«Das will er mit jeder, und er tut es auch.»

«Wie starb er in *Die letzte Kugel*? Ich habe den Film nicht gesehen.»

«Die Frau, mit der er schlief, stieß ihm ein Messer in den Bauch. Wenn das doch bloß mal passierte! Ich will Sie Bogart vorstellen. Er hat mich immer wieder gefragt, wer Sie sind.»

Humphrey Bogart war charmant und interessiert. Er hatte sogar Barbaras Artikel im *Manhattan* gelesen. Sie unterhielten sich über Deutschland und den Krieg in Europa. Er führte sie in einen ruhigeren Raum. Männer stießen dazu. Ein halbes Dutzend drängte sich um Barbara. Einer von ihnen fragte Hargasey: «Wer ist sie?»

«Die Tochter des Mannes, der die Yacht gebaut hat.»

Erst um halb zwei tauchte Dyler wieder an Deck auf. Barbara tanzte und winkte ihm zu. Er sah sie böse an, und kurz darauf gingen die ersten Gäste.

«Richard», sagte Barbara zu Dyler, als sie sich von ihm verabschiedete, «es war geradezu göttlich. Und du bist sehr schön.»

Hargasey fuhr Barbara nach Hause. Sie saßen zu dritt eng aneinandergedrängt auf den Vordersitzen seines Wagens, Barbara neben einer üppigen Brünetten namens Cindy. «Heute», sagte Hargasey zu ihr, «haben Sie ein paar feine Leute kennengelernt, Barbara, aber auch ein paar Schurken. Dyler ist ein Schurke. Ich trage Ihrem Vater gegenüber eine Verantwortung, daher muß ich Ihnen das sagen. Dyler ist ein Schurke.»

«Mir passiert so etwas nie», sagte Cindy.

«Ich habe mich großartig amüsiert», sagte Barbara ihm.

Sie schloß die Haustür auf und schlich sich ins Bett und lag dort mit vor Verlangen schmerzendem Körper. «Ich wäre mit ihm ins Bett gegangen», sagte sie sich. «Das hätte ich tatsächlich getan. Ich fühle mich so allein und so elend.» Die Wirkung des Champagners war verflogen. Sie begann zu weinen, und mit Tränen des Selbstmitleids in den Augen schlief sie schließlich ein.

May Lings Mutter, So-toy, starb im Juni 1940 im Alter von nur zweiundsechzig Jahren. Sie hatte sich von der Bronchitis, die sie sich zwei Monate zuvor zugezogen hatte, nicht wieder erholen können und wurde immer schwächer. Dann kam eine Lungenentzündung hinzu, und eines Nachts starb sie, wie sie gelebt hatte: Ruhig, ohne zu klagen, in einem fremden Land, das Kalifornien hieß und Tausende von Kilometern von einem China entfernt lag, an das sie sich kaum noch erinnerte. May Ling wachte neben dem winzigen verwelkten Körper. Ein sinnloser Tod in einer Welt, die den Tod umtanzte wie das Goldene Kalb.

Sie weinte mehr um sich als um ihre Mutter. So-toy wurde neben ihrem Gatten Feng Wo zur letzten Ruhe gebettet.

«Sie fehlt mir so», sagte Barbara zu May Ling.

«Ich weiß.» May Ling weinte selten; sie verstand es, ihren Schmerz für sich zu behalten.

Barbara wurde Mitte des Sommers mit ihrem Buch fertig. Im Haus in Westwood war es jetzt still und leer. Joe hatte sein zweites Studienjahr hinter sich und famulierte während der Ferien in einem Krankenhaus in San Diego. May Ling war in der Bibliothek, und Dan verbrachte immer mehr Zeit auf der Werft. Barbara schien es, als schließe sie mit der Vollendung des Buches einen ganzen Abschnitt ihres Lebens ab. Sie hatte geschrieben und geschrieben und wieder umgeschrieben, und auch dann noch war sie mit einem Großteil des Geschriebenen unzufrieden. Sie beschloß, das Manuskript für ein paar Wochen beiseite zu legen und es sich dann noch einmal vorzunehmen. Plötzlich war sie sich selbst zuwider, war unruhig und ziellos, und beschloß, die Einladung ihrer Mutter anzunehmen und nach San Francisco zu fahren.

Sie nahm das Manuskript mit, in der Absicht, es sorgfältig durchzulesen und nötige Änderungen vorzunehmen. Aber in den ersten Wochen bei Jean sah sie es kaum an. «Meine liebe, schöne Barbara», sagte Jean, «du bist blaß wie ein Geist, und nach dem, was du mir erzählst, hast du wie eine Nonne gelebt. Schön, ich auch. Aber ich bin alt, und du bist jung. Warum gibt es in deinem Leben keinen Mann?»

«Weil ich keine Männer treffe. Ich war viermal mit einem Filmstar verabredet, das hat mir den Appetit verdorben.»

«Wer?»

«Richard Dyler.»

«Nun, ein wirklich schöner Mann. Erzähl es mir. Aber nicht jetzt. Wir wollen beim Essen darüber reden. Wir werden oft ausgehen, zum Mittagessen, zum Abendessen – in die besten Lokale. Wir werden zum Reitturnier nach Menlo Park fahren, segeln, in die Oper und ins Theater gehen, und ich werde dich faszinierenden, geistlosen jungen Männern vorstellen. Wir wollen jede Galerie in der Stadt besuchen und so tun, als verstünden wir mehr von Bildern als alle anderen – und wir werden uns großartig amüsieren.»

Es fiel Barbara schwer, ihrer Mutter von den Treffen mit Richard Dyler zu erzählen. «Wie macht man so was?» fragte sie sich. «Sagt man: ‹Mutter, schließlich bin ich doch mit ihm ins Bett gegangen›? Und auf das ‹Warum?› müßte man eine Antwort parat haben. ‹Mutter, ich wollte einfach den Körper eines Mannes neben mir spüren, es war schon so lange her›.»

Es war bei der letzten Verabredung geschehen, als Barbara ihn endlich in seinem im maurischen Stil gehaltenen lila-rosa Haus in Bel Air besucht hatte. Diesmal hatte sie nur ein einziges Glas Wein getrunken, also konnte ein Schwips keine logische Erklärung bieten. Sie war der einzige Gast. Sie schwammen in seinem fünfundzwanzig Meter langen Schwimmbecken und aßen auf der Terrasse zu Abend, in einem kunstvoll gebändigten Dschungel aus Palmen, Kakteen und Rosen. Es war einer der warmen, linden Abende, die gegen Ende des südkalifornischen Sommers auftreten und das an sich haben, was man dort den ‹Santa-Anna-Effekt› nennt.

Barbara saß da, blickte um sich und kam zu dem Ergebnis, daß man es hier entweder schön oder scheußlich finden mußte, je nach Laune und je nachdem, wie man auf imitierte maurische Architektur in Los Angeles reagierte.

«Nicht schlecht für einen Jungen aus Gary, Indiana», sagte Dyler. «Es ist irgendwie in klassischer Weise hübsch.» Weiter reichte seine dichterische Vorstellungskraft nicht.

«Bist du tatsächlich aus Gary?» fragte Barbara und dachte sich, daß er mit einem solchen Gesicht und solchen Augen mindestens aus einem Ort wie Santa Fe oder Tarpon Springs kommen müsse. Zwar war sie nie an einem der beiden Orte gewesen, aber zumindest paßten die Namen zu Dylers Gesicht.

«Warst du schon mal dort?»

«Nur mit dem Zug nach New York durchgefahren.»

«Steig bloß nicht aus. Das ist der Arsch der Welt.»

«Ich nehme an, es hat dir noch niemand gesagt, daß du eine sehr bildhafte Ausdrucksweise hast?»

«Ich hatte noch nie etwas mit einer Schriftstellerin. Bist du sicher, daß du eine bist? Was hier im Studio rumläuft, sind Drecksäue.»

«Ich bin mir nicht ganz sicher.»

«Nein? Nun, das erklärt manches.»

Nach dem Abendessen gingen sie in seinen Vorführraum. Es war ein großer Raum mit viel zu dick gepolsterten Sesseln und einem riesigen Sofa gegenüber der Leinwand. «Ich sehe mir hier Filme an», erklärte er. «Warst du schon mal in so einem Raum?»

«Nie», gab Barbara zu. «Ich bin noch nie auf den Gedanken gekommen, daß man ein eigenes Kino im Hause haben könnte.»

«Hat jeder.»

«Nun, also wir zum Beispiel haben keines.»

«Na schön, ich meine Leute aus der Filmbranche.»

Die Lichter erloschen und Barbara sah den neuesten Film mit Richard Dyler. Er hieß *Brücke im Mondlicht.* Nach etwa einer Viertelstunde sagte Barbara: «Ich kann nicht gleichzeitig den Film ansehen und mich betatschen lassen. Was willst du nun eigentlich?»

«Du bist wirklich das seltsamste Mädchen, das mir je über den Weg gelaufen ist. Ist denn noch nie jemand scharf auf dich gewesen?»

«Ach, das willst du?»

«Ich will mit dir schlafen. Du bist die erste, an die ich einfach nicht richtig rankomme. Wir haben uns viermal getroffen. Ich will mit dir ins Bett gehen, ist das deutlich genug?»

«Doch nicht hier, wo der Vorführer zusehen kann.»

«Es ist dunkel.»

«Richard, du hast doch bestimmt ein Schlafzimmer.»

«Schätzchen, ich habe acht.»

«Schön, dann suchen wir uns eines aus.»

«Der Teufel soll mich holen», sagte er.

Das Schlafzimmer war riesig, die Decke war mit Spiegeln verkleidet, auf dem Bett lag ein imitiertes Leopardenfell, der Fußboden war mit weißem langflorigem Plüsch bedeckt, in dem der Fuß versank. An den Wänden hingen silbrig-glitzernde und stumpfschwarze Tapeten. Barbara hatte noch nie so etwas gesehen und sah sich neugierig im Raum um. «Gefällt es dir?» fragte Dyler. «Das hat Botticher entworfen. Klasse, nicht?»

«Ja, Klasse», flüsterte Barbara, die sich fragte, wer Botticher wohl war. Plötzlich waren ihr Verlangen und ihre Leidenschaft, die sie so viele Monate unterdrückt hatte, verflogen. Dyler war offensichtlich der Ansicht, daß er das Vorspiel bereits unten absolviert hätte und verfolgte nunmehr mit schlichter Geradheit sein Ziel, den Geschlechtsakt. Er zog sich rasch aus, wartete ungeduldig darauf, daß auch Barbara sich ihrer Kleider entledigte, und nach etwa dreißig Sekunden war alles vorbei. Er legte sich nackt und zufrieden auf den Rücken.

«Du bist auch gut», ließ er Barbara wissen. «Du hast eine verdammt gute Figur.» Er strahlte vor Zufriedenheit. Sein vollkommenes Gesicht war vollkommener denn je.

Barbara zog die Leopardendecke über sich und sah Dyler nachdenklich an. «Dyler», sagte sie schließlich, «weißt du eigentlich, was ein Orgasmus ist?»

«Na klar. Was, meinst du, hab ich gerade gehabt?»

«Das war eine Ejakulation.»

«Was ist der Unterschied?»

Sie seufzte. «Dyler – »

«Wieso redest du mich eigentlich immer mit dem Nachnamen an?» wollte er wissen.

«Wir kennen einander nicht besonders gut.»

«Weißt du, das ist komisch, für eine Schriftstellerin.»

«Dyler, mit wieviel Frauen warst du eigentlich schon im Bett?»

«Was für eine Frage! Ich komm mit dir nicht klar, ich schwöre es.»

«Willst du es mir nicht sagen?»

«Es ist kein großes Geheimnis, Schätzchen. Vielleicht dreihundert, vielleicht vierhundert. Wer zählt das schon? Ich habe nie so getan, als wäre ich unberührt. Das hast du auch gewußt, Gott im Himmel.»

Barbara nickte. «Ich glaube, ja.»

«Nun, und du? Vertrauen gegen Vertrauen.»

«Du bist der dritte. Da gibt es kein Geheimnis.»

«Weißt du, dafür achte ich dich», sagte er ernsthaft.

«Und bei all diesen Weibergeschichten hast du nie etwas vom Orgasmus einer Frau gehört?»

«Machst du Witze? Schätzchen, du sprichst mit einem Frauenfachmann. Deswegen habe ich dich ja ausgesucht. Wenn es etwas gibt, wovon ich etwas verstehe, dann sind das Frauen. Ein Mann ist ein Mann, und eine Frau ist eine Frau. Da gibt es Unterschiede.»

«Das kann man wohl sagen», stimmte Barbara zu.

«Weißt du, Mäuschen, wir beide werden eine Menge Spaß miteinander haben.»

«Das glaube ich nicht», sagte Barbara.

«Hör bloß auf.»

«Ich glaube, daß ich dich recht bald langweilen würde», sagte Barbara freundlich. «Das möchte ich dir nicht antun.»

«Sag mal, du bist doch wohl keine von denen, die überall damit prahlen, daß sie mit Dick Dyler im Bett waren? Du willst mich doch nicht etwa als Skalp am Gürtel herumzeigen?»

«Großes Ehrenwort, nein.»

Und damit war die Sache vorbei. Dyler rief noch ein halbes dutzendmal an, bevor er aufgab. Er versicherte Barbara immer wieder, daß er sie achtete, weil es das erste Mal war, daß ein Mädchen ihn abgewiesen hatte. Jetzt, als Barbara mit ihrer Mutter beim Mittagessen in Fairmont saß, sagte Jean: «Aber er muß doch irgendwie bezaubernd sein. Er kann doch nicht ganz und gar blöd sein.»

«Nein, nicht ganz und gar.»

«Und außerdem muß es aufregend gewesen sein, mit dem Männlichkeitsidol Amerikas zusammenzusein.»

«Nun, eine Zeitlang schon», gestand Barbara.

«Er ist nichts zum Ernstnehmen, das sehe ich ein», sagte Jean. «Filmstars sind nichts zum Heiraten.»

«Wer ist das schon?» fragte Barbara.

«Meine Liebe, San Francisco wimmelt von gutaussehenden heiratsfähigen jungen Männern. Wir müssen unbedingt etwas in der Richtung unternehmen. Immerhin bist du fast siebenundzwanzig.»

«Und ich fühle mich schon wie vierzig.»

«Unsinn! Du bist jung, schön und intelligent. Du kannst dich nicht in diesem hinterwäldlerischen Los Angeles vergraben.»

Als sie den Ausdruck auf Barbaras Gesicht sah, fügte sie rasch hinzu: «Ich rede nicht gegen deinen Vater. In diesem Punkt habe ich mich bemüht, stets korrekt zu sein. Wie geht es ihm überhaupt?»

«Ziemlich gut. Er arbeitet zuviel. Die Werft ist das reinste Irrenhaus. Sie haben vier Handelsschiffe auf Kiel gelegt, und es arbeiten Hunderte von Männern dort – er ist nicht glücklich, überhaupt nicht.»

«Glück war nie Dans starke Seite. Ist er zufrieden in seiner Ehe mit ...» Sie hielt inne.

«Sprich nicht davon, Mutter. May Ling ist eine großartige Frau. Bugsiere mich, bitte, nicht zwischen zwei Stühle.»

«Schon gut.» Jean lächelte. «Schluß damit. Heute abend essen wir mit deinem Bruder. Du wirst seine schicke neue Uniform sehen und seine sehr schöne, aber dumme Freundin, die er wohl leider heiraten wird.»

«Mutter!»

«Ich weiß, ich bin abscheulich. Also jedenfalls, Tom ist bei der Marine, es war der schmerzloseste Übergang, den man sich vorstellen kann. Er hat ein Offizierspatent bekommen und ist jetzt Verbindungsoffizier zwischen der Marine und der California Shipping. Ja, das gefällt mir. Früher oder später werden wir in diesen abscheulichen Krieg eintreten, da ist er bei der Marine schon am besten aufgehoben, vor allem als Offizier, der Landdienst macht. Und das dürfte bei Tom der Fall sein. John Whittier und er sind dicke Freunde. Sie haben alle möglichen Pläne, Kalifornien in ihre Hände zu bringen, und den Rest der Welt am liebsten dazu – mit der Zeit, natürlich.»

«Wohnt er immer noch bei John?»

«Nein, er hat eine Wohnung in der Jones Street. Ich glaube, er und John haben das Haus gekauft. Sie haben eine Art Fusion oder dergleichen vorgenommen und expandieren wie wild. Die ganze Sache ödet mich auf einmal furchtbar an, meine Liebe. Du beneidest ihn doch nicht etwa?»

«Um Himmels willen, nein.»

«Und das viele Geld tut dir auch nicht leid?»

«Ganz und gar nicht.»

«Du bist ein seltsames Mädchen. Das macht mir aber nichts. Ich habe dich gern, so wie du bist. Was übrigens heute nachmittag angeht, Krumbach – einer der Kunsthändler hier, wenn man sie so nennen kann – hat einen Kandinsky an der Hand. Und ihm schwebt schon großer Reichtum vor, weil er weiß, daß ich ihn haben möchte. Ich glaube, ich will ihn tatsächlich haben. Kommst du mit?»

«Selbstverständlich. Aber was ist denn bloß ein Kandinsky?»

«Wassily Kandinsky, ein wunderbarer russischer Maler. Er kam nur nicht sehr gut mit den Russen zurecht. Er ging nach Weimar, soweit ich weiß, zum Bauhaus, und ist jetzt, glaube ich, in Paris. Ich habe versucht, mit ihm Verbindung aufzunehmen, habe aber nie eine Antwort bekommen. Er hat mit einem anderen Maler, Paul Klee, zusammengearbeitet, der kürzlich gestorben ist. Ich fange mit zwei Klee-Bildern an, die auf dem Weg von New York hierher sind. Einer deiner Filmstars in Los Angeles hat einen Klee. Ich habe versucht, ihn zu bekommen, aber Krumbach war vor mir da, und jetzt will er einen Schandpreis dafür haben. Wir werden sehen. Ich vermute, es gibt kaum mehr als zwanzig Leute in San Francisco, die je von Kandinsky gehört haben, und neunzehn von ihnen haben kein Geld.»

«Mutter, du erstaunst mich.»

«Tatsächlich? Wieso?»

«Weil du dir so viel aus Bildern machst.»

«Das tue ich. Bilder sind wunderbar und voller Leidenschaft, und sie wollen nichts, als angesehen und verstanden werden. Das ist mehr, als ich von den meisten Menschen sagen kann.»

Krumbachs Galerie befand sich im ersten Stock eines alten Hauses auf der Grant Avenue. Sie bestand aus zwei weißgestrichenen Räumen und hing voller Bilder von Rotholzbäumen, Felsenstränden, über die dünne Wellen liefen, und Cowboys, die Vieh mit dem Lasso einfingen – bemühte, aber unbegabte Nachahmungen Frederic Remingtons. Krumbach selbst war klein und gedrungen. Er trug einen Zwicker und hatte einen nicht genau einzuordnenden ausländischen Akzent. Er begrüßte die beiden Frauen, als seien sie Hoheiten. Er verbeugte sich, machte Kratzfüße und bat sie, seine Ausstellung der begabtesten neuen Maler des Westens zu begutachten.

«Krumbach», sagte Jean, «sparen Sie sich das bei meiner Tochter und mir. Es gibt begabte Maler im Westen, aber Sie würden nicht wagen, einen von ihnen zu zeigen. Wo ist übrigens der Kandinsky?»

«Die Tochter – so schön wie die Mutter. Eigentlich könnte man denken, daß Sie Schwestern sind.»

«Schon gut», sagte Jean mit leichtem Ärger in der Stimme.

Barbara hatte sie noch nie so gesehen: geschäftsmäßig, kalt, einschüchternd. Krumbach seufzte, öffnete die Tür zu einem Wandschrank und holte eine Leinwand heraus, die etwa fünfundfünfzig Zentimeter im Quadrat maß und mit etwas bedeckt war, was Barbara wie eine willkürliche Anordnung von hellen Linien und explodierenden Farben schien, die an ein Feuerwerk erinnerten. Er stellte das Bild auf eine Staffelei und trat zurück, um es zu bewundern. Jean sah es kaum an.

«Das also ist es», sagte sie und blickte auf ihre Uhr.

«Es ist überwältigend», sagte Krumbach.

«Gefällt es dir?» fragte Jean Barbara beiläufig.

Da sie nicht wußte, was man von ihr erwartete, beschloß Barbara zu sagen, was sie dachte. «Nein, das kann ich nicht sagen. Ich habe nicht die blasseste Vorstellung davon, was es bedeuten soll.»

«Warum soll es etwas bedeuten?» rief Krumbach schmerzlich berührt aus. «Ein Kandinsky braucht nichts zu bedeuten.»

«Ich glaube, wir müssen gehen», sagte Jean.

«Sie wollen es nicht, Mrs. Whittier?»

«Eigentlich nicht. Sie haben gehört, was meine Tochter gesagt hat.»

«Aber Mutter», protestierte Barbara, «ich verstehe doch absolut nichts von moderner Malerei.»

«Sehen Sie, sehen Sie!» rief Krumbach aus. «Aus ihrem eigenen Mund. Von moderner Malerei versteht sie nichts.»

«Ich fürchte, ich auch nicht.» Jean seufzte und legte die Hand auf den Türknopf. Dann sagte sie, über die Schulter gewandt: «Was verlangen Sie übrigens dafür?»

«Nichts. Sie bekommen ihn geschenkt. Für dreitausend Dollar ist er geschenkt.»

«Komm, Barbara», sagte Jean.

«Machen Sie mir doch ein Angebot, Mrs. Whittier!» rief er verzweifelt.

Jean wandte sich um und sah das Bild noch einmal an. «Ich weiß wirklich nicht. Na schön, ich wüßte nicht, was Sie sonst damit anfangen könnten. Fünfhundert.»

«Fünfhundert Dollar», wiederholte Krumbach. «Und einen halben Liter von meinem Herzblut.»

«Das Blut brauche ich nicht, wirklich nicht.»

«Zweitausendfünfhundert, mein äußerstes Angebot.»

Einen halbe Stunde später hatten sie sich auf achthundert Dollar geeinigt, und Jean schrieb einen Scheck aus, während Krumbach sie ansah, als sei sein bester Freund gestorben.

«Soll ich es Ihnen schicken?» fragte er mit Gram in der Stimme.

«Nein, ich nehme es gleich mit.»

Als sie draußen waren und in einem Taxi saßen, quoll Jean vor Freude über. «Ich habe ihn!» rief sie. «Bobby, ich habe ihn. Zwei Klees und jetzt einen Kandinsky. Ich weiß auch, wo ich einen Nolde bekommen kann. Was für ein Anfang! Was für ein großartiger, phantastischer Anfang!»

«Mutter, wie konntest du nur?» fragte Barbara bedrückt.

«Wie konnte ich was?»

«Wie konntest du dem armen Mann das antun?»

«Meine liebe Bobby, dieser arme Mann hat dreihundert Dollar für das Bild gezahlt.»

«Woher weißt du das?»

«Weil ich den früheren Besitzer angerufen habe. Schön, Krumbach ist hingefahren und hat es geholt. Wenn ich seine Auslagen und seinen Zeitaufwand in Rechnung stelle, können wir von mir aus vierhundert sagen. Das bedeutet, daß er statt der sechshundertfünfzig Prozent, die er eigentlich herausschlagen wollte, einen Gewinn von hundert Prozent gemacht hat. Ich glaube nicht, daß ich ihn übervorteilt habe.»

Eine Weile später sagte Barbara nachdenklich: «Ich habe eine bemerkenswerte Mutter.»

«Und ich bemerkenswerte Tochter», sagte Jean. «Übrigens muß ich daran denken, daß wir zum erstenmal seit, ich weiß nicht wie vielen Jahren, etwas zusammen unternehmen. Ich gedenke das auszunutzen, so gut ich kann.»

In den nächsten beiden Wochen ging Barbara zu vielen Gesellschaften, aß in den besten Restaurants, besuchte ein Reitturnier in Menlo Park, las Bücher, die sie schon immer hatte lesen wollen, schlief lange, half ihrer Mutter bei der Planung des Museums auf Russian Hill, ging in die Oper, sah fünf Theaterstücke und drei Filme und verbrachte zwei Abende mit ihrem Bruder Tom und Eloise Clawson, die zweiundzwanzig Jahre alt, sehr zierlich, sehr blond, sehr hübsch und äußerst wohlerzogen war. Den Clawsons gehörte ein Stahlwerk in Oakland und außerdem zwölf Morgen Grund und Boden in der Innenstadt von Oakland. Miss Clawson sprach sehr wenig. Sie sah Tom immer nur bewundernd an und brachte die Leute dazu, zu bemerken, daß sie ein wunderbares Paar seien.

Am Ende der beiden Wochen sagte Jean zu Barbara: «Ich weiß, daß du dein Manuskript mitgebracht hast, Bobby, und ich habe sehr darauf gewartet, daß du etwas darüber sagst. Aber mir scheint, daß du das nicht tun willst, und ich möchte es so sehr gern lesen. Kann ich das nicht?»

Barbara zögerte. «Es ist ein Roman, aber ich komme auch darin vor, und zwar nackt und bloß.»

«Ich habe dich schon früher nackt gesehen.»

«Bist du sicher, daß du es willst?»

«Selbstverständlich bin ich sicher», sagte Jean. «Hat es sonst schon jemand gelesen?»

«Nicht diese Fassung. Du wärst die erste.»

Jean verbrachte einen ganzen Tag mit dem Buch. Als sie es gelesen hatte, sagte sie zu Barbara: «Ich glaube, es ist großartig. Hör zu, meine Liebe, ich kenne einen Agenten in New York. Er heißt Harris Fielding. Ich habe ihn vor vielen Jahren in London kennengelernt, und er schreibt mir immer noch zu Weihnachten. Soweit ich weiß, ist er ein ziemlich bedeutender Mann. Willst du es ihm nicht schicken?»

«Ich will es mir überlegen, Mutter.»

«Glaubst du mir nicht?»

«Weißt du», sagte Barbara, «ich hatte schon mit dem Gedanken gespielt, es zu zerreißen und alles zu vergessen. Ich habe dich immer sehr geliebt, Mutter, aber jetzt habe ich dich noch viel lieber. Nimm du es und schick es ihm, wenn du möchtest.»

«Ich kann nicht weinen», sagte Jean. «Das ist wirklich schade, denn in diesem Augenblick würde ich es sehr gern tun. Du bist das Beste, was mir je widerfahren ist – vielleicht das einzig Gute.»

Einen Monat später, als sie wieder in Los Angeles war, bekam Barbara einen Brief von Harris Fielding. «Meine liebe Miss Lavette», schrieb er. «Ganz selten bekommt ein Literaturagent einen Romanerstling zu sehen, der einfach rundum gut ist. Solche Augenblicke lassen uns den Beruf lohnend erscheinen. Mir gefällt Ihr Roman sehr. Er ist aufrichtig, unverhüllt und packend geschrieben. Selbstverständlich kenne ich Ihre Arbeiten, denn ich habe Ihre ‹Briefe aus Paris› gelesen. Daher hat mich Ihre professionelle Art zu schreiben nicht überrascht. Die Reife Ihrer Ansichten jedoch, wenn ich das sagen darf, finde ich bei einem so jungen Menschen erstaunlich. Ich glaube nicht, daß es schwerfallen wird, ihn bei einem Verleger unterzubringen.»

Seit Barbara nach Los Angeles zurückgekehrt war, war sie übellaunig und sich selbst nicht grün gewesen. Dieser Brief änderte das. Sie las ihn Dan und May Ling mit lauter Stimme vor. «Ich kann es nicht glauben», sagte sie, als ihre Freude und Erregung sich gelegt hatten, «ich kann es immer noch nicht glauben.»

Drei Wochen später teilte Fielding ihr in einem zweiten Brief mit, Halliday, einer der reputierlichsten New Yorker Verleger, habe das Buch angenommen und zahle ihr einen Vorschuß von dreitausend Dollar. Der Scheck lag dem Brief bei.

V
Aufbruch

Barbara war gerade in San Francisco, als im Juni des Jahres 1941 Sam Goldberg starb. Ihre Anwesenheit dort hatte zwei Gründe: Die Hochzeit ihres Bruders Tom sollte am 21. stattfinden, und sie mußte sich um die letzten Einzelheiten zur Gründung der Lavette-Stiftung kümmern. Tom stand im Begriff, Eloise Clawson zu heiraten. Das schien jedem, der die beiden kannte, eine ausgezeichnete Verbindung zu sein. Die Clawsons waren eine alteingesessene Familie, was in Kalifornien bedeutete, daß sie sich vor der Jahrhundertwende hier angesiedelt hatten. Sie hatten Geld, zwar nicht so viel wie Tom, aber doch ein beachtliches Vermögen, waren Mitglieder der Episkopal-Kirche, in ihren Kreisen das einzig Mögliche, und Miss Clawson war immerhin so hübsch, daß die Zeitungen sie und Tom als ‹gutaussehendes Paar› apostrophierten. Zu all diesen offensichtlichen Vorzügen kam hinzu, daß John Whittier die Verbindung guthieß. Er erklärte Tom, Scheidungen würden zwar immer selbstverständlicher, aber ein Mensch, der klug genug war, sich eine Karriere zu zimmern, sollte dennoch am besten von vornherein die richtige Wahl treffen. Tom war nicht im romantischen Sinne verliebt, war es allerdings auch zuvor noch nie gewesen, aber er mochte Eloise gern. Sie sagte selten etwas und war stets seiner Meinung. Tom stimmte Whittier dahingehend zu, daß Eloise eine ausgezeichnete Ehefrau abgeben und ihm zur Zierde gereichen würde. Barbara blieb der Unterschied zwischen ihrer zukünftigen Schwägerin und Sally Levy nicht verborgen.

Die Vorbereitungen für die Gründung der Lavette-Stiftung waren für Barbara weit anstrengender als die Teilnahme an Toms Hochzeit. Sie erfuhr, daß es eines komplizierten und langwierigen Verfahrens bedurfte, um ein Vermögen von vierzehn Millionen Dollar zu verschenken. Goldberg hatte als Vorstandsmitglied und möglicherweise Vermögensverwalter Harvey Baxter vorgeschlagen, einen Mann von sechsunddreißig Jahren und einer seiner beiden Sozii. Er gewann auch Jean für den Vorstand, und nach anfänglichem Widerstand nahm sie diesen Posten an. Zusammen mit Barbara und Goldberg würde der Vorstand, zumindest gegenwärtig, aus vier Personen bestehen. Baxter fand ein kleines Haus in der Leavenworth Street, nicht weit von Jeans Wohnung auf Russian Hill. Die erste finanzielle Transaktion der Stiftung bestand darin, das Gebäude als ihren Sitz zu kaufen. Zuerst glaubte Barbara, die bei Jean in ihrer Wohn-Galerie war, der Besitz des kleinen, schmalen, alten viktorianischen Hauses würde die Probleme vermindern. Dann stellte sich heraus, daß es renoviert werden mußte, neue Leitungen waren zu verlegen – es entstanden Schwierigkeiten, wie sie sie nie zuvor gekannt hatte. Sie hatte bereits ein neues Buch in Umrissen geplant und hoffte, vor Erscheinen ihres ersten Romans mit der Arbeit daran beginnen zu können. Sie war sich inzwischen sicher, daß die Kritiken niederschmetternd sein würden. Doch Wochen vergingen, und sie war immer noch in San Francisco, zuerst mit dem Haus beschäftigt, dann mit der Suche nach einem Bürovorsteher, später nach einer Kraft für die Buchhaltung. Als sich ihr Aufenthalt bis in den Juni hinein ausdehnte, beschloß sie, gleich bis zu Toms Hochzeit in San Francisco zu bleiben.

Barbara hatte sich für den 9. Juni mit Sam zum Frühstück verabredet. Mrs. Jones, seine schwarze Haushälterin, die seit zwanzig Jahren für Goldberg arbeitete, sah verwirrt aus, als sie Barbara ins Haus ließ. «Waren Sie verabredet, Miss Lavette?» fragte sie. «Er schläft noch. Er war in der letzten Zeit so müde, und ich möchte ihn nicht wecken. Er stellt nämlich seinen Wecker, wenn er nicht ausschlafen will.»

«Er erwartet mich», sagte Barbara.

«Dann gehe ich und wecke ihn.» Sie ging nach oben und kam nach wenigen Minuten zitternd und ängstlich zurück. «Ich kann ihn nicht wecken. O Gott.»

Barbara rief den Arzt an, und eine halbe Stunde später sagte er ihr, daß Goldberg im Schlaf verschieden sei. «Es kommt nicht unerwartet», sagte er. «Ein Mann seines Alters, dreiundsiebzig, schwaches Herz, schlechte Gewohnheiten, übergewichtig. Ich habe ihn gewarnt. Aber mit einem Mann wie Goldberg kann man nicht reden – »

«Ach, hören Sie auf und gehen Sie!» rief Barbara unter Tränen. «Tun Sie, was nötig ist, und verschwinden Sie hier!»

Dan und May Ling kamen zur Beerdigung aus San Francisco. Einige der Leute, die sich um Sam Goldbergs Grab versammelten, kannte und mochte Barbara, andere waren für sie nur Namen: Stephan Cassala mit seiner Mutter Maria, Anthony Cassalas Witwe, Sarah Levy, die Witwe von Dans früherem Partner Mark Levy, der schon so viele Jahre tot war. Dann waren Jake und Clair Levy gekommen sowie Harvey Baxter. Es war kein Blutsverwandter von Goldberg da, und das machte Barbaras Kummer noch schwerer. Sie weinte, als sie daran dachte, daß alle Menschen, die sie liebte, starben und sterben mußten – es war mehr, als sie ertragen konnte.

Barbara hatte mit Mrs. Jones vereinbart, daß sie eine Mahlzeit richtete und die Trauergäste bewirtete. Daher versammelten sich alle nach der Beerdigung in Goldbergs Haus, in dem alten viktorianischen Wohnzimmer mit den grünen Plüschmöbeln und den Erinnerungen an Goldbergs Leben, die von seiner Einsamkeit erzählten. Für Barbara war es ein seltsamer Nachmittag und Abend. Zum erstenmal seit Paris sah sie die jungen Levys wieder. Sarah, die um ihren toten Mann weinte, schloß sie in die Arme. Zum erstenmal auch sah sie Stephan Cassala, von dem sie schon so viel gehört hatte. Sam Goldberg hatte vor seinem Tod zu Barbara gesagt, daß seiner Ansicht nach Stephan Cassala ausgezeichnet in den Vorstand der Lavette-Stiftung passe. «Sie kennen die Cassalas nicht, Barbara», hatte er gesagt, «aber glauben Sie mir, sie stehen Ihnen so nahe wir Ihr eigenes Fleisch und Blut.»

Sie hatte Mühe, das jetzt zu verstehen, sich in Verbindung zu bringen mit Maria Cassala, der alten Italienerin, einem formlosen Klumpen in einem schwarzen bodenlangen Kleid, die ihr Vater zur Begrüßung so sanft geküßt hatte und mit der er sich jetzt in seinem kläglichen Italienisch unterhielt. Stephan Cassala war ein hochgewachsener, dürrer, aber recht gut aussehender Mittvierziger. Er hatte eine lange schmale Nase, einen Schnurrbart und dunkle, traurige Augen. May Ling hatte Barbara von der tragischen Liebesgeschichte zwischen ihm und Martha Levy berichtet, die vor Jahren bei einem Autounfall umgekommen war. Es war seltsam, mit Menschen zusammenzutreffen, die man aus Geschichten kannte. Als sie Stephan Cassala später beiseitenehmen und mit ihm sprechen konnte, merkte sie, daß er freundlich und charmant war.

«Ich weiß, es ist weder der rechte Zeitpunkt noch der rechte Ort, Mr. Cassala. Aber ohne Sams Anleitung ist die Welt für mich sehr unüberschaubar. Hat er mit Ihnen über die Stiftung gesprochen, die wir gerade gründen, über die Lavette-Stiftung?»

Cassala nickte. «Nennen Sie mich doch Steve, Barbara. Ich kann nicht gut Miss Lavette zu Ihnen sagen.»

»Steve, in Ordnung. Dann wissen Sie also Bescheid. Wenn Sie die Zeit erübrigen könnten, hätte ich Sie gern im Aufsichtsrat.»

«Das ehrt mich sehr. Selbstverständlich werde ich die Zeit aufbringen.»

Sie waren wie Schatten, mehr wie Erinnerungen an Erinnerungen als wirklich lebendige Menschen. Die Cassalas waren einst sehr reich gewesen, wie die Levys und wie ihr Vater. Jetzt hatte sie Stephan Cassala gebeten, sich an der Verwaltung eines Fonds von rund vierzehn

Millionen Dollar zu beteiligen. War er arm, oder war er reich? Er war Geschäftsführer einer Bank, aber das machte einen noch nicht reich.

Dan kam zu ihr und legte den Arm um sie. Er fand nur schwer Worte. Sie konnte sich vorstellen, was er sagen wollte: «Armes Kind – zu viele Tote.» Aber so etwas würde er nie aussprechen. «Armer alter Sam», sagte er. «Schon komisch, Bobby. Ich hatte zwei jüdische Teilhaber. Freundliche Leute, keiner von ihnen hat in seinem Leben je etwas Böses getan. Damals zu Anfang waren wir vier, Tony Cassala, Mark, Sam und ich. Ich war der wilde verrückte Junge – und die anderen mußten mich immer heraushauen. Jetzt sind sie tot. Marks Vater war Hausierer. Fuhr mit einem Planwagen quer durchs Land, verkaufte den Indianern und den Siedlern Tändelkram. Dann kam er hierher und blieb. Sams Vater hatte einen Lebensmittelladen oder so etwas in Sacramento. Tony war Steinmetz. Es war damals alles so verdammt neu, und jetzt ist es alt und vorbei.» Es war eigentlich nur so dahingesprochen, aber Barbara spürte, wie sehr es ihn schmerzte. Sie nahm den Arm ihres Vaters von ihrer Schulter, drückte ihn und führte Dan ein bißchen beiseite.

«Papa»,sagte sie freundlich, «wir müssen miteinander reden.»

«So?»

«Tom heiratet. In zwei Wochen.»

«Davon habe ich gehört.»

«Willst du ihn nie mehr wiedersehen, nie mehr mit ihm sprechen? Wozu? Unser Leben ist so kurz.»

«Bobby, du bist jung. Du hast noch alles vor dir.»

«Niemand hat alles vor sich, Papa. Ich sehe im Leben nicht viel Sinn oder Vernunft. Der Gott, von dem sie mir oben in der Kathedrale auf Nob Hill erzählt haben, ist entweder ein Wahnsinniger oder ein Komödiant, und mit beiden habe ich nicht viel im Sinn. Das einzige, was mir sinnvoll erscheint, ist die Liebe.»

«Das ist doch immerhin etwas, oder? Schön, Tom ist mein Sohn, aber das ist reine Biologie. Ich habe ihn zwölf Jahre lang nicht gesehen. Er hat mich nicht zu seiner Hochzeit eingeladen. Mein Gott, Bobby, kannst du dir vorstellen, daß die Clawsons, diese Speichellekker und Arschkriecher, May Ling bei der Hochzeit ihrer Tochter dabeihaben wollen? Und was würde Tom sagen? Ich weiß, was du denkst. Du würdest mit Tom reden und die ganze Sache arrangieren. Gut, ich sage dir, es würde trotzdem nicht gehen. Tom ist ein fremder Mann von neunundzwanzig Jahren. Ich kenne ihn überhaupt nicht mehr. Das hat mit Stolz nichts zu tun. Ich habe nichts, worauf ich stolz sein könnte. Wenn er zu mir käme und sagte, Lavette, ich möchte dich gern kennenlernen – gut, das würde mir gefallen. Aber zu ihm hingehen, das kann ich nicht.»

Am folgenden Tag kehrten Dan und May Ling nach Los Angeles zurück. Sam Goldberg hatte testamentarisch seinen Anteil an der Werft Dan vermacht. Alles andere, außer einem Legat für seine Haushälterin und einer Perlenkette seiner verstorbenen Frau, die er Barbara hinterließ, ging an das Jüdische Waisenhaus.

Toms Hochzeit mit Eloise Clawson fand am 21. Juni statt. Father Templeton, der in den letzten fünfunddreißig Jahren alle Seldons getraut und beerdigt hatte, nahm die Trauung in der Kathedrale vor. Zum Hochzeitsempfang fuhren alle nach Berkeley, wo die Clawsons auf dem Rasen vor ihrem Haus zwei große gestreifte Zelte hatten errichten lassen. Jean trug ein Kleid aus gemustertem türkis-grünem Chiffon mit einem passenden Strohhut, und Barbara stellte mit kindlicher Befriedigung fest, daß ihre Mutter, die Braut nicht ausgenommen, die anziehendste Frau in der ganzen Gesellschaft war. «Ich konnte nicht zur Beerdigung kommen», sagte Jean zu Barbara. «Mir ist klar, daß ich hätte hingehen müssen. Mir war der alte Herr richtig ans Herz gewachsen, und dich verehrte er ja geradezu. Aber ich konnte einfach nicht, weil dein Vater und May Ling da waren.»

«Das kann ich verstehen. Aber warum haben sie Papa nicht zumindest zur Hochzeit *eingeladen*?»

«Die Clawsons!» rief Jean aus, und sah sich unter der Gästeschar im Zelt um. «Meine Liebe, das sind die letzten Philister. Dein Vater würde die passenden Worte für sie finden. Mein eigener Wortschatz ist zu begrenzt.»

«Er hat sie schon gefunden.» Barbara lachte. «Du bist einfach großartig. Die Clawsons sind die denkbar pomadigsten Menschen, und steinreich dazu.»

«Wer da hat, dem wird gegeben. Geld heiratet Geld. So sieht das himmlische Reich nun einmal aus. Hast du übrigens mit deinem Bruder gesprochen?»

«Ich habe ihm einen Kuß gegeben.»

«Er ist inzwischen dahintergekommen, daß du dein Geburtsrecht verschenkt hast. Er platzt fast vor Wut.»

«Dann geh ich ihm also lieber aus dem Wege», beschloß Barbara.

«Mir scheint», sagte Jean, «du gehst auch den hier anwesenden unverheirateten jungen Männern aus dem Wege. Bobby, mein Herz, hier ist die Blüte der Männer aus der ganzen Umgebung versammelt, und sie liegen dir geradezu zu Füßen. Immerhin bist du siebenundzwanzig.»

«Ich weiß es nur zu gut, Mutter. Hast du schon versucht, mit einem von der Blüte der Umgebung ein Gespräch zu führen?»

Als der Empfang vorüber war, hatte Barbara mit einem Dutzend von ihnen gesprochen. Sie umdrängten sie, um festzustellen, wer diese hochgewachsene schöne Frau in beigefarbenem Crêpe de Chine war. Sobald sie es wußten, rückten sie sich, berauscht von der Vorstellung, die berühmte Schwester des Bräutigams vor sich zu haben, die von der Gestapo verhaftet worden war und kürzlich erst viele Millionen Dollar geerbt hatte, nach bestem Vermögen ins rechte Licht.

«Aber ich lebe in Los Angeles», erklärte sie immer wieder.

«Da lebt man doch nicht, das ist völlig unmöglich.»

Ihre Antworten waren nicht besonders originell, aber ihre offene Bewunderung tat Barbara wohl. Sie sagte später zu Jean: «Es ist ausschließlich meine Schuld, und ich schäme mich auch. Sie waren alle sehr reizend und freundlich, aber ich möchte mit keinem von ihnen etwas zu tun haben. Ich kann es einfach nicht, Mutter. Ich habe die eine Welt für die andere aufgegeben. Ich weiß nicht genau, was ich damit ausdrücken will, aber nur so kann ich es überhaupt erklären.»

Am 30. September 1941 sollte Barbaras Roman mit dem endgültigen Titel *Fern im fremden Land* der Öffentlichkeit vorgestellt werden. Das teilte ihr Fielding, ihr Agent, in einem Brief mit. Ferner setzte er sie davon in Kenntnis, daß der Verlag an dem Tag gern einen Empfang geben würde, falls sie nach New York kommen könnte. Die Fahnenabzüge des Buches warteten zusammen mit dem Brief auf sie, als sie nach Los Angeles zurückkehrte. Sie ließ Fielding wissen, sie sehe keinen Grund, warum sie nicht im September nach New York kommen könne. Dann machte sie sich, erfüllt von einem immer stärker werdenden Gefühl der Müdigkeit und Gleichgültigkeit, an die Korrektur der Fahnen. Sie hatte den Eindruck, als ersticke sie in dem winzigen Arbeitszimmer. Die Euphorie, in die die Annahme ihres Manuskripts sie versetzt hatte, war verflogen. Nach den Wochen in San Francisco fühlte sie sich hier so von der Welt isoliert und gelangweilt. Die Notizen für ihren nächsten Roman erschienen ihr mit einemmal kindisch und läppisch, und eines Tages warf sie sie verärgert weg. «Was tue ich überhaupt hier?» fragte sie sich. Joe war eingezogen worden, er diente in einem Marinelazarett in San Diego als Assistenzarzt. Dan verbrachte immer mehr Nächte auf seinem Feldbett in der Werft. Und sie saß abends May Ling gegenüber, und sie beide verbrachten Abend für Abend und Nacht für Nacht in einer Art einsamer Verzweiflung.

Eines Abends sagte May Ling zu ihr: «So kannst du nicht weitermachen, Barbara. Du lebst ja gar nicht richtig. Siehst du eigentlich nicht, was du dir antust?»

«Ich weiß nur, daß ich mich hundeelend fühle», sagte Barbara. «Ich wünsche mir nichts und niemanden, und zugleich vermisse ich jeden und alles. Mein Leben ist so leer und sinnlos. Die Männer, die ich treffe, gefallen mir nicht, ich verstehe sie nicht. Schreiben kann ich auch nicht. Ich habe nicht einmal einen Wunsch. Und dabei habe ich das Gefühl, daß ich allein bin in einer Welt, die zum Tollhaus geworden ist.»

«Ich fürchte, die Tollheit hat erst angefangen», stimmte May Ling zu. «Warum gehst du nicht wieder nach San Francisco und wohnst bei deiner Mutter, bist du nach New York fliegst?»

«Soll ich dich etwa allein lassen?»

«O Bobby, ich komme schon zurecht. Dort kannst du etwas tun. Die Stiftung ist eine großartige Sache, versuch doch, dich ein bißchen darum zu kümmern. Du kannst Menschen helfen, und das ist im Augenblick wohl die beste Möglichkeit, um dir selbst zu helfen.»

«Ich will es mir überlegen», sagte Barbara.

Eines Tages fuhr sie nach Malibu und stellte ihren Wagen in einer Bucht ab, in die sich Wellenreiter auf ihren Brettern hereintreiben ließen. Sie sahen aus wie braune Halbgötter, die über das Meer geritten kamen. Für manche Leute war das Leben einfach. Sie streifte ihre Schuhe ab und legte sich in den Sand, um ihnen zuzusehen. Nach einer Weile kam einer von ihnen, ein großer, gutaussehender, muskulöser junger Mann mit blauen Augen unter einem Büschel sonnengebleichten strohfarbenen Haars zu ihr und sagte: «Versuch's doch mal, Mädchen. Vielleicht gefällt es dir ja.»

«Keinen Badeanzug», antwortete Barbara.

«Wen interessiert das hier draußen?»

«Macht der Gewohnheit», sagte Barbara.

«Du siehst gut aus», sagte er und setzte sich neben sie. «Wie heißt du?»

«Barbara, und du?»

«Mike.»
«Was treibst du, Mike?»
«Im Sommer Wellenreiten.»
«Sonst nichts?»
«Manchmal bumse ich auch eine. Wie wär's? Wie wär's mit uns beiden, das würde sicher Spaß machen.»
Barbara lachte.
«Oha, ich dachte, du würdest wütend und mir ins Gesicht spucken oder so was.»
«Hast du es deshalb gesagt?»
«So etwa.»
«Nein, ich bin nicht wütend. Wie alt bist du, Mike?»
«Achtzehn.»
«Geh wieder zum Wellenreiten. Ich seh dir zu.»
«Du siehst die absolute Spitze», sagte er.
Sie sah eine Weile zu, ging dann zu ihrem Wagen zurück und fuhr davon. Am folgenden Tag sagte sie zu May Ling: «Ich fahre nach Higate rauf. Und dann bleibe ich eine Weile bei Jean in San Francisco. Ich lasse dich ungern allein zurück, aber ich kann nicht stillsitzen. Und schreiben kann ich auch nicht. Sag Papa, er soll sich keine Sorgen machen. Ich rufe von San Francisco aus an.»

Da in Europa Krieg war, hatte Eloise zugestimmt, die Flitterwochen auf Cape Cod zu verbringen. Und da sie Furcht vor dem Fliegen hatte, überquerten sie den Kontinent mit der Bahn. Nach ein paar Stunden Zugfahrt bekam Eloise trotz des luxuriösen Zweier-Schlafwagenabteils eine Migräne und wimmerte vor Schmerzen, als Tom seinen ersten Versuch unternehmen wollte, mit ihr zu schlafen. Tom hatte seine erste Erfahrung im Alter von siebzehn Jahren gemacht und seitdem, teils bezahlt, teils kostenlos, regelmäßige Beziehungen gehabt. Er hatte sich vergewissert – soweit das einem Mann möglich ist –, daß seine zukünftige Frau unberührt war, und sich dazu gezwungen, sie in diesem Zustand zu belassen. Er hatte seine eigene Vorstellung davon, was für ein Mensch Eloise wirklich war, und er hatte keinen Versuch unternommen, diese Vorstellung durch ein wirkliches Kennenlernen seiner Frau zu überprüfen oder zu bestätigen. Vor der Hochzeit waren sie häufig tanzen gegangen, ab und zu miteinander ausgeritten, hatten mehrere Dutzend Abendgesellschaften besucht, an einigen Strandparties und mehreren Picknicks teilgenommen, und sie waren an drei Sonntagvormittagen zusammen in die Kathedrale zum Gottesdienst gegangen. Aber sie hatten nie ein richtiges Gespräch geführt, sie hatten es nie so weit kommen lassen, daß der eine etwas Tiefsitzendes oder Wahres über den anderen hätte erfahren können.

Es gab viele verborgene Seiten im Wesen von Eloise, die vielschichtiger und interessanter waren als ihre Migräne. Allerdings hatte diese in einigen von ihnen ihren Ursprung. Doch davon ahnte Tom nichts. Er wußte auch nicht, daß er in den Augen Eloises der edle, vollkommene Ritter in der schimmernden Wehr war, den sie sich erträumt hatte, seit sie als Kind die Geschichten von König Artus' Tafelrunde gelesen hatte. Sie hatte ihm nie sagen können, daß sie ihn für den bestaussehenden Mann hielt, den sie je kennengelernt hatte, und daß sie sich seit ihrem ersten Treffen eine Traumwelt geschaffen hatte, in der nur sie und er lebten. Nie erfuhr er, daß sie ein Tagebuch führte, das sie *Poictesme* nannte – nach dem Phantasiereich von James Branch Cabell, dessen erotische Romane sie seit ihrem dreizehnten Jahr immer wieder gelesen hatte. Diesem Tagebuch hatte sie ihre Hoffnungen anvertraut, seit sie Tom Lavette kennengelernt hatte.

Tom seinerseits hatte ihr nie auch nur einen Teil seiner sexuellen Wunschvorstellungen offenbart. Tief in ihm saß der Verdacht, daß er nie ein Mädchen entjungfert hatte, obwohl einige derer, die er gekannt hatte, das behaupteten. Somit hatte die Jungfräulichkeit seiner Frau einen sehr hohen Stellenwert für ihn. Er war entschlossen, in der ersten Nacht im Zug von seinem Recht als Ehemann Gebrauch zu machen. Eloise, die Augen fest gegen das Licht geschlossen, brachte nicht mehr als ein Flüstern zustande. Mit kaum hörbarer Stimme versuchte sie Tom mitzuteilen, was eine schwere Migräne war. «Jeder Stoß des Zuges ist eine Pein für mich», sagte sie. «Schon der Klang meiner Stimme tut mir weh.»

«Herrgott noch mal; kann man denn nichts dagegen machen?»

«Ich habe Aspirin und Kodein geschluckt, und mir ist so schlecht, Tommy. Ich würde am liebsten sterben.»

Tom ließ sie allein, ging in den Salonwagen, bestellte einen Bourbon-Cocktail und fing ein Gespräch mit einer gutgekleideten und recht gut aussehenden Frau Mitte Dreißig an, die neben ihm saß. Er lud sie zu einem Drink ein und erfuhr, daß sie Einkäuferin für Krempels Warenhaus in Oakland war. Sie tranken beide noch zwei Gläser, dann kehrte er in sein Abteil zurück. Er fand Eloise vor, wie er sie verlassen hatte. Sie wollte nichts essen und nichts trinken. Tom ging wieder in den Speisewagen, und da gegenüber der Einkäuferin von Krempel ein Platz frei war, führten sie ihre Bekanntschaft fort. Sie war geschieden. Er sagte wenig über seine eigene Situation, erklärte seine Marineuniform nur damit, daß er Offizier auf Urlaub sei. Da sie in Omaha aussteigen mußte, fühlte er sich dabei recht sicher. Nach dem Essen gingen sie in ihr Abteil, tranken noch etwas und gingen miteinander ins Bett. Tom brauchte sie nicht zu verführen, die Entscheidung hatte seine Partnerin schon weit früher getroffen, denn sie war von dem gutaussehenden, schlanken jungen Mann in der Marine-Uniform sehr angetan. Tom, der unter seiner Enttäuschung und der Zurückweisung litt, tat lustlos, was von ihm erwartet wurde, und ging anschließend wieder in sein Abteil.

Eloises Kopfschmerz hielt bis Chicago an. In den wenigen Stunden, die sie dort Aufenthalt hatten, war er wie weggeblasen. Tom aß mit ihr im Pump Room zu Mittag, und Eloise, die ihm am Tisch gegenübersaß, sagte ihm mit leuchtenden Augen, wie sehr sie seine Geduld und seine Rücksichtnahme zu schätzen wisse.

»Ich habe dich so enttäuscht», sagte sie. «Aber ich werde es wiedergutmachen, Tommy, ich verspreche es.»

«Aber nein.» Er war fast unterwürfig mit seinem schlechten Gewissen, und Eloise legte es ihm als Mitgefühl aus.

«Als wir hier hereinkamen», sagte Eloise eifrig, «habe ich gesehen, daß alle Frauen sich nach dir umdrehten. Ich bin nicht die Spur eifersüchtig, Tommy, aber rasend stolz. Ich habe mir heute nacht gelobt, daß ich nie wieder Migräne haben werde.»

«Du kannst doch nichts dazu», sagte er edel.

«Aber ich werde etwas dagegen unternehmen. Der Sieg des Geistes über das Fleisch! Allerdings ... Züge sind furchtbar! Auf jeden Fall weiß ich, wie gut ich es habe. Als ich neulich mit Mr. Whittier sprach, hat er mir versichert, daß ich den Mann heirate, der eines Tages Gouverneur von Kalifornien sein wird.»

«Das hat John gesagt?»

«Ja.»

«Bis dahin ist noch ein weiter Weg – wenn überhaupt je etwas daraus wird», sagte er bescheiden. «Auf jeden Fall siehst du hübsch aus.»

«Ich glaube, das einzig Gute, was man über eine Migräne sagen kann, ist, daß man geradezu in Wohlbehagen schwimmt, wenn sie aufhört. Gefällt dir mein Kleid? Ich fühle mich zwar albern in Rosa, aber alle sagen, daß es mir steht.»

«Es ist hinreißend.»

Aber im Zug der Twentieth Century Limited von Chicago nach New York setzte die Migräne wieder ein, und Tom saß grübelnd und stumm im Salonwagen, rauchte zu viele Zigaretten und fragte sich: «Wie zum Teufel habe ich mich darauf einlassen können?» Dabei fiel ihm Whittiers Warnung ein: «Keine Scheidung, Tom. Triff von Anfang an die richtige Wahl.»

Irgendwo zwischen Los Angeles und San Francisco wurde Barbara klar, was sie tun wollte. Statt ins Napatal zu fahren, blieb sie in San Francisco und besuchte ihre Mutter auf Russian Hill. Jean war entzückt, sie zu sehen. Die Bestände der Galerie wuchsen, und Jean strömte über vor Begeisterung. Der Nolde war gekommen, und eine Blitzreise nach New Mexico hatte ihr zum Kauf eines Büffelschädels von O'Keeffe verholfen. «Normalerweise würde ich von ihr kein Bild wollen – aber ist das hier nicht einzigartig, Barbara?»

Barbara besah sich das Bild. «Vermutlich ja», sagte sie zögernd. «Mutter, kann ich ein paar Tage bei dir bleiben?»

«Selbstverständlich.»

«Wenn ich von dem Geld, das du für mich auf das Konto in der Bank eingezahlt hast, etwas brauche, wie komme ich da ran?»

«Ganz einfach. Du gehst hin und füllst einen Kassenbeleg aus. Sie kennen dich doch.»

Am folgenden Morgen ging Barbara zu Sam Goldbergs Büro. Sie fühlte sich großartig. Es war ein heller, kühler Julimorgen, und sie sog die gute, salzige Luft in vollen Zügen ein. Hier gehörte sie hin, daran gab es keinen Zweifel, es gab auf der ganzen Welt keinen zweiten solchen Ort.

Harvey Baxter hieß sie herzlich willkommen. Nur weil er Frau und zwei Kinder hatte, brachte er es fertig, seine offene Bewunderung für Barbara zu zügeln. Während er murmelnd sein Entzücken beteuerte, zog er sie in Sam Goldbergs früheres Büro, in dem jetzt er residierte. «Wie schön, Sie zu sehen, Miss Lavette. Ich hoffe, daß Sie diesmal eine Weile hier bleiben werden.»

«Ich glaube schon.» Sie rückte gleich mit dem Grund ihres Besuchs heraus. «Harvey, ich möchte Sams Haus kaufen.»

«Ach?» Er dachte darüber nach. Er hatte es gelernt, daß ein Anwalt niemals sofort auf etwas reagieren soll.

«Es ist doch noch nicht verkauft?» fragte Barbara sofort.

«Nein, nein. Verkauft nicht. Der Besitz ist noch nicht aufgelöst.»

«Können Sie es mir verkaufen?»

«Als Testamentsvollstrecker ja – es spricht nichts dagegen, wenn Sie es wirklich haben wollen. Es ist nicht sehr modern.»

«Ich möchte es trotzdem. Was soll es kosten?»

«Wie schade, daß Sie nie mit Sam darüber gesprochen haben! Sicher hätte er es Ihnen vermacht. Nun, ich denke, ich kann einen vernünftigen Preis dafür ansetzen – sagen wir zwanzigtausend Dollar. Zwölftausend davon ließen sich mit einer Hypothek abdecken, Sie würden also rund achttausend in bar brauchen.» Er kannte die Umstände, die zur Gründung der Lavette-Stiftung geführt hatten, und fragte sie, ob das nicht zuviel sei.

«Nein. Der Preis ist in Ordnung. Was ist mit den Möbeln?»

«Wissen Sie, das ist seltsam. Sam hatte auf der ganzen Welt niemanden, keinen einzigen Blutsverwandten. Er hat verfügt, daß Mrs. Jones zusätzlich zu dem Geldbetrag, den er ihr ausgesetzt hat, alles im Hause haben kann, was sie möchte. Das ist eigentümlich – aber Sam Goldberg war nun einmal ein Original. Das finden Sie sicher auch, oder?»

«Ich glaube schon. Wo ist Mrs. Jones jetzt?»

«Sie wohnt noch im Haus. Warum gehen Sie nicht zu ihr und sprechen mit ihr?»

«Das werde ich tun. Das Haus bekomme ich aber bestimmt, einverstanden?»

«Das geht in Ordnung, ich erledige es für Sie.»

Auf dem Wege zur Green Street konnte Barbara ihre Aufregung kaum bändigen. Die simple Tatsache, daß sie eine Entscheidung getroffen hatte und daß ihr das Haus gehören würde, änderte alles. Jetzt hatte sie endlich einen Platz, wo sie in ihren eigenen vier Wänden, zwischen eigenen Büchern und Bildern wohnen würde. Das Häuschen hatte ihr immer schon sehr gefallen. Es war für sie eine Stätte der Zuflucht und der Sicherheit gewesen, als sie beides verzweifelt brauchte, und das war es jetzt auch noch.

Mrs. Jones öffnete die Tür, und ihr Gesicht erhellte sich, als sie Barbara sah. «Niemand hätte ich lieber gesehen», sagte sie. «Ich hätte nicht gedacht, daß ich Sie noch einmal wiedersehe.»

Barbara konnte sich nicht zurückhalten. «Ich habe das Haus gekauft, Mrs. Jones.»

«Dieses Haus hier?»

«Ja.» Und als sie die Enttäuschung im Gesicht der schwarzen Haushälterin sah, fügte sie hinzu: «O nein, Sie sollen nicht ausziehen – es sei denn, Sie wollen weg.»

Mrs. Jones führte Barbara in die Küche, und beim Kaffee besprachen sie die Einzelheiten ihrer Abmachung. Nach Erledigung aller erforderlichen Formalitäten würde Barbara einziehen und Mrs. Jones das gleiche Gehalt zahlen, das sie von Mr. Goldberg bekommen hatte. Es gab einige Dinge im Hause, die Mrs. Jones zur Erinnerung behalten wollte. Alles andere sollte Baxter, mit Ausnahme einiger Möbelstücke, verkaufen und das Geld Mrs. Jones geben. Zuerst weigerte sie sich, erklärte, die zehntausend Dollar, mit denen der gute Mr. Goldberg sie bedacht habe, seien reichlich, seien weit mehr, als sie je zu besitzen geträumt hatte. Doch Barbara blieb fest, und schließlich stimmte Mrs. Jones zu.

Am Abend rief Barbara in Los Angeles an und berichtete May Ling vom Kauf des Hauses. «Papa soll sich dadurch, bitte, nicht verletzt fühlen», bat sie May Ling.

«Er wird es verstehen.»

«Es ist nicht so, daß ich zwischen ihm und Jean wähle. Das mußt du ihm klarmachen. Bitte! Ich brauche nur etwas, das mir allein gehört, einen Ort, an dem ich arbeiten, leben und mit mir allein sein kann.»

«Ich weiß.» Als May Ling den Hörer auflegte, hatte sie doch so etwas wie eine unbestimmte Angst. Es war bereits acht Uhr, und Dan war noch nicht nach Hause gekommen. Er konnte jeden Augenblick anrufen und ihr sagen, er werde heute nicht kommen. Joe war im Dienst, und täglich rückte die Kriegsgefahr näher. Sie lebten in einer Zeit, in der der Tod Ernte hielt – ihre Eltern, Sam Goldberg. Wenn Joe etwas zustieße, wollte auch sie nicht mehr leben. Sie ging durch das Haus, von Zimmer zu Zimmer. Wie verlassen es war, wie leer, wie trostlos! Die alte chinesische Überlieferung sagt, daß die Geister der Toten drei Jahre in ihrer Behausung bleiben, und obgleich May Ling Aberglauben verachtete, dachte sie nicht im Traum daran, das Haus zu verkaufen, auch wenn Dan das mit dem Hinweis vorgeschlagen hatte, daß Palos Verdes unmittelbar neben San Pedro liege und eine aufblühende Wohngegend sei. Sie würde ihre Arbeit in der Bibliothek aufgeben können, denn die Werft warf weit mehr ab, als sie beide ausgeben konnten.

Doch davon wollte May Ling nichts hören. Ihre Arbeit aufgeben?

Dann würde sie sicher rasch dahinwelken. Sie konnte Dan nicht sagen, daß sie mindestens drei Jahre nach dem Tode ihrer Mutter in diesem Haus hier leben mußte, um einem Aberglauben zu gehorchen, den sie stets belächelt hatte. Aber nach dem Gespräch mit Barbara konnte selbst der Aberglaube das leere Haus nicht bevölkern, das kalt war wie ein Grab.

Dan kam erst nach neun, und May Ling, als sähe sie ihn zum erstenmal, hatte den Eindruck, einen erschöpften, müden, alternden Mann vor sich zu haben. Er hatte nichts gegessen. May Ling schnitt Speck, briet Eier und öffnete eine Dose Bohnen. Sie entschuldigte sich, daß sie nichts zu essen für ihn fertig hatte, aber sie hatte nicht mit ihm gerechnet. Doch Dan sagte: «Schätzchen, es gibt nichts auf der Welt, was ich lieber esse als Speck, Eier und Bohnen aus der Dose. Du ahnst nicht, wie viele Jahre ich davon gelebt habe.»

«O Gott. Komm morgen zum Essen nach Hause, Danny, und ich mache dir ein großartiges chinesisches Abendessen.»

«Darauf komme ich möglicherweise zurück.»

«Barbara hat von San Francisco angerufen», sagte sie.

«Und?»

«Sie hat Sam Goldbergs Haus gekauft.»

Dan aß einige Minuten lang weiter. Dann fragte er: «Für sich oder für die Stiftung?»

«Für sich. Sie möchte dort wohnen.»

«Nun, ich hatte sie länger bei mir, als ich mir je hätte träumen lassen. Ich darf mich nicht beklagen.»

«Ich schon», sagte May Ling traurig. «O Danny, ich bin so einsam und so unglücklich. Ich glaube, das liegt daran, daß ich Chinesin bin. Man wächst in einer Familie auf, und hat die Familie immer bei sich. Und jetzt sind sie alle weg, Mama und Papa tot, Barbara in San Francisco, Joe eingezogen und du bist ständig auf deiner Werft. Ich will nicht jammern, Danny, das habe ich nie getan.»

«Ich weiß.»

«Liebst du mich noch?»

Dan brach in Lachen aus, er erstickte fast an dem Essen, das er im Munde hatte. May sagte laut: «Lach mich nicht aus, Dan. Ich bin elend, mir ist es ernst damit, ich bin zutiefst unglücklich.»

Er schluckte das Essen herunter, nahm einen tiefen Zug von dem Bier, das May Ling ihm hingestellt hatte, und sagte: «Jetzt hör mir, bitte, zu. Ich habe den ganzen Vormittag mit Admiral Land verbracht. Er drückt sich mal wieder bei uns rum und hatte zwei junge Klugscheißer von Werftleitern bei sich. Der Seefahrtausschuß hat sie ausgebildet, und sie verstehen mehr vom Schiffbau, als ich in hundert Jahren lernen kann. Wir haben jetzt sechs Ablaufbahnen in Betrieb, und Land möchte, daß wir fünf weitere bauen. Dafür bekomme ich die beiden Werftleiter. Sie sollen das Ganze in die Hand nehmen. In den nächsten beiden Monaten werden elf Schiffe auf Kiel gelegt, dann haben wir Aufträge für zweihundertfünfzig Arbeitstage ...»

«Danny, du hast kein Wort von dem gehört, was ich gesagt habe!»

«Nein? Dann hör mir mal zu. Ich habe zu Land gesagt, daß es mir reicht, daß ich die verdammte Werft nicht will.»

«Das hast du ihm gesagt?» flüsterte May Ling. «Danny, wie konntest du nur?»

«Wolltest du das denn nicht?»

«Nein, das kannst du nicht tun. Warum hörst du auf mich? Betty Hargrave, unsere Chefbibliothekarin, die gerade ihr dienstfreies Jahr in England verbracht hat, hat uns erzählt, wie es dort aussieht. Sie hat die Männer von Dünkirchen zurückkommen sehen und hat die Bombardierung Londons erlebt. Es ist nur eine kleine Insel gegen diese Ungeheuer –»

«Schon gut, hör bitte zu. Du weißt, ich mag Land ganz gern. Er ist ein zäher Brocken und ein krummer Hund dazu, aber er hat auch sein Päckchen zu tragen. Er wollte nicht, daß ich den Kram hinschmeiße, und ich bin auch nicht sicher, ob es mir Ernst damit war. Er hat hier draußen an der Küste vierzehn Werften wieder in Betrieb gebracht, und meine ist das Glanzstück. In gewisser Hinsicht ist der Mann ein Verrückter, ein Genie. Er hat in achtzehn Staaten Verbindungen zwischen mehr als zweitausend Fabriken geknüpft, die Zylinder, Kolben, Turbinen, Stahlblech, Spills, Kompasse und Kabel herstellen. Sie machen alles selbst, von der Konstruktionszeichnung bis zum Versand. Und wir – wir bauen Schiffe, wie noch nie zuvor Schiffe gebaut worden sind. Dabei ist das erst der Anfang. Wir haben uns auf Folgendes geeinigt: Ich überwache den Bau der Ablaufbahnen und die Einstellung von rund dreihundert Männern, das dauert vielleicht acht, neun Wochen, und dann mache ich drei Monate Urlaub – den ersten, seit ich mir diese Werft aufgehalst habe.»

«Danny, wie großartig!»

«Warte. Was war für uns beide am schönsten?»

«Alles war das Schönste.»

«Gut, also dann das Schönste vom Schönsten.»

«Hawaii?»

«Einverstanden. Ich habe Matt Brady von der Wilmington Shipping angerufen. Er hat zwei Frachter auf der Honolulu-Route laufen, große Pötte von sechzehntausend Tonnen. Sie nehmen zwei Passagiere auf, nur zwei. Unsere Kabine ist dreisechzig mal vierachtzig, es steht ein Doppelbett drin, Mahlzeiten werden mit dem Kapitän und den Offizieren eingenommen. Sie haben einen chinesischen Koch, der laut Matt seinesgleichen sucht. Die *Angeles* läuft am 26. September von Wilmington aus.»

«Oh, Danny, Danny, ist das wirklich wahr?»

«Ich habe die Passage gebucht und einen Scheck geschickt, also muß es wohl stimmen. Dann habe ich in Hawaii angerufen und Chris Noël verlangt – du erinnerst dich an die Brüder Noël? Wir haben damals das Hotel mit ihnen gebaut und es verloren, als 1929 alles den Bach runterging. Was glaubst du wohl, was er als erstes gefragt hat?»

«Woher soll ich das wissen, Danny?»

«Ob ich meine schöne Chinesin wieder mitbringe? Ich habe ihm gesagt, daß wir seit zehn Jahren verheiratet sind. Es bleibt uns gar nichts anderes übrig, wir müssen bei ihnen wohnen, in ihrem riesigen Haus, das sie als Bungalow bezeichnen. Ich habe ihn nicht darum gebeten, denn wir können uns auch ein Hotel leisten.»

«Danny, warum sollten wir nicht in diesem wunderbaren Haus bei ihnen wohnen!»

«Es führt sowieso kein Weg daran vorbei. Ich habe gesagt, daß ich gern gewußt hätte, ob sie immer noch ihren wunderbaren Heckmaster haben und ob wir ihn für ein paar Wochen chartern könnten. Was heißt hier chartern! sagte er. Wir sollen das Boot als unser Eigentum betrachten. Es ist also alles klar. Ich weiß, daß du dich elend fühlst – aber meinst du, du kannst es noch bis September aushalten?»

«Ich will es versuchen.» Sie kam um den Tisch herum und umarmte ihn. «Ich versuche es, Danny, ich gebe mir ganz große Mühe.»

In den vier Jahren, seit er als Nachfolger von Alvin Sommers Vorstandsvorsitzender der Seldon Bank war, hatte Martin Clancy seinem Büro die Würde zurückgegeben, die es einst – und, wie er meinte, zu Recht – besessen hatte. Nachdem die Handwerker der Elfenbeinfarbe mit irgendeiner beizenden Flüssigkeit zu Leibe gerückt waren, waren die Walnußpaneele wieder zum Vorschein gekommen, die Jean so deprimiert hatten. Ihr Aubusson war zu einer Versteigerung geschickt worden und an seiner Stelle lag jetzt ein dunkler, unauffälliger Teppich. Wo ihre chintzbezogenen schwellenden Polstersessel gestanden hatten, befanden sich jetzt wuchtige Klubsessel aus Mahagoni mit braunem Lederbezug. Ihre hellen impressionistischen Gemälde hatte Jean mitgenommen, da sie ihr Eigentum waren, jetzt hing nur noch das Porträt des ersten Seldon an der Wand hinter Martin Clancys Schreibtisch.

Clancy, schon an die siebzig, saß hinter seinem Schreibtisch – und damit, bildlich gesprochen, hinter der ganzen Bank, die er während seines langen Lebens so eifersüchtig gehütet hatte –, als Tom, der vor einer Woche von der Hochzeitsreise zurückgekehrt war, sein Büro betrat. Clancy hatte ihn schon erwartet, zumal er sich vorstellen konnte, warum Tom kam. Clancy war bei guter Gesundheit, robust, Abstinenzler, Nichtraucher. Er begrüßte Tom voll Überschwang, gratulierte ihm zu seiner Eheschließung, seiner Sonnenbräune und seiner Uniform. «Der alte Tom hätte sich gefreut, wenn er seinen Enkel in dieser Uniform hätte sehen können! Nun ja, Tom, ich kann mir denken, was Sie zu mir führt. Mit Ihren eigenen Anteilen und dem, was John Whittier Ihrer Schwester abgekauft hat, sind Sie jetzt am Ruder. Ein feiner Kerl, dieser John. Sie könnten sich mit keinem Besseren zusammentun. Natürlich nicht offen», fügte er hinzu, «denn die Bank gehört nun mal den Aktionären, nicht wahr?»

«Ich fürchte ja», stimmte Tom zu.

«Wollen Sie Platz nehmen? Es gibt vieles zu besprechen – das heißt, wenn Sie möchten.»

«O ja, das möchte ich gern. Aber nicht heute, Martin. Heute bin ich nur auf einen Augenblick hereingekommen. Ich berufe eine Vorstandsitzung ein. Ich wünsche, daß Sie zurücktreten. Ich gedenke, den Vorsitz über den Vorstand selbst zu übernehmen.»

Die Worte kamen mit der Treffsicherheit eines Peitschenhiebs. Clancy hatte, nach allem, was er gehört hatte, einen selbstsicheren jungen Mann erwartet. Er hatte auch erwartet, daß Tom für sich selbst eine Position im Vorstand vorschlagen würde. Doch diese direkte Forderung und die Überheblichkeit erschütterten ihn. Es dauerte eine Weile, bis er wieder sprechen konnte. «Nun, Thomas», sagte er schließlich, «ich sehe die Rechtmäßigkeit Ihrer Ansprüche, und mit dem Stimmrecht von John Whittiers Anteilen, das Sie vermutlich haben –»

«So ist es.»

«– steht Ihnen alles offen, sicher. Aber, Thomas, Sie tragen Uniform, eine sehr ehrenhafte Uniform, und das Land befindet sich am Rande eines Krieges ... Sie sind sich sicher darüber im klaren, welche Verantwortung eine solche Position mit sich brächte, wie viel Sie dafür aufwenden müßten –»

«Martin, lassen Sie sich von der Uniform nicht ins Bockshorn jagen. Stationiert bin ich in San Francisco, auf demEmbarcadero. Und wenn wir Krieg bekommen, wird es weniges geben, was wichtiger ist als der Hafen von San Francisco. Wir können uns also Ihre patriotische Suada schenken.»

Clancy verstummte.

Er blickte auf seinen Schreibtisch, seufzte, sah zu Tom auf und sagte: «Ja, Thomas, die Verantwortung liegt bei Ihnen. Ich kann es verstehen. Zumindest werde ich in Ihrer Nähe sein, um Ihnen bei schwierigen Entscheidungen zu helfen.»

«Vielen Dank, Martin, das ist nicht nötig. Ich möchte, daß Sie vom Vorstand zurücktreten. Sie sind schon siebzig Jahre alt.»

Clancy sah ihn an, atmete tief und sagte: «Thomas, ich habe dieser Bank ein halbes Jahrhundert gedient und zweiunddreißig Jahre in Ihrem Vorstand gesessen.»

«Eine sehr lange Zeit. Etwas Ruhe wird Ihnen gut tun.» Mit diesen Worten wandte Tom sich um und ging. Clancy starrte fassungslos auf die Tür, die sich hinter ihm geschlossen hatte, und flüsterte: «Du junger Halunke, du Laufbursche von John Whittiers! Ich sehe euch beide schon in der Hölle schmoren. Wenn Whittier glaubt, daß er diese Bank zu seiner California Shipping haben kann, irrt er sich. Noch gibt es Recht und Gesetz in diesem Staat.»

Eine Woche darauf erlitt Martin Clancy einen Schlaganfall, der ihn lähmte und ihm die Sprache nahm. Die rechtlichen Schritte, die er sich möglicherweise vorgenommen hatte, blieben in seinem Kopf verschlossen.

Nördlich von Napa sah Barbara auf der Fernstraße 29 einen Anhalter den Daumen heben und bremste den Wagen ab. Normalerweise hätte sie keinen Anhalter mitgenommen, aber im Vorbeifahren hatte sie an dem jungen Mann etwas gesehen, was sie sofort auf die Bremse treten ließ. Er konnte höchstens achtzehn oder neunzehn sein, trug Bluejeans und ein T-Shirt, war groß, hager – und er hatte ein sommersprossiges Gesicht, das unter einem roten Schopf hervorgrinste.

«Vielen Dank, meine Dame», sagte er, als er einstieg.

«Wohin?»

«Etwa zehn Kilometer weiter. Von da aus laufe ich. Ich wollte eigentlich von hier aus laufen, aber es wurde mir zu warm. Meine Schwester hatte vergessen, die Bücher aus der Bücherei in Napa zurückzubringen. Mein Vater hatte etwas zu erledigen, also nahm er mich mit, und ich habe ihm gesagt, ich fahre per Anhalter zurück. Aber die Menschen scheinen einander nicht mehr zu trauen. Ich hatte gerade beschlossen aufzugeben und zu laufen, als Sie kamen.»

«Zehn Kilometer, gut», sagte Barbara. «Ich glaube, bis dahin kann ich Sie mitnehmen. Ich fahre zu einem Weingut namens Higate. Wissen Sie, wo das ist?»

«Na klar, da wohne ich.» Er wandte sich zur Seite und sah sie an. «Hallo, ich glaube, ich weiß, wer Sie sind – Barbara Lavette! Stimmt's?»

«Stimmt.»

«Was für ein Glück! Mutter hat gesagt, Sie kämen heute. Ich bin Adam Levy. Sally hat mir von Ihnen erzählt. Sie ist ganz verknallt in Sie, müssen Sie wissen. Sie hält Sie für das Größte.»

«Na», sagte Barbara, «dann haben wir ja beide Glück gehabt, nicht wahr? Ich freue mich, dich kennenzulernen, Adam. Wie alt bist du?»

«Neunzehn. Nach den Ferien fange ich mein zweites Jahr in Berkeley an. Jetzt arbeite ich auf dem Weingut. Samstags habe ich frei. Du warst noch nie in Higate, oder?»

«Nein, es ist das erste Mal. Ich habe deine Eltern in Paris kennengelernt, als ich dort wohnte.»

«Ach ja, du hast damals für sie gedolmetscht, nicht wahr? Ich kenne deinen Vater. Er und mein Großvater waren Teilhaber, und ich nehme an, du kennst die Geschichte von meiner verrückten Schwester und deinem Bruder Joe.»

«Ja, die kenne ich.»

«Ich mag Joe. Wir sind gute Freunde. Wenn ich mich mal operieren lassen muß, soll Joe das machen. Das haben wir alles schon besprochen. Es gibt jetzt die Spinalanästhesie. Man kann sich operieren lassen und dabei wach sein und spürt trotzdem nichts. Joe und ich haben vereinbart, daß er mir das gibt, und dann kann ich die ganze Sache mit ihm besprechen und vielleicht sogar, wenn wir einen Spiegel aufhängen, zusehen. Was hältst du davon?»

«Ich glaube, du solltest lieber gesund bleiben», sagte Barbara.

«Klar. Nur für alle Fälle. Auf jeden Fall freue ich mich, daß du uns besuchen kommst. Du mußt dir nur von vornherein darüber klar sein, daß Weinbauern verrückte Leute sind. Es liegt in der Familie. Weißt du, worin ich mein Examen mache? In Weinbau. Mir ist es egal. Sie sagen alle, ich hätte nicht viel Ehrgeiz, und außerdem gefällt mir die Sache mit dem Wein. Aber mein Bruder Josh – er ist siebzehn – sagt immer, er will hier weg. Weißt du, Mutters Vater war Kapitän auf einem Schiff. Sie redet nicht viel von ihm. Er ist im letzten Krieg mit einem Schiff deines Vaters vor der englischen Küste untergegangen. Hast du das gewußt?»

Barbara nickte.

«Ihn hat Josh sich zum Vorbild genommen. Er will unbedingt zur See. Mutti hofft, das gibt sich, aber ich weiß nicht ...»

Als sie Higate erreichten, war Barbara fast vollständig, wenn auch etwas verworren, über die Geschichte der Familie Levy informiert. Sie konnte sich des Eindrucks nicht erwehren, daß die Levy-Kinder jeden Menschen um den Verstand reden konnten. Trotzdem fand sie Adam charmant, völlig unverkrampft und überhaupt nicht schüchtern. Er war seiner Schwester so ähnlich, daß Barbara fast Sally zu hören meinte. Es gab während der Fahrt Augenblicke, in denen sie nicht mehr zuhörte, weil die Schönheit des Tales sie gefangennahm. Seit ihrer Kindheit war sie nicht mehr hier gewesen, und welche Erinnerungen sie auch daran haben mochte, sie steigerten nur den betörenden Zauber des Tales. Die sanfte Hügelkette mit den vollen Rebhängen lag in der Nachmittagshitze vor ihnen, die heiße Sommersonne brannte mitleidlos auf sie hernieder. Dann kamen sie in den kühlen Schatten der hohen Eichen, die zu beiden Seiten der unbefestigten Straße nach Higate standen. Barbara begriff sofort, warum Joe die Gegend so liebte. Die alten Häuser, vom Erdboden bis zum Dach mit Efeu bedeckt, paßten sich harmonisch der Landschaft an. Die Rebstöcke zogen sich die Hänge hinauf, und auf einer hochliegenden Wiese stand eine Herde Milchvieh, unbeweglich, als hätte jemand sie auf den gelben Grashintergrund gemalt. Und überall Blumen – Rosen, Ringelblumen, Zinnien und riesige Flächen voller Steinkraut.

Jake und Clair begrüßten sie herzlich und luden sie ein, mindestens zwei oder drei Tage zu bleiben. Sie sagte, sie habe eigentlich nur eine

Stippvisite machen wollen. Doch sie erlag rasch dem Zauber des Ortes, und ihr Protest wurde zunehmend schwächer. Schließlich willigte sie ein, wenigstens über Nacht zu bleiben. Sally umarmte sie überschwenglich. «Oh, toll, einfach toll, daß du hier bist!» Sie flüsterte ihr zu, daß sie, sobald Barbara sich frei machen konnte, unter vier Augen mit ihr reden müsse. Joshua, genauso groß wie sein älterer Bruder, war still und zurückhaltend. Er begrüßte Barbara schüchtern und verlegen und sah sie dabei mit offener Bewunderung an. Er trug ihre Reisetasche in ihr Zimmer, blieb stehen und wandte den Blick nicht von ihr, bis er schließlich wieder zu sich kam. Später sagte er zu seinem Bruder: «Sie ist so wunderschön.»

Clair kam herauf, um Sally aus Barbaras Zimmer zu verscheuchen. «Nachher», sagte sie. «Jetzt möchte ich erst einmal allein mit Barbara sprechen.» Und als Sally zögernd gegangen war, sagte Clair: «Ich habe etwas für dich. Es geht uns zwar nichts an, aber Jake und ich wundern uns so darüber. Es macht uns furchtbar neugierig.» Sie nahm einen Brief aus ihrer Schürzentasche. «Er kam vor drei Tagen. Da ich wußte, daß du herkommen würdest, habe ich ihn hierbehalten. Er kommt von Sergeant Bernie Cohen, ist vor sechs Wochen in Ägypten aufgegeben worden und unter unserer Adresse an dich gerichtet. Es ist so seltsam, du hast damals in Paris nach einem Bernie Cohen gefragt, der für uns gearbeitet hat, erinnerst du dich? Hast du ihn seither kennengelernt?» Barbara sah auf den Brief. «Ist es derselbe Bernie Cohen?» fragte Clair.

«Ja», flüsterte Barbara. «Er ist es.»

«Woher, um Himmels willen, kennst du ihn denn?»

«Kann ich dir das später sagen?» fragte Barbara. «Ich erzähle dir dann die ganze Geschichte. Jetzt muß ich erst mal allein sein.»

«Aber natürlich, wie du willst. Abendessen gibt es in eineinhalb Stunden. Laß dir ruhig Zeit, wir warten auf dich.»

Nachdem Clair die Tür hinter sich geschlossen hatte, setzte Barbara sich aufs Bett und sah den Brief an. Schließlich öffnete sie ihn und begann zu lesen: «Meine sehr liebe Barbara», begann er. «Daß ich Dir bisher, zwei Jahre, nachdem ich Dich kennengelernt habe, noch nicht schrieb, bedeutet nicht, daß ich etwa nicht an Dich gedacht hätte. Den größten Teil der Zeit habe ich gebraucht, um mich davon zu überzeugen, daß es nicht sinnlos ist, Dir zu schreiben. Bitte, mißverstehe das nicht. Ich meine nur, die Wahrscheinlichkeit, Dich je wiederzusehen, ist so gering, daß ich lange der Ansicht war, das Beste, was ich tun könnte, sei, völlig aus Deinem Dasein zu verschwinden. Die wenigen Stunden, die ich mir Dir verbracht habe, waren die schönsten meines ganzen Lebens. Ich kann es wirklich nicht anders sagen. Auf jeden Fall ist die Post unter den gegenwärtigen Umständen so unsicher, daß es einem Wunder gleichkäme, wenn Du diesen Brief erhalten solltest. Das macht es mir leichter, denn ich kann mir einreden, daß ich hauptsächlich mit mir selbst spreche. Andererseits, glaube mir, Wunder geschehen. Daß ich Dich kennengelernt habe, war wie ein Wunder. Anders kann ich es mir nicht erklären.

Ich möchte gleich zu Anfang sagen, daß es mir gutgeht. Ich bin geradezu unnatürlich gesund und immer noch ohne Verwundung. Ich habe mich mit einem der indischen Soldaten hier angefreundet, Rama Kee. Er redet viel von etwas, was er Karma nennt, und läßt sich nicht davon abbringen, daß mein Karma mich für irgendeinen Zweck aufspart. Das kommt mir zwar sehr unsinnig vor, da er aber nur einssiebenundfünfzig ist, ich aber dreißig Zentimeter größer bin, ist das die einzige vernünftige Erklärung dafür, daß ich noch ohne Verwundung bin.

Ich schweife zu sehr ab. Am besten fange ich mit dem Tag an, an dem ich damals Deine Wohnung verließ. Ich muß gestehen, daß es mich mit Befriedigung erfüllte, pleite zu sein. Ich konnte Dir nur etwas geben, indem ich nichts von Dir nahm, falls Du das verstehen kannst. Kannst Du Dir vorstellen, daß ich den ganzen Weg bis Villeneuve marschiert bin? Natürlich hätte ich jemanden finden können, der mich mitnahm. Aber ich hatte so viel mit mir zu bereden, und das kann ich nur im Gehen. Ein halbes dutzendmal wollte ich umkehren, weil ich einsah, daß ich mich um das einzige gebracht hatte, was wirklich gut war in meinem Leben, aber die Charakterstärke der Cohens ließ mich durchhalten. Als ich in Villeneuve ankam, war es dunkel. Ich muß mehr als dreißig Kilometer marschiert sein, meist am Fluß entlang. Allerdings machte ich auch endlos lange Pausen, setzte mich an den Fluß und kam schließlich zu der Überzeugung, daß das, was zwischen uns geschehen war, aus Deiner Dankbarkeit geschah und keineswegs ein Hinweis darauf sei, daß Du für einen Mann wie mich etwas empfinden könntest.

Ein Spanier, Raol García, hat ein Café in Villeneuve. Zufälligerweise ging ich dort hinein und wir kamen auf den Krieg zu sprechen. Na ja, um eine lange Geschichte kurz zu machen, sein Bruder war im Spanischen Bürgerkrieg gefallen, und als Raol hörte, daß ich bei der

Internationalen Brigade gewesen war, überschlug er sich förmlich. Er gab mir zu essen –, ließ mich in seinem Haus übernachten, und am nächsten Tag nahm sein Schwager mich im Lastwagen mit nach Lyon. Von dort habe ich mich per Anhalter bis Marseille durchgeschlagen. Ich versuche, knapp zu schreiben, weil dieser Brief sonst endlos wird, also lasse ich Einzelheiten aus. Der wesentliche Punkt ist, daß ein Jude in einer fremden Stadt immer eine Schlafstelle und eine kleine Gabe in der Synagoge bekommen kann – und das habe ich in Marseille auch genutzt. Dort traf ich einen weiteren Spanienkämpfer, einen Jungen namens Brodsky, aus der Bronx in New York. Er war schon eine Weile dort und hatte sich mit einigen Männern von Marseille zusammengetan, die einen alten Fischdampfer gekauft hatten und damit jüdische Flüchtlinge aus Deutschland und Osteuropa nach Palästina brachten. Sie konnten noch einen Helfer an Bord gebrauchen, und zwar jemanden, der ein Maschinengewehr zusammensetzen und damit umgehen konnte. Sie hatten es von einem türkischen Waffenhändler gekauft. Also hatte ich genau das gefunden, was ich mir erträumt hatte.

In den folgenden drei Monaten pendelten wir mit dem Boot zwischen Marseille und der Küste Palästinas hin und her. Wir konnten zwischen zwölf und zwanzig Menschen unterbringen, vorausgesetzt, sie schliefen auf dem Deck. Ich schätze, daß wir damals mehr als dreihundert Leute nach Palästina gebracht haben. Den beiden Franzosen, denen das Boot gehörte, ging es keineswegs um Nächstenliebe. Es war für sie ein sehr gutes Geschäft. Sie nahmen alles, was das Geschäft abwarf, und zahlten mir und Brodsky zweihundert Francs im Monat, weil wir, wie sie sagten, dumme Idealisten seien. Sie haben einen Haufen Geld damit verdient, aber immerhin konnten Brodsky und ich sie jedesmal, wenn sie jemanden abweisen wollten, der nicht genug Geld hatte, so unter Druck setzen, daß die meisten mitgenommen wurden.

Das Ende kam, als uns ein italienischer Zerstörer vor der palästinensischen Küste etwa fünfzehn bis zwanzig Kilometer südlich von Haifa eine Granate in den Rumpf jagte. Unsere Passagiere waren bereits alle an Land gegangen, so daß nur noch wir vier an Bord waren. Bei dieser Gelegenheit habe ich zum erstenmal versucht, das Maschinengewehr zu benutzen. Das war allerdings mehr als blöd. Brodsky und ich konnten uns ans Ufer retten. Was aus den beiden Franzosen geworden ist, haben wir nie erfahren. Vielleicht haben die Italiener sie aufgefischt. Das komische dabei ist: Wir wußten gar nicht, daß inzwischen der Krieg ausgebrochen war! Und die Italiener hatten eigentlich nichts damit zu tun. Sie nahmen wohl an, wir schmuggelten Juden ins Land – warum sollte man uns da nicht vom Wasser wegputzen? Vielleicht wollten sie aber auch nur ein bißchen herumballern.

Wir waren barfuß und mußten etwa fünf Kilometer laufen, ehe wir auf einen Kibbuz stießen. Ich mag gar nicht mehr daran denken, wie unsere Füße ausgesehen haben. Immerhin waren wir in Palästina. Du kannst also den Levys sagen, solltest Du diesen Brief je bekommen, daß ich es geschafft habe – wie ich es ihnen ja vor siebzehn oder achtzehn Jahren gesagt habe.

Ich will versuchen, diesen Brief hier so aus dem Land zu bekommen, daß er nicht durch die Zensur geht. Für den Fall, daß das doch nicht klappt, lasse ich den Namen des Kibbuz aus. Die Dinge stehen ziemlich schlimm in Palästina. Viele der Kibbuzim werden ständig von Arabern angegriffen. Die Briten beschlagnahmen unsere Waffen und machen uns das Leben unnötig schwer. Im Kibbuz stand es nicht zum Besten. Auch er wurde häufig angegriffen, und niemand hatte eine rechte Vorstellung von der Verteidigung. Ihre ganze Bewaffnung bestand aus vier alten Mauser-Gewehren und zwei Webley-Pistolen. Barbara, ich weiß, was Du von Krieg, Kampf und Töten hältst, und ich glaube, daß mir das alles inzwischen mehr zuwider ist als Dir. Aber da wir nun mal da waren, Brodsky und ich, und mehr von dieser Art Kriegführung verstanden als irgend jemand in der britischen Besatzungsarmee, haben wir gehandelt. Wäre es nicht gelungen, den Kibbuz mit Waffen und Munition zu versorgen, hätte man ihn früher oder später dem Erdboden gleichgemacht. Also haben Brodsky und ich sechs Mann ausgebildet und eine Nachtpatrouille aufgestellt. Dann haben wir einen Araber bestochen, und der hat uns verraten, wo ein Waffenlager war. Wir sind dann eines Nachts losgezogen und haben es ausgeraubt. So etwas ist schmutzig und unehrenhaft, aber es diente zwei Zwecken: Die Überfälle auf den Kibbuz hörten auf, und wir hatten die Waffen und Munition, die wir so dringend brauchten.

Wenn ich mir ansehe, was ich bisher geschrieben habe, und daran denke, was Du dazu meinst, muß ich mir sagen, daß hier nichts steht, was Dir eine besonders hohe Meinung von mir geben könnte. Aber so war es nun einmal. Ich nehme an, wir alle tun, was wir müssen. Für mich ging es dann so weiter: Wir diskutierten im Kibbuz immer wieder darüber, was nach dem Krieg oder möglicherweise schon während des Krieges geschehen würde, wenn die Araber beschlössen, die Juden zu liquidieren. Und als wir hörten, was man uns aus Deutschland und Polen berichtete, waren wir uns einig, daß es für die Juden auf der ganzen Welt kein anderes Land geben könne als eben Palästina. Also mußten wir eine neue Art des Kampfes und der Verteidigung entwickeln. Die meisten vertraten die Ansicht, wir brauchten eine Luftwaffe. Das war sicherlich lachhaft, weil die Juden in ganz Palästina nicht ein einziges Flugzeug und wahrscheinlich auch keinen einzigen Piloten hatten. Aber so ist es mit allem in den jüdischen Siedlungen. Sie reden von Panzern und Artillerie, aber von beidem ist weit und breit nichts zu sehen. Dasselbe gilt für die Luftwaffe. Sie sagen: Wir brauchen eine Luftwaffe, also brauchen wir Piloten. Dann wird abgestimmt, und plötzlich bin ich dazu ausersehen, mich bei den Briten zu melden und mich von ihnen auf einem Jagdflugzeug ausbilden zu lassen. Es klingt verrückt, aber genau so wird hier alles gemacht. Sie sagen: Lern du erst mal fliegen, das Flugzeug treiben wir dann schon auf.

So kam ich also zum britischen Militär. Der britische Musterungsoffizier sagte: Cohen, Sie wollen Pilot werden. Schön, wir bilden Sie aus. Die ganze Geschichte von Bernie Cohen, und der Hauptgrund dafür, warum er nie reich oder klug sein wird, ist damit erklärt: Wie kann ich nur so blöd sein, etwas zu glauben, was mir ein britischer Musterungsoffizier erzählt? Was dann folgte, hast Du bestimmt gelesen. Zuerst einmal kamen sie dahinter, daß ich im spanischen Bürgerkrieg gekämpft hatte. Damit war ich in ihren Augen ein Roter und ein Zionist, die schlimmste Kombination auf Gottes Erdboden. Zwei Monate lang habe ich dann in einem Strafbataillon in Ägypten Gräben ausgehoben, Unterstände und Geschützstellungen gebaut. Dann fanden sie, meine Gaben würden nicht genutzt. Sie vergaben mir also meine Vergangenheit und ernannten mich zum Schießausbilder. Anschließend wurde ich zum Corporal befördert, dann wurde ich Sergeant, das Herzstück der britischen Armee. Denn was Intelligenz angeht, bekleckern die Herren Offiziere sich nicht mit Ruhm. Irgendwann hat man mir das Kommando über eine Art Fahrzeug gegeben, das mit einem leichten Maschinengewehr bewaffnet ist. Damit sollten wir versuchen, Ägypten gegen Graziani zu halten. Wir waren etwa zwanzig Mann, und Graziani hatte dreihunderttausend Leute, eine Luftwaffe und an die tausend Panzer. Na, ganz so schlimm war es nicht. Wir hatten drei Divisionen, eine Anzahl dieser Fahrzeuge mit leichten MGs und eine Handvoll Panzer. Bis Dezember warteten wir vergeblich auf die Italiener. Dann schickte Wavell eine Patrouille mit einigen unserer MG-Fahrzeuge und Panzern los, wir entdeckten eine Lücke in den italienischen Linien, fuhren durch und weiter, immer weiter. Ich weiß, so schreibt man nicht über eine Schlacht, aber Dir will ich lieber überhaupt nicht von einer Schlacht schreiben. Wahrscheinlich hast Du auch alles darüber in Euren Zeitungen gelesen.

Ich nehme an, daß die Italiener nicht mit ganzem Herzen hinter dem Krieg oder dem Faschismus standen, denn in den nächsten drei Monaten zerschlugen wir die italienische Armee und machten mehr als hundertfünfzigtausend Gefangene. Dank des Karma, von dem mein indischer Freund immer redet, bekam ich keinen Kratzer ab. Das Schlimmste, was mir widerfuhr, war ein Anfall von Amöbenruhr, und den habe ich inzwischen hinter mir. Ich bin jetzt wieder in Ägypten, bilde Männer aus und versuche nach wie vor, zur Air Force zu kommen, so wie der Kibbuz es beschlossen hat. Es sieht aber ziemlich trübe aus. Immerhin habe ich sehr viel Zeit, nachzudenken und zu lesen, wozu ich früher nicht gekommen bin, und einem Leben einen Sinn zu geben, das bisher so recht keinen hatte.

An diesem Brief habe ich mehr als drei Tage geschrieben, und als ich damit anfing, wollte ich eigentlich nur Deine Wißbegierde befriedigen. Sicherlich hast Du ein- oder zweimal an mich gedacht und Dich gefragt, was ich wohl so treibe. Daher bin ich gewissermaßen verpflichtet, Dir zu sagen, daß ich noch lebe, und Dir zu berichten, wie ich meine Zeit verbringe. Da ich so weit von Dir fort bin, habe ich den Mut, zu schreiben, daß ich ständig an Dich denke, Dich wohl mehr liebe, als ich je eine andere Frau geliebt habe, und daß mir in meinem ganzen Leben nie etwas so Schönes und Wunderbares widerfahren ist wie die Begegnung mit Dir. Soweit meine streunenden Gedanken. Möglicherweise bist Du längst verheiratet und hast ein Kind. Ich bitte Dich nicht einmal, mir zu antworten, so daß Du diesen Brief, falls er Dich je erreicht, zerreißen und wegwerfen kannst. Was mich angeht, so denke ich, daß dieser Krieg noch sehr lange weitergehen wird.»

Barbara hatte zu Ende gelesen und saß da, mit dem Brief in den Händen. Es war beinahe so, als hätte Cohen seine Verlorenheit auf sie übertragen. Wie sehr, wie oft hatte sie an ihn gedacht? Sicher nicht ständig. Es gab Zeiten, da waren Wochen ohne einen Gedanken an ihn vergangen, aber es gab auch Zeiten, in denen sie seine große Gestalt, seine langsamen Bewegungen vor sich gesehen und sich gefragt hatte, wie er mit diesen langsamen, nahezu trägen Bewegungen überhaupt Soldat sein konnte. Sie erinnerte sich an die gespannte Aufmerksamkeit, mit der er an jenem Abend allem, was sie sagte, zugehört hatte.

Sie war nicht in ihn verliebt, war es nie gewesen. Ihr Herz neigte ihm zu, aber es hatte sich auch schon anderen Männern zugeneigt. So etwas bedeutet noch nicht, daß man einen liebt. Wie konnte sie etwas für einen Mann empfinden, der das Töten aus freien Stücken zu seinem Beruf machte? Töten war für sie die abscheulichste Ungeheuerlichkeit und das größte Übel, und es im Kriege oder bei anderen Auseinandersetzungen zu billigen, hieß nur, das Böse mit übler Spitzfindigkeit zu verschleiern.

Als sie so dort saß, ging die Tür auf und Sally betrat zögernd den Raum. «Bobby?»

Barbara sah zu ihr hoch.

«O Bobby, was ist geschehen?»

Barbara schüttelte den Kopf.

«Du weinst ja.»

«Nein.» Sie fuhr sich mit den Fingern über die Wangen und stellte fest, daß sie naß waren. «Ach? Das hatte ich gar nicht gemerkt.»

«Das kommt wohl von dem Brief da?»

«Der?» Sie hielt ihn dem Mädchen hin. «Möchtest du ihn lesen?»

«Das gehört sich nicht. Oder soll ich?»

«Ja. Ich möchte, daß jemand ihn liest. Lies ihn ruhig.»

Sally nickte ernst, nahm den Brief und setzte sich neben Barbara. Als sie fertig war, fragte sie: «Bobby, warum wolltest du, daß ich ihn lese?»

«Ich muß mit jemandem darüber reden.»

Sally schlang ihre Arme um Barbara und drückte sie an sich. «O Bobby, ich hab dich so gern, wirklich. Und ich verstehe dich. Ich verstehe es so gut. Es ist ein wunderbarer Brief. Was er schreibt, klingt so traurig, so einsam und so weit fort.»

«Ich benehme mich lächerlich.»

«Ganz und gar nicht.»

«Ich kenne ihn kaum. Ich habe nur einen einzigen Abend mit ihm verbracht. Ich liebe ihn nicht. Ich liebe überhaupt niemanden, und das ist schrecklich. Mir ist, als trocknete ich aus und würde etwas, was ich nicht sein möchte.»

«Bobby, du bist die schönste, wunderbarste Frau der Welt. Glaub mir das doch!»

Barbara sah Sally mit großen Augen an und mußte plötzlich lachen. «Du tust mir so gut», sagte sie.

«Tatsächlich? Bleib, bitte bei uns. Auf jeden Fall ein paar Tage. Hier draußen bei uns ist es wunderschön, und ich kann dir alles zeigen. Wir alle mögen dich, Jake, Clair und meine Brüder. Josh ist geradezu in dich verknallt. Darf ich dir meine Gedichte zeigen?»

«Das mußt du unbedingt tun.»

«Lachst du mich aber auch nicht aus? Du schreibst selbst so gut – lachst du ganz bestimmt nicht?

«Auf keinen Fall. Zeig sie mir gleich nach dem Abendessen, ja?»

«O Bobby, ich hab dich so gern.»

Am Morgen des 26. September 1941 ließ May Ling die Rolläden im Hause in Westwood herunter, sah nach, ob der Gashahn zugedreht war, und schloß die Haustür ab. Dan hatte bereits das Gepäck im Taxi verstaut. Er war aufgeregt und fröhlich. Als er vom Taxi aus zusah, wie May Ling in ihrem einfachen Leinenkleid die Haustür zuschloß, fand er, daß sie sich kaum von dem Mädchen unterschied, das er ein Vierteljahrhundert zuvor kennengelernt hatte. «Vorwärts, vorwärts», rief er ihr zu. «Um drei geht es los, mit der Flut.»

Im Taxi sagte sie: «Danny, es ist erst zehn. Wir haben noch fünf Stunden Zeit. So kenne ich dich überhaupt nicht.»

«So war ich auch noch nie. Ist dir eigentlich klar, daß ich zweiundfünfzig Jahre alt bin und noch nie richtig Urlaub gemacht habe? Nicht einmal damals bei der Fahrt zu den Inseln. Das war eine Geschäftsreise, May Ling. Mir hängt der ganze Laden so zum Hals raus, all das Gehetze. Vor ein paar Tagen war ein Grundstücksmakler bei mir. Ich habe ihn förmlich hinauswerfen müssen. Er wollte mir einen dieser Neureichenpaläste in Beverly Hills andrehen. Sein Argument dafür war, ich könne es mir leisten. Alle Welt meint, daß wir reich sind. Wie konnte es nur dahin kommen? Vielleicht sollten wir gar nicht mehr zurückkommen. Erinnerst du dich noch an den Strand auf der Hauptinsel?»

«Dodo Beach?»

«Genau. Fast zwei Kilometer nichts als weißer Strand, im Schoß des Paradieses.»

«Das hast du hübsch gesagt, Danny, ‹im Schoß des Paradieses›.»

«Na ja, vielleicht bleibe ich einfach da, lebe von dem, was das Meer bietet, steche Fische, laß mir einen Bart wachsen. Barfuß und nackt, der Teufel soll es holen.»

«Du magst doch gar keinen Fisch, Danny. Und ich bin nicht sicher, ob du mir mit Bart gefällst.»

«Du würdest dich dran gewöhnen.»

«Und all die schönen Kleider, die ich gekauft habe, damit ich sie bei den Noëls anziehen kann?»

«Zieh sie doch an, spielt gar keine Rolle!»

Als sie in Wilmington ankamen, hatte die *Angeles* gerade ihre Ladung übernommen, und die Stauer waren dabei, die fünf großen Luken zu verschalken und die Ladebäume zu belegen. Matt Tubman, der Erste Offizier, begrüßte sie am Kai und ließ ihr Gepäck von einem Seemann an Bord bringen. Tubman war schlank, etwas über dreißig und rothaarig. «Ihre Kabine, Mr. Lavette, ist Nr. 5, auf dem Bootsdeck. Folgen Sie einfach Brady, dann finden Sie sie. Bis jetzt geht es noch ein bißchen spartanisch zu, weil wir mit dem Stauen ziemlich lange zu tun hatten und mit der Flut heraus müssen. Aber bis zum Abendessen ist alles in Ordnung. Richten Sie es sich gemütlich ein.»

«Gefällt sie dir?» fragte Dan May Ling.

«Danny, sie würde mir auch gefallen, wenn sie nur ein Ruderboot wäre.»

«Da sind wir», sagte er. «Das hier ist das Hauptdeck und das da das Bootsdeck. Das haben wir also ziemlich für uns allein. Über uns ist das Achterdeck und die Brücke, die Toppseite und das Flaggendeck. Wir haben vier Rettungsboote und ein paar Rettungsflöße. Die Dinger, die da so vorstehen, heißen Ladepfosten.»

«Ja, Danny.»

«Du kannst es dir ruhig merken, denn immerhin ist es ja für sechs Tage deine Heimat.»

«Ja, Danny, natürlich.»

Die Kabine war groß und bequem. Die Tür ging aufs Bootsdeck. Sie waren gerade beim Auspacken, als sich die Tür öffnete und ein kleiner dunkelhaariger Mann mit einer riesigen Nase seinen Kopf in die Kabine steckte und ihnen mitteilte, er sei Minelli, der Steward. «Wenn Sie etwas brauchen, einfach nach mir rufen, Mr. Lavette. Wir nehmen zwar nur zwei Passagiere an Bord, aber es geht ihnen bei uns besser als auf jedem Ozeanriesen. Wissen Sie, ich habe einmal auf einem Ihrer Schiffe gearbeitet, auf der *Frémont*, im letzten Krieg. Damals war ich Leichtmatrose.» Sie schüttelten einander die Hand.

«Donnerwetter», sagte Dan, nachdem der Steward gegangen war, «warum haben wir das nicht schon vor Jahren gemacht. Wollen wir nicht ins Bett gehen?»

«Danny, wir haben noch nicht einmal ausgepackt, und das Schiff liegt noch im Hafen!»

«Es dauert noch zwei Stunden, bis sie ausläuft, und ich habe dich in den letzten beiden Wochen kaum zu Gesicht gekriegt.»

«Schließ die Tür ab», sagte May Ling.

Sie stand nackt vor ihm und sagte: «Willst du wirklich immer noch diese alte verschrumpelte Chinesin? Willst du, Danny?»

«Weißt du, Schätzchen, es ist wie beim erstenmal», antwortete er und sah sie an, ihren geschmeidigen Körper, die elfenbeinfarbene Haut, die winzigen Brüste, so klein und fest wie damals, als sie so vor ihm gestanden hatte, nackt im Hotelzimmer auf der Halbinsel. «Du hast dich nicht verändert.»

«Danny, mit Schmeichelei erreichst du alles.»

Sie waren wie die Kinder. Sie liebten sich, als sei es das erste Mal, und dann lagen sie aneinandergedrängt, ihr Kopf in der Beuge seines Armes, und sie sagte: «Ich habe dich immer so geliebt, wie du bist, hart und haarig, ein riesiger, häßlicher Barbar, Danny Lavette, und ich glaube, ich bin die glücklichste Frau auf der Welt.»

«Ganz bestimmt.»

«Wohin gehst du?»

«Ich hol mir eine Zigarre.»

«Nein, das glaub ich nicht.»

«Ich habe zwei Kisten Havanna mit, das Beste vom Besten. Eine Frau im Bett, eine gute Zigarre, meine Liebe – was braucht ein Mann mehr zum Glück?»

Später, als sie sich wieder angezogen hatten, standen sie an Deck und sahen zu, wie Schlepper die *Angeles* aus dem Hafen zogen. «Tut es dir nicht weh, Danny, diesen großen, schönen Werftbetrieb sich selbst zu überlassen?»

«Es tut nicht weh, es kratzt mich überhaupt nicht. Ich würde ihn auf der Stelle dem Niedrigstbietenden verkaufen.»

Das Essen fand in der Kapitänsmesse statt. Sie waren fünf: Anson Ulman, der Kapitän, Jack Gordon, der Schiffsingenieur und Matt

Tubman, der Erste Offizier, und Dan und May Ling. May Ling trug ein weißes Kostüm mit einer Baumwollbluse. Sie hatte sich sorgfältig und dezent zurechtgemacht, zum erstenmal seit Monaten. Ihr Haar, das sie über der Stirn als Pony trug, fiel in einer üppigen helmartigen Pagenfrisur bis auf die Schultern. Die Wirkung, die sie bei den drei Seebären hervorrief, freute Dan. Anschließend erzählte er ihr, daß Gordon ihm zugeflüstert hatte: «Sie haben aber eine junge, hübsche Frau, Lavette.» Die Offiziere überboten sich gegenseitig an Zuvorkommenheit. Ulman, ein weißhaariger Schwede, bot ihr an, sie könne auf die Brücke kommen, so oft sie wolle, und es werde ihm eine Ehre sein, ihr alles auf dem Schiff zu zeigen. Gordon lud sie in den Maschinenraum ein: «Wenn Sie Lust dazu haben, Madame. Es ist zwar heiß da unten, aber interessant.» Das Essen war einfach und gut. Wenn die Unterhaltung auch nicht gerade funkelte, so wurde sie doch, wie Dan bemerkte, durch May Lings Zauber und Fremdartigkeit belebt.

Nach dem Essen, die Sonne war schon untergegangen, machten sie einen Spaziergang auf dem Bootsdeck, das sozusagen ihnen allein gehörte, und sahen zu, wie der glutrote Horizont sich langsam schwärzte.

Die sechs Tage der Reise vergingen in einem ruhigen, angenehmen Rhythmus. May Ling hatte ein paar sorgfältig ausgewählte Bücher mitgenommen – die gesammelten Gedichte von Robert Frost, Saroyans neuestes Buch *Ich heiße Aram*, außerdem *Ritt zum Ox-Bow* und *Wem die Stunde schlägt* und einen Gedichtband, der ‹Die Weise vom Alten Seefahrer› von Coleridge enthielt. Dan hatte noch nie etwas davon gehört. Er konnte Gedichten nichts abgewinnen, aber er hörte gern zu, wenn May Ling ihm welche vorlas. Wenn er in seinem Liegestuhl in der Sonne lag und sich die Ozeanbrise um die Nase wehen ließ und May Ling ihm mit sanfter, melodiöser Stimme etwas vorlas, meinte er, so glücklich zu sein wie nie zuvor in seinem Leben.

Manchmal spielten sie Jack-o'-diamonds, aber meistens spazierten sie stundenlang auf dem Schiff auf und ab, plauderten bisweilen mit den Seeleuten oder ruhten einfach nebeneinander in ihren Liegestühlen und schwiegen.

Kapitän Ulman zeigte ihnen die Brücke und den Chronometerschrank: «Es gibt keine Uhr, die bis auf den Bruchteil einer Sekunde genau ist. Aber mit diesen neun hier liegen wir immer richtig.» Und Gordon lockte sie in die lärmende Hölle des Maschinenraums, wo die Maschinisten Meßanzeigen kontrollierten, Ventile öffneten und schlossen, Flammen regulierten und die langen, glatten Schraubenwellen ölten und immer wieder ölten. «Es ist alles so sauber», schrie May Ling in Gordons Ohr.

Aber der Druck, die Spannung und der physische Schmerz des Lärms waren so stark, daß May Ling wieder nach oben drängte. «Ich würde für alles Geld in der Welt nicht dort arbeiten», sagte sie zu Dan, als sie wieder auf Deck waren. «Und was geschieht, Danny, wenn so ein Schiff im Krieg getroffen wird?»

«Die Kessel platzen. Und dann helfe Gott ihnen. Sie kommen in dem heißen Dampf um oder verbrennen bei lebendigem Leibe – nicht auszudenken! Daran denken die Leute nicht, die Kriege vom Zaun brechen!»

«Ich glaube, ich werde in Zukunft dauernd daran denken müssen. Ich möchte nicht mehr in den Kesselraum hinunter.»

Die Tage gingen dahin. Allmählich löste sich die Verkrampfung in Dan, und er entspannte sich. Und allmählich entdeckte der grauhaarige hochgewachsene Schiffsbauer aufs neue die winzige Chinesin, die er geheiratet hatte, und verliebte sich auf eine Weise in sie, die er nie für möglich gehalten hatte.

Immer häufiger ertappte Jean sich dabei, daß sie den ersten Eindruck korrigierte, den sie von Menschen hatte. So hatte sie Toms Frau Eloise, geborene Clawson, ursprünglich für ein nichtssagendes Geschöpf gehalten, das zwar gut aussah und reiche Eltern hatte, mit dem aber sonst kein Staat zu machen war. Bei der Hochzeit hatte Jean an ihr etwas wie Furcht bemerkt, ein Zittern, etwas schmerzhaft Empfindliches, das Eloise selbst möglicherweise nur halb bewußt war.

Als Tom und Eloise von ihrer Hochzeitsreise zurückgekehrt waren, rief Jean sie in der Wohnung in Jones Street an. Eloise war am Apparat. «Ich dachte, ich sollte einmal vorbeischauen», sagte Jean. «Wenn du Zeit hast, könnten wir zusammen essen.»

«Ach ja, bitte, bitte. Ja, Mrs. Lavette – ich meine Mrs. Whittier. Ich weiß nicht, warum ich das gesagt habe, aber Tom – »

«Es macht nichts», sagte Jean. «Die Leute sagen es ständig. Du mußt dich daran gewöhnen, mich Jean zu nennen, dann spielt es keine Rolle mehr.»

Als Jean ankam, war Eloise schon zum Ausgehen bereit. Sie war hübsch anzusehen in ihrem blauen Kostüm aus Shantung-Seide und einer blauen Chiffon-Bluse mit Schleife. Sie wirkte ziemlich nervös.

Mit ihren weißen Handschuhen und dem winzigen Strohhut sah sie seltsam unwirklich aus, so, als hätte jemand anders sie herausgeputzt und in Positur gestellt. Als Jean ihr einen Kuß gab, umschlang Eloise sie und sagte voller Verzweiflung: «Sie werden doch meine Freundin sein, nicht wahr?»

«Was ist denn, meine Liebe?»

Eloise schüttelte den Kopf.

«Du kannst mir ruhig alles sagen, du kannst mit mir sprechen.»

«Mir ist so elend.»

«Was hat es gegeben?»

«Ich weiß nicht. Ich habe oft schreckliche Migräne. Vor der Heirat kam das ganz selten vor, aber während der ganzen Hochzeitsreise hatte ich sie ständig. Ich mache Tom keinen Vorwurf – wer möchte schon mit einem Menschen zusammensein, der dauernd Schmerzen hat?»

«Warst du deswegen schon bei einem Arzt?» fragte Jean freundlich.

«Ja. Mutter hat mich von einem Arzt zum anderen geschleppt, und sie haben alle dasselbe gesagt.»

«Und was war das?»

«Daß niemand etwas Genaues über Migräne weiß. Einige haben gesagt, es sei psychosomatisch, ich sei selbst die Ursache. Aber das nützt mir auch nichts, selbst wenn es stimmt, weil ich nichts daran ändern kann. Und dann wurde es Tom zuviel und er sprach nicht mehr mit mir. Und dann bekam ich einen neuen Anfall, und Tom wurde immer wütender. Ich mache ihm wirklich keine Vorwürfe, aber es geht mir so schlecht ...»

«Liebe Eloise, hör mir gut zu.»

«Ja.»

«Wir gehen jetzt aus und speisen ganz vornehm und reden überhaupt nicht mehr von Kopfschmerzen. Ich kenne Tom sehr gut, und ich glaube, wir könnten uns einen klugen Plan zurechtlegen. Dann möchte ich gern, daß du mit zu mir kommst und dir die Gemäldegalerie ansiehst, die ich gerade einrichte.»

«Ich verstehe überhaupt nichts von Bildern. Ich komme mir so töricht und wertlos vor.»

«Genauso habe ich mich auch gefühlt, eine sehr lange Zeit. Man sollte das die Frauenkrankheit nennen, und der Erreger, der sie überträgt, gehört dem anderen Geschlecht an. Du bist weder wertlos noch töricht, sondern sehr hübsch, klug, und du hast ein gutes Herz.»

«Das sagen Sie doch nur, damit ich mich besser fühle», sagte sie kläglich.

«Natürlich. Ich möchte, daß du dich besser fühlst. Aber ich sage es auch, weil es stimmt. Wir werden uns jetzt besser kennenlernen. Ich glaube, wir kommen gut miteinander aus.»

William Halliday, Barbaras Verleger, war Mitte vierzig, gerade geschieden und sah gut aus. Er hatte einen schmalen langen Schädel, schwarzes Haar, dunkle Augen, trug eine Hornbrille und war groß und schlank. Er hatte einen grauen Flanellanzug an, ein Hemd mit festgeknöpftem Kragen, der leicht abgewetzt war, und eine gestreifte Harvard-Krawatte. Er war ein charmanter, kultivierter Mann und kümmerte sich ein bißchen besitzergreifend um Barbara. Er hatte Räume im Algonquin-Hotel für sie gebucht, ihr eine Flugkarte nach New York gekauft, sie selbst am Flughafen abgeholt und am Hotel auf sie gewartet, bis sie fertig war. Sein Verlag war klein, angesehen und sehr erfolgreich. Er hatte die Wirtschaftskrise dadurch überstanden, daß er nur wenige Bücher begabter Schriftsteller herausbrachte, und sich so einen Ruf für literarische Qualität erworben. Die Bücher, die sich im ganzen Lande gut verkauften, hatten den Verlag auf eine gesunde finanzielle Grundlage gestellt. Halliday war davon überzeugt, in Barbara Lavette gefunden zu haben, was er gesucht hatte: einen jungen Menschen mit einem sauberen, klaren Stil, Sinn für das Angemessene, einem Gespür für Spannung und einer tiefen, großen Leidenschaft. Er hatte sie bis zu ihrem Zusammentreffen am Flughafen nie gesehen, und da er den größten Teil seines Berufslebens in Gesellschaft von Schriftstellern zugebracht hatte, war er in keiner Weise auf die hochgewachsene schöne Frau gefaßt, die seine Hand kräftig schüttelte und ihn ohne Formalität oder Schüchternheit begrüßte. Zufrieden stellte er fest, daß sie nicht die affige Mode mitmachte, das Haar ungescheitelt straff zurückzukämmen, sondern ihr honigfarbenes Haar im Nacken in einem Knoten zusammenfaßte. Ebenso billigte er ihr Schneiderkostüm aus blauem Serge und die Schuhe aus blauem Chevreauleder. Da Halliday wie die meisten New Yorker Intellektuellen den Westen der Vereinigten Staaten mit Mißtrauen betrachtete, geriet er fast in Ekstase bei der Aussicht, daß eine Frau mit Barbaras Aussehen eine Bestseller-Autorin werden könnte.

Am folgenden Tag nahm er sie zum Lunch mit in Sardis Restaurant in der vierundvierzigsten Straße, westlich der Fifth Avenue. Sie war zum erstenmal hier, und die Theateratmosphäre gefiel ihr sehr. An den Wänden hingen gerahmte Karikaturen von Theaterleuten, und alles wirkte wie in einem europäischen Restaurant. Männer kamen an ihren Tisch und wollten ihr vorgestellt werden. Barbara war verblüfft zu sehen, wie viele Menschen ein Buch gelesen hatten, das erst in drei Tagen auf den Markt kommen sollte. Das Lob bereitete ihr Unbehagen und machte sie verlegen. Einer von ihnen, ein Dramatiker, dessen Namen sie kannte, wollte die Rechte haben, um aus dem Buch ein Theaterstück zu machen.

«Das hat Zeit», sagte Halliday. «Ich bin ohnehin nur der Verleger, nicht der Agent.»

«Sehen Sie», sagte er zu Barbara, «das ist erst der Anfang. Seien Sie beherzt, lächeln Sie stets freundlich, aber glauben Sie keinem ein Wort. Ein Romanerstling hat selten Erfolg, aber wie es aussieht, stehen Ihre Chancen nicht schlecht. Sollte sich das bestätigen, kann es durchaus zu einer Theaterfassung kommen, und später zu einem Verkauf der Filmrechte, aber das wird sich erst zeigen. Jetzt wollen wir Ihr Buch erst mal verkaufen, und zwar möglichst viele. Ich hoffe, es macht Ihnen nichts aus, daß alle über Sie herfallen?»

«Kann man sich dem denn entziehen?»

«Selbstverständlich. Sie können nach San Francisco fliehen, wenn Sie wollen.»

«Ich möchte nicht», sagte Barbara fest. «Ich war schon einmal in New York, aber irgendwie ist es diesmal anders. Ich fühle mich wohl hier. Bisher habe ich mir nie die Zeit genommen, die Stadt zu besichtigen, umherzustreifen und mir alles anzusehen, so, wie ich es in Paris getan habe.»

«Dürfte ich dabei Ihr Führer sein? Falls Sie einen brauchen. Das heißt, eigentlich wäre ich es auch gern, wenn Sie keinen brauchten.»

«Ich möchte Ihnen keine Ungelegenheiten bereiten.»

«Das überlassen Sie ruhig mir. Inzwischen werde ich Ihnen sagen, was auf Sie zukommt. Übermorgen, am Tag vor der Verkaufsfreigabe, findet eine Cocktail-Party im Algonquin statt. Alexander Woolcott möchte Sie unbedingt kennenlernen. Außer ihm werden Reporter, bekannte Persönlichkeiten und Schriftstellerkollegen dort sein. Machen Sie sich nichts vor, so etwas ist eine Tortur. Morgen sollen Interviews für verschiedene Sender gemacht werden, jeweils am Vormittag und am Nachmittag. Haben Sie schon einmal Rundfunkinterviews gegeben?»

Barbara schüttelte den Kopf.

«Nun, die häufigste Frage wird sein, wieviel in dem Buch auf Tatsachen zurückgeht. Ich nehme an, eine ganze Menge. Habe ich recht?»

«Schwer zu sagen. Ich habe Dichtung und Wahrheit vermischt. Ich glaube, auch wenn man versucht, strikt bei der Wahrheit zu bleiben, geht man so subjektiv vor, daß es in gewisser Hinsicht Dichtung wird.»

Halliday nickte. «So können Sie das in etwa sagen. Übrigens wird Hildy Lang Ihnen zur Seite stehen. Sie macht bei uns die Öffentlichkeitsarbeit, ist sehr gut, sehr fähig. Sie wird Ihnen über einige der schwierigen Stellen hinweghelfen. Die beiden New Yorker Zeitungen *Times* und *Herald Tribune* wollen für ihre Bücherspalte Bilder und Interviews bringen. Außerdem sollen Sie, glaube ich, am Sarah Lawrence College als sozusagen berühmte ehemalige Schülerin einen Vortrag halten.»

«Um Himmels willen, erstens bin ich nicht berühmt, und zweitens weiß ich nicht, worüber ich reden sollte – außerdem habe ich dort gar kein Examen gemacht.»

«Spielt keine Rolle. Es wird Ihnen schon etwas einfallen, Barbara – Sie haben doch nichts dagegen, wenn ich Sie so nenne?» Sie schüttelte den Kopf. «Sagen Sie auf jeden Fall nein, Barbara, wenn Sie den Eindruck haben, daß es Ihnen zu viel wird. Ich bin ein habgieriger, geiziger Verleger, also zögern Sie nicht, unsere Forderungen abzuschmettern.»

Immer wieder hatte Barbara während der folgenden Zeit Gelegenheit, darüber nachzudenken, wie die Dinge sich entwickelt hätten, wenn sie unansehnlich, ein Hausmütterchen, alt oder korpulent wäre. Sie wurde immer wütender. Man fand sie faszinierend und schön und attraktiv und sensationell – aber auf ihr Aussehen bezogen, nicht auf das, was sie geschrieben hatte. Der erste Rundfunk-Interviewer sagte: «Ich wünschte, meine Hörer könnten hier bei mir im Studio sein und diese wunderschöne junge Dame sehen, aus deren Feder ein Roman stammt, der sicherlich eines der meistdiskutierten Bücher des Jahres 1941 sein wird. Ich stelle Ihnen hiermit Miss Barbara Lavette vor.»

Was sollte sie darauf antworten?

«Ein wie großer Teil Ihres Buches, Barbara, beruht auf Tatsachen? Dieser Mann, der in Spanien starb, war er tatsächlich Ihr Geliebter?»

«Was empfinden Sie den Nazis gegenüber? Können wir mit ihnen leben? Oder müssen wir sie bekämpfen?»

«Gibt es Ihrer Ansicht nach auch gute Deutsche?»

«Aus welchem Grund verläßt ein junges Mädchen, das alles hat, was sein Herz begehrt, die Heimat und zieht in ein fremdes Land? Darüber können Sie sicher aus eigener Erfahrung berichten.»

«Glauben Sie, daß es künftig in Romanen üblich sein wird, Beziehungen zwischen den Geschlechtern in Einzelheiten zu schildern?»

Hildy Lang, die kleine, dunkle, sehr tüchtige Verlagsangestellte, die mit dieser seltsamen Welt, in der Barbara sich nun bewegte, so vertraut war, beglückwünschte sie. «Ausgezeichnet! Einfach hervorragend! Das haben Sie großartig hinbekommen.»

«Ich habe es überhaupt nicht in der Hand gehabt.»

«Oh, doch, ganz und gar. Und jetzt, Barbara, wollen die Prince Carelli-Leute etwas von Ihnen.»

«Wer? Was um Himmels willen ist Prince Carelli?»

«Meine Liebe, Sie haben offenbar wie eine Einsiedlerin gelebt. Es ist das beliebteste Parfum auf dem Markt. Sie werben mit Filmstars und dergleichen und sind im Moment der Ansicht, daß eine hinreißende Autorin genau das sei, was sie brauchen. Man wird Sie mit Ihrem Buch in der Hand fotografieren und daruntersschreiben, daß Sie die Brühe, die sie verkaufen, toll finden. Es ist eine sehr gute Werbung für das Buch, und sie zahlen fünfhundert Dollar dafür – nicht zu verachten.»

«Augenblick mal! Ich soll Werbung machen für ein Parfum, von dem ich noch nie etwas gehört habe?»

«Meine Liebe, das tun alle. Wenn Sie allerdings nicht wollen – Bill hat gesagt, Sie haben freie Hand.»

«Ich will nicht», sagte Barbara mit Nachdruck.

Sie blieb die halbe Nacht auf und schrieb an ihrer Rede für das Sarah Lawrence College. Noch nie hatte sie von einem Podium aus gesprochen oder öffentlich etwas gesagt. Als sie den Hörsaal sah, in dem sich die Studentinnen drängten, bekam sie Angst, und als sie anfangen wollte zu sprechen, merkte sie, daß kein Ton aus ihrer Kehle kam. «Mein Gott, was mache ich bloß?» fragte sie sich. «In Ohnmacht fallen? Wie bin ich bloß in diese Sache reingerutscht?»

Sie atmete tief durch und sagte dann langsam, ruhig und konzentriert: «Ihr fragt euch sicher alle, warum ich hier so verbissen schweigend dastehe. Die Antwort ist ganz einfach. Bis eben war meine Kehle wie gelähmt.» Applaus und Gelächter klangen auf. Barbara faßte Mut. «Ist es nicht seltsam? Schließlich ist es derselbe Kehlkopf, den ich schon von Kindesbeinen an kenne – daher war diese Reaktion völlig unerwartet. Unerwartet, aber verständlich, denn ich habe noch nie öffentlich gesprochen. Und wenn es nach mir ginge, würde es auch dabei bleiben.» Wieder brandete Gelächter auf und Applaus. Barbara hatte noch keinen Blick auf ihre schriftlichen Notizen geworfen. Sie wagte es auch nicht, denn sie meinte, sich an steife, schwerfällige, hochtrabende Gedanken über das Schreiben, die Jugend und die Jahre im College zu erinnern.

«Ich habe ein wenig Angst, meiner eigenen Stimme zuzuhören, denn ich fürchte, daß sie wegbleibt. Wenn ich jetzt also ziemlich schnell rede, dann nur, damit etwas gesagt wird, bevor ich wieder verstumme. Ich glaube, Molière war es, der über einen Mann schrieb, der voll Ehrfurcht und Staunen entdeckte, daß er sein ganzes Leben lang Prosa gesprochen hatte. Mehr kann ich über die Kunst des Schreibens eigentlich auch nicht sagen. Während meines Studiums bin ich nie über eher mittelmäßige Noten in Literatur hinausgekommen. Das ist als Kommentar zu meinen Fähigkeiten und nicht etwa zur Qualität des Unterrichts hier zu verstehen. Als ich dann in Paris lebte, hatte ich das Glück, zur rechten Zeit am rechten Ort zu sein und wurde sogar dafür bezahlt, daß ich jede Woche einen ‹Brief aus Paris› schrieb.» Sie sprach weiter, und sie hütete sich wohlweislich, einen Blick in ihre Notizen zu tun.

«Heute morgen hat mich ein Rundfunkmensch interviewt und gefragt, woher ich meine Ideen bezöge. Ich weiß nicht, ob es daran liegt, daß ich Schriftstellerin bin oder daran, daß ich interviewt wurde. Jedenfalls sagte ich munter und keck: von Schenectady, vom Ideenversand Schenectady, bei dem ich abonniert sei und dem ich jährlich zweihundert Dollar zahle. Das hat ihn schrecklich verwirrt, und er hat allen Hörern versichert, daß ich nur einen Scherz gemacht hätte und daß kein solches Unternehmen existiere.» Sie mußte eine Weile warten, bis Gelächter und Beifall sich legten. «Nun, und viel mehr habe ich eigentlich nicht zu sagen. Ich habe mir ein paar Notizen gemacht, aber ich glaube nicht, daß die etwas taugen. Ich finde es sehr schön, wieder hier zu sein, und in gewisser Weise wünsche ich, ich wäre nie fortgegangen, denn meine Bildung ist sehr unvollständig. Vielleicht bringe ich eines Tages den Mut auf, noch einmal herzukommen und mein Studium zu beenden.»

Barbara war ganz verblüfft, als sie sah, welch ungeheuren Erfolg ihre Rede hatte. Hildy Lang sah sie mit ganz anderen Augen an, und Dozenten, die sie von früher her kannten, umdrängten sie und überhäuften sie mit Lob und Glückwünschen. Es war wie ein Traum, daß sie wieder hier in ihrem College war. Vor sieben Jahren erst war sie von hier weggegangen, aber es schien ihr wie eine Ewigkeit. Die Studentinnen waren so unglaublich jung, der Lehrkörper so unverändert. Eine Gruppe von Studentinnen sammelte sich um sie. Für sie hier an diesem schönen Ort war die Welt draußen ein bedrohliches, schreckenerregendes Geheimnis. Sie wollten jemanden sehen, berühren und fragen, der dieses Geheimnis kannte, der in der Höhle des Löwen war, in Deutschland, der die SS-Männer mit eigenen Augen gesehen hatte, durch die Straßen Berlins gegangen war. Wird es je ein Ende nehmen? Wird England fallen? Müssen wir in den Krieg eintreten? Können die Nazis die Vereinigten Staaten überfallen?

Barbara merkte, wie wenig sie wußte. Sie war vor dem Krieg und dem Schrecken geflohen. Die Welt erlebte den Anfang eines Todestanzes, der die schlimmsten Angst- und Traumvisionen der Vergangenheit weit übertraf, und dem war sie nicht gewachsen. Es bereitete ihr schon Pein, ein Insekt zu töten. Sie hatte keine Antworten auf die Fragen. Sie konnte nur sagen: «Ich hoffe auf irgend etwas, was dem ein Ende bereitet. Aber ich weiß es nicht ...»

Hildy Lang kam ihr zu Hilfe. Sie hatte keine Schwierigkeiten mit Krieg und Frieden, Leben und Tod. Die Cocktail-Party im Algonquin war auf fünf Uhr angesetzt, und der Wagen wartete. «Die Mädchen fressen Sie ja sonst auf», sagte Hildy. «Die sind ja ganz irre hier im Sarah Lawrence.»

Etwa hundert Männer und Frauen drängten sich in den beiden reservierten Räumen des Algonquin, und Barbara stand dicht vor einem kleinen Dicken, der ihr bis zur Schulter reichte, dem Papst der Literaturkritiker, der sie darüber belehrte, daß ihr Buch keineswegs ein Roman sei, und sie fragte, warum sie es so nenne. «Es berichtet von persönlichen Erlebnissen. Sie haben geschrieben, was Ihnen widerfahren ist. Das bringt Probleme mit sich, mein Fräulein. Wohin soll das führen?»

«Ich habe keine Ahnung», sagte Barbara. Sie hatte zwei Cocktails auf einen Zug getrunken, weil sie die feste Absicht hatte, sich zu betrinken. Eine andere Möglichkeit des Entkommens sah sie nicht. Sie vertrug nicht viel Alkohol. Das dritte Glas, das sie jetzt in der Hand hielt, versprach die erhoffte Wirkung. «Nach San Francisco vielleicht, ich weiß es aber noch nicht genau.»

Irgend jemand sagte über ihre Schulter hinweg: «Ein Kanister Lewisit, das wäre die richtige Antwort. Einen davon über Berlin abwerfen, das bringt sie alle um. Und dann errichten wir einen eisernen Zaun um die Stadt mit einem Schild: Hier liegt Berlin, hingerichtet für Verbrechen gegen die Zivilisation.»

Barbara wandte sich mit Mühe um. Sie wollte feststellen, wer da sprach. Eine stattliche Dame verteidigte lauthals ihre Position. Barbara wollte weg von ihr und drängte sich zwischen den Menschen hindurch. Der Kritikerpapst folgte ihr. «Sehen Sie, Hemingway zum Beispiel ist innerlich beteiligt. Sie beobachten nur – der Fluch ererbten Reichtums.»

Halliday rettete sie. «Ich möchte Ihnen Bruman vorstellen. Er arbeitet für die *Sun* und will einen Artikel über Sie bringen.»

«Wir sind über Steinbeck hinaus», sagte Bruman gerade. «Er ist überholt. Wir weinen nicht mehr um die Landarbeiter, die in der Wirtschaftskrise keine Arbeit gefunden haben – die Arbeitslosenfrage hat Hitler gelöst. Ach, Miss Lavette, da sind Sie ja! Die Schöne mit dem Köpfchen! *La belle et la tête!* Nicht Roosevelt mit seinem New Deal, sondern Adolf Hitler. Das sind die Ironien der Geschichte. Was könnte ein Schriftsteller damit anfangen? Sind Sie dem Führer begegnet, Miss Lavette? Erzählen Sie mir davon.»

Endlich war es vorbei. Barbara und Halliday saßen in dem leeren Raum, umgeben von leeren Gläsern, vollen Aschenbechern und Papier, Barbara war ziemlich betrunken und müde, sie fühlte sich elend und wollte nichts, als in Ruhe gelassen werden. Halliday tätschelte ihr die Hand und versicherte ihr, sie habe sich hervorragend geschlagen.

«Ich kann das nicht», sagte sie jammernd.

«Wissen Sie was? Wir essen gemeinsam zu Abend, dann fühlen Sie sich besser. Ich kenne ein Lokal in Greenwich Village, wo es vorzügliche Steaks gibt – Steak, Zwiebeln, Tomatenscheiben, Röstkartoffeln – »

«Nein, bitte, nicht.»

Im Taxi versuchte sie nachzudenken, ihre durcheinandergeratenen Gedanken zu ordnen. Halliday hielt ihre Hand, streichelte sie behutsam mit dem Zeigefinger. «Sie sind eine wunderbare, geduldige Frau», sagte er, beugte sich zu ihr und küßte sie auf die Wange. Barbara dachte verzweifelt: «O Gott, es geht los. Das kann ich jetzt am wenigsten ertragen, daß jemand so etwas von mir will, schon gar nicht mein Verleger. Ich bin so betrunken, daß ich nicht einmal geradeaus denken kann.»

«Mr. Halliday», sagte sie förmlich, «was ist eigentlich Lewisit?»

«Lewisit?»

«Ja. Jemand hat gesagt, man müsse es über Berlin abwerfen.»

«Tatsächlich? Das ist ein teuflisches Zeug, ein Gelbkreuzgas, von poetischen Gemütern auch ‹Tau des Todes› genannt. Ein Kanister davon würde genügen, die Einwohner einer ganzen Großstadt zu vernichten. Allerdings haben es die Deutschen auch – alle haben es. Wir wollen nicht über Lewisit reden. Waren Sie schon einmal in Greenwich Village?»

«Ich war schon ewig nicht mehr dort, ich kenne es nicht besonders gut.»

«Es ist entzückend. Zwar nicht mehr wie vor einigen Jahren, aber immer noch entzückend. Ich schlage vor, wir schlendern ein bißchen herum und lassen uns ein bißchen frischen Wind um den Kopf wehen. Es muß auch nicht unbedingt ein Steakhouse sein. Wir können uns aus einem halben Dutzend guter Restaurants eins aussuchen.»

«Ich sage das nicht gern», sagte Barbara, «aber ich glaube, ich muß zurück ins Hotel und mich hinlegen. Ich vertrage überhaupt keinen Alkohol. Ich habe meine ganze Selbstbeherrschung aufbieten müssen, um mich nicht im Taxi zu übergeben.»

Es war mehr als eine Ausrede, es entsprach der Wirklichkeit. «Nun, morgen ist auch noch ein Tag», sagte Halliday, aber es gelang ihm nicht, seine Enttäuschung zu verbergen. «Wir werden versuchen, Sie ein bißchen mehr zu schonen. Morgen ist der Erstverkaufstag, und ich hatte gedacht, wir könnten aufbleiben, bis die Morgenzeitungen herauskommen. Ich nehme an, es werden sowohl in der *Times* als auch der *Tribune* Besprechungen erscheinen, und zwar gute.»

Im Hotel beugte sich Barbara über die Toilettenschüssel und würgte fünf Cocktails und ein paar belegte Brötchen heraus. Sie ekelte sich vor sich selbst. Dann kroch sie in ihr Bett, fand aber nur einen unruhigen Schlaf voll schlechter Träume. Halliday rief erst nach zehn an und sagte ganz aufgeregt: «Mitten ins Schwarze, meine Liebe. Hören Sie sich das an, aus der *Times*: ‹Ein großartiges und überaus einfühlsames Bild des Europa aus den Jahren vor dem Krieg. Das Kapitel über Berlin hat nicht seinesgleichen, es berichtet ohne jedes Pathos über die Nazis, so daß der Leser sich vor Entsetzen windet.

Miss Lavette beherrscht für eine Schriftstellerin, die ihren ersten Roman vorlegt, ihr Material in außergewöhnlicher Weise›, und so geht es weiter. Die *Tribune* geht sogar noch weiter. Ich zitiere: ‹Miss Lavettes Buch ist mehr als ein Erstlingsroman. Es ist der einfühlsame, bewegende Bericht davon, wie eine junge Frau dem Leben und dem Tod begegnet. Bei den Liebesszenen ist nichts ausgespart, ohne daß sie jemals Sinnenkitzel suggerieren. Das ganze Buch wird von einer Zärtlichkeit und einem Mitgefühl durchzogen, die bei einer siebenundzwanzigjährigen Frau überraschen. Wir haben schon seit Jahren keinen so einfühlsamen und vielversprechenden Erstlingsroman gelesen›. Ende des Zitats. Na, was sagen Sie jetzt?»

«Es ist großartig, Mr. Halliday. Sind Sie froh?»

«Ob ich froh bin, Barbara? Hingerissen bin ich!»

«Dann sind Sie mir sicher nicht böse, wenn ich heute abfahre, zurück an die Westküste.»

«Nein, Barbara, das können Sie nicht tun.»

Sie legte den Hörer auf, holte ihren Koffer und begann zu packen. Sie fühlte sich zerschlagen und unnütz und konnte nicht verstehen, warum die hymnischen Besprechungen ihr nichts bedeuteten.

Zu Beginn der zwanziger Jahre hatte Dan Lavette mit den Brüdern Christopher und Ralph Noël, denen große Ländereien auf der hawaiischen Insel Oahu gehörten und die sich mit Finanzierungen beschäftigten, eines der ersten großen Touristenhotels am Strand von Waikiki errichtet, zu einer Zeit, als er noch ein fast unberührter Sandstreifen war. Dan meinte damals, Hawaii könne, wenn Schiffe und Hotels zur Verfügung stünden, für den Westen Amerikas ein ebensolches winterliches Sonnenparadies werden wie Florida im Osten. Das Hotel entstand mit dem Kapital der Noëls, Dans Anteil daran ging durch die Wirtschaftskrise verloren. Aber deshalb war zwischen ihm und den Noëls keine Bitterkeit zurückgeblieben, und als Christopher Noël gehört hatte, daß Dan mit seiner Frau nach Hawaii kommen wolle, bestand er darauf, sie bei sich aufzunehmen.

Noëls Fahrer holte sie am Pier in Honolulu ab und brachte sie zum ‹Bungalow›, einem innerhalb von zweitausend Morgen weißen Strandes, grünen Rasens und einer Ananasplantage gelegenen ausgedehnten Gebäudes aus Bambus und Holz, in dem die Familie Noël in zweiundzwanzig Räumen residierte. Als Dan und May Ling vor etwas mehr als zwanzig Jahren dort gewesen waren, hatte eine Atmosphäre lockerer Fröhlichkeit geherrscht. Die Noëls hatten anläßlich ihres Besuchs einen großen Luau gegeben, ein hawaiisches Fest mit Hunderten von Gästen. Sie schienen in einem ewigen Jetzt zu leben, ohne an das Morgen denken zu müssen. Inzwischen besaßen die ebenfalls gealterten Noëls diese Unbekümmertheit der Jugend nicht mehr. Ihre Kinder besuchten Internate auf dem Festland, und beim Abendessen, am Tag nach der Ankunft der Lavettes, faßte Christopher Noël die Besorgnis aller in Worte: «Wir tanzen auf einem Vulkan»,sagte er zu Dan. «Keinem Menschen bei euch auf dem Festland ist klarzumachen, wie ungeschützt wir hier liegen. Dieser Krieg zieht wie eine Seuche über die Welt, und die japanischen Hunde lesen Hitler jeden Wunsch von den Augen ab. Als ich vor einigen Monaten in Washington war, habe ich denen das klarzumachen versucht. Ich habe mit Harry Hopkins darüber gesprochen, und wie reagiert dieser überhebliche Hohlkopf? Er sieht mich an und sagt: ‹Wir gehen nicht davon aus, daß Japan in den Krieg eintritt. Es dient nicht seinen Interessen. Die Japaner könnten einen größeren Krieg gar nicht durchstehen.› Er meint, sie hätten keine Rohstoffe. Dabei steht denen doch halb China zur Verfügung. Aber das geht denen da nicht in den Kopf.»

Sie aßen auf der großen Veranda mit Blick auf den weißen Strand, an dem die Brecher hochliefen, während die Sonne aus einem Wolkengebirge heraus ein Bild von bedrückender Schönheit an den Horizont malte. Kein Gerede vom Krieg konnte May Ling aus ihren Empfindungen von Frieden und Schönheit reißen. In ihrer Erinnerung war das hier der schönste Fleck auf Erden, und nichts konnte daran etwas ändern.

Mit ihnen bei Tisch saßen die beiden Brüder Noël, Christopher und Ralph, große, schlanke Männer von aristokratischem Aussehen, deren blondes Haar im Laufe der Jahre erbleicht war, und ihre Frauen, die einander in seltsamer Weise ähnelten. Sie waren klein, dunkel, hübsch, elegant gekleidet und sorgfältig zurechtgemacht. Dann war da noch Jerry Kamilee, ein gigantischer Hawaiianer mit seiner Frau, die teils hawaiischer, teils japanischer Abstammung war.

May Ling trug ein traditionelles, knöchellanges chinesisches Kleid aus weißer Seide, das an den Seiten geschlitzt und von oben bis unten mit goldenen Pagoden, geschwungenen Brücken und zierlichen Mädchen bestickt war, die Sonnenschirme in den Händen hielten. Dan hatte es von einer Reise nach San Francisco als Geschenk mitgebracht und sich geweigert, ihr den Preis zu nennen. Heute trug sie es zum erstenmal. «Sie, meine Dame», sagte Kamilee, «haben ihre Seele dem Teufel verschrieben. Wir werden alt, dick und müde, aber Sie sehen haargenau so aus wie vor zwanzig Jahren.»

«Ach wäre es nur so», sagte May Ling. «Glauben Sie mir, der Zauber liegt hier, auf Ihrer Insel. Ich höre euch Männer reden und murren, und ich nehme an, so hat schon Adam im Paradies gemurrt. In Wahrheit gibt es hier keine Zeit, sie steht still.»

«Hört euch das an», sagte Christopher Noëls Frau Elii, deren Familie seit vier Generationen auf der Insel zu Hause war. «Nein, meine Liebe, die Zeit steht hier nicht still. Das beweist mir der Spiegel täglich.»

«In einem Punkt hat sie recht», sagte Ralph Noël. «Hier ist der rechte Ort zum Leben. Bleiben Sie doch hier, Danny. Ehrlich, was haben Sie auf dem Festland, was sich mit dem hier messen könnte?»

«Zum Beispiel meine verdammte Werft. Wir können inzwischen fast so schnell Schiffe bauen, wie die U-Boote sie versenken.»

«Und was sagt man bei Ihnen? Treten wir in den Krieg ein oder nicht?»

«Das Problem ist Japan», sagte Kamilee. «Wir unterschätzen die Japaner. Die Hälfte von Hattis Angehörigen –» er deutete auf seine Frau – «sind Japaner. Ich kenne sie ein wenig. Sie sind clever, sie machen keinen Fehler, und sie können eigentlich alles, was wir können, nur besser. Und sie wollen diese Insel hier, frag nicht, wie!»

«Aber sie haben doch gar keinen vernünftigen Grund, mit uns Krieg zu führen», warf May Ling ein.

«Wann hat Vernunft je etwas mit Kriegen zu tun gehabt? So wie sie es sehen, gehört der Ozean ihnen. Sie wollen uns hier nicht haben. Es ist die Vorsehung, sie haben es mit der Vorsehung. Wir sitzen hier, bauen Ananas an, sehen den Sonnenuntergängen zu, mästen uns und sind zufrieden. In Wahrheit könnten wir diese Insel nicht einmal gegen eine Handvoll Pfadfinder verteidigen.»

«Es würde mich immer noch interessieren, ob Dan etwas weiß», sagte Christopher Noël.

«Alles, was ich weiß», sagte Dan, «befindet sich auf einer Schlammbank namens Terminal Island vor San Pedro. Vor ein paar Jahren haben Sam Goldberg – Sie erinnern sich an ihn, er war mein Anwalt in San Francisco, er ist inzwischen tot, der arme Kerl – und ich eine Werft auf Terminal Island übernommen. Die Bank hat sie uns sozusagen geschenkt. Alle Werften an der Küste waren bankrott und tot, verrottet und verfault. Nirgendwo wurde auch nur ein einziges Schiff gebaut. Inzwischen bin ich Admiral Emoy Scott Land begegnet, der dem sogenannten Seefahrtsausschuß vorsteht. Seit unserem ersten Zusammentreffen sitzt er mir im Nacken. Für ihn gibt es nur eins – Schiffe. Wer vor einigen Jahren in Wilmington, San Pedro und Long Beach am Strand entlangwanderte, hätte zwei-, dreitausend Männer gesehen, die dasaßen, dem Tod entgegenlebten, darum bettelten, eine Abortgrube leeren zu dürfen. Jetzt bezahle ich zwei Männer dafür, daß sie Leute suchen, Leute, die zwei Arme und zwei Beine haben und arbeiten können. Sie fahren mit einem Lastwagen durch Orange County und Los Angeles County und sprechen Männer auf der Straße und auf Feldern an, ob sie eine gutbezahlte Arbeit haben wollen. Wann wir in den Krieg eintreten? Wir sind schon mitten drin. Wir haben England Nahrung und Waffen geschickt, und wir sind dabei, die größte Schiffbauindustrie aus dem Boden zu stampfen, die die Welt je gesehen hat. Und das geht immer weiter. Mit einem Schlag ist die Wirtschaftskrise vorbei, und es ist mehr Geld da, als man für möglich halten sollte.»

«Und Japan, Danny?»

«Wenn dieser Krieg zu Ende geht, gibt es, so wahr ich hier sitze, kein Land der Welt, das da nicht mit hineingezogen worden ist.»

In der Nacht sagte May Ling, als sie neben Dan lag und dem Donnern der Brecher lauschte: «Danny, es ist alles so anders – hier bei den Noëls. Sie sind alt, müde und furchtsam geworden.»

«Die Zeit vergeht, und die Menschen werden älter.»

«Aber nicht jetzt, nicht hier auf Hawaii. Ich will jetzt nicht alt sein. Wenn wir aufs Festland zurückkehren, will ich gern alt und schrumpelig werden, stricken und alles tun, was sich für eine alte Frau gehört. Aber jetzt fühle ich mich jung und glücklich. Wir wollen von hier fort, Danny.»

«Gut. Sobald das Boot segelfertig ist, brechen wir auf.»

Aber die *Kahana* war schon ein Jahr nicht mehr im Wasser gewesen. Sie mußte kalfatert, gestrichen und vollständig neu getakelt werden. Christopher Noël wollte auf keinen Fall, daß Dan sie segelte, bevor sie seetüchtig war. Er hatte ohnehin seine Zweifel, weil Dan das Boot ohne einen zweiten Mann segeln wollte, aber Dan erklärte beharrlich, May Ling sei ebensoviel wert wie ein zweiter Mann. Er wollte auf keinen Fall, daß ihr Zusammensein gestört würde.

So dauerte es drei Wochen, bis sie endlich in See stechen konnten. Die Noëls waren großartige Gastgeber, großzügig und unaufdringlich.

Sie stellten Dan einen Wagen zur Verfügung, gaben Abendgesellschaften, um den Lavettes etwas Abwechslung zu bieten, veranstalteten Luaus sowie Theaterabende und Filmvorführungen in ihrem privaten Vorführraum. May Ling vermutete, daß sie immer noch ein schlechtes Gewissen hatten wegen ihres Anteils am Niedergang des Hauses Levy und Lavette. Sie fuhren häufig nach Honolulu, und Dan ließ sich nicht davon abbringen, May Ling zu kaufen, was ihr gefiel oder ihre Bewunderung erregte. Das führte schließlich dazu, daß sie nicht mehr wagte, den Mund aufzutun, wenn sie in einem Schaufenster etwas sah.

«Dan», sagte sie, «du kannst nicht ständig mit Geld um dich werfen wie ein betrunkener Seemann.» Er hatte ihr gerade eine Kette aus Elfenbeinperlen gekauft, jede einzelne ein Wunderwerk chinesischer Schnitzkunst.

«O doch, das kann ich», sagte er. «Weißt du überhaupt, wieviel Geld wir haben?»

«Nein. Ich habe keine Vorstellung.»

«Ich kann es dir ruhig sagen. Mir gehört die gesamte Werft. Meine Anwälte sagen mir, daß allein die Anlage einige Millionen wert ist. Als Sam und ich sie kauften, hätte niemand einen Pfifferling dafür gegeben.»

«Und wenn die Schiffbauerei aufhört? Was dann?»

«Das hängt von Hitler und Mussolini ab. Wenn sie keine Schiffe mehr versenken, bestellt die Regierung vielleicht keine mehr. Ist es nicht ungeheuer geschmacklos, May Ling, daß man reich wird, weil die Schweinekerle mit ihren U-Booten mehr Schiffe versenken, als wir bauen können? Ein Schiff ist etwas so Schönes, es ist das Ergebnis von zweitausend Jahren menschlicher Erfindungsgabe und menschlichen Tuns, es ist eine ganze Welt für sich – und wir bauen Schiffe, damit sie zerstört werden, wir mästen uns am Blut derer, die auf ihnen fahren. Die ganze verfluchte sogenannte Zivilisation stinkt doch zum Himmel!»

«Wir sind hier auf den Inseln, kannst du nicht ein paar Wochen lang die Zivilisation vergessen?»

An dem Tag, als die Noëls das Boot zu Wasser ließen, waren Dan und May Ling zu Einkäufen in Honolulu. Sie kehrten mit einer Ladung Konservendosen, Rauchfleisch, Bier und Wein zurück. Dan hatte gekauft, was ihm in die Hände fiel, von weißen Bohnen in Dosen bis hin zum Kaviar. Das stieß bei Christopher Noël auf Unverständnis. «Aus unserer Speisekammer könnte man eine Armee verpflegen», war sein Kommentar. Dann führte er beide zum Anleger, wo sie das Boot bewundern konnten.

«Es ist ein Concordia-Boot», sagte Noël zu Dan. «1938 von Howland & Hunt gebaut. Im Grunde ist es ein Buzzards-Bay-Boot, zum Segeln auf dem Atlantik vor der Küste von Massachusetts, und das bedeutet, man kann alles mit ihm machen. Auf dieser Seite der Welt werden solche Boote nicht gebaut, und auf den Inseln gibt es kein zweites davon. Es ist fast zwölf Meter lang und verdrängt neun Tonnen. Trotzdem segelt es sich kinderleicht. Schlimmstenfalls können Sie allein mit ihm fertig werden. Es ist mit einem Viertakt-Gray-Motor von knapp 30 PS gerüstet. Er macht zwar kein Rennboot aus ihm, gibt aber doch einen ordentlichen Flautenschieber ab.»

«Wenn ich in eine Flaute komme, bleibe ich einfach drin. Meine einzige Erwartung an den Himmel ist, daß ich dort ein kleines Boot vorfinde.» Dan lachte. «Donnerwetter, das ist ein schönes Schiff!»

«Zwei können bequem darauf übernachten, notfalls vier. Als Elii und ich mit ihm draußen waren, haben wir Matten in der Plicht ausgelegt. Da ist reichlich Platz, wenn man gern unter freiem Himmel schläft. Es hat Sprechfunk, Kühlschrank, Herd – was das Herz begehrt. Ich beneide Sie, Dan. Wohin soll die Reise gehen?»

«Ich wollte nach Südosten segeln, die Hauptinsel umrunden und dann zurück, hier und da anlegen, Strandräuber spielen, sagen wir sechs oder sieben Wochen.»

«Haben Sie schon einen Heckmaster gesegelt?»

«Ich hatte mal einen schonergetakelten Kutter.»

«Mit dieser Takelung läßt es sich wie ein Katboot segeln. Zu dieser Jahreszeit ist das Wetter ziemlich gut. An Karten finden Sie alles, was Sie für die Inseln brauchen.»

«Ich weiß nicht, wie ich Ihnen danken soll.»

«Ich bin in Ihrer Schuld», sagte Noël. «Bringen Sie vor allem Ihre wunderbare Frau heil zurück, wir möchten sie noch lange bei uns sehen.»

Dan und May Ling liefen am folgenden Tage aus. Sie ließen sich von einer sanften Ostbrise von Oahu forttreiben. Da es ihnen nicht eilte, verzichtete Dan darauf, das kleine Hecksegel zu setzen. May Ling war ihm eine nützliche Hilfe. Bei stetigem Wind erreichten sie vor Einbruch der Dunkelheit die Höhe von Molokai.

Die folgenden fünf Wochen waren eine Zeit voll zauberhaften Friedens und Glücks, an die Dan sich den Rest seines Lebens sehnsüchtig erinnern würde. Sie ankerten in einer winzigen Bucht auf Molokai, mit Sand so weiß wie Schnee. Sie schwammen nackt und liebten einander auf dem Sand unter der brennenden Sonne. Dan ließ seinen Bart wachsen. Spät am Abend machten sie Feuer aus Treibholz, und May Ling sah, in seine Arme geschmiegt, dem Spiel der Flammen zu. Dann segelten sie über den Kalohi-Kanal und fanden dort auf der Insel Lanai ein neues Paradies. «Wir wollen nie zurückkehren, Danny», sagte May Ling.

«Das ist ein guter Gedanke.»

«Wir segeln einfach weiter, es gibt so viele Inseln.»

«Das Boot gehört Noël. Wenn wir es nicht zurückbringen, schickt er uns die Polizei auf den Hals.»

Auf Maui nahmen sie neue Vorräte an Bord und waren einen Tag und eine Nacht Gäste bei den Jorgensons, mit den Noëls befreundete Schiffsausrüster. May Ling stutzte Dans Bart, behauptete aber, er sähe aus wie ein Freibeuter, sonnenverbrannt, mit Sandalen, weißem Hemd und weißer Segelhose. May Ling war genauso gekleidet; wenn sie mit ihrer winzigen Hand in seiner Pranke neben ihm herging, konnte man sie fast für einen halbwüchsigen Jungen halten. Die Sonne hatte ihre elfenbeinfarbene Haut tiefbraun gegerbt, und sie ging mit federnden Schritten, sie strömte eine Lebensfreude aus, wie Dan sie seit Jahren nicht an ihr erlebt hatte. Die Jorgensons waren von ihr bezaubert. Sie baten die beiden, mindestens eine Woche bei ihnen zu bleiben und sich die Wunder von Maui zeigen zu lassen, vor allem den großen Vulkan Haleakala.

«Ich könnte es nicht», sagte May Ling zu Dan, als sie vom Pier in Maui ablegten. «Man bekommt richtig Sehnsucht nach dem Boot. Es sind so reizende Leute, aber ich konnte an nichts anderes denken als an die Rückkehr zum Boot.»

«Ich kenne das Gefühl.»

«Danny, werden wir eines Tages hierher zurückkommen – ich meine für immer?»

«Schon möglich.»

Als sie dann aber auf der *Kahana* waren, fiel es ihnen schwer, Maui zu verlassen. Sie segelten geruhsam, kreuzten, umrundeten die Insel und schlugen ihr Lager zwei Tage lang an einem winzigen Strand auf. Schließlich setzten sie Segel in Richtung auf Hawaii ...

Dans Bart wurde immer dichter. Sie verloren gänzlich das Gefühl für die Zeit. Sie gerieten in einen wilden Regensturm, was May Ling mit Schrecken, aber auch mit Bewunderung für Dans Umgang mit dem Boot erfüllte. Einmal herrschte fast einen ganzen Tag lang Flaute. Sie fanden in einem der Staufächer ein Schachbrett mit Figuren, und May Ling lehrte Dan das Spiel. Als er die Züge erst einmal begriffen hatte, war er so auf Schach versessen, daß sie stundenlang spielten. Später liefen sie Hilo auf der Hauptinsel an. Dort fand May Ling einen kleinen Buchladen und kaufte Herman Melvilles *Omu. Wanderer in der Südsee* und ein Bändchen mit R. L. Stevensons Erzählungen über die Inseln. Während Dan am Ruder stand, las May Ling ihm vor, und zum erstenmal in seinem Leben hörte er die Geschichte vom Flaschenteufelchen.

«Dieser Stevenson muß die Inseln sehr geliebt haben», sagte Dan.

«Ja, das hat er», stimmte May Ling zu. «Er ist auf Samoa gestorben und liegt dort auch begraben. Weißt du, Danny, hier kann ich vergessen, daß ich Chinesin bin. Hier ist der einzige Ort auf der Welt, wo niemand mich seltsam ansieht und sich noch einmal umdreht, weil ich Schlitzaugen und eine gelbe Haut habe.»

«Du hast keine Schlitzaugen, und deine Haut ist alles andere als gelb. Du bist nicht die Bohne mehr Chinesin, als ich Italiener bin.»

«Doch, Danny, aber nicht hier. Weißt du, wir sind wieder Kinder geworden und spielen – ich fürchte mich so vor der Rückkehr. Ich möchte bei dir sein, Danny.»

«Du bist doch bei mir.»

«Du verstehst aber auch gar nichts. Erinnerst du dich an den Abend, als du zum Essen zu uns kamst, das allererste Mal, daß ich dich sah? Papa hatte dich und deine Frau eingeladen, aber die Eisprinzessin wollte nicht kommen. Ich war darüber selig, denn ich hatte mich schon in dich verliebt, bevor ich dich überhaupt gesehen hatte. Erinnerst du dich, wie ich dir die chinesischen Gerichte erläutert habe, die Mama zubereitet hatte? Es war der wunderbarste Abend meines Lebens.»

«Ich erinnere mich.»

«Siehst du, Danny, seit damals wollte ich nur eins vom Leben: mit dir zusammensein – immer. Ich fürchte, kein Mensch kann wirklich verstehen, was ich meine. Immerhin ist Joe mein Sohn, und ich liebe ihn von ganzem Herzen. Aber ich kann es ertragen, zu wissen, daß ich ihn einen Monat, zwei oder auch sechs Monate nicht sehen werde. Das bricht mir nicht das Herz. Bei dir ist das anders. Vor dreißig Jahren hast du zum erstenmal deinen Arm um mich gelegt und mich geküßt. Das ist eine lange Zeit, aber ich habe nie einen anderen Mann geküßt oder geliebt. Verstehst du, was ich dir zu sagen versuche, Danny?»

«Freud nennt das wohl eine neurotische Fixierung – und das ist ziemlich extravagant, findest du nicht auch? Du hast einen großen, behaarten, ungebildeten Stromer gefunden und versucht, aus ihm einen zivilisierten Menschen zu machen.»

«Danny, du bist ein Narr!»

«Ich weiß.»

«Narr, Narr, Narr. Du wirst auf deine verrückte Werft zurückkehren und vergessen, daß es mich gibt. Dann sitze ich wieder in dem tristen Haus in Westwood und warte und warte. Manchmal wünsche ich, ich wäre kräftig genug, um dir etwas Verstand einzuprügeln.»

«Vielleicht kehren wir wirklich nicht zurück. Der Teufel soll Chris Noël holen. Ich habe mir die Seekarten angesehen – es wäre ein Kinderspiel, das Boot hier nach Samoa zu segeln. Dann weiter nach Neuseeland. Wie würde dir das gefallen? Ich habe gehört, es soll dort phantastisch sein.»

«Danny, du bist verrückt.»

May Ling liebte es, auf dem Vordeck zu liegen und die Arme über Bord baumeln zu lassen. Seit fünf Tagen begleitete ein Tümmler das Boot. Er schwamm auf der Seite, sah May Ling an und sie sah ihn an. Als Dan hörte, daß sie in Mandarin vor sich hinsprach, rief er: «Sprichst du mit dir selber?»

«Mit Chu Tu.»

«Wer ist Chu Tu?»

«Der Tümmler hier. Er begleitet uns seit fünf Tagen. Wir sind alte Freunde. Ich habe ihn nach meinem Großvater genannt.»

«Und du sprichst Chinesisch mit ihm?»

«Warum nicht?»

«Wie zum Teufel soll ein Tümmler Chinesisch verstehen?»

Sie sprang auf, rannte auf ihn zu, schlang die Arme um ihn und küßte ihn. «O Danny, du bist so lieb.»

Als sie vor der Bucht von Kiholo auf der Hauptinsel ankerten, sagte Dan eines Morgens zu ihr: «Nun, Kindchen, es ist vorbei. Wir setzen Segel und kehren zurück, bevor Chris nervös wird und uns die Bullen auf den Hals hetzt.»

«Danny, müssen wir das wirklich?»

«Es ist sein Boot. Außerdem ist Admiral Land inzwischen sicher so wütend, daß er seine eigenen Orden auffrißt. Wir sind länger weggeblieben, als wir gesagt hatten, und niemand weiß, wo wir sind. Ich habe versucht, Funkkontakt mit irgend jemandem herzustellen, aber entweder komme ich mit dem Gerät nicht zurecht, oder es hört kein Schwanz zu. Wir waren einen Monat weg und brauchen bestimmt fünf Tage, bis wir wieder in Oahu sind, wenn der Wind so bleibt. Sonst dauert es länger.»

Der Wind war gut, aber am Abend des vierten Tages kamen sie in eine Flaute und lagen vor der Südostspitze von Oahu auf einer gläsernen See. Immer wenn sie auf See schliefen, wurde Dan häufig wach. Diesmal schliefen sie auf Matten in der offenen Plicht. Dan wurde dreimal wach, das letzte Mal, als der erste graue Streifen der Morgendämmerung zu sehen war. May Ling hatte sich unter einer Decke zusammengerollt und schlief fest. Dan stand leise auf. Mit der Dämmerung kam ein leichter Wind auf, so setzte er das Hauptsegel und belegte das Ruder auf Kurs. May Ling schlief immer noch. Er ging in die Kabine hinunter, um Kaffee zu kochen und Schinken auf Toast zu machen.

Dort hörte er das Geräusch. Es kam aus der Ferne, ein wütendes Dröhnen. Zuerst dachte er an einen Vukanausbruch. Als das Geräusch aber nicht aufhörte, wurde ihm klar, daß es sich um detonierende Bomben und um das Stakkato von Gewehrfeuer handelte.

Er stürmte aus der Kabine auf Deck. Dort sah er May Ling an der Reling knien und hörte, wie der Lärm aus der Richtung von Oahu immer stärker wurde.

«Danny, was ist das?»

Er kniete sich neben sie und legte den Arm um ihre Schulter. Jetzt sahen sie die Flugzeuge in geringer Höhe in Geschwaderformation auf sich zufliegen. Plötzlich löste sich eine der Maschinen aus dem Verband und stürzte sich auf das Boot. Aus ihren Flügeln kamen Rauchspurgeschosse. Dan sah die Kugeln aufs Wasser schlagen, hörte, wie sie das Boot trafen, hörte, wie May Ling aufschrie und sah, wie ihr Körper sich wie im Krampf wand. Dann war das Flugzeug verschwunden, und über ihren Köpfen flogen die Maschinen weiter, kümmerten sich nicht mehr um das winzige Boot.

«Danny», flüsterte sie. «Danny, ich bin verletzt.»

Er legte sie auf die Matte. Auf ihrer Brust breitete sich ein dunkler Fleck aus.

«Danny, was ist geschehen?»

Er kniete über ihr, sein Herz war von einer Furcht zerrissen, die er nie zuvor gekannt hatte. «Es ist alles gut, Kindchen, es ist alles gut.»

Ihre Augen waren offen. Er nahm sein Taschentuch heraus, drückte es fest auf ihre Wunde und hatte nur den einen Gedanken, daß er die Blutung zum Stehen bringen mußte.

«Mein Schatz, mein Schatz», flüsterte er.

Dann wußte er, daß sie tot war. Er griff hastig nach ihrem Puls. Er richtete sie auf, umarmte sie, flehte: «Nein, nein, nein, geh nicht fort. Verlaß mich nicht. Bitte, bleib, May Ling, geh nicht von mir.»

Er kniete auf dem Deck, hatte die Arme um sie gelegt und begann zu weinen, wiegte sie in seinen Armen, küßte ihre kalten Wangen und Lippen.

Der Motorendonner verklang in der Ferne.

Teil VI
Wiederkehr

Seit zwei Tagen versuchte Barbara, einen Wecker zu kaufen, fand aber in ganz Kalkutta keinen. Das kam ihr sehr vernünftig vor, denn das war kein Ort, wo man einen Wecker brauchte. Sie fand es aber seltsam, daß sie bei all ihren Streifzügen durch die Geschäfte nie eine Puppe oder ein Spielzeug gesehen hatte. Eloise hatte Tom einen Sohn geboren, der auf den Namen Frederick Thomas Lavette getauft worden war, und Barbara wollte versuchen, zum zweiten Geburtstag des Kindes ein Geschenk zu schicken. Aber in Kalkutta gab es kein Spielzeug und keine Wecker zu kaufen.

Aus verschiedenen Gründen hatte Barbara in letzter Zeit oft nicht einschlafen können. So wurde jeder Termin am frühen Morgen zu einem Kampf zwischen Willenskraft und Müdigkeit, bei dem gewöhnlich die Müdigkeit den Sieg davontrug. Das war auch der Grund für die Suche nach einem Wecker. Da sie erfolglos blieb, trug sie Kamil Shee, dem Verwalter des Presseklubs, wo sie wohnte, ihre Schwierigkeit vor.

«Nichts einfacher als das, Memsahib. Ich werde Sie wecken.»

«Gut, bitte, morgen um vier.»

«Aber das ist doch nicht Morgen, Memsahib, das ist mitten in der Nacht.»

«Können Sie mich um vier Uhr in der Nacht wecken?»

«Um diese Zeit schlafe ich. Wie kann ich Sie wecken, wenn ich schlafe?»

«Das leuchtet mir ein», gab Barbara zu. «Lassen wir es. Ich werde mir einen Faden um den Finger wickeln.»

«Sie wollen sich einen Faden um den Finger wickeln?»

«Ja. Das wird genügen.»

Es war Juni 1944. Barbara war seit drei Wochen in Kalkutta. Das Gebäude des Presseklubs, in dem sie wohnte, war einst ein Radschahpalast gewesen, den man im Verlauf des Krieges so umgebaut hatte, daß man ihn als Unterkunft für Berichterstatter verwenden konnte. Als der Auslandsredakteur des *Chronicle* sie in ihrem Haus in San Francisco bei der Arbeit gestört hatte, weil sein Blatt sie als Berichterstatterin auf den sino-birmesisch-indischen Kriegsschauplatz entsenden wollte, hatte sie sein Ansinnen zuerst schlicht abgelehnt. Sie hatte sich aufgeregt, ihn angebrüllt, sich dann entschuldigt und ihm schließlich gesagt, sie werde es sich überlegen. Zwei Monate darauf saß sie in einer Hercules-Transportmaschine vom Typ C-54, die von Neufundland aus nach Osten startete. Inzwischen war sie viel herumgekommen, sie war unter anderem in Nordafrika, Burma und auf Ceylon gewesen.

Jetzt war sie in Kalkutta. Sie arrangierte das Moskitonetz um ihr Bett und konzentrierte sich darauf, daß sie um vier Uhr aufwachen wollte. Sie war um halb fünf mit Simil Chatterjee verabredet, der sie am Presseklub abholen und ihr im Morgengrauen die Schlafende Straße zeigen wollte. Denn das war die einzige Tageszeit, wie er sagte, zu der man sie sehen konnte. Er hielt sie für das Sensationellste in ganz Indien, über das noch nie jemand geschrieben hatte. Barbara vermutete, er sei Kommunist, obgleich er das nie hatte erkennen lassen. Sie hatte ihn auch nie danach gefragt. Er war zu ihr gekommen, weil er ihren Roman gelesen hatte, was Barbara verblüffte. Andererseits hatte sie sich an die Vorstellung gewöhnt, daß ein einmal gedrucktes Buch in die abgelegensten Winkel der Welt wanderte ... Er hatte es also gelesen und glaubte, sie habe ein teilnehmendes Auge und Ohr für die Situation.

Es war heiß, der Deckenventilator funktionierte nicht. Sie hatte schon vor langer Zeit festgestellt, daß Deckenventilatoren in Indien fast immer still standen. Sie lag nackt unter dem Moskitonetz und versuchte, zur Ruhe zu kommen. Mondlicht flutete ins Zimmer und schien auf Barbaras Körper. Sie hatte abgenommen und fand, sie sei dürr und unansehnlich geworden, was aber keineswegs stimmte.

Schon seit einigen Tagen bereitete sie ihre Abreise vor. Sie hatte genug vom Krieg, genug davon, weg zu sein von zu Hause, genug von der Langeweile, der Einsamkeit, genug von den Soldaten, Offizieren und Korrespondenten, die ihre eigene Lebensgier und Einsamkeit auf sie abwälzen wollten, genug davon, unter tausend Männern die einzige Frau zu sein. Früher war ihr Abscheu vor dem Krieg rein theoretisch und abstrakt gewesen, jetzt hatte er sehr klare, genaue Gründe. Krieg, das war Vergeudung, Dummheit und Barbarei, und es kam ihr so vor, als sei sie während ihres ganzen Erwachsenenlebens in einen sich immer schneller drehenden, sich weiter ausbreitenden Wirbel von Krieg gezogen worden, als habe dieser Krieg ihr alles genommen, was ihr lieb und teuer war – Marcel in Frankreich tot, May Ling von Kugeln ermordet, die ein Flugzeug auf dem Weg nach Pearl Harbor gleichsam spielerisch abgeschossen hatte, und in gewisser Weise war sogar Dominick Salone vor langer Zeit schon Opfer eines Krieges geworden.

Als sie jetzt über all das nachdachte, fragte sie sich: «Lebe ich tatsächlich schon so lange? Oder war das ein ganz anderes Leben in einem anderen Zeitalter? Ich bin erst dreißig, bin ledig, habe keine Kinder, aber eine Vergangenheit, mit der ich mir so alt vorkomme wie die Tempel dieses Landes.»

Einer dieser Tempel lag an der Straße zwischen Alt-Delhi und Neu-Delhi. Barbara hatte ihn eines Tages in der brennenden Mittagssonne entdeckt mit seinem Grün und seinem plätschernden Bächlein. Sie ließ anhalten, zog die Schuhe aus und betrat den Tempelbezirk, wo mit untergeschlagenen Beinen ein alter Mönch in safranfarbenem Gewand saß. Als sie ihn beobachtete, kam ein Gefühl tiefen Friedens über sie. Es war das erste Mal seit langer Zeit gewesen, daß sie so etwas wie Frieden empfunden hatte ...

Sie erwachte plötzlich und sah im Schein eines Streichholzes auf die Uhr: halb drei. Sie war müde, und ihr ganzer Körper war mit Schweiß bedeckt. Eine Weile blieb sie liegen, versuchte, die Nässe des Lakens unter sich zu vergessen, wagte nicht, die Augen zu schließen, aus Angst, wieder einzuschlafen. Schließlich gab sie es auf. Sie kroch aus dem Bett, zog die Verdunklungsvorhänge zu und schloß damit zugleich die Kühle der Nachtluft aus. Sie goß Wasser aus der Kanne in die Waschschüssel und mußte dabei an das morgendliche Duschen im Schlafsaal im Sarah Lawrence College denken. Ein Pappschild über der Waschschüssel mahnte, das Wasser unter keinen Umständen zu trinken. Sie zog ihre Uniform an und dachte dabei sehnsüchtig daran, wie bequem eine leichte Bluse und ein Paar Baumwoll-Shorts wären. Die Uniform war ihr von Tag zu Tag mehr zuwider, und sie sehnte sich nach einem Einkaufsbummel mit Jean, bei dem sie sich Mengen von Kleidern kaufen wollte, eines leichter und dünner als das andere. Merkwürdig, sie hatte sich nie viel aus Kleidung gemacht!

Dann ging sie nach unten und spazierte durch den offenen Innenhof des Gebäudes mit seinem Zierteich und seinen Plattenwegen, in dem einst, wie man sich erzählte, die zahlreichen Frauen des Radschahs gelustwandelt waren. Es war noch dunkel, nur Mond und Sterne spiegelten sich glitzernd im schlammigen Teich. Sie tastete sich durch die finstere Eingangshalle und stand dann draußen vor dem Gebäude. Sie freute sich über die leichte Brise, die der Morgendämmerung stets vorausging. Ein halbes Dutzend Lastträger schliefen auf den harten Ziegeln des Fußwegs, der das Gebäude umgab. Barbara war inzwischen daran gewöhnt, Männer, Frauen und Kinder in den Straßen der Stadt schlafen zu sehen. Kalkutta war eine riesige Stadt, aber zu klein für die Millionen, die dort lebten, zumal die Hungersnot Hunderttausende von Bauern vom Lande in die Stadt getrieben hatte.

Sie hatte kaum fünf Minuten gewartet, als sie in der Dunkelheit das Holpern und Quietschen der Rikscha hörte, in der Chatterjee sie abholen kam. Er war klein, dürr und dunkelhäutig, hatte einen freundlichen Mund und große, dunkel glänzende Augen. Er war sehr gepflegt, trug einen schneeweißen Dhoti und ging stets barfuß. Er sprang aus der Rikscha und nickte ihr erfreut zu.

«Wie schön, Miss Lavette, daß Sie Ihren Nachtschlaf dafür opfern. Sie sind verantwortungsbewußt, sehr verantwortungsbewußt.»

«Ich habe sogar ein bißchen geschlafen. Müssen wir unbedingt in einer Rikscha fahren? Ich hasse das. Es ist eines Menschen unwürdig, sich von einem anderen ziehen zu lassen, als wäre er ein Zugtier.»

«Auch ein Mann, der nur ein Zugtier ist», sagte Chatterjee freundlich, «muß leben und essen. Wovon soll er das, wenn wir nicht mit seiner Rikscha fahren?» Er sagte etwas auf Bengali zu dem Rikschamann, dessen ausgemergelter, zäher Leib nur von einem Lendentuch bedeckt war. Er sah zu Barbara hin, lächelte und nickte.

Zögernd stieg Barbara ein, gefolgt von Chatterjee. «Aber lassen Sie ihn nicht rennen», wandte sie noch ein.

«Ich schreibe ihm nichts vor, Miss Lavette. Er wählt die Gangart, die für ihn am besten ist.»

Barbara seufzte. «Ich nehme an, daß unsere Schuldgefühle Ihnen rätselhaft vorkommen?»

«So ist es. Der Mensch muß fähig sein, Schuld zu empfinden, sonst wäre die Welt noch ekelhafter, als sie ist. Aber die Kriterien, nach denen unsere Eroberer Schuldgefühle entwickeln, sind uns ein Rätsel.»

«Ich gehöre nicht zu Ihren Eroberern», erinnerte Barbara ihn.

«Nein, nein, das stimmt. Ich verallgemeinere – eine meiner schlechten Angewohnheiten. Aber wissen Sie, Miss Lavette, die Amerikaner haben jetzt zwei Millionen Soldaten in Indien stehen, weit mehr, als die Briten je hatten, und wir sind nach wie vor ein besetztes Land.»

«Ich weiß.»

Eine Weile fuhren sie schweigend durch die dunklen leeren Straßen der Stadt. Dann sagte Chatterjee: «Ich muß gestehen, daß ich Sie wegen Ihrer Furchtlosigkeit bewundere. Die meisten Frauen hätten Angst, mitten in der Nacht aufzustehen und mit mir zu kommen. Eine Stadt bei Nacht, verdunkelt wie diese hier, ist furchteinflößend.»

«Andere Dinge erscheinen mir fürchterlicher.»

«Der Rikschamann ist dreiundzwanzig Jahre alt und wird die vierzig kaum erreichen. Ich will hier nicht morbiden Gedanken nachhängen und auch nicht mit unserem Elend hausieren gehen, sondern damit nur sagen, daß ich seine Lage kenne. Aber es gibt keine andere Arbeit für ihn, und er muß Frau und Kinder ernähren.»

«Warum meinen Sie, daß er stirbt, bevor er vierzig ist?» fragte Barbara langsam. «Ist er krank?»

«Nein. Aber sein Herz wird nicht durchhalten.»

«Ach so.»

Die Dunkelheit der Nacht wich der langsam heranziehenden Dämmerung. Die Stadt belebte sich. Die Menschen, die auf den Bürgersteigen geschlafen hatten, standen auf und zogen zu den Teichen, die überall in der Stadt zu finden waren, um dort zu baden und ihre Säuberungsriten zu vollziehen. Die erste Straßenbahn klapperte vorbei, schon voller Menschen. Der Rikschamann suchte sich seinen Weg durch eine Herde heiliger weißer Kühe, die ungehindert durch die Straßen zogen.

«Wir sind in wenigen Minuten dort», sagte Chatterjee. «Sie haben viele Menschen auf den Straßen schlafen sehen, aber das sind Stadtbewohner. Die Straßen sind ihr Zuhause, das einzige, das sie haben. Was wir jetzt sehen werden, ist etwas anderes. Sie müssen wissen, die Hungersnot dauert schon eine ganze Weile, und wenn es auf dem Lande keinen Reis mehr gibt, kommen die Bauern voller Verzweiflung hierher. Es sind so viele gekommen, Tausende und Abertausende, daß die Regierung ihnen bestimmte Straßen zum Schlafen freigeben mußte. Die Regierung ist sehr besorgt um die Menschen.»

«Ja, ich weiß. Als ich in Alt-Delhi war, habe ich einen Mann gesehen, der Kindern unter einer Laterne das Lesen beibrachte. Das Licht war sehr schwach. Ich habe den Generalgouverneur bei einem Empfang getroffen und ihm davon berichtet. Er sagte, er werde etwas tun. Wissen Sie, was er getan hat?»

«Nichts.»

«Aber nein, keineswegs. Er ließ eine stärkere Glühlampe einsetzen.»

«Das ist in der Tat fürsorglich. Aber wir sind da, sehen Sie nur!» Dann sagte er etwas zu dem Rikschamann, der sogleich stehenblieb.

Sie waren an einer Stelle, an der die Straße, auf der sie gekommen waren, eine breite Prachtallee kreuzte, so breit wie die Champs-Elysées in Paris. Im grauen Licht der Morgendämmerung konnte Barbara sie weithin überblicken, und so weit ihr Auge reichte, war die Straße von einer Seite bis zur anderen mit den Leibern Schlafender bedeckt. Der Anblick war so unerwartet – obwohl Chatterjee sie darauf vorbereitet hatte –, so unglaublich und so anders als alles, was sie bisher gesehen hatte, daß sie kein Wort sagen konnte. Sie saß nur da und starrte dieses Bild an, und in ihrem Inneren stieg eine Welle des Entsetzens und des Mitgefühls auf, so daß sie sich leer und krank fühlte. Sie konnte keine Reaktion zeigen. Ihr Weltbild, das ohnehin nur noch notdürftig zusammenhielt, zerbrach vollends, und mit ihm der Glaube an eine gerechte Welt, in der Gott in seinem Himmel wohnt und alles auf Erden seine Ordnung hat ...

«Die Schlafende Straße», sagte Chatterjee.

Minuten vergingen, während die drei bewegungslos dort standen. Schließlich konnte Barbara sagen: «Tut Ihnen dieser Anblick nicht weh?»

«Miss Lavette, wenn ich zuließe, daß solche Dinge mir wehtun, bliebe nichts von mir übrig, und ich könnte meine Arbeit nicht tun.»

«Was ist Ihre Arbeit?»

«Ich bin Journalist, wie Sie. Wir haben eine kleine Zeitung, ein einziges Blatt, das beidseitig bedruckt wird. Sie kommt einmal die Woche heraus. Ihr einziger Vorzug ist es, daß sie die Wahrheit über viele Dinge berichtet, über die keine andere Zeitung schreibt. Sobald sie gedruckt ist, bringen wir sie, ich und andere, in die Dörfer und Fabriken. In den meisten Dörfern sind die Menschen Analphabeten, deshalb lese ich sie ihnen laut vor, und jeder Dorfbewohner zahlt mit einem einzigen Reiskorn für das Vorlesen. Selbstverständlich ist das verboten. Kürzlich durften wir nicht erscheinen. Daher hätte ich diese Geschichte gern in einer amerikanischen Zeitung.»

«Ich verstehe. Können wir jetzt gehen?»

«Nur noch ein paar Minuten, bitte. Wie Sie sehen, erwachen sie bereits. Haben Sie keine Angst, es sind sehr freundliche Menschen.»

«Ich habe keine Angst. Ich weiß nur nicht, wie lange ich diesen Anblick ertragen kann.»

«Das verstehe ich. Aber in wenigen Sekunden wird die Sonne aufgehen. In dem Augenblick, in dem das Sonnenlicht auf die Straße fällt, brechen sie auf, und zwar sehr schnell. Ich möchte, daß Sie sehen, warum.»

«Ich habe genug Material für meine Geschichte.»

«Nein, nein, bitte, Sie haben erst die Hälfte.»

«Nun gut», sagte Barbara. In Burma hatte sie gesehen, wie man Leichen aus dem Urwald brachte, auf Lastwagen gestapelt wie Brennholz. Warum sollte das hier beunruhigender sein?

Ein erster breiter Sonnerstrahl fiel jetzt auf die Straße, und die Menschenmasse begann sich zu regen. Es war wie eine Wellenbewegung, als seien die Tausende dort ein Ganzes. Die Straße war Schlafzimmer, Badezimmer und Abwasserkanal, und plötzlich strömte die Menschenmasse fort, sie zogen an Barbara und Chatterjee vorüber, fast ohne ihnen auch nur einen Blick zuzuwerfen, Männer, Frauen, Kinder, Säuglinge, die an leeren flachen Brüsten sogen, ein langsamer, trauriger, stiller Menschenstrom.

Aber nicht alle waren erwacht. Überall auf der ganzen Straße bis weit in die Ferne lagen auch jetzt noch Menschen, Hunderte, Tausende. Hier und da bildeten sich Menschentrauben um die allem Anschein nach Schlafenden, und Wehgeschrei drang zu ihnen herüber.

«Was geht dort vor?» fragte Barbara Chatterjee. «Warum schlafen sie noch?»

«Sie schlafen nicht, sie sind tot. Jeden Morgen sind tausend, zweitausend, fünftausend Menschen tot, in der Nacht gestorben. Bis die Hungersnot zu Ende ist, wird es sechs Millionen Tote geben. In Hitlers Gaskammern sind Millionen umgekommen, das weiß die ganze Welt. Sechs Millionen meiner Landsleute werden hier sterben, ohne daß die Welt davon erfährt.» Er sagte einige Worte in Bengali zu dem Rikschamann, und seine Stimme klang zum erstenmal hart. Dann fuhren sie davon.

Barbara hatte Mühe, ihren Magen zu beruhigen, ihre Verzweiflung niederzukämpfen. Sie hatte nicht den Mut, Chatterjee zu bitten, er solle die Rikscha anhalten lassen, damit sie aussteigen und sich übergeben konnte. Die Stadt war jetzt erwacht, und sie fuhren durch eine immer dichter werdende Menge von Menschen, Autos und Rikschas. Außerdem – eine Frau in der Uniform eines amerikanischen Unteroffiziers übergibt sich nicht auf einer geschäftigen Straße. Schließlich brachte sie es fertig, zu dem immer noch schweigenden Chatterjee zu sagen: «Ich weiß, was ich gesehen habe. Und Sie haben recht. Aber das hier ist Gottes Wille, oder das Wetter. Man kann das nicht mit den Gaskammern auf eine Stufe stellen.»

«Gott – ach ja. Es gab auch in der Vergangenheit Hungersnöte, aber da hatte man Reis bereitgestellt. Diesmal hatten die Briten Angst, daß die Japaner bis Assam vordringen könnten und daß die

Bauern zu ihnen überlaufen und sie als Befreier begrüßen könnten. Daher haben sie einen Pakt mit den mohammedanischen Reiskaufleuten geschlossen und den ganzen Markt unter Kontrolle gebracht. Millionen Menschen werden sterben, dabei liegen die Lagerhäuser voller Reis, Millionen Pfund.»

«Das ist eine böse Anklage», sagte Barbara.

«Wollen Sie die Geschichte schreiben?»

«Über die Hungersnot und die Schlafende Straße, ja. Das wird meine Zeitung auch drucken. Aber den anderen Teil –»

«Wird sie nicht drucken.»

«Wie könnte sie, ohne Beweis? Sie geben den Briten die Schuld am Tod von Millionen, aber Sie sagen selbst, daß es schon früher Hungersnöte gab, bei denen Millionen starben. Selbst wenn Ihre Behauptung stimmt, die Briten haben die Hungersnot nicht gemacht. Vielleicht halten die Händler wirklich Reis zurück, damit die Preise steigen. Das ist verbrecherisch und übel. Aber ich kann keine Anklage erheben, wenn Sie mir keine Beweise dafür liefern.»

«Miss Lavette, wo ließen sich solche Beweise finden? Ich weiß nur, was ich gehört habe, und ich weiß, daß es Gründe gibt, das zu glauben. Ich weiß, daß Reis da ist. Warum wird er nicht ausgeteilt? Warum müssen so viele Menschen sterben?»

«Darauf kann ich keine Antwort geben», sagte Barbara hoffnungslos. «Ich weiß es nicht. Aber schreiben kann ich nur, was ich gesehen habe.»

Am Abend wurde im Presseklub Barbara zu Ehren eine Cocktail-Party gegeben. Man hatte gehört, daß sie abreisen würde, weil sie vom sino-birmesisch-indischen Kriegsschauplatz genug hatte. Deshalb hatten die amerikanischen Berichterstatter eine Abschiedsfeier arrangiert. Geladen waren Berichterstatter, britische und amerikanische Offiziere, einige Schwestern aus dem nahe gelegenen Krankenhaus und einige Damen vom Roten Kreuz. Barbara gehörte zu den ganz wenigen Anwesenden, die sich nicht betranken. Alkohol war für ihren Magen ohnehin schon schlimm, und nach dem, was sie am Morgen gesehen hatte, konnte sie nicht einmal etwas essen. Auf einem langen Tisch standen Mengen von Sandwiches, ein dampfender Topf mit Curry-Fleisch und Schüsseln voller Reis. Man prostete ihr lallend mit poetischen Trinksprüchen zu. Ein Mann vom Fernmeldewesen sagte: «Die Schönheit ist aus unserem Leben entschwunden.» Sie bekam mindestens ein halbes Dutzend dringliche

Einladungen in fremde Betten, und als sie sich schließlich mit dem Hinweis darauf zurückzog, daß sie in der vorigen Nacht nicht geschlafen habe und sehr erschöpft sei, warf man ihr betrübt vor, sie sei eine gefühllose Spielverderberin, die weggehe, bevor es richtig schön sei.

Als sie allein in ihrem Zimmer war, dachte sie: «Ich muß hier weg, sonst verliere ich den Verstand.» Es überraschte sie, daß sie nicht den ganzen Tag geweint hatte. Dann fiel ihr ein, daß sie schon ein Jahr lang keine Tränen mehr vergossen hatte. Diese Fähigkeit war ihr abhanden gekommen.

Dan Lavette verkaufte das Haus in Westwood erst drei Jahre nach May Lings Tod. Er schlief selten dort, denn er hatte sich in dem alten Bürogebäude auf Terminal Island eine kleine Wohnung eingerichtet. Doch da er wußte, daß Chinesen glaubten, die Geister der Verstorbenen blieben drei Jahre lang in dem Haus, in dem sie gelebt hatten, behielt er es. Nicht, daß er an derlei geglaubt hätte. Doch da May Ling, die ebenfalls nicht daran geglaubt hatte, es so gehalten hatte, wollte auch er es tun. Zuerst sagte er sich, es sei Joes Zuhause, und das sei ein Grund, das Haus zu behalten. Aber dann wurde Joe im Juni 1942 zu einem Stützpunktlazarett nach Honolulu kommandiert. Er versuchte Joe zu erklären, warum er das Haus nicht behalten wollte, in der Hoffnung, daß Joe ihn verstand. Joe gab sich Mühe, den Mann mit dem verbitterten Gesicht zu verstehen, der seinen Kummer nicht verwinden wollte. Nach Ablauf der drei Jahre verkaufte Dan das Haus und legte das Geld auf einem Konto für seinen Sohn fest. Die Jahre, die er dort mit May Ling verbracht hatte, waren gute Jahre gewesen, die besten seines Lebens, aber die ständige Erinnerung daran war mehr, als er ertragen konnte. Als er das Haus endlich verkaufte, fühlte er sich erstmals nicht mehr so niedergeschlagen.

Terminal Island war jetzt der Mittelpunkt seines Lebens. Erstaunlicherweise haßte er die Japaner nicht. Er konnte das, was aus dem Himmel gekommen war und seine Frau getötet hatte, nicht mit einer Person verknüpfen. Deshalb hatte die Hingabe, mit der auf der Werft arbeitete, nichts mit Rache zu tun. Er kehrte auf die Werft zurück, weil er sonst nirgendwo hingehen konnte, und er arbeitete, weil er andernfalls den Verstand verloren hätte. Zu dieser Zeit kannte er keine Zukunft, keinen Traum, keinen Ehrgeiz, und er fand, das Leben sei ohne Sinn, ohne Ziel und ekelhaft. Als May Ling noch lebte, hatte er nie an die Möglichkeit ihres Todes gedacht. In einer Gesellschaft, in der die meisten Frauen ihre Männer überleben, hatte er es als selbstverständlich angesehen, daß er vor ihr sterben würde. Sie war mehr gewesen als ein Teil seines Lebens: sie hatte es geformt. Mit sanfter Geduld und unendlichem Takt hatte sie ihn erzogen, war seine Lehrerin und Anleiterin gewesen, hatte für ihn gelebt und ihn bewundert, ohne ihn je zu tadeln. Er hatte nie über das Ausmaß seiner Liebe zu ihr nachgedacht, aber stets gewußt, daß ein Leben ohne sie unerträglich sein würde.

Im Juni des Jahres 1944 war Dan Lavette zwar noch der Besitzer des Hauses in Westwood, aber er war sieben Wochen lang nicht dort gewesen. Tatsächlich hatte er in dieser Zeit Terminal Island kein einziges Mal verlassen. Als Admiral Land ihn eines Tages dort aufsuchte, fand er ihn auf dem Deck eines fast fertigen Liberty-Schiffes in blauem Arbeitshemd und Bluejeans. «Lavette», rief er dem unruhig auf und ab gehenden Dan zu, «stehen Sie doch mal einen Augenblick still!»

Dan blieb stehen und wartete auf den Admiral. «Wir müssen miteinander reden», sagte Land zögernd.

«Ich habe zu tun.»

«Ich habe in meinem Leben keinen so rüden Kerl getroffen wie Sie.»

«Vielen Dank. Ich bin im übrigen gerade dabei, diese riesige Sardinenbüchse zu inspizieren.»

«Als ob Sie nicht genug Kontrolleure hätten.»

«Wenn ein Schiff diese Werft verläßt, sehe ich es mir an. Ich bin dafür verantwortlich. Es würde mich interessieren, wofür Sie verantwortlich sind. Etwa dafür, daß Sie hierher kommen und mir auf den Wecker fallen?»

«Gewissermaßen», sagte Land gelassen. «Welche Nummer hat der Kahn?»

«Zweihunderteinundachtzig, Liberty-Klasse.» Er ließ sich dazu herbei, dem Admiral die Hand zu schütteln.

«Der Henker soll mich holen», sagte Land langsam, und in seiner Stimme schwang Respekt. «Ich wußte, daß es viele sein würden. Also zweihunderteinundachtzig. Sie sind ein eigenbrötlerischer, ungehobelter, sagenhafter Stinkstiefel.»

Dan lächelte, wobei sich seine Lippen allerdings kaum bewegten.

Doch es war mehr, als er sich seit langem gestattet hatte. Er ließ den Blick über das Schiff schweifen, auf dem sie standen. «Wie gefällt es Ihnen?»

«Es sieht ganz vernünftig aus.»

«Was soll das heißen – es sieht ganz vernünftig aus? Für die Pläne zu diesen Schiffen kann ich nichts. Es ist ein schlechter Entwurf, aber davon abgesehen, bauen wir die besten Schiffe der Welt.»

«Warum?» wollte Land wissen.

«Was heißt, warum?»

«Sie scheren sich doch einen Dreck um unser Land oder um den Krieg oder um sonst was! Die Rechnungsstelle sagt mir, daß Sie bisher etwa sechshundert Millionen brutto bekommen haben, Sie sind also mehrfacher Millionär. Aber Sie gehen nie von hier weg. Haben Sie überhaupt einen Anzug, oder schlafen Sie in diesen Bluejeans?»

«Ich schlafe nackt», sagte Dan. «Kommen Sie mit ins Büro, ich gebe einen aus. Heute nachmittag lassen wir einen Tanker zu Wasser – Nummer dreiundzwanzig. Wir haben die Konstruktion geändert, und es wäre mir lieb, wenn Sie ihn sich ansähen, bevor wir eine Untersuchung durch den Kongreß auf dem Hals haben.»

«Sie haben meine Frage nicht beantwortet.»

Dan führte ihn auf die andere Seite des Schiffes. «Vorsicht, Herr Admiral.» Sie gingen durch einen Dschungel aus Gerüsten, Aufzügen, Kranen, Grobblechen, Trägern und unbeplankten Rohbauten. «Sie wollen doch gar keine Antwort», sagte Dan zum Admiral. «Sie wollen mich nur zu diesem Bockmist bekehren, den Sie Patriotismus nennen. Ich will Ihnen mal etwas sagen. Vor vierzehn Jahren habe ich da draußen am Kai in San Pedro gesessen, ich hatte seit drei Tagen nichts im Magen, und den anderen da ging es genauso. Ich hätte für einen Dollar am Tag gearbeitet – ach, was sage ich, für fünfzig Cent. Und nun sehen Sie sich um. Was meinen Sie, wie viele Leute jetzt hier für mich arbeiten?»

Um sie herum wimmelte es von Schweißern, Zimmerleuten, Hilfsarbeitern, Dampfrohrmonteuren, Lackierern und Kranführern. «Mehr als dreißigtausend auf dieser Werft», sagte Dan. «Über zweihundert allein im Büro. Sie sitzen zu zweit an den Tischen, denn man bekommt eher Grobbleche als Schreibtische oder Schreibmaschinen. Sie arbeiten und haben zu essen. Und wir machen gute Schiffe, weil es der einzige Sinn in meinem Leben ist, diese verdammte Werft zu leiten. Das ist meine Sache, nicht Ihre. Aber verlangen Sie nicht von mir, daß ich einem System zujubele, das einen Adolf Hitler brauchte, damit es den Menschen Arbeit verschaffen konnte.

«So kann man das doch nicht sehen.»

«Ich sehe es aber nun einmal so.»

«Na schön. Ich habe noch nie einen Millionär getroffen, der wie ein Anarchist redet. Sie sind der erste. Aber Sie sind auch unser bester Schiffsbauer. Hätte ich nur zwanzig von Ihrer Sorte.»

«Da sei der Himmel vor!»

«Ja, das wäre ein schweres Los für mich. Aber dann wäre dieser unselige Krieg viel schneller zu Ende.»

Sie waren an eine Stelle gekommen, wo Rammen Holzpfähle in den Schlammboden trieben. Land hielt inne, um ihnen zuzusehen. Dan schrie ihm zu, um sich über dem Lärm verständlich zu machen: «Ihre Jungs in Washington wollten drei weitere Ablaufbahnen haben. Wenn wir fertig sind, haben wir hier grob geschätzt neunundfünfzigtausend Pfähle in den Schlamm gejagt.»

«Darüber möchte ich mit Ihnen reden», sagte Land.

In Dans Büro herrschte ein chaotisches Durcheinander. Es sah nicht so aus wie das Hauptbüro eines der größten Unternehmen an der Küste. Land nahm einen Whiskey mit Soda, Dan steckte sich eine Zigarre dazu an und sagte: «Sie sehen müde aus, alter Knabe.»

«Einer der Vorteile, die man als Admiral hat», philosophierte Land, «ist der, daß man das Recht hat, Hochnäsigkeit und Grobheit zurückzugeben. Nur bei Ihnen klappt das nicht, Lavette. Was meinen Sie, wie alt ich bin?»

«Siebzig?»

«Fünfundsechzig. Ich bin zehn Jahre älter als Sie und bitte das zu respektieren. Na schön, reden wir vom Geschäft. Die Jungs meinen, wir sind über den Berg – oder zumindest so weit auf dem Weg zum Gipfel, daß wir uns daran machen können, Schiffe zu bauen, die wir nicht sofort verschrotten müssen, wenn der Krieg vorbei ist. Das bedeutet eine neue Schiffsklasse. Wir nennen sie im Vorgriff auf den nahen Sieg ‹Victory›. Die Pläne haben Sie spätestens morgen. Inzwischen erzähle ich Ihnen in groben Zügen, worum es geht. Es handelt sich um ein Schiff von zehntausend Tonnen und einhundertzwanzig Meter Länge. Deckshaus mittschiffs und Backdeck. Das gibt ihm einen eleganten Schwung.»

«Einfach wird das nicht.»

«Mir klar. Es soll aber auch keine große Serie aufgelegt werden.

Wenn Sie in den nächsten zwölf Monaten ein Dutzend davon hinbekommen, bin ich zufrieden. Es soll stark bewaffnet sein, zwei Geschütztürme vorn und achtern, die Geschützbettungen mit hochfestem Stahl gepanzert, zwölf Millimeter stark. Die Bugkanone hat ein Kaliber von siebzig Millimeter, für Landziele, Seekampf und Flugzeugabwehr, und die Heckkanone hat hundertfünfundzwanzig, ist also ein Mordsbrocken mit einer völlig neuen Lafette und völlig neuem Unterbau. Außerdem bekommt das Schiff noch sechs kleinere Türme mit jeweils mehreren Maschinenkanonen von zwanzig Millimetern. Das macht aber keine Schwierigkeiten. Antrieb über ölbefeuerte Kessel und Dampfturbinen. Es wird ins Geld laufen, aber Sie verdienen auch mehr daran.»

Dan nickte ohne Begeisterung.

«Ich weiß Ihre freudige Aufnahme zu schätzen. Wir schicken Ihnen zwei Spezialisten mit den Zeichnungen. Ich habe sie schon auf Sie vorbereitet. Sie brauchen also nicht nett zu ihnen zu sein.»

«Mir stinken diese verdammten technischen Klinkenputzer. Brauche ich die überhaupt?»

«Ich fürchte ja, Dan. Immerhin handelt es sich um ein neues Projekt. Hören Sie mir jetzt, bitte, zu und kommen Sie einen Augenblick lang von Ihrem hohen Roß herunter. Im August soll in San Francisco eine kleine Feier veranstaltet werden, und bei der Gelegenheit will der Präsident Ihnen einen Orden verleihen.»

«Wofür denn?»

«Für die Schiffe, die Sie bauen, wofür wohl sonst?»

Dan zuckte die Schultern.

«Sie können es nicht ablehnen. Übrigens habe ich kürzlich Ihren Sohn getroffen, Thomas.»

Dan nickte.

«Sieht gut aus, der Junge. Sie sollten sich mal mit ihm treffen. Er beklagt sich darüber, daß er einen Landjob hat mit Whittiers Schiffen.»

Dan nickte wieder.

«Was ist nun mit der Ehrung?»

«Muß ja wohl sein.»

Tom hatte günstig ein Haus auf Pacific Heights gekauft, weil der Krieg die Preise drückte. Er und John Whittier hatten, juristisch beraten von der Anwaltssozietät Seever, Lang & Murphy, eine Holding konstruiert, die einen Teil des Kapitals der Seldon Bank mit dem von Whittiers Reederei verflocht. Die Gewinne, die Whittier mit seiner Flotte erzielte, ließen sich nur als astronomisch zu bezeichnen. Amerikas Hunger nach Frachtraum war unersättlich, denn im Pazifik war eine ganze Armee zu versorgen, und die als Nachschubbasis dienenden hawaiischen Inseln waren Tausende von Kilometern vom amerikanischen Festland entfernt. Es gab nicht genug Schiffe – dabei war man schon dazu übergegangen, so viel Decksladung aufzunehmen, daß die Gefahr kaum geringer war als die Gewinne.

Tom hätte nie zugegeben, daß Geld ihm etwas bedeutete. Aber Geld bedeutete Macht, und Tom strebte nach Macht. Mit ihr genoß er das Gefühl, daß er jeden Preis zahlen konnte, wie exorbitant er auch sein mochte. Das Haus auf Pacific Heights kostete vierhundertundachtzigtausend Dollar. Wenn er es gebaut hätte, jetzt im Jahre 1944, hätte es eine Million gekostet – falls es überhaupt möglich gewesen wäre, in jener Zeit ein solches Haus zu bauen. Es hatte mehr Zimmer, eine größere Grundfläche und mehr Granit als das von Whittier. Als dieser angesichts des Aufwandes, den sein Teilhaber trieb, die Brauen hob, fühlte Tom sich in keiner Weise betroffen. «Ich meine, es paßt zu meiner Zukunft», sagte er.

Inzwischen hatte Tom seinen Frieden mit Eloise gemacht und sich sogar davon überzeugt, daß sie trotz ihrer Kopfschmerzen und gewisser anderer Mängel durchaus die ideale Frau für ihn war. Erstens äußerte sie nie eine Meinung in Gesellschaft, und nur selten, wenn sie allein waren. Außerdem schloß sie sich, falls sie gelegentlich unterschiedliche Ansichten vertraten, sehr schnell der seinen an. Meist sagte sie ohnehin sehr wenig, und an manchen Tagen wurde zwischen Mann und Frau kein Wort gewechselt – außer über Dinge, bei denen sich das wegen ihrer jeweiligen Rolle nicht umgehen ließ. Sein Aufstieg innerhalb der Marine war nicht aufsehenerregend, aber stetig; er hatte es inzwischen zum Commander gebracht. Will man der Wahrheit die Ehre geben, muß gesagt werden, daß seine Arbeit keineswegs ein Ruheposten war, denn an der Nahtstelle zwischen der United States Navy und Whittiers Reederei-Interessen war er als Verbindungsmann für Tausende von Tonnen kriegswichtiger Fracht zuständig und verantwortlich. In anderen Zeiten hätte vielleicht jemand den Gedanken gehabt, daß er sich als Teilhaber der Reederei Whittier in einem Interessenkonflikt befand. Aber in jenen Jahren kümmerten solche Feinheiten niemanden. Tom war klug, charmant und reich, das brachte ihn, in Verbindung mit seinem militärischen Rang, über alle Hürden.

Im Juni 1944 war das neue Haus fertig eingerichtet, und Tom fand, dieses Ereignis sei auch in Kriegszeiten einen Empfang wert. Die Hauseinweihung sollte zugleich mit seinem und Eloises dritten Hochzeitstag gefeiert werden. Er war stolz auf alle seine Besitztümer, und obwohl er fand, Eloise lasse auf manchen Gebieten zu wünschen übrig, hatte er doch den Eindruck, daß sie herausgeputzt und zurechtgemacht einem Manne ebensosehr zur Zierde gereichte wie irgendeine andere Frau in San Francisco.

«Nichts Aufwendiges», sagte er, als er ihr seinen Plan unterbreitete. «Es werden etwa sechzig Leute kommen. Meinst du, du kannst das alles hinbekommen?»

«Ja, wenn du mir die Namensliste der Eingeladenen gibst. Jean wird mir helfen.»

«Mir wäre es lieber, Mutter hielte sich da raus.»

«Warum? Sie tut es gern.»

«Ich bin nicht sicher, daß ich sie dabei haben möchte. Wir laden John ein, und es wäre für beide eine peinliche Situation. Mutter muß doch nicht immer dabei sein.»

Eloise atmete tief ein. «Das ist nicht ‹immer›», sagte sie dann. «Es ist die erste große Gesellschaft, die wir in unserem neuen Haus geben.»

«Es wird nicht die letzte sein.»

«Nein», flüsterte Eloise.

«Nein? Was heißt das?»

«Es ist mir gleich, ob John Whittier kommt», sagte sie kühn. «Ich weiß, das muß sein. Aber ich gebe keine solche Gesellschaft, wenn Jean nicht eingeladen wird.»

«Die Gesellschaft gebe ich.»

«Es ist ebensogut mein Haus wie deins.»

«Mit welchem Recht?» fragte Tom kalt.

«Mit dem Recht deiner Ehefrau», sagte Eloise verzweifelt.

«Ich möchte darüber nicht streiten. Wir geben die Gesellschaft, und Mutter wird verstehen, warum wir sie nicht einladen können.»

«Dann komme ich auch nicht.»

«Was?»

«Ich bleibe in meinem Zimmer!» rief Eloise, und Tränen stiegen in ihre Augen.

«Du tust, was ich sage!»

«Ich denke nicht daran.»

Er hatte sie nicht schlagen wollen, aber hatte auch den Zorn nicht vorausgesehen, der ihn überflutete. Als er ihr mit der flachen Hand ins Gesicht schlug, überraschte es ihn fast so sehr wie sie. Sie wich zurück, preßte die Hand aufs Gesicht, sah ihn mit großen Augen an und floh aus dem Raum.

Einige Minuten später folgte er ihr nach oben. Sie lag auf ihrem Bett und hatte ein feuchtes Tuch auf dem Gesicht liegen.

«Es tut mir leid», sagte er. «Ich habe die Beherrschung verloren. Daran bist du selbst schuld, du hast mich wütend gemacht.»

«Ich weiß», flüsterte sie, und man merkte, daß es ihr Schmerzen bereitete, zu sprechen.

«Was ist los, hast du eine deiner verdammten Migränen?»

Sie antwortete nicht.

«Ich brauche dich bloß schief anzusehen, und schon kriegst du einen deiner Anfälle. Das machst du mit Absicht. Ich soll ein schlechtes Gewissen kriegen und sehen, was für ein schlechter Kerl ich bin.»

«Ich kann nichts dazu», brachte sie heraus, wobei jedes Wort wie eine Explosion durch ihren Kopf hallte.

«Schon gut, wir sprechen weiter, wenn du dich besser fühlst.»

Am nächsten Tag, mit immer noch schmerzendem Kopf, ging Eloise zur Galerie und schüttete Jean ihr Herz aus. Den Schlag ins Gesicht überging sie. Sie brachte es nicht fertig, zu einem Dritten darüber zu sprechen.

«Weißt du was, meine Liebe?», sagte Jean. «Du lädst mich ein und ich komme einfach nicht. Sei Tom gegenüber nicht zu hart. Ich kann John Whittiers Anblick nicht ertragen, und einen ganzen Abend im gleichen Haus mit ihm verbringen zu müssen, wäre eine grausame Strafe für mich.»

«Jean?»

«Ja, meine Liebe?»

«Darf ich dich etwas sehr Persönliches fragen?»

«Ja.»

«Wie ist es möglich, daß man einen Mann heiratet, ohne zu wissen, wie scheußlich er zu einem sein wird?»

Jean lachte. «Ach, meine liebe Eloise. Es gibt in Amerika bestimmt zehn Millionen Frauen, denen man diese Frage vorlegen könnte. Ich weiß nicht, was man darauf antworten könnte. Es läuft darauf hinaus, daß wir Frauen sind – und daß Männer eben sind, wie sie sind – leider. Die Ehe ist wahrscheinlich das schwierigste und delikateste Problem im Leben eines jeden Menschen. Man wird nicht darauf vorbereitet, und alle Welt hat diese stupide Vorstellung, Ehen würden im Himmel geschlossen, und danach gäbe es nur Glückseligkeit.» Sie hielt inne und sah Eloise prüfend an. «Ängstigt dich das?»

«Ein bißchen.»

«Du bist wohl nicht sehr glücklich?»

«Ich habe ja Freddie. Er ist lieb und freundlich, ein richtiger Schatz. Ich hätte ihn heute mitgebracht, aber er hört alles, und ich möchte in seiner Gegenwart nicht von solchen Dingen sprechen. Die Menschen denken immer, daß Zweijährige noch nichts verstehen, aber da irren sie sich.»

«Das stimmt. Du hast aber meine Frage nicht beantwortet.»

«Richtig, das habe ich nicht. Ich bin tatsächlich nicht sehr glücklich.»

«Ja, was soll ich dazu sagen? Du bist eine reizende, verständnisvolle junge Frau. Ich kann mich noch erinnern, wie ich in deinem Alter war. Ich hatte einen Eispanzer um mich, man konnte mich nicht so leicht verletzen. Aber ich hatte auch mehr Glück als du. Ich hatte einen bemerkenswerten Mann geheiratet, allerdings hatte auch er einen Panzer um sich gelegt. Ich glaube, wir waren beide hart wie Stein, oder aber so weich, daß wir uns das vormachen mußten. Man weiß so wenig von sich selbst, und über den anderen erfährt man fast gar nichts. Wir waren aber beide zäh, das bist du nicht. Du bist sanft und leicht verletzlich. Wenn Tom dir zu sehr wehtut, laß nicht zu, daß er dich zugrunderichtet, und richte dich vor allem nicht selbst zugrunde.»

«Ich könnte Tom nie verlassen», sagte sie kläglich. «Ich kenne seine Pläne, und eine Scheidung würde seine Aussichten zunichtemachen.»

«Das würde sie wohl», stimmte Jean zu.

Joe Lavette hatte achtunddreißig Stunden lang im Stützpunktlazarett, das man in aller Eile auf Guam zusammengeschustert hatte, operiert, ohne Schlaf, wachgehalten von Benzedrin. Er hatte Arme, Beine und Hände amputiert, Metallstücke aus Eingeweiden, Nieren, Lebern und Mägen herausgeholt, sondiert, geschnitten und genäht. Er war über und über mit Blut bespritzt, hatte sich umgezogen, sorgfältig die Hände gewaschen, wieder operiert und war wieder blutverschmiert.

Schließlich wurde er abgelöst. Als er davontaumelte, ohne von der Umwelt Notiz zu nehmen, gab man ihm einen Brief, der gerade angekommen war. Er ging in sein Zelt, setzte sich aufs Feldbett und sah den Brief mit blicklosen Augen an, die vor Übermüdung fast zufielen. Er legte sich hin und schlief sofort ein. Als er nach neun Stunden aufwachte, hatte er den Brief noch fest in der Hand. Er setzte sich auf, sah den Brief an, konnte sich nicht erinnern, wie er dorthin gekommen war. Er kam von Sally Levy. Während er den Umschlag glättete, weil er ihn im Schlaf zerknittert hatte, lächelte er zum erstenmal seit Tagen.

Er legte den Brief ungeöffnet aufs Kissen und wusch und rasierte sich. Es war zwei Uhr, ein heiß-feuchter Nachmittag. Da er einen Bärenhunger hatte, nahm er den Brief mit in die Kantine und verschob das Vergnügen, ihn lesen zu können, bis nach dem Essen. Er hatte seit Wochen keine Post bekommen. Gleichgültig schaufelte er fetten, gebratenen Schinkenspeck, einige Scheiben Weißbrot und Rührei in sich hinein. Er trank drei Tassen bitteren schwarzen Kaffee, öffnete dann liebevoll den Brief und begann zu lesen: «Mein lieber, geliebter Joe», schrieb Sally. «Das wird ein trauriger Brief, denn er berichtet von Unglück: Unser lieber freundlicher Joshua ist tot. Während ich diese Worte schreibe, sehe ich sie an, und sie bedeuten mir nichts. Wie ist das möglich? Er war erst zwanzig Jahre alt, sein Leben hatte noch gar nicht richtig angefangen. Er war so sanftmütig, so einfühlsam und so lieb. Ich glaube nicht, daß er je einem Menschen wehgetan hat. Eigentlich hatte ich geglaubt, ich könnte nicht mehr weinen, denn wir haben die Nachricht schon vor vier Tagen erhalten. Aber jetzt muß ich innehalten, weil mir die Tränen wieder kommen. Ich fühle mich ihm gegenüber schuldig, denn ich war immer so böse zu ihm. Ich habe ihn ständig herumgestoßen und war unbeherrscht, und er mußte stets darunter leiden. Wenn ich ihn schlug, stand er bloß da und ertrug es lächelnd. Ich schreibe Dir das, weil ich es sonst niemandem sagen kann. Du verstehst es sicher, denn Du weißt, was für ein schrecklicher Mensch ich sein kann.

Die Sache ist die: wenn man zwei große Brüder hat, nimmt man sie als gegeben hin und denkt nicht groß darüber nach. Sie sind einfach da und werden immer da sein. Dann aber kam der Brief. Als Mutter ihn aufmachte und las, saß sie einfach da und sah ihn an. Wie muß das für eine Mutter sein: Da kommt ein Brief, in dem steht, daß der Sohn einem Kamikaze-Angriff zum Opfer gefallen ist und daß man ihn auf See bestattet hat! Sie wird nun nie wieder sein Gesicht oder auch nur sein Grab sehen. Ich weiß, wie es ist, seine Schwester zu sein, aber ich glaube, ich wäre auf der Stelle gestorben, wenn ich unsere Mutter wäre. Auf der Stelle. Und sie hat keinen Ton gesagt. Zuerst hat sie nicht einmal geweint. Sie hat den Brief einfach an Papa weitergegeben. Er las ihn, legte den Kopf auf den Tisch und weinte. Ich hatte ihn nie zuvor weinen sehen, überhaupt noch keinen erwachsenen Mann. Ich wußte nicht einmal, was vorgefallen war, aber ich konnte es mir denken. Dann ging Mama zu ihm hin und legte ihre Arme um ihn. Vielleicht sind Frauen stärker als Männer, jedenfalls einige Frauen, denn Papa hat es geradezu zerrissen. Er war im ersten Krieg Soldat, und ich nehme an, daß er deshalb so heftig mitempfand. Seither hat er nicht mit mir gesprochen, aber ab und zu nimmt er mich in den Arm, und dann kommen ihm erneut die Tränen. Mama läßt es mich nicht sehen, wenn sie weint. Aber einmal bin ich in ihr Zimmer gegangen, da saß sie dort und weinte, als wäre ihr Herz gebrochen, und wahrscheinlich ist es das auch.

Dazu kommt noch, daß wir seit zwei Wochen nichts von Adam gehört haben. Wir nehmen an, daß er an der Landung in der Normandie beteiligt war. Das würde natürlich erklären, warum er nicht schreiben kann. Er ist sonst immer sehr gewissenhaft. Wir haben in der Zeitung gelesen, daß viele Kompaniechefs gefallen sind. Da er Kompaniechef ist, macht das die Sache noch schlimmer. Ich weiß, das ist für Dich kein angenehmer Brief, aber ich sehe nur dann eine Zukunft für uns, wenn wir alles gemeinsam erleben. Die Vorstellung, daß Du dort irgendwo in diesem verrückten Krieg im Pazifik bist, macht mich halb wahnsinnig vor Sorge. Ich würde sterben, wenn Dir etwas zustieße, Joe. Wirklich, ich würde einfach sterben. Ich würde nicht mehr leben wollen. Fast alle, die mir nahestehen, sind fort, nachdem jetzt auch Barbara irgendwo in Fernost oder Indien oder sonstwo ist. Ich sage mir immer, daß ich ruhig und gelassen bleiben muß. Jetzt sehen Mama und Papa mich an, und ich weiß, was sie denken. Sie denken, daß ich der einzige Mensch bin, der ihnen geblieben ist.

Lieber guter Joe, bitte, bitte, sei vorsichtig und paß auf Dich auf. Ich liebe Dich so sehr. Ich liebe Dich mehr, als ich sagen oder schreiben kann. Bitte, komm so zurück, wie Du weggegangen bist.»

Barbara schickte ihrem Chefredakteur ein kurzes, deutliches Telegramm: «Mir reichts. Kehre zurück. Rückkabelt US-Pressestelle Karachi.» Aber es dauerte eine Woche, bis sie einen Flug nach Karachi bekam, und die erste Etappe nach Amerika hinter sich bringen konnte. Es war eine Woche voller Langeweile und Elend in der feuchten Hitze Kalkuttas. Einige Tage vor ihrem Abflug hörte sie von der Invasion in der Normandie und hoffte auf ein baldiges Kriegsende. Der Flug nach Karachi quer über den riesigen indischen Subkontinent verlief ohne Zwischenfall. Aber in der Pressestelle in Karachi lag keine Antwort auf ihr Telegramm. Das war zwar ärgerlich, aber kein Grund zur Besorgnis. Sie wußte, daß Telegramme von Indien in die Vereinigten Staaten und umgekehrt eine lange Laufzeit hatten. Manchmal dauerte es zehn volle Tage, bis eines durchkam. Sie bat, man möge sie sofort benachrichtigen, wenn ein Telegramm für sie käme, und ging ins Gästehaus für die Presse.

In ihrem Zimmer stellte sie mit Erleichterung fest, daß sie eine eigene Dusche hatte. In Kalkutta war es warm und feucht gewesen, hier in Karachi zeigte das Thermometer gut vierzig Grad im Schatten. Aber es war trocken. Sie wußte nicht, was schlimmer war. Nachdem sie geduscht und sich umgezogen hatte, ging sie in die Hotelhalle, wo sie auf Mike Kendell stieß, der für die *Washington Post* berichtete. Sie hatte ihn schon einmal kurz in Nordafrika getroffen. Kendell war Mitte vierzig, korpulent und hatte wegen seines reichlichen und häufigen Alkoholkonsums ein kräftig gerötetes Gesicht. Er war Lokalberichterstatter und hatte durch den Krieg zum erstenmal die Gelegenheit gehabt, ins Ausland zu kommen. Barbara hätte ihn gar nicht wiedererkannt, aber er stürzte sofort voller Freude auf sie zu.

«Großer Gott!» rief er. «Eine schöne Frau am Arsch der Welt! Erinnern Sie sich nicht? Mike Kendell.»

«Natürlich.»

«Darauf müssen wir einen trinken.»

«Bei diesem Wetter? Na schön, Tonic Water. Ich wage nicht, bei diesem Wetter Alkohol zu trinken.»

«Ist doch ideal, wärmt von innen, kühlt von außen.» Als sie an der Bar saßen, fragte er sie: «Was bringt Sie denn hierher?»

«Ich bin auf dem Heimweg, hoffe ich. Mir steht es bis hier.» Sie machte eine entsprechende Handbewegung. «Krieg ist etwas für Männer und Schwachköpfe, falls das nicht sowieso dasselbe ist.»

«Langsam, Mädchen, langsam! Gehen Sie nicht so hart mit uns ins Gericht!»

«Und wo wollen *Sie* hin, Mike?»

«Burma, vielleicht auch China ... vorausgesetzt, wir kommen so weit und ich überlebe und bleibe besoffen! Wann verduften Sie hier?»

«Ich warte nur noch auf ein Telegramm von meinem Chef. Es kann jeden Tag kommen. Lieber heute als morgen, am liebsten vorgestern. Acht Monate reichen mir.»

«Wissen Sie, Barbara, heute spielt sich sowieso nichts mehr ab, es gehen keine Maschinen. Wollen Sie nicht mitkommen? Die Tommies feiern heute abend. Soll ein ganz schicker Ringelpiez werden im Regimentshauptquartier, mit allem kolonialen Pomp und Brimborium. Ich bin sicher, daß es Ihnen gefallen wird.»

«Das hier ist meine letzte saubere Uniform.»

«Steht Ihnen blendend. Außerdem haben sie hier eine prima chemische Reinigung, ehrlich. Geben Sie mir Ihren Kram; ich laß ihn für Sie reinigen. Das bin ich Ihnen schuldig. Vergessen Sie nicht: bei mir sind Sie sicher wie in Abrahams Schoß, denn um Mitternacht bin ich garantiert so voll, daß mich nicht mal Mae West reizen könnte.»

«In Ordnung, ich komme mit», sagte Barbara.

«Ich hol Sie um acht ab.»

Barbara kannte englische Regimentsfeiern. Diese hier war nicht anders als alle anderen: Britische Offiziere nutzten den Anlaß, ihre Paradeuniformen spazierenzutragen und so zu tun, als hätte sich in Indien nichts geändert. Anwesend waren außerdem britische Offiziere, die sich von der Pike auf hochgedient und nie eine Paradeuniform besessen hatten, amerikanische Offiziere, dürre, vertrocknete britische Ladies, die ihr ganzes Leben in Indien verbracht hatten, Frauen vom Roten Kreuz, ein paar Krankenschwestern, einige Korrespondenten, wenige Zivilisten – aber nicht ein einziger Inder. Schon in dem Augenblick, als Barbara den Raum betrat – einen großen repräsentativen Saal mit hoher Decke und Deckenbalken aus poliertem Teakholz – bedauerte sie, daß sie der Einladung gefolgt war. Es würde ein Abend werden, wie sie schon zahlreiche erlebt hatte: Langeweile, halbbetrunkene Männer ohne Frau würden ihr sagen, sie sei die attraktivste aller anwesenden Damen, Alkoholfahnen, ein paar Tänze mit Männern, die sie mit verzweifelter, hoffnungsloser Begierde umklammerten, neidvolle Blicke der anderen Frauen, die älter waren als sie, erschlafft und unansehnlich. Wie oft schon hatte sie ihre Schönheit gehaßt, diesen eitlen Schein, der sie von der Welt und von sich selbst fernhielt, aber an diesem Abend fand sie selbst dieses banale

Ereignis besser als allein im Hotelzimmer zu sein, zu lesen, zu schlafen und zu vergessen, was sie gesehen hatte.

Männer drängten sich um sie, wie stets bei solchen Gelegenheiten. Mike Kendell wurde ein Opfer der Bar, und sie tanzte mit einem britischen Offizier und versuchte herauszubekommen, was die zahlreichen Bänder auf seinem Uniformrock bedeuteten. Er hieß Wescott, Colonel Wescott, war etwa vierzig und sehr charmant: «Ich finde nie die richtigen Worte bei Amerikanerinnen, aber sie sind eine wahre Gottesgabe. Wer würde eine Frau wie Sie in Karachi vermuten? Da lohnt sich der Krieg mal, was?»

«Sicher.» Barbara lächelte. «Sie haben am ersten Afrikafeldzug teilgenommen, stimmt's? Zusammen mit den Italienern?»

«Aha, Sie entziffern meine Ordensbänder, was? Kluges Mädchen. Ja, mit Wavell. Wissen Sie, der Name ist gar nicht einfach auszusprechen, ist mir nie zuvor aufgefallen. Mit Wavell, ja, haargenau.»

«Ich kenne einen Sergeant, der auch dabei war. Er fuhr mit einem Maschinengewehr-Wagen. Vielleicht wissen Sie – »

«Wer weiß. Wie heißt er?»

«Bernie Cohen.»

«Cohen? Wohl Jude, was?»

«Glaube, ja.»

«Nein, ich kann mich an keinen Cohen erinnern. Ich hatte nicht viel mit Kriegsfreiwilligen zu tun, um die Wahrheit zu sagen. Bernie Cohen. Nein, nicht, daß ich wüßte. Ein Verwandter von Ihnen? Sagen Sie bloß nicht, daß Sie Jüdin sind.»

«Fast genauso schlimm», sagte Barbara mit ernstem Gesicht. «Ich bin italienischer Abstammung.»

«Sie ziehen mich auf.»

«Absolut nicht. Aber ich habe mich damit abgefunden.»

Als die Musik aufhörte, zog Mike Kendell sie am Arm fort. Sie ließ sich von ihm beiseite führen. «Ich habe zufällig gehört, wie Sie den Tommy da nach einem Bernie Cohen gefragt haben. Vielleicht gibt es ja fünfzig Sergeants in der britischen Armee, die Cohen heißen, wer weiß? Jedenfalls habe ich einen in Tunis getroffen.»

«Wir wollen doch einen nehmen», sagte Barbara und steuerte Kendell auf die Bar zu. «Wetter hin oder her.»

«Besteht denn gar keine Aussicht, daß Sie sich einen anzwitschern, damit ich Ihnen, wie der Dichter sagt, in rosigem Licht erscheine?»

«Da ist wohl nichts drin. Aber ich mag Sie, Mike. Wissen Sie, je mehr Briten ich hier sehe, desto mehr schätze ich Amerikaner. Ich habe sie mal ganz gern gehabt, aber ihre kleine Insel paßt besser zu ihnen als das hier. Mein Gott, wie mir der geheimnisvolle Osten zum Hals raushängt! Wenn ich wieder in San Francisco bin, werde ich nie weiter nach Süden gehen als bis zur Market Street und nie weiter nach Westen als zur Van Ness Avenue. Dazu müssen Sie wissen, daß ich nur eine Straße östlich von Van Ness wohne! Und sechs Monate lang werde ich nichts als Organdy und Crêpe de Chine tragen. Wissen Sie, ich habe diesen Bernie Cohen vor vielen Jahren kennengelernt – die Umstände interessieren im Augenblick nicht –, und jetzt ist er in der britischen Armee, falls er noch lebt. Er ist ein guter Bekannter, daher frage ich ein bißchen herum. Eines Tages treffe ich sicher mal einen britischen Offizier, der sich nicht so anstellt, wenn er einen jüdischen Namen hört. Und was ist mit Ihrem Sergeant Cohen?»

Mike bestellte beim Barkeeper, einem Sikh mit Turban, zwei Gin mit Tonic. «Ich glaube, es ist etwa ein Jahr her, vielleicht auch schon ein bißchen länger. Wann hat sich von Arnim an Kap Bon ergeben?»

«Mai dreiundvierzig.»

«So etwas haben Sie noch nicht gesehen. Wir hatten so eine Art Kral für die Kriegsgefangenen gebaut, und die Deutschen marschierten da im Paradeschritt hinein, ein Bataillon sogar im Stechschritt. Sollte man das für möglich halten? Im Stechschritt ins Kriegsgefangenenlager.»

«Was ist mit Cohen?»

«Ach ja. Also, ich war mit ein paar Jungs von Associated Press und ein paar britischen Freiwilligen dabei. Wir haben zugesehen. Einer von ihnen war so ein Lulatsch, einsfündundachtzig, einsneunzig, fiel mir gleich auf, weil die Tommies ja sonst eher kurz sind, außer vielleicht die Offiziere. Außerdem hatte dieser Knabe ein Ärmelwappen, das ich noch nie gesehen hatte, irgendeine jüdische Einheit – also habe ich ihn nach dem Wappen gefragt.»

«Wie sah er aus?» fragte Barbara ungeduldig. «Los, Mike, Sie sind doch Journalist – beschreiben Sie ihn.»

«Na ja, wie ich schon gesagt habe, groß, einsfünfundachtzig oder einsneunzig. Hakennase – gut, was? Blaue Augen, richtig blaßblau. Das habe ich mir so gut gemerkt, weil seine Haut dunkel war, wie Leder. Und seine Augen waren wie blaue Löcher im Kopf. Sehr kalt, sehr hart. Als ich ihn interviewte, kam ich mir vor wie ein Zahnbrecher, der einen Backenzahn rausholen muß. Habe ich Ihnen übrigens schon gesagt, daß er Amerikaner war?»

«Nein, Sie Trottel, haben Sie nicht.»

«Sagten Sie nicht, daß Sie aus San Francisco kommen?»

«Ja, das habe ich gesagt.»

«Er auch.»

«Dann muß er's sein. Mike, um Gottes willen, erzählen Sie doch. Stehen Sie nicht einfach rum und glotzen mich an.»

«Er hat in Spanien gekämpft», sagte Kendell.

«Gleich heule ich los», flüsterte Barbara. «Ich habe ihn überall gesucht. Als ich in Nordafrika war, habe ich bestimmt hundert Leute gefragt.»

«Sind Sie in den Burschen verliebt?»

«Ich kann es Ihnen nicht erklären, Mike. Es ist sehr kompliziert. Was haben Sie noch über ihn erfahren?»

«Nun, er hat von Anfang an in Afrika mitgemischt. Die Geschichte war richtig gut – hätte man einen prima Artikel draus machen können. Im Felde zum Offizier befördert, Lieutenant oder so was. Dann machte sein Captain eine abfällige Bemerkung über Cohens Glaubenszugehörigkeit, und da hat er ihn vertrimmt. Kam natürlich gleich vors Kriegsgericht und wurde degradiert. Sie hätten ihn ins Loch gesteckt, aber wenn ich es richtig mitbekommen habe, war er ihr bester Waffenexperte und daher in Kap Bon dabei, als es dort zu Ende ging. Viel mehr kann ich Ihnen nicht erzählen. Ich hab Ihnen ja gesagt: als ob man einen Backenzahn ziehen muß!» Er hob sein Glas. «Auf Ihre Gesundheit, Madame. Wenn das Ihr Macker ist, Kopf hoch! Er ist ein zäher Brocken, der packt es.»

Barbara schüttelte traurig den Kopf. «Nein, Mike. Das ist er nicht, weder noch. Was meinen Sie, wo er jetzt ist?»

«Weiß der Henker! Ich glaube, ein paar von ihnen hat man nach Burma verfrachtet, aber ein Teil ist wohl zur Teilnahme an der Invasion nach England kommandiert worden.»

Am folgenden Tag kam ihr Telegramm. Ihr Chefredakteur stimmte ihrer Heimkehr widerwillig zu. Das Lufttransportgeschwader war gerade dabei, eine Luftbrücke vom sino-burmesisch-indischen Kriegsschauplatz einzurichten, und man hatte im Irak und Iran, in Saudi-Arabien und Belutschistan Rollfelder hergerichtet, unter anderem auch im saudi-arabischen Scharja. Barbaras Zeitung hatte den Brief eines dort stationierten Soldaten aus San Francisco gebracht, und der Chefredakteur bat sie um eine Hintergrundgeschichte. Ob sie wohl eine Zwischenlandung ermöglichen konnte? Am Schluß des Telegramms stand: «Ich weiß nicht, was ich mit Ihrer Geschichte über die Hungersnot anfangen soll. Sie ist großartig, aber ist das der richtige Zeitpunkt?»

Am Tag ihres Abflugs waren es in Karachi vierzig Grad im Schatten, und sie meinte, schlimmer könne es nicht werden. Aber als die große Hercules C-47 schließlich herunterging und auf einer Sandfläche landete, die die Sonnenstrahlen zurückwarf wie ein Backofen, schlug ihr beim Verlassen der Maschine eine solche Glutwelle entgegen, daß sie glaubte, sie werde gleich tot umfallen. Das Flugplatzgebäude war nur knapp hundert Meter von der Maschine entfernt, aber Barbara meinte, die Strecke nicht bewältigen zu können. Als der junge Navigator der Maschine sah, wie sie taumelte, sprang er ihr bei, nahm ihren Arm und sagte munter: «Alles Einbildung, Madame. Ich fliege regelmäßig hierhin. Immer an Schnee und Speiseeis denken. Drinnen ist eine Klimaanlage.»

Irgendwie schaffte sie es. An der Außenwand neben der Tür war ein riesiges Thermometer. Sie las neunundvierzig Grad im Schatten ab. «Großer Gott», sagte sie tonlos, «wie heiß muß es erst draußen in der Sonne sein?»

«Wir haben es nie gemessen», sagte der Navigator. «Was ich nicht weiß, macht mich nicht heiß, nicht wahr?»

Ein halbes Dutzend GIs entluden das Flugzeug. Sie trugen Handschuhe, wie auch die Mechaniker, die die Maschine auftankten.

«Wozu Handschuhe, bei dieser Hitze?» fragte Barbara.

«Damit sie sich die Hände nicht verbrennen.»

Die Tür führte in die Kantine, in der es nur siebenundzwanzig Grad waren, was geradezu kühl wirkte. Die Soldaten, die dort saßen und Karten spielten oder Cola tranken, sahen sie stumpf an. Der Navigator hatte ihr gesagt, er würde es hier keine Woche aushalten und sich lieber eine Kugel durch den Kopf jagen. Der kommandierende Offizier, Lieutenant Cocoron, noch jung, Mitte der Zwanzig, begrüßte sie unsicher.

«Sie sind die erste weiße Frau hier», sagte er. «Korrespondentin, habe ich recht?»

Barbara nickte.

«Sie wollen doch wohl nicht hierbleiben? Ich meine, ich fände es großartig, aber unsere Unterkünfte sind gar nicht auf weibliche Gäste eingerichtet. Wir hatten noch nie Berichterstatter hier.»

«Ich arbeite für eine Zeitung in San Francisco. Mein Chefredakteur hat mir telegrafiert, daß es hier einen Jungen aus San Francisco gibt. Ich soll eine Hintergrundgeschichte über ihn bringen.»

«Aus San Francisco? Das muß Polchek sein.»

«Adrian Polchek, ja.»

Cocoron schüttelte den Kopf. «Er ist weg.»

«Ach, nach Hause?» fragte sie.

«Nein, er sitzt in Kairo im Gefängnis. Er hat eine Araberin vergewaltigt.»

«Nein!»

«Wollen Sie sich nicht setzen? Ich besorge Ihnen eine Cola.» Sie ließ sich an einem der Tische nieder. «Brady», rief Cocoron einem der Soldaten zu, «eine Cola für die Dame.»

Die GIs in der Kantine verschlangen sie jetzt mit den Blicken. Einer von ihnen lächelte. Die meisten glotzten sie nur an, stumpf und gierig. Brady brachte ihr die Cola. Sie war kalt. Barbara trank hastig und bemerkte erst jetzt, wie durstig sie war.

«Erzählen Sie», sagte sie zu Cocoron.

«Sind Sie sicher, daß Sie das alles wissen wollen?»

«Natürlich, ich bin Reporterin. Ich bin nur wegen des Jungen hergekommen, und jetzt erzählen Sie mir, daß er in Kairo im Gefängnis sitzt.»

«Na ja, wir haben nur zwei Räume hier, diesen und die Unterkunft.» Er warf einen Blick auf die Soldaten, die sich jetzt nicht mehr unterhielten, sondern gespannt zuhörten.

«Bitte», sagte Barbara.

«In Ordnung.» Er senkte die Stimme, die Soldaten spitzten aber noch immer die Ohren. «Ich bin Libanese», sagte er. «Ich meine, meine Eltern waren Libanesen. Auf jeden Fall spreche ich Arabisch. Das ist auch der Grund, warum ich hier am Arsch der Welt herumhänge. Entschuldigung, ich weiß schon nicht mehr, wie man sich in Gegenwart einer Dame ausdrückt.»

«Ich bin das gewohnt», versicherte Barbara ihm.

«Ja, vermutlich. Na schön, Sie sind jedenfalls die erste Amerikanerin, die bis hierher vorgedrungen ist. Ist Ihnen klar, was das bedeutet?»

«Durchaus.»

«Ja. Nun», sagte er unbehaglich, «es ist so: zwei oder drei Araberinnen aus dem Dorf kommen immer zum Saubermachen hierher.»

«Leute, die ständig hier leben?»

«Drei Kilometer von hier ist ein Dorf, mit einem kleinen Brunnen. Ich möchte, daß Sie das richtig verstehen. Es sind nicht einfach Araberinnen, diese Frauen sind Sklavinnen.»

«Sklavinnen? Ich nehme an, Sie sprechen von der gesellschaftlichen Stellung der Frauen, von der Rolle der Frau in der arabischen Familienhierarchie?»

«Nein. Das meine ich nicht.» Er blickte sich unbehaglich um. «Es sind Sklavinnen, richtige Sklavinnen. Hier gibt es noch Sklavenhandel. Sie bringen Schwarze von Afrika her. Man muß verstehen, wie es hier ist.» Seine Stimme wurde noch leiser. «Einige von den Jungs schlafen mit ihnen. Kostet fünfzig Cent. Das ist mehr Geld, als die Leute im Dorf je gesehen haben. Die Frauen liefern es bei ihren Besitzern ab. Eines Tages haben sie den Preis erhöht, und eine verlangte von Polchek einen Dollar. Er wurde wütend und wollte ihr gar nichts geben. Daraufhin kam der Dorfälteste mit dem Mädchen her und beschuldigte Polchek, er hätte sie vergewaltigt. Sogar hier draußen kennen sie das Gesetz. Die Geschichte hat sich herumgesprochen, und ich mußte ihn unter Anklage nach Kairo schicken. Ich hatte keine andere Möglichkeit.»

«Aber warum haben Sie ihn nicht ausgelöst? Vermutlich hätte man doch mit zehn Dollar den Häuptling und sein ganzes Dorf kaufen können?»

«Meinen Sie, darauf wäre ich nicht selbst gekommen? Aber wie das Schicksal so spielt – es waren gerade zwei Air Force Captains hier, frisch aus den Staaten. Die haben die Geschichte aufgebauscht und den Jungen festgenommen.»

«Und wie soll es jetzt weitergehen?» fragte Barbara.

«Weiß der Geier. Wir sitzen hier am A ..., na, Sie wissen schon. Wir dürfen nur als Zeugen auftreten, wenn sie uns rufen. Und das hängt ganz davon ab, wie sehr sie den Saudis hinten reinkriechen wollen – und das ist es offenbar, was sie wollen, und nicht zu knapp. Die Jungs wollen, daß ich hinfliege. Das geht aber nicht. Was er bekommt, weiß kein Mensch: fünfzehn, zehn, vielleicht auch nur fünf Jahre. Kann sein, daß er sogar mit einer unehrenhaften Entlassung davonkommt.»

«War es denn Vergewaltigung?»

«Nein, garantiert nicht. Das Mädchen ist eine Nutte, und sie selbst hätte wohl auch nichts unternommen. Aber sie hatte Angst vor dem Häuptling.»

«Wer soll denn gegen Polchek aussagen? Etwa das Mädchen?»

«Nein. Wenn die Saudis die Sache groß herausbringen wollen, schicken sie ihren Dorfältesten hin. Für die unehrenhafte Entlassung genügt schon die Anklage.»

Eine Stunde später ging Barbara taumelnd durch die Hitze zum Flugzeug zurück, und wenige Minuten darauf starteten sie nach Kairo. Sie war der einzige Fluggast und teilte sich die Maschine mit einer Ladung leerer Cola-Flaschen. Als sie in der Luft waren, kam der junge Navigator nach hinten und fragte, ob sie etwas über die sogenannte Vergewaltigung schreiben werde.

«Ich tue, was ich kann», sagte Barbara.

«Na, also ich kann nur sagen, ich wäre lieber tot als da in Scharja stationiert zu sein. Das ist schlimmer als die Hölle. Etwas Grauenhafteres gibt es überhaupt nicht. Einige von den Jungs sind schon seit sechs Monaten da. Sie werden nicht abgelöst, weil es zu weit von jeder Front weg ist, also vergißt man sie einfach.»

«Was würde ich tun», fragte Barbara sich, «wenn ich da eingesperrt wäre?»

Die Sonne ging gerade unter, als die Maschine auf dem Payne-Flugplatz in Kairo landete. Captain Leonard Belton, der zuständige Presseoffizier, erspähte Barbara, als sie das Abfertigungsgebäude betrat, ergriff ihr Gepäck und versicherte ihr, er hätte nie geglaubt, das Leben könne es so gut mit ihm meinen. «Wie lange ist es schon her, Miss Lavette? Monate. Und für einen Mann, der Sie anbetet ... »

«Ich bin auf dem Heimweg, Leonard. Nichts, aber auch gar nichts, kommt mir dazwischen.»

«Ich bin nicht einmal verheiratet», fuhr er fort. «Wie viele verheiratete Mistkerle haben Sie abwimmeln müssen? Dabei ist meine Liebe die wahre Liebe. Wollen Sie nicht wenigstens mit mir zu Abend essen?»

Barbara sah ihn nachdenklich an. Er war groß, sah ganz gut aus und hatte im übrigen ein nichtssagendes Gesicht. Vor dem Krieg war er Assistent der Geschäftsleitung in einer New Yorker Werbeagentur gewesen. Doch wie er ihr bei einer früheren Gelegenheit in Kairo versichert hatte, waren die Kriegsjahre seine beste Zeit. Das Beste von allem. Er erzählte ihr von dem neuen Gästehaus für VIPs, das kürzlich vollendet worden war. «Ich schwöre», sagte er, «daß kein Hotel in New York einen besseren Service zu bieten hat. Absolute Luxusklasse. Wir haben einen Speisesaal, auf den das Plaza Hotel stolz sein könnte. Vielleicht ist er nicht so groß, aber er hat Stil. Und das Essen ist auch gut. Die Klimaanlage ist einfach phantastisch, und alles gratis. Das, meine Liebe, ist das wesentliche am Krieg – alles ist gratis. Man braucht nicht einmal ein Spesenkonto. Als ich Ihren Namen auf der Flugliste sah, habe ich Ihnen sofort unsere Fürsten-Suite reservieren lassen: Schlafraum, Wohnraum und Bad. Warten Sie nur, bis Sie das Bad sehen! Und ich verlange nichts dafür, als mich an Ihrem lieblichen Lächeln laben zu dürfen. Na ja, vielleicht doch ein bißchen mehr – aber ich bin ein guter Verlierer. Wo haben Sie die ganze Zeit gesteckt?»

Barbara schüttelte fassungslos den Kopf. «Sie sind großartig, Leonard, wirklich großartig. Sie geben mir den Glauben an alle amerikanischen Werte zurück. Wo ich war, wollen Sie wissen? In Indien, Afghanistan, Assam und Burma, so in großen Zügen. Jetzt komme ich gerade aus Saudi-Arabien. Mir ist heiß, ich schwitze, bin müde und total erschöpft. Vermutlich werde ich in den nächsten Minuten zusammenbrechen. Ich will jetzt nur eins: Eine halbe Stunde in der Wanne liegen und mich dann von oben bis unten mit Kölnisch Wasser überschütten. Wenn ich dann noch eine Illustrierte aus den Staaten zu lesen bekäme, vielleicht das *Ladies' Home Journal* oder *Redbook*, wäre ich Ihnen auf immer verbunden. Bringen Sie mich also schnellstens zu diesem Feensitz.»

«Wie verbunden ist verbunden?»

«Dinner, morgen abend. Aber – »

«Ist gebucht. Was soll das ‹Aber›?»

«Bringen Sie den ranghöchsten Pressemenschen im ganzen Bezirk mit. Wer ist das hier überhaupt?»

«O nein, tun Sie mir das, bitte, nicht an! Nicht den. Er heißt Oswald D. Ormsbey, Colonel Ormsbey, und ist ein alter Lustmolch.»

«Ausgezeichnet. Sagen Sie ihm, ich sei begehrenswert und knackig, dann wird er wohl anrollen.»

«Und wer küßt mich?»

«Sie kommen mit, als mein Anstandswauwau. Besorgen Sie mir jetzt, bitte, ein *Ladies' Home Journal*, ja?»

Barbara gab sich ganz dem Genuß des Bades hin und trocknete sich anschließend mit Genuß ab. Das Gästehaus für VIPs wurde den Versprechungen Beltons durchaus gerecht. Barbara hatte angesichts ihrer Zwei-Zimmer-Suite ein schlechtes Gewissen. Sie ließ sich Sandwiches und Kaffee aufs Zimmer kommen, und da es keine Frauenzeitschriften gab, schickte der zuständige GI ihr freundlicherweise ein Exemplar des *Yank*, der Armeezeitschrift. Als sie sie durchblätterte, las sie:

Natürlich gab es eine große Menge Leichen, die wir nicht identifizieren konnten. Jeder weiß, wie ein Mensch aussieht, den eine Granate voll erwischt hat oder der mit einer Mine hochgegangen ist, oder nach einem Schrapnellschuß. Manchmal finden wir nur noch ein Bein oder ein Stück Arm.

Am meisten stinken die mit inneren Verletzungen, die schon drei Wochen tot sind, und das Blut ist noch in ihren Leibern. Wenn man sie bewegt, kommt das Blut aus Mund und Nase. Einige sind in der Sonne so aufgedunsen, daß ihre Köpfe geplatzt sind. Sie sehen blau aus, manche auch schwarz, und ihre Haut hängt in Fetzen.

Aber stinken tun sie alle. Es gibt nur einen einzigen Gestank – das ist dieser. Man gewöhnt sich nie daran, ganz gleich, wie lange man lebt. Nach einiger Zeit setzt er sich in der Kleidung fest, und man schmeckt ihn im eigenen Mund.

Wißt ihr, was ich denke? Ich denke manchmal, wenn jeder Zivilist in der Welt einmal diesem Gestank ausgesetzt würde, gäbe es vielleicht keine Kriege mehr.

«Da sitze ich nun hier», sagte Barbara sich, «in einem Gästehaus der US-Army, esse ein Sandwich und trinke Kaffee in einem Raum, auf den ein amerikanischer Millionär stolz wäre, und lese *das*! Es beschreibt den Krieg genauso, wie er ist. Aber ich glaube, ich kann nicht mehr weinen. Vielleicht teilt die Natur dem Menschen die Tränen zu. Man kann sie verbrauchen, bevor man achtzehn ist, oder man kann sie aufsparen. Ich bin mit meinen sehr verschwenderisch umgegangen. In Burma riechen die Leichen schlimmer, wahrscheinlich wegen der Hitze.»

Da das Gästehaus über eine einwandfreie Klimaanlage verfügte, schlief Barbara wie seit Monaten nicht. Sie ging um elf zu Bett, und als sie nach vierzehn Stunden die Augen aufschlug, war der Raum von Sonnenlicht durchflutet. Sie blieb noch eine Stunde träge liegen, dämmerte, ohne an etwas Bestimmtes zu denken, vor sich hin, glitt zwischen Wirklichkeit und Traumwelt hin und her ... Das Bild des sonnendurchglühten Napatals mit seinen Hügeln tauchte vor ihr auf, die alten efeubewachsenen Steinbauten von Higate. Sie dachte daran, daß beide Söhne dienten, zwei große, hagere, sommersprossige Rotschöpfe, und sie dachte an Sally. Sie mochte die süße, verrückte Sally, und der Gedanke an sie rief großes Heimweh in ihr wach. Die Menschen, die ihr nahestanden, fehlten ihr, ihr Vater, ihre Mutter, Joe, der auf Hawaii stationiert war – jedenfalls, als sie zuletzt von ihm gehört hatte –, Jake und Clair Levy, und auch der winzige Frederick, ihr erster Neffe, und sogar Tom und Eloise. Doch, versicherte sie sich, ich liebe Tom. Ich werde ihm keinen Vorwurf daraus machen, daß er einen Druckposten in der Heimat hat – dem Himmel sei Dank, daß wenigstens einer so vernünftig war, sich von dem Irrwitz fernzuhalten, der über die Welt gekommen war.

Und May Ling. Sie würde in eine Welt ohne May Ling zurückkehren. Es schien ihr unvorstellbar. Seit dreieinhalb Jahren war May Ling tot, aber hier, so fern von daheim, kam ihr das unwirklich vor. In ihrem Halbschlaf sah Barbara May Ling vor sich, sie holte sie ins Leben zurück, in das kleine Haus in Westwood, wo May Ling sie umarmte, Tee machte, mit ihrem einfachen, gesunden Menschenverstand wieder Ordnung in die unheile Welt brachte ...

Sie schlief wieder ein, erwachte erneut und stand schließlich auf. Sie badete noch einmal. Sie konnte der Lockung der großen Wanne, des heißen Wassers und der parfümierten Badeseife nicht widerstehen. Dann brachte ein breit grinsender GI Toast, Kaffee, frischen Orangensaft und kroß gebratenen Schinkenspeck.

«Hier ist es besser als bei der Infanterie», sagte er.

Sie widerstand der Versuchung auszugehen und in Kairo umherzuschweifen und vielleicht die Pyramiden noch einmal zu besuchen. Das hatte sie alles schon früher getan. Statt dessen verbrachte sie den Nachmittag damit, ihren Bericht über den Stützpunkt Scharja und den Gemeinen Polchek zu schreiben, eine seltsame und ungewöhnliche Geschichte.

Der Anruf von Captain Belton unterbrach sie. «Der alte Sittenstrolch ist im Anmarsch», teilte er ihr mit.

«Gut. Erzählen Sie mir etwas von ihm.»

«Da gibt's nicht viel zu erzählen! Er ist etwa fünfzig, stammt aus

Omaha, Nebraska, war Captain oder so was in der Nationalgarde, hatte drüben eine Art Wildwest-Werbeagentur und ist hier als Colonel der Presseoffizier.»

«Hat er ein Herz?»

«Klar, in der Hose.»

«Bringen Sie ihn her. Ich werde schon mit ihm fertig.»

«Wo wollen Sie essen? Wollen Sie was Ausgefallenes, Ägyptisches haben?»

«Nein, ich glaube nicht. Könnte ich mir nicht ein Abendessen für drei Personen aufs Zimmer bringen lassen?»

«Wenn Sie sagen, es sei für Colonel Ormsbey, fährt man Ihnen Fourage für ein ganzes Regiment auf. Guter Gedanke. Besser können Sie in ganz Kairo nicht essen.»

Belton und Ormsbey fanden sich um Viertel vor acht in Barbaras Suite ein. Ormsbey war rundlich, hatte rötliche Wangen und schütteres, blaßblondes Haar. Er trug eine Brille. Er begrüßte Barbara überschwenglich, war entzückt von ihr, bestellte Martini und schickte den Soldaten, der zum Kellnern abkommandiert war, zur Bar zurück, damit er das Verhältnis zwischen Wermut und Gin richtigstellte. «Eins zu sieben», wies er ihn an. «Und sagen Sie Jackson, daß er zwei Flaschen Wein raufschicken soll, und zwar den besten. Ist das klar?» Zu Barbara sagte er: «Nun, Miss Lavette, was halten Sie von unserer niedlichen Absteige hier? Ist das was? Natürlich nicht ganz einfach, so was mitten im Krieg in Gang zu halten. Man muß mit Klauen und Zähnen dafür kämpfen. Aber –» und dabei stieß er einen seiner Wurstfinger in ihre Richtung – «wir haben Einfluß. Pressestelle – wer möchte keine gute Presse haben? So ist der Mensch nun mal! Nehmen wir zum Beispiel Sie: Kann man eine Dame wie Sie in Mannschaftsunterkünfte stecken? Das wäre doch eine Zumutung! Menschen wie Sie bringen unseren Lieben daheim den Krieg nahe. Ich nehme an, die menschliche Seite des Krieges ist Ihre Stärke. Ich habe Ihre Artikel nicht gelesen, aber ich stelle es mir so vor. Habe ich recht?»

«Absolut. Und ob Sie recht haben», stimmte Barbara lächelnd zu. «Sie sind ein scharfer Beobachter, Colonel.»

Sie hatte in richtiger Einschätzung seines Geschmacks Steak, Bratkartoffeln und Erbsen bestellt. Zum Nachtisch gab es Törtchen und ägyptische Melonen, dann Kaffee und Brandy. In Anbetracht der Anwesenheit des Colonels brachte die Ordonnanz die ganze Flasche.

Barbara bemerkte, daß Belton sie beobachtete. Offenbar fragte er sich, was für ein Spiel sie da spiele. Ormsbey trank zwei Martini und fast eine ganze Flasche Wein. Die einzige Wirkung war eine heftigere Rötung seiner Wangen. Er aß mit Appetit, Barbara goß ihm nach dem Essen einen großen Brandy ein, und er nahm sich eine Zigarre und fragte chevaleresk: «Stört dies üble Kraut Sie, Miss Lavette?»

«Nein. Mein Vater raucht auch Zigarren. Ich rieche das ganz gern.»

«Ausgezeichnet. Eine gute Mahlzeit ohne Zigarre ist nämlich wie ein Leben ohne Frau – erträglich, aber in keiner Weise zufriedenstellend.» Er schnitt das Ende der Zigarre ab und entzündete sie, ein Mann, der offensichtlich mit der Welt zufrieden war. «Ich höre, Sie schreiben für eine Zeitung in San Francisco?»

«Ja, für den *Chronicle*.»

«Gutes Blatt, gutes Blatt.» Er zog erneut an der Zigarre. «Jetzt, wo es in Europa mit der Invasion rundgeht, sind wir hier natürlich nur ein Nebenschauplatz. Viel gibt es bei uns nicht zu holen. Ich bin aber sicher, daß wir etwas zur Unterhaltung Ihrer Leser auftreiben könnten.»

«Das habe ich eigentlich schon selbst getan», sagte Barbara. «Ich war in Saudi-Arabien, Scharja heißt das Nest. Ich würde Ihnen gern davon erzählen – wenn ich darf. Ich möchte Sie nicht langweilen.»

«Mich langweilen? Das wäre in der Tat etwas Neues. Also fangen Sie an, meine Liebe.»

Barbara berichtete von ihrem Flug nach Scharja und von dem Fall des Gemeinen Adrian Polchek. Als sie fertig war, schwieg Colonel Ormsbey eine volle Minute.

«Kennen Sie Polchek?» fragte Ormsbey.

«Nein.»

«Nie gesehen?»

«Nein.»

«Warum interessieren Sie sich dann für ihn?»

«Er ist aus San Francisco, und ich habe den Eindruck, daß ihm Unrecht geschieht. Ich habe am Nachmittag die Geschichte aufgeschrieben und werde sie von hier aus durchtelegrafieren lassen, wenn das geht. Ich würde meinen Bericht gern mit der Meldung beenden, daß die Anklage fallengelassen wurde.»

«Ich kenne den Fall Polchek», sagte Ormsbey langsam. »Wir haben doch einen Vorgang darüber, Belton, oder?»

«Ja, Sir, das stimmt.»

«Wissen Sie, wir hatten eine Menge Ärger mit den Saudis. Der Präsident hat sich große Mühe gegeben, um gute Beziehungen zu Ibn Saud aufzubauen. Vorrangige Angelegenheit, und streng geheim! Die Saudis kennen den Fall auch. Es geht gar nicht darum, was wirklich passiert ist. Der Junge hat sich in die Nesseln gesetzt, und wir müssen an ihm ein Exempel statuieren.»

«Aber wenn ich etwas darüber bringe», sagte Barbara freundlich, «und das Ganze als eine absurde Ungerechtigkeit herausstelle, auf der ersten Seite des *Chronicle* von San Francisco, dann drucken das alle Zeitungen im Land nach. Der Fall wird eine traurige Berühmtheit erlangen, und der Henker weiß, wohin das führen kann. Das sähe doch sehr schlecht für die hiesige Pressestelle aus.»

Ormsbey rauchte nachdenklich seine Zigarre. Barbara und Belton warteten. Ormsbey trank seinen Brandy aus und goß sich ein neues Glas ein. Dann wandte er sich an Belton und sagte: «Leonard, verschwinden Sie!»

«Sir?»

«Ich habe gesagt: raus. Machen Sie sich dünn, verduften Sie. Ich möchte privat mit Miss Lavette reden.»

Belton zögerte, seufzte, erhob sich, verabschiedete sich von Barbara und verließ den Raum.

«Was bringt Sie auf den Gedanken, daß ich da etwas tun könnte, Barbara – es macht Ihnen doch nichts aus, daß ich Sie so nenne?»

«Absolut nicht. Nun, ich habe den Eindruck, daß Ihr Wort Gewicht hat, Colonel. Wenn Sie den Adjutant General wissen lassen, daß die Sache Kreise ziehen wird, bekommt der Junge doch im schlimmsten Fall einen Verweis.»

«Und Ihnen ist das wichtig?»

«Sehr wichtig.»

Ormsbey trank seinen Weinbrand aus. «Wissen Sie was, Barbara, wir schließen ein Abkommen. Ich hole den Jungen da raus, und Sie tun das Ihre.»

«Was ist das Meine, Colonel?»

«Ich höre von Leonard, daß Sie morgen hier wieder abschwirren, wahrscheinlich sehen wir uns nie wieder. Sie sind eine sehr anziehende Frau, und es gibt Männer, die schlechter aussehen als ich.»

Er machte eine Pause, Barbara wartete. «Weiter», sagte Barbara.

«Zum Henker, Barbara, muß ich es Ihnen denn vorbuchstabieren? Wir sind doch keine Kinder mehr!»

Barbara sah ihn nachdenklich an. «Im Klartext, Colonel, soll das heißen: Sie wollen mich vögeln, und wenn ich Sie ranlasse, kommt der Junge frei?»

«Sie sagen es ziemlich direkt, so würde ich in Gegenwart einer Dame nicht reden.»

«Sie sind von lobenswerter Feinfühligkeit. Haben Sie eigentlich eine Frau zu Hause, Colonel?»

«Sehen Sie, Barbara, ich lege meine Karten auf den Tisch, weil ich den Eindruck habe, daß Sie eine Frau sind, die weiß, wo's langgeht. Sie verlangen von mir, daß ich mich exponiere. Nun dann: quid pro quo, wie man sagt.»

Barbara lächelte. «Oder mit der Wurst nach der Speckseite werfen, wie man auch sagt. Wissen Sie was, Colonel, ich mache Ihnen ein Gegenangebot. Ich bleibe noch einen Tag hier. Wenn morgen die Anklage gegen Polchek fallengelassen wird, verkneife ich es mir, einen fesselnden Bericht darüber zu schreiben, wie ein Colonel der United States Army mir für eine Nacht im Bett das Leben eines Soldaten angeboten hat.»

«Das können Sie nicht tun!»

«Warum nicht?»

«Ihre Zeitung würde nicht wagen, so etwas zu bringen.»

«Sie kennen den *Chronicle* nicht.»

«Ich würde die Redaktion auf haushohen Schadenersatz verklagen.»

«Ich wette, das täten Sie nicht.»

«Sind Sie wirklich so ein Rabenaas?»

«Ja», stimmte Barbara zu. Sie goß dem Colonel einen Brandy ein. «Nehmen Sie sich's nicht zu Herzen.» Sie lächelte ihm zu. «Was wollen Sie, Oswald – Sie haben es probiert, und es hat nicht geklappt. Kann man von einem Mann mehr verlangen?»

Seine Mundwinkel verzogen sich zu einem Lächeln. «Weiß Gott, Sie fangen an, mir zu gefallen.»

«Und der Junge kommt frei?»

«Kein Problem. Ich sorge selbst dafür. Wie wär's, wenn Sie mich jetzt doch ranließen?»

Barbara schüttelte den Kopf. «Es würde nicht klappen. Es würde einfach nicht klappen. Wir wollen hier sitzen und plaudern, während

Sie die Zigarre zu Ende rauchen und den Brandy austrinken – und dann gehen Sie einfach.»

Eine halbe Stunde später schob Barbara ihn zur Tür, gab ihm einen Kuß auf die rosige Wange und sah ihm nach, wie er unsicheren Schritts den Korridor entlangtappte. Am folgenden Tag wurde die Anklage gegen den Gemeinen Polchek fallengelassen, und am Tag darauf verließ Barbara Kairo und fuhr wieder ein Stück in Richtung Heimat. Colonel Ormsbey begleitete sie zum Flughafen, und sie küßte die rosige Wange noch einmal. «Sie sind ein guter Mensch, Oswald», sagte sie.

«Und wenn Sie mal nach Omaha kommen?»

«Klar, wenn ich mal nach Omaha komme!»

Am 6. Juni sprang Captain Adam Levy gegen sieben Uhr morgens von einem Landungsfahrzeug ins Wasser und arbeitete sich zum Strand vor. Als erstes empfand er den Schock des eiskalten Wassers, dann fiel er beinahe hin. «Bloß nicht fallen, sonst erfrierst du», dachte er. Er hatte Angst, aber die Kälte lenkte ihn davon ab. Er hatte irgendwie den Drang, etwas anderes zu tun als nur durch das kalte Wasser zu stapfen, und rief deshalb seinen Zugführern zu, sie sollten Verbindung mit ihm halten. Aber er merkte, daß er seine eigene Stimme nicht hören konnte – wie sollte ein anderer sie dann hören? Niemand hatte ihm gesagt, daß er seine eigene Stimme nicht würde hören können. Auf so etwas wurde man nie vorbereitet. Der Grund dafür war nicht nur das Sperrfeuer der vor der Küste ankernden Schiffe, sondern auch das Dröhnen der Brandung und das Heulen des Windes. Seltsamerweise ragten Betonklötze aus dem Wasser heraus. Auch deren Bedeutung kannte er nicht.

Er sah, wie rechts von ihm ein Mann unter der Wasserfläche verschwand, und dachte: Der muß ausgerutscht sein. Oder wurde womöglich vom Strand her gefeuert? Er hatte nichts davon gemerkt. Später dachte er wieder an den Mann und fragte sich, ob er getroffen worden und tot umgefallen war, bevor sie den Strand erreicht hatten. Der Gedanke an den Tod da draußen im kalten Wasser erschreckte ihn, obwohl er nicht schlimmer sein konnte als der Tod auf festem Land.

Kaum eine Minute später war er am Strand, ging durch die auslaufenden Gischtkronen der Wellen und brüllte erneut nach seinen Zugführern. Adam hatte erst in der Armee die Kunst des Fluchens gelernt und es darin zu hoher Meisterschaft gebracht. «Califino, alter Drecksack, verdammter Stinkstiefel, wo stecken Sie eigentlich?» brüllte er.

«Hier, Captain.» Die Stimme war dicht an seinem Ohr. Califino war gleich hinter ihm.

«Los, Lieutenant, bringen Sie die Leute da rauf!» brüllte Adam und deutete auf die Männer seiner Kompanie, die sich in den nassen Sand geworfen hatten und von den anlaufenden Wellen überspült wurden. «Bringen Sie sie da rauf! Prinsky!» Sergeant Prinsky lag kaum einen Meter von ihm entfernt auf dem Sand. «Prinsky, bringen Sie die Kerle da rauf zum Strand!»

Der massive, phlegmatische Califino zog Adam auf den Sand runter und sagte ihm ins Ohr: «Hören Sie auf zu brüllen, Captain. Sonst bleibt Ihnen die Stimme weg!»

«Wo ist Meyers?» Lieutenant Meyers war sein zweiter Zugführer.

«Weiß der Himmel! Ich kann ihn nicht sehen.»

«Wir müssen weiter auf den Strand!»

«Wie weit?»

«Hundert Meter, vielleicht. Da sammeln wir uns und graben uns ein. Gehen Sie nach recht, ich gehe nach links.»

Adam rannte nach links. Manchmal bückte er sich und versetzte den Männern Tritte: «Den Strand rauf! Hundert Meter!» Der erste Tote, den er sah, war Oppenheim. Er lag auf dem Rücken, hatte einen Einschuß im Kopf und lächelte töricht vor sich hin. Da traf ihn zum erstenmal die Erkenntnis, daß sie unter Beschuß lagen, und sie traf ihn hart. Sergeant Duggan drehte sich auf die Seite, sah ihn an und deutete auf die Stelle, wo die Karabinerkugeln den Sand hochspritzen ließen. Adam hockte sich hin. «Ein Scheißloch hier», sagte er zu Duggan. «Los, Duggan. Bringen Sie Ihre Jungs da rauf, ungefähr hundert Meter weiter.»

Duggan begann zu robben und winkte seiner Gruppe, ihm zu folgen. «Ich markiere die Stelle», sagte Adam erregt. «Ist das klar, ich markiere sie.» Er robbte nicht, sondern fegte im Laufschritt den Strand entlang und zählte seine Schritte. Die Sandspritzer griffen nach ihm, und er begann in verrückten Sprüngen, den Geschossen auszuweichen, als mache er einen Hürdenlauf. Hier, beschloß er, wandte sich um und winkte mit den Armen. Mindestens ein Dutzend seiner Männer rannten hinter ihm her, einer von ihnen wurde getroffen und drehte sich wie ein Kreisel. Dann war Califino bei ihm und zog ihn runter.

«So was Bescheuertes, Adam!» sagte Califino. «Bescheuert! Total bekloppt!»

«Scheiß was drauf! Hier graben wir uns ein.»

Die Männer, die Adam gefolgt waren, warfen sich auf den Sand und begannen mit Händen und Gewehrkolben zu graben.

«Was soll der Quatsch, nehmt das Schanzzeug!»

«Das hat Schwartz», sagte jemand.

Robbend, kriechend, manchmal ein Stück rennend, kamen die Männer der Kompanie zu der Stelle und begannen sich einzugraben. Eine kleine Bodenerhebung schützte sie. Hinter ihnen spritzten Sandfontänen hoch. Auf dem Weg hinter ihnen lagen sechs gefallene Kameraden. Man hörte Trillerpfeifen, die den Lärm des Feuers von See her durchdrangen. Eine schrille Stimme rief nach Sanitätern. Es war ein bedeckter Tag. Adam sah die großen Landungsfahrzeuge im Wasser schaukeln. Wo blieb die nächste Welle, die Verstärkung? Wo waren die Panzer? Im Tagesbefehl war von Panzerunterstützung die Rede gewesen.

Lieutenant Sisily vom Stab kam durch den Sand gerobbt. Er war ein affektierter junger Mann, noch jetzt wie aus dem Ei gepellt. Califino und Adam grinsten sich an, und Adam dachte: «Ich muß blöde sein – liege hier im nassen Dreck und lache über den Trottel!»

«Ich glaube, es regnet», sagte Califino.

«Ach, scheiß was drauf. Vorwärts, Sisily, Sie kriechen wie ein beschissener Regenwurm.» Sisily brüllte ihnen etwas zu. Sie konnten sehen, daß er die Lippen bewegte, hörten aber kein Wort. Er war fertig. «Los», sagte Adam. «Wir kriechen zu ihm.» Sie robbten zu Sisily hinüber.

«Bleiben Sie unten», rief Adam ihm zu, den Mitleid überkam. «Die Bodenerhebung schützt uns.»

«Ich habe meine Hose voll», sagte Sisily mit Tränen in den Augen.

«Ist doch nur Scheiße. Denken Sie nicht dran.»

«Wo ist der Befehlsstand?» fragte Adam ihn.

«Zweihundert Meter weiter hinten. Der Major möchte wissen, wie viele Ausfälle Sie haben.»

«Ich hab sie noch nicht gezählt. Wir versuchen gerade, uns zu sammeln, ich glaube, höchstens zehn oder zwölf.»

Sisily schloß die Augen und schüttelte den Kopf. Califino legte die Hand auf Adams Schulter und deutete zum Strand. Aus zwei weiteren Landungsfahrzeugen strömten Männer und warfen sich zu Boden, sobald sie aus dem Wasser waren.

«Das wird eine Menge helfen», sagte Adam. «Los, Lieutenant. Das Leben geht weiter – trotz Ihrer vollgeschissenen Hose! Was will der Major von uns?»

Plötzlich setzte Mörserfeuer ein. Eine Granate detonierte kaum zehn Meter neben ihnen und überschüttete sie mit Erde. «Er sagt», brachte Sisily heraus, «weiter vorn sei ein Steilhang von drei, vier Metern Höhe.»

«Wie weit?»

«Er meint, zweihundertfünfzig bis dreihundert Meter. Von da kommt das Feuer. Er sagt, wir sollen hin und es zum Schweigen bringen. Sie sind am nächsten dran.»

«Scheiße! Das ist doch nicht sein Ernst, Sisily! So verrückt kann er nicht sein!» rief Califino.

«Ich will mit dem Major reden», sagte Adam. «Sehen Sie zu, daß die Männer sich eingraben, Califino, und treiben Sie ein paar Sanitäter auf. Los, Sisily, zeigen Sie mir den Weg.»

Der Major, ein nachdenklicher Mann Mitte Vierzig, war beinahe ebenso verstört wie Sisily. «Wir wußten von dem Steilhang», sagte er zu Adam und breitete eine durchnäßte Karte in dem großen Loch von Unterstand aus, das als Befehlsstand diente, «aber wir haben nicht mit Widerstand von dort gerechnet.»

«Was ist mit den Panzern, Major? Und mit der Luftunterstützung?»

Der Major deutete hilflos auf den bleigrauen Himmel.

«Und die Panzer?»

Der Major schüttelte den Kopf.

«Was ist mit den Männern da unten?» fragte er und deutete zum Wasser hin. «Bleiben die da?»

«Das ist unsere MG-Kompanie.»

«Ach, Scheiße! Diese verdammten Ärsche!»

«Hören Sie zu, Levy. Mit MGs können wir es nicht schaffen, nicht einmal die Panzer kommen die Klippe rauf. Sie müssen sie mit Männern und Handgranaten stürmen.»

«Warum wir? Meine Leute haben keine Nahkampferfahrung.»

«Weil Sie da sind.»

«Und die Warzenschweine auf den Schlachtschiffen? Warum pakken die denen nicht ein paar Eier ins Nest? Sie ballern doch dauernd mit ihren Granaten in der Gegend rum.»

«Wir haben keine Verbindung, keine Feuerleitstelle. Wir bemühen uns. Aber selbst wenn wir Verbindung bekommen – Treffer lassen sich erst ausmachen, wenn wir oben auf der Klippe sitzen.»

Adam robbte zurück und teilte Califino in knapper Form den Gesprächsinhalt mit.

«Meyers ist tot», sagte Califino. «Ich habe Rondavich an seine Stelle gesetzt. Bei Larry Smith läuft es, er hat sich mit seiner Gruppe dahinten links eingegraben.»

«Mir geht der Arsch mit Grundeis», sagte Adam. «Wir sind seit über einer Stunde an diesem Scheißstrand und nichts passiert. Keine Panzer, keine Luftunterstützung, keine Deutschen. Nur unsere Jungs werden laufend abgeknallt. Wie ist Ihnen zumute?»

«Wie Sisily, ich scheiß mir gleich in die Hose.»

«Arschlöcher!»

«Probieren wir's?» fragte Califino.

«Müssen wir wohl. Dann sind eben wir die Helden. Gott sei Dank ist mein jüngerer Bruder auf einem Schiff. Da möchte ich jetzt auch sein, auf einem Schiff, hinter fünfundzwanzig Zentimeter dicken Panzerplatten auf dem Arsch sitzen. Holen Sie Smith, Rondavich, Prinsky, Judson und den neuen Sergeant, der behauptet hat, er verstünde was von Handgranaten.»

«Finelli?»

«Ja, den. He, Bennie», sagte er zu einem der Soldaten, brüllte dann: «Bennie!»

«Ich höre Sie, Captain.»

«Robben Sie da rüber und sehen Sie sich mal die Klippe an, von der wir die ganze Zeit reden.»

Bennie robbte näher an die kleine Erderhöhung heran und hob vorsichtig den Kopf. «Ist da!»

«Wie weit?»

«So vierhundert Meter.»

«Was zu sehen – Deutsche, oder sonst was?»

«Nein, Sir.»

«In Ordnung, kommen Sie zurück.»

Als Califino mit den anderen kam, wiederholte Adam die Anweisungen des Majors.

«Das stinkt», sagte Lieutenant Smith.

«Ich weiß. Der ganze Laden hier stinkt. Ich glaube, es gibt nur eine Möglichkeit: Wir schwärmen aus und rennen los. Aber erst mal die Lage peilen. Bennie sagt, man kann die Klippe sehen.»

Sie robbten vorsichtig hinter Adam her. Sofort bellte ein MG los. Sie warfen sich hin und suchten Deckung, so gut es ging.

«Es ist flaches Gelände», sagte Adam. «Wir rennen, so schnell wir können, und hoffen, daß es nicht vermint ist.»

«So steht's nicht im Lehrbuch», sagte Califino. «Alles falsch.»

«Wenn wir robben, bieten wir ihnen ein ideales Ziel. Wenn wir rennen, kommen wir schneller in Deckung, unterhalb der Klippe.»

«Wie kommen wir dann rauf?»

«Besonders hoch ist sie nicht. Könnten wir sie nicht mit Handgranaten leerputzen?» fragte Finelli.

«Vielleicht.»

«Was heißt vielleicht?»

«Vielleicht heißt vielleicht.»

«Warum warten wir nicht, bis es dunkel ist?» fragte Smith.

«Sagen Sie das den verdammten Schlachtschiffen», sagte Califino.

«Also los», sagte Adam. «Gebt das an alle: In genau zehn Minuten geht's los. Lassen Sie sie ausschwärmen. Wir sammeln uns unter der Klippe wieder.»

Um elf Uhr hatten sie die Klippe genommen. Es standen nur zwei deutsche Maschinengewehre dort, aber Adam hatte bei diesem Sturmangriff noch einmal zweiundzwanzig Soldaten verloren. Erschöpft lag er auf der Klippe und ließ den Blick über das Grün der Normandie schweifen, über die ausgerichteten Baumreihen, die Bauernhäuser am Horizont. In etwa fünfzig Meter Entfernung detonierte eine Mörsergranate.

«Wir graben uns ein», sagte er zu Califino. «Wie spät ist es?»

Califino sah auf die Uhr. «Elf.»

«Ich würde mich jetzt am liebsten hinhauen und pennen.»

In Bengasi machte Barbaras Flugzeug eine Zwischenlandung und nahm weitere Passagiere an Bord. Beim Start hatte die Maschine einen Motorschaden, drehte um und landete wieder. Sie mußte zur Reparatur dortbleiben. Für Barbara wurde erst nach zwei Tagen in einem der Transportflugzeuge, die von Kairo kamen, ein Platz frei. Sie konnte nicht stillsitzen – sie wollte weiter, nach Hause. Sie überredete einen der Männer von der Fahrbereitschaft dazu, ihr einen Jeep zu leihen. Damit fuhr sie zum ‹Friedhof›. Schon seit Monaten hatte sie von diesem Friedhof gehört. Als die Kämpfe in Nordafrika vorüber waren, vor allem nach den großen Schlachten um Bengasi, hatte das Heer alle Schrottfahrzeuge an einer Stelle gesammelt und aufeinandergetürmt. Das war der Friedhof. Er lag einige Kilometer außerhalb der Stadt, und die Straße, die zu ihm führte, endete auf einem Hügel, der sich kaum mehr als hundert Meter über die Wüste erhob.

Barbara fuhr los, kam an das Ende der felsigen Straße und brachte den Jeep zum Stehen. In jeder Richtung, beinahe so weit ihr Auge reichte, war die Wüste mit zerstörten Fahrzeugen bedeckt: Panzer, Lastwagen, Maschinengewehr-Lafetten, selbstfahrende Geschütze, Jeeps, Befehlswagen, Halbkettenfahrzeuge, Tausende und Abertausende, lauter Erzeugnisse der Zivilisation, menschlicher Erfindungsgabe, menschlichen Aberwitzes – ein wortloser, schweigender Kommentar zu einer Welt, zu einer Gesellschaft, die den Verstand verloren hatte.

Mindestens eine halbe Stunde lang saß Barbara in ihrem Jeep, horchte auf die Stille, sah den Geiern zu, die über dem Meer aus Metall kreisten und immer noch nach Resten verdorrten Fleisches suchten, dann fuhr sie nach Bengasi zurück.

Am folgenden Tag flog sie nach Casablanca, mit einer großen viermotorigen Transportmaschine weiter nach den Azoren und von dort nach Neufundland, wo sie mitten im Sommer zwischen zweieinhalb Meter hohen Wänden von Schnee landeten, der noch vom Winter her dort lag. Zitternd vor Freude nahm Barbara Hände voll Schnee und rieb ihn sich ins Gesicht. Die hohen, dunklen Nadelbäume waren wie eine Gnade, die Luft war kalt und rein, süß und beißend. Als die Maschine wieder startete, waren ihre Augen feucht. Fünfeinhalb Stunden später landete die große C-54 auf dem New Yorker Flughafen La Guardia.

Irgendwie, wahrscheinlich durch Anrufe bei ihrer Zeitung in San Francisco, hatte ihr Verleger Bill Halliday die Zeit ihrer Ankunft erfahren. Er stand mit Hildy Lang, der Leiterin der Presseabteilung, in La Guardia bereit und half ihr durch den Zoll. In einem riesigen schwarzen Mietwagen brachte er sie nach New York.

«Diesmal, liebe Barbara», bat er, «laufen Sie mir, bitte, nicht gleich wieder weg. Bleiben Sie ein paar Tage.»

Sie überquerten die Triboro-Brücke zwischen Queens und Manhattan und fuhren am East River entlang. Im Park neben der Straße spielten Frauen in Sommerkleidern mit ihren Kindern, die lachend umherrannten, und niemand blickte zum Himmel hoch. Es war unglaublich und unmöglich. Es schien Barbara, als hätte sie erst vor

Stunden die Schlafende Straße in Kalkutta gesehen und die Lastwagen in Burma, die mit den Leichen gefallener Soldaten bis über die Bordwände beladen waren, als sei sie erst vor wenigen Stunden durch den glühendheißen weißen Sand Saudi-Arabiens gegangen ...

«Barbara?»

«Ja», sagte sie langsam, «ich bleibe eine Weile.»

Es wurden zwei Wochen daraus, und so verpaßte Barbara die Feierstunde, in der ihr Vater in San Francisco vom Präsidenten einen Orden verliehen bekam. Als sie mit Dan telefonierte, erwähnte er es nicht einmal, so daß sie es erst aus der *New York Times* erfuhr.

Bill Halliday hatte all ihre Berichte aus Übersee gesammelt, und Barbara brachte den größten Teil der zwei Wochen damit zu, sie zu überarbeiten, umzuschreiben und miteinander zu verbinden. Während dieser beiden Wochen telefonierte sie mit Dan und ihrer Mutter und erfuhr, daß es ihrem Bruder Joe gut ging, daß er auf Guam stationiert war, daß aber Joshua Levy im Pazifik gefallen war.

Am 20. Juli 1944 trat der Parteitag der Demokraten in Chicago zusammen. Unter dem Druck der Parteipolitiker ließ Präsident Roosevelt Henry A. Wallace als Kandidaten für die Vizepräsidentschaft fallen und entschied sich für den Senator Harry S. Truman aus Missouri. Da Roosevelt wollte, daß Truman sich möglichst viel in der Öffentlichkeit zeigte, schickte er ihn zur Ordensverleihung an die Schiffsbauer der Westküste nach San Francisco. Während sich die geladenen Gäste im großen Ballsaal des Fairmont-Hotels versammelten, sprachen Truman und seine Mitarbeiter in einer privaten Suite mit den Schiffsbauern. Dort gab es, dafür hatte Admiral Land gesorgt, guten Whiskey und echte Havannas.

Truman schüttelte Dan begeistert die Hand, während Dan den kleinen bebrillten Herrn skeptisch ansah. «Das also ist Dan Lavette», sagte Truman. «Sie sind die reinste Legende, Dan. Ich darf Sie doch Dan nennen? Natürlich nicht auf dem Rednerpult. In meinen Redeunterlagen habe ich mir notiert, daß Sie das As in einer unserer besten Mannschaften sind – würde es Sie stören, wenn ich das so sage?»

«Ich bin kein As», sagte Dan kalt, «und ich spiele auch nicht Football. Ich baue Schiffe, und damit hat sich's.»

Admiral Land zog ihn beiseite. «Was war denn los?» flüsterte er.

«Wer ist der junge Hüpfer da, dieser Truman?»

«Lavette, das kaufe ich Ihnen nicht ab. Harry Truman ist Kandidat für die Vizepräsidentschaft und ein sehr guter Senator.»

«Ich habe seit Monaten keine Zeitung mehr gelesen», sagte Dan. «Die *Chronicle* schickt mir die Berichte meiner Tochter aus Übersee, und sonst lese ich nichts. Wann hatten sie denn ihren albernen Parteitag? Und warum macht Roosevelt so einen Zirkus?»

«Können Sie Ihren Haß auf die Welt nicht mal ein, zwei Stunden abstellen? Immerhin freue ich mich, zu sehen, daß Sie einen Smoking besitzen. Gefällt mir sehr viel besser als die Jeans, mit denen Sie immer rumlaufen.»

«Er gehört mir nicht, ich habe ihn mir geliehen. Warum schicken Sie mir eigentlich keine Ingenieure, die wissen, wo beim Schiff vorn und achtern ist, statt mich mit dieser idiotischen Ordensverleihung hier zu belästigen? Ich habe mich heute morgen zum erstenmal seit drei Tagen rasiert und die Insel in einem Zustand zurückgelassen wie noch nie in all den Monaten, seit wir eure dämlichen Victory-Schiffe bauen. Ich muß heute abend wieder hin.»

«Und was passiert, wenn Sie das nicht tun? Sie haben die besten Ingenieure von allen Werften. Lassen Sie sie doch einfach mal was tun fürs Geld. Deswegen geht die Welt nicht unter. Was bedeutet Ihnen all das überhaupt? Sie hassen den Krieg, Roosevelt, und wahrscheinlich auch mich.»

Dan gestattete sich ein feines Lächeln. «Ob ich Sie hasse oder nicht, Herr Admiral, Sie haben jedenfalls mehr drauf als sonst einer von den Schwachköpfen hier. Ich wünsche bei Gott, Sie wären da draußen im Pazifik zuständig.»

An jenem Abend kehrte Dan nicht nach Terminal Island zurück. Nach der Feier stand er an einem Ende des Rednertisches und versuchte unbeholfen, die Auszeichnung abzunehmen, die man ihm an den Smoking geheftet hatte, als eine Stimme sagte: «Wenn du stillhältst, Danny, will ich dir gerne helfen.»

Er blickte auf und sah Jean – zum erstenmal in den drei Jahren seit May Lings Tod. Sie hatte sich kaum verändert. Sie bemühte sich nicht, ihre vierundfünfzig Jahre zu vertuschen. Sie färbte ihr von grauen Strähnen durchzogenes Haar nicht und trug es in einem festen Knoten im Nacken, unternahm auch keinen Versuch, ihre Falten zu verbergen. Ihre Augen waren noch immer sehr blau, und ihre Figur war noch fast wie bei ihrem ersten Zusammentreffen. Er nahm mit Befriedigung ihr schlichtes graues Kostüm zur Kenntnis. Allerdings hatte er an Jeans Art, sich zu kleiden, nie etwas auszusetzen gefunden.

«Hallo, Jean», sagte er einfach.

Sie hatte die Nadel geöffnet und hielt ihm den Orden hin. Dabei fiel ihm auf, daß sie keinen Ring trug, und auch keinen anderen Schmuck. Er schob die Auszeichnung achtlos in die Tasche und fragte sie, wie es komme, daß sie hier sei.

«Roger Lapham hat mich eingeladen. Du erinnerst dich doch an ihn? Er ist jetzt Bürgermeister. Oder hast du das nicht gewußt?»

«Woher soll ich das wissen! So, er ist Bürgermeister!»

«Er hat es sehr unauffällig gemacht. Unser Tisch war hinten im Saal.»

«Wo ist er jetzt?»

«Ich habe ihm gesagt, ich wolle mich mal umsehen. Ich wollte so gern mit dir sprechen. Als ich dir nach May Lings Tod schrieb und keine Antwort bekam – »

«Ich konnte auf diese Briefe nicht antworten.»

«Das habe ich auch verstanden und habe gewartet. Aber immerhin ist es drei Jahre her.»

«Fast – ja. Hör mal, Jean, ich habe von dem Zeug, das sie uns heute abend aufgetischt haben, nicht einen Bissen runtergekriegt. Jetzt habe ich Hunger. Laß mich noch mit den Leuten reden, die mir unbedingt sagen wollen, sie hätten immer gewußt, daß Dan Lavette es wieder schafft, und dann laß uns irgendwohin essen gehen.»

«Das fände ich schön, Danny.»

Dan brauchte eine halbe Stunde, um sich von den vielen alten Freunden und Bekannten zu lösen, die nach vorn gekommen waren, um ihm zu sagen, wie er ihnen gefehlt habe, daß San Francisco ohne Dan Lavette nicht mehr wie früher sei, und um ihm zu seiner Auszeichnung zu gratulieren. Jean saß an einem etwas entfernt stehenden Tisch und beobachtete den großen, breitschultrigen, grauhaarigen Mann, dessen Frau sie vor vielen Jahren gewesen war. Sie hatte sich nicht besonders verändert, aber Dan sehr. Er hatte abgenommen und war sehr schlank. Scharfe Linien durchzogen sein Gesicht, und seine dunklen Augen lagen unter den buschigen Brauen tief in ihren Höhlen. Er war immer noch eindrucksvoll und ansehnlich, unterschied sich aber so sehr von dem großen, harten, draufgängerischen Fischer, den sie vor fünfunddreißig Jahren kennengelernt hatte, daß sie zwischen den beiden fast keine Beziehung sehen und sich kaum vorstellen konnte, daß es sich um ein und dieselbe Person handelte. Während sie ihn so ansah, wanderten ihre Gedanken immer wieder zu dem jungen Mann zurück, der als Gast im Haus der Seldons auf Nob Hill am Tisch gesessen und auf Tips von ihr gewartet hatte, als er mißtrauisch die vor ihm ausgebreitete Vielzahl an Messern, Gabeln und Löffeln beäugte und ihr alles nachtat, und der sie angesehen hatte wie niemand zuvor. Das alles lag nun in ferner Vergangenheit, und das Haus der Seldons hatte längst das Schicksal anderer Herrensitze auf Nob Hill erlitten. Aus diesem jungen Mann war nun der düstere Mann geworden, der nie lächelte und der es fertiggebracht hatte, im Laufe von vier Jahren einer der größten Schiffsbauer zu werden, die die Welt je gesehen hatte.

Er löste sich von den Gratulanten und kam zu ihr. Sie erhob sich, und er nahm ihren Arm. Die Geste war freundlich, und sie hatte das Gefühl, als sei ein einst wildes Pferd schließlich gezähmt worden. Sie traten in die erfrischende Abendkühle hinaus.

«Hast du auch Hunger?» fragte er.

«Ich könnte jetzt nichts essen, Danny», antwortete sie. Sie sagte ihm nicht, daß der Abend alte Gefühle in ihr wachgerufen hatte und für sie nicht ganz einfach gewesen war.

«Es gibt in der Jones Street ein kleines italienisches Lokal, gleich am Kai. Es heißt Gino's.»

Der Name rief in ihr eine Erinnerung wach. Vor vielen Jahren, als sie Pinkertons Detektive auf Dans Spur gesetzt hatte, fand sich in den Berichten der Hinweis, Dan treffe sich häufig mit May Ling in Gino's Restaurant.

«Das wäre schön, Danny.»

«Taxi?»

«Wenn es dir recht ist, gehe ich lieber zu Fuß. Es ist ja wohl nicht weit.»

«Und Gott sei Dank bergab. Mit jedem Jahr werden die Berge steiler. Weißt du noch, wie ich sie früher hinaufgerannt bin?»

«Aber ja. Ich erinnere mich, daß wir gemeinsam gerannt sind.»

Eine Weile gingen sie schweigend nebeneinander her. Auch bergab gab es Schwierigkeiten. Als sie einmal strauchelte, griff Dan nach ihrem Arm und hielt sie. Das gab ihr den Mut, seinen Arm zu nehmen. Es war ihr angenehm, ihm nahe zu sein, ihn neben sich zu spüren. Unter ihnen lag die Bucht, sie sahen, wie der Nebel hereinzog, hörten die klagenden Nebelhörner von den Schiffen. Bei diesem vertrauten Klang bildete sich ein Kloß in Dans Kehle. Schon lange hatte er nichts mehr empfunden, jetzt stieg ein schmerzliches Gefühl in ihm auf und drohte ihn zu ersticken. Seine Stimme war belegt, als er zu Jean sagte, er werde noch am selben Abend auf Terminal Island zurückerwartet.

«Schaffst du das denn, Dan?»

«Wird schon gehen.»

Gino war sichtlich gealtert. Er umarmte Dan. «Hallo, Danny, Danny, *caro figlio*, du warst schon lange, viel zu lange, nicht mehr hier.»

«Das ist Jean», sagte Dan.

Gino verbeugte sich, sagte etwas auf italienisch zu Dan und führte dann beide zu einem Tisch.

«Was hat er gesagt?» wollte Jean wissen.

«Daß du eine sehr schöne Frau bist.»

«Weiß er nicht, wer ich bin?»

«Nein, ich glaube nicht.»

Dan nahm mit Olivenöl und Knoblauch angemachte *linguine*, schmale Bandnudeln, danach ein Hammelkotelett mit Salat. Jean bat ihn, für sie dasselbe zu bestellen. Dazu nahm Dan eine Flasche Rotwein. Gino brachte den Wein und schenkte ein. Jean hob ihr Glas. «Auf ein baldiges Kriegsende, Danny.»

«Ja, hoffentlich ist es bald vorbei.»

Sie tranken, sahen einander schweigend an. Schließlich sagte Jean: «Sie fehlt dir sehr. Du hast es wohl nicht verwunden, Danny, nicht wahr?»

«Ja, sie fehlt mir.»

«Lebst du allein?» fragte Jean weiter. Dan nickte.

«Im Haus in Westwood?»

«Nein, das habe ich verkauft.»

«Wo dann?»

«Auf Terminal Island. Ich habe ein Zimmer neben dem Büro. Ein Bett und ein Badezimmer – mehr brauche ich nicht.»

«O nein!»

«Wieso nicht?»

«Danny, was machst du eigentlich mit dir?»

«Ich bau die verdammten Schiffe.»

«So kannst du nicht leben, das genügt doch nicht.»

«Doch, es geht schon. Ich stehe um fünf Uhr morgens auf. Die

Frühschicht kommt um sechs. Wir haben eine Kantine, also brauche ich mich um meine Mahlzeiten nicht zu kümmern. Um acht Uhr abends fallen mir fast die Augen zu. Dann schalte ich das Radio an. Es gibt einen Sender, der klassische Musik bringt – ich habe seit einiger Zeit Geschmack an Barockmusik gefunden. Etwa eine halbe Stunde höre ich zu, dann schlafe ich ein.»

«Und so lebst du? Tagein, tagaus?»

«Sozusagen, wenn man das leben nennen kann.»

«Aber warum, Danny? Haßt du sie so sehr?»

«Wen?»

«Die Japaner.»

«Warum sollte ich?»

«Nun, immerhin haben sie May Ling getötet.»

«Nein, so sehe ich das nicht, Jean. Die krankhafte, verkommene Welt, in der wir leben, hat May Ling auf dem Gewissen, ebenso wie Josh Levy, Jakes Sohn, und viele Millionen anderer.»

«Ist das Marks Enkel?»

«Ja. Er ist im Pazifik gefallen. Wußtest du das nicht?»

Sie schüttelte den Kopf. «Wie schrecklich! Wie schrecklich ist das alles!»

«Wir haben uns da eine hübsche Welt zurechtgezimmert, nicht wahr?»

Das Essen kam. Dan kostete die *linguine* und lächelte. «Ich habe ganz vergessen, wie gutes Essen schmeckt.»

«Es ist schön, dich lächeln zu sehen.»

«Ach?» Er sah sie nachdenklich an. «Jean», sagte er, «hast du dir früher eigentlich jemals zu überlegen versucht, was ich für dich empfunden habe?»

«Ich habe es versucht, Danny, ja, das habe ich.»

Er nickte und aß weiter. Nach einer Weile sagte Jean: «Danny?»

«Ja?»

«Wenn du sie nicht haßt, warum tust du es dann? Warum opferst du dein Leben für den Bau von Schiffen?»

«Weil ich möchte, daß es aufhört. Wie ich die Dinge sehe, geht das nur mit den Schiffen. Ohne sie dauert es ewig. Ich habe keinerlei Sympathien für einen von diesen Scheißkerlen, die die Völker regieren. Daß ich Hitler noch mehr verabscheue als Stalin, liegt nur daran, daß Stalin zur Beendigung des Krieges beiträgt. Ansonsten gehören sie beide zum Abschaum. Roosevelt und Churchill stehen bei mir nur wenig höher im Kurs. Sie spielen alle dasselbe Drecksspiel, mit der gleichen zynischen Menschenverachtung. Ich halte mit meiner Ansicht nicht hinterm Berg, Admiral Land kennt sie. Ich mag ihn. Jerry Land ist ein harter und ehrlicher Bursche, und er hat den ganzen Laden auf die Beine gestellt. Wenn dieser Krieg zu Ende geht, verdient er ebensoviel Anerkennung wie irgendeiner der Generäle – wenn man mich fragt. So viel wie jetzt habe ich schon seit Jahren nicht mehr geredet.»

«Wir haben früher nie wirklich miteinander gesprochen, Danny, in all den Jahren nicht. Barbara hat mich mal gefragt: ‹Hast du eigentlich je versucht, mit Papa zu reden?›»

«Ich habe vorgestern mit ihr telefoniert», sagte Dan. «Gott sei Dank geht es ihr gut.»

«Hast du ihr von der Auszeichnung berichtet?»

«Nein, dann wäre sie nur zur Feier hergekommen. Sie hatte aber noch etwas in New York zu erledigen.»

«Sie wäre sehr stolz auf dich gewesen. Sie ist eine beachtliche Frau.»

«Dann müssen wir ja wohl etwas richtig gemacht haben, Jean.»

«Das eine oder andere», gab Jean wehmütig zu. «Wo ist dein Sohn?»

«Du meinst Joe?»

«Ja.»

«Im Pazifik. Auf Guam.»

«Er ist doch Arzt?»

«Ja», ein bedrückter Ausdruck trat auf Dans Gesicht.

«Wir sind doch alte Freunde, Danny. Laß uns nicht in die Vergangenheit abrutschen. Wir wollen hier und in der Gegenwart bleiben.»

«Einverstanden. Erzähl mir was von Tom.»

«Du weißt, er ist Commander und John Whittiers Teilhaber. Der Krieg hat beide zu wichtigen Männern und wohl auch sehr reich gemacht. Reich waren sie allerdings vorher schon. Aber was ist schon ‹reich genug› für jemanden, der die ganze Welt besitzen möchte?»

«Und das möchte Tom – die ganze Welt?»

«Mehr oder weniger. Er will nach Kriegsende für das Abgeordnetenhaus kandidieren. Danach nimmt er sich den Senat vor, und anschließend die Präsidentschaft. Ich höre, Präsidenten werden gemacht, sie kommen nicht so von ungefähr. Tom ist sehr ehrgeizig. Mir wäre lieber, er wäre etwas freundlicher. Da haben wir etwas nicht richtig gemacht.»

«Und was ist mit der Kleinen, die er geheiratet hat?»

«Sie gefällt mir», sagte Jean. «Sie ist ein guter, anständiger Kerl.»

«Führen sie eine gute Ehe?»

«Nein, eine abscheuliche. Tom gibt sie nicht frei, und sie hat nicht genug Kraft, sich zu lösen.»

«Ich weiß, ein Seldon läßt sich nicht scheiden.»

«Das war wohl nicht sehr passend, Dan.»

«Du hast recht», gab er zu. «Tut mir leid.»

«Ein Kandidat für das Abgeordnetenhaus läßt sich nicht scheiden», sagte Jean. «Möchtest du ihn sehen?»

«Gern, natürlich, immerhin ist er mein Sohn. Aber wie soll ich das anstellen, Jean? Hingehen und mich von ihm anspucken lassen?»

«Ich glaube nicht, daß er das täte.»

«Ich kann nicht hingehen.»

«Das verstehe ich.»

«Besonders großen Appetit scheinen wir beide nicht zu haben», spottete Dan.

Erst im Taxi fragte er, wo sie wohne.

«Weißt du das nicht? Wie früher, im alten Haus auf Russian Hill.»

«Ach, natürlich. Jetzt fällt es mir wieder ein. Barbara hat mir berichtet, daß du eine Galerie daraus gemacht hast.»

«Auch ich hatte meine Träume, Danny. Das Museum of Modern Art von San Francisco als Gegenstück zu dem in New York. Es sollte oben auf Russian Hill entstehen und in kürzester Zeit den gleichen Rang haben wie sein New Yorker Vorbild. Der Krieg kam dazwischen. Jetzt hänge ich die ersten Bilder auf. Es macht mir Spaß und gibt mir etwas Vernünftiges zu tun. Ich habe mir von einem Architekten Pläne zeichnen lassen. Für zwei Millionen könnten wir einen wunderschönen Bau hinstellen. Na ja, eines Tages wird vielleicht etwas daraus. Allmählich kommen auch Besucher, so daß das Haus steuerlich begünstigt wird. Das ist ein Vorteil. Ich bin nicht arm, aber auch nicht besonders reich, und ich habe ein Vermögen für Bilder ausgegeben. Übrigens, wo übernachtest du?»

«Ich wollte eigentlich heute abend noch zurück.»

Sie waren am Haus angekommen. Dan bezahlte das Taxi. Es war seltsam, sehr seltsam sogar, vor dem Haus zu stehen, das er vor mehr als dreißig Jahren für Jean hatte bauen lassen, und noch seltsamer war es, mit ihr hierher zurückzukehren. Ohne sich zu rühren, blickte er auf den Eingang, und Jean sah ihn an.

«Kommst du mit herein?» fragte sie leise.

Er antwortete nicht. Sie nahm den Schlüssel aus der Tasche, schloß auf und schaltete das Licht ein. Ein greller Schein erleuchtete die weißen Wände der Galerieräume. Dan folgte ihr ins Haus und sah sich neugierig um.

«Nun?» Sie lächelte ihm zu.

«Ich kann immer noch nichts mit den Bildern anfangen, die dir gefallen, aber es sieht schon sehr eindrucksvoll aus.»

«Soll ich mal ein bißchen prahlen?»

«Warum nicht?»

«Ich habe Bilder von Braque, Picasso und Kandinsky», sagte sie und deutete auf die Bilder. «Dann Paul Klee, John Marin, Miró, Delauney, Max Weber, Marsden Hartley – »

Dan lachte. «Man kommt sich ganz verloren vor.»

Sie wandte sich zu ihm, mit plötzlicher Trauer im Gesicht. «So geht es mir auch, Danny. Ich habe den einzigen Mann in meinem Leben verloren, der mir etwas bedeutet hat.» Sie ging auf ihn zu. «Danny, bleib heute nach hier, bitte. Komm mit mir ins Bett. Ich bitte dich sehr herzlich, Danny. Sag nicht nein.»

Er zögerte, schloß sie dann in die Arme und küßte sie. Sie hielt ihn fest. «Ich weiß nicht einmal, ob ich könnte», sagte er. «Ich habe seit May Lings Tod mit keiner Frau etwas zu tun gehabt.»

«Das spielt keine Rolle. Halt mich nur in deinen Armen. Aber geh nicht fort.» In ihrer Stimme lag Furcht.

«Ich bleibe.»

Sie gingen nach oben. In ihrem Schlafzimmer hatte sich nichts geändert. Nur der lebensgroße Akt war nicht mehr da, den Gregory Pastore gemalt hatte. Sie ging zum Wandschrank, nahm einen Morgenrock heraus und gab ihn ihm.

«Das kann doch nicht wahr sein», sagte er.

«Doch, es ist deiner. Er hat die ganze Zeit hier gehangen.»

Als er entkleidet neben ihr lag, war es beinahe so, als sei die Zeit aufgehoben. Immer mehr kehrte das Verlangen zurück, das seltsame besitzergreifende Verlangen nach Jean, das ihn nie verlassen hatte. May Ling hatte es immer gespürt, diese herrische, raubtierhafte Begierde der ersten Liebe, die man zerschlagen, verstümmeln und unterdrücken, aber nie ganz und gar zerstören kann. Er ließ alle Vernunft fahren und entsagte der Treue zu einer Toten, einer Treue, die ihn so lange bedrückt und besessen hatte. Er lebte. Länger als drei Jahre lang hatte er sich nicht so lebendig gefühlt. Der wunderbare langgliedrige Leib neben ihm war seine erste wahre Liebe gewesen. May Ling wurde dadurch nicht herabgewürdigt. Sie war tot, aber erst jetzt sagte er sich von ihr los. Er hatte May Ling verehrt, angebetet, geachtet. Sie war ihm Zuflucht, Lehrerin, Mutter und Trost gewesen. Diese Frau neben ihm aber war seine erste wahre Liebe, sie lebte in ihm, war nie von ihm gewichen, war in seinem Blut, in seinem Körper. Es hatte Zeiten gegeben, da war sie wie ein Krebsgeschwür gewesen, und selbst das war noch Teil seiner selbst. Zuzeiten hatte er sie mit tierischer Wildheit gehaßt, und er wußte, daß es auch Gelegenheiten gegeben hatte, da sie ihn haßte. Sie hatten einander bekriegt und verwundet. Die Narben aus diesen Kämpfen würden bleiben, aber auch die Liebe und die Leidenschaft.

Als sie, von einer Gewalt geschüttelt, die sie in ihrer Jugend nie erlebt hatten, den Höhepunkt erreicht hatten, blieben sie nebeneinander liegen, aneinandergedrängt, schweigend. Der eine spürte die Furcht des anderen, daß all das wieder zerfließen, daß die Entdekkung den Augenblick nicht überdauern könne und daß die Mauern, die sie durchbrochen hatten, plötzlich wieder zwischen ihnen stehen würden und sie voneinander trennten ... Die Zeit verging. Sie schliefen ein, noch immer ineinander verschlungen. Plötzlich fuhr Dan aus einem wilden Traum hoch. Er wußte nicht, wo er war. Jean machte Licht, und er sah sie an, wie sie da im Bett saß, mit festen, wohlgerundeten Brüsten, das lange dichte Haar über ihre Schultern fallend.

«Ist etwas, Danny?» fragte sie ihn.

«Nein. Wie spät ist es?»

Sie sah auf den Wecker auf ihrem Nachttisch. «Viertel vor drei, mitten in der Nacht.»

«Hast du Hunger?»

«Wir haben es zweimal versucht – ohne Erfolg. Möchtest du es noch einmal probieren?»

«Was kannst du mir anbieten?»

«Rührei, Schinkenspeck, Toast, Kaffee?»

Sie saßen am Tisch oben in der Küche und aßen alles auf. Es schmeckte Dan. Ihm fiel ein, daß Jean ihm in all den Jahren, die er sie gekannt hatte, in all den Jahren ihrer Ehe, nie eine Mahlzeit zubereitet hatte. Sie tranken Kaffee und sprachen miteinander, als spürten sie beide, daß die Mauern nur dann nicht wieder zwischen ihnen erstehen würden, wenn sie einander endlich kennenlernten. Dan sprach von May Ling, und Jean von John Whittier. Sie sprachen über ihre Kinder, ihr gemeinsames Leben, die Zeit ihrer Trennung, und sie tranken weiter Kaffee und redeten noch, als der Morgen graute.

«Weißt du eigentlich», sagte Dan, «daß ich außer dem albernen Smoking, den ich bei dem Empfang anhatte, nichts anzuziehen hierhabe?»

«Wie lange kannst du bleiben?»

«Ein oder zwei Tage, dann muß ich zurück.»

«Du kommst aber doch wieder, Danny?»

«Bestimmt.»

«Gut. Wir kaufen dir etwas anzuziehen, so einen riesigen dicken Wikingerpullover, die ich so gern habe. Ich darf dir einen aussuchen, ja? Dann ziehst du dich um, und wir gehen irgendwohin zum Mittagessen. Anschließend können wir mit dem Cable Car zum Embarcadero fahren und einen Spaziergang machen. Dann bringst du mich hierher zurück, und wenn du dich nicht zu alt und zu müde fühlst, könnten wir noch einmal ins Bett gehen.»

«Es wird schon klappen. Und die Galerie?»

«Die soll der Kuckuck holen. Ich schließe sie heute einfach. Laß uns noch ein bißchen schlafen, bis die Geschäfte öffnen.»

Sie lagen eng beieinander im Bett und schliefen wieder ein.

VII
Heimat

Als an einem Novembertag des Jahres 1945 Eloise Lavette in der Galerie auf Russian Hill auf Jean wartete, die noch in ihrem Büro im ersten Stock war, um mit ihr essen zu gehen, kam ein junger Mann herein. Er blieb im Windfang stehen und sah sich unsicher um. Er ließ seinen Blick über die Bilder schweifen, mit dem respektvollen, aber verwirrten Gesichtsausdruck, den Eloise schon oft bei Besuchern gesehen hatte, die Jeans Sammlung zum erstenmal betrachteten. Dann sah er Eloise und lächelte. Sie lächelte zurück. Er kam auf sie zu und fragte, ob Mrs. Whittier in der Galerie sei.

«Ja, sie ist oben und kommt in wenigen Minuten herunter. Wollen Sie so lange warten?»

«Arbeiten Sie hier?» wollte er wissen.

«Nein, eigentlich nicht. Ich bin mit der Besitzerin bekannt und helfe gelegentlich aus.»

Der junge Mann sah eigentümlich aus. Er hatte orangerotes Haar, und über sein sommersprossiges Gesicht zog sich eine Narbe, vom Kinn bis zum Haaransatz. Das Gesicht sieht sonderbar dadurch aus, dachte Eloise, aber nicht häßlich. Seine blauen Augen waren wach, lebhaft und voller Bewunderung. Er war groß und hager, und auf seinen großen Händen fanden sich die gleichen Sommersprossen wie im Gesicht. Er sah Eloise mit so unverhohlenem Entzücken an, daß sie spürte, wie sie rot wurde, als sei sie ein Schulmädchen.

«Kann ich etwas für Sie tun?» fragte sie.

«Nein, ich glaube nicht. Ich warte lieber auf Mrs. Whittier, wenn es Ihnen recht ist.»

«Aber selbstverständlich.»

«Außer mir ist wohl kein Besucher hier», sagte er.

«Nein, keiner.»

«Es sieht ganz so aus. Ich sage nicht immer so alberne Sachen. Ich meine, kommen viele Menschen hierher, um sich die Bilder anzusehen?»

«An Wochenenden ja. Nachmittags meist Kunststudenten. Sie müssen wissen, es sind ziemlich avantgardistische Bilder, nicht das, was man hier gewohnt ist. Man muß die Menschen zur modernen Kunst erziehen.»

«Ja, sicher. Verstehen Sie sie?»

«Ein bißchen, ich habe viel von Mrs. Whittier gelernt.»

«Das da zum Beispiel», sagte er, «sieht aus wie zwei tote Fische auf einer Strohmatte. Allerdings bin ich nicht sicher, ob es Fische sein sollen. Sind es welche?» Er wirkte, als belustige ihn das. Es war aber kein Anflug von Spott in seinen Worten, die er mit solchem Ernst vorbrachte, daß Eloise laut herauslachen mußte.

«Ach ja», nickte er. «Das war sicher sehr dumm von mir.»

«Keineswegs. Wenn es diesen Eindruck auf Sie macht, warum sollten Sie es dann nicht sagen? Das Bild ist übrigens von Paul Klee, einem der großen Meister der Moderne, ein deutscher Expressionist, allerdings war er Schweizer. Ich meine, er war Schweizer von Geburt, aber in seiner Malerei gehört er dem deutschen Expressionismus an. Er hat nicht gegenständlich gemalt, das heißt, er hat die Dinge nicht so gemalt, wie sie den meisten erscheinen, sondern sie in Formen gefaßt, die ihm heiter erschienen und ihn mit Freude erfüllten.»

Der junge Mann sah sie ehrfurchtsvoll an und nickte. In dem Augenblick kam Jean herunter und trat auf sie zu.

«Das ist Mrs. Whittier», sagte Eloise. «Ich weiß Ihren Namen nicht.»

«Entschuldigung, ich habe mich gar nicht vorgestellt.»

«Ich habe Sie auch nicht gefragt», sagte Eloise.

«Nein, stimmt. Ich heiße Adam Levy.»

«Ich bin Eloise Lavette.»

«Sehr erfreut.»

Der Name kam Jean bekannt vor. Dann fiel es ihr ein, und sie sagte: «Dann sind Sie wohl Mark Levys Enkel. Ich freue mich, Sie kennenzulernen.»

Er nahm ihre entgegengestreckte Hand und nickte. «Ja, stimmt. Vielen Dank.»

«Ich kannte Ihren Großvater. Ihre Eltern kenne ich allerdings nicht.»

«Ich verstehe.»

«Seit wann sind Sie zurück?» fragte Jean.

«Seit zwei Wochen. Ich hatte großes Glück, wissen Sie, ich hätte noch ein ganzes Jahr da bleiben können.»

«Es ist schön, daß Sie heil und gesund zurück sind. Zumindest sehen Sie sehr gesund aus.»

«Das bin ich.»

«Kann ich etwas für Sie tun? Oder wollten Sie nur einmal hereinschauen?»

«Nein, nein. Barbara – Ihre Tochter – hat gesagt, ich sollte mal zu Ihnen gehen. Sie meinte, Sie kennen jeden Maler in der Stadt.»

«Fast jeden, doch.»

Er griff in seine Jackentasche und nahm ein Bündel Fotos heraus. «Das ist mein Bruder Joshua», sagte er und gab Jean die Bilder. «Er ist vor einem Jahr im Pazifik gefallen.»

Jean nickte. «Ich weiß.» Ihr fiel sonst nichts ein, was sie hätte sagen können.

«Ich dachte, es wäre schön, wenn man danach ein Bild malen ließe, das ich meinen Eltern schenken könnte. Wir haben nämlich keins. Und Barbara sagte, daß Sie möglicherweise einen Maler kennen, der so etwas macht. Ich habe keine Ahnung, was das kostet. Aber ich glaube, ich kann es mir leisten, ich habe nämlich noch Sold zu bekommen.»

«Adam», sagte Jean, «ich darf Sie doch so nennen?»

«Aber ja, bitte.»

«Wir wollten gerade zum Essen gehen, Adam. Haben Sie Lust, mitzukommen? Wir können dann darüber reden.»

«Gern. Darf ich Sie beide einladen?»

«Wenn Sie das wünschen, danke.»

Bei Tisch beobachtet Jean ihn interessiert. Nicht, weil sie ihn charmant fand, denn sie hatte so viele charmante Männer kennengelernt, daß Charme sie nicht mehr besonders beeindrucken konnte, sondern weil dieser Mann von einer einfach verblüffenden Geradheit, von einer offenen, jungenhaften Schlichtheit war, die einen geradezu entwaffnete. Jedenfalls Eloise offenbar. Jean hatte sie noch nie so erlebt. Sie plauderte entspannt und war fast redselig. Wie alt er wohl sein mochte, fragte Jean sich. Dreiundzwanzig, höchstens vierundzwanzig, dachte sie und versuchte sich an Dans Worte zu erinnern. Captain oder Major? Er gehörte zur Sturmspitze beim Landeunternehmen in der Normandie und hatte seine Kompanie durch ganz Frankreich nach Deutschland geführt. Jetzt saß er hier am Tisch, offensichtlich von Eloise bezaubert, und hing förmlich an ihren Lippen. Es war unvorstellbar: Kinder zogen in den Krieg, wurden Zeugen unbeschreiblich abscheulicher Dinge, Kinder töteten, verbrannten und zerstörten, kamen zurück – und waren wieder Kinder.

«Wir haben noch gar nicht über das Bild gesprochen», sagte er.

«Ach richtig. Das wollen wir jetzt nachholen», sagte Jean. «Es gibt eine Menge Maler hier, die nach diesen Fotografien ein Ölbild malen könnten, und auch recht ordentlich. Man brauchte es lediglich zu kopieren. Aber solche Kopien sind gewöhnlich schal und leblos. Ich glaube nicht, daß Ihren Eltern das sehr gefallen würde.»

«Sie halten das Ganze also für einen schlechten Gedanken?»

«Nein, Adam, überhaupt nicht. Es geht nur darum, jemanden zu finden, der sich die Fotos ansieht und möglicherweise über sie hinausgeht, dem Bild Atem und Freude einhauchen kann, statt einfach einen Abklatsch herzustellen. Wenn es gut sein soll, muß ein solches Bild das Wesen Ihres Bruders einfangen. Es wird ihm dann nicht so ähnlich sehen wie eine Fotografie, aber es wird mehr von ihm zeigen, als eine genaue Kopie das könnte. Daß es so wird, kann aber niemand garantieren. Sie müssen sozusagen den Maler auch dann bezahlen, wenn Ihnen sein Bild nicht gefällt.»

«Ich verstehe.»

«Ich suche Ihnen gern jemanden, wenn ich das tun soll.»

«Bitte, ja. Wieviel kann das kosten?»

«Ich weiß es nicht. Ich will zusehen, daß es unter tausend Dollar bleibt. Vielleicht liegt es deutlich drunter, vielleicht auch nicht. Würde Ihnen das angemessen erscheinen, und könnten Sie es sich leisten?»

«Ja, das ginge.»

«Gut. Ich schlage vor, Sie kommen nächste Woche wieder vorbei – nächsten Mittwoch gegen elf. Dann wird jemand bei mir sein, mit dem Sie sprechen können. Vielleicht können Sie sich sogar einige seiner Arbeiten ansehen.»

«Sehr schön. Ausgezeichnet.» Er wandte sich an Eloise. «Werden Sie auch da sein?»

Eloise sah stumm Jean an, und diese sagte: «Eloise hilft mir an bestimmten Tagen, aber sie kommt nicht regelmäßig. Möglicherweise ist sie da.»

«Das hoffe ich sehr», sagte Adam.

In den Jahren zwischen 1922 und 1937 verlor die Schiffsbauindustrie in Amerika immer mehr an Bedeutung. Während dieses Zeitraums wurden in dem größten Industrieland der Erde nur zwei Trockenfrachter gebaut. Die Hellinge verfielen. Die Zulieferer – die Firmen, die Kompasse herstellten, Steuerräder, Turbinen, Sprachrohre, Ankerspills und tausend andere Dinge, die man zum Bau eines Handelsschiffs braucht – machten entweder bankrott oder mußten schließen. Einige brachten sich sogar mit ein paar Stammarbeitern erfolgreich über die Runden und konnten die Krise überstehen. Die Tausende von Werftarbeitern, die im Ersten Weltkrieg Arbeit gefunden hatten, kamen entweder anderweitig unter oder waren arbeitslos.

Das änderte sich erst im Juni 1936, als der 74. Kongreß das Kauffahrtei-Gesetz verabschiedete und den Seefahrtausschuß der Vereinigten Staaten ins Leben rief, der «eine Handelsflotte von hinreichender Tonnage schaffen und unterhalten (soll), damit ein Großteil des Ein- und Ausfuhrhandels der Vereinigten Staaten mit den bestausgerüsteten, sichersten und zweckentsprechendsten Schiffen auf dem Seewege abgewickelt werden kann. Diese Schiffe sollen von Bürgern der Vereinigten Staaten gebaut und betrieben, mit ausgebildeten Besatzungen bemannt werden und in Zeiten des Krieges und des nationalen Notstandes zu militärischen Hilfsdiensten in der Lage sein.»

Nachdem der Kongreß diesen Auftrag formuliert und weitergeleitet hatte, kümmerte er sich nicht mehr darum. Für Admiral Land und seine Mitbeauftragten sah die Sache allerdings anders aus. Es arbeitete kaum noch eine Werft, es gab keine Schiffsbauer mehr, keine Fachkräfte – eigentlich fast gar nichts mehr. Und bald darauf schon drohte der Krieg in Europa auch die Vereinigten Staaten miteinzubeziehen. In dieser schwierigen Lage galt es zwei Probleme zu lösen: Werften mußten in Betrieb genommen, und sie mußten finanziert werden. Ein typischer Vertreter der Privatinitiative war lediglich Dan, der von einer Bank eine bankrotte Werft übernommen und sich ihr verschrieben hatte. Aber an den Bau eines stählernen Frachtschiffs war überhaupt nicht zu denken gewesen, dazu war seine Finanzdecke viel zu kurz – von einer ganzen Flotte ganz zu schweigen. Die Männer des Großkapitals auf der anderen Seite waren viel zu klug und zu vorsichtig, um in den Schiffsbau zu investieren. Noch waren die Nachwehen des vorigen Krieges deutlich in aller Gedächtnis. Also blieb dem Seefahrtausschuß keine andere Wahl, als den Bau von Werften zu finanzieren und den Schiffsbauern die Abnahme und den Preis ihrer Schiffe zu garantieren. Darüber hinaus wurde für jedes fertiggestellte Schiff eine Prämie gezahlt.

Nach Kriegsende ließ sich für Dan absehen, daß es mit dem Bau von Schiffen bald vorbei sein würde. Ende 1945 waren noch fünf Schiffe zu bauen, zwei Tanker und drei Victory-Frachter. Sonst stand nichts mehr in den Auftragsbüchern. Die Prämien hatten Dan zum zweitenmal in seinem Leben zum Millionär gemacht. In den fünfzehn Monaten, seit er mit Jean in San Francisco zusammengewesen war, hatte er die Werft immer häufiger sich selbst überlassen, und das Geschäftsleitungsteam hatte alles Erforderliche erledigt. Joe mußte noch eine Weile im Pazifik dienen, und aus seinen Briefen ging hervor, daß Sally und er gleich nach seiner Heimkehr heiraten und daß sie gemeinsam in Nordkalifornien wohnen wollten.

Außer dem Schlafzimmer neben seinem Büro auf Terminal Island hatte Dan keine Behausung. In San Francisco wohnte er bei Jean im Haus auf Russian Hill. Zwischen ihnen hatte sich eine zwanglose Beziehung entwickelt, bei der keiner Forderungen an den anderen stellte. Sie sahen Barbara recht häufig, machten aber keine Pläne für die Zukunft.

Ihre erste Begegnung mit Barbara verlief kaum so, wie Dan oder Jean sie sich vorgestellt hätten. Barbara war nach San Francisco zurückgekehrt und sofort zum Haus auf Russian Hill gegangen. Es war früh am Morgen, und Jean führte sie, noch im Morgenrock, in die Galerie. Nachdem sie einander umarmt und begrüßt hatten, sagte Barbara, sie müssen ihren Vater in Los Angeles anrufen.

«Er ist nicht auf Terminal Island», sagte Jean, «er ist hier.»

«Hier? Etwa hier im Haus?»

«Ja, oben. Wahrscheinlich schläft er noch.»

«Soll das heißen, daß er hier wohnt?»

«Mitunter ja.»

Barbara sah ihre Mutter lange schweigend an. Dann fragte sie: «Wann? Ich meine –»

«Vor etwa zehn Tagen.»

«Oh.»

«Sonst hast du nichts zu sagen?» fragte Jean.

«Ich weiß nicht, was ich sagen soll.»

«Das ist vernünftig», stimmte Jean zu. «Warum gehen wir nicht rauf und frühstücken. Dabei können wir über alles reden.»

Als sie dann zum erstenmal seit über fünfzehn Jahren mit ihren Eltern gemeinsam frühstückte, brachte Barbara nur heraus: «Ich bin ja so glücklich, daß ich zurück bin – bei euch beiden.»

Eines Tages, etwa Anfang Dezember 1945, rief Dan, der gehört hatte, Joe werde in wenigen Tagen in San Francisco eintreffen, bei Jean an und fragte sie, ob sie ihn ein paar Tage bei sich aufnehmen könne. Mit dieser Formulierung vermied er eine klare Aussage über ihre Beziehung, und Jean akzeptierte das und sagte, sie sei entzückt.

Auf dem Weg nach Norden unterbrach Dan seine Fahrt bei den Cassalas in San Mateo und ließ sich beschwatzen, zum Abendessen zu bleiben. Es war sein erster Besuch dort seit May Lings Tod, und die Cassalas hießen ihn mit überströmender Herzlichkeit und voller Zuneigung willkommen. Maria war inzwischen achtundsechzig Jahre alt, hatte sich aber nicht verändert. Ihr Englisch war fast immer noch so schlecht wie bei ihrer Einwanderung vor einem halben Jahrhundert. Sie war nach wie vor stattlich, ihr rundes Gesicht ohne Falten. Sie schloß Dan in die Arme, so daß er darin zu versinken drohte, und rief auf italienisch aus: «Wie kannst du uns das antun? Wer hat May Ling mehr geliebt als wir? Wozu hat man Angehörige, wenn man nicht miteinander trauert? Du brichst mir das Herz, immer brichst du mir das Herz. Stephan sagt, du bist der reichste und größte Schiffsbauer in Amerika. Meinst du, daraus mache ich mir etwas? Glaubst du, das beeindruckt mich? Mach deinen Frieden mit Gott. Besuche Menschen, die dich lieben, das macht mir Eindruck. Weißt du, wie viele Kerzen ich für dich anzünde? Weißt du, wie viele Gebete ich für dich spreche?»

«Ich weiß, ich weiß, Maria», sagte er zerknirscht.

«Dein Italienisch taugt auch nichts mehr! Alles vergißt du. In diesem Land werden die Kinder Barbaren. Was soll ich dir zu essen machen, sag es mir.»

Nach dem Essen setzten Dan und Stephan sich in Tony Cassalas ehemaligem Arbeitszimmer ans Feuer und Dan sagte: «Ich freue mich, daß hier alles so geblieben ist.»

«Es ist nicht leicht, Dan. Das Haus ist groß, und die Steuern sind förmlich in den Himmel geklettert. Ich bin jetzt fünfzig und Filialleiter einer Bank. Und weißt du, was ich verdiene?»

Dan schüttelte den Kopf.

«Zehntausend pro Jahr. Jetzt, wo der Junge studiert, ist das Haus bis zum Dachfirst mit Hypotheken belastet. Manchmal ... ach, was soll ich dir meine Sorgen vorjammern.»

«Warum nicht?» Dan sah Stephan nachdenklich an. «Steve, gibt es eigentlich auf dem Finanzsektor etwas, was du nicht weißt?»

«Das eine oder andere.»

«Würdest du gern für mich arbeiten? Ich würde dir für den Anfang dreißigtausend im Jahr zahlen.»

«Und was soll ich dafür tun? Das ist ein Haufen Moos, Dan, und ich verstehe absolut nichts vom Schiffsbau.»

«Der Schiffsbau ist gelaufen, Steve. Ein, zwei Jahre, vielleicht auch drei, und in diesem Land werden nur noch Tanker gebaut. Da mache ich aber nicht mit – ich verkaufe die Werft. Der größte Teil davon gehört sowieso der Regierung. Aber mein Anteil müßte etwa eine Million wert sein. Ich glaube, ich habe auch schon einen Käufer. Mir genügt mein Ausflug in den Schiffsbau, ich gehe wieder ins Reedereigeschäft. Da macht das Spiel Spaß, und da ist auch mehr Geld zu holen. Ich mache mir zwar nichts aus Geld, aber man sieht daran, ob man gut gespielt hat oder nicht, findest du nicht auch?»

«So könnte man es wohl sagen.»

«Ich habe eineinhalb Millionen aus meinen Erträgen beiseitegelegt. Für die Werft bekomme ich noch einmal eine Million. Ich habe bereits eine Kaufoption auf einen Tanker, und ich weiß, wo es noch zwei zu einem sehr anständigen Preis gibt. Jetzt, wo der Krieg zu Ende ist, dürstet das Land nach Öl, Tanker werden also die reinsten Goldminen sein. Auf Hawaii habe ich mit Chris Noël gesprochen, er macht auch mit. Du weißt, ich habe schon vor zwanzig Jahren auf die Inseln gesetzt. Jetzt, wo das Land vor Kaufkraft aus allen Nähten platzt, glaube ich, daß Hawaii doch noch einmal ein zweites Florida wird. Das bedeutet auch Öl, Öl und nochmals Öl. Ich habe mich schon nach Umschlagmöglichkeiten in Oakland umgesehen. In ein paar Wochen werde ich dort wohl ein Büro eröffnen. Ich brauche jemanden für das, was Mark Levy früher getan hat – für die Leitung des Unternehmens, die Überwachung der Finanzen, überhaupt, um das Ganze im Auge zu behalten. Dafür wärst du der richtige Mann. Ich zahle dir dreißigtausend für den Anfang, und ich beteilige dich mit zehn Prozent an meinem Anteil. Was hältst du davon?»

Stephan sagte eine Minute lang kein Wort. Er saß da und sah in die Flammen. Dann wandte er sich zu Dan und nickte. Er wagte nicht zu sprechen.

«Dann schlag ein.»

«Danke, Danny», sagte Stephan schließlich.

«Warum heiratet ihr eigentlich nicht?» fragte Barbara ihre Mutter.

«Ich glaube, das verstehst du nicht richtig», sagte Jean.

«Du könntest es mal versuchen, ich bin schon ziemlich erwachsen.» Und als Jean schwieg, sagte sie: «Ich denke, ich habe ein Recht, es zu wissen.»

«Warum?»

«Mein Gott, Mutter, kommt dir das nicht unvernünftig vor? Schon seit Monaten haben meine Eltern ein Verhältnis miteinander. Er wohnt bei dir ... »

«Nicht richtig, er hat eine Wohnung in Oakland.»

«Ich glaube dir kein Wort, ich glaube euch beiden nicht. Ich liebe euch so sehr, euch alle beide. Und allem Anschein nach liebt ihr euch auch sehr. Oder ist es nur eine kleine Affäre?»

«Barbara!»

«Schon gut, verzeih, bitte. Das hätte ich nicht sagen sollen. Auf mich macht ihr den Eindruck, als ob ihr euch liebt. Ich glaube, er hat dich immer geliebt. Damit will ich nicht sagen, daß er May Ling nicht geliebt hätte. Die Beziehungen zwischen Mann und Frau sind nie besonders einfach – »

«Immerhin gibst du das zu.»

«Ich habe ihn nie ein Wort gegen dich sagen hören. Ich weiß, wie sehr die Vergangenheit in einem Menschen lebendig sein kann. Bei euch ist es aber schon so lange her. Wenn ich höre, daß die Leute dich mit Mrs. Whittier anreden, zucke ich zusammen. Es ist lächerlich. Ändere doch wenigstens deinen Namen wieder in Lavette.»

«Und dann, meine Liebe? Soll ich allen Bekannten Karten schikken, ihnen mitteilen, daß Jean Whittier jetzt Jean Lavette heißt? Kannst du dir das vorstellen? Dan und ich sind doch sowieso schon Stammgäste in den Klatschspalten.»

«Mutter, wer macht sich daraus etwas?»

«Ich zum Beispiel. Man wirft die Gewohnheiten eines Lebens nicht von sich wie einen alten Hut.»

«Aber mit der Augenwischerei machst du weiter.»

«Bobby, Liebling, versuch doch zu verstehen. Als Eheleute waren dein Vater und ich nie sehr glücklich miteinander. Es ging von Anfang an alles schief, auf jede nur mögliche Weise. Jetzt ist es gut, und zwar genau so, wie es ist. Der eine verlangt nichts vom anderen. Wenn wir zusammen sind, sind wir wirklich zusammen. Für manche Männer und Frauen mag die Ehe eine gute Sache sein – ich bin nicht sicher, daß Dan und ich zu ihnen gehören.»

Sie saßen in dem kleinen, im viktorianischen Stil eingerichteten Wohnzimmer von Barbaras Haus in der Green Street, wo Barbara ihrer Mutter sehr formvollendet den Tee serviert hatte. Das Service aus Spode-Porzellan hatte sie in einem kleinen Gebrauchtmöbel-Geschäft in Oakland gefunden und voller Begeisterung erworben. Einen ganzen Nachmittag lang hatte sie in der Bibliothek nachgelesen, was sie über Josiah Spode (1754 bis 1827) und über feines Porzellan finden konnte. Als sie Jean mitteilte, sie wolle einen Artikel über feines Porzellan für die Zeitschrift *Woman's Home Companion* schreiben, ahnte ihre Mutter Böses.

«Barbara», sagte sie, «was ist denn mit dir los? Du gehst nicht aus, du triffst dich mit niemandem, du hockst wie eine Glucke in deinem Häuschen, und jetzt beschäftigst du dich auch noch mit feinem Porzellan – ausgerechnet.»

«Ich habe mich in eine Höhle verkrochen», sagte Barbara selbstzufrieden. «Wenn ich lange genug drin war, komme ich wieder raus.»

«Du bist jetzt einunddreißig und immer noch ledig. Du wohnst hier ganz allein. Warum hast du bloß Mrs. Jones gehen lassen?»

«Ich habe sie nicht gehen lassen, Mutter. Sie war ziemlich alt und wollte gern bei ihrer Schwester wohnen. Sam hat ihr so viel hinterlassen, daß sie es nicht nötig hat zu arbeiten. Und für das Haus hier brauche ich nun wirklich keinen Dienstboten. Eine Stunde pro Tag genügt völlig. Außerdem wohne ich gern allein, es arbeitet sich besser so.»

«Bitte, such dir einen guten Mann und heirate», sagte Jean sehnsüchtig. Auf diese Bitte ihrer Mutter hin hatte Barbara den Vorschlag gemacht, ihre Eltern könnten ihr mit gutem Beispiel vorangehen.

«Siehst du», sagte Barbara, «wir Lavettes leben in einem sehr komplizierten Netz. Nächsten Monat wird Joseph Lavette Sally Levy heiraten. Joseph ist mein Halbbruder und Dans Sohn. Gehst du hin?»

«Man hat mich eingeladen, und ich habe auch schon ein Geschenk hingeschickt.»

«Ich finde, du solltest hingehen.»

«Ich weiß nicht, immerhin ist er May Lings Sohn.»

«Joe hätte es gern, wenn du kämest. Wir haben darüber gesprochen.»

Jean lachte und schüttelte den Kopf. «Das Netz ist noch viel komplizierter, als du denkst. Du kennst Adam Levy.»

«Ja, Sallys Bruder.»

«Er ist in Eloise verliebt. Er möchte, daß sie Tom verläßt und ihn heiratet.»

«Gott im Himmel! Wann ist denn das passiert?»

«Es geht schon eine ganze Weile so. Es fing an, als er zur Galerie kam, weil er mich bitten wollte, einen Maler aufzutreiben, der ein

Porträt seines gefallenen Bruders anfertigen konnte. Dabei hat er sie kennengelernt. Du weißt ja, daß Eloise mir an zwei oder drei Tagen die Woche geholfen hat. Es hat sie ein bißchen abgelenkt und ihr etwas zu tun gegeben, und das konnte sie, weiß Gott, brauchen. Sie ist sehr klug und hat eine rasche Auffassungsgabe. Sie macht gerade einen Kurs in Kunstgeschichte an der Universität. Er kam dann immer öfter. Wie alt ist er überhaupt?»

«Fast vierundzwanzig, glaube ich.»

«Er ist als Major aus dem Krieg zurückgekommen. Gibt es eigentlich so junge Majore?»

«Ich glaube, dabei geht es nicht nach dem Alter, Mutter. Was empfindet Eloise für ihn?»

«Sie ist etwa vier Jahre älter als er.»

«Mutter, mir ist es gleich, ob sie älter oder jünger ist als er. Was empfindet sie für ihn?»

«Was würdest du denn empfinden? Ich bin offensichtlich der einzige Mensch, der je etwas Mitgefühl oder eine Spur von Verständnis für sie aufgebracht hat, und dabei bin ich Toms Mutter. Ich gebe mich keinen Täuschungen über meinen Sohn hin, aber er ist mein Sohn. Eloise, das arme Geschöpf, ist völlig zerrissen, und dann leidet sie auch noch an Migräne. Und dann kommt dieser Adam Levy daher wie ein dürrer jüdischer Kobold, wenn du dir darunter etwas vorstellen kannst, und ist die Liebenswürdigkeit in Person und reizend und betet den Boden an, auf dem sie wandelt.»

«Mutter, er ist Halbjude, außerdem spielt das sowieso keine Rolle. Und ich sehe ihn auch nicht als Kobold. Immerhin hat er den schlimmsten Krieg in der Geschichte der Menschheit mitgemacht und hat den Silver Star für außergewöhnliche Tapferkeit und Entschlossenheit vor dem Feind erhalten und wurde schwer verwundet.»

«Bobby, halt mir, bitte, keine Vorträge», bat Jean. «Ich bin wirklich schon recht zivilisiert.»

«Du hast mir immer noch nicht gesagt, was Eloise davon hält.»

«Was kann sie schon davon halten? Hier hat sie einen gütigen, bezaubernden Mann, der nichts sehnlicher begehrt, als ihr getreuer Sklave und Diener zu sein, und verheiratet ist sie mit einem Ekel, das seit sieben Monaten nicht mit ihr ins Bett gegangen ist. Sie haben getrennte Schlafzimmer, Bobby, und du kannst mir glauben, wenn dein Bruder seine Frau sieben Monate lang nicht angerührt hat, gibt es todsicher eine andere im Hintergrund.»

«Warum verläßt sie ihn dann nicht?»

«Meine liebe Bobby, du bist eine emanzipierte Frau. Eloise ist ein verhuschtes Häschen. Sie lebt in der Furcht des Herrn und fürchtet seine Wutausbrüche. Sie hat Angst, daß man ihr das Kind fortnimmt, und sie hat Angst vor ihren Migräneanfällen.»

«Das Kind kann er ihr nicht wegnehmen. Mutter, Tom ist doch kein Ungeheuer. Er ist zwar nicht gerade Maximilian, der letzte Ritter, aber er hat doch einen gewissen Anstand.»

«Dir und mir gegenüber. Wir sehen ihn nicht allzu oft, und wir sind nicht mit ihm verheiratet und brauchen ihn nie um Geld zu bitten. Das sind drei sehr gute Voraussetzungen für gesittetes Benehmen. Außerdem hat dieser Adam Levy keinen roten Heller.»

«Reich sind die Levys nicht, aber auch nicht arm. Ihnen gehört eines der besten Weingüter im Napatal. Und der Weinbau ist alles, wonach Adams Herz steht. Außerdem ist es ja wohl nicht das Geld, was Eloise hier festhält, nicht wahr?»

«Nein, es ist alles zusammen.»

«Ich denke, du solltest ihr helfen», fand Barbara.

«Das versuche ich schon seit einer Weile.»

«Ich meine, du könntest ihr dabei helfen, daß sie von Tom loskommt.»

«Das muß sie wohl ohne fremde Hilfe tun.»

Mit einem gewissen Schuldgefühl wurde Barbara klar, daß sie ihre Schwägerin kaum zur Kenntnis genommen hatte. Deshalb rief sie sie spät am Nachmittag an und lud sie für den folgenden Tag zum Mittagessen zu sich ein. Ihr Haus, ihre Heimat und ihre Zuflucht, war für Barbara geradezu zu einer Leidenschaft geworden. Ihr war bewußt, daß es eine Reaktion auf die Jahre war, die sie im Ausland verbracht hatte, und sie wußte auch, daß sie damit in gewisser Weise vor der Wirklichkeit floh. Das Haus war ihre Höhle, ihr Obdach. Aber die eigentliche Höhle war sie selbst, sie hatte sich in sich selbst zurückgezogen. Sie kannte keine Menschen, an denen ihr lag, die jungen Frauen aus ihrem früheren Bekanntenkreis waren verheiratet und hatten Kinder. Sie selbst wurde bald zweiunddreißig, und für eine Frau ihres Alters kamen nur geschiedene Männer in Frage oder die eigentümliche Gattung der «Junggesellen» – ein Wort, das man mit einer Vielzahl von Neurosen in Verbindung bringen mußte. Sie hatte einmal gehört, wie eine sehr attraktive unverheiratete Frau, die nur wenige Jahre älter war als sie, eine «alte Scharteke» genannt wurde. Dieser Ausdruck hatte ihr Blut erstarren lassen. Es beruhigte sie, daß sie neben dem Schreiben eine sinnvolle Aufgabe hatte, die Lavette-Stiftung, und je mehr sie sich darum kümmerte, desto mehr wurde ihr klar, daß sie in einem Anfall von Aufbegehren und Launenhaftigkeit etwas Wichtiges ins Leben gerufen hatte. Vom Geld der Stiftung war ein Heim für alleinstehende Mütter und in San Diego eine Klinik für die Behandlung von Chicanos gegründet und außerdem waren siebzehn Forschungsstipendien für Medizin und andere Studiengebiete ausgesetzt worden. Dank eines weiteren Stipendiums konnte die Geschichte der Plains-Indianer erforscht werden, und sechs Stipendien kamen Arbeiten über Antibiotika, Lungenentzündung, Sichelzellenanämie und Krebs zugute. Das ganze Unternehmen war nur langsam in Gang gekommen, aber die Ergebnisse schienen Barbara überaus befriedigend zu sein.

Für ihre eigenen Bedürfnisse und für den Unterhalt ihres Hauses verdiente sie mit dem Schreiben mehr als genug. Sie machte sich gern im Haus zu schaffen, hatte ein Dutzend Kochbücher gekauft und bedauerte nur, daß sie während der Jahre in Paris nie die Möglichkeit genutzt hatte, sich gründlich mit der französischen Küche zu beschäftigen. Sie lud gern mittags oder abends Gäste ein, für die sie kochte und die sie mit Vergnügen bewirtete. Für Eloise hatte sie gekochte Eier mit Lammfleisch in Bechamelsoße, mit frischem Spinat überbakken, zubereitet und dazu Brötchen gebacken. Sie aßen in dem winzigen Frühstückszimmer mit dem Erkerfenster, von dem aus man einen Blick auf den Hafen hatte.

Eloise war von dem Haus begeistert. «Es ist so klein, so anheimelnd und behaglich», sagte sie. «Wir wohnen in einem riesigen Kasten. Ich wäre glücklich in einem solchen Haus! Und das Essen ist großartig. Mir kommt es wie ein Wunder vor, wenn Leute etwas kochen, das so gut schmeckt. Ich meine, das Kochen allein macht es nicht, es muß ja auch noch schmecken. Und dann Brötchen backen – ich kann nicht mal ein Ei richtig braten.»

«Das ist halb so wild, man kann eine fertige Brötchenmischung kaufen. Du siehst, es ist etwas Mogelei dabei.»

«Du könntest gar nicht mogeln», sagte Eloise ernsthaft. «Du kannst dir gar nicht vorstellen, Barbara, wie ich dich immer bewundert habe. Ich habe deine beiden Bücher gelesen. Sie waren einfach großartig, vor allem das über den Krieg. Wie eine Frau es fertigbringt, all das durchzumachen, diese schrecklichen Dinge zu erleben und trotzdem so einfach und freundlich zu bleiben wie du, das kann ich mir überhaupt nicht vorstellen.»

Barbara fühlte sich von Schuldgefühlen gepeinigt. Sie schämte sich über die Bewunderung und das Lob einer Frau, die sie für ein geistloses Püppchen gehalten hatte, und einen Augenblick lang verachtete sie sich. Aber sie wollte die Gelegenheit nicht ungenutzt vorübergehen lassen, denn sie hatte Eloise mit einer bestimmten Absicht eingeladen. «Dein Freund Adam Levy», sagte sie, «hat weit mehr durchgemacht als ich, und ich glaube, daß er auch sehr freundlich und äußerst liebenswürdig ist.»

Eloise sah sie an, ohne zu antworten. Barbara konnte verstehen, warum Adam sich so hoffnungslos in diese Frau verliebt hatte, die so völlig ausgeliefert schien. Mit ihren blonden Löckchen, den blauen Kinderaugen, der Pfirsichhaut und ihrer Offenheit kam sie Barbara vor wie ein richtiges Kind. «Sie trägt keine Maske und macht niemandem etwas vor. Sie ist so, wie sie aussieht – und dann ist sie mit so einem Raubhecht verheiratet», dachte sie.

«Weißt du davon?» flüsterte Eloise.

«Meine Mutter hat mir gesagt, daß Adam in dich verliebt ist», sagte sie frei heraus.

«Das hätte sie dir nicht sagen dürfen.»

«Warum nicht? Es ist doch schön, von einem anständigen Mann geliebt zu werden.»

«Als verheiratete Frau? Ich bin mit deinem Bruder verheiratet, Barbara.»

«Das hat nichts zu bedeuten. Wenn wir darüber sprechen wollen, meine Liebe, mußt du vergessen, daß Tom mein Bruder ist. Oder möchtest du lieber nicht darüber reden?»

«Barbara, wenn ich mit niemandem rede, verliere ich den Verstand. Ich bin so unglücklich. Ich nehme an, daß ich schon vorher unglücklich war, aber da war es anders. Ich war mit Tom verheiratet und habe nie an etwas anderes gedacht. Meine Eltern waren nie glücklich miteinander. Ich hatte oft den Eindruck, daß sie einander haßten, aber sie trennten sich nicht und blieben verheiratet. So nahm ich auch meine eigene Situation als gegeben hin. Ich wollte nicht, daß es so kam. Aber es ist nun mal geschehen. Mich hat noch nie jemand so behandelt wie Adam. Er gibt mir das Gefühl, daß ich etwas bedeute, etwas wert bin. Er läßt mich ausreden und hört mir zu. Er hat darauf gedrängt, daß ich den Kursus in Kunstgeschichte belege. Tom war wütend, als er hörte, daß ich hingehe. Ich verstehe überhaupt nicht, warum. Und nie verlangt Adam etwas von mir. Ich habe nie mit ihm geschlafen. Trotzdem fühle ich mich schuldig und unglücklich ... » Sie schüttelte traurig den Kopf. «Was soll ich bloß tun?»

«Weiß Tom etwas davon?»

«Ich glaube nicht. Er merkt nur, wie ich mich fühle, wenn ich Kopfschmerzen habe, und dann ist er wütend. Wir schlafen in getrennten Zimmern, seit wir in das Haus auf Pacific Heights gezogen sind.»

«Was empfindest du für Adam?»

«Ich weiß nicht. Vor unserer Hochzeit war ich furchtbar in Tom verliebt. Ich hielt ihn für den hübschesten Mann auf der Welt, aber ich habe ihn nie richtig gemocht. Verstehst du das?»

Barbara nickte.

«Und dann war ich plötzlich nicht mehr in ihn verliebt. Ich komme mir so abscheulich vor, weil ich dir das alles erzähle.»

«Du hast mir immer noch nicht gesagt, was du für Adam empfindest.»

«Ich weiß es nicht. Ich denke an ihn und an nichts anderes. Ich mag ihn so sehr und fühle mich so wohl, wenn ich an ihn denke. Jedesmal, wenn ich jetzt zur Galerie gehe, wünsche ich mir, daß er auch dorthin kommt. Wenn er es tut, gehen wir gemeinsam essen. Jean war immer sehr freundlich, aber ich fühle mich zugleich wohl und hundeelend. Sonst treffe ich ihn nie. Nur einmal, an einem Nachmittag, sind wir zusammen in die Japanischen Gärten gegangen.» Sie hörte auf zu sprechen. «Barbara, er sagt, ich soll Tom verlassen und ihn heiraten.»

«Möchtest du Tom verlassen?»

«Wie könnte ich?»

«Tom wird dir Freddie nicht wegnehmen, das kann er nicht.»

«Barbara», sagte sie leise, «da ist etwas, was du, glaube ich, nicht verstehst. Tom Lavette und John Whittier sind die beiden mächtigsten Männer in dieser Stadt. Was sie sich in den Kopf setzen, das erreichen sie auch.»

Tom verbrachte die meisten Abende außer Hause. Seit seiner Entlassung aus der Marine hatte er sich dem Unternehmen Whittiers, das inzwischen in Cal Shipping umbenannt worden war, verstärkt zugewandt. Neben der umfangreichen Reedereitätigkeit und der Interessenverflechtung mit der Seldon Bank gehörte zu ihrem Geschäftsbereich jetzt auch der Betrieb der Luftfahrtgesellschaft, die Dan Lavette vor Jahren an der Westküste ins Leben gerufen hatte. Als er noch Uniform trug, war Tom mehrfach in Washington vorstellig geworden, um dort Lizenzen für die Ausweitung des Liniennetzes auf mehrere westliche Landesteile zu erlangen. Seine Abende verbrachte er – mit Ausnahme jener Gelegenheiten, bei denen er seine attraktive Frau vorzeigen mußte – mit Geschäftsessen oder in seinem Club. Er sah keinen Anlaß, seiner Frau zu erläutern, welcher Art diese Essen waren, oder wie es dabei zuging. Sie stellte auch keine Fragen, sondern war es offenbar zufrieden, ihre Abende mit Lesen oder Musikhören allein zu verbringen – oder gelegentlich mit Jean und Dan.

In Dan fand sie den Vater, den sie nie gehabt hatte. Der kräftige große Mann gab ihr das Gefühl, beschützt und sicher zu sein, das sie so sehr brauchte. Dan seinerseits war von Eloise bezaubert. Ihm war, als hätte ein gütiges Geschick ihm und Jean zu diesem Zeitpunkt ihres Lebens noch ein Kind geschenkt. Dabei wurde es Dan plötzlich klar, daß er Großvater war, und er überschüttete Freddie mit all der Liebe und Aufmerksamkeit, die er seinen eigenen Kindern vorenthalten hatte. Allerdings nur so lange, bis Tom dahinterkam und Eloise anschrie: «Schluß damit! Ich will nicht, daß dieser Mann meinem Sohn nahekommt!»

«Tom, er ist dein Vater.»

«Ich habe ihn sechzehn Jahre lang nicht gesehen und nicht mit ihm gesprochen. Er ist ebensowenig mein Vater wie deiner.»

«Aber er ist Freddies Großvater.»

«Das ist mir schnurz. Ich sage dir, das hört jetzt auf. Ich weiß verdammt gut, daß er mit meiner Mutter zusammenlebt, und das finde ich unappetitlich und skandalös. Ich will nicht, daß er meinen Sohn zu sehen kriegt.»

Als Eloise Jean davon berichtete, reagierte diese sehr gelassen. «Ich rede mit Tom», beruhigte sie Eloise. «Tu inzwischen, was er sagt.»

Freddie war vier Jahre alt. Er war ein sehr stilles und seltsam frühreifes Kind. Da Eloise abends so oft allein war, gewöhnte sie es sich an, schon früh, gemeinsam mit ihrem Sohn, zu essen. Während dieser Mahlzeiten sprachen sie über die Ereignisse des Tages – über den Besuch im Zoo, Fisherman's Wharf, die Fahrt mit dem Cable Car, die Besichtigung des geheimnisvollen Hauses an der Endstation, wo das große Zugseil sich auf seiner riesigen Seilscheibe drehte, über den Ausflug zur Galerie und zu Großmutter Jean, die Fahrt über die Golden Gate-Brücke – oder was sich sonst an Aufregendem zugetragen hatte.

Eloise war sich klar darüber, daß sie sich dem Kind nur deshalb so zuwandte, weil sie sonst nichts hatte, wohin sie sich hätte wenden können. Und sie war sich auch der Gefahr bewußt, die darin liegt, daß man einen Vierjährigen zum Mittelpunkt seines Lebens macht. Adam hatte das angesprochen, als er sie gebeten hatte, seine Frau zu werden. «Man kann das Leben nicht durch einen kleinen Jungen ersetzen. Du, liebe Eloise, richtest dich zugrunde – und letzten Endes damit auch den Jungen.»

«Wie kannst du das sagen?» hatte sie gefragt.

«Weil es stimmt, und weil es gesagt werden muß. Meinst du nicht, der Junge wird dahinterkommen und eines Tages auch verstehen, daß du nur für ihn lebst? Was für eine Last bürdest du dem armen Kind damit auf, und wie kannst du dir nur vormachen, dein Sohn könnte dir alles geben, was das Leben sonst an Freude und Schönem für dich bereithielte? Du bist eine sehr schöne und wundervolle Frau, und ich liebe dich. Ich glaube, ich habe mich in dem Augenblick in dich verliebt, als ich dich zum erstenmal in der Galerie sah. Ich bin nichts Besonderes, aber ich könnte dir Liebe und Fürsorge geben und dem Jungen einen Vater. Bedeutet dir das gar nichts?»

Am Tag nach ihrer Unterredung mit Barbara gestand Eloise sich schließlich ein, daß es ihr alles bedeutete. Das gemeinsame Abendessen mit Freddie war erst in einer halben Stunde, das Kind spielte noch im Garten. Tom war oben und zog sich zum Ausgehen um. Eloise zitterte nur ganz wenig, als sie in sein Zimmer ging und sagte: «Tom, ich muß mit dir sprechen.»

«Raus damit», sagte er. Sie konnte sein Gesicht im Spiegel sehen, sah, wie er den Hemdkragen über die Krawatte klappte; er schien guter Laune zu sein.

«Ich möchte, daß wir uns scheiden lassen», sagte sie ruhig.

Er strich den Kragen glatt und wandte sich zu ihr um. «Wie bitte?»

«Wir sollten uns scheiden lassen. Ich habe genug. Mehr kann ich nicht ertragen.»

«Was hast du denn schon zu ertragen, du blöde Ziege?» sagte er und wandte sich dem Schrank zu, an dem sein Jackett hing. Als sie ihm in den Weg trat, schob er sie mit solcher Gewalt beiseite, daß sie stolperte und gegen sein Bett fiel. Er nahm sein Jackett und wandte sich wieder zu ihr um. «Bist du eigentlich verrückt, daß du hier hereinkommst und mir erzählst, du willst dich scheiden lassen?» Er zog das Jackett an.

Sie erhob sich. In ihrem Kopf begann es zu hämmern. Noch ein paar Minuten, und er würde vor Schmerz explodieren. Diese Vorankündigung, das Wissen, daß der Schmerz unaufhaltsam näherkam und sich unerbittlich austoben würde, erfüllte sie mit einer Angst, die der Angst vor ihrem Mann die Waage hielt, so daß sie ihn beinahe anschrie: «Es ist mir ernst! Ich will nicht mehr mit dir leben, ich will nicht!»

«‹Bis daß der Tod uns scheidet›», so heißt es, mein Kind.» Er verließ den Raum und ließ die Tür krachend ins Schloß fallen.

Um halb eins saß Barbara in der Küche vor ihrem frugalen Mittagsmahl, einem belegten Brot und einer Tasse Kaffee, und las Korrekturfahnen. Diese Arbeit war ihr zuwider, sie erinnerte sie immer wieder daran, daß die zweite Hälfte ihres College-Studiums ganz nützlich hätte sein können. Als es an der Tür läutete, war sie fast dankbar für die Störung. Sie erwartete niemanden und fragte sich, ob es wohl der Gasmann oder der Stromableser sei. Sie öffnete die Tür und sah den herkulisch gebauten Mann in dem braunen Tweedanzug verwirrt an. Sein Gesicht war tiefbraun, und seine blaßblauen Augen blickten sie fragend an. Sie standen beide in der offenen Tür, sahen einander unverwandt an und schwiegen lange. Dann sagte Barbara heiser flüsternd: «Komm doch herein.»

Er trat ins Haus, schloß die Tür hinter sich und streckte ihr zögernd die Hand entgegen, die sie fast mechanisch ergriff.

«Darf ich dir einen Kuß geben?» fragte er unsicher.

Sie nickte.

Er beugte sich zu ihr und küßte sie auf die Wange. Plötzlich wandte sie sich ab, ging ins Wohnzimmer, setzte sich auf einen Stuhl, schlug die Hände vors Gesicht und begann zu weinen. Er folgte ihr, blieb unbeholfen neben dem Stuhl stehen und betrachtete sie.

«Hast du ein Taschentuch?» fragte sie.

Er nahm sein Taschentuch, gab es ihr, und sie wischte sich das Gesicht damit ab. «Ich habe schon seit Jahren nicht mehr geweint», murmelte sie. «Früher mußte ich bei jeder Kleinigkeit losheulen.»

«Bist du verheiratet?» fragte er.

Sie sah ihn verständnislos an.

«Nun ja, ich muß doch fragen. Ich habe deine Adresse im Telefonbuch gefunden. Da stand B. Lavette, und ich dachte mir, das müßte Barbara Lavette heißen. Aber es kann ja auch sein, daß du als berühmte Schriftstellerin unter deinem Mädchennamen arbeitest.»

«Ich bin nur Schriftstellerin, nicht berühmt.»

Er nickte ernsthaft. «Bist du verheiratet?»

«Nein. Warum fragst du eigentlich pausenlos danach? Wenn dir das so wichtig ist, hättest du mir ja mal einen Brief schreiben können und mich wissen lassen, ob du noch am Leben bist.»

«Ich habe dir einen Brief geschickt.»

«Das ist Jahre her.»

«Ich habe noch mehr Briefe geschrieben, aber nicht abgeschickt. Ich dachte mir, du bist verheiratet.»

«Und wieso?»

Er schüttelte den Kopf. «Du bist eine wunderbare Frau, warum solltest du nicht verheiratet sein?»

«Ich dachte, du wärest tot. Ich bin nicht verheiratet.»

«Ich bin nicht tot. Gott sei Dank bist du nicht verheiratet.»

«Soll ich jetzt sagen ‹Gott sei Dank bist du nicht tot›? Setz dich, Bernie, wir wollen vernünftig miteinander reden.» Sie stand auf und faßte ihn bei den Armen. «Das bist wirklich du! Ich kann es fühlen! Und du hast noch beide Arme und Beine. Ich danke Gott dafür. Ich freue mich so, dich zu sehen. Ich habe mich so sehr danach gesehnt.»

«Stimmt das, tatsächlich?»

«Ja, es stimmt. Du hast dich verändert.»

«Sechs Jahre.»

«Wohl eher sieben.»

«Wem gehört das Haus hier?»

«Mir. Ich habe es nach Sam Goldbergs Tod gekauft. Es war seins. Kanntest du ihn?»

«Den Anwalt? Ja. Und er ist tot, sagst du?»

«Schon seit Jahren.» Sie schüttelte den Kopf. «Ich weiß nicht, wo ich anfangen soll. Es ist sieben Jahre her, seit wir uns begegnet sind – und zehn, seit du San Francisco verlassen hast. Ich bin in ganz Nordafrika, Indien und Burma herumgefahren und habe überall nach dir gefragt. Einmal habe ich einen Mann getroffen, der dich kannte, einen amerikanischen Reporter.»

«Was, zum Kuckuck, hast du in Nordafrika und Indien getrieben?»

«Geschrieben.»

Sie begannen beide gleichzeitig zu reden, unterbrachen sich dann und lachten. «Hast du mir wirklich geschrieben?» fragte sie ihn.

«Ich habe die Briefe aufgehoben. Meine ganze Geschichte steht darin.»

«Und jetzt?»

«Bin ich Gott sei Dank aus der Scheiß-Armee raus. Vor fünf Tagen habe ich meinen Entlassungsschein bekommen, in Südengland.»

«Und bist nicht nach Palästina zurückgegangen?»

«Das kann warten. Erst mußte ich hierher kommen, dich sehen.»

«Das kann ich nicht glauben.»

«Es stimmt aber. Barbara, du kannst zu mir sagen: Cohen, verpiß dich, ich will nichts von dir wissen! Ich würde es verstehen und wohl auch hinnehmen. Aber ich muß es erst mit eigenen Ohren hören.»

«Und dafür bist du sechstausend Meilen geflogen?»

«Jedenfalls in erster Linie. Ich bin hier geboren und aufgewachsen, es ist immerhin eine Art Heimat. Man bekommt solche Sehnsucht nach der Heimat, möchte etwas spüren, was man lange nicht gespürt hat. Du brauchst es noch nicht zu sagen.»

«Was?»

«‹Cohen, verpiß dich.› Wir könnten vielleicht erst Mittag essen.»

«Soll ich uns etwas machen?»

«Laß uns lieber ausgehen. Es sei denn, du hast etwas Besseres zu tun.»

«Nein, habe ich nicht.»

«Dann laß uns zu Fuß in die Stadt gehen. Ich möchte den Geruch der Stadt und den der Bucht, diesen ganz besonderen Geruch in der Nase spüren.» Er trat einen Schritt zurück, sah sie an und sagte: «Als du vorhin die Tür aufgemacht hast, habe ich mich sozusagen einer Erinnerung gegenübergesehen. Jetzt bist du wirklich. Du siehst großartig aus, und so schön.»

Sie schüttelte verständnislos den Kopf. Sie trug einen alten Faltenrock, braune Schuhe mit flachen Absätzen, und über ihrer Bluse eine grobgestrickte Wolljacke.

«Ich muß mich erst umziehen, ich habe nicht einmal Lippenstift aufgelegt.»

«Nein, komm, wie du bist. Du brauchst keinen Lippenstift. Siehst du nicht mal ab und zu in einen Spiegel?»

«Nur allzuoft.»

«Augenblick mal», sagte er beunruhigt, «hast du einen Kerl, einen festen Freund?»

«Nein, habe ich nicht.»

«Wieso nicht? Sind alle verrückt in dieser blöden Stadt?»

«Nur ich. Alle anderen sind durchaus normal.»

«Wir gehen zum Embarcadero runter und essen Krabbenfleisch mit Sauerbrot. Was hältst du davon?»

Sie nickte. «Ich glaube, ich muß gleich wieder heulen.»

Sie saßen am Kai, aßen Sauerbrot und warfen Stücke davon den Möwen zu. «Also weiter», sagte sie. «Du hast toten Deutschen achtzehn Uhren abgenommen. Ich lege Wert auf die Feststellung, daß ich diese Leichenfledderei widerwärtig finde.»

«Nicht toten Deutschen, Kriegsgefangenen. Sie waren noch ganz schön lebendig.»

«Kriegsgefangene ausrauben ist noch schlimmer.»

«So kann man es sehen», stimmte er freundlich zu. «Allerdings war bei mir in dem Augenblick die Milch der frommen Denkungsart versiegt.»

«Und dann hast du sie für zehn Dollar das Stück verhökert.»

«Zwei Pfund – das ist nicht ganz so viel. Anschließend habe ich beim Würfeln fünfundachtzig Pfund gewonnen. Die Briten können nicht gut würfeln. Sie verstehen nichts davon. Keine Ahnung, warum, vielleicht eine Nationaleigenschaft. Jedenfalls hatte ich beim Würfeln immer Glück. Der Sold bei den Briten ist jämmerlich. Trotzdem bleiben mir, nach Abzug des Flugs hierher, noch dreitausendzweihundert Dollar. Ich habe das Geld bei mir, hier in der Tasche. Das ist doch gar nicht schlecht, was?»

«Für sechs Jahre als britischer Soldat? Fünfhundertdreißig Dollar im Jahr? Ich finde das eher mickrig.»

«So hart warst du noch nie zu mir.»

«Ich hatte ja keine Gelegenheit. Das eine Mal, als wir uns begegnet sind, hast du mir leid getan.»

«Und jetzt tu ich dir nicht leid?»

«So schnell tut einem ein Trottel nicht leid. Der Reporter hat mir erzählt, du wärest befördert worden, hättest dann einen Offizier verprügelt und man hätte dich zum Sergeant degradiert.»

«Ich eigne mich nicht zum Offizier», gab er zu. «Jedenfalls nicht in der britischen Armee.»

«Und das Geld trägst du in der Hosentasche bei dir?» fragte Barbara.

«Ja.»

«Ich würde es auf die Bank bringen.»

«Daran habe ich auch schon gedacht. Aber ich weiß nicht, wie lange ich bleibe.»

«Wie lange willst du denn bleiben?»

«Keine Ahnung. Was meinst du, wie lange soll ich?»

«Muß ich das bestimmen?» fragte sie.

«Einen anderen Grund zum Bleiben gibt es für mich nicht.»

«Und dann willst du zurück nach Palästina?»

Er nickte. «Irgendwann, vielleicht schon morgen. Am liebsten würde ich bleiben und dich jeden Tag besuchen. Aber das würde dir vielleicht langweilig werden. Denn bei Licht betrachtet, bin ich wohl nicht mehr als eine verblaßte Erinnerung. Andererseits – wenn ich dich nicht schon kennen würde und hier entlangkäme und dich auf dem Kai sitzen und dein Brot essen sähe, würde ich versuchen, deine Bekanntschaft zu machen. Ich glaube, wir sind beide nicht mehr die, die wir waren. Wir haben zuviel erlebt. Aber vielleicht ist der Teil von uns, den es zum anderen hinzieht, noch da und hat sich nicht geändert. Bei mir jedenfalls ist es so. Und wie ist es bei dir?»

«Ich brauche Zeit. Die Schwierigkeit mit Erinnerungen ist, daß man sie sich passend zurechtbiegt. Es gibt keine Kontrollinstanz. Alles spielt sich im Kopf ab, stimmt's nicht? Als ich die Tür aufgemacht habe und dich sah, habe ich nicht den Mann gesehen, der mit mir in Paris im Bett war, sondern den, von dem mir Mike Kendell in Karachi erzählt hat.»

«Mike Kendell?»

«Der Korrespondent der *Washington Post*. Ich habe dir von ihm erzählt. Warum bist du weggegangen, Bernie? Dieses Don Quichotte-Syndrom ist eine Krankheit bei den Männern! Nicht du hast mich gebraucht, sondern ich dich. Mein Gott, wie sehr hätte ich dich damals gebraucht!»

«Ich war pleite», sagte er verzweifelt. «Ich hatte nichts, absolut nichts. Wie hätte ich bleiben und dir auf der Tasche liegen können?»

«Wenn ich so etwas höre, werde ich verrückt. Ihr Männer habt Millionen von Frauen damit zugrundegerichtet, daß ihr eurer Ansicht nach richtig, gut und wunderbar handelt, wenn ihr eine Frau, mit der ihr lebt, als Eigentum des Mannes betrachtet. Nichts wird geteilt.

Man besitzt uns, und wer nicht über die nötigen Mittel verfügt, darf nicht mitspielen.»

«Das ist unfair. Du bist eine Lavette aus San Francisco. Du spielst hier mit Platzvorteil. Die Lavettes, die Whittiers, die Seldons – denen gehört doch alles hier. Ich bin ein Niemand, ich bin Bernie Cohen und komme aus einem jüdischen Waisenhaus ...»

«Du rührst mich zu Tränen!» sagte Barbara wütend.

Sie saßen eine Weile schweigend da, dann brach sie ein Stück Brot ab und gab es ihm.

«Danke.»

«Gern geschehen.»

Er kaute und sah sie dabei an. «Du bist die beste und großartigste Frau, die ich kenne.»

«Woher willst du das wissen?» fragte sie gereizt. «Du kennst mich überhaupt nicht, du weißt nichts von mir.»

«Eines weiß ich verdammt gut – du bist Millionärin!»

«Wie es scheint, hast du es mit den Reichen, nun, ich nicht. Außerdem stimmt es nicht. Ich habe zwar ein großes Vermögen geerbt, habe es aber weggegeben. Ich habe nur wenig Geld für mich behalten, im übrigen verdiene ich mir selbst, was ich brauche. Das habe ich schon in Paris getan, und so ist es geblieben. Ich weiß nicht, was für eine Tugend das ist, aber ich möchte feststellen, daß ich keine Millionärin bin.»

Wieder Schweigen. Sie saßen nebeneinander. Dann legte er den Arm um sie, und sie lehnte sich an ihn.

«Ich habe dein erstes Buch gelesen», sagte er. «Ich habe es mir in New York gekauft. Als ich in London davon hörte, habe ich versucht, es zu bekommen, aber dann ging unser Transport. Und in New York konnte ich es in keinem Buchladen finden.»

«Bücher haben ein kurzes Leben.»

«Ich habe es in einem Antiquariat in der 4. Avenue bekommen. Das neue habe ich auch schon, aber ich wollte zuerst das andere lesen. Das habe ich im Flugzeug hierher getan.»

«Hat es dir gefallen?»

«Das meiste schon. Stimmt alles?»

«Der Teil mit dir und Marcel – wer weiß? Wer von uns weiß schon, was in den letzten Jahren stimmte und was nicht?»

«Aber in Deutschland warst du?»

«Ja.»

«Das war ziemlich töricht.»

«Das glaube ich jetzt auch. Ich habe viele törichte Dinge getan.»

«Man findet bestimmt nicht so leicht zwei Menschen in der Welt, die verschiedener wären als du und ich.»

«Noch Brot?» fragte sie.

«Nein, ich bin satt.»

«So unterschiedlich sind wir nicht», sagte Barbara. «Wir sind beide gefühlsbetont, überheblich, dickköpfig und verbohrt – das komische ist, daß ich gefühlsbetonte Menschen nie ausstehen konnte, wahrscheinlich, weil ich das an mir nicht besonders schätze. Und wir müssen beide damit leben, daß häßliche Würmer in unserem Innern nagen. Wie alt bist du übrigens, Bernie?»

«Weißt du es nicht mehr?»

«Vierzig?»

«Stimmt. Ich bin vierzig, und du bist zweiunddreißig.»

«Und neun Jahre lang warst du Soldat. Ein unvernünftiges Leben, Bernie.»

«Schon möglich.»

«Und du bist nie verwundet worden?»

«Nie. Ich habe mit der Zweiten Britischen Armee an der Invasion teilgenommen, bis hin zum Rhein, ohne einen Kratzer.»

«Und was denkst du dir bei alldem?»

«Noch nicht besonders viel. Mir fehlte bisher die Zeit zum Nachdenken. Oder ich habe es verschoben. Ich träume schlecht, aber wem geht das nicht so?»

«Ich träume auch schlecht», sagte Barbara.

«Ich möchte bleiben, bis du mir sagst, ich soll gehen.»

«Und wenn ich dir nicht sage, du sollst gehen?»

Er zerkrümelte den Brotrest, er fiel ins Wasser. Barbara betrachtete seine kräftigen, langfingrigen breiten Hände. Dieser Mann, dachte sie, hat nur einen Beruf. Er kann töten. Wieso, um Gottes willen, sitze ich hier, an ihn gedrängt, und fühle mich eins mit mir selbst?

Als hätte er ihre Gedanken gelesen, berührte er ihren Arm ganz sanft mit einem seiner Finger und zog eine Linie bis zu ihrer Hand. Sie wandte sich ihm zu, und seine Augen füllten sich mit Tränen. Er schloß sie und schüttelte den Kopf.

«Ich will mich nicht erinnern. Ich möchte nichts damit zu tun haben. Aber vergessen möchte ich es auch nicht. Man vergißt nicht. Das ist eine Selbsttäuschung, und ich will keine Selbsttäuschungen. Wir haben ein KZ befreit. Da war ein offenes Massengrab mit den letzten Opfern. Sie hatten keine Zeit mehr gehabt, es zuzuschaufeln. Es lagen acht- oder neunhundert Tote darin: ausgemergelte Körper von Männern, Frauen und Kindern. Als kleiner Junge habe ich einmal einen Schmetterling gefangen und mit ihm gespielt. Als er tot war, weinte ich. Die anderen Kinder haben mich ausgelacht. Ich will versuchen, jetzt nicht zu weinen. Darüber hast du doch vorhin gesprochen, nicht wahr? Männer lassen sich nicht von Frauen aushalten, und Männer weinen nicht. Du würdest dich wundern, wenn du wüßtest, wie viele Männer weinen. Ich habe sie in Afrika, in Frankreich und in Deutschland weinen sehen. Es war ein großes Schlachten, und die ganze Welt hat geweint. Gott im Himmel, ich weiß nicht mehr, was ich sage. Wenn ich einen Funken Verstand hätte, würde ich aufstehen und fortgehen und dich hier sitzenlassen.»

«Was für ein Blödsinn!» sagte Barbara kalt. Die Reaktion war so unerwartet, daß er sie nur ansah.

«Wir wollen eine Weile hier sitzen bleiben und aufs Wasser sehen», sagte sie. «Wir sind hier, und es ist heute, und wir leben im Jahre 1946. Es ist erst vier Uhr. Wir haben ein paar sonderbare Stunden hinter uns. Als du kamst, saß ich gerade an meinen Korrekturfahnen. Ich werde sie gleich fertigmachen, weil sie heute abend noch zur Post müssen. Du kannst mit zu mir kommen. Es dauert nicht länger als eine Stunde. Wenn es dir recht ist, können wir anschließend ausgehen und irgendwo zu Abend essen. Oder ich kann dir zu Hause etwas machen. Aber laß uns jetzt nichts überstürzen.»

«In Ordnung. Das heißt also, du sagst mir, wann ich gehen soll?»

«Bernie, hör, bitte, für eine Weile damit auf.»

«In Ordnung.»

Eine Viertelstunde saßen sie schweigend nebeneinander, dann gingen sie zurück zum Embarcadero und nahmen einen Cable Car den Berg hinauf. Sie mußte sich erst an Bernie gewöhnen. Was er trug, stand ihm gut. Er ging sehr gerade und entspannt. Sie ertappte sich dabei, wie sie an seinen Körper dachte, versuchte, sich an ihn zu erinnern.

Während sie die Korrekturen las, saß er in ihrem Wohnzimmer und las Zeitungen und Zeitschriften. Später machte sie ein paar Martinis zurecht.

«Unser erster Drink», sagte sie, nachdem sie die Gläser gefüllt hatte. «Worauf trinken wir?»

«Schalom.»

«Bitte?»

«Frieden, hebräisch.»

«Gut. *Schalom.*»

«Weißt du, Barbara», sagte er, «ich hatte gedacht, ich warte, bis wir einander etwas besser kennen. Aber entweder kennen Menschen einander oder nicht.»

«Dagegen ist nichts zu sagen.»

«Andererseits weiß ich nicht, ob ich dich je wirklich kennenlernen werde. Ich weiß auch nicht, ob das eine Rolle spielt. Ich selbst bin ein ziemlich schlichtes Gemüt.»

«Der Herr steh uns bei.» Sie lachte.

«Du glaubst mir nicht?»

«Nein.»

«Na ja, vielleicht hast du recht.»

«Gib doch nicht klein bei», sagte sie.

«Warum nicht?»

«Ich muß immer daran denken, wie Mike Kendell dich beschrieben hat: kalt, hart, eisige blaue Augen.»

Er schüttelte den Kopf. «Ich bin nicht hart. Ich bin aber auch nicht besonders klug. Ehrlich gesagt, Barbara, ich kann gar nichts Rechtes für mich ins Feld führen. Deshalb sehe ich ja auch keinen großen Sinn darin, noch zu warten. Ich meine, bis wir einander besser kennen. Ich dachte, vielleicht ein oder zwei Wochen, und dann frage ich dich, ob du mich heiraten willst.»

«Und du meinst, ein oder zwei Wochen würden genügen?» sagte sie lächelnd.

«Na, du weißt schon, was ich meine.»

«Ja. Du schiebst es mir in die Schuhe. Wenn ich nein sage, hast du keine Zeit vergeudet und kannst abschwirren, wohin du willst.»

«Nein, so nicht. Das habe ich nicht gemeint. Heißt das ‹nein›?»

«Bernie, ist das ein Antrag?»

«Ja.»

Sie seufzte und füllte die Gläser erneut. Dann saß sie still und sah ihn an.

«Wir wollen es uns eine Weile überlegen.»

«Du sagst also nicht nein?»

«Wollen wir nicht die ein, zwei Wochen abwarten?» meinte Barbara.

«Darf ich dich etwas fragen?»

Sie nickte.

«Hast du je daran gedacht, du könntest mit mir verheiratet sein?»

«Ja.»

«Das genügt. Ich dränge dich nicht. Ich gehe jetzt in mein Hotel, dusche und ziehe mich um. Das ist so ein wunder Punkt bei mir.»

Sie merkte, daß sie kicherte.

«Und dann komme ich picobello, wie sich's gehört. Was würdest du heute abend gern unternehmen?»

«Und wenn ich schon eine Verabredung hätte?»

«Du hast aber doch gesagt – »

«Ich scherze doch nur, Bernie. Ich glaube, heute abend möchte ich mich ein bißchen betrinken.»

«Acht Uhr?»

«Acht Uhr», stimmte sie zu.

Das Gebäude der Great Cal war der erste Wolkenkratzer, der nach dem Krieg in San Francisco hochwuchs. Er wurde Verwerfungslinien und Erdbebengefahr zum Trotz in Rekordzeit errichtet, und obwohl einige Menschen klagten, er zerstöre das harmonische Bild der Bebauung auf den Hügeln, begrüßten die meisten Kommentatoren ihn als Beginn einer neuen Epoche. Etwa eine Woche nachdem Tom die neuen Büros der Great Cal Corporation in Betrieb genommen hatte, ging Jean zum erstenmal dorthin. Sie teilte ihm mit, sie werde am frühen Nachmittag kommen, aber nur einige Minuten seiner Zeit in Anspruch nehmen.

«Ich weiß, du bist sehr beschäftigt», sagte Jean. «Aber die Sache ist wichtig.»

Tom aß an jenem Tag mit Whittier in dem privaten Eßraum, der eine Etage höher lag als ihre Büros, zu Mittag. Whittier äußerte die Vermutung, Jeans Besuch könne mit Barbara zusammenhängen. «Wer ist eigentlich dieser Jude, der um sie herumscharwenzelt?» fragte er mürrisch.

«Das weiß Gott allein», antwortete Tom. «Er kommt aus Übersee. Sie hat ihn, wie es scheint, im Krieg irgendwo aufgegabelt.»

«Andererseits wäre es natürlich möglich, daß Jean mit dem Segen deines Vaters kommt.»

«Und was würde das bedeuten?» fragte Tom.

«Er bereedert von Oakland aus drei Tanker. Das paßt mir nicht.

Ich sehe ihn nicht gern an der Bucht. Ich mag deinen Vater nicht, Thomas.»

John Whittier alterte jetzt schnell. Er war nervös und zänkisch geworden und hatte sich angewöhnt, über alles mögliche zu jammern. Er ging oft zum Arzt, und da er rasch abmagerte, vermutete Tom, daß er an einer bösartigen Krankheit litt. Tom kam mehr und mehr zu der Ansicht, daß es ihn erleichtern würde, Whittier aus dem Weg zu wissen. Seine Krankheit hatte ihn übervorsichtig gemacht. Er beklagte sich endlos über die Kosten des neuen Gebäudes. Verschwendung war überhaupt ein Thema, von dem er geradezu besessen war. Jetzt, da den Reedereien ein Streik der Seeleute ins Haus stand und das Frachtaufkommen zurückging, war er unerträglicher denn je.

«Mach dir wegen meines Vaters keine Sorgen», sagte Tom beschwichtigend. «Er ist nur ein kleiner Fisch. Wenn die Seeleute streiken, ist er vielleicht schon am Ende.»

«Das ist das schlimme mit euch jungen Kerlen. Ihr wißt nicht, was ein Streik bedeutet. An den letzten großen könnt ihr euch nicht erinnern. Deine Schwester hat damals ein übles Spiel mit mir getrieben.» Er redete endlos weiter, und Tom dachte: «Mein Alter, du gehst mir fürchterlich auf die Nerven.»

Er war sicher, daß seine Mutter mit ihm über Barbara sprechen wollte. Er empfand nichts für sie, hatte aber auch nichts gegen sie. Sie trafen sich nur gelegentlich. Bei diesen Anlässen gingen sie höflich und unpersönlich miteinander um, genauso, wie er es bei den immer selteneren Gelegenheiten mit seiner Mutter tat. Er mißbilligte ihre Beziehung zu Dan Lavette. Die Affäre berührte ihn peinlich, und es war ihm völlig unverständlich, wie es dazu hatte kommen können. Mit den Jahren war seine Abneigung gegen seinen Vater gewachsen, und seine Erinnerungen spielten ihm einen Streich und verfälschten, ihm unbewußt, die Dinge so, wie es ihm in den Kram paßte, so daß aus seiner Abneigung schließlich Haß wurde. Er hatte nie mit Jean darüber gesprochen und war entschlossen, das Thema auch diesmal nicht zu berühren.

Doch als die große, gutaussehende und untadelig gekleidete Dame in sein Büro kam, begrüßte er sie freudig. Er war stolz darauf, daß seine Mutter in einem Alter, in dem so viele Frauen schlampig herumliefen, nach wie vor anziehend wirkte. «Gefallen dir die Büroräume?» fragte er eifrig. «Die Inneneinrichtung stammt von Lionel Smith. Ich nehme an, sie entspricht nicht in jeder Beziehung deinen Vorstellungen, Mutter, aber so sieht der Geschmack der Zukunft aus. Klare, einfache Linien – nun, du hast ja immer die moderne Kunst bevorzugt, es müßte dir gefallen.»

«Es kommt mir vielleicht eine Spur zu steril vor, aber es ist sehr hübsch, Tom. Können wir allein miteinander sprechen? Ich möchte nicht mit John zusammentreffen.»

«Dafür habe ich bereits Sorge getragen.»

«Gut.» Sie sah sich im Büro um – die Marmorplatte des Schreibtischs, die der Körperform angepaßten Sessel, das Ledersofa mit Chromgestell, die Wand à la Piet Mondrian – und fand das Ganze ziemlich geschmacklos und nicht besonders anregend. «Mußt du hinter diesem klobigen Schreibtisch sitzen bleiben, Tom?» Sie nahm auf dem Sofa Platz und deutete auf einen Sessel. «Komm doch her, hier ist es etwas gemütlicher.»

Seufzend fügte er sich ihrem Wunsch.

«Ich möchte, daß wir uns ruhig und zivilisiert unterhalten, Tom. Ich bin hergekommen, weil ich dich bitten möchte, Eloise freizugeben.»

Er war völlig überrascht. Er stand auf, ging zu seinem Schreibtisch und zündete sich eine Zigarette an. Dann wandte er sich zu ihr um und sagte: «Mutter, ich finde, das geht dich nichts an. Ich möchte nicht darüber sprechen.»

«Setz dich, bitte, Tom.»

«Ich stehe lieber.»

«Nun schön. Es geht mich etwas an. Du bist mein Sohn, und Eloise ist meine Schwiegertochter und eine liebe Freundin.»

«Genau da liegt der Hase im Pfeffer.»

«Was soll das heißen?»

«Ich meine, sie sollte weniger Zeit in diesem blöden Museum und mehr Zeit zu Hause verbringen, dann würde –»

«Tom! Warum reden wir nicht wie vernünftige Menschen miteinander? Du kennst die Situation ebensogut wie ich.»

«Ich denke nicht daran, darüber zu sprechen.»

«Ich bestehe aber darauf.»

«Es gibt nichts zu besprechen. Eine Scheidung kommt nicht in Frage.»

«Ich hatte auf etwas mehr Einsicht gehofft», sagte Jean ruhig. «Du bist mein Sohn, und ob du es glaubst oder nicht, ich mache mir Sorgen um dich – soweit du das zuläßt. Ich will keinen Druck auf dich ausüben. Das könnte ich, wenn ich wollte, das darfst du mir glauben. Ich bitte dich nur inständig, Eloise freizugeben. Lebe du dein Leben, aber laß sie auch ihres leben und ein bißchen Glück suchen.»

«Ich habe gesagt, ich will darüber nicht sprechen.»

«Dann zwingst du mich zu sprechen. Ich war einmal mit Alan Brocker befreundet, zu einer Zeit, als ich derlei Freunde hatte. Er hat anschließend Manya Vladavich geheiratet, die früher einmal Calvin Bradermanns Modell war.»

«Was, zum Kuckuck, hat das mit der Sache zu tun, Mutter? Ich habe Berge von Arbeit. Ich leite eines der größten Unternehmen in Kalifornien. Ich wünsche nicht, daß du dich in meine persönlichen Angelegenheiten einmischst, und ich habe keine Lust, mir einen ganzen Nachmittag lang deinen Unsinn anzuhören!»

«Aber Tom, was willst du denn tun? Willst du mich etwa rauswerfen lassen?» fragte Jean.

«Ich kann ja auch selbst gehen. Falls du den Nachmittag hier mit Selbstgesprächen verbringen willst – meinen Segen hast du!» Er ging auf die Tür zu.

«Tom, einen Augenblick! Ich habe Manya nur erwähnt, weil sie sich gern an meiner Schulter ausweint. Vor einem Jahr hatte dein Innenarchitekt Lionel Smith eine Liaison mit Alan Brocker.»

Tom hielt inne und wandte sich ihr zu.

«Alan war gerade sechzig geworden, und ich nehme an, daß er frisches Blut brauchte. Außerdem ist er sehr reich und hat sich stets gekauft, was er haben wollte. Manya kam mit diesem köstlichen Geschwätz zu mir. Die Geschichte dauerte aber wohl nicht lange. Manya hat übrigens eine lose und giftige Zunge.»

«Dieses Aas», sagte Tom.

«Bitte, nimm Platz», sagte Jean freundlich und dachte bei sich: «Wie schade, daß es nur so geht.» Sie hatte Mitleid mit ihm, als sie sah, wie seine Arroganz zerfiel. Soweit sie etwas von derlei Dingen verstand, hatte sie einen ebensogroßen Anteil an Verantwortung wie er. «Ich wollte vermeiden, darüber zu sprechen, Tom. Es ist mir wirklich gleichgültig, glaub mir das.»

Er ließ sich in einem Sessel nieder. «Spielt keine Rolle.»

«Nun ja, ich habe kein Verständnis dafür, aber ich verdamme es auch nicht. Ich habe zu lange gelebt und zu vielen Menschen wehgetan, als daß ich auf dem Richterstuhl sitzen dürfte. Wenn du etwas mit Lionel Smith hast, geht das nur dich etwas an, sonst niemanden, auch mich nicht. Und ich habe Manya gesagt, daß ich ihr die Kehle aufschlitze, wenn sie je einem anderen gegenüber etwas davon verlauten läßt.»

«Vielen Dank. Es wird schon nichts genützt haben.»

«Möglich», stimmte Jean zu. «Aber vielleicht habe ich sie doch einschüchtern können. Ich sagte bereits, daß ich nicht richte oder verurteile. Mit unserer Macht und unserem Geld haben Menschen wie wir fast alles in diesem Lande zerstört, auch die Beziehungen zwischen den Menschen. Ich kann zu diesem Thema nichts sagen, ich weiß nicht, was richtig und was falsch ist. Ich weiß nur eines – Eloise geht zugrunde. Tu, was du für richtig hältst, aber laß sie frei.»

Er sah sie schweigend an.

«Sie weiß nichts von diesem Gespräch, und von mir wird sie es auch nie erfahren.»

«Deine Besorgnis rührt mich», sagte er bitter. «Weiß mein Vater davon? Hast du ihn von deiner großartigen Entdeckung in Kenntnis gesetzt?»

«Würde es dir etwas ausmachen?»

«Ja, in drei Teufels Namen, es würde mir etwas ausmachen!» brüllte er. «Ihr habt's nötig, ihr seltsamen Heiligen. Erst läßt er dich fallen und rennt mit seinem chinesischen Flittchen davon, und jetzt haust ihr beide in deinem sogenannten Museum, und die ganze Stadt amüsiert sich königlich darüber. Und dann kommst du hierher und hältst mir eine Moralpredigt!»

«Dan weiß nichts davon», sagte sie, nach wie vor ruhig. «Ich werde dafür sorgen, daß er nie etwas davon erfährt – falls du mit der nötigen Umsicht zu Werke gehst. Solltest du aber deine Dressurnummer mit Eloise weiterzuführen gedenken, wird sie es früher oder später erfahren, und andere auch. Ich kann gut verstehen, daß eine Scheidung nicht in deine Pläne paßt. Aber wenn du meinst, die Ehe wie eine Maske mit dir herumtragen zu können, irrst du dich, und zwar gründlich.»

«Was ist mit Freddie? Er ist mein Sohn.»

«Das soll er auch bleiben. Eloise ist zu keiner Boshaftigkeit fähig und würde nie etwas tun, was dich verletzen könnte. Sie erwartet mich heute nachmittag, und ich möchte sie und den Jungen mit zu mir nehmen. Sie sollen bei mir bleiben, bis alle Absprachen getroffen sind.»

«Du hast aber auch an alles gedacht, nicht wahr?»

«Tom, mir wäre es wirklich lieber, es hätte eine einfachere Möglichkeit gegeben. Ich wünsche bei Gott, alles, was ich gesagt habe, hätte ungesagt bleiben können.»

«Tatsächlich? Bist du dir sicher?» fragte er mit zitternder Stimme. «Hat es dir nicht zufällig Freude gemacht, Mutter?»

«Nein, bestimmt nicht.»

«Natürlich hat es das!» Er bedeckte sein Gesicht mit den Händen.

«Tom.» In ihrer Stimme lag Wärme und Zuneigung. «Ich bin deine Mutter.»

«Ach? So wie er mein Vater ist – ja, du bist meine Mutter. Stets mir zur Seite, stets eine Hilfe, stets voll Liebe – laß doch den Quatsch!»

«Tom, bitte.»

«Bist du fertig? Jetzt hast du erreicht, was du immer wolltest. Mehr kannst du mir nicht antun, mehr nicht.»

«Tom, es tut mir leid.»

«Mir auch.» Er hatte sich wieder in der Hand. «Ich habe jetzt zu tun, und zwar eine Menge.» Er wandte sich um und setzte sich hinter den Schreibtisch.

Jean erhob sich, sah ihren Sohn eine Weile an und ging dann. Er blieb sitzen und widmete sich den Papieren auf seinem Schreibtisch.

Sie fuhr zu dem Haus auf Pacific Heights und betrachtete es, als ob sie es zum erstenmal sähe, den riesigen Bau, den ihr Sohn aus Holz und Stein gegen seine Ängste und Leiden hatte auftürmen lassen wie eine Festung. Wer aber war die Ursache dieser Ängste und Leiden, wenn nicht sie selbst und Dan? Ein Komiker fiel ihr ein, der einmal gesagt hatte: «Ich war reich, und ich war arm. Reich ist besser.» Sie war sich dessen nicht mehr so sicher. Sie war jetzt sechsundfünfzig Jahre alt – und ihr war fast nichts geblieben. Sie hatte alle verloren: Mann, Sohn und Tochter. Jetzt versuchte sie verzweifelt, die Risse zu flicken, die sie im Leben anderer verursacht hatte. Sie sagte sich, dadurch, daß sie Eloise half, mache sie etwas wieder gut.

Nun, dachte sie, man tut, was man kann. Das war keine besonders tiefschürfende Erkenntnis, aber sie war auch kein besonderer Mensch. Vielleicht war es das erste Mal, daß sie sich so klar sah und ein solches Eingeständnis machte. Jedenfalls fühlte sie sich besser, als sie ins Haus trat.

Am Morgen des Tages, an dem Joe Lavette Sally Levy heiratete, fuhren Barbara und Bernie Cohen in Barbaras 1946er Ford, dem ersten

Nachkriegsmodell, nach Higate. Bernie verglich ihn im stillen mit dem uralten Chevrolet, in dem er Rabbi Blum nach Higate gefahren hatte, damals, als der Rabbiner Jake und Clair Levy vor dem drohenden Bankrott gerettet hatte, indem er Wein für rituelle Zwecke bei ihnen bestellt hatte.

«Der Wagen, mit dem ich vor über zwanzig Jahren hier entlang fuhr», sagte Bernie, «war ein Wunder. Ich hatte ihn aus Teilen von sieben verschiedenen Schrottplätzen zusammengebastelt, und er lief! Damals waren Autos allerdings einfacher. Der alte Rabbiner litt entsetzlich. Hast du ihn noch gekannt?»

Barbara schüttelte den Kopf. «Nein, aber ich hätte ihn gern gekannt.»

«Er war ein erstaunlicher Mensch. Er hatte einen langen weißen Bart, wunderschöne blaue Augen und eine Haut so rosig wie bei einem Säugling. Er sah aus, als wäre er geradewegs aus dem Alten Testament gestiegen. Du weißt ja, er hat mich mit zwölf aus dem Waisenhaus geholt. Von allen Menschen, die ich gekannt habe, kam er einem Vater am nächsten. Das war nach dem Tode seiner Frau. Man erzählt eine eigentümliche Geschichte über ihn, und ich würde gern wissen, wie viele Menschen sie kennen. Weißt du, sein Vater war nicht einmal Jude.»

«Wie konnte er dann überhaupt Rabbiner werden?»

«Hör zu und lerne, liebes Weib. Sein Vater war ein holländischer Seefahrer namens Blum, der sich 1850 auf französisch von seinem Schiff verabschiedete und Goldgräber wurde. Er fand zwar kein Gold, aber bei der Suche danach lernte er eine kleine Jüdin aus einem Amüsierlokal kennen, eine gewisse Rosie Katz. Wieder ein paar Jahre später vertraute Vater Blum sich erneut einem Schiff an und ward nicht mehr gesehen. Man hat auch nie wieder etwas von ihm gehört. Im Talmud heißt es nun, ‹Jude ist, wessen Mutter Jüdin ist› – das Kind war also Jude. Aus demselben Grund sind strenggenommen die jungen Levys auch keine Juden, denn Clair ist keine Jüdin. Ob du es glaubst oder nicht – Rosie wurde im Tenderloin eine erfolgreiche Puffmutter, zog sich 1860 recht wohlhabend aufs Altenteil zurück und heiratete noch einmal, und diesmal einen Juden. So wurde der zukünftige Rabbi als Jude erzogen. Später schickte man ihn in ein Seminar an der Ostküste, und von dort kam er als fertiger Rabbiner zurück. Wie gefällt dir das?»

«Es ist unglaublich!» sagte Barbara. «Wenn ich bedenke, wie neu wir hier alle noch sind! Mutter kannte einen Knüppelvers, den sie mir einmal als großes Geheimnis anvertraute. Er ging so: ‹Opa hat noch Gold gewaschen, Papa hat nach Nob Hill gewollt. Ohne Sutter und Sutters Gold hätten wir heute noch leere Taschen.› Mutter hat mir erzählt, als Oma einmal hörte, wie sie ihn aufsagte, sei sie furchtbar wütend geworden. Daß Oma zugelassen hat, daß Mutter einen italienischen Fischer heiratete, werde ich nie verstehen.»

«Nach allem, was du mir über deine Mutter berichtest, hat sie offenbar nicht groß um Erlaubnis gefragt.»

«Ja, sie hatte ihren eigenen Kopf. Du wirst sie ja heute kennenlernen. Papa auch und alle anderen. Es wird ein harter Tag für dich, Bernie, also wappne dich!»

«Und wie wirst du mich vorstellen?»

«Ja, darüber müssen wir noch sprechen. Ich könnte dich natürlich als blutrünstigen Söldner vorstellen, der mich vor vielen Jahren einmal in Paris verführt hat.»

«Hör mit dem Blödsinn auf, Bobby.»

«Ich könnte auch sagen, hier ist ein alter Freund, der bis vor drei Wochen im Mark-Hopkins-Hotel gewohnt hat und dann zu mir gezogen ist.»

«Warum hast du ihn aufgenommen?»

«Vermutlich aus Mitleid.»

«Errege ich Mitleid?»

«Ich glaube schon. Wenn du mich so flehentlich ansiehst –» sie wandte den Blick von der Straße ab und sah ihn an – «wie jetzt. Fast wie ein Kamel.»

«O nein! Nicht wie ein Kamel.»

«Kamele sind liebe Tiere.»

«Kamele sind die scheußlichsten, dümmsten, übelriechendsten Tiere, die Gott erschaffen hat. Du sagst mir eigentlich nie etwas Freundliches.»

«Das bedeutet keineswegs, daß ich dich nicht mag.»

«Da wir miteinander schlafen, die Mahlzeiten gemeinsam einnehmen und den größten Teil unserer Tage zusammen verbringen, muß ich die Annahme gelten lassen. Warum heiratest du mich nicht?»

«Habe ich gesagt, daß ich dich nicht heiraten will?»

«Du hast auch nicht gesagt, daß du es willst.»

«Ich bin mir eben nicht sicher.»

«Na hör mal.»

«Es braucht seine Zeit.»

«Sieben Jahre?»

«So kann man es sehen», stimmte Barbara zu. «Überleg doch mal selber: du hast keine nennenswerten Einkünfte, bist ein unsteter Wanderer und ein unruhiger Charakter. Du erinnerst mich an meinen Vater. Vielleicht gefällst du mir deswegen, aber das ist ebenso ein Nachteil wie ein Vorteil. Du hast einen großen Teil deines Lebens im Kriege verbracht, was ich überhaupt nicht schätze, und außerdem verwirrst du mich. Juden gelten als intellektuell, introvertiert und verlegen.»

«Wer hat das gesagt?»

«Na ja, so habe ich mir das vorgestellt. Vielleicht irre ich. Aber Palästina ist jedenfalls das letzte Land der Erde, in das ich ziehen möchte. Ich bin gern in San Francisco. Es ist meine Heimatstadt und der Ort, wo ich mich am wohlsten fühle. Ich will nie wieder reisen und nie wieder woanders leben.»

«Bobby, was soll ich bloß hier?»

«Und was willst du in Palästina? Du bist vierzig, und nach dem, was du mir erzählst, ist es eine trübe, ungastliche Wüstenei, ein zerstörtes Land, das Quadratmeter um Quadratmeter neu aufgebaut werden muß. Ich schreibe, und ich bin eine Frau. Ich möchte Kinder haben, und sie sollen hier aufwachsen. Trotz aller Fehler, aller Unwahrheiten, aller Unredlichkeit, trotz allem Schmutz und Elend ist es der schönste Ort, den ich auf Erden kenne. Mich widert das an, diese Einteilung in Juden und Nicht-Juden, in Schwarze und Weiße, in Chicanos und Angelsachsen – Gott im Himmel, werden wir denn nie erwachsen, werden wir nie einfach Menschen?»

«Die Kinder unter den sechs Millionen Juden, die die Nazis hingeschlachtet haben, werden nie erwachsen, Bobby.»

«Und sechs Millionen Bengalis sind in Indien der Hungersnot zum Opfer gefallen. Ich habe eine Straße gesehen, die von Leichen bedeckt war wie von einem Teppich. Bernie, ich liebe dich. Ich versuche, ein Auto zu fahren und zugleich zu reden und zu denken, das ist nicht einfach. Doch, ich liebe dich, dich und Marcel. Zwei Männer in meinem Leben, wie die beiden Seiten einer Münze. Du und er, ihr seid wie Tag und Nacht, und doch seid ihr die beiden einzigen Männer, die ich je begehrt habe. Bernie, was tun wir? Sollen wir unser Leben damit verbringen, für die Toten zu sühnen? Ich weiß Bescheid über Palästina und die jüdischen Siedlungen dort. Aber ich will kein Gewehr in die Hand nehmen und töten – nicht einmal, um mein eigenes Leben zu retten, für nichts in der Welt, für keinen Traum und kein Ideal. Ich habe das schlimmste Blutbad erlebt, das die Welt gesehen hat, mit fünfzig Millionen Toten. So geht es nicht, und ich will so nicht leben.»

«Und was soll ich tun?» fragte er kläglich.

«Das ist mir gleich. Was tun andere Männer? Du hast Landwirtschaft studiert. Sieh dich um.» Sie waren jetzt im Napatal, fuhren auf der Fernstraße 29 nach Norden. Die Rebenhänge hoben und senkten sich mit den Hügeln zu beiden Seiten. «Wir können ein Stück Land kaufen, wenn du das willst. Bebaue es, mach Wein, was du willst, Bernie. Eigentlich wollte ich es dir nicht sagen, aber ich sage es doch. Ich glaube, ich bekomme ein Kind.»

«Was?»

«Ich bin eine Woche drüber. Normalerweise hat das nichts zu bedeuten, aber bei mir kommt es sonst auf die Stunde genau. Außerdem habe ich es so im Gefühl.»

«Das ist ja wunderbar!» platzte er raus. «Phantastisch, Bobby! Überwältigend. Jetzt wird geheiratet.»

«Augenblick mal, nicht so hastig.»

«Du willst es dir doch nicht wegmachen lassen?»

«O nein, mein Junge. Ich will das Kind haben, komme was wolle. Ich bin zweiunddreißig Jahre alt und will das Kind haben, und noch ein paar dazu, solange es geht, und wenn ich mich künstlich befruchten lassen muß. Ich will nicht nur dieses, ich will drei oder vier. Aber du und ich, Bernie, wir sind zwei. Vielleicht sind wir nicht so unterschiedlich, wie wir denken. Ich habe den Eindruck, daß wir beide unser Leben damit verbracht haben, eine Art Schuld zu sühnen. Ich war in meiner Kindheit reich und du einsam und arm. Ich nehme an, daß das ein gewisser Kitt ist, der uns aneinanderbindet. Ich suche nicht nach dem großen Glück. Ich halte dich für ein bißchen verrückt, und es ist sicher schwierig, mit dir umzugehen. Es geht uns vielleicht manchmal dreckig, aber vielleicht gelingt es uns auch, ganz glücklich zu sein. Ich bin bereit, es zu versuchen, aber du mußt mich als ganzen Menschen nehmen, nicht bloß als Frau, nicht bloß als Mutter, sondern als ganzen Menschen, der die Hälfte deines Lebens ist. Ich will nicht sagen, daß ich nicht eines Tages nach Palästina gehen und möglicherweise eine Weile dort leben könnte. Aber meine Wurzeln sind hier, und deine wohl auch. Was wir im Anfang auch waren – der Krieg hat uns zu dem gemacht, was wir heute sind. Ich gebe die Frage zurück. Willst du mich heiraten und hier mit mir leben?»

Er antwortete erst, als sie in den Feldweg einbogen und die alten Steingebäude von Higate vor sich sahen. Dann sagte er: «Einverstanden, ich probier's.»

Als Barbara das Zimmer betrat, in dem Sallys Mutter und Großmutter letzte Hand an das Brautkleid legten, riß Sally sich los und fiel Barbara um den Hals. «O Bobby, daß du gekommen bist! Und wie schön du aussiehst! Warum kann ich nicht so aussehen?»

Barbara fühlte sich ziemlich unbehaglich in dem fließenden Kleid aus hellrosa Seide, das man ihr als Brautjungfer zugedacht hatte. Rosa war nicht ihre Farbe, aber Sally hatte darauf bestanden. Auch Barbaras Atlasschuhe waren rosa, und der breitrandige Strohhut, den sie am Arm trug und jetzt vor Sallys Umarmung zu schützen trachtete, war über und über mit winzigen rosa Röschen bedeckt.

«Sally», sagte Clair, «wenn du nicht zurückkommst und mich den Saum zu Ende machen läßt, wirst du bestimmt nicht wie Barbara aussehen, sondern einfach lächerlich.»

«Gefällt es dir?» fragte Sally, indem sie sich zum Ärger ihrer Mutter drehte und die Falten des Brautkleides durch die Luft wirbeln ließ. «Ich finde, ich sehe aus wie Oma, als sie so alt war wie ich. Stimmt das, Oma? Ich habe mal ein Bild gesehen. Nur mein Haar ist anders, wie Stroh. Ich weiß nicht, was ich damit noch anstellen soll. Ich wollte, ich könnte es abschneiden, aber Joe würde das nie zulassen, weil er Chinese ist. Er steht so auf helles Haar.»

«Sally», sagte Clair scharf, «hör damit auf. Joe ist Barbaras Bruder und kein Chinese. Was soll ich bloß mit ihr tun?» fragte Clair Barbara.

Barbara lachte. «In einer Stunde sind Sie sie los.»

«Armer Joe.»

«Das kann man sagen, armer Joe», sagte Sally.

«Du siehst wirklich schön aus», sagte Barbara und dachte, daß die Jahre Sally kaum geändert hatten. Noch immer war ihr Busen, über den sie sich früher so beklagt hatte, nur wenig entwickelt. Sie war jetzt größer, aber immer noch sehr schlank. Mit dem flachsgelben Haar, das ihr bis über die Schultern herabfiel, sah sie in dem weißseidenen Brautkleid, mit dem Tüllschleier und der weißen Kappe aus, als sei sie einem der Jugendstilplakate von Alfons Mucha entstiegen.

«Bobby», rief sie, «wir werden jetzt fast richtige Schwestern, ist das nicht himmlisch? Und Adam ist Joes Trauzeuge, also sind wir Bruder,

Schwester, Bruder, Schwester. Wenn Adam dich jetzt noch heiratete – nein, das geht nicht, du hast ja deinen romantischen Soldaten. Ich erinnere mich noch gut an den Brief. Und jetzt ist er hier! Ich habe durchs Fenster einen Blick auf ihn erhascht. Bobby, warum heiratest du ihn nicht? Wir hätten dann eine Doppelhochzeit. Ich meine, das mit Adam geht nicht, er ist völlig in diese Eloise vernarrt. Pfirsich mit Schlagsahne. Na ja, wenn das sein Geschmack ist, kann man nichts machen. Viel ist an ihr nicht dran, wenn du meine Meinung hören willst.»

«Wenn du meine Meinung hören willst», sagte Sarah seufzend, «wirst du Joe ins Grab reden. Halt bitte einen Augenblick still.»

«Wirst du ihn heiraten? Barbara, wie hat er dich denn bloß ausfindig gemacht?».

«Im Telefonbuch.»

«Natürlich. Aufs Telefonbuch kommt man nie. Findest du nicht, daß er schrecklich romantisch ist, Bobby? Weißt du, er sieht aus wie Spencer Tracy, nur, daß er dreißig Zentimeter größer ist. Und dann seine Nase! Mir gefallen Männer mit vernünftigen Nasen. Die haben Charakter. Armer Joe. Mutti hat recht. Mutti, du hast recht», sagte sie.

«Danke. Halt jetzt bitte still.»

«Ich meine», erklärte sie Barbara, «der arme Joe hatte keine Wahl. Ich habe mich ihm an den Hals geworfen, ich gestehe es.»

«Ich glaube, Joe liebt dich sehr. Mir an deiner Stelle würde er nicht leidtun. Er hat großes Glück.»

«Denkst du das wirklich, Bobby? Das ist lieb von dir. Ich bin so glücklich, aber ziemlich nervös. Weißt du, wir hatten noch nie Geschlechtsverkehr.»

«Sally!» sagte ihre Großmutter scharf.

«Oma, reg dich doch nicht auf. Dazu hättest du nur Grund, wenn ich gesagt hätte, wir hätten gehabt. Er ist furchtbar altmodisch. Kannst du dir das vorstellen: wir haben 1946, ich bin zwanzig Jahre alt und noch Jungfrau!»

«Sally», sagte Clair, «wenn du über deine Jungfräulichkeit reden möchtest, kannst du das später mit Barbara tun. Jetzt versuchen wir, dich in das Kleid hier reinzukriegen. Ich schlage vor, du hältst fünf Minuten still und sagst mal nichts.»

«Auf jeden Fall», sagte Sarah und sah aus dem Fenster, «ist Dan mit Ihrer Mutter hier, Barbara.»

Barbara lief die Treppe hinab, um sie zu begrüßen. Stoßstange an Stoßstange kam eine Prozession von Autos die Straße zum Weingut herauf. Auf dem Rasen vor dem Hauptgebäude hatte man ein grün-weiß gestreiftes Zelt errichtet, mit Stühlen auf einem Tanzboden. In einem anderen riesigen Zelt standen Tische, und ein wenig weiter weg drehten Weinbergarbeiter, Chicanos, unter den aufmerksamen Augen von Jakes Aufseher, Rudy Gomez, den Braten am Spieß. Jake selbst, bereits in einem makellosen weißen Smoking, begrüßte die Gäste. Als Barbara unten ankam, stellte Dan ihm gerade Jean vor. Joe stand am anderen Ende des Gartens und sprach mit Friedensrichter Henderson aus San Francisco, der die Trauung vornehmen sollte. Barbara sah sich nach Bernie um, doch da sie ihn nicht fand, ging sie rasch zu Joe hin. Joe stellte sie dem Friedensrichter vor.

«Nun, meine Dame, Sie sind das Abbild Ihrer Mutter. In Ihrem Alter war sie die schönste Frau der Stadt, und Sie geraten ihr nach.»

«Ich möchte einen Augenblick mit meinem Bruder sprechen», sagte Barbara, «nur ein paar Minuten, Sir.» Sie nahm Joe beiseite und sagte: «Joe, meine Mutter ist hier. Was du auch dabei empfinden magst, es hat sie viel Mut gekostet, hierher zu kommen.»

«Ich weiß.»

«Ich möchte, daß du sie kennenlernst.»

Sie führte Joe zu Dan und Jean. «Sie ist eine Schönheit», flüsterte Joe ihr zu. Jean, im schlichten beigefarbenen Chiffonkleid, das Gesicht im Schatten eines breitrandigen Strohhutes, war wirklich sehr eindrucksvoll und wunderschön.

«Mutter», sagte Barbara, «das ist mein Bruder Joe. Ich möchte, daß du ihn kennen und lieben lernst – wie ich.»

Sie standen einander schweigend gegenüber und sahen sich an. Joe wußte nicht, was er tun sollte. Da ging Jean auf ihn zu, legte die Arme um ihn und küßte ihn. Er trat einen Schritt zurück, sah Jean an und dann Dan. Er nickte, wagte nicht zu sprechen. Endlich sagte er: «Ich bin froh, daß ihr gekommen seid. Wirklich sehr froh.» Dann wandte er sich um und ging.

Barbara nahm den Arm ihrer Mutter. «Es ist gut, Mutter. Laß ihm Zeit. Heute kommt alles zusammen. Joe hat Angst, Sally hat Angst. Es sind lauter sehr liebe Menschen, aber ich glaube, sie sehen sich nur zu Hochzeiten und Beerdigungen.»

«Ich hätte nicht kommen sollen», flüsterte Jean.

«Doch, das ist genau richtig gewesen», sagte Dan.

«Ich hätte ihn nicht küssen sollen.»

«Gott sei Dank hast du es getan», sagte Barbara. Heute ist alles etwas schwierig. Alle hier sind voller Emotionen. Ich weiß selbst noch nicht, ob ich das durchstehen kann.

«Ich war so lange ohne Familie, und jetzt sind sie alle auf einmal hier.»

«Wo ist dein Soldat?» fragte Dan.

«Nenn ihn nicht so, bitte. Er ist hier irgendwo. Jetzt hört mir, bitte, beide zu. Er ist Jude, hat keine Arbeit und auch keine richtige Zukunft. Er lebt seit drei Wochen bei mir in meinem Hause, und ich werde ihn heiraten. So ist das, klar und deutlich gesagt, und ich bin froh, daß ich es los bin, bevor ihr ihn trefft. Verdaut es erst einmal. Ich stelle ihn euch nachher vor, wenn ich ihn gefunden habe.»

Mit diesen Worten lief sie davon, und Jean sagte zu Dan: «Na, das wird ein Tag.»

«Das kann man wohl sagen.»

Adam Levy und Eloise und ihr Sohn gingen den Hügel hinauf, so daß sie auf die Hochzeitsgesellschaft und die Gebäude hinunter sahen und das ganze Areal von Higate überblicken konnten, die Steinhäuser, die sanften Hänge der Weinberge, die Weiden, auf denen Vieh graste, die Autoschlange, die sich zum Hauptgebäude vorarbeitete, und die vielen Gäste, die sich in den Gärten und Zelten vergnügten.

«Ich kann die ganze Welt sehen», sagte Freddie.

«Meine ganze Welt, wenn du mit Freddie darin bist», sagte Adam zu Eloise. «Es ist eine richtige Mischung aus Levys und Lavettes. Das fing schon vor vierzig Jahren an.»

«Adam, ich habe Angst», flüsterte sie.

«Das ist völlig normal. Ich meine, man gewöhnt sich daran und lebt damit, und dann verschwindet sie allmählich. Für dich ist das hier ein fremder Ort voll fremder Menschen. Wir werden, wie die meisten Menschen, unsere Höhen und unsere Tiefen erleben. Aber es wird schon werden.»

«Kann ich wieder nach unten gehen?» fragte Freddie seine Mutter. Sie blickte Adam an, und dieser nickte. Der Junge rannte die Stufen hinab.

«Es war schön, hier aufzuwachsen», sagte Adam, «Wein zu machen, Reben zu züchten. Es gibt sicher großartigere Dinge, aber es ist gut, so zu leben. Du wirst hier ganz ruhig werden und nie wieder Angst haben. Wenn du möchtest, können wir auch noch mehr Kinder haben.»

«Wird er sich nicht verlaufen?» fragte sie nervös und sah hinter ihrem Sohn her.

«Nein, das wird er nicht, Ellie.»

«Ich glaube, ich bin sehr glücklich. Ich kann es aber noch nicht glauben», sagte Eloise. «Ich warte immer darauf, daß mich jemand schilt. Ich warte darauf, daß Tom mich findet und sehr wütend ist. Und dann sterbe ich irgenwie ab, in meinem Innern.»

Adam zog sie an sich und küßte sie. «Weißt du», sagte er, «in Übersee habe ich die ganze Zeit darauf gewartet, daß es aufhörte, Tag für Tag. Ich habe mir immer wieder gesagt, wenn alles vorbei wäre, wird etwas Gutes geschehen. Ich denke noch oft daran, wie ich im kalten, nassen Schlamm saß und kalte Eiserne Rationen aß und mir sagte, noch eine solche Mahlzeit, noch ein solcher Tag, und dann ist es vorbei und alles ist in Ordnung. Aber ich habe nie davon geträumt, daß du es sein könntest. Ich habe nie geglaubt, daß es einen Menschen wie dich gäbe. Nein, ich glaube doch, aber es war nur ein Traum.»

«Glaubst du, du wirst meiner nicht überdrüssig, nicht wütend auf mich? Ich bin nicht klug, und ich kann nichts. Wenn ich Frauen wie Barbara, Sally und deine Mutter sehe, möchte ich davonlaufen und mich in eine Ecke verkriechen.»

«Dann verkrieche ich mich mit dir. Und jetzt gehen wir besser zurück. Sie gehen schon ins Zelt, und ich bin Trauzeuge. Du sprichst von Angst – was meinst du, wie Joe zumute ist? Der arme Kerl ist fast gelähmt vor Angst.»

Barbara suchte überall nach Bernie Cohen. Schließlich ging sie in das alte steinerne Lagergebäude. Es war kühl hier und feucht und plötzlich ganz still. Die hohen metallenen Lagertanks ragten wie fremdartige Wesen vor ihr auf. Bernie stand bewegungslos im Dämmerlicht des Raumes. Als sie hereinkam, wandte er sich langsam um, betrachtete sie einen Augenblick und sagte verwundert: «Ich habe dich noch nie so gesehen. Mein Gott, bist du schön!»

«Na ja, wenn man Rosa mag.»

«Mach dich, bitte, jetzt nicht über mich lustig.»

«Ich mache mich nie über dich lustig, Bernie. Ich kichere nur ein bißchen.» Sie ging zu ihm, stellte sich auf die Zehenspitzen und gab ihm einen flüchtigen Kuß. «Du bist voll Trauer und Zweifel, nicht wahr, Bernie? Weil du das Volk Israel für ein Linsengericht – nämlich für mich – verkauft hast. Wie belastend muß das ein: Da ist man Jude und versucht zweitausend Jahre lang, die Welt zu zivilisieren, und dann gibt man alles auf und entdeckt, daß man sogar als Jude ein geübter professioneller Mörder werden kann.»

Er wich zurück. «Wie kannst du so etwas sagen!»

«Ich möchte dir etwas sehr Wichtiges sagen, und ich will, daß es ausgesprochen ist, bevor wir zurückgehen und Zeugen sind, wie Joe und Sally einander versprechen, glücklich und zufrieden miteinander zu leben. Niemand ist für alle Zukunft glücklich und zufrieden. Glück – das ist eine Wunschvorstellung, die man uns von klein auf einimpft, aber das bißchen menschliche Verständnis, auf das wir hoffen können, fällt dabei unbeachtet unter den Tisch. Was ich damit sagen will, ist dies: Es gibt im menschlichen Leben einen Augenblick, da trifft es einen wie ein Schlag auf den Kopf. Es ist, als ob man aus langem Schlaf erwacht, und plötzlich hat sich etwas geändert: schwarz und weiß sind nicht mehr schwarz und weiß. Mir ging es in Deutschland so, als mir ein preußischer Junker das Leben rettete. Vermutlich bedeutet mein Leben im großen Weltenplan nicht viel, aber es ist *mein* Leben, und ein anderes habe ich nicht. Es ist angenehmer, hier mit dem Mann zu sprechen, den ich liebe, als von der Gestapo zu Tode geprügelt zu werden. Kannst du damit etwas anfangen?»

«Mach weiter», sagte er kalt. «Bring deinen Vortrag zu Ende.»

«Das tue ich. Wenn wir hier herausgehen, werden wir entweder etwas voneinander wissen oder nicht. Du siehst dich als einen ergebenen Kämpfer, der sich sein Leben lang darauf trainiert hat, Palästina als Heimat der Juden zu befreien. Ich sehe dich als einen furchtsamen, elternlosen kleinen Jungen, den ein gütiger Mann aus dem Waisenhaus geholt und ihm damit eine Schuld aufgebürdet hat, die du dein ganzes Leben lang abzutragen versucht hast.»

«Erspare mir die Psychoanalyse.»

«Warum? Weil es stimmt? Ist dir nie aufgegangen, daß du diese Schuld auf Heller und Pfennig abgetragen hast, indem du neun Jahre lang gegen die Faschisten gekämpft hast? Was mußt du dir denn noch beweisen? Daß alle Verleumdungen, die man den Juden seit über tausend Jahren entgegenschreit, tatsächlich Verleumdungen sind? Daß die einzige Tugend ist, zu töten oder getötet zu werden? Dieser Fluch der Männer, dieser Greuel, hat unsere schöne Welt jahrhundertelang geschändet. Ich bin eine Frau und will damit nichts zu schaffen haben. Eine Kugel hat weder Verstand noch Gewissen. Du hast Glück gehabt und Josh Levy nicht. May Ling hatte ebenfalls kein Glück. Fünfzig Millionen Menschen hatten kein Glück. Ich möchte, daß du am Leben bleibst, das ist alles.»

Er setzte sich auf ein Weinfaß und barg sein Gesicht in den Händen. Barbara wartete. Minuten vergingen. Schließlich blickte er zu ihr auf und sagte: «Ich gebe den Kampf auf. Geht es darum?»

«Nein, den Kampf geben wir nie auf. Aber wir verzichten auf Gewehre.»

Er sah sie nachdenklich an und sagte: «Du bist eine erstaunliche Frau, Barbara Lavette.»

«Und du ein erstaunlicher Mann.»

«Dann schaffen wir es vielleicht. Wie ich schon gesagt habe, ich probier's.»

«Mehr kann man als Frau nicht verlangen. Und jetzt wappne dich, wie ich schon einmal gesagt habe! Ich stelle dich meinen Eltern vor.»

Bernie Cohen und Dan Lavette schüttelten einander die Hand. Sie hatten dieselbe Größe und dieselbe Statur, wie Barbara feststellte. Jean sah Bernie aufmerksam an und dachte, daß sie und Barbara sich in ihrem Geschmack für Männer nicht sehr voneinander unterschieden.

«Dan Lavette, mein Vater», sagte Barbara, «und Jean Whittier, meine Mutter. Sie sind nicht miteinander verheiratet, leben aber gelegentlich zusammen. Sie kommen ganz gut miteinander aus und sind meine rechtmäßigen Eltern. Wenn man sie näher kennt, sind sie ganz nett.»

Für mehr war keine Zeit. Der Ort war voller Vergangenheit, war angefüllt mit einer Menschenmenge, die so gemischt war wie das Leben der beiden Familien – Chicanos, Chinesen, Italiener und Juden, Rechtsanwälte, Politiker und Gewerkschaftsführer, mexikanische Musik, der Geruch gebratenen Fleisches, Männer in Uniform, ein Admiral, ein Bürgermeister, Frauen in Rosa, Gelb und Weiß. Große Krüge voll Wein warteten darauf, getrunken zu werden, Tränen wollten vergossen werden, Gelächter war bereit, und Joe Lavette stand unbehaglich vor dem Steingebäude, Adam neben sich, während die Sitze unter dem Zeltdach sich füllten.

«Was hältst du von ihm?» fragte Jean Dan.
«Ich glaube, er ist in Ordnung.»
«Er erinnert mich an dich.»
«Das ist keine Lobeshymne.»
«Es kommt darauf an, wie man es sieht», sagte Jean.

Friedensrichter Henderson sagte: «Willst du, Joseph Lavette, diese Frau zu deiner rechtmäßig angetrauten Ehefrau nehmen?»
«Ja.»
«Und willst du, Sally Levy, diesen Mann zu deinem rechtmäßig angetrauten Gemahl nehmen?»
«Ja.»
«Dann erkläre ich euch kraft der mir durch die Gesetze des Staates Kalifornien verliehenen Gewalt als rechtmäßig verheiratet.»

Clair Levy gelang es endlich, die Schatten zu verjagen, die seit dem Tod ihres Sohnes Joshua über ihr lagen. Sie konnte unter Tränen lachen und sagte zu ihrem Mann: «Sieh dir bloß an, was wir da zusammengefügt haben, Jake. Sally ist jüdischer, irischer, schottischer und englischer Abstammung, und Joe ist Chinese, Franzose und Italiener. Was für großartige Kinder werden sie haben!»

Sallys Großmutter, Sarah Levy, saß mit Dan zusammen und hing ihren Erinnerungen nach. Sie sprachen von der Zeit des großen Erdbebens vor vierzig Jahren. Sarah war nur neun Jahre älter als Dan, aber nach dem Tode ihres Enkels rasch gealtert. Dan konnte sich noch an eine Zeit erinnern, als sie aussah wie Sallys Schwester, mit dem gleichen strohgelben Haar, der gleichen schlanken Figur. Aber der Tod hatte sie zu gnadenlos heimgesucht, hatte ihr erst die Tochter genommen, dann den Mann, und schließlich einen Enkel.
«Dennoch», sagte sie, «freue ich mich, daß ich lebe. Ich meine, wir haben beide Glück gehabt, Danny. Ich sage mir immer, daß Gott die Welt nicht besonders gut in Schuß hat, aber heute mag ich nicht darüber nachdenken.»
«Ich nehme an, er tut, was er kann. Wie wir alle.»

Barbara sah zu, wie Bernie Cohen mit ihrer Mutter tanzte, und sagte dann zu ihm: «Ich wußte gar nicht, daß du tanzen kannst. Wir haben noch nie miteinander getanzt.»

«Wollen wir es versuchen?»

«Warum nicht? Noch sieht man ja nichts.»

«Das ist ein alter Trick von euch. Ihr sagt einem Mann, daß ihr von ihm ein Kind bekommt, um ihn einzuwickeln.»

«Du wirst schon merken, daß ich voller alter Tricks stecke.»

Als Bernie mit Barbara tanzte, sagte er: «Eines kannst du dir merken: Ich verehre den Boden, auf dem du gehst.»

«Das ist mir zu viel des Lobes. Verehrung brauche ich nicht, weder ich noch der Boden, auf dem ich gehe.»

«Na ja, man merkt sich solche Sätze beim Lesen. Du würdest dich wundern, wenn du wüßtest, was man in einem Krieg so alles liest. Weißt du, seit ich dich kennengelernt hatte, habe ich nie mehr ernstlich an eine andere Frau gedacht. Ich wußte nur immer nicht, wie ich das hinkriegen sollte.»

«Du hast es aber doch hingekriegt.»

«Das komische ist, daß das nicht stimmt. Ich weiß nicht genau, wie es dazu gekommen ist. Ich weiß nur, daß ich dich liebe, so sehr, wie ein Mann eine Frau nur lieben kann. Ich weiß nicht, warum du mich heiraten willst, und ich möchte es auch gar nicht so genau wissen.»

«Ich habe meine Gründe», sagte Barbara.

«Das ist eine großartige Hochzeit hier», sagte er wenig später.

«Doch, sie hat ihre Höhepunkte», stimmte Barbara zu.

Howard Fast

Die Einwanderer
Roman
Deutsch von Karl A. Klewer
438 Seiten

Der erste, in sich abgeschlossene Band dieser Romantrilogie erzählt die Geschichte eines Mannes, der den amerikanischen Traum nicht nur träumt und der beim Sturz noch gewinnt. Schauplatz dieses großen Familienromans ist San Francisco. Den historischen Hintergrund bilden das aufblühende junge Amerika, der Erste Weltkrieg, die große Depression. Aufstieg und Fall einer ganzen Generation.

«Eine glänzend erzählte Saga mit Details aus Politik, Wirtschaft, Finanzen und aus dem Leben der kleinen Immigranten. Ein ausgezeichneter Roman. Zu loben ist nicht zuletzt die milieu- und zeitgerechte Übersetzung von Karl A. Klewer.»
Welt am Sonntag

«Was dieses Buch so empfehlenswert macht, ist die Kenntnis von Land und Leuten, ein Gespür für Emotionen und Motivationen, die Howard Fast den Figuren seines Romans zu geben vermag.»
Rolf Flügel, Münchner Merkur

Rowohlt

John Champlin Gardner

Oktoberlicht

Roman
Deutsch von Hermann Stiehl
438 Seiten

John Champlin Gardner, «einer der wenigen großen Erzähler dieser Zeit» (Washington Post), konfrontiert uns in seinem neuen Roman mit einem bizarren Familiendrama, dessen Wurzeln auf tragische und hoffnungslose Weise in die Vergangenheit zurückreichen. Auf einer alten, rückständigen Farm in Vermont leben ein alter Mann und eine alte Frau, Bruder und Schwester, die eines Tages Krieg miteinander beginnen.

Der Ruhestörer

oder
Die Gespräche mit dem Sonnen-Mann
Roman
Deutsch von Hermann Stiehl
672 Seiten

«Gardner ist es geglückt, eine Konstellation, die schauerlich, aber nicht irreal ist, psychologisch glaubhaft und – Hermann Stiehls Übersetzung bezeugt es – sprachlich zwingend in einer Story unterzubringen, die sich teils wie ein Kriminalroman, teils wie ein Sittenbild aus der Provinz liest.
Ich fürchte, daß man diesen Roman sehr ernst nehmen muß, nicht nur in den USA, sondern auch bei uns. Man sollte auch über ihn sprechen.»
K. H.Kramberg, Westermanns Monatshefte